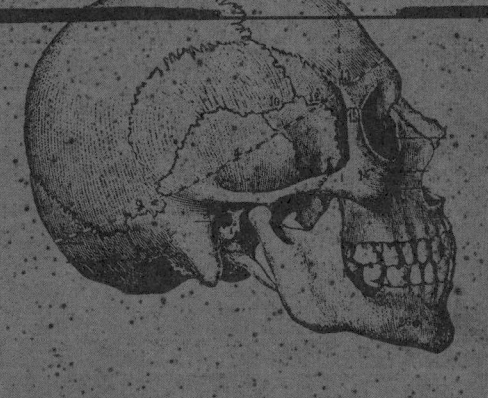

FICHA DATILOSCÓPICA

6'4"
6'2"
6'0"
5'8"
5'6"
5'4"
5'2"
5'0"
4'8"
4'6"

RSTATE FLIGHT – MURDER    TOP TEN

ED BY FBI

ARS AND MARKS: mole on neck, scar on scalp
ARKS: occasionally wears mustache, has worn glasses, false
e and beard as disguise in past; left-handed; can imitate British
cent; reportedly physical fitness and health enthusiast
CIAL SECURITY NUMBER USED: NOT RECORDED
RIMINAL RECORD    27 FEB 1978
ndy has been convicted of aggravated kidnaping

AUTION
NDY, A COLLEGE EDUCATED            FITNESS ENTHUSIAST
TH A PRIOR HISTORY OF ESCAPE, IS BEING SOUGHT AS A PRISON
SCAPEE AFTER BEING CONVICTED OF KIDNAPING AND WHILE

C M Kelley
Director
Federal Bureau of Investigation
Washington, D.C. 20535

CB074770

# ARQUIVOS

# SER
# KILL

LOUCO OU CRUEL? 1.

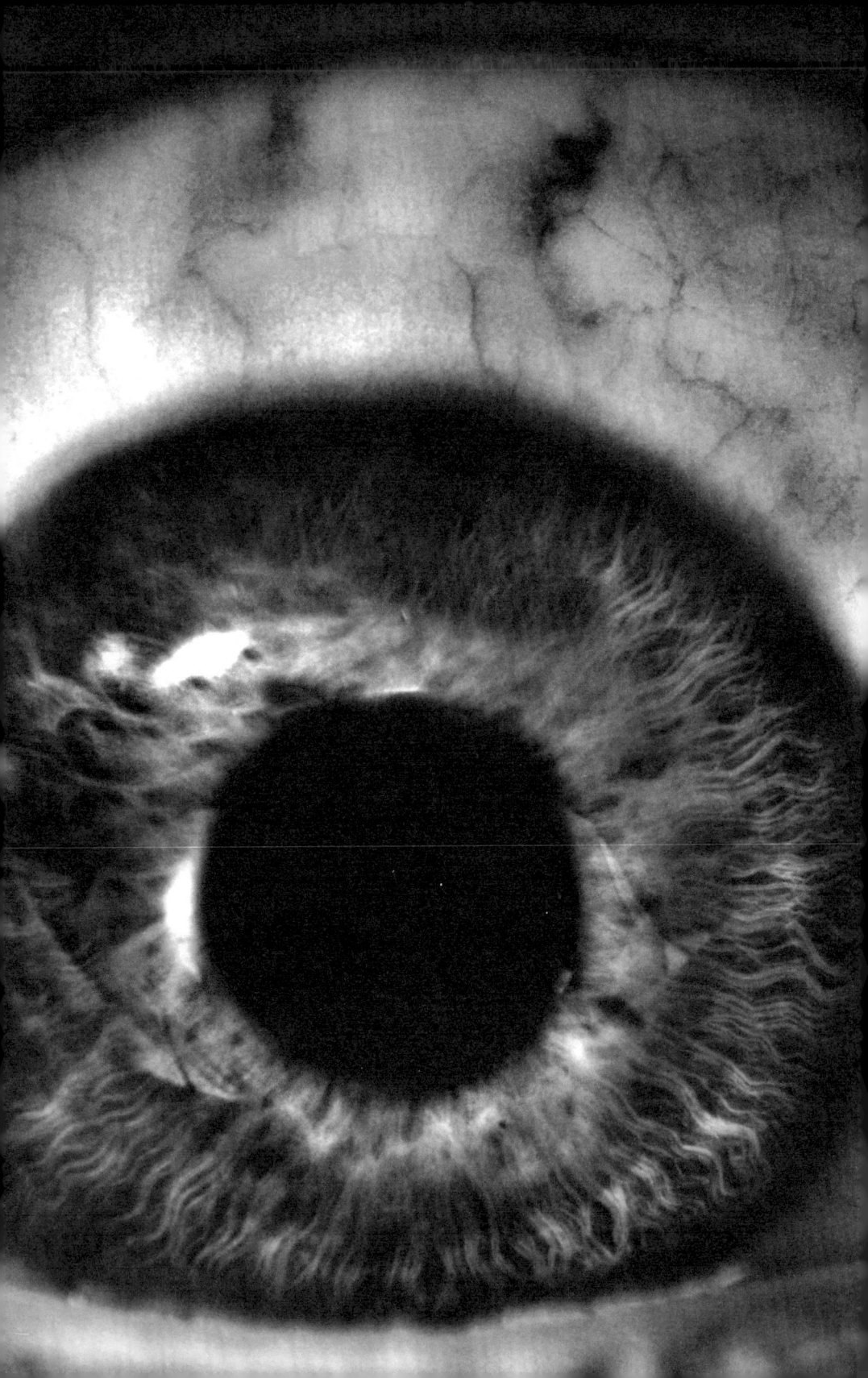

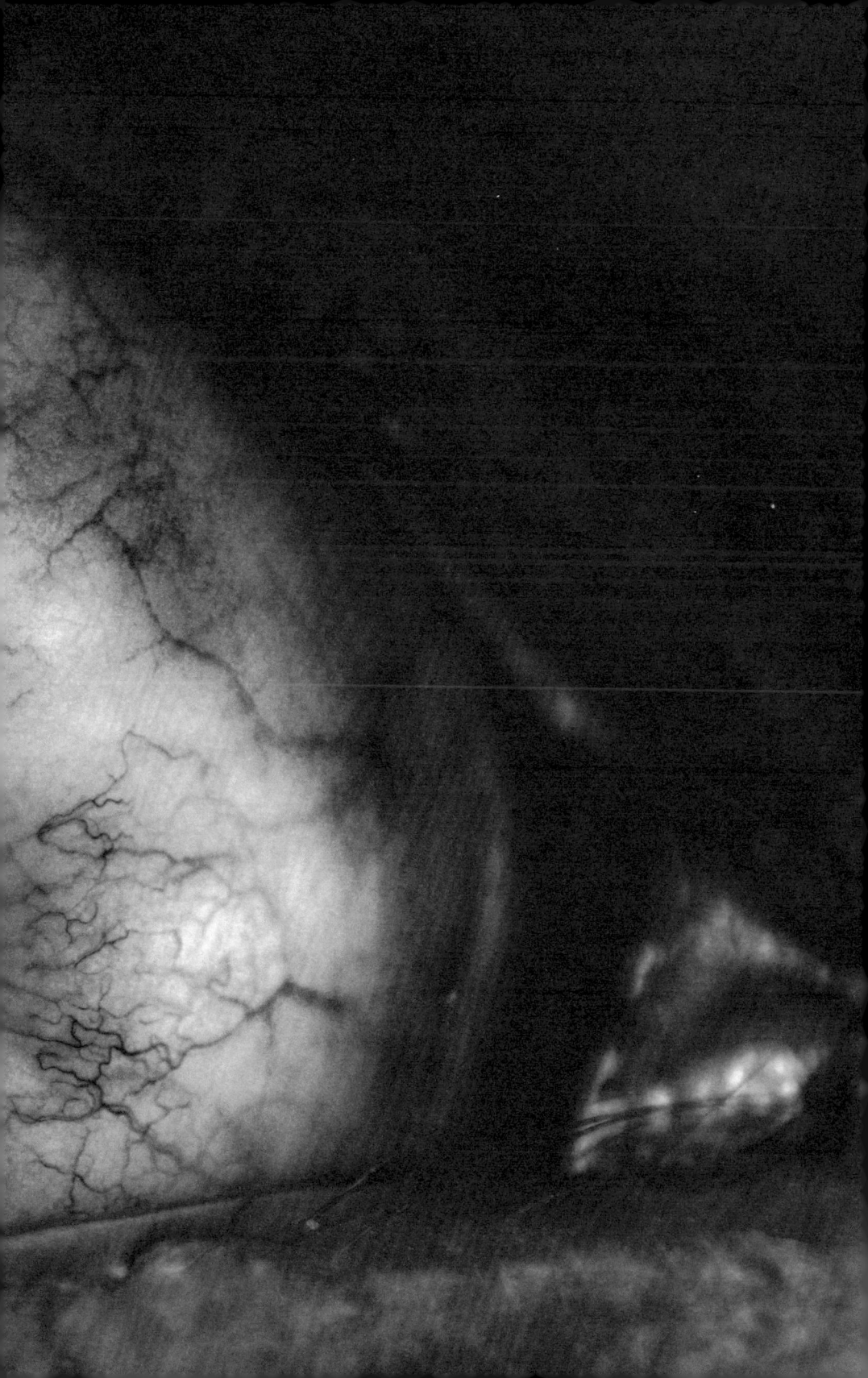

# CRIME SCENE® DARKSIDE

Copyright © 2017 by Ilana Casoy

**Diretor Editorial**
Christiano Menezes

**Diretor Comercial**
Chico de Assis

**Editor**
Bruno Dorigatti

**Gerente de Novos Negócios**
Frederico Nicolay

**Design e Capa**
Retina 78

**Designer Assistente**
Guilherme Costa

**Assistente de Produção**
Eduardo Morales

**Revisão**
Débora de Castro Barros
Marlon Magno
Retina Conteúdo

**Agradecimentos**
Blog O Aprendiz Verde

**Impressão e Acabamento**
Coan Gráfica

---

DADOS INTERNACIONAIS DE CATALOGAÇÃO NA PUBLICAÇÃO (CIP)
Angélica Ilacqua CRB-8/7057

Casoy, Ilana
   Arquivos serial killers : Louco ou cruel? e Made in Brazil / Ilana Casoy. - - Rio de Janeiro : DarkSide Books, 2017.
   720 p. : il.

ISBN 978-85-9454-038-6

1. Psicopatas 2. Homicidas em série - histórias 3. Relatos policiais I. Título

17-0889                                              CDD 364.1523

Índices para catálogo sistemático:
1. Homicidas em série - histórias

---

[2017]
Todos os direitos desta edição reservados à
**DarkSide®** Entretenimento LTDA.
www.darksidebooks.com

ARQUIVOS SERIAL KILLERS

▶ LIMITED EDITION

# ILANA CASOY

① **LOUCO OU CRUEL?**

② **MADE IN BRAZIL**

DARKSIDE

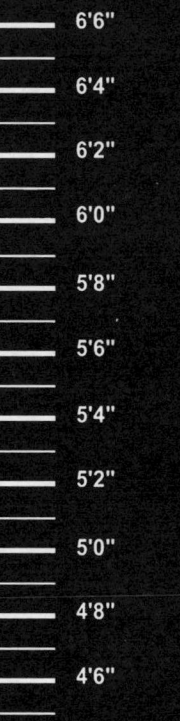

ARQUIVOS SERIAL KILLERS

**1.**

# LOUCO OU CRUEL?

Name: _____ U.R.# _____

DOB: __/__/__   Received: __/__/__   Age: ____ (when rec

County: _____   Date of Offense: __/__/__

Age at time of offense: ____   Race: white   Height: ____

Weight: ____   Eyes: ____   Hair: Brown

Native County: Santa Clara   State: California

Prior Occupation: _____   Education level: ____

Prior prison record:
_____
_____
_____

CRIME SUMMARY:
_____
_____
_____
_____
_____
_____
_____
_____
_____
_____
_____
_____

Co-Defendants: None
_____

Race of Victim(s): white

**ILANA CASOY**
LOUCO OU CRUEL?

# SUMÁRIO

- 014 | PRÓLOGO
- 016 | PREFÁCIO:
  Cabeça de Matador, por Percival Souza
- 020 | QUEM É UM SERIAL KILLER?
- 072 | PAUL BERNARDO E KARLA HOMOLKA
  O casal letal
- 094 | THEODORE ROBERT BUNDY
  O cidadão acima de qualquer suspeita
- 118 | RICHARD TRENTON CHASE
  O vampiro de Sacramento
- 132 | ANDREI CHIKATILO
  O "Açougueiro" Russo
- 148 | RORY ENRIQUE CONDE
  O matador de prostitutas
- 158 | JEFFREY LIONEL DAHMER
  Lobo em pele de cordeiro
- 172 | ALBERT HAMILTON FISH
  O vovô que comia criancinhas
- 190 | JOHN WAYNE GACY
  O palhaço assassino
- 206 | EDWARD THEODORE GEIN
  Uma inspiração para Hitchcock
- 218 | EDMUND EMIL KEMPER III
  O assassino de colegiais
- 232 | IVAN ROBERT MARKO MILAT
  O assassino de mochileiros
- 248 | LEONARD LAKE E CHARLES CHITAT NG
  Uma dupla letal
- 262 | DENNIS ANDREW NILSEN
  O serial killer carente
- 274 | ARTHUR SHAWCROSS
  Libertado para matar
- 286 | AILEEN WUORNOS
  Vítima ou algoz?
- 302 | O ZODÍACO
  O caso que ninguém resolveu
- 332 | ANEXOS
  01 Serial killers do mundo inteiro
  02 Apelidos de alguns serial killers
  03 Pena de morte
  04 Frases famosas de serial killers
- 354 | BIBLIOGRAFIA
- 356 | WEBGRAFIA
- 358 | AGRADECIMENTOS
- 362 | LIVRO 2 MADE IN BRAZIL

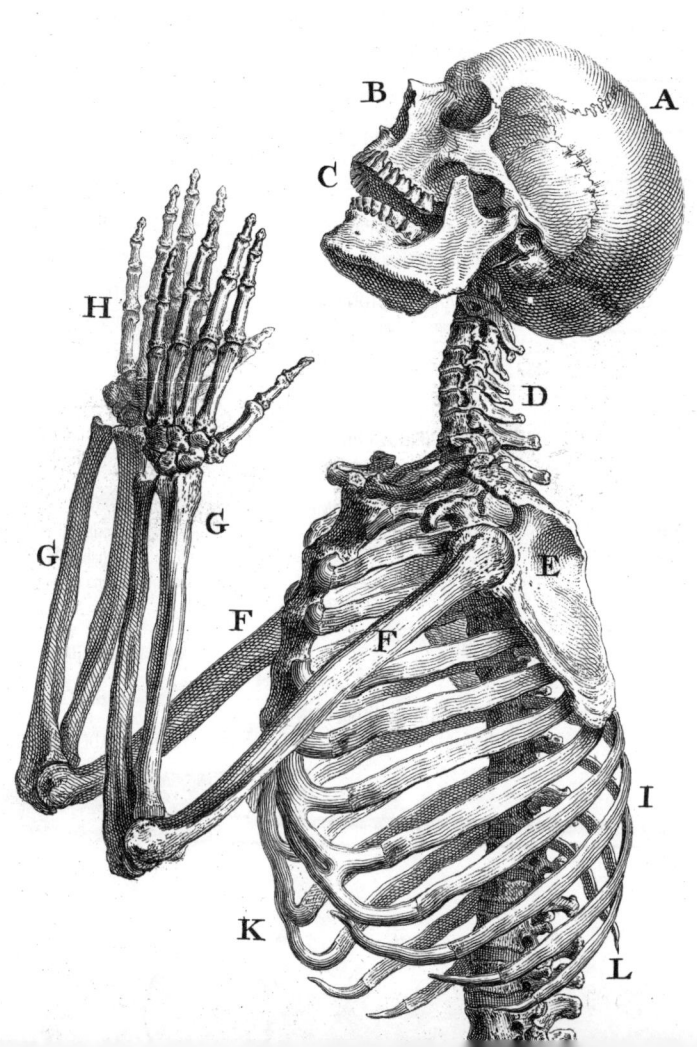

Este livro é dedicado às vítimas conhecidas e desconhecidas de assassinos loucos ou cruéis, cujas histórias de sofrimento e morte só podemos adivinhar. É dedicado também aos seus pais, filhos, irmãos, companheiros de vida e amigos que nunca tiveram a chance de se despedir.

*ILANA CASOY*

# PRÓLOGO
## ILANA CASOY

Escrever um livro sobre casos reais e não uma ficção faz diferença no futuro de um escritor. A história de ficção está na imaginação, ela começa e termina quando e como você quiser. Durante o processo criativo não há limite, aí então você publica. Pronto! Trabalho encerrado. Se anos depois você ler e não gostar, paciência. Você pode dizer que mudou seu estilo, outros podem chegar à mesma conclusão, mas a história ali contada não muda mais.

Relatar fatos reais muda tudo. Em respeito ao leitor, o escritor/pesquisador tem sempre que rever seu trabalho e atualizá-lo, corrigi-lo, se possível. No caso de *Serial Killers: Louco ou Cruel?*, foi estranho relê-lo sete anos depois. Karla Homolka está livre, Wuornos foi executada, a lista de vítimas de Bundy perdeu Katherine Merry Devine, o DNA do Zodíaco não estava onde deveria estar, a lista de prováveis vítimas de Milat aumentou. O apêndice "Serial killers do mundo inteiro", da edição anterior, cresceu; fugitivos foram presos; assassinos, identificados.

Mais que atualizar fatos, mudei a maneira de contar as histórias quando percebi que meu entendimento sobre elas também havia se modificado. Quando escrevi este livro, jamais imaginei como mudaria minha vida, que ser *profiler* seria uma profissão, que meus conhecimentos seriam compartilhados com tantas pessoas, inclusive didaticamente em cursos forenses. Eu tinha um sonho simples: escrever um livro e publicá-lo, talvez chegar a uma segunda edição. Hoje, dez edições e dez anos depois de ter iniciado esta pesquisa, que era exclusivamente documental e despretensiosa, já entrevistei uma dezena de serial killers brasileiros, participei de diversos casos reais em tempo real, assisti a julgamentos, conheci vítimas sobreviventes, acompanhei perícias e necropsias, enfim, passei de observadora a agente de histórias que aconteceram e acontecem de fato. Quando entro em um novo caso de crime violento, de autoria conhecida ou não, já existe um método, um procedimento. Finalmente, o processo científico faz parte de uma investigação policial no Brasil. Será até necessário sistematizar um protocolo científico, multidisciplinar, em futuro próximo.

Também existe a nova liberdade literária que a carreira propicia. Ao tentar publicar um primeiro livro sobre assunto inédito, ficamos muito mais amarrados a uma maneira clássica, menos controversa, de escrever. Depois de três publicações, encontrei um modo mais pessoal de narrar cada história, desenvolvi melhor a capacidade de empatia com os personagens de cada caso, obtive um profundo conhecimento sobre a mente criminosa que agora traz frutos. Ao escrever sobre os casos novamente, experimentei outras maneiras de contá-los, na tentativa de levar mais facilmente meu leitor pelos meandros de mentes assassinas. Duas histórias inéditas também foram incluídas nesta edição: as de Dennis Nilsen e Enrique Conde.

Houve muita reflexão sobre deixar ou não as fotografias dos assassinos, mas penso ser importante que todos percebam como é fácil um lobo se vestir em pele de cordeiro em uma cultura na qual o belo é bom e o feio é mau. Neste livro se vê que não é nada assim na vida real: o mais belo pode ser também o mais cruel. Seria maravilhoso que nossas crianças aprendessem isso.

Boa leitura ou releitura!

# CABEÇA DE MATADOR
## PREFÁCIO

O impulso criminoso, o desejo de matar, os homicídios múltiplos, o caçador e o caçado, a vítima e o algoz...

Entender esse cenário montado com sangue, que pode ter aspectos que escapam, na natural (e social) discrepância entre *autos* e *atos*, encontra neste trabalho de Ilana Casoy um *vade mecum* para os estudiosos e interessados em procurar descobrir até que ponto a mente humana é capaz de chegar. Ao que parece, não há limites. Nos jargões forenses, falava-se em biotipologia criminal, hoje se refere mais às perícias criminológicas. Admite-se, a rigor, que existe um interesse dominante centrado em descobrir e provar que alguém cometeu determinado crime. Depois, se o autor tinha ou não consciência dos atos praticados, acaba virando um duelo entre acusação e defesa, para convencer os juízes de fato, no júri popular, ou no juízo singular, de que devem ser admitidas circunstâncias agravantes (consciente cruel), qualificadoras e eventualmente atenuantes (incapaz de se autodeterminar). Quem pode exclamar, satisfeito: *touché!*? Difícil, a esgrima. Nem sempre a loucura leva ao crime. Mas o crime pode levar à loucura. A imperfeição humana talvez nos ajude a entender o poeta Cassiano Ricardo: "Ou o pensar que a arte e loucura são flores diversas, num só ramo, como a lágrima é irmã gêmea do orvalho".

O terreno é movediço. Nele também se movem os semi-imputáveis. Porque o matador, consciente ou inconsciente, impassível ou cruel, é olhado pelo prisma da periculosidade. O castigo penal pode se refugiar na terapêutica compulsória. O critério do duplo binário, que por tanto tempo vigorou em nosso direito, aplicava a medida de segurança detentiva, em caráter complementar à aplicação da pena. Podia ser símbolo de prisão perpétua. Podia ser motivo de orgulho para o defensor: o réu não foi condenado, apenas internado até cessar a periculosidade...

Nesse jogo, em que podemos recorrer a Cesare Lombroso ou a Michel Foucault, tenta-se compreender a alma humana com critério ético, ou automaticamente burocrático. Sim, temos laudos burocráticos e até irresponsáveis. Como aconteceu nos anos de chumbo, o período do arbítrio institucional, quando o manicômio judiciário foi utilizado para deixar apodrecer desafetos do regime. Como fizeram com Aparecido Galdino Jacintho, o homem que benzia animais em Santa Fé do Sul, interior de São Paulo, inofensivo, mas subversivo para o regime militar e "doente e perigoso que deve permanecer frenocomiado", segundo os psiquiatras que o examinavam e o mantiveram encarcerado no hospital-presídio durante sete longos anos. Nessa época, dizia-se que alguém *é* perigoso porque quando entrou no manicômio *era*. A ética ficava nos porões.

Não são esses os casos da pesquisa de fôlego feita por Ilana Casoy. Mas é necessário entender um pouco melhor o que acontece nos meandros da psiquiatria forense para aproveitar melhor o trabalho que ela realizou. Era moda, no passado, imaginar certos criminosos com características físicas. Segundo Lombroso, por exemplo, o criminoso nato teria um "crânio quase sempre assimétrico, preponderante na parte posterior e pequeno em relação ao desenvolvimento da face [...], de orelhas volumosas, de cabelo ordinariamente abundante mas de barba rala [...] e, com bem raras exceções, de uma fealdade chocante".

Um dos críticos dessa teoria, Gabriel Tarde, diria que Lombroso foi como o café: excitou a todos, mas não nutriu ninguém. Mas fez escola. Nina Rodrigues, que empresta seu nome para o Instituto Médico Legal de Salvador, queria porque queria demonstrar que Antonio Conselheiro, o rebelde do arraial de Canudos imortalizado por Euclides da Cunha em *Os Sertões*, seria um psicopata lombrosiano. Até escreveu a respeito. Mas, quando lhe levaram a cabeça do beato, decepada em outubro de 1897, como se fosse uma perigosa ameaça à República recém-proclamada, esqueceu-se do que havia escrito, como hoje é comum, no Brasil, em certas áreas da sociologia. A cabeça do Conselheiro desapareceu entre os escombros de um incêndio que destruiu na Bahia nossa primeira faculdade de Medicina em 1906. Emblemático.

Em nosso tempo, fazemos – diante de determinados autores de crimes – perguntas de ordem morfológica, funcional, neurológica, genética e biológica. Busca-se entender o criminoso em sua forma humana e psíquica – o duelo entre o *eu* pessoal e o *eu* social.

Um dos muitos aspectos importantes deste *Serial Killers: Louco ou Cruel?* que está em suas mãos é chamar atenção para o detalhe da inexistência dos *monstros*, como sempre gosta de bradar a *vox populi*. Particularmente, o único monstro com existência legal em nosso planeta que conheço é a serpente do lago Ness, na Escócia. Mas, convenhamos, esse monstro possui licença concedida em caráter estritamente precário.

No caso da pesquisa de Ilana Casoy, temos casos específicos, nomes, histórias, atos, autos, quem foi?, relação das vítimas, época dos crimes, *modus operandi* e a psicótica *assinatura pessoal* na cena do crime, a marca registrada de cada um. Assusta saber que serial killer existe em profusão na sociedade, as mulheres sempre são consideradas problema para ele. De Jack, o Estripador, em plena Inglaterra vitoriana, ao Unabomber contemporâneo. Há uma variedade imensa de casos e personagens. Como não existem monstros, é um desfile incessante de parte da raça humana. Ilana Casoy montou essa passarela com precisão de cirurgiã para nos apresentar a coletânea intrigante. De uma forma que não permite ao saber encobrir o que sabe, como diria Vieira em um de seus sermões magistrais. Ajudando a decifrar enigmas, como se estivesse diante de uma esfinge voraz, a autora, que experimentou a clausura para produzir este trabalho, mergulha na cabeça dos matadores e nos oferece este compêndio criminal de interesse multidisciplinar. Valeu, pois, como escreveu o apóstolo Paulo, em sua primeira epístola endereçada aos cristãos, em Coríntios (1:25), "[...] a loucura de Deus é mais sábia do que os homens; e a fraqueza de Deus é mais forte do que os homens".

Logo bem-vinda ao mundo dos que se dedicam à palavra escrita, a autora também se converteu, rapidamente, numa referência obrigatória para todos aqueles que lutam para conseguir entender até que ponto a mente humana pode chegar. Sua presença, por exemplo, no cenário em que peritos fizeram a reconstituição de duplo homicídio – um casal – arquitetado pela própria filha e o namorado foi exemplo marcante.

Ilana implodiu os "achólogos" de plantão, certas figuras que sempre "acham" alguma coisa, mas jamais encontram nada tecnicamente convincente. Um desses seres disse que o pai da moça era "frio" nas ligações afetivas, pelo simples fato de ter ascendência alemã. "Frio", mas com fotos da filha, desde bebê até adulta, em toda a parede da sala do escritório de trabalho? "Frio", mas ficando no banco de trás do carro que deu para a filha, quando ela completou 18 anos, até ela ganhar confiança para dirigir sozinha? Os dois exemplos são demolidores para as afirmações (obviamente nada científicas) que embutem respostas prontas para certas perguntas que, em algumas ocasiões, nem chegaram a ser formuladas.

Ilana conquistou, por merecimento puro, um lugar nas estantes onde se armazena o saber e se reparte o conhecimento, estímulos para que as idéias possam circular. Ela sabe indagar e responder com precisão, para que seus leitores não caiam na armadilha prevista (com advertência) pelo padre Vieira: "Quem não pergunta, não quer saber; quem não quer saber, quer errar".

Ilana sabe procurar, com espírito de sadia curiosidade, como se fosse desenrolando, gradativamente, um novo fio de Ariadne para que se possa entrar e sair, com segurança, na caverna onde se esconde o temível e destruidor Minotauro. Não estamos, com Teseu, na grega ilha de Creta, nem podemos contemplar o majestoso mar Egeu. Ao sul do Equador, entretanto, podemos aprender através desta obra, agora aperfeiçoada, com acréscimos densamente vigorosos, didaticamente reveladores, pedagogicamente informativos, o que alimenta e move certas máquinas humanas de matar.

Em março de 2008 intrigavam-me os autores de homicídios múltiplos na cidade de São Paulo, suficientemente audazes, no pior dos sentidos, para eliminar fisicamente o coronel José Hermínio Rodrigues, que chefiava o 3º Comando Metropolitano de Policiamento de Área, o CPA/M-3, da Polícia Militar. Conhecia a vítima desde jovem tenente, e meu coração pulsou mais forte quando fiz um comentário ao vivo, para a TV Record, exatamente no lugar onde ele foi abatido, na Avenida Engenheiro Caetano Álvares, na zona norte de São Paulo, estando ainda cravadas no asfalto as marcas do sangue derramado. A realidade, ali, derretendo como ácido as teorias obscuras. Cruel, porque moradores do local se aproximavam para comentar, baixinho, que também se paga com a vida o comportamento digno, honrado, honesto, num improvisado e coletivo pranto *in memoriam*.

Não sei se constará dos autos, na limitação dos procedimentos formais e legais (onde não há espaço para dor, saudade, buraco no peito, angústia, decepção, indignação) a informação sobre um personagem acusado de ser matador em série e, investigado, achou que teria motivos para a eliminação física do coronel. Que mostrou disposição em não tolerar a matança quantitativa. Aqui, quem sabe, Ilana Casoy possa nos ajudar, no futuro. Porque já se formou, em várias partes do país, um novo tipo de matador, estimulado e alimentado pelo vil metal da corrupção.

Sabe-se que este matador específico gostava de "sentar o aço". A linguagem é dele, não minha, e vem a ser despejar a carga de projéteis de arma de fogo em alguém. Colegas dele informaram aos encarregados da investigação que de vez em quando ele costumava desabar, em macabra confidência, que não estava "sentindo-se bem". O motivo: há alguns dias, não tinha matado ninguém. Dizia que sentia "necessidade" de matar dois, "pelo menos um" a cada semana. Matar, portanto, tornou-se um prazer.

Atenção, autoridades: autores de chacinas sistemáticas também são matadores em série, frutos da insaciável proveta urbana. Que tal pedir ajuda para Ilana Casoy e compreender melhor a cabeça da nova safra de assassinos a sangue-frio?

Percival de Souza
Jornalista, escritor, criminólogo

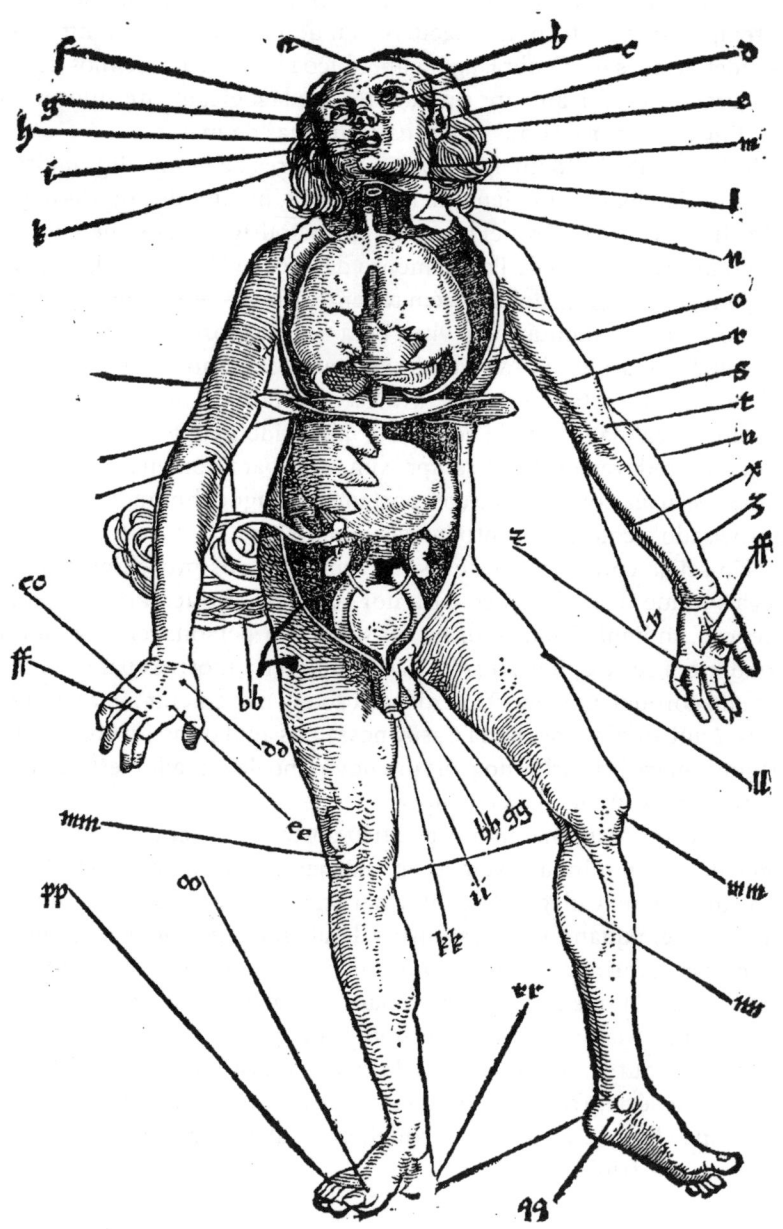

# QUEM É UM SERIAL KILLER?
## COMO TUDO COMEÇA

> "A maldade é a vingança do homem contra a sociedade pelas restrições que ela impõe. [...] É o resultado do conflito entre nossos instintos e nossa cultura." – **Sigmund Freud**

O que leva uma pessoa a praticar atos tão extremos como assassinatos em série? A questão é genética, psíquica ou psicológica? Traumas infantis podem ter consequências tão horrendas? Quanto pai e mãe precisam errar para criar um monstro?

Foram essas as questões que me levaram a pesquisar e aqui vão algumas das respostas encontradas. Espero que elas possam contribuir para a curiosidade de leigos que tentam entender onde nasce a violência.

A teoria freudiana acredita que a agressão nasce dos conflitos internos do indivíduo.

A Escola Clássica baseia-se na ideia de que pessoas cometem certos atos ou crimes utilizando-se de seu livre-arbítrio, ou seja, tomando uma decisão consciente com base em uma análise de custo versus benefício. Em outras palavras, se a recompensa é maior do que o risco, vale a pena corrê-lo. Se a punição for extrema, não haverá crimes.

A Escola Positivista acredita que os indivíduos não têm controle sobre suas ações; elas são determinadas por fatores genéticos, classe social, meio ambiente e influência de semelhantes, entre outros. Não seria a punição que diminuiria a criminalidade, e sim reformas sociais, entre outras medidas, para recuperar o indivíduo.

Não importa a teoria, serial killers não se enquadram em nenhuma linha de pensamento específica. Na verdade, são um capítulo à parte no estudo do crime.

A expressão "serial killer" é relativamente nova. Foi usada pela primeira vez nos anos 1970 por Robert Ressler, agente aposentado do FBI (Federal Bureau of Investigation, órgão americano responsável por todas as investigações criminais federais) e grande estudioso do assunto. Ele pertencia a uma unidade do FBI chamada Behavioral Sciences Unit (BSU – Unidade de Ciência Comportamental), que tinha sua base em Quântico, Virgínia.

Essa unidade deu continuidade ao trabalho do psiquiatra James Brussell, pioneiro no estudo da mente de criminosos. O BSU começou montando uma biblioteca de entrevistas gravadas com serial killers já condenados e presos nos Estados Unidos. Seus investigadores se dirigiam até as penitenciárias em diversos estados americanos entrevistando os serial killers mais famosos do mundo, como Emil Kemper, Charles Manson, David Berkowitz. Tentavam entrar em suas mentes e compreender o que os impulsionava a matar.

Detalhes de todos os crimes americanos eram enviados a essa unidade e os "caçadores de mentes" procuravam pistas psicológicas em cada caso. Pelo que viam nas fotos das cenas dos crimes, desenvolveram a habilidade de descrever suspeitos e suas características de forma impressionante. No início, o bom senso era muito utilizado, mas com o passar do tempo foram criadas técnicas de análise da cena do crime, que veremos adiante com mais detalhes.

Aceitamos como definição que serial killers são indivíduos que cometem uma série de homicídios durante algum período de tempo, com pelo menos alguns dias de intervalo entre esses homicídios. O intervalo entre um crime e outro os diferencia dos assassinos de massa, indivíduos que matam várias pessoas em questão de horas.

O primeiro obstáculo na definição de um serial killer é que algumas pessoas precisam ser mortas para que ele possa ser definido assim. Alguns estudiosos acreditam que cometer dois assassinatos já faz do assassino um serial killer. Outros afirmam que o criminoso deve ter assassinado pelo menos quatro pessoas. Mas será que a diferença entre um serial killer e um assassino comum é só quantitativa? Óbvio que não.

O motivo do crime ou, mais exatamente, a falta dele é muito importante para a definição de um assassino como serial. As vítimas parecem ser escolhidas ao acaso e mortas sem nenhuma razão aparente. Raramente o serial killer conhece sua vítima. Ela representa, na maioria dos casos, um símbolo. Na verdade, ele não procura uma gratificação no crime, apenas exercita seu poder e controle sobre outra pessoa, no caso a vítima.

| OS SERIAL KILLERS SÃO DIVIDIDOS EM QUATRO TIPOS ||
|---|---|
| VISIONÁRIO | É um indivíduo completamente insano, psicótico. Ouve vozes dentro de sua cabeça e lhes obedece. Pode também sofrer de alucinações ou ter visões. |
| MISSIONÁRIO | Socialmente não demonstra ser um psicótico, mas em seu interior tem a necessidade de "livrar" o mundo do que julga imoral ou indigno. Escolhe certo tipo de grupo para matar, como prostitutas, homossexuais, mulheres ou crianças. |
| EMOTIVO | Mata por pura diversão. Dos quatro tipos estabelecidos, é o que realmente tem prazer em matar e utiliza requintes sádicos e cruéis, obtendo prazer no próprio processo de planejamento do crime. |
| SÁDICO | É o assassino sexual. Mata por desejo. Seu prazer será diretamente proporcional ao sofrimento da vítima sob tortura. A ação de torturar, mutilar e matar lhe traz prazer sexual. Canibais e necrófilos fazem parte deste grupo. |

Serial killers também são divididos nas categorias "organizados" e "desorganizados", geograficamente estáveis ou não.

O denominador comum entre todos os tipos é o sadismo, uma desordem crônica e progressiva. Segundo o dr. Joel Norris, PhD em Psicologia e escritor, existem seis fases do ciclo do serial killer.

| AS SEIS FASES DO CICLO DO SERIAL KILLER ||
|---|---|
| FASE ÁUREA | Quando o assassino começa a perder a compreensão da realidade. |
| FASE DA PESCA | Quando o assassino procura sua vítima ideal. |
| FASE GALANTEADORA | Quando o assassino seduz ou engana sua vítima. |
| FASE DA CAPTURA | Quando a vítima cai na armadilha. |
| FASE DO ASSASSINATO OU TOTEM | Auge da emoção para o assassino. |
| FASE DA DEPRESSÃO | Ocorre após o assassinato. |

Quando o assassino entra em depressão, engatilha novamente o início do processo, voltando à Fase Áurea.

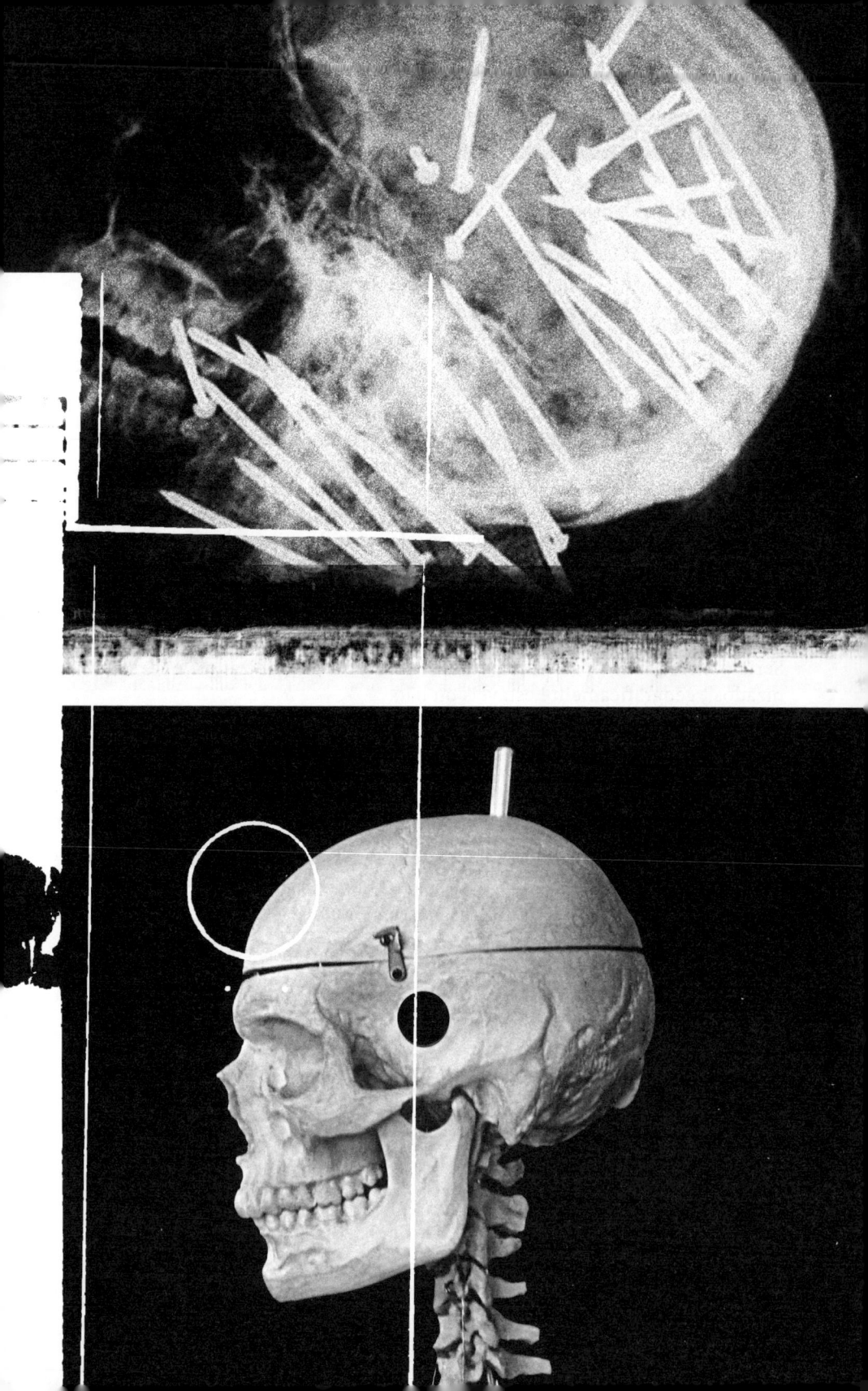

# QUEM É A VÍTIMA?

As vítimas do serial killer são escolhidas ao acaso ou por algum estereótipo que tenha significado simbólico para ele. Diferentemente de outros homicídios, a ação da vítima não precipita a ação do assassino. Ele é sádico por natureza e procura prazeres perversos ao torturar suas presas, chegando até a "ressuscitá-las" para "brincar" um pouco mais. Tem necessidade de dominar, controlar e possuir a pessoa. Quando a vítima morre, o assassino é novamente abandonado à sua misteriosa fúria e ódio por si mesmo. Esse círculo vicioso continua em andamento, até que sejam capturados ou mortos.

Com raras exceções, o serial killer enxerga suas vítimas como objetos. Para humilhá-las ao máximo, torturá-las fisicamente e matá-las, ele não pode enxergá-las como pessoas iguais a si mesmo e correr o risco de destruir sua fantasia. Sente-se bem ao saber que as fez se sentirem mal.

Esta é a essência do pensamento do serial killer: as vítimas não são suas parceiras na realização da fantasia, mas seu objeto de fantasia. Ele tira da vítima o que quer e quando termina livra-se dela. Pode jogá-la no acostamento, arrumá-la em um gramado ou fazê-la em pedaços e espalhá-los em uma mata.

Existem pesquisas que revelam que o prazer sexual do criminoso tem correlação direta com a resistência da vítima, e esta aumenta o tempo da duração do crime, que varia entre 36 e 94 minutos.

Tende a escolher vítimas mais fracas fisicamente do que ele, o que facilita seu domínio. De forma geral, as vítimas também pertencem a grupos menos beneficiados, como prostitutas, sem-teto ou caronistas, pois a demora em constatar seu desaparecimento facilita o trabalho do serial killer.

As mulheres serial killers, na maioria dos casos, são viúvas-negras ou anjos da morte: matam maridos e amantes ou velhos e doentes terminais.

O famoso Ted Bundy matava brutalmente colegiais com longos cabelos castanhos, meninas parecidas com sua noiva rica que rompeu o relacionamento. David Berkowitz, o Filho de Sam, não era tão específico: bastava ser mulher para se tornar sua vítima potencial.

John Wayne Gacy, de forma selvagem, torturava e estrangulava garotos, o que faz muitos analistas acreditarem que eles representavam o próprio Gacy em sua inadequação aos olhos do pai dominador.

O "Estrangulador de Boston" só matava mulheres voluptuosas. Foi também chamado de "O Homem Medida".

Conclui-se, então, que não existe um tipo físico preferido de vítima: a ação do serial killer não depende da atitude da vítima e o motivo do assassino, em geral, só faz sentido para ele mesmo. Portanto, a melhor prevenção para não se tornar uma vítima é... rezar!

# ASPECTOS GERAIS E PSICOLÓGICOS

Existem vários aspectos psicológicos que os serial killers têm em comum, no que diz respeito tanto à sua ação quanto ao seu passado.

Na infância, nenhum aspecto isolado define a criança como um serial killer potencial, mas a chamada "terrível tríade" parece estar presente no histórico de todos os serial killers: enurese[1] em idade avançada, abuso sádico de animais ou outras crianças, destruição de propriedade e piromania.[2]

Outras características comuns na infância desses indivíduos são: devaneios diurnos, masturbação compulsiva, isolamento social, mentiras crônicas, rebeldia, pesadelos constantes, roubos, baixa autoestima, acessos de raiva exagerados, problemas relativos ao sono, fobias, fugas, propensão a acidentes, dores de cabeça constantes, possessividade destrutiva, problemas alimentares, convulsões e automutilações relatadas pelos próprios serial killers em entrevistas com especialistas.

Apesar de não fazer parte da "terrível tríade", o isolamento familiar e/ou social é relatado pela grande maioria deles. Quando uma criança é isolada ou deixada sozinha por longos períodos de tempo e com certa frequência, a fantasia e os devaneios passam a ocupar o vazio da solidão. A masturbação compulsiva é consequência altamente previsível.

Para as pessoas normais, a fantasia pode ser usada como fuga ou entretenimento. É temporária e existe a compreensão por parte do indivíduo de que é irreal. Para os serial killers, a fantasia é compulsiva e complexa. Acaba se transformando no centro de seu comportamento, em vez de ser uma distração mental. O crime é a própria fantasia do criminoso, planejada e executada por ele na vida real. A vítima é apenas o elemento que reforça a fantasia.

Como a escalada da fantasia exige um constante reforço e, para tanto, uma sucessão de vítimas, a fantasia acaba se tornando o motivo do crime e estabelece a "assinatura" do criminoso.

O comportamento fantástico do serial killer serve a muitos objetivos: aplaca sua necessidade de controle; dissocia a vítima, tornando os acontecimentos mais reais; dá suporte à sua "personalidade para fins sociais"; e é combustível para futuras fantasias.

---

> O crime é a própria fantasia do criminoso, planejada
> e executada por ele na vida real. A vítima é
> apenas o elemento que reforça a fantasia.

---

[1] Incontinência urinária sem conhecimento, micção involuntária, inconsciente.
[2] Distúrbio mental no qual o indivíduo produz incêndios por prazer.

## O CONTROLE

Para o serial killer, a fantasia provê sua necessidade de controle da situação. Em homicídios em série, o assassinato aumenta a sensação de controle do assassino sobre sua vítima. Ele estabelece um comportamento que tem a intenção de demonstrar, sem sombra de dúvida, que está no controle.

Um dos meios de o serial killer estabelecer o controle é degradar e desvalorizar a vítima por longos períodos de tempo. Tal objetivo pode ser alcançado fazendo-a seguir um roteiro verbal, por meio de sexo doloroso e/ou forçado, além de tortura.

Alguns serial killers não se sentem no controle da situação até a vítima estar morta, então as matam mais rapidamente. Uma vez morta, começam as mutilações pós-morte, a desfeminização (grande estrago ou retirada dos órgãos femininos) e a disposição do corpo de maneira peculiar, em geral humilhante (nua, por exemplo). Esse comportamento estabelece com clareza o controle do serial killer sobre a vítima.

Um exemplo que esclarece bem a questão de fantasia e controle é o caso de Dayton Leroy Rogers.[3] Quando era recém-casado com sua primeira esposa, Rogers atacou uma garota de 15 anos com uma faca. Foi colocado em um programa de reabilitação para transgressores sexuais. Ali, suas fantasias cresceram e tornaram-se cada vez mais violentas. Ele passou a usar narcóticos, álcool e a masturbar-se compulsivamente.

Durante o período de seu segundo casamento, admitiu já ter fantasias sexuais violentas de escravidão durante as relações sexuais do casal. Declarou que tais fantasias aumentavam sua excitação.

Quando fantasiar já não era suficiente, passou a pegar prostitutas tarde da noite com seu caminhão, levando-as a lugares remotos na floresta de Molalla. Uma vez no local escolhido, ele as coagia a deixar-se amarrar e iniciava um ritual de escravidão metódico e extremo. Fazia parte desse ritual masturbar-se com os pés das vítimas, que depois de horas de tortura tinham esses membros fatiados ou seus mamilos cortados.

O procedimento se estendia até as primeiras horas da manhã, com pequenos intervalos apenas para que ele saísse para urinar do lado de fora de seu caminhão, já que consumia enormes quantidades de álcool durante toda a provação por que passavam suas vítimas. As poucas sobreviventes puderam contar como era sua ação.

Rogers as mantinha amarradas de forma apertada e dolorosa e as ameaçava estrangular caso elas não se submetessem a suas exigências, que incluíam "falas" do texto que estava em sua imaginação, como se tivessem de seguir um roteiro de teatro ou cinema. A menos que escapasse, a vítima não tinha a

---

3 Crimes ocorridos na cidade de Portland, Oregon, nos EUA.

menor chance: seria assassinada e jogada na floresta. Geralmente, eram caçadores que encontravam os corpos, já decompostos, depois de decorrido algum tempo dos assassinatos.

Esse assassino procurava sua vítima ideal, levava-a para um local onde estaria no controle total da situação e a forçava a desempenhar um papel, uma personagem dentro de sua fantasia.

Constata-se a procura de controle por parte do serial killer a partir da observação do local onde ele vai realizar sua fantasia, do roteiro a que submeterá a vítima, das armas que eventualmente usa ou traz consigo, do tipo de mutilação que inflige à vítima. O agressor faz aquilo que acredita que o manterá no controle, alimentando e reforçando sua fantasia.

## A DISSOCIAÇÃO

Para parecer uma pessoa normal e misturar-se às outras pessoas, o serial killer desenvolve uma personalidade para consumo externo, ou seja, um fino verniz de personalidade completamente dissociado de seu comportamento violento e criminoso.

A dissociação não é anormal. Todos nós temos um comportamento social mais "controlado" do que aquele que temos com nossos familiares mais íntimos. No caso do serial killer, a dissociação de sua realidade e fantasia é extrema. Muitos têm esposa, filhos e um emprego normal, mas são perturbados ao extremo. Mutilar a vítima, dirigir sua atuação como em um teatro ou sua desumanização também ajudam o serial killer a dissociar-se. O real e violento comportamento do agressor é suprimido socialmente, o que pode soar como amnésia temporária ou segunda personalidade, mas não é o caso.

O que capacita a dissociação é a fantasia. Quanto mais intrincada, maior é a distância mentalmente criada entre o comportamento criminoso do serial killer e o verniz superficial de personalidade que ele construiu. Sem esse verniz, serial killers não poderiam viver na sociedade sem serem presos de imediato. Não conseguiriam matar por tanto tempo sem se transformar em suspeitos.

O fato de controlar sua conduta para que isso não aconteça mostra que o criminoso sabe que seu comportamento não é aceito pela sociedade e que seu verniz social é deliberado e planejado com premeditação. É por esse motivo que a maioria deles é considerada sã e capaz de discernir entre o certo e o errado.

A dissociação que fazem de seus crimes enquanto estão em um contexto social é tão profunda que muitos serial killers, quando presos, negam sua culpa e alegam inocência com convicção. Mesmo que as provas para sua condenação incluam fotografias deles mesmos com suas vítimas, objetos pessoais delas encontrados em seu poder ou qualquer outra prova irrefutável, continuam negando veementemente sua participação no crime.

Seu verniz é tão perfeito que as pessoas na prisão confiam nele e em seu comportamento, sem entender como aquela pessoa tão educada e solícita, calma e comportada pode ter cometido crimes tão numerosos e violentos.

Jerry Brudos,[4] na adolescência, adorava se travestir de mulher e raptar vítimas para ter relações sexuais com elas. Na vida adulta, após seu casamento, começou a utilizar-se de vários disfarces e truques para pegar suas vítimas e levá-las para sua garagem. Uma vez ali, ele as forçava a tirar a roupa e a vestir lingerie e sapatos de sua imensa coleção. A vítima era então amarrada. Masturbava-se tirando fotografias dele mesmo e delas, usando para efeitos especiais os espelhos estrategicamente colocados no teto de sua garagem.

Quando terminava sua sessão fotográfica, Jerry estrangulava suas vítimas, amarrava pesadas peças de motor em seus corpos e as jogava no rio Willamette para que afundassem no esquecimento. Depois de cinco assassinatos parecidos, Jerry foi considerado suspeito. A polícia conseguiu um mandado para investigar sua casa, mas mesmo sabendo o dia da busca com antecedência Jerry não demonstrou nenhuma preocupação em sumir com alguma prova. Era como se o assunto não se referisse a ele.

Entre as provas encontradas pela polícia na garagem de Jerry Brudos estavam:

**1ª PROVA:** sua coleção de fotografias das vítimas demonstrando toda a sua nudez e submissão;

**2ª PROVA:** sua coleção de sapatos roubados;

**3ª PROVA:** roupas de várias vítimas;

**4ª PROVA:** sua coleção de lingerie roubada;

**5ª PROVA:** um peso para papel moldado a partir do seio de uma das suas vítimas;

**6ª PROVA:** o seio que serviu de molde para o peso no freezer da garagem;

**7ª PROVA:** partes do corpo removidas das vítimas, particularmente pés, guardados no freezer;

**8ª PROVA:** fotos de sua esposa, Ralphene Brudos, nua.

Na ausência de vítimas, esses apetrechos permitiam que ele mantivesse viva sua fantasia e planejasse o próximo crime. Sua esposa confirmou que ele passava horas na garagem e ficava fora de si caso ela ameaçasse entrar ou violar sua privacidade. Para os outros, seu reduto era território proibido.

---

4   Crimes ocorridos na cidade de Salem, Oregon, nos EUA.

Jerry Brudos esteve preso na Penitenciária Estadual de Salem e sempre negou qualquer conhecimento ou participação naqueles crimes pelos quais foi condenado. Antes do julgamento, chegou a confessar os crimes alegando insanidade, mas como esse pedido foi indeferido jamais admitiu seus crimes depois disso, apesar das fotos, das testemunhas, das partes dos motores amarradas às vítimas, que lhe pertenciam... Havia todas as evidências materiais possíveis e imagináveis, mas mesmo assim ele alegava ser inocente.

Seu verniz social era tão perfeito e verossímil que foi considerado um dos presos mais confiáveis da penitenciária, apesar de ser capaz de crueldades indescritíveis na realização de seus crimes. Prestou vários serviços, e guardas e diretores só tinham maravilhas a falar sobre ele. Era tratado como um preso não perigoso, apesar de ser um serial killer condenado. Sua liberdade condicional foi revista a cada dois anos, mas nunca foi solto. Morreu na Prisão Estadual do Oregon em 28 de março de 2006, aos 67 anos.

## A EMPATIA

Quando uma criança começa a provocar outra, notamos imediatamente um novo estágio em seu desenvolvimento: significa que ela já é capaz de se colocar no lugar de outra pessoa, concluir qual atitude sua vai irritá-la e então se utilizar dessa conclusão para aborrecê-la.

Estendendo essa mesma lógica para a mente do serial killer, se ele precisa da vítima humilhada e amedrontada precisa saber como obter esse resultado. É um erro pressupor que o serial killer não sabe criar empatia, uma vez que compreende exatamente o que é humilhante, degradante ou doloroso para a vítima e planeja sua ação para obter dela o que necessita e deseja.

Segundo Brent E. Turvey, famoso psiquiatra forense, essa é uma evidência irrefutável de que o criminoso tem clara compreensão das consequências de seu comportamento e ação para a vítima; entender que ela está humilhada e sofrendo é, em parte, o porquê de ele estar se comportando dessa maneira.

Segundo John Douglas, enquanto o maior medo das mulheres é ser atacadas quando estão sozinhas, o dos homens é ser humilhados, principalmente na frente de outras pessoas. A maioria dos criminosos violentos tem histórias de humilhação pública na infância, por parte dos pais ou de colegas da escola. Sabem com exatidão como é a sensação de passar por essa tortura.

Se seu comportamento não é puramente egocêntrico, seu prazer o é. Sentem-se bem na mesma medida em que suas vítimas sentem-se mal.

## A INTIMIDADE

A intimidade é assunto de grande preocupação para todo serial killer. É desejada por todos eles, mas não sabem como obtê-la pelas vias normais, uma vez que são antissociais.

O ritual a que o assassino submete a vítima acaba sendo para ele o máximo da intimidade; sob seu controle, ele desnuda-a em todos os sentidos e revela a si mesmo como ninguém mais o conhece. A forçada intimidade sexual acaba sendo, para o criminoso, o máximo de proximidade que consegue em termos espirituais e emocionais.

Para o serial killer, a intimidade está em "dividir" com a vítima seus mais secretos desejos e sentimentos pessoais. Mas não se iluda: o agressor não é parceiro da vítima, ela é apenas o objeto de sua fantasia.

## REPETIÇÃO OU REENCENAÇÃO

Cada crime, cada vítima é parte da fantasia macro do criminoso. Toda essa história foi vivida inúmeras vezes antes, durante e certamente depois do crime.

A repetição e a reencenação servem para alimentar a fantasia, reforçando a escalada de comportamento violento e dando prazer sexual ao serial killer. É um exercício mental para o criminoso reviver o crime depois de tê-lo cometido. Para conseguir fazê-lo, cada um deles se utiliza de métodos diferentes. Alguns gravam e filmam seus crimes para assisti-los várias vezes depois de livrar-se do corpo e assim estimular e preparar futuros crimes. Outros ficam com lembranças de suas vítimas, como roupas, sapatos, documentos e até partes do corpo. Outros ainda matam sempre no mesmo local, embaralhando em sua cabeça o momento passado com o atual.

## ABUSO NA INFÂNCIA E
## OUTRAS CARACTERÍSTICAS

A grande maioria dos serial killers (cerca de 82%) sofreu abusos na infância. Esses abusos foram sexuais, físicos, emocionais ou relacionados com negligência e/ou abandono.

Não é fácil identificar um molestador de crianças. Gente de todas as raças, religiões, profissões, classes sociais e culturais está representada entre eles. Em sua maioria, são homens, entre a adolescência e a meia-idade, mas mulheres também podem desenvolver essa conduta.

| | ALGUMAS CARACTERÍSTICAS JÁ FORAM CONSTATADAS |
|---|---|
| 01 | Um terço dos molestadores são viciados em alguma substância. |
| 02 | A proporção constatada entre os molestadores é de oito homens para apenas uma mulher. |
| 03 | Meninas têm maior chance de ser molestadas por membros da família do que meninos. |
| 04 | Os casos mais frequentes são intrafamiliares. |
| 05 | Muitos casos de incesto entre pai e filho aparecem como reação ao estresse emocional e/ou perdas que ameaçam a masculinidade dos pais ou como expressão de ódio. |
| 06 | Criminosos que abusam de meninos mostram maior risco de reincidir do que aqueles que abusam de meninas. |

Podemos dividir os abusos sexuais infantis em três categorias: 1) crianças espancadas que sofrem ferimentos principalmente na área genital; 2) crianças que sofreram contato genital não apropriado com adulto ou tentativa de intercurso sexual; e 3) crianças que tiveram contato com a sexualidade adulta, em geral via pornografia. Em 75% dos casos conhecidos de abuso sexual, a criança conhece seu abusador; em 20%, ele é o pai natural; em 12% dos casos, o abusador é o padrasto; e em apenas 2% dos casos a mãe é a abusadora.

Os molestadores sexuais de crianças preferenciais podem ser sedutores, sádicos ou introvertidos. Muitos são aproveitadores de pornografia ou prostituição infantil. É importante conhecer a diferença entre um pedófilo e um molestador de crianças. A pedofilia, desordem psicológica que consiste em nítida preferência sexual por pré-púberes (menores de 12 anos), não requer que a pessoa realmente se envolva em um ato sexual de fato. O pedófilo pode manter suas fantasias em segredo, sem nunca dividi-las com ninguém. Manter-se perto de crianças a qualquer custo é sua marca registrada.

Molestadores de crianças podem ter várias motivações para seus crimes. Diferentemente do pedófilo, seus motivos nem sempre são de origem sexual ou têm muito pouco a ver com desejo sexual. Além disso, chegam às vias de fato. O molestador não tem uma genuína preferência sexual por crianças e em geral foi vítima de outros tipos de abuso em sua vida. É a continuação do processo pelo qual foi tratado, que causou nele baixa autoestima e baixos padrões morais. Fazer sexo com crianças é apenas mais uma oportunidade de prolongar a violência que já faz parte de sua existência.

O molestador que realmente prefere crianças é obrigado a seguir um padrão de comportamento bastante distinto. Seduzir esses pequenos seres e utilizar-se de suas fraquezas emocionais requerem um relacionamento construído ou já existente. Segundo o Departamento de Justiça dos Estados Unidos, em 90% dos casos de estupro ocorrido com crianças pré-púberes a vítima conhecia seu algoz.

## AS CARACTERÍSTICAS MAIS COMUNS NO PEDÓFILO SÃO AS SEGUINTES:

- Tem fascinação ou interesse fora do normal por crianças.
- Faz frequentes referências à "santidade" e à pureza das crianças.
- Tem passatempos ou interesses em coisas que pertencem ao mundo infantil, como colecionar brinquedos, aeromodelismo e similares.
- Sua casa ou quarto é decorado com temas infantis.
- Frequentemente, o tema acaba revelando a idade preferida das crianças que molesta.
- Tem mais de 30 anos, é solteiro e tem poucos ou nenhum amigo.
- Muda de endereço com frequência acima da média.
- Tem acesso a crianças de forma sistemática e prolongada, pois logo levantaria suspeitas se não tivesse uma razão plausível para estar perto delas. É usual que escolha empregos em setores nos quais estará forçosamente lidando com crianças em bases diárias, como professor, motorista escolar, monitor de acampamento, fotógrafo e treinador de esportes.
- É voluntário em atividades nas quais será deixado sozinho com crianças, sem a supervisão dos pais.
- Crianças saudáveis e com ótimo relacionamento familiar não estão isentas de ser vítimas de molestadores, pois têm aspectos de sua natureza que podem trabalhar contra elas mesmas. Qualquer criança é curiosa, facilmente influenciável e manipulável, além de sempre precisar de atenção e afeto. A escolha do molestador, de modo geral, recai sobre crianças problemáticas, pois a sedução fica facilitada.
- A criança molestada acaba sofrendo da "síndrome de Estocolmo".[5]

---

[5] A síndrome de Estocolmo caracteriza-se por três sintomas principais, manifestados pelas pessoas que se envolvem em um evento crítico (e não apenas pelos reféns, como muitos pensam): sentimentos positivos do refém ou vítima em relação ao captor; sentimentos positivos do captor em relação ao refém ou vítima; e sentimentos negativos do refém ou vítima em relação às autoridades que gerenciam a crise. O nome se origina de um evento crítico ocorrido em Estocolmo, na Suécia, em 1973. Dois assaltantes – Jan Olson e Clark Olofsson – mantiveram por uma semana seis pessoas como reféns, presas dentro do cofre do Banco de Crédito de Estocolmo. Após a liberação, os reféns manifestaram grande hostilidade contra os policiais e defenderam ardorosamente os bandidos que os agrediram e humilharam, além de pagar por sua defesa. Afinal, deviam suas vidas à generosidade dos bandidos...

Abusos físicos, como surras ou estupro, são detectáveis com facilidade. Quanto à negligência, a situação é completamente diferente. Atos físicos deixam marcas reconhecíveis por terceiros, que podem interferir comunicando os maus-tratos à polícia. Já a negligência é um conceito subjetivo e pessoal, e prová-la em um tribunal é muito complexo.

Também não se sabe por que algumas crianças conseguem lidar melhor com certos tipos de abusos, superando-os, enquanto outras, sofrendo a mesma agressão, têm suas vidas drasticamente alteradas. A capacidade de resiliência de cada um vai definir o quanto se recuperará.

Os laços familiares na infância de um ser humano vão servir de mapa para todas as suas outras relações. Entre três e nove meses de vida, a criança cria laços com seus pais, que devem se preocupar em construí-los de forma profunda. A falta desses laços é o grande fator do desenvolvimento da psicopatia.

A conexão estabelecida nos primeiros meses de vida da criança vai ajudá-la a progredir intelectualmente, desenvolver uma consciência, lidar melhor com as frustrações, ter mais autoconfiança e autoestima, e aprimorar relacionamentos empáticos.

Cuidar do emocional da criança, para os pais, deve ter a mesma importância de uma boa nutrição. Autoestima, maleabilidade, esperança, inteligência e capacidade de empatia são essenciais para a construção de um caráter que controla seus impulsos, administra sua raiva e resolve seus conflitos. Sem essas habilidades adquiridas, a criança não é capaz de estabelecer relacionamentos importantes.

Entre os serial killers estudados, esta é outra característica encontrada com facilidade: seu tenso e difícil, às vezes até inexistente, relacionamento familiar. Uma criança que não aprende a valorizar sua família e a relacionar-se com ela dificilmente conseguirá alcançar esse objetivo com outras pessoas de forma natural.

A crueldade com animais é geralmente considerada comportamento sádico. Temos de ter em mente que nem todos os sádicos se tornaram assassinos, nem todos os serial killers mutilaram animais na infância, nem todos os que o fizeram se tornaram criminosos – apenas 36% dos serial killers foram cruéis com animais. Devemos também entender que ser cruel com animais não é o único indício de sadismo: esse comportamento pode ser indicado pela crueldade com outras crianças ou até com bonecas e outros objetos.

Todos os comportamentos descritos têm muito em comum: só se agravam com o tempo. As fantasias se tornam mais violentas e os atos sádicos, mais cruéis.

Por sua natureza psicopata, serial killers não sabem sentir compaixão por outras pessoas ou como se relacionar com elas. Eles aprendem a imitar as pessoas normais. É um ato manipulativo, que aprenderam por observação e que ajudará a levar sua vítima para dentro da armadilha. Em geral, são ótimos atores e têm uma aparência totalmente normal.

Henry Lee Lucas dizia se sentir como uma estrela de cinema, fazendo sua parte. John Wayne Gacy se vestia de palhaço e fazia shows para crianças carentes, enquanto o Assassino do Zodíaco usava um estranho traje de execução, mais parecido com um "ninja".

Quando são capturados, rapidamente assumem uma máscara de insanidade, alegando múltiplas personalidades, esquizofrenia, blecautes constantes, possessão demoníaca ou qualquer coisa que os exima de responsabilidades.

Para que um crime seja solucionado, tanto a medicina forense quanto a psicologia jurídica devem ser utilizadas. Quanto mais interação entre os profissionais dessas duas áreas, mais chances tem a polícia de encontrar e capturar os serial killers.

---

Por sua natureza psicopata, serial killers não sabem sentir compaixão por outras pessoas ou como se relacionar com elas.

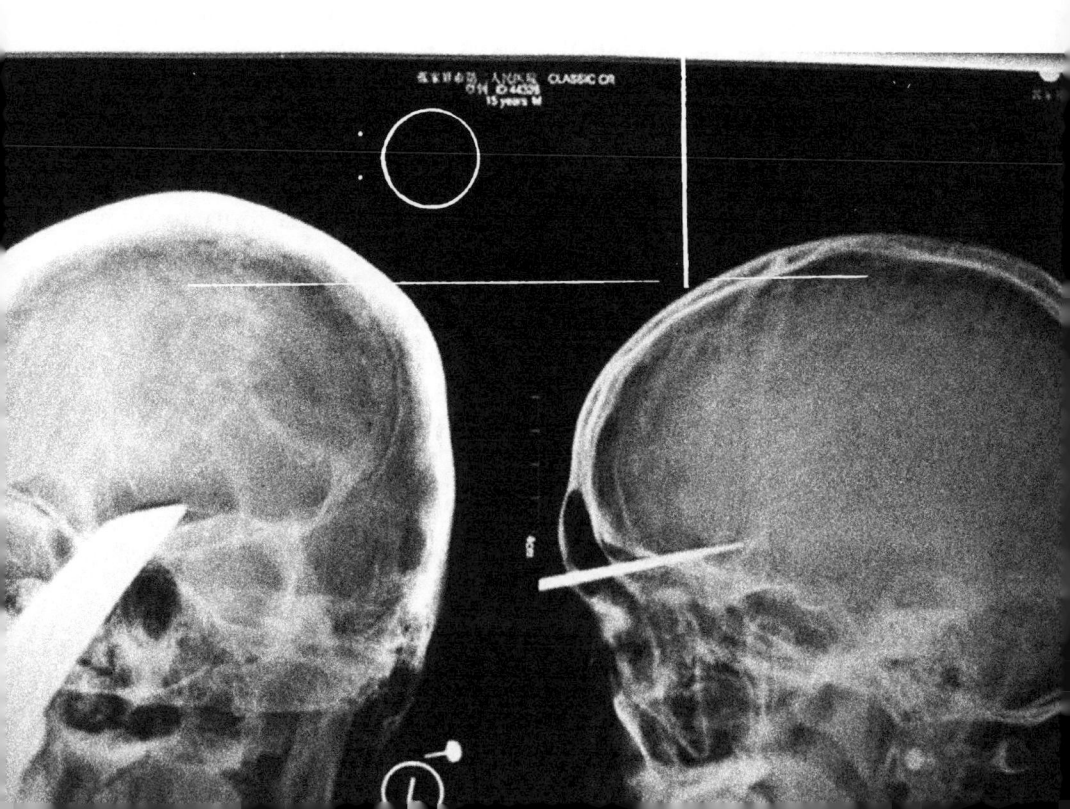

---

# MITOS E CRENÇAS

## TODOS OS SERIAL KILLERS SÃO HOMENS?

Apesar de a grande maioria ser do sexo masculino, falar que não existem assassinas seriais é cair na incorreção. Os crimes femininos recebem, em geral, menos publicidade do que os masculinos: são menos sensacionais e têm motivações diferentes, além de representarem menos de 10% desse universo de criminosos.

Segundo John Douglas, ex-agente do FBI, a minoria dos serial killers é composta por negros. Isso se deve ao fato de que, mesmo nos lares onde sofreram com mães abusivas, são resgatados por alguma figura feminina amável, especialmente as avós. É um "comportamento natural na cultura negra", de acordo com Douglas.

As mulheres, de forma geral, quando sofrem os mesmos tipos de abuso ou negligência que os homens na infância, tendem a internalizar seus sentimentos, segundo Douglas e Olshaker.[6] Elas acabam tendo comportamentos autodestrutivos, como alcoolismo, drogas, prostituição ou suicídio. Não é frequente se tornarem agressivas ou predatórias.

Mulheres, quando serial killers, tendem a matar pessoas que elas conhecem, não estranhos quaisquer. Em geral, seus alvos são crianças ou o próprio marido.

Quem não ouviu falar da "viúva-negra", a mulher que matou vários maridos ou parceiros por um longo período de tempo, com objetivos meramente financeiros? Elas também fazem seus crimes parecerem mortes naturais, como ataques do coração, suicídios, acidentes ou "doenças" que na verdade foram causadas por envenenamento.

A alegação de legítima defesa é o que faz muitas assassinas seriais permanecerem fora das estatísticas, além do fato de com frequência matarem em dupla, o que as torna "cúmplices forçadas a matar por seu homem", por amor.

## SERIAL KILLERS SÃO LOUCOS?

Loucos ou cruéis? Essa é uma dúvida popular e acadêmica. Racionalizar o ato como resultado de uma doença mental parece tornar o crime mais lógico.

Insanidade, muitas vezes alegada em tribunais para a tentativa de absolvição do assassino, não é um conceito de saúde mental, como muitos acreditam. Seu conceito legal se refere à habilidade do indivíduo de saber se suas ações são certas ou erradas no momento em que estão ocorrendo.

---

6   Douglas, John E.; Olshaker, Mark. *The Anatomy of Motive: The FBI's Legendary Mindhunter Explores the Key to Understanding and Catching* (Simon and Schuster, 1999).

É uma surpresa saber que apenas 5% dos serial killers estavam mentalmente doentes no momento de seus crimes, apesar das alegações em contrário.

Ao longo da história, vários cientistas têm publicado trabalhos sobre a relação entre crime e biologia. Apesar do grande número de estudiosos do assunto, não existe nenhuma evidência comprovada cientificamente que apoie a teoria do "gene criminoso".

Um estudo sobre gêmeos que foram criados separadamente, feito pelos doutores Yoon-Mi Hur e Thomas Bouchard Jr.[7] em 1997, revelou uma forte ligação entre fatores genéticos e comportamentos impulsivos e pessoas que necessitam de grandes emoções.

Existem também serial killers que têm um cromossomo feminino extra (YXX), como Bobby Joe Long, que sofria da chamada síndrome de Klinefelter. Como consequência, Bobby Joe tinha estrógeno (hormônio feminino) em maior quantidade circulando em seu sangue, o que acarretou o crescimento de seus seios na puberdade. Além do óbvio constrangimento causado, nada comprovou que seu cromossomo extra o teria tornado um criminoso.

Um serial killer com um cromossomo Y a mais (masculino) também alegou tal fato em sua defesa, como se esse fator explicasse sua extrema violência. Apesar de parecer uma explicação até lógica, não existem evidências científicas que comprovem essa hipótese.

A relação entre masculinidade e crime já tentou ser explicada também pelo hormônio masculino testosterona. Uma taxa elevada de testosterona combinada com baixos níveis de serotonina pode causar resultados letais. Testes em atletas e empresários de sucesso demonstraram taxas anormalmente altas de testosterona, mas a serotonina diminui o pico de tensão, equilibrando o indivíduo. Quando esse equilíbrio não existe, a frustração pode levar à agressividade e a comportamentos sádicos, segundo o dr. Paul Bernhardt.[8]

Outra explicação possível é a que criminosos violentos têm traços de alta dosagem de metais pesados no sangue, como manganês, chumbo, cádmio e cobre. O manganês, por exemplo, diminui os níveis de serotonina e dopamina no organismo, o que contribui para um comportamento agressivo. O álcool incrementa seus efeitos.

Tradicionalmente, o comportamento psicopata é consequência de fatores familiares ou sociológicos, mas alguns pesquisadores encontraram diferenças cerebrais entre psicopatas e pessoas normais que não podem ser descartadas.

---

7   "Impulsivity, sensation-seeking: genetic tie seen",
    Department of Psychology, University of Minnesota.
8   Dr. Paul C. Bernhardt, "High testosterone, low serotonine: double problem?", Department of Educacional Psichology, University of Utah./"Influences of serotonin and testosterone in aggression and dominance: convergence with social psychology," Paul C. Bernhardt, Current Directions in Psychological Science, Vol. 6, No. 2, April 1997, pp. 44-48. Address: Paul C. Bernhardt, Department of Educational Psychology, MBH 327, University of Utah, Salt Lake City, UT 84112.

O dr. Christopher Patrick,[9] em um artigo de 1995, alega que psicopatas têm menor taxa de mudanças cardíacas e de condução elétrica na pele como reação ao medo. Seu grupo de pesquisa fez a seguinte experiência: mostrou para um grupo de prisioneiros, psicopatas ou não, slides agradáveis, neutros e desagradáveis. No experimento, ficou evidente que prisioneiros psicopatas tinham uma deficiência em sua capacidade de sentir medo, não demonstrando diferentes emoções entre os variados tipos de imagens.

O dr. Robert Hare, psicólogo da University of British Columbia, completou um estudo[10] sobre como as ondas cerebrais monitoradas de psicopatas reagiam à linguagem verbal, medindo as mudanças que ocorriam em seu cérebro quando ouviam palavras como câncer, morte, mesa ou cadeira. Para as pessoas saudáveis, as ondas cerebrais têm sua atividade modificada rapidamente, dependendo da palavra ouvida. Para os psicopatas, nenhuma atividade cerebral especial foi registrada, ou seja, todas as palavras são neutras para essas pessoas.

Outros estudos do cérebro sugerem que crianças psicopatas fazem certas conexões cerebrais com mais lentidão que outras, mostram menos medo à punição e parecem ter a necessidade de "excitar" seu sistema nervoso, sentindo fortes emoções e precisando de vibrações constantes.

O dr. Dominique LaPierre[11] sugere que o córtex pré-frontal, área do planejamento a longo prazo, julgamento e controle de impulsos, não funciona normalmente em psicopatas.

Em novas pesquisas científicas, feitas pelo professor de psicologia da Universidade do Sul da Califórnia, dr. Adrian Raine, e colegas,[12] 21 homens com histórico de atos criminosos violentos, de assalto até tentativa de assassinato, mostraram um resultado no mínimo intrigante: todos apresentaram o mesmo defeito cerebral, uma reduzida porção de matéria cinzenta no lobo pré-frontal, justamente atrás dos olhos. Indivíduos que são antissociais, impulsivos, sem remorso e que cometem crimes violentos têm, em média, 11% menos matéria cinzenta no córtex pré-frontal do que o normal. Os estudos de Raine e seus colegas são os primeiros a ligar comportamento violento e antissocial a uma anormalidade anatômica específica no cérebro humano. Mas, segundo seus esclarecimentos, sua teoria diz que o "defeito" no cérebro não está inter-relacionado com o comportamento violento. A reduzida

[9] Dr. Christopher J. Patrick, "Psychopaths: findings point to brain differences", Department of Psychology, Florida State University.
[10] "Psychopathy: a clinical construct whose time has come," Robert D. Hare, Criminal Justice and Behavior, Vol. 23, No. 1, March 1996, pp. 25-54.
[11] Dr. Dominique LaPierre, "The psychopathic brain: new findings", *Psychologie UQAM*, Montreal, Canadá./"Ventral frontal deficits in psychopathy: neuropsychological test findings," Dominique LaPierre, Claude M. J. Braun, and Sheilagh Hodgins, Neuropsychologia, Vol. 33, No. 2, 1995.
[12] Selective reductions in prefrontal glucose metabolism in murderers," Adrian Raine, Monte S. Buchsbaum, Jill Stanley, Steven Lottenberg, Leonard Abel, and Jacqueline Stoddard, Biol. Psychiatry, 36, September 1, 1994.

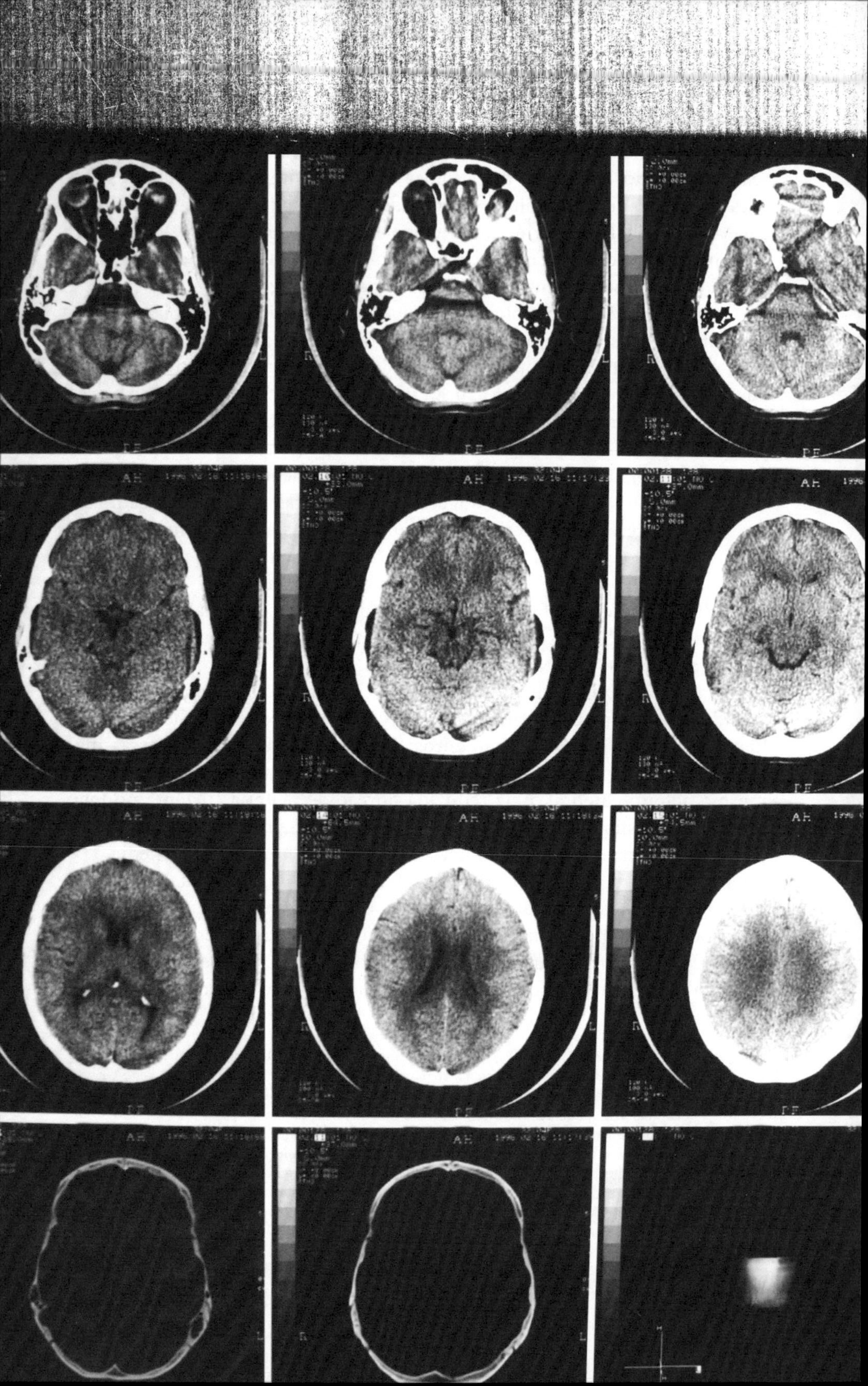

massa cinzenta apresentada por alguns apenas aumenta sua probabilidade de vir a ser um indivíduo violento, mas seria a combinação entre os fatores biológicos e sociais que "criariam" um criminoso.

De acordo com muitos pesquisadores, defeitos cerebrais e lesões têm tido importante ligação com o comportamento violento. Quando o hipotálamo, o lobo temporal e/ou o cérebro límbico sofrem estragos, a consequência podem ser incontroláveis agressões por parte do indivíduo.

O hipotálamo regula o sistema hormonal e as emoções. Pela proximidade física dos centros sexual e agressivo com o hipotálamo, instinto sexual e violência são conectados, no caso de criminosos sádicos. Um dos motivos da danificação do hipotálamo é a malnutrição ou lesão.

O cérebro límbico (extremidades) está associado às emoções e motivações. Quando há uma lesão nessa área, o indivíduo perde o controle sobre suas emoções primárias, como o medo e a raiva. De acordo com J. Reid Meloy,[13] a falta de emoções do psicopata e sua observação predatória podem ser comparadas à frieza dos répteis, que não têm a parte límbica do cérebro, na qual residem as memórias, as emoções, a socialização e os instintos paternos. Em outras palavras, serial killers são corretamente descritos como pessoas de "sangue-frio", insensíveis.

O lobo temporal, por sua vez, é muito suscetível a ferimentos, pois está localizado onde os ossos do cérebro são mais finos. Lesões sem corte, incluindo queda em chão duro, podem com facilidade danificar essa área com lesões que causam certas formas de amnésia, crises epilépticas ou ainda aumento de respostas agressivas por parte do indivíduo.

Um estudo feito por Pavlos Hatzitaskos e colegas[14] reporta que grande porção de prisioneiros no corredor da morte sofreu sérios ferimentos no cérebro, e aproximadamente 70% dos pacientes que têm graves ferimentos cerebrais desenvolvem tendências agressivas. Alguns desses ferimentos são acidentais, mas muitos deles aconteceram durante surras na infância. Entre os serial killers que sofreram ferimentos na cabeça estão Leonard Lake, David Berkowitz, Kenneth Bianchi e John Wayne Gacy.

---

13  J. Reid Meloy, Ph.D., San Diego, Califórnia, EUA.
14  "Doctors miss treatable problems in violent offenders", *Juvenile and Family Court Journal*, New York University School of Medicine, EUA, 1994./"The documentation of central nervous system insults in violent offenders," Pavlos Hatzitaskos, Dorothy Otnow Lewis, Catherine A. Yeager, and Karin Trujillo, Juvenile and Family Court Journal, 1994.

## SERIAL KILLERS TÊM APARÊNCIA ESTRANHA?

Infelizmente, serial killers não têm horríveis cicatrizes, desfigurações ou quaisquer outros sinais físicos que os diferenciem do restante de nós.

Nos livros, cinema e televisão são descritos como altos, horríveis, com cara de mau. Quase nunca é assim. São pessoas comuns, que têm emprego e podem ser bastante charmosas e educadas. Todos os milhares de vítimas que caíram em suas armadilhas tinham quociente de inteligência normal e com certeza não achavam que estavam se colocando em situação de risco.

## SERIAL KILLERS TÊM A MESMA MOTIVAÇÃO?

Todos os seres humanos têm seu comportamento influenciado por causas biológicas, psicológicas e sociais. Esse trio é inseparável e por esse motivo as experiências com gêmeos criados juntos e com aqueles separados ao nascer são tão importantes.

Alguns serial killers são motivados por seu ódio às mulheres, desejo de controle, dominação, humilhação ou por vinganças reais e/ou imaginárias.

Dadas as diferenças biológicas e de desenvolvimento existentes entre os vários serial killers conhecidos, seria ingenuidade acreditar que eles teriam os mesmos motivos para agir deste ou daquele modo.

## SERIAL KILLERS TÊM PROBLEMAS COM FIGURAS FEMININAS?

Esse mito é extremamente comum. Ele presume que o serial killer tem assuntos mal resolvidos com as figuras femininas de sua vida, como bem exemplificado no filme *Psicose*, de Hitchcock, baseado no livro homônimo de Robert Bloch, publicado pela DarkSide® Books em 2013.

Existem muitos exemplos de serial killers que sofriam de graves problemas com a mãe ou o pai, mas muitas outras pessoas também sofrem e nem por isso saem por aí cometendo assassinatos em série. Não é motivo suficiente para explicar esse comportamento.

## SERIAL KILLERS SÃO ABUNDANTES EM NOSSA SOCIEDADE?

Serial killers são difíceis de definir e detectar. Em geral, escolhem vítimas descartáveis, como os sem-teto ou prostitutas, não chamando atenção das autoridades para seus crimes, que podem nunca ser relacionados ou atribuídos a um só assassino.

Os norte-americanos estimam que haja entre 35 (número conservador dado pelo FBI) e quinhentos (número considerado absurdo pelos especialistas) serial killers em ação. É também nos Estados Unidos que se encontram 75% deles.

Será que os estadunidenses são geneticamente mais propensos a matar de forma hedionda? Imagino que a diferença entre eles e o resto de nós é a alta tecnologia e a formação de que dispõe a polícia na obtenção de dados para solucionar os crimes e a enorme facilidade de comunicação e troca de informações entre os policiais de todos os estados.

| PAÍSES COM O MAIOR NÚMERO DE SERIAL KILLERS CONHECIDOS ||
|---|---|
| 1º ESTADOS UNIDOS | 2º GRÃ-BRETANHA |
| 3º ALEMANHA | 4º FRANÇA |

Mas outros países também têm seus serial killers notórios: no México, um criminoso confessou ter matado mais de cem vítimas. Na China, o chamado "Cidadão X" pode ter sido responsável por mais de mil mortes. Em 1999, a polícia paquistanesa caçava um homem que dizia ter assassinado cem crianças. Na Colômbia, Pedro Alonzo Lopez matou mais de trezentas pessoas. Moses Shitole, da África do Sul, matou 38 mulheres. Francisco das Chagas Rodrigues de Brito assassinou e emasculou 42 meninos no Brasil.

Um estudo realizado na Inglaterra, em 1997, concluiu que o número de serial killers estava aumentando no país e que eles eram proporcionalmente mais frequentes que nos Estados Unidos.

| OUTRAS ESTATÍSTICAS CURIOSAS | |
|---|---|
| 84% | dos serial killers são caucasianos; |
| 93% | dos serial killers são homens; |
| 90% | dos serial killers têm idade entre 18 e 39 anos. |
| 89% | das vítimas são caucasianas; |
| 65% | das vítimas são mulheres. |

## FAZER UM PERFIL CRIMINAL RESOLVE CRIMES?

O perfil criminal é só uma ferramenta investigativa disponível para ajudar a solucionar um crime. Apesar de a literatura nos dizer como essa ferramenta é maravilhosa, a realidade não é tão espetacular se medirmos quantas capturas foram feitas desde 1970, quando o perfil criminal foi adotado nos Estados Unidos. Em geral, os serial killers são pegos por crimes menores ou pela astúcia da polícia, que consegue um mandado de busca para investigação.

Muito desse mito se dá pela crença de que o perfil nos leva a um criminoso específico, o que não é verdade; ele nos indica um tipo de criminoso, talvez rascunhe seu histórico psicológico, possivelmente sua aparência física, tipo de profissão, possível local de residência ou estado civil, entre outras coisas. Essas conclusões serão baseadas na cena do crime, na reconstrução do comportamento do assassino e na análise desse comportamento no contexto do crime. Com esses dados, o número de suspeitos a serem investigados diminui sensivelmente.

O perfil criminal jamais poderá substituir o tradicional trabalho da polícia, mas sem dúvida é uma arma importantíssima na investigação criminal.

## PERFIL CRIMINAL É SOBRENATURAL?

De acordo com os profissionais que montam os perfis criminais, não existe nada de místico em seu trabalho. É um processo lógico e racional baseado em estudos psicológicos e sociológicos.

Brent Turvey, cientista forense, desenvolveu um método conhecido como "Behavioural Evidence Analysis" (BEA – Análise das Evidências de Comportamento). Baseia-se nas evidências físicas de um crime específico e as conclusões sobre o suspeito advêm do exame da cena do crime e da análise de seu comportamento. Esse método é fortemente calcado em ciência forense e depende da análise científica acurada das provas para a interpretação dos fatos que envolvem o caso. Outro método também utilizado é o da psicologia investigativa, desenvolvida pelo psicólogo britânico David Canter, mais utilizada na Inglaterra.

A ciência forense, nos dias de hoje, é tão especializada nos Estados Unidos que é essencial para desvendar crimes. É assim subdividida:

**CIENTISTA FORENSE GERAL:** sabe um pouco sobre a maioria dos assuntos, tem um conhecimento do todo e de suas possibilidades.

**CIENTISTA FORENSE ESPECIALISTA:** tem conhecimento sobre um assunto específico, como um serologista, especialista que estuda o soro e suas propriedades. Assim como a microscopia geral estuda sangue e fluidos corporais, um especialista se aprofunda nesse assunto.

**CIENTISTA FORENSE SUBESPECIALISTA:** tem um conhecimento específico sobre uma subcategoria, como o DNA.

Os procedimentos de laboratórios criminais são baseados somente em ciência e seus critérios têm de ser admitidos na Justiça. Trabalha-se com fluidos corporais, testes microscópicos com fios de cabelo, fibras e material botânico. Outros laboratórios especializam-se em armas de fogo, testando as evidências de mecanismo e resíduos de tiro.

Laboratórios que analisam documentos são especializados em falsificações, adulterações, comparações de "assinatura" e tintas. Podem dizer quem fabricou aquela tinta apenas verificando sua composição.

A toxicologia também faz parte da serologia e serve para detectar a presença de drogas e venenos no corpo.

## O FBI INVESTIGA TODOS OS SERIAL KILLERS NOS ESTADOS UNIDOS?

Esse é um retrato bastante hollywoodiano. Na verdade, o FBI só tem jurisdição para investigar diretamente casos que ocorram em propriedade federal ou em reservas indígenas.

O FBI é consultado com frequência para fazer o perfil do criminoso em casos que estão sendo investigados e que já esgotaram todas as outras possibilidades de investigação. Nenhum policial gosta de pedir ajuda a eles na solução de casos, por acreditar, preconceituosamente, que essa atitude indica que os responsáveis fracassaram na solução do crime.

Hoje em dia, os policiais locais estão bem equipados com conhecimentos nessa área e, na grande maioria, aptos a solucionar os crimes, mas sem dúvida esses métodos afunilam a investigação.

Em Quântico, cidadezinha perto de Washington, está localizado o Centro Nacional de Análise de Crimes Violentos (NCAVC – National Center for the Analysis of Violent Crime), órgão do FBI. Considerado local de segurança máxima, não é aberto à visitação e fica vinte metros abaixo do nível da terra, sob a academia de treinamento de agentes do FBI.

A principal arma do centro é um programa de computador único no mundo até 2001, batizado de Programa de Análise Investigativa Criminal (ViCAP – Violent Criminal Apprehension Program). Em funcionamento desde 1985, custou milhões de dólares e levou 27 anos para ser concretizado. O ViCAP funciona como um banco de dados criminal, armazenando e relacionando entre si todos os homicídios não resolvidos no país.

Quando surge um novo caso, o computador central do ViCAP produz uma listagem de mais de cem assassinatos em que o criminoso teve o mesmo *modus operandi*. Em um segundo passo, seleciona os dez homicídios mais parecidos com o mais recente. Com essa listagem em mãos, um perito faz uma profunda análise e avisa a polícia local no caso de o maníaco poder ser o mesmo.

Quando um *profiler*[15] é chamado a colaborar em certo caso, ele correlaciona crimes anteriores com o atual e traça o perfil daquele criminoso em ação, possibilitando que a polícia, quando confrontada com um suspeito, possa encartá-lo ou descartá-lo, caso ele combine ou não com a descrição feita pelo profissional. Se o suspeito da polícia tiver muitas das características do criminoso retratado pelo *profiler*, prepara-se então uma estratégia de interrogatório e é comum a confissão.

O FBI só investiga por si só um crime no caso de estar sob jurisdição federal.

Em 2001, o ViCAP perdeu a posição de melhor do mundo. No Canadá, a polícia também terá a ajuda de um software chamado PowerCase. O novo sistema custou trinta milhões de dólares canadenses para ser desenvolvido e o governo gastará, por ano, cerca de seis milhões para mantê-lo atualizado. Segundo os especialistas canadenses, o FBI atualizará seu sistema com esse software.

---

O perfil criminal jamais poderá substituir o tradicional trabalho da polícia, mas sem dúvida é uma arma importantíssima na investigação criminal.

---

15   Aquele que estuda o comportamento criminal em busca de padrões psicológicos que possam ajudar na captura do criminoso.

# PERFIL DO CRIMINOSO

O perfil do criminoso, feito por um psicólogo, psiquiatra ou médico-legista, pode ajudar bastante a polícia a encontrar e identificar o assassino. Aqui estão alguns exemplos em que a ajuda desses homens forneceu pistas importantes para a investigação.

Segundo Ronald M. Holmes,[16] perfis psicológicos só são apropriados nos casos de criminosos desconhecidos que demonstram sinais de psicopatologias ou em crimes particularmente violentos e/ou rituais. Serial killers, estupradores, molestadores de crianças, sequestradores, incendiários, enfim, todos aqueles que praticam crimes em série são considerados bons tipos de candidatos para se fazer um perfil criminal.

Raramente um perfil criminal resolverá um crime, mas pode ajudar bastante em uma investigação. Quando a polícia não tem pista alguma, o perfil pode sugerir uma ajuda potencial no caminho a seguir.

Em última análise, fazer o perfil da cena do crime e do criminoso tem como contribuição mínima estreitar o número de suspeitos, esboçar o motivo da ação e conectar ou não o crime a outros similares. No máximo, pode solucioná-lo.

Fazer o perfil de um criminoso é mais fácil quando o ponto de partida é o motivo do crime. No caso dos serial killers, esse trabalho é dificílimo, uma vez que o motivo é sempre psicopatológico e desconhecido. A dificuldade consiste no fato de o investigador ter dificuldades em entender a lógica totalmente particular daquele indivíduo.

Para fazer um perfil objetivo e competente, dois conceitos devem ser aceitos pelos investigadores e criminalistas antes de tentarem entender a cabeça de um serial killer: em geral, ele já viveu seu crime em suas fantasias inúmeras vezes antes de realizá-lo com a vítima real e a maioria de seus comportamentos satisfaz um desejo, uma necessidade. Aceitando essas duas premissas, o investigador pode deduzir os desejos ou as necessidades de um serial killer com base em seu comportamento no local do crime.

Hoje em dia, vários seriados de televisão e filmes têm como figura central o *profiler*, o criminalista que faz o perfil psicológico de um homicida. Na maioria dos casos, acabam passando a impressão de que a experiência na profissão é que "vale", ou de que contam com ajuda "divina" para tirar suas conclusões. Esses personagens estão longe da verdade. Também é necessário um conhecimento profundo em psiquiatria, psicologia e ciência forense, envolvendo criminologia e criminalística. A seguir, alguns padrões criminais famosos.

---

[16] Ronald M. Holmes, professor de Administração de Justiça na Universidade de Louisville, Kentucky, EUA.

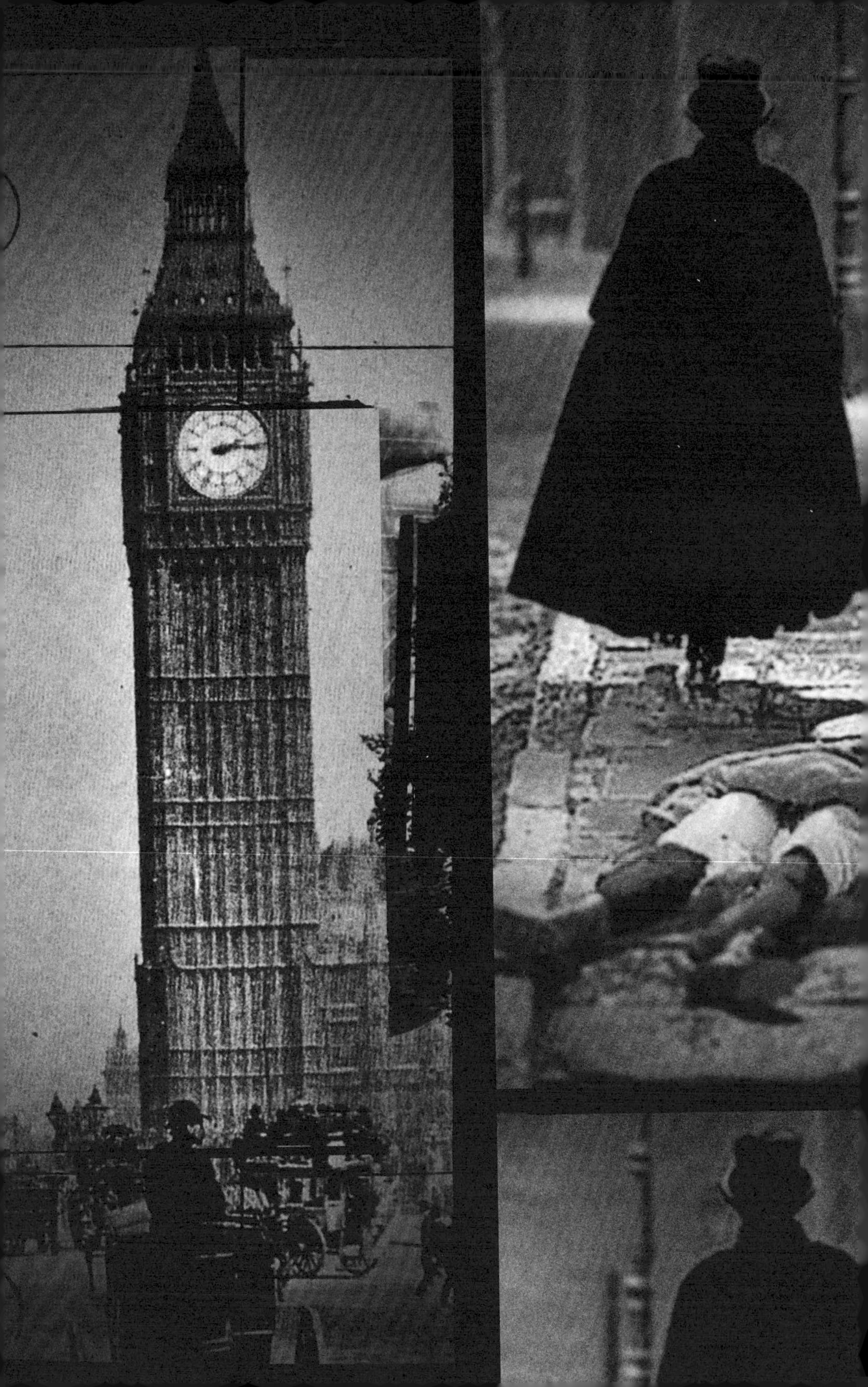

# JACK, O ESTRIPADOR

(1.)

Jack, o Estripador, aterrorizou as ruas de Londres no fim do século XIX, em 1888, quando assassinou brutalmente pelo menos sete mulheres, todas prostitutas. Até hoje ninguém sabe a identidade dele. Como seus seguidores, tinha prazer em zombar da polícia e enviar cartas aos jornais gabando-se de seus feitos. Era canibal e arrancou os órgãos internos de quatro de suas vítimas. Chegou a enviar um pedaço do rim de uma delas, quando as autoridades duvidaram da autenticidade de suas cartas.

Dr. Thomas Bond, médico-legista que fez a necropsia em Mary Kelly, a última vítima, foi inicialmente chamado para avaliar o conhecimento cirúrgico do assassino. Observou que "[...] A ponta do lençol à direita da cabeça da vítima estava muito cortada e saturada de sangue, indicando que a face teria sido coberta com o lençol na hora do ataque". A observação feita por Bond levou ao estudo do comportamento do estripador no local do crime, incluindo o padrão de ferimento imposto à vítima. Ele sugeriu aos investigadores que procurassem um quieto e inofensivo homem, provavelmente de meia-idade e vestido com capricho. Bond constatou que as mutilações feitas nas vítimas foram executadas pelas mesmas mãos e tinham o mesmo padrão. Infelizmente, nesse caso, o estabelecimento de um padrão e a construção do perfil não foram suficientes para identificar o assassino.

Atualmente, o trabalho consiste em examinar uma série de casos para concluir se existe relação entre eles, com base nas cenas do crime e nas vítimas. É o que hoje chamamos de "assinatura", ou seja, comportamentos ou ações que preenchem as necessidades psicológicas ou físicas do suspeito.

# ADOLF HITLER

## 2.

Durante a Segunda Guerra Mundial, os Estados Unidos solicitaram ao psiquiatra dr. Walter Langer o perfil de Adolf Hitler. O objetivo era antecipar seu comportamento, e o trabalho mostrou sua acuidade no que dizia respeito ao que ocorreu no fim da guerra.

Hitler tinha boa saúde, diminuindo a probabilidade de sua morte acontecer em consequência de causas naturais. Ele poderia se refugiar em outro país, mas também era algo improvável, porque genuinamente acreditava ser o salvador do seu país de adoção, a Alemanha. Outras possibilidades consideradas também foram rejeitadas, como assassinato, golpe militar e morte em batalha.

Langer acreditou que a saída utilizada por Hitler seria o suicídio, como de fato aconteceu. Ele suicidou-se no bunker onde permanecia escondido com Eva Braun, com quem se casou um pouco antes, no momento em que a vitória dos Aliados tornou-se inevitável. Esse tipo de perfil de líderes inimigos foi provavelmente utilizado durante outras guerras, como a do Vietnã, a do Golfo e a do Iraque, entre outras.

# O ESTRANGULADOR DE BOSTON

De 14 de junho de 1962 a 4 de janeiro de 1964, uma série de ataques ocorreu em Boston, perfazendo um total de 13 assassinatos sexuais. As vítimas eram encontradas mortas em seus apartamentos, atacadas sexualmente e com frequência amordaçadas com artigos de seu próprio vestuário. O que era bastante característico é que o "Estrangulador de Boston" deixava suas vítimas nuas, colocadas em poses provocativas, com as meias de náilon do estrangulamento amarradas com um laço, como se fosse um ornamento, em volta do pescoço. Todos os esforços em identificar o responsável não deram em nada.

Em abril de 1964, o dr. Brussels foi chamado para se juntar ao comitê psiquiátrico que tentava ajudar na investigação. Enquanto outros membros do comitê atribuíam os assassinatos a dois indivíduos, baseados na diferença de idade entre as vítimas, Brussels se manteve firme na opinião de que se tratava de uma só pessoa. Os crimes cessaram misteriosamente.

Em novembro de 1964, um homem chamado Albert DeSalvo estava preso por outros crimes, mas confessou a seu psiquiatra ser o "Estrangulador de Boston". Seu perfil era tão similar ao que Brussels traçara que a polícia o identificou como tal e arquivou o caso, não despendendo mais tempo ou energia na identificação e prisão do tal estrangulador.

Em 1973, DeSalvo foi apunhalado e morto por outro preso em sua cela e até hoje ninguém foi acusado formalmente pelos crimes do "Estrangulador de Boston".

Em 1999, um esquadrão policial americano que estuda só os crimes considerados "já frios", sem pistas, ainda tentou comprovar, por meio de testes de DNA, se DeSalvo era de fato o "Estrangulador de Boston", mas as amostras de esperma encontradas nas vítimas não foram localizadas para concluir os testes. A verdadeira identidade desse serial killer ainda é um mistério.

295-771
1-15-47-GL

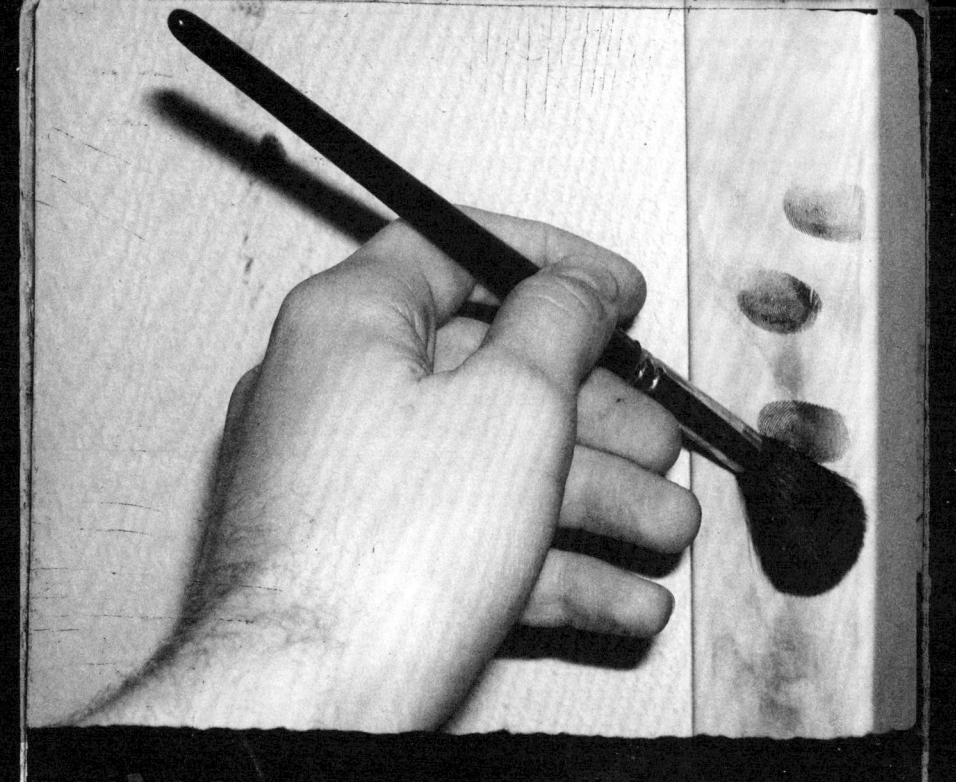

# A INVESTIGAÇÃO DO FBI

A ANÁLISE DA CENA DO CRIME FEITA PELO FBI ENVOLVE SEIS PASSOS.

### 01. MATÉRIA-PRIMA PARA O PERFIL

Envolve coletar e avaliar todos os materiais relacionados com um caso específico. Compõe-se de fotografias tiradas da cena do crime e da vítima, todo o histórico dela, relatório da necropsia, outros exames forenses relacionados com o caso e qualquer outra informação relevante para esboçar uma ideia do que ocorreu antes, durante e depois do crime. Esse estágio servirá de base para todos os outros da investigação e, se estiver incorreto ou com poucas informações, toda a análise subsequente será afetada.

### 02. PROCESSO DE DECISÃO MODELO

Nesse estágio se organiza a informação obtida anteriormente em uma lógica e em um padrão coerentes. Também se estabelece quantas vítimas estão envolvidas, para saber se se trata de um homicida, um assassino em massa, um bêbado ou um serial killer. Nem sempre se consegue estabelecer correlação de autoria além de qualquer dúvida.

Outros fatores são determinados nesse estágio, como qual o objetivo e a prioridade do crime (ganho material ou vítima), o status de risco da vítima (uma prostituta tem risco maior que uma dona de casa) e o quanto o criminoso se arriscou para cometer o crime. O tempo necessário para cometer aquele crime daquele modo é estabelecido, bem como o local de apreensão da vítima e o local de sua morte.

### 03. AVALIAÇÃO DO CRIME

É a reconstrução da sequência de eventos, do comportamento específico da vítima e do agressor. Esse procedimento ajudará o analista a entender o papel que cada indivíduo tem no crime e a estabelecer o subsequente perfil do criminoso.

Nesse estágio, o investigador tem de "andar com os sapatos" do criminoso e da vítima, ou, mais precisamente, entrar na mente do assassino. É aqui que o crime é rotulado como organizado ou não. Aqui também se determinam o *modus operandi* do criminoso e a existência de uma "assinatura".

O estudo profundo das vítimas também tem papel importante. Quanto mais se conhece o agredido, mais se conhece o agressor — um espelha o outro.

## 04. PERFIL CRIMINAL

Histórico do passado, histórico médico e características comportamentais do agressor tentam descrever a pessoa que cometeu aquele crime, facilitando a busca da polícia. No modelo do FBI, esse estágio pode envolver orientações sobre como melhor entrevistar o suspeito. Também aqui será informado aos investigadores como identificar e prender o assassino.

Um perfil pode ter apenas alguns parágrafos ou várias, várias páginas, dependendo da quantidade de informações enviadas ao especialista. Frequentemente encontramos nos perfis criminais as seguintes informações: idade, etnia, sexo, aparência geral do criminoso, seu status de relacionamento, tipo de ocupação e dados sobre seu emprego, educação ou eventual carreira militar.

Às vezes, são incluídas informações sobre se o criminoso vive na área do crime ou se a área é familiar para ele, algumas características básicas sobre sua personalidade e objetos significantes que deve possuir, como revistas pornográficas. Também é sugerido aqui o método de aproximação que o criminoso usa para contatar sua vítima. John Douglas "caçou", por intermédio de perfis criminais feitos por ele, alguns dos mais notórios e sádicos criminosos de todos os tempos: "The Trailside Killer" (São Francisco), "The Altlanta Child Murderer", "The Tylenol Poisoner", Robert Hansen etc. Foi o primeiro a desenvolver um perfil psicológico do Unabomber. Entrevistou e estudou dúzias de serial killers e assassinos, incluindo Charles Manson, Sirhan Sirhan, Richard Speck, John Wayne Gacy e David Berkowitz, para conseguir "entrar" em suas mentes. Chegou a emitir sua opinião sobre o perfil criminal de Francisco de Assis Pereira, o "Maníaco do Parque", serial killer de São Paulo.

## 05. A INVESTIGAÇÃO

Nessa etapa, o atual perfil é enviado para as agências que o requisitaram e incorporado à sua investigação. Se não há suspeitos ou novas evidências, o perfil é reavaliado.

## 06. A PRISÃO

Aqui, deve-se checar o perfil produzido com as características do suspeito. Pode ser muito difícil, uma vez que ele talvez nunca seja preso; pode ser preso em outra jurisdição e não estar disponível para essa checagem; pode ser preso sob outra acusação; ou simplesmente encerrar sua atividade criminal. O número de casos resolvidos representa menos de 50% dos casos que foram feitos perfis.

Alguns indivíduos acham que os métodos do FBI não são confiáveis e que as polícias locais hoje têm mais conhecimento nessas intrincadas investigações.

Frequentemente, um transgressor organizado pode deixar uma cena de crime muito desorganizada. Isso levaria os analistas que usam os métodos do FBI a imaginar que ele faria parte do grupo errado, estabelecendo características errôneas a seu respeito.

Apesar disso, hoje esse método ainda é o mais utilizado no mundo e o FBI treina investigadores de todas as partes para determinar o perfil de um criminoso.

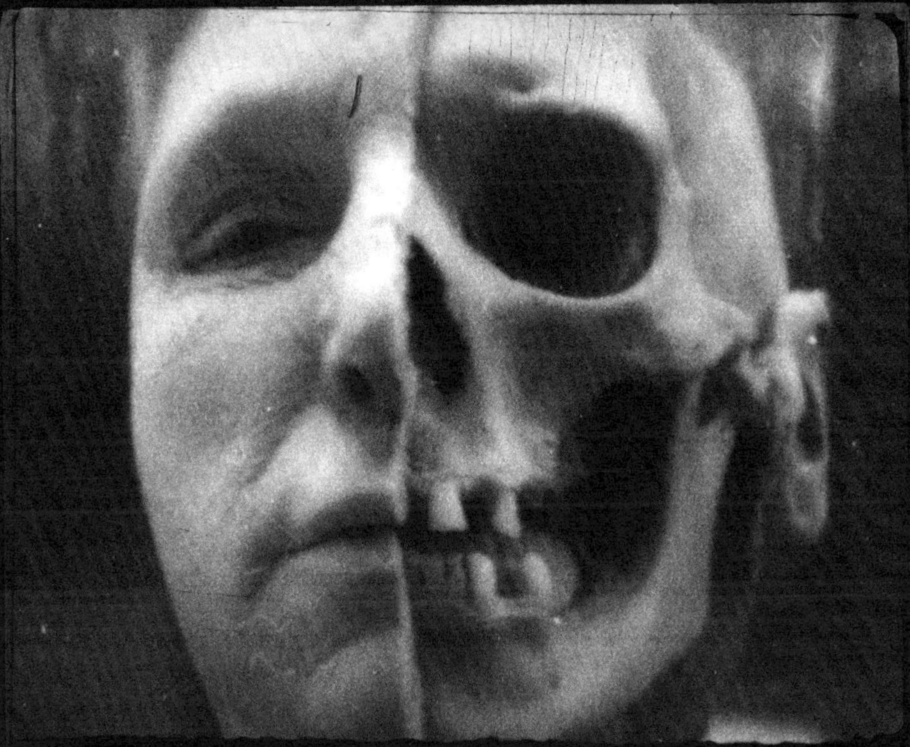

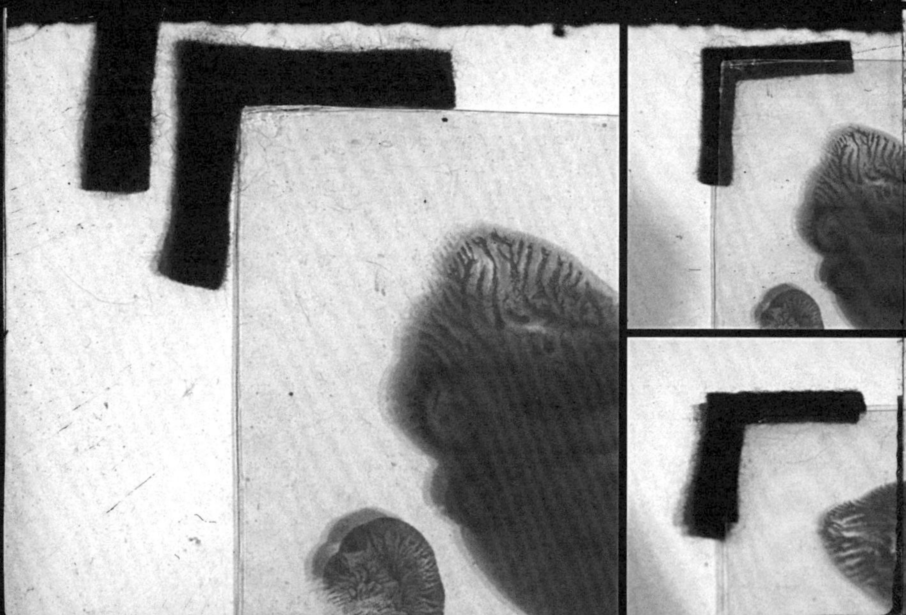

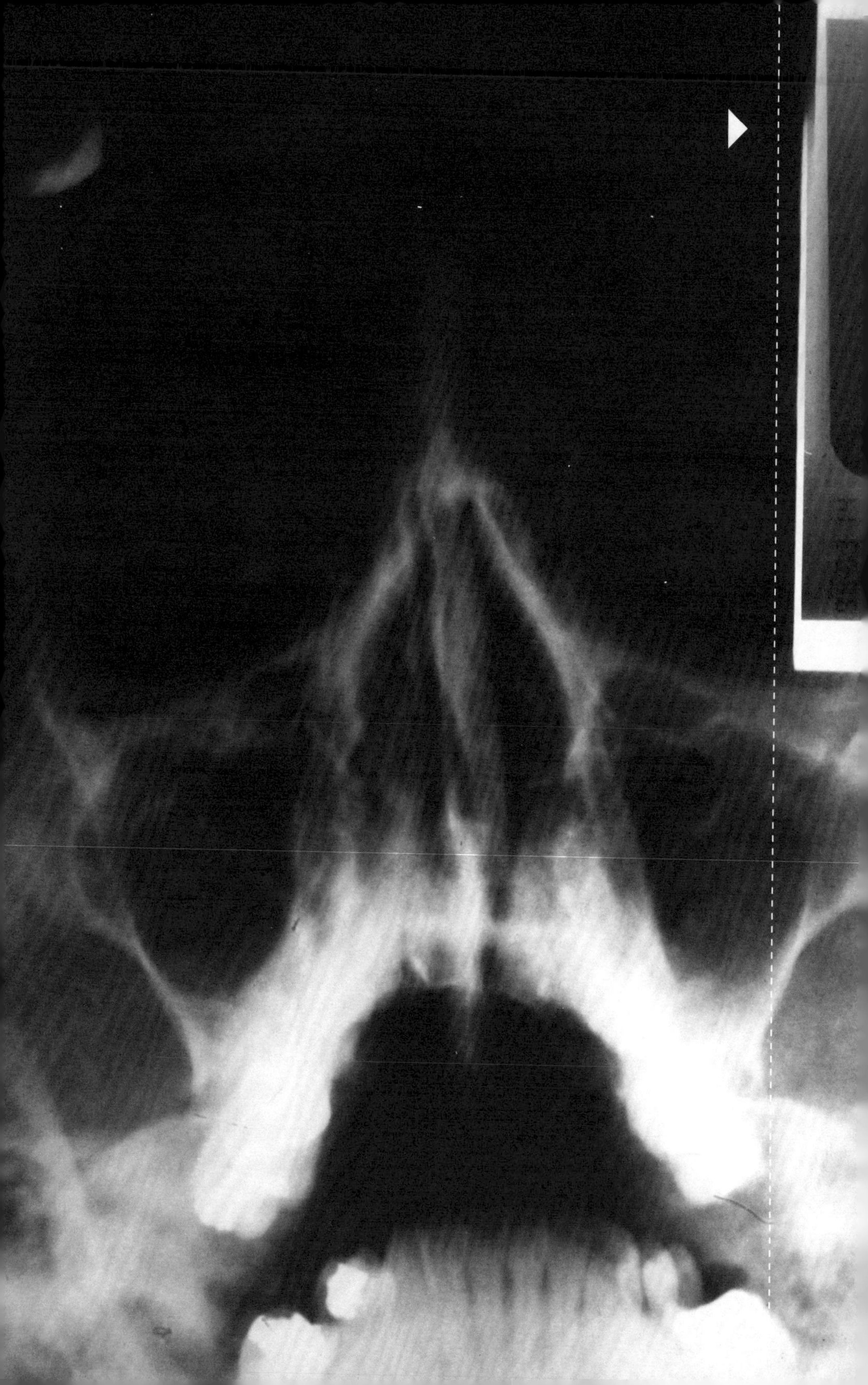

# PSICOLOGIA INVESTIGATIVA

A psicologia investigativa teve início em 1985, quando David Canter foi chamado pela Scotland Yard para discutir a possibilidade de integrar a investigação técnica com conceitos psicológicos.

A diferença entre o método de David Canter e o do FBI é que, apesar de ambos serem baseados em dados estatísticos, Canter continuamente atualiza seus dados sobre a população transgressora em que baseia seu método.

## MÉTODO DE DAVID CANTER

Transgressores conhecidos são estudados, tipologias são definidas e um crime cometido por um desconhecido será comparado com os dos criminosos conhecidos. As características do novo criminoso serão definidas com base em sua semelhança na comparação feita com o grupo de transgressores já existente.

A aplicação do trabalho de Canter é baseada em cinco aspectos de interação entre vítima e agressor, conhecidos como fatores-modelo: coerência interpessoal, importância da hora e local do crime, características criminais, carreira criminal e consciência forense.

David Victor Canter

1. **COERÊNCIA INTERPESSOAL:** refere-se ao quanto a atividade criminal do indivíduo se inter-relaciona com sua vida pessoal. Um psicólogo deve estar apto a determinar alguma coisa sobre o criminoso a partir da vítima ou do modo como interagiu com ela. Frequentemente, a vítima representa alguém na vida ou no passado do agressor (como sua mãe ou sua ex-namorada), além do fato de o serial killer, na maioria das vezes, escolher como vítimas pessoas de sua própria etnia.

2. **IMPORTÂNCIA DA HORA E LOCAL:** o local que o criminoso escolhe para matar tem sempre alguma significância para ele. Os serial killers têm menos probabilidade de matar ou estuprar em locais não familiares, uma vez que são crimes de controle e eles não se sentirão tão seguros em um ambiente estranho. Além disso, se os crimes estão localizados em certa disposição geográfica, há grandes chances de o criminoso viver ou trabalhar na área. Pode indicar também o horário de trabalho dele, uma vez que o ataque à vítima se dá em sua hora de "lazer" ou em local legitimado por seu trabalho.

3. **CARACTERÍSTICAS CRIMINAIS:** é a pesquisa para desenvolver subsistemas de classificação do grupo transgressor, em vez de apenas dois grupos (organizados e desorganizados), como é utilizado no FBI.

4. **CARREIRA CRIMINAL:** é a avaliação que vai determinar o quanto o agressor pode estar envolvido em atividades criminais no passado e que tipo de atividades seriam essas. A forma de transgredir não muda, apesar de poder aumentar a violência dos crimes, a sofisticação na maneira de executá-los ou a riqueza de detalhes relacionados com eles. É mais provável encontrar evidências nos primeiros crimes de um serial do que nos últimos, por ser mais descuidado e ignorante quanto aos métodos investigativos.

5. **AVALIAÇÃO FORENSE:** observa-se, nessa etapa, todo e qualquer conhecimento que o transgressor tenha de técnicas policiais e procedimentos de coleta de evidências. Incluem-se aí o uso ou não de luvas, camisinha ou a remoção de qualquer objeto que possa conter fluidos corporais do agressor. Um exemplo que indica que o agressor sexual não é primário é o modo como ele limpa ou banha a vítima depois do ataque. Pode também exigir que ela se banhe após o estupro ou penteie os pelos pubianos para remover os seus próprios. Se a polícia conclui que esse transgressor não é primário, começa a pesquisar entre outros conhecidos e elimina aqueles que utilizam métodos diferentes.

Canter também desenvolveu um modelo de comportamento de transgressores conhecido como teoria circular. Dois modelos de transgressores, conhecidos como "predadores" e "viajantes", foram desenvolvidos com base nessa teoria. O modelo "predador" supõe que o agressor sai de casa em um repente para cometer seu crime, em geral na vizinhança, enquanto o "viajante" supõe que o transgressor viaja uma boa distância de sua casa antes de se engajar em uma atividade criminal. Outro fato observado é que, quanto maior o número de vítimas, mais perto de casa o criminoso se livra do corpo, pois está cada vez mais confiante em sua não captura.

---

> Frequentemente, a vítima representa alguém na vida ou no passado do agressor, além do fato de o serial killer, na maioria das vezes, escolher como vítimas pessoas de sua própria etnia.

---

## MÉTODO DE BRENT TURVEY

Outro estudioso de perfis criminais é Brent Turvey,[17] cientista forense que também desenvolveu seu método de análise, o "Behavioural Evidence Analysis", ou simplesmente BEA.

Baseado na premissa de que os transgressores sempre mentem sobre suas ações, muitas vezes a única coisa com a qual se pode contar na investigação é a reconstrução do comportamento do transgressor. A maior diferença entre esse método e os anteriores é que não se baseia em estatísticas.

A análise das evidências de comportamento (BEA) é dividida em quatro passos principais:

Brent E. Turvey

1. **ANÁLISE FORENSE QUESTIONÁVEL** É questionável no sentido de que uma evidência pode ter várias interpretações ou significados e o objetivo desse passo é justamente estabelecer os vários significados de uma evidência. Essa análise é feita com base em fotos/vídeos/esboços da cena do crime, relatórios de investigadores, registros das evidências, relatório de necropsia/vídeos/fotos, entrevistas com testemunhas e vizinhos, qualquer outra documentação e/ou entrevistas ou informação relevante, mapa do trajeto da vítima antes da morte e seu histórico.

2. **VITIMOLOGIA** O segundo passo envolve uma profunda análise da vítima. O objetivo é produzir seu retrato de forma acurada e precisa, determinando o porquê, como, onde e quando em particular foi escolhida. Isso poderá dizer muita coisa sobre o transgressor. Uma das características da vítima que podem ajudar no perfil do assassino é sua constituição física: se durante o estágio de reconstrução do crime nota-se que o criminoso carregou-a por alguma distância antes de dispor do corpo, teremos de concluir que ele possui alguma força muscular ou não trabalha sozinho. Da mesma forma, se o transgressor foi capaz de "levar" a vítima sem nenhum esforço, podemos concluir ou que eram conhecidos (o transgressor é socialmente adequado e capaz de fazer a vítima acompanhá-lo), ou que utilizou alguma encenação (transgressor fingindo-se de autoridade).

3. **CARACTERÍSTICAS DA CENA DO CRIME** Esse passo envolve a determinação do número de fatores relevantes na localização da cena do crime, onde está localizado em relação aos outros delitos e como o transgressor se aproxima da vítima. É sabido que a cena onde acontecem os fatos tem especial significado para o criminoso e pode fornecer pistas vitais sobre quem ele é.

17 Brent E. Turvey, MS, psiquiatra forense norte-americano.

4. **CARACTERÍSTICAS DO TRANSGRESSOR** É a fase final do BEA e vai levantar o comportamento e a personalidade do transgressor. As características dele que devem ser analisadas são: constituição física, sexo, tipo de trabalho e hábitos, remorso ou culpa, tipo de veículo utilizado, histórico criminal, nível de habilidade, agressividade, localização da moradia em relação ao crime, histórico médico, estado civil e raça. Em conjunto, essas informações vão fornecer um retrato do criminoso que pode ser comparado com outros, conhecidos ou suspeitos.

---

A cena onde acontecem os crimes tem especial significado para o criminoso e pode fornecer pistas vitais sobre quem ele é.

---

## UTILIZAÇÃO DO BEA

O perfil montado com o método BEA é útil em duas fases distintas. Na primeira fase investigativa, temos um agressor desconhecido de um crime conhecido: reduz o número de suspeitos; ajuda na ligação desse crime com outros que tenham o mesmo padrão, na avaliação do comportamento criminal para uma escalada de violência; provê investigadores com estratégias adequadas; e dá uma trilha de movimentos a serem seguidos na investigação.

Na fase de julgamento, já sabendo quem é o agressor de um crime conhecido, o perfil BEA ajuda a determinar o valor de cada evidência para um caso em particular; auxilia no desenvolvimento de uma estratégia de entrevista ou interrogatório, de um *insight* dentro da mente do assassino, compreendendo suas fantasias e motivos; relaciona a cena do crime com o *modus operandi* e a "assinatura" comportamental.

O BEA não utiliza dados estatísticos para criar um perfil do criminoso e depende principalmente da prática e do conhecimento do analista encarregado. A qualidade do produto final também vai depender da quantidade de informação que o analista tinha à sua disposição.

Utiliza-se da ciência forense para a reconstituição do crime; e da ciência forense, da psicologia e da psiquiatria para a interpretação do comportamento do criminoso.

De todas as técnicas existentes, o método BEA é o mais recente das novas escolas de pensamento.

# CASO ILUSTRATIVO DE ANÁLISE PELO MÉTODO BEA[18]

O corpo de uma mulher é encontrado nu em uma remota localização na floresta, com quatro superficiais e cuidadosas incisões no peito, transversais, sobre os mamilos. A área genital da vítima foi removida em sua totalidade com um instrumento afiado. Petéquias[19] são evidentes nos olhos, pescoço e face acima do local-padrão de estrangulamento no pescoço. Nenhum sangue e roupas foram encontrados na cena do crime. A vítima tinha sulcos de ligaduras em volta dos pulsos com contusões esfoladas, arranhadas, mas nenhuma ligadura foi encontrada na cena do crime. Frescas impressões de pneus foram encontradas na lama a aproximadamente 15 metros de onde estava o corpo.

1ª **CONCLUSÃO:** o criminoso, nesse crime em particular, amarrou a vítima para restringir seus movimentos enquanto ela estava viva, uma vez que se notam sinais de luta e abrasões ao redor dos pulsos.

2ª **CONCLUSÃO:** o criminoso removeu as ligaduras com as quais amarrou a vítima antes de dispor o corpo morto, conclusão advinda do fato de nenhuma ligadura ter sido encontrada ali.

3ª **CONCLUSÃO:** a vítima parecia asfixiada pelo pescoço por meio de ligadura de material leve como um tecido, fato indicado pela marca-padrão no pescoço e pelas petéquias.

4ª **CONCLUSÃO:** a cena na qual foi encontrado o corpo era apenas o cenário que o criminoso montou para isso; o crime não foi cometido ali, uma vez que não foi encontrado sangue algum.

5ª **CONCLUSÃO:** o criminoso tem um carro consistente com as marcas de pneu encontradas nas proximidades do corpo. Pelas marcas deixadas por pneus, pode-se ter uma ideia da marca ou do tipo de carro utilizado.

Todos esses detalhes juntos indicam a competência e a inteligência do criminoso, que parece capacitado a manter um emprego, e deduz-se que ele é um sádico sexual. Isso é dedutível pelo fato de ele ter um veículo, pelo uso de uma segunda cena para deixar o corpo, evitando deixar evidências, pela remoção da genitália da vítima e pelos deliberados cortes nos mamilos, feitos para causar dor, e não ferimentos sérios.

---

18  Caso retirado do artigo "Deductive criminal profiling: comparing applied methodologies between inductive and deductive criminal profiling techniques", de Brent E. Turvey, MS, em janeiro de 1998.

19  Hemorragia cutânea pequena, púrpura, puntiforme ou lenticular.

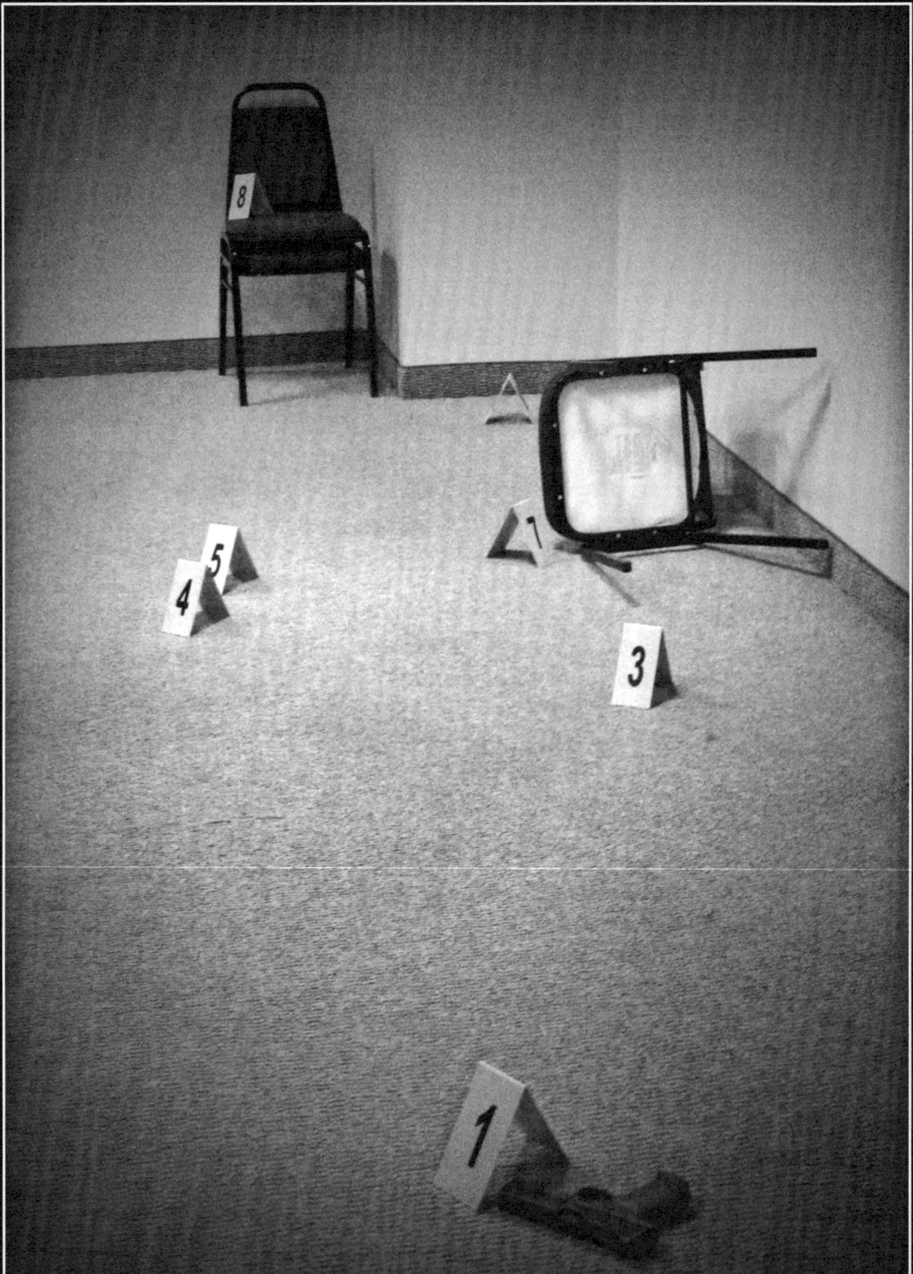
8
7
5
4
3
1

# ANÁLISE DO LOCAL DO CRIME

A maioria dos locais de crime "fala" com os peritos. Eles são capazes de perceber ali mensagens da personalidade tanto da vítima quanto do assassino.

Padrões de fala, de escrita, gestual verbal ou não verbal e outros modos e padrões dão forma ao comportamento humano. Essas características individuais, quando utilizadas em conjunto, fazem cada pessoa ter um modo específico de agir e reagir.

Aprender a reconhecer padrões de comportamento em cenas de crime possibilita aos investigadores descobrir muitas coisas sobre o transgressor e também distinguir entre agressores diferentes que cometem o mesmo tipo de crime.

Existem três possíveis manifestações do comportamento do agressor na cena do crime: *modus operandi*, personalização ou "assinatura" e encenação/organização da cena.

## MODUS OPERANDI — MO

O *modus operandi* (MO) é estabelecido observando-se que arma foi utilizada no crime, o tipo de vítima selecionada, o local utilizado, a forma de agir passo a passo.

O MO é dinâmico e maleável, na medida em que o infrator ganha experiência e confiança. Investigadores cometem graves erros dando muita importância ao MO quando conectam crimes.

Por exemplo, um ladrão novato que em um primeiro crime estilhaçaria uma janela para entrar em uma casa logo aprende que com esse método o barulho é grande e o roubo, apressado. Em uma próxima vez, levará instrumentos apropriados para arrombar com calma e escolher o que levar. Minimizará o barulho e maximizará o lucro. Assim, o ladrão refinou seu MO.

## ASSINATURA

O agressor serial sempre tem um importante aspecto comportamental em seus crimes: ele sempre os assina.

A assinatura é sempre única, como uma digital, e sempre está ligada à necessidade de o criminoso serial cometer o crime. Ele precisa expressar suas violentas fantasias e, quando atacar, cada crime terá sua expressão pessoal ou ritual particular baseada em suas fantasias. Só matar não satisfaz a necessidade do transgressor e ele fica compelido a proceder a um ritual completamente individual.

Um exemplo de "assinatura" é um estuprador que abusa de linguagem vulgar ou prepara um roteiro para a vítima repetir, ou canta certa canção.

Diferente do MO, a "assinatura" nunca muda, mas alguns aspectos podem se desenvolver, como serial killers que mutilam suas vítimas *post mortem* cada vez mais. As "assinaturas" podem não aparecer em todas as cenas de crime do mesmo criminoso por contingências especiais, como interrupções ou reação inesperada da vítima.

| | SÃO CONSIDERADAS "ASSINATURAS" QUANDO O CRIMINOSO |
|---|---|
| 01 | mantém a atividade sexual em uma ordem específica; |
| 02 | usa repetidamente um específico tipo de amarração da vítima; |
| 03 | inflige a diferentes vítimas o mesmo tipo de ferimentos; |
| 04 | dispõe o corpo de certa maneira peculiar e chocante; |
| 05 | tortura e/ou mutila suas vítimas e/ou mantém alguma outra forma de comportamento ritual; |
| 06 | usa script verbal semelhante com todas as suas vítimas; |
| 07 | pratica *overkill* (ferir mais do que o necessário para matar); |
| 08 | usa o mesmo local para cometer seus crimes ou para deixar suas vítimas. |

## AFINAL, QUAL A DIFERENÇA?

*Modus operandi* é comportamento prático. É o que o criminoso faz de necessário para cometer o crime e é dinâmico, podendo mudar e melhorar conforme sua experiência.

"Assinatura" é o que o criminoso faz para se realizar psicologicamente, é produto de sua fantasia e é estática, não muda.

Utilizando um exemplo fictício fica mais fácil entender a diferença entre MO e "assinatura".

Um estuprador entra em uma residência e escolhe sua vítima, prendendo todos os outros moradores no banheiro e amarrando-os uns aos outros com uma corda. Executa nós de correr entre um e outro, de modo que um brusco movimento de uma vítima pode machucar a seguinte, e avisa que se ouvir um só barulho a pessoa da frente daquela que teve seu nó apertado morrerá.

Outro estuprador só ataca casas onde estão marido e mulher. Mesmo quando outras pessoas estão presentes ele faz questão de cometer o crime humilhando a mulher na frente do marido, que mantém amarrado no local dos acontecimentos.

O primeiro estuprador tem um MO e não uma "assinatura". Seu objetivo é apenas estuprar a mulher sem ser ameaçado pelas outras pessoas da casa.

Já o segundo estuprador tem uma "assinatura". Estuprar a mulher não é suficiente; para satisfazer suas fantasias, ele precisa estuprá-la na frente do marido, para também humilhá-lo e dominá-lo.

Um criminoso que manda as pessoas tirarem a roupa durante sua ação está utilizando um MO inteligente, pois todos terão de se vestir antes de chamar a polícia e ninguém sairá correndo nu atrás dele. Agora, um criminoso que faz o mesmo, mas fotografa as pessoas em poses eróticas, já demonstra ter uma "assinatura", porque está alimentando suas fantasias psicossexuais.

Apesar de o MO ter muita importância, ele não pode ser utilizado isoladamente para conectar crimes. Já a "assinatura", mesmo que evolua, sempre terá o mesmo tema de ritual, no primeiro ou no último crime, agora ou daqui a dez anos.

John E. Douglas (FBI) acha que é mais importante encontrar a "assinatura" do que as semelhanças entre as vítimas, uma vez que o serial killer sempre expressará seu ódio por meio de um ritual, não de um aspecto físico do agredido.

## ENCENAÇÃO/ORGANIZAÇÃO DA CENA

Quando investigadores se aproximam de um local de crime, devem captar informações suficientes para reconstruir o comportamento da vítima e do assassino. Por meio do comportamento de um e outro durante a ação, podemos inferir do criminoso suas necessidades psicológicas e pistas de sua personalidade.

Um assassino esperto que quer matar a esposa, por exemplo, pode facilmente "montar" uma cena de crime sexual em sua casa, da maneira como ele entende que seria "normal" um estuprador deixar o local. É como se arrumasse um palco para uma apresentação teatral. Pensa que assim não se tornará um suspeito, o que será fato se as equipes de polícia e perícia que atenderem o local não trabalharem atentamente essa possibilidade.

Em São Paulo, quando foram assassinados Manfred e Marísia von Richthofen, a filha do casal juntamente com o namorado e o cunhado, estes últimos os verdadeiros assassinos, tentaram simular um assalto à casa. Eles reviraram gavetas, espalharam objetos pelo chão do quarto e do escritório, deixaram pegadas de sapatos no parapeito da janela, que mantiveram aberta, entre outros detalhes de encenação. A equipe de perícia que atendeu o local logo percebeu a farsa, pois a bagunça estava "muito organizada", o que levantou suspeitas de imediato. Entre outros, esse foi um fator que direcionou a investigação para um criminoso conhecido das vítimas.

Outro ponto importante foi o estudo da perícia de como o(s) assassino(s) teria(m) entrado na casa. Os muros eram altos e não havia marca de invasão forçada, além de o portão da garagem funcionar eletronicamente com controle remoto e estar localizado em frente a uma guarita. Seria uma situação de alto risco para um assaltante entrar pela frente e ele deixaria marcas ou testemunhas ao invadir pelos fundos.

O segundo motivo para a encenação, proteger a vítima ou sua família, ocorre na maioria das vezes em estupros seguidos de morte ou acidentes autoeróticos. A encenação, então, é feita por um membro da família que encontra o corpo, uma vez que é comum que alguns criminosos deixem suas vítimas em posições degradantes. Quem encontra o corpo pretende devolver alguma dignidade para a pessoa morta, como um marido que cobre ou veste o corpo da esposa.

No caso do Maníaco de Guarulhos, que agiu em São Paulo em 2002, todas as vítimas tinham roupas amarradas ao pescoço com um nó apertado. Uma das vítimas de crime sexual daquela região, na mesma época, foi desconectada da investigação porque não foi encontrada dessa maneira, isto é, a assinatura do assassino não estava presente. Como todos os outros detalhes combinavam com as ações do criminoso em outros locais, muito similares aos ataques em questão, investigou-se mais a fundo e descobriu-se que a mãe da menina, quando a encontrou, tentou socorrê-la desfazendo o nó e libertando o pescoço da vítima para que ela respirasse. No atendimento ao local esse fato passou despercebido, mas para a conexão dos casos de uma mesma autoria foi fundamental.

---

> Por meio do comportamento da vítima e do assassino durante a ação, podemos inferir do criminoso suas necessidades psicológicas e pistas de sua personalidade.

---

Essas pessoas não têm má intenção, apenas estão tentando prevenir o choque que podem causar aos outros familiares a posição da vítima, sua vestimenta ou falta dela e suas condições.

Existem alguns sinais que devem chamar atenção dos investigadores e alertá-los de uma possível encenação. Os criminosos que encenam locais de crime com frequência cometem erros, uma vez que os arrumam como "acham" que deveriam estar ou seria "normal" estarem. Eles estão sob grande estresse e com muita pressa, sendo difícil colocar tudo em uma ordem lógica. Assim, inconsistências podem aparecer e indicar aos investigadores a probabilidade daquela cena ter sido alterada.

Sinais de alerta forenses devem também ser investigados quando não se ajustam ao crime, indicando encenação. Ataques pessoais durante assaltos levantam suspeitas, especialmente se ganhos materiais parecem ser o motivo inicial. Esses assaltos podem incluir o uso de armas oportunas, estrangulamento manual ou por fio, rostos espancados e trauma excessivo, mais do que necessário, para causar a morte (*overkill*). Em outras palavras, os ferimentos se ajustam ao crime?

Em ataques sexuais, a vítima é o foco da ação, enquanto nos crimes com motivo financeiro o alvo são os bens materiais: o criminoso apenas "cuida" para que seu plano não seja atrapalhado por ninguém.

Outra discrepância que merece atenção é quando a história da testemunha ou do sobrevivente não faz sentido com os fatos encontrados na necropsia. Na reconstrução da ação criminosa, esta deve combinar de forma perfeita com os achados periciais e policiais. Em alguns depoimentos, encontramos histórias que não se comprovam depois de estudo mais minucioso de balística, por exemplo, em que a posição do atirador deve ser possível em relação à posição final do projétil.

Os investigadores frequentemente vão encontrar discrepâncias no caso de encenação de estupro seguido de morte. Se o criminoso for próximo à vítima, ele nunca a deixará nua e exposta, coisa que raramente acontece em homicídios sexuais. Além do mais, apesar da posição do corpo e da retirada de algumas roupas, a necropsia pode confirmar ou negar se alguma forma de ataque sexual aconteceu ou se a cena do crime foi montada.

Se os investigadores suspeitarem que a cena do crime estava montada, devem procurar sinais que associem a vítima ao criminoso ou, como é frequente em casos de violência doméstica, o envolvimento de uma terceira pessoa, em geral aquela que encontrou o corpo. O criminoso cria subterfúgios para o corpo ser descoberto por outro familiar ou vizinho, ou para convenientemente estar acompanhado por alguém quando da descoberta do cadáver da vítima.

Quanto mais conhecimento os investigadores tiverem sobre todos esses fatos, mais equipados estarão para fazer as perguntas certas e obter a verdade, ver a história do crime em cada cena que analisam e encontrar o criminoso.

# SERIAL KILLERS

| ORGANIZADO | | DESORGANIZADO |
|---|---|---|
| Inteligência média para alta. | 01 | Inteligência abaixo da média. |
| Metódico e astuto. | 02 | É capturado mais rapidamente. |
| Não realizado profissionalmente. | 03 | Distúrbio psiquiátrico grave. |
| Educação esporádica. | 04 | Contato com instituições de saúde mental. |
| Socialmente competente, mas antissocial e de personalidade psicopata. | 05 | Socialmente inadequado - relaciona-se só com a família mais próxima ou nem isso. |
| Preferência por trabalho especializado e esporádico. Queda para profissões que o enalteçam como macho, tipo: barman, motorista de caminhão, trabalhador em construção, policial, bombeiro ou paramédico. | 06 | Trabalhos especializados, que tenham pouco ou nenhum contato com o público (lavador de pratos, manutenção). |
| Sexualmente competente. | 07 | Sexualmente incompetente ou nunca teve nenhuma experiência sexual. |
| Nascido em classe média alta. | 08 | Nascido em classe baixa. |
| Trabalho paterno estável. | 09 | Trabalho paterno instável. |
| Disciplina inconsistente na infância. | 10 | Disciplina severa na infância. |
| Cena planejada e controlada. A cena do crime vai refletir ira controlada, na forma de cordas, correntes, mordaça ou algemas na vítima. | 11 | Cena do crime desorganizada. |
| As torturas impostas à vítima foram exaustivamente fantasiadas. | 12 | Nenhuma ou pouca premeditação. |
| Temperamento controlado durante o crime. | 13 | Temperamento ansioso durante o crime. |
| Locomove-se com carro em boas condições. Viaja muito. | 14 | Em geral, não tem carro, mas tem acesso a um. |
| Traz sua arma e seus instrumentos. | 15 | Utiliza arma de oportunidade, a que tem na mão. |
| Leva embora consigo sua arma e instrumentos após o crime. | 16 | Com frequência deixa a arma do crime no local. |
| A vítima é uma completa estranha, em geral mulher, com algum traço particular, ou apenas uma vítima conveniente. | 17 | Vítima selecionada quase ao acaso. |
| A vítima é torturada e tem morte dolorosa e lenta. | 18 | Vítima rapidamente dominada e morta – emboscada. |

# SERIAL KILLERS

| ORGANIZADO | | DESORGANIZADO |
|---|---|---|
| | 19 | Crimes brutais, com extrema violência e overkill (ferimentos maiores que os necessários para simplesmente matar). |
| | 20 | Rosto da vítima espancado de forma severa, numa tentativa de desfigurá-la e desumanizá-la, ou uso pela vítima de máscara/venda. |
| Frequentemente a vítima é estuprada e dominada através de ameaças ou instrumentos. | 21 | Se a vítima foi atacada sexualmente, com frequência o ataque foi post mortem. |
| | 22 | Mutilações no rosto, nos genitais e nos seios são comuns. |
| O corpo é levado e muitas vezes esquartejado para dificultar a identificação pela polícia. | 23 | O corpo é frequentemente deixado na cena do crime. Quando levado, é como lembrança, não para evitar provas. |
| Uso de álcool pelo agressor. | 24 | Mínimo uso de álcool pelo agressor. |
| Estresse precipitador de situações. | 25 | Quando em estresse, age por impulso. |
| Vive com o parceiro ou é casado. Tem uma importante mulher nas suas relações. | 26 | Vive sozinho ou com os pais. Em geral, solteiro. |
| Realiza seus crimes fora da área de sua residência ou do trabalho. | 27 | Mora ou trabalha perto da cena do crime. |
| Acompanha os acontecimentos relacionados com o crime pela mídia. | 28 | Mínimo interesse nas novidades da mídia. |
| Em geral, da mesma etnia que a vítima, mas composição étnica local deve ser considerada. | 29 | Em geral, da mesma etnia que a vítima, mas composição étnica local deve ser considerada. |
| Provavelmente foi um aluno problemático. | 30 | Saiu cedo da escola. Estudante marginal. |
| Provavelmente já foi preso por violência interpessoal, ataque sexual. Brigas de soco são comuns. | 31 | Já deve ter sido preso por voyeurismo, ladrão de fetiches, assalto, exibicionismo ou outros delitos menores. |
| Em geral, muitas multas por estacionamento proibido. | 32 | |
| Bem-apessoado. | 33 | Magro, provavelmente com acne ou outra marca física que contribua para a impressão de que é diferente da população em geral. |
| Tem aproximadamente a idade da vítima. A média etária fica entre 18 e 45 anos, em geral 35. | 34 | Idade entre 16 e 39 anos. Em geral, idade entre 17 e 25. |
| Pode trocar de emprego ou deixar a cidade. | 35 | Mudança de comportamento significativa, como álcool e drogas. |

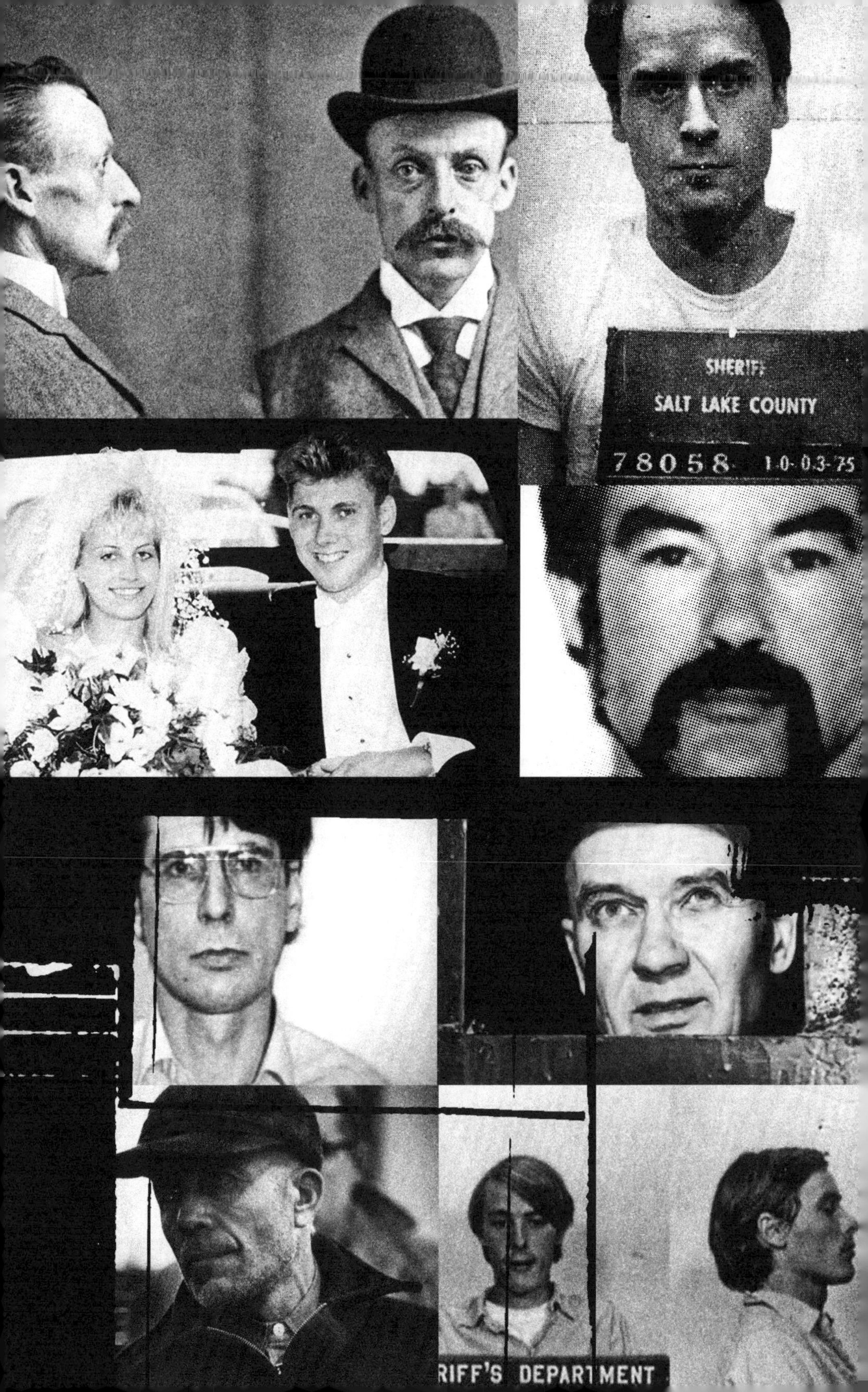
SHERIFF
SALT LAKE COUNTY
78058 10-03-75
RIFF'S DEPARTMENT

# 16. SERIAL KILLERS
## GALERIA DO MAL

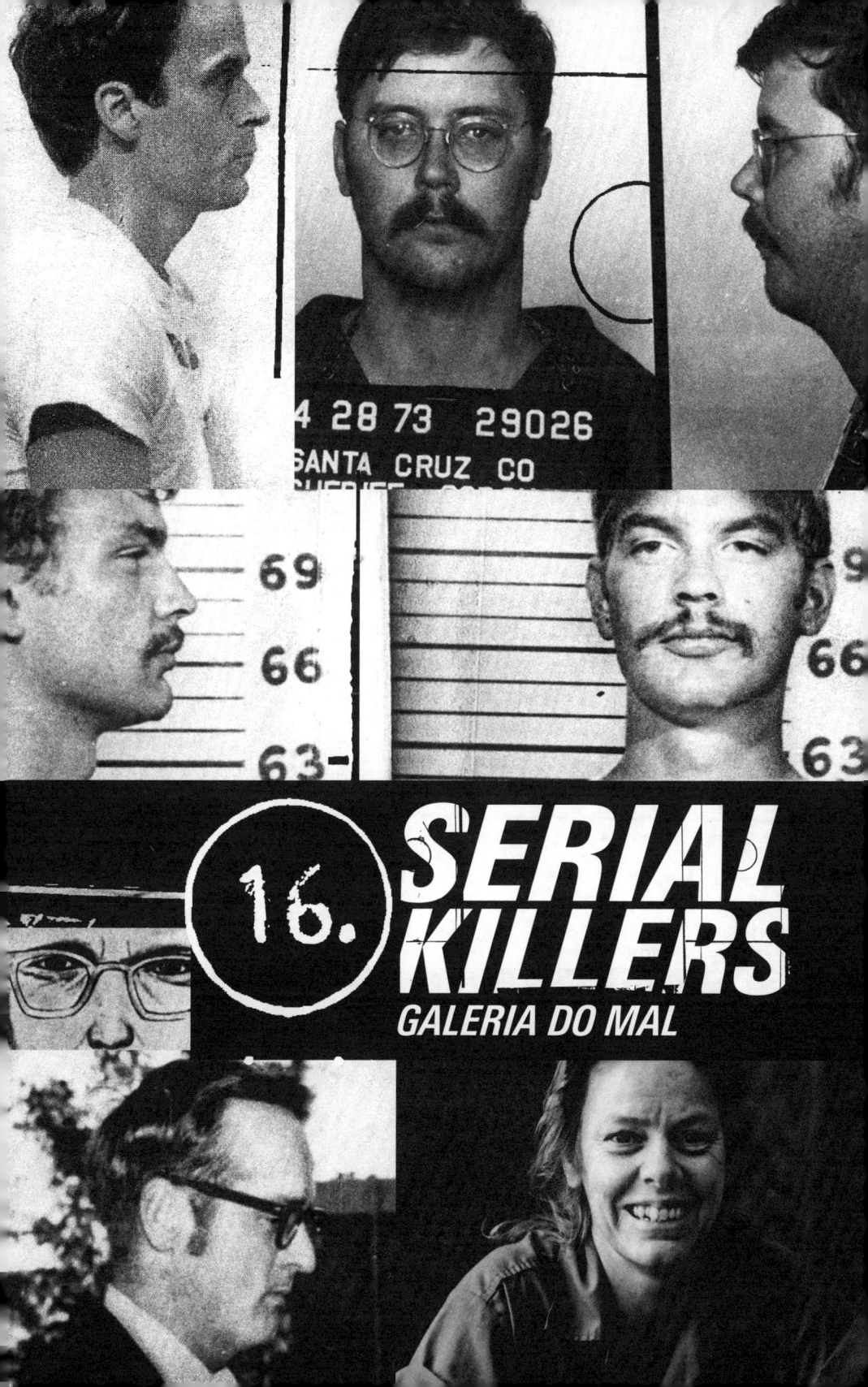

7'0"

6'8"

6'6"

6'4"

6'2"

6'0"

5'8"

5'6"

5'4"

5'2"

5'0"

4'6"

4'4"

# PAUL BERNARDO
# KARLA HOMOLKA

Paul Kenneth Bernardo
Nascimento: 27 de agosto de 1964
Local: Scarborough, Ontário, Canada
Altura: 1,87 m
Cônjuge: Karla Homolka (1991/1994)
Filiação: Kenneth Bernardo e Marilyn Bernardo

Karla Leanne Homolka
Nascimento: 4 de maio de 1970
Local: Port Credit, Ontário, Canada
Altura: 1,63 m
Cônjuge: Paul Bernardo (1991/1994);
Thierry Bordelais (2007—)
Filiação: Karel Homolka e Dorothy Homolka

1.

▶ 1964
1970

# PAUL BERNARDO KARLA HOMOLKA
## O CASAL LETAL

"Eu não espero que vocês me perdoem, porque eu nunca vou me perdoar." – **Karla Homolka**

Em 1987, no bairro residencial de Scarborough, na cidade de Toronto, Canadá, um estuprador estava em ação. Seu *modus operandi* era sempre o mesmo: quando sua vítima descia de um ônibus, ele a agarrava por trás e empurrava-a para o chão. Forçava a moça a fazer sexo anal e felação. Falava com ela o tempo todo e depois a deixava ir.

No ano 1988, os estupros continuavam. A polícia investigava e já tinha coletado evidências de vários casos, além de um bom retrato falado do suspeito, que já havia atacado e estuprado 13 vítimas, mas nada havia sido publicado na imprensa.

Uma das vítimas alegou ter visto uma mulher junto com o estuprador, com o que parecia ser uma câmera de vídeo nas mãos. Ninguém acreditou.

Foi pedida ao NCAVC[1] uma análise do estuprador, entregue à polícia de Scarborough em 7 de novembro de 1988:

---

1   NCAVC: National Center for the Analysis of Violent Crime, FBI Profile of Scarborough Rapist, Description: in investigative analysis, FBI, Virginia, 17 nov. 1988, Special Agent Gregg O. McCrary.

## VITIMOLOGIA

Foi examinada a suscetibilidade das vítimas a um ataque sexual, baseando-se em seu estilo de vida, história passada e desenvolvimento social e físico. Nada elevava seu risco; eram pessoas de baixo risco. Foram observadas as seguintes similaridades: todas as vítimas eram mulheres, idade entre 15 e 21 anos, viviam na mesma área de Scarborough, praticamente vizinhas. Todas tinham estatura baixa, entre 1,55 e 1,62 m, pesando entre 41 e 61 kg.

## ANÁLISE CRIMINAL

O processo pelo qual o criminoso escolhia ou selecionava sua vítima era de óbvia importância. Parecia usar pontos de ônibus para "caçar". Algumas das vítimas foram de ocasião, enquanto outras parecem ter sido escolhidas previamente. Ele poderia já conhecer ou ter visto sua vítima passando pelo bairro, mas não tinha urgência, naquele momento, em atacar. Outras vezes, o impulso de atacar era grande, mas o momento, inoportuno.

Os ataques de sucesso aconteceram quando o assassino tinha urgência, oportunidade e vítima em um mesmo momento. Ele seguiu as vítimas por pouco tempo antes de atacá-las.

Seis vítimas em Scarborough foram atacadas pelas costas e uma pela frente. Ele conseguiu controlá-las utilizando força bruta, mantendo-as assim por meio de ameaças físicas e verbais, acompanhadas de uma faca.

Todas as suas vítimas foram atacadas ao ar livre, enquanto andavam sozinhas perto de suas residências, à noite.

Esse tipo de criminoso escolhe atacar habitualmente em áreas com as quais está familiarizado, por morar ou trabalhar ali. Desse modo, tem maior senso de segurança no caso de ser visto: tem prontas várias rotas de fuga.

Acreditamos que nosso criminoso vivia na área de Scarborough, especialmente a uma distância a pé de onde foram atacadas a primeira, a segunda e a quinta vítimas. Por morar ali, era importante que as vítimas não o vissem, o que o fazia aproximar-se por trás. Logo depois, forçava a cabeça delas em direção ao chão e mandava que ficassem de olhos fechados, para assegurar-se de sua não identificação.

Com a vítima de Mississauga, agiu de modo diferente. Aproximou-se de frente, com a desculpa de pedir informações. Ela viu o rosto do agressor por alguns segundos antes de ser atacada, o que leva a crer que ele não morava ali, pois se sentia seguro o suficiente para ser visto.

Outro motivo para se aproximar por trás eram alguns desvios: em seus scripts, a vítima devia falar que o amava, que estava bom, que odiava o namorado. Eram declarações que tinham como objetivo elevar o ego do criminoso.

Outra clara pista de sua inadequação ficava evidente quando observamos sua seleção de vítimas, mulheres que aparentemente não o ameaçavam, desprotegidas.

Raiva é o sentimento que primeiro demonstrava. Desejo de punir e degradar as vítimas mostrava sua raiva de todas as mulheres. Sua aproximação em estilo blitz e seu comportamento verbal, bem como a sequência de atos sexuais a que ele obrigava sua vítima, em conjunção com a punição física usada contra elas, demonstravam isso.

O comportamento verbal profano combinado com um roteiro falado para a vítima, obrigando-a a se descrever como "puta", evidenciava sua raiva e necessidade de puni-la e degradá-la.

Forçava suas vítimas à felação, depois de atacá-las repetidamente pela vagina e ânus, para humilhá-las. Esse tipo de comportamento foi observado em todos os ataques.

O atacante usava mais força que o necessário para controlar suas vítimas, o que demonstrava seu ódio. Também enfiava peças de roupa em suas bocas e, no caso da sexta vítima, quebrou sua clavícula e derramou terra sobre ela, espalhando-a por seu cabelo e corpo, exprimindo a opinião do atacante sobre as mulheres.

Não acreditamos que o criminoso atacasse suas vítimas com uma premeditada ideia de assassiná-las; no entanto, baseados em nossas experiências, ao ser confrontado com vítima que vigorosamente resistisse a seu ataque, ele a mataria não intencionalmente, no afã de controlá-la.

A violência sexual do atacante para com suas vítimas vinha em escalada. Nos primeiros três ataques, não houve penetração peniana. A escalada também ocorreu física e verbalmente.

O criminoso tinha tendências sádicas e fez sua sétima vítima implorar por sua vida, apenas para satisfazer seu prazer.

Sentia-se completamente seguro e no controle da situação.

## CARACTERÍSTICAS DO CRIMINOSO

Homem, entre 18 e 25 anos, apesar de que nenhum suspeito devesse ser descartado pela idade, pois era questão de maturidade mental e emocional.

Acreditamos que vivesse na região de Scarborough. Essa área lhe era familiar, especialmente o local dos primeiros ataques, onde provavelmente vivia.

A raiva do atacante pelas mulheres devia ser conhecida por seus amigos íntimos. Provavelmente, falava com desprezo sobre mulheres em geral em suas conversas. Deve ter tido um problema com alguma mulher imediatamente antes de seus ataques começarem.

Era sexualmente experiente, mas seus relacionamentos anteriores com mulheres devem ter sido tortuosos e acabado mal. Provavelmente, espancou mulheres que se relacionaram com ele no passado. Colocava a culpa de todos os seus fracassos nas mulheres.

Se tiver tido passagens anteriores pela polícia, deve ter sido por perturbar a paz, resistir à prisão, roubo ou distúrbio doméstico.

Seu comportamento agressivo deve ter surgido na adolescência. Deve ter terminado o colegial com registros de indisciplina. Deve ter tido aconselhamento em relações sociais e/ou abuso de substâncias.

Era inteligente, boêmio e passava bastante tempo andando a pé na área do ataque. Devia ser solteiro. Tinha temperamento explosivo e "pavio curto". Culpava todo mundo por seus problemas.

Não devia permanecer por muito tempo em um mesmo emprego, pois não aceitava bem a autoridade. Deve ter sido sustentado pela mãe ou mulher dominante em sua vida.

Era do tipo solitário. Relacionava-se com as pessoas superficialmente, mas preferia ficar sozinho.

Devia guardar as coisas que assaltava de suas vítimas. Eram vistas como troféus por ele e o ajudavam a relembrar o ataque. Guardava os objetos em local seguro, mas de acesso rápido.

Todos os seus ataques eram precipitados por situações de estresse por que ele passava. Devia continuar agindo assim, esporadicamente.

O estresse podia acontecer apenas em sua mente, não na realidade.

O criminoso reconhecia suas falhas e inadequação, tentando sempre mascará-las.

## COMPORTAMENTO APÓS O CRIME

Não sentia culpa ou remorso por seus crimes. Acreditava que sua raiva era justificada e, portanto, seus ataques também. Sua única apreensão era sobre ser identificado e preso.

O detetive Steve Irwin, da polícia metropolitana de Toronto, também tinha certeza de que se tratava de um só criminoso. Como é comum em casos de crimes sexuais em série, a prática do estuprador havia escalado consideravelmente em suas fantasias. Ele não havia estuprado as primeiras vítimas, exerceu atos libidinosos e quando houve penetração esta aconteceu com os dedos. Agora seu modo de ação estava mais violento e realmente o estupro acontecia.

Todas as descrições falavam de um bonito jovem, que tinha bons dentes, não cheirava mal e era bem-vestido. Antes do Natal, uma das vítimas conseguiu dar uma descrição detalhada do estuprador: aproximadamente

1,83 m de altura, bem barbeado e sem tatuagens. Seu retrato falado acabou não sendo divulgado.

Concomitantemente a esses fatos, a estudante Jennifer Galliganm esteve algumas vezes na polícia para dar queixa de seu antigo namorado, Paul Bernardo. As queixas eram de estupro brutal, abusos físicos e ameaças à sua integridade física. Havia coincidências ligando esse indivíduo ao criminoso que engendrava os estupros que estavam ocorrendo: os dois guiavam um carro modelo Capri de cor branca e Bernardo vivia nas proximidades dos locais de ataque. Ninguém percebeu as semelhanças; afinal, casos de estupro não estavam correlacionados com violência doméstica, pelo menos para aqueles investigadores, que não se ativeram ao perfil feito pelo FBI.

Em maio de 1990, finalmente a polícia resolveu publicar o retrato falado do "Estuprador de Scarborough", com uma recompensa de 150 mil dólares canadenses por pistas que levassem à sua prisão.

Assim que alguns empregados da Price Waterhouse viram o retrato falado nos jornais, contataram a polícia. Achavam que se tratava de um ex-funcionário, o contador júnior Paul Bernardo. Um gerente de banco também identificou seu cliente, Paul Bernardo, como a pessoa procurada. Tantos conhecidos de Paul Bernardo ligaram para a polícia que o detetive Irwin decidiu fazer-lhe uma visita. O suspeito não se parecia em nada com um estuprador serial, mas mesmo assim foram retiradas amostras de sangue, saliva e cabelo. As amostras, juntamente com as de outros 230 suspeitos, foram levadas ao laboratório para análise da dra. Kim Johnston. Em apenas cinco delas havia o tipo sanguíneo do criminoso — e Paul Bernardo era um deles. Pelas amostras de sêmen, também foi estabelecido que o estuprador era não secretor, e essa característica, combinada com seu tipo sanguíneo, o colocava entre 12,8% da população.

O problema foi que, até que todos os testes tivessem sido concluídos, o Estuprador de Scarborough tinha encerrado suas atividades abruptamente. O caso não era mais uma prioridade. Os testes de Paul Bernardo foram engavetados.

Em 14 de junho de 1991, Leslie Mahaffy, 14 anos, desapareceu. Quinze dias depois, um casal de pescadores encontrou o corpo da garota no lago Gibson, quando uma represa foi aberta e baixou o nível da água naquele local em três ou quatro metros. Perto do limite da água, eles repararam em um bloco quebrado de concreto e, dentro de um pequeno reservatório criado pelo próprio bloco sobre uma laje, encontraram pernas. A polícia foi chamada e nas buscas subsequentes encontraram cinco blocos de concreto envolvendo as partes de um corpo na área rasa do lago. Quem quer que tenha feito o serviço não estava familiarizado com a área. Do contrário, teria jogado os blocos de concreto com o corpo por sobre a ponte, onde as águas eram mais profundas, e encoberto os restos mortais para sempre.

As primeiras partes do corpo da vítima a serem encontradas foram suas pernas e pés. Depois, em outro ponto do lago, seu torso e braços, todos cortados com uma potente serra. Os característicos suspensórios, "marca registrada" de Leslie, possibilitaram sua identificação antes que sua cabeça fosse localizada e a arcada dentária identificada positivamente.

Em julho, Rachel Ferron, de 21 anos, estava a caminho de casa, dirigindo pelas desertas ruas de St. Catharines, às duas horas da madrugada. Ultrapassou um Nissan esporte dourado, que ia em direção contrária. Com espanto, pelo espelho retrovisor, observou o carro fazer meia-volta e começar a segui-la. Ao virar na rua de sua casa, o carro seguiu em frente. Rachel ficou aliviada; poderia ter sido apenas impressão. Uma semana depois, o Nissan reapareceu. Dessa vez, Rachel ia para a casa do namorado, que não estava lá. Seguiu para a locadora de vídeos onde ele trabalhava. Ao chegar, tomou nota da descrição do carro e da chapa: 660 HFH. Na mesma noite, quando Rachel voltou à casa do namorado, o Nissan dourado ainda a estava seguindo. Ela permaneceu no carro, com as portas travadas e as janelas fechadas, até que seu namorado chegasse à casa. Assim que chegou, imediatamente percebeu um estranho espreitando o carro de Rachel atrás de uns arbustos e resolveu ir até ele para questioná-lo, mas o homem fugiu. Dessa vez, Rachel não ficou calada. O casal parou uma radiopatrulha e informou o policial sobre o acontecido, entregando a placa do veículo que a tinha seguido. Ele levantou os dados no computador rapidamente. O carro estava registrado no nome de Paul Kenneth Bernardo, um Nissan 240SX. A polícia não deu muita atenção ao caso. Estavam ocupadíssimos com a investigação do assassinato de Leslie Mahaffy.

Em 30 de novembro, a garota Terri Anderson, 14 anos, desapareceu. Ela saiu de casa para andar três quarteirões até a escola onde estudava e nunca mais foi vista.

Em 29 de março de 1992, por volta da meia-noite, Lori Lazurak e Tania Berges estavam sentadas em uma cafeteria quando se viram sendo filmadas por uma pessoa que dirigia um carro esporte dourado e passava por elas repetidas vezes. Um mês depois, em 18 de abril, Lazurak estava dirigindo pela rua Martindale, em St. Catharines, quando viu o carro suspeito novamente. Resolveu segui-lo e, antes de perdê-lo de vista, anotou a placa: 660 HFM – com uma letra diferente da placa correta. Reportou os estranhos fatos à polícia, mas o caso não foi levado adiante. Estavam outra vez envolvidos em uma investigação muito mais séria: o desaparecimento de Kristen French, em 16 de abril, uma garota muito popular que tinha sido raptada do estacionamento de uma igreja luterana, ao lado da escola em que Terri Anderson estudava. Somente os sapatos da menina foram encontrados, abandonados no estacionamento.

Em 30 de abril, o corpo de Kristen foi encontrado em uma vala. Estava nu, mas não desmembrado como o de Leslie, o que levou os investigadores a acreditar que os dois assassinatos de adolescentes não estavam interligados. O cabelo de Kristen tinha sido tosado, em um claro sinal de degradação e subjugação da vítima.

Em 23 de maio, o corpo de Terri Anderson foi encontrado dentro d'água em Port Dalhousie, seis meses após seu desaparecimento. O legista não verificou nada de estranho na necropsia daquele corpo que estivera mergulhado por tanto tempo. A causa da morte foi declarada oficialmente como afogamento, em consequência da combinação de cerveja e LSD. A mãe da menina negou veementemente a possibilidade de a filha ter consumido álcool e drogas, que a teriam feito entrar nas águas geladas do lago em pleno inverno canadense.

Os crimes tinham acontecido na região de St. Catharines e as investigações eram da alçada da polícia de Niagara Falls. De pois da morte de Kristen French, o governo de Ontário montou uma força-tarefa, com linha direta e base de operações. Especialistas forenses e o FBI se uniram para descobrir o assassino.

Nas entrevistas sobre o desaparecimento de Kristen, uma mulher testemunhou ter visto uma luta dentro de um carro, no estacionamento da igreja luterana. Não muito familiarizada com marcas de veículos, a senhora achou que fosse um Camaro ou Firebird, cor creme. O detetive Vince Bevan, responsável pelas investigações, concentrou-se em levantar dados sobre todos os Camaros da região.

Nesse meio-tempo, o nome de Paul Bernardo apareceu outra vez nas investigações e dois policiais foram até a casa dele para entrevistá-lo. Ele foi extremamente simpático. Disse que tinha sido suspeito no caso do "Estuprador de Scarborough" em razão de sua semelhança física com o retrato falado. A polícia notou que aquele homem tinha muito boa aparência, era inteligente e cooperativo, além do fato de sua casa ser limpa e organizada. Também notaram que seu carro era um Nissan, que não se parecia em nada com um Camaro, na cabeça daqueles investigadores, diferentemente do que a testemunha havia achado. Mesmo assim resolveram fazer um trabalho completo e contataram Steve Irwin, em Toronto, para saber dos resultados das investigações do caso do "Estuprador de Scarborough". Oito dias depois, o detetive Irwin respondeu à mensagem: os testes finais das amostras de sangue e saliva de Paul Bernardo não haviam sido feitos; tecnicamente, ele ainda era um suspeito. Irwin mandou para a força-tarefa algumas informações sobre o caso, mas negligenciou as entrevistas com amigos de Paul e o caso Jennifer Galliganm. Não foi dessa vez ainda que Bernardo seria suspeito dos homicídios que estavam acontecendo em Ontário.

Se tivessem se aprofundado nas investigações, descobririam fatos no mínimo interessantes. Dos 16 ataques do "Estuprador de Scarborough", oito tinham sido brutais. Todos ocorreram entre maio de 1987 e maio de 1990, nas proximidades do centro de convenções Metro Toronto, onde Bernardo morou com a esposa até abril de 1991. Nesse mês, o casal mudou-se para Port Dalhousie, em St. Catharines, onde os crimes de homicídio ocorreram.

Em janeiro de 1993, Karla Homolka, esposa de Paul Bernardo, procurou abrigo na casa de uma amiga depois que seu marido a espancou. Como o marido dessa amiga era policial em Toronto, informou a polícia de Niagara, que levou Karla para o hospital imediatamente. Em fevereiro, as investigações se intensificaram. As polícias de Toronto e Ontário quiseram entrevistar Karla, tiraram suas impressões digitais e a questionaram sobre seu relógio de pulso com o personagem Mickey Mouse, muito similar ao relógio desaparecido de Kristen French.

Foi também naquele mês, depois de tomar conhecimento do espancamento de Karla, que o detetive Irwin pediu que o laboratório forense examinasse as amostras de sangue, saliva e sêmen de Paul Bernardo. Os testes foram conclusivos: combinavam 100% com aquelas recolhidas das três vítimas do "Estuprador de Scarborough". Paul Bernardo foi imediatamente colocado sob vigilância.

Depois de ser interrogada por quase cinco horas, Karla percebeu que a polícia já tinha somado dois com dois e ligado o caso do "Estuprador de Scarborough" com os assassinatos em St. Catharines. Ela estava apavorada e contou a um tio, disposto a ajudar, que o marido era um estuprador e que tinha assassinado Kristen French e Leslie Mahaffy.

Um advogado foi contratado, George Walker, que, percebendo o envolvimento de sua cliente até o pescoço nos homicídios, adotou a estratégia de barganhar algum tipo de imunidade para ela em troca de total cooperação com a polícia.

No meio do mês de fevereiro, Paul Bernardo foi preso pelos estupros em Scarborough e pelos assassinatos de Mahaffy e French. Enquanto isso, Karla se afundava no consumo abusivo de analgésicos e álcool. No dia 19 do mesmo mês, a polícia executou o mandado de busca na casa do casal, onde várias evidências foram encontradas. Paul tinha escrito um diário onde contava detalhadamente cada estupro que cometera, além de possuir uma coleção de livros e vídeos sobre desvios sexuais, pornografia e serial killers. A polícia também encontrou um vídeo caseiro, onde Karla aparecia em relações lésbicas com outras duas mulheres.

Uma semana depois, o advogado George Walker tentou um acordo para sua cliente: ela pegaria 12 anos de prisão por cada uma das duas vítimas, com as sentenças cumpridas simultaneamente. Estaria elegível para livramento condicional em três anos, por bom comportamento. Ninguém questionou, pois seu testemunho contra Paul Bernardo era importantíssimo. Os advogados ainda conseguiram acordar que Karla não cumprisse sua pena em uma prisão comum, mas em um hospital psiquiátrico. Em troca, contaria toda a verdade sobre seu envolvimento nos crimes e tudo que sabia sobre eles.

Em março, Karla foi internada em um hospital para ser devidamente tratada e medicada. Dali escreveu uma importante carta para seus pais, na qual confessava o assassinato de sua irmã pelas próprias mãos, em uma brincadeira macabra do casal. Tammy Homolka tinha sido a primeira vítima de homicídio do casal letal.

Paul Bernardo nascera em 27 de agosto de 1964, em uma família de classe média que morava no bairro de Scarborough, em Toronto. Tinha dois irmãos mais velhos e um pai violento, que suspeitava abusar sexualmente da própria filha. Sua mãe, vitimada por uma grave depressão, abandonou a família para viver isolada no porão da casa.

Foi só na adolescência que descobriu ser filho ilegítimo do pai, resultado de um caso amoroso da mãe com um antigo namorado. O efeito da revelação foi devastador para o jovem, que, até então, parecia ser o modelo do bom menino. Passou a odiar a mãe, que entendia ser uma vagabunda por trair o pai. Já odiava o pai, que considerava um pervertido sexual.

Saiu do escotismo, que era seu hobby, para juntar-se aos *bad boys* da vizinhança, rapazes do tipo machões e infratores. Passou a detestar mulheres, que tratava com desprezo e humilhação. Vivia em bares, que frequentava todas as noites, e começou a desenvolver obscuras fantasias sexuais na mesma época em que começou a cursar a Universidade de Toronto. Sua preferência agora era por mulheres submissas e por sexo anal forçado; humilhava suas parceiras publicamente e as espancava em particular. Parecia se vingar de todo o sexo feminino em cada mulher com quem se envolvia.

Como não encontrava emprego em que ganhasse o suficiente para manter seus caros prazeres, começou a contrabandear cigarros pela fronteira do Canadá com os Estados Unidos.

Quando se formou, foi contratado pela Price Waterhouse como contador júnior e vivia uma época sem namoradas, pois elas estavam cansadas de ser amarradas e espancadas. Em outubro de 1987, encontrou a garota de seus sonhos: Karla Homolka.

Karla Homolka nascera em 4 de maio de 1970 em Port Credit, subúrbio de Toronto. Tinha duas irmãs mais novas, Lori e Tammy. Era assistente de veterinária, boa aluna, e seus planos consistiam em casar-se com um jovem rico. Ficou completamente apaixonada por Paul Bernardo quando o conheceu e com quem passou a ter um relacionamento de verdadeira obsessão sexual.

Todos notaram a mudança de comportamento da jovem depois do começo do namoro. Ela agora era extremamente submissa aos desejos do parceiro, que mantinha controle absoluto sobre o que ela dizia, vestia ou ouvia. Karla até mesmo desistiu de fazer faculdade, pois pretendia se casar e ter filhos.

Em 1990, depois de ficarem noivos, os pais de Karla propuseram que Bernardo se mudasse para a casa deles, realizando o maior sonho de sua filha: ver o noivo mais que duas vezes por semana, uma vez que ele morava longe. Paul, sem perda de tempo, foi viver na casa da família Homolka.

Karla, então com 17 anos, encorajava o comportamento sádico de Paul, então com 23 anos, chegando ao ponto de ficar feliz com a revelação de que ele cometia estupros ocasionais. Tudo o que a moça almejava era fazer o namorado "feliz" e não teve problemas em acompanhá-lo nos crimes sexuais que cometia.

As coisas se complicaram quando o mais novo objeto de desejo de Paul passou a ser a irmã caçula de Karla, a menina Tammy. Os dois estavam cada vez mais unidos, Paul e Tammy, para desespero de Karla. Parcialmente excluída, ela ficou feliz ao concordar com a fantasia de Paul: promover seu encontro com a irmã mais nova, sem que ela soubesse ou consentisse, para que ele lhe "tirasse a virgindade". Seria seu presente de casamento para o marido.

Decidiram usar halotano,[2] anestésico inalado por animais antes de cirurgias. Como seu trabalho a fazia ter conhecimentos básicos sobre sedativos usados em animais, além de ter total acesso a eles na clínica veterinária na qual era empregada, foi fácil conseguir o necessário para dopar Tammy. O difícil era estabelecer a dose exata a ser utilizada para que a irmã não reagisse ao estupro.

O plano era que Karla colocasse o anestésico em uma roupa e a segurasse sobre a face da irmã, mas acompanharia seus sinais respiratórios. Era realmente o plano para um estupro assistido.

No Natal daquele ano, Paul filmou com sua câmera a ceia da família Homolka. Deu a Tammy vários aperitivos com o sedativo diluído neles. Os efeitos da droga e do álcool foram rápidos: ela logo estava adormecida no sofá. Quando os outros familiares foram se deitar, Karla e Paul começaram a "trabalhar" Tammy.

---

2  Halotano: substância química utilizada em anestesias locais, por meio de aspiração. Esse anestésico é duas vezes mais forte que clorofórmio e quatro vezes mais forte que éter.

A ação foi filmada durante todo o tempo em que a menina foi estuprada, via vaginal e anal. Enquanto Karla segurava o anestésico sobre a face da irmã, Paul ordenava que ela também fizesse carinhos sexuais nela. De repente, Tammy vomitou. Karla achou que sabia o que fazer e levantou a irmã de cabeça para baixo, tentando limpar, assim, sua garganta. Tammy entrou em choque. Assustados com o imprevisto e sem sucesso nas tentativas de ressuscitação de Tammy, eles a vestiram, esconderam as drogas e a filmadora e chamaram uma ambulância. Os pais só souberam que havia algo errado quando a sirene chegou à sua porta e cinicamente foram levados a acreditar que a filha morreu de um choque acidental, causado por seu próprio vômito.

Paul acabou acusando Karla pela morte da irmã. Agora, a menina não estava mais disponível para ele e necessitava que a namorada fizesse uma reposição, alguém bem jovem e virgem. A procura de novos presentes daria início à carreira de crimes do casal.

Paul Bernardo e Karla Homolka casaram-se em uma cerimônia perfeita, em 29 de junho de 1991, mesmo dia em que a polícia encontrou o corpo de Leslie Mahaffy. Tiveram direito a carruagem, igreja histórica e cavalos brancos, champanhe e jantar para 150 convidados. Nenhuma despesa foi poupada. Paul controlou cada detalhe da cerimônia e recepção: o vestido de Karla, seu penteado, o menu do jantar e a inclusão de "amor, honra e obediência" nos votos da noiva.

Tanto Leslie Mahaffy quanto Kristen French passaram por cativeiro e tortura sexual antes de morrer. Todas as ações foram filmadas por Paul Bernardo, com participação ativa de Karla Homolka. Eles seguiam um elaborado roteiro, como se fosse mesmo uma produção cinematográfica pornográfica.

Fitas de vídeo foram encontradas pela polícia, mas aquelas em que os crimes de homicídio estariam registradas desapareceram ou nunca existiram. Quatro policiais vasculharam minuciosamente a casa de Bernardo e Homolka. Quebraram o chão de concreto, removeram painéis, checaram o esgoto, os dutos e móveis fixos, cortaram carpetes, roupas, vasculharam cartas, mas nada. Sem as fitas, Karla Homolka era a única arma apontada contra Paul Bernardo.

Outras evidências encontradas na casa não foram aceitas como provas: uma cópia do controverso livro de Bret Easton Ellis, *Psicopata americano*, que narra a história de um loiro e narcisista homem de negócios de vinte e poucos anos que rapta, tortura e estupra jovens meninas; o livro *Perfect Victim: The True Story of the Girl in the Box*, de Christine McGuire e Carla Norton, que narra a verdadeira história de um homem na Califórnia que raptou, brutalizou e manteve como sua escrava sexual por sete anos uma moça de 20 anos; e uma fita de rap de autoria de Bernardo, chamada *Inocência mortal*, na qual as letras eram lúgubres lembranças de seus crimes.

O julgamento de Karla Homolka foi um verdadeiro circo para a mídia. Ela foi descrita como impassível. Seu psicólogo, dr. Andrew Malcolm, concluiu seu depoimento dizendo que Karla sabia o que estava acontecendo, mas estava impotente e incapaz de se defender. Em sua opinião, a ré estava paralisada pelo medo, permanecendo obediente e subserviente ao marido que a espancava.

As fitas de vídeo, que não foram divulgadas no julgamento, eram provas contra Paul Bernardo.

O juiz aceitou o acordo proposto pelos advogados de Karla. Seu depoimento seria decisivo para o julgamento de Paul Bernardo. Ela foi condenada a 12 anos de prisão por cada uma das duas vítimas, com as sentenças cumpridas simultaneamente. Pelo acordo, ela teve imunidade no que se referiu ao assassinato de Tammy Homolka.

Em fevereiro de 1994, Paul Bernardo e Karla Homolka se divorciaram. Ela cumpria pena na Prisão para Mulheres de Kingston e, dois meses após ser levada para lá, começou a fazer cursos, por correspondência, de sociologia e psicologia na Universidade de Queens. Sua cela era decorada com pôsteres do Mickey e seus lençóis, desenhados com motivos da Vila Sésamo. Em junho de 1995, foi transferida para a Metro West Detection Centre, em Toronto.

O julgamento de Paul Bernardo aconteceu dois anos após sua prisão. Um dos motivos para a demora foi que ele colocou seu advogado, Ken Murray, em uma situação ética muito complicada. Três meses após sua prisão e seis dias após terminarem as buscas de evidências na casa do casal, seu advogado teve permissão para entrar no local dos crimes por breves momentos. Recebeu então uma ligação em seu celular: era Paul Bernardo, dizendo a ele onde encontrar as fitas de vídeo, escondidas no forro do teto da casa. Paul deu ao advogado as fitas que ele e Karla fizeram de suas aventuras acreditando que, ao fazer isso, elas jamais chegariam às mãos dos promotores.

Eles já sabiam, por intermédio de Karla, da existência das fitas e tinham gravado as conversas entre Paul e seu advogado. Depois de muita pressão, Murray entregou as provas para a promotoria e abandonou o caso. Foi substituído pelo veterano John Rosen.

As fitas de vídeo se tornaram a principal peça da promotoria. Bernardo enfrentava duas acusações de homicídio em primeiro grau, duas acusações de ataque sexual com agravante, duas acusações de confinamento forçado, duas acusações de sequestro e uma acusação de causar constrangimento a um corpo humano.

A promotoria começou seu "show" mostrando a imagem de Karla se masturbando para a câmera, o que causou grande comoção nos presentes. O vídeo mostrava como Paul forçava Karla a fazer coisas contra sua vontade, a ser uma escrava sexual do "Rei Bernardo". Sim, ela chamava o marido de "Rei". Depois de todas as fitas exibidas, o júri tinha uma completa ideia da profundidade da depravação sexual de Paul Bernardo.

Como se já não fosse o suficiente, Karla foi chamada como testemunha. Seu depoimento mostrou a escalada de indignidades a que o marido obrigava a esposa. Ela usava uma coleira de cachorro, ele inseria garrafas em sua vagina e quase a estrangulava com uma corda para satisfazer suas sádicas fantasias sexuais.

Karla também declarou que Paul cortou o corpo de Leslie Mahaffy em dez partes, utilizando para isso a serra elétrica de seu avô, e as encapsulou em concreto no porão da casa deles. Ela ajudou Paul a jogar os blocos no rio, mas apanhou por ter esquecido de usar luvas. Depois da morte de Mahaffy, segundo o depoimento de Karla, ela era espancada constantemente e ameaçada de morte cada vez que hesitava colaborar.

Paul alegou que suas fantasias eram importantes para ele e que nunca machucaram ninguém.

A defesa resolveu atacar a credibilidade de Karla. Queria mostrar que ela não era nenhuma vítima, mas cúmplice ativa nos estupros e homicídios. Paul contou sobre a frieza da esposa, que logo após o estrangulamento de Kristen correu para secar os cabelos porque tinham um jantar na casa dos Homolka. Ficou claro para todos que Karla havia manipulado as circunstâncias de sua cooperação com as autoridades, em um dos piores acordos que o governo canadense já fez com uma testemunha criminal.

As fitas de vídeo foram vistas apenas pela corte e pelo júri, em sessão secreta. Público e mídia puderam somente ouvi-las. Durante o ataque a Tammy Homolka, Karla filmou tudo enquanto Paul violentava a menina por via vaginal e anal, e depois o rapaz a ordenou que fizesse sexo oral com a irmã. Depois de vários "nãos", Karla cedeu à vontade de seu parceiro. Após a morte de Tammy, o júri pôde ainda ver as cenas filmadas no quarto da falecida, quando Karla fingiu ser a irmã e o casal manteve relações sexuais entre as bonecas da vítima.

Karla também foi vista comentando que "adorou ver Tammy ser estuprada", dizendo que sua missão era fazer Bernardo sentir-se bem. Ela se ofereceu como sua provedora de novas virgens.

Todos assistiram às cenas do casal espancando e estuprando Mahaffy e French. Enquanto um agia, o outro filmava e "dirigia" a cena. Em uma delas, bastante perturbadora, Kristen French foi obrigada a repetir 26 vezes que amava Paul, com a voz bastante trêmula e sob ameaças constantes, enquanto era estuprada por ele. Algum tempo depois foi terrivelmente surrada e ao fundo ouviam-se seus gritos de que morreria logo se o prazer de Bernardo não aumentasse rápido.

A defesa de Paul Bernardo deveria ter formado um time com a promotoria no julgamento de Karla Homolka; com certeza aquelas informações teriam feito diferença. Agora eles estavam acabando com a credibilidade dela, mas não estavam sendo eficientes em diminuir a culpa dele. Por ironia, era a promotoria que agora a defendia, descrevendo-a como mulher frágil e torturada, espancada e obrigada a cometer crimes.

Nas imagens vistas pela corte, Karla Homolka deu várias ordens a Kristen French, mandando que ela sorrisse enquanto estava sendo estuprada e ensinando à garota o que fazer para aumentar o prazer de seu marido, além de atacar sexualmente a vítima com uma garrafa de vinho. Nada nas imagens vistas indicou qualquer desprazer de Karla ao agir em dupla com seu parceiro ou que sentisse qualquer repulsa pelo que fazia. Ela também teve várias chances de cair fora, mas não aproveitou nenhuma. Durante as duas semanas em que Leslie Mahaffy ficou cativa na casa do casal, saiu todos os dias para trabalhar e em pelo menos duas ocasiões ficou de guarda com a garota, enquanto Bernardo foi alugar fitas de vídeo ou comprar comida.

No julgamento de Bernardo, ele era considerado culpado até que provasse sua inocência. Com sua parceira nos crimes, a concepção era exatamente a oposta: inocente até que sua culpa fosse comprovada. O acordo com Karla Homolka foi feito antes que a Justiça soubesse das fitas de vídeo ou tivesse acesso a elas, o que justificava a moça ser considerada testemunha-chave para a acusação de Paul Bernardo. Enquanto a defesa tentava mostrar Homolka como cúmplice ativa para diminuir a culpa de Bernardo, a promotoria tratou de mostrá-la como uma mulher fraca, sofrendo da "síndrome da mulher espancada".[3]

Em casos como o de Lorena Bobbit, que castrou o marido com uma faca de cozinha enquanto ele dormia, sua insanidade foi comprovada por meio dessa síndrome. Outro caso ficou bastante conhecido no filme *Cama Ardente*, estrelado por Farrah Fawcett, baseado em fatos reais, em que uma mulher espancada com frequência pelo marido coloca fogo em volta de sua cama enquanto ele dorme, alcoolizado. Nos Estados Unidos, país onde a síndrome da mulher espancada foi legalizada dez anos antes do que no Canadá, várias mulheres já foram inocentadas ou consideradas insanas no momento de graves crimes

---

[3] Essa síndrome foi oficialmente reconhecida nas leis canadenses por meio da Suprema Corte do Canadá, em 1990, pela juíza Bertha Wilson. Foi endossada a ideia de que uma mulher, na armadilha de um relacionamento abusivo, está justificada por atos normalmente não tolerados, uma vez que age para proteger a si mesma. Uma mulher que sofre dessa síndrome acredita ser indigna de ajuda e merece ser abusada. Em certo momento, ela sente que a única forma de escapar é matando o abusador. Muitos não concordam, alegando que ao tornar essa síndrome legalmente aceitável está-se dando a algumas mulheres licença para matar.

graças a esse argumento. Muitos acreditam que no caso de Karla Homolka a síndrome não se aplica. Defendem a ideia de que ela é uma mulher muito egoísta, que só buscou ajuda quando sua própria vida estava ameaçada.

A sentença de Homolka foi bastante discutida durante o julgamento de Bernardo, por meio da imprensa e de entrevistas com advogados e psicólogos. Muitos disseram que a Justiça do Canadá vendeu sua alma ao diabo para conseguir condenar um assassino.

Em uma avaliação psicológica de Paul Bernardo feita por meio dos depoimentos de Karla, o psicólogo dr. Chris Hatcher e seu colega dr. Stephen Hucker identificaram o réu, em relação a seu comportamento, como parafílico (desvios sexuais), sádico sexual, voyeur, hebéfilo (ter atração por meninas púberes ou adolescentes), toucherismo ("agarrador" de mulheres insuspeitas), coprofílico (excitável por fezes), alcoólatra e com distúrbio de personalidade narcisista. Nenhum deles achou que Paul Bernardo fosse psicótico.

Paul se defendeu em seu depoimento dizendo que fazer sexo com garotas amarradas e algemadas era sua ideia de vídeo pornográfico, mas que não matou ninguém. Disse que as vítimas morreram durante o espaço de tempo que as deixou sozinhas com Karla.

Mahaffy teria morrido de overdose de drogas. Bernardo pretendia jogá-la em algum lugar ermo, desacordada. Quando viu que a menina estava morta, resolveu esconder seu corpo. Segundo seu depoimento e contradizendo Karla, enquanto ele cortava o corpo em partes a esposa limpava e lavava cada uma delas para que pudessem "concretá-las".

No caso da morte de French, Bernardo alegou ter deixado a jovem com os pés amarrados e as mãos algemadas, sob a guarda de Karla, enquanto foi alugar fitas de vídeo e comprar comida. Por segurança, teria amarrado um fio elétrico no pescoço da garota, atando a outra ponta em uma cômoda. Enquanto estava fora, French pediu para ir ao banheiro. Quando Karla desamarrou seus pés, ela saiu correndo para tentar escapar, enforcando-se.

Em nenhum momento de seu depoimento Bernardo perdeu a calma ou a compostura. A alegação da defesa era de que não restavam dúvidas de que o casal tinha atacado sexualmente as jovens, mas precisava ser estabelecido quem, de fato, as tinha matado. Nada disso o salvou. Em 1º de setembro de 1995, foi considerado culpado por todas as acusações contra ele. Faltava ainda ser julgado pelo assassinato de Tammy Homolka e todos os estupros de Scarborough.

Segundo as leis canadenses, Bernardo pôde apelar para obter liberdade condicional depois de 25 anos de prisão. Sua apelação imediata, feita após o julgamento, foi negada em 21 de setembro de 2000.

O advogado Ken Murray foi julgado em 2000 por obstrução da Justiça. Ele manteve em segredo estar de posse das fitas de vídeo que retirou da casa de Bernardo, onde o casal assassino aparecia tendo relações sexuais e torturando Leslie Mahaffy e Kristen French. Murray alegou que pretendia usá-las na defesa de seu cliente, nas audiências preliminares. Deixaria que Karla Homolka mentisse sobre seu envolvimento nos crimes e depois a desmascararia com as fitas, destruindo sua credibilidade e demonstrando que ela era a verdadeira assassina e Paul, seu coadjuvante.

Quando as preliminares foram canceladas e resolveu-se ir direto ao julgamento, Paul Bernardo começou a pressionar Murray para que não utilizasse essas provas e as mantivesse em segredo, coisa entre advogado e cliente. Paul alegava que, sem elas, seria a palavra dele contra a de Homolka.

Murray ficou em um dilema ético, mas decidiu deixar o caso e entregar as provas à Justiça, com um atraso de 17 meses. A Justiça alegou que, se estivesse em posse das fitas, não teria tido necessidade de entrar em acordo com Karla Homolka. Ken Murray foi absolvido em 13 de junho de 2000.

A casa de Karla Homolka e Paul Bernardo foi demolida, pois o proprietário não conseguiu nunca mais alugá-la. Outra casa foi construída no terreno.

Os pais de Kristen French, Doug e Donna, ainda vivem em St. Catharines. Donna trabalha com a polícia da região de Niagara, falando sobre o impacto do crime nas famílias das vítimas em geral.

Os pais de Leslie Mahaffy, Dan e Debbie, tiveram seu casamento destruído durante o processo. O estresse foi crucial. Debbie organiza anualmente um dia em memória das vítimas de crime em Burlington e trabalha no Programa para Vítimas de Crimes, da promotoria.

## COMENTÁRIOS FINAIS

No relatório do NCAVC, em novembro de 1988, foi prevista uma escalada de violência nos crimes do "Estuprador de Scarborough" no caso de qualquer estresse que ele sofresse. Enquanto vivia com os pais, Bernardo era mais controlado. Quando se mudou para St. Catharines, as atividades do "Estuprador de Scarborough" cessaram. Agora que a casa era dele, o controle era total. Podia esconder as vítimas e fazer com elas o que quisesse sem nenhum risco. Essa mudança de circunstâncias ajudou na escalada de seus crimes.

Sequestro e cativeiro são etapas previsíveis na vida criminosa de sádicos sexuais. Também é certo que o resultado final será assassinato. Uma vez que tenha prendido a vítima, em sua mente ele não pode mais deixá-la ir. Em sua fantasia galopante, o criminoso precisa de mais controle, o que ganha por meio do sequestro e confinamento forçado da vítima em local "seguro". A última fantasia do sádico sexual é a posse total e plena de sua "presa", física e psicologicamente. É o poder de vida e morte.

O fato de cabelos de duas vítimas de Scarborough e de Kristen French terem sido cortados é grave indício de que se tratava do mesmo homem. Tirar os cabelos das vítimas satisfez a necessidade de Bernardo de punir, degradar e desgraçar suas vítimas. Também foram um troféu.

Estas são, em geral, as características de um criminoso serial sádico sexual:

| | |
|---|---|
| 01. | é homem; |
| 02. | é branco; |
| 03. | tem educação escolar, além de segundo grau completo; |
| 04. | traveste-se para mudar de aparência; |
| 05. | tem pais infiéis ou divorciados; |
| 06. | foi física e sexualmente abusado na infância; |
| 07. | tem experiência militar ou fascinação por armas; |
| 08. | pratica direção compulsiva; |
| 09. | inicialmente apresenta uma imagem de sinceridade, toma cuidados especiais e cobre de atenções seu objeto de amor; |
| 10. | é obcecado por sadismo sexual; |
| 11. | tem personalidade dominadora; |
| 12. | é colecionador compulsivo e usuário de pornografia; |
| 13. | é colecionador de "troféus" adquiridos de suas vítimas; |
| 14. | casa-se na época em que está cometendo seus crimes; |
| 15. | tem conhecida história de transformação de voz e/ou telefonemas obscenos, ou ainda cometeu atentado ao pudor; |
| 16. | tem conhecimento e interesse em assuntos policiais; |
| 17. | tem envolvimento incestuoso com o próprio filho; |
| 18. | tem conhecida experiência homossexual; |
| 19. | compartilha parceiros sexuais com outro homem; |
| 20. | abusa de drogas; |
| 21. | já tentou suicídio. |

Bernardo tinha muitas características que se encaixam na lista citada. Homem, branco, completou quatro anos de estudos na universidade em apenas três anos. Limpo e bem-vestido, comportava-se bem e estava sempre impecável em encontros sociais, especialmente durante o dia. Mudava de aparência à noite, quando caçava suas vítimas.

Vários membros de sua família reportaram às autoridades que Bernardo expressava profundo ódio por sua mãe e a julgava louca. Não perdooou sua infidelidade e a culpava por sua própria infelicidade. Também sofria abusos físicos de seu "pai".

Bernardo era fascinado por armas e carregava sempre uma faca especial com inscrição pessoal na lâmina. Essa faca de estimação foi utilizada em vários de seus crimes. Também guardava um revólver debaixo da cama.

Dirigia compulsivamente: a vigilância sobre ele estabeleceu que chegava a guiar mais de 650 quilômetros em uma tacada e durante vários dias consecutivos.

Namoradas antigas e a família Homolka declararam que Bernardo, nos primeiros estágios de relacionamento amoroso, cobria a amada de presentes e atenção. Mantinha uma imagem de ser carinhoso e afetivo. Conforme o tempo passava, esse comportamento dava lugar à sua verdadeira personalidade. Uma namorada de Bernardo declarou que ele era incapaz de obter uma ereção se não a amedrontasse ou infligisse dor a ela. Também usava ligaduras em volta do pescoço dela enquanto fazia sexo anal, além de garrafas e espetos.

Sua personalidade era do tipo dominadora. Escolhia a maneira com que a esposa deveria se vestir e pentear, e nos últimos tempos a isolou completamente dos amigos. Um amigo íntimo de Bernardo, Van Smirnis, declarou ter assistido às várias vezes em que o amigo tratou Karla com total falta de respeito.

---

> Homem, branco, limpo e bem-vestido, comportava-se bem e estava sempre impecável em encontros sociais. Mudava de aparência à noite, quando caçava suas vítimas.

---

Era colecionador compulsivo e usuário de pornografia. Além dos vídeos pornográficos que fazia dele mesmo e da esposa, Bernardo colecionava videoteipes de todos os eventos que filmava.

Os troféus colecionados das vítimas são perversamente gratificantes para os criminosos e fonte para suas fantasias. Em sua casa, foram encontrados sapatos, roupas íntimas, joias, carteiras e identidades. As investigações revelaram que cada vítima perdeu itens durante o ataque de Bernardo, inclusive cabelos da cabeça e do púbis.

As datas em que Mahaffy e French foram assassinadas coincidem com o período em que Bernardo e Homolka foram viver juntos e se casaram (fevereiro e junho de 1991).

Em pelo menos um caso do "Estuprador de Scarborough", Bernardo disse à vítima que a tinha observado antes, dentro de sua própria casa. Outras vítimas declararam ter recebido telefonemas obscenos depois do ataque que sofreram.

Em 93% dos casos envolvendo sádicos sexuais, os crimes são planejados com cuidado. A vigilância sobre Bernardo estabeleceu que ele caçava suas vítimas dia e noite. O método como se livrou do corpo de Mahaffy indica planejamento. As condições de limpeza do corpo de French, eliminando qualquer evidência, também. Bernardo chegava a obrigar suas vítimas a engolir seu sêmen para que qualquer amostra biológica fosse destruída.

Os casos documentados historicamente demonstram que criminosos como Bernardo não conseguem parar de estuprar e matar por vontade própria. Só param quando são interrompidos por forças externas, como ser preso, hospitalizado, morto etc.

Em 8 de março de 2001, o Conselho Nacional de Condicional do Canadá resolveu, em Ottawa, não dar liberdade condicional para Karla Homolka, que mudou seu nome para Karla Teale. Concluíram que, se solta, ela poderia ainda cometer crimes, causando morte ou sério mal a outra pessoa. Recomendaram que Karla Teale permanecesse em reclusão até o final de sua sentença, em julho de 2005.

Nessa data, então, sem mais recursos legais que permitissem a continuidade de sua reclusão, Karla Homolka, agora Teale, foi libertada depois de ter cumprido integralmente sua pena. Algumas condições foram exigidas para que sua soltura fosse concretizada, como não se casar com criminosos e jamais ficar em posição de autoridade ante crianças menores de 16 anos.

Em 2006, Karla, agora Leanne Teale e casada com Thierry Bordelais, tornou-se mãe de um menino. Vive em Quebec, no Canadá.

7'0"
6'8"
6'6"
6'4"
6'2"
6'0"
5'8"
5'6"
5'4"
5'2"
5'0"
4'8"
4'6"
4'4"

SHERIFF
SALT LAKE COUNTY

# THEODORE ROBERT BUNDY

②

Nascimento: 24 de novembro de 1946
Local: Burlington, Vermont, EUA
Morte: 24 de janeiro de 1989
Altura: 1,78 m
Cônjuge: Carole Ann Boone
Filiação: Johnny Culpepper Bundy
e Eleanor Louise Cowell

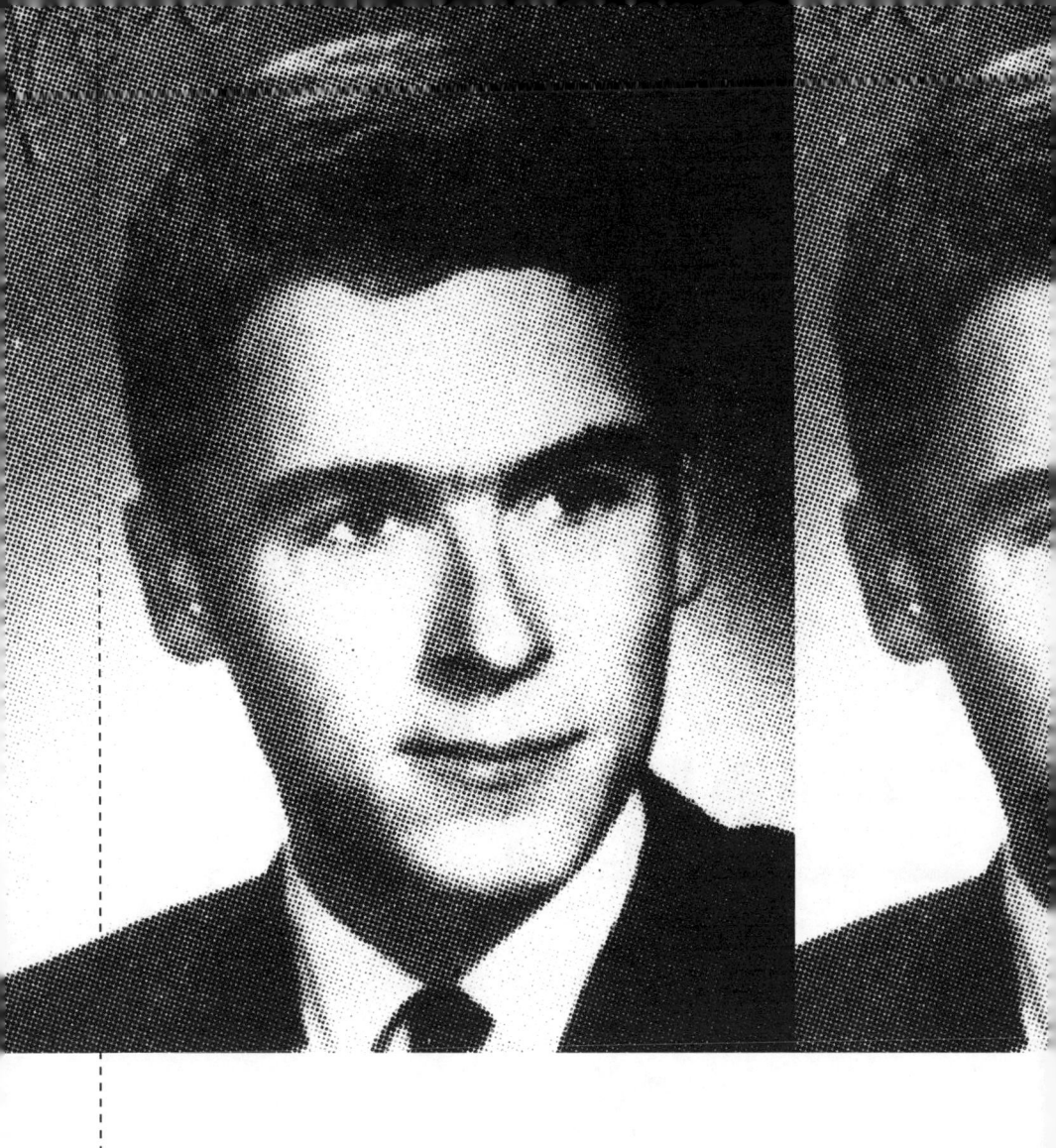

▶ 1946.

# THEODORE ROBERT BUNDY
## O CIDADÃO ACIMA DE QUALQUER SUSPEITA

> "A fantasia que acompanha e suscita a antecipação que precede o crime é sempre mais estimulante que a sequela imediata do crime em si." – **Ted Bundy**

Psicopatas são mentirosos crônicos e Ted Bundy, um dos mais famosos serial killers do mundo, não era uma exceção. Sua vida era uma farsa tão bem construída que, apesar de ter matado inúmeras mulheres, havia sido capaz de manter um longo relacionamento íntimo com Meg Anders, ajudando-a a criar sua filha. Também trabalhava em um centro de atendimento a suicidas — algo equivalente ao Centro de Valorização da Vida (CVV) no Brasil —, cujo *staff* chegou a provocá-lo por sua semelhança com o retrato falado de "um serial killer". Ninguém pensou, por um só momento, que aquele voluntário que já tinha salvado tantas vidas pudesse ser um assassino. Bundy também trabalhou em muitas campanhas políticas para o Partido Republicano, em que muitos achavam que ele próprio seria candidato a governador algum dia.

Enganou a todos à sua volta. No fim, alegava ter se convertido ao cristianismo e se arrependido de seus pecados, mas foi executado sem contar a ninguém a localização dos corpos de algumas de suas vítimas. Deixou sem solução vários crimes que, suspeita-se, sejam de sua autoria, mas fez questão de não esclarecê-los; nem negou nem confessou. Todos têm muita semelhança com seu *modus operandi* e assinatura. Em muitos, ele estava perto do local dos crimes quando aconteceram, sempre em épocas de grande estresse em sua vida pessoal. Coincidência? Ted Bundy levou esse segredo para o túmulo. Os pais dessas vítimas não conseguiram jamais acreditar em sua regeneração, pois nunca puderam enterrar os corpos de suas filhas queridas.

Em inúmeras entrevistas, disse aos médicos que sua raiva pelas mulheres havia sido causada por sua mãe, que tinha a mesma aparência das vítimas quando era jovem. Os testes psicológicos revelaram que Ted Bundy tinha uma personalidade própria dos esquizofrênicos: mudança de humor repentina, impulsividade, falta de emoções, necessidade de aparecer, ataques de histeria, dupla personalidade, depressão, complexo de inferioridade, imaturidade, mentiras nas quais acreditava, obsessão, egocentrismo, adaptação de falsa realidade, mania de perseguição.

Em seus depoimentos, contou que estrangulava suas vítimas olhando-as nos olhos. Depois, com a ajuda de uma serra de metal, desmembrava seus corpos pelas juntas e cortava-lhes a cabeça. Cortava também as mãos das vítimas e como suvenir guardava-as em uma sacola que carregava com ele por dias. Isso o fazia se sentir poderoso e fora do alcance da polícia.

Segundo algumas fontes, Bundy guardava a cabeça de suas vítimas em sua casa, até que incinerava os crânios na lareira e aspirava as cinzas. Vestia suas vítimas com roupas de sua escolha depois de matá-las e chegou-se a dizer que comia a carne delas. Manteve uma vítima com ele durante nove dias.

Para enganar jovens inocentes, além de usar gesso no braço ou na perna, fingia mancar e adotava vários sotaques diferentes. Tinha um fusca preparado para capturar suas vítimas: o banco do passageiro da frente não existia, assim como o trinco da porta do mesmo lado. Homem de excelente aparência e nível intelectual e cultural indiscutível, abordava estudantes sempre carregado de livros ou outros objetos, pedindo sua ajuda para levar as coisas até seu carro, uma vez que estava com a perna ou o braço "quebrado". A fragilidade era falsa. Usando o instinto solidário das mulheres em geral e a confusão que o ser humano faz entre beleza e bondade, levava sua vítima até seu carro e abria a porta do passageiro para que ela acomodasse suas coisas no banco de trás. A pessoa que o ajudava não tinha opção: para completar a tarefa acabava entrando com meio corpo dentro do carro, de modo a alcançar o banco. Nesse momento, Bundy as empurrava para dentro rapidamente e batia a porta, arrancava o falso gesso e entrava no carro, algemando-as ou desacordando-as, enquanto, desesperadas, descobriam que na porta de saída do veículo não havia trinco. O destino dessas moças estava selado.

Theodore Bundy casou-se com Carol Boone e chegou a ter um filho enquanto esperava sua execução no corredor da morte.

Confessou, antes de ser executado, 11 assassinatos no estado de Washington, oito em Utah, três no Colorado, dois no Oregon, três na Flórida, dois em Idaho e um na Califórnia.

Sua frase mais famosa?

"Nós, serial killers, somos seus filhos, seus maridos, estamos em toda parte. E haverá mais de suas crianças mortas amanhã. Vocês sentirão o último suspiro deixando seus corpos. Vocês estarão olhando dentro de seus olhos. Uma pessoa nessa situação é Deus!..."[1]

Ted Bundy ficou conhecido como o "Picasso" dos serial killers.

[1] *"We serial killers are your sons, we are your husbands, we are everywhere. And there will be more of you children dead tomorrow. You feel the last bit of breath leaving their body. You're looking into their eyes. A person in that situation is God!..."*

## UP FRONT

# THE ENIGMA OF TED BUNDY: DID HE KILL 18 WOMEN? OR HAS HE BEEN FRAMED?

**Margaret Bowman,** like most of the victims linked to Bundy, had long dark hair. She was beaten and strangled in her Florida sorority house.

**Toothmarks on Lisa Levy's** body provided disputed evidence in Bundy's conviction.

**Nurse Caryn Campbell was** murdered while on a ski vacation in Aspen, Colo.

**Carol DaRonch fought off her** kidnapper and later identified him as Bundy in court.

**Bundy goes on trial this week** for the slaying of 12-year-old Kimberly Leach in Florida.

He was a son any mother would be proud to call her own, a handsome six-footer who became the first in his family to graduate from college, then began studying for a career in the law. Women found him charming, his nieces and nephews adored him. At a Seattle crisis clinic, he was a sympathetic counselor; as an assistant director of the Seattle Crime Prevention Advisory Commission, he wrote a rape-prevention pamphlet for women. When he chased and caught a purse snatcher in a shopping mall, letter of gratitude. "Everything I saw about him would recommend him," says his ex-boss Ross Davis, former state Republican chairman. "If you can't trust someone like Ted Bundy, you can't trust anyone —your parents, your wife, anyone."

Beyond the serenity of Bundy's early years, however, lurked a grisly turn of events. Today, at 33, Ted Bundy has been convicted of two brutal murders in Florida and is scheduled to go on trial next week for a third. In addition, his name has been linked by police and pros-

## OS CRIMES

No ano 1974, vários crimes com semelhanças impressionantes começaram a acontecer em três estados americanos, simultaneamente: Washington, Utah e Oregon. As vítimas, todas garotas de idade parecida, sumiam sem deixar pistas. Eram estudantes universitárias, brancas, magras, solteiras, cabelos repartidos ao meio e usavam calça comprida na ocasião de seu desaparecimento. Todas desapareceram durante a noite.

Muitos colegas de faculdade das vítimas declararam, em seus depoimentos, ter visto um estranho no campus da universidade, de perna ou braço quebrado. Aparentemente, ele andava carregado de livros e pedia ajuda para jovens mulheres para levá-los até o carro. Outra testemunha disse ter visto um homem engessado pedindo ajuda para consertar seu carro, que não dava partida. O carro era um Fusca. Por coincidência, nas proximidades das casas das vítimas, também havia sido visto um homem com a perna ou braço engessado.

Em 18 de outubro daquele ano, Melissa Smith, 17 anos, que morava com os pais, filha do chefe de polícia da cidade mórmon de Midvale, desapareceu a caminho de uma pizzaria, onde ia encontrar uma amiga. Toda a polícia da região ajudou nas investigações daquele estranho fato, pois era de conhecimento notório que Melissa era uma menina muito informada sobre os riscos da violência. Dificilmente ela cairia em um golpe fácil, uma vez que sempre tomava os cuidados básicos de segurança que tão bem conhecia.

Nove dias depois do desaparecimento e de buscas intensas, seu corpo foi encontrado perto do Summit Park, nas montanhas Wasatch. Havia sido espancada com gravidade, principalmente na cabeça, por algum tipo de alavanca de metal. A necropsia constatou tortura, ataque sexual e estrangulamento.

Toda a polícia de Utah ficou muito sensibilizada com o caso e horrorizada com o sofrimento imposto à filha do colega antes de ser morta. Ficaram atentos a qualquer pista que pudesse surgir.

As semelhanças com os assassinatos nos estados de Washington e Oregon logo foram percebidas pela polícia de Utah. Os investigadores trocaram informações e concluíram que os crimes estavam sendo cometidos pelo mesmo homem. Mais um assassino em série estava à solta.

Por meio das testemunhas que haviam visto o homem engessado, que dissera chamar-se "Ted", a polícia fez um retrato falado do suspeito e o divulgou em toda a mídia.

Desde 1969, Ted Bundy estava "casado" com Meg Anders. Assim que Lynn Banks, amiga de Meg, viu o retrato falado do suspeito no jornal, reconheceu nele o marido de Meg. Contatou a colega, que, seguindo seus conselhos, procurou a polícia. Ela não foi a única. Naquele outono de 1974, outras pessoas reconheceram Ted Bundy como a pessoa retratada. Por ironia, todos os depoimentos dados à polícia reconhecendo-o foram engavetados e esquecidos. Bundy era um respeitável cidadão e a polícia achou que ali deveria haver algum engano: aquele homem estava acima de qualquer suspeita.

Como muitas vezes acontece em histórias como essa, o destino colocou sua mão no decorrer dos acontecimentos, quando Carol DaRonch, 18 anos, foi atacada.

---

Carol DaRonch estava na livraria Waldens em um shopping na cidade de Murray, Utah, escolhendo livros. Enquanto vagava distraída entre as prateleiras, um homem que se identificou como segurança do shopping, oficial Roseland, abordou-a perguntando se ela havia estacionado seu carro perto da Sears. Ela confirmou. Ele então pediu o número da placa do carro. Ela deu. Disse então que alguém tentara arrombar o carro no estacionamento e prontificou-se a acompanhá-la até lá para verificar se algo havia sido roubado. Carol não parou para pensar como ele a havia localizado entre todas as pessoas do shopping center.

A inocente garota foi com ele até o carro e não encontrou nada de errado, mas o oficial Roseland não estava satisfeito. Queria acompanhar a moça até a delegacia para que ela desse queixa do arrombamento. Esse era o procedimento-padrão, segundo ele. A moça, sem perceber nada de errado naquilo, concordou.

Também a orientou a acompanhá-lo em seu carro, com a finalidade de não destruir provas para o caso de a perícia querer averiguar. Ela novamente concordou.

Quando chegaram ao carro do oficial, um Fusca, Carol desconfiou. Pediu a identificação do segurança, que sem demora mostrou-lhe um distintivo dourado e entrou no carro com ela. Assim que saíram do estacionamento do shopping center, tomaram o rumo oposto ao da delegacia. Sentindo que algo estava errado e já apavorada com a situação, Carol reagiu mal quando o indivíduo tirou do bolso um par de algemas e tentou prendê-las em seu pulso. Começou a lutar desesperadamente e, na confusão, o homem prendeu as duas algemas no mesmo pulso de Carol, mas ela silenciou quando ele sacou um revólver e a ameaçou de morte se continuasse a fazer escândalo.

A vítima foi puxada para fora do carro e ameaçada com uma alavanca de metal. Já do lado de fora, desesperada e sem alternativa, acertou o oficial entre as pernas com o joelho e saiu correndo como nunca... Um casal que vinha pela estrada avistou uma moça correndo e parou o carro, socorrendo-a. Ela entrou o mais rápido que conseguiu, gritando histericamente que tinham acabado de tentar matá-la.

O casal levou Carol DaRonch para a delegacia mais próxima. Ela seria uma das testemunhas mais importantes no caso Ted Bundy. Ao chegar à delegacia, Carol ainda soluçava. Pendia de seu pulso o par de algemas colocado pelo maníaco. Ela relatou todos os fatos aos policiais, mas nenhum "oficial Roseland" foi encontrado. Foram até o local de onde Carol fugira, mas estava tudo deserto. Quem quer que a tivesse atacado já havia ido embora. A polícia obteve uma descrição do suspeito e de seu carro e, do casaco da moça, uma amostra de sangue. Depois se constataria que o sangue não era de Carol DaRonch. Só podia ser do criminoso. O sangue era tipo O, infelizmente comum demais.

Na mesma noite, Jean Graham estava dirigindo uma peça de teatro no Viewmont High School, em Bountiful, Utah, quando foi abordada por um homem que lhe pediu ajuda para identificar um carro. Ela se recusou, dizendo estar muito ocupada. O homem voltou mais duas vezes, insistindo em ser ajudado. Ela se recusou novamente.

Debra Kent, 17 anos, estava naquele mesmo teatro, assistindo ao espetáculo com seus pais, mas saiu mais cedo para buscar o irmão no boliche. Ela pediu aos pais que a esperassem ali, pois em poucos minutos voltaria para pegá-los. Jamais chegou ao seu carro. A única pista encontrada perto do veículo ainda estacionado na escola foi uma pequena chave de algemas. Por incrível que pudesse parecer, as chaves encontradas ali abriram as algemas de Carol DaRonch.

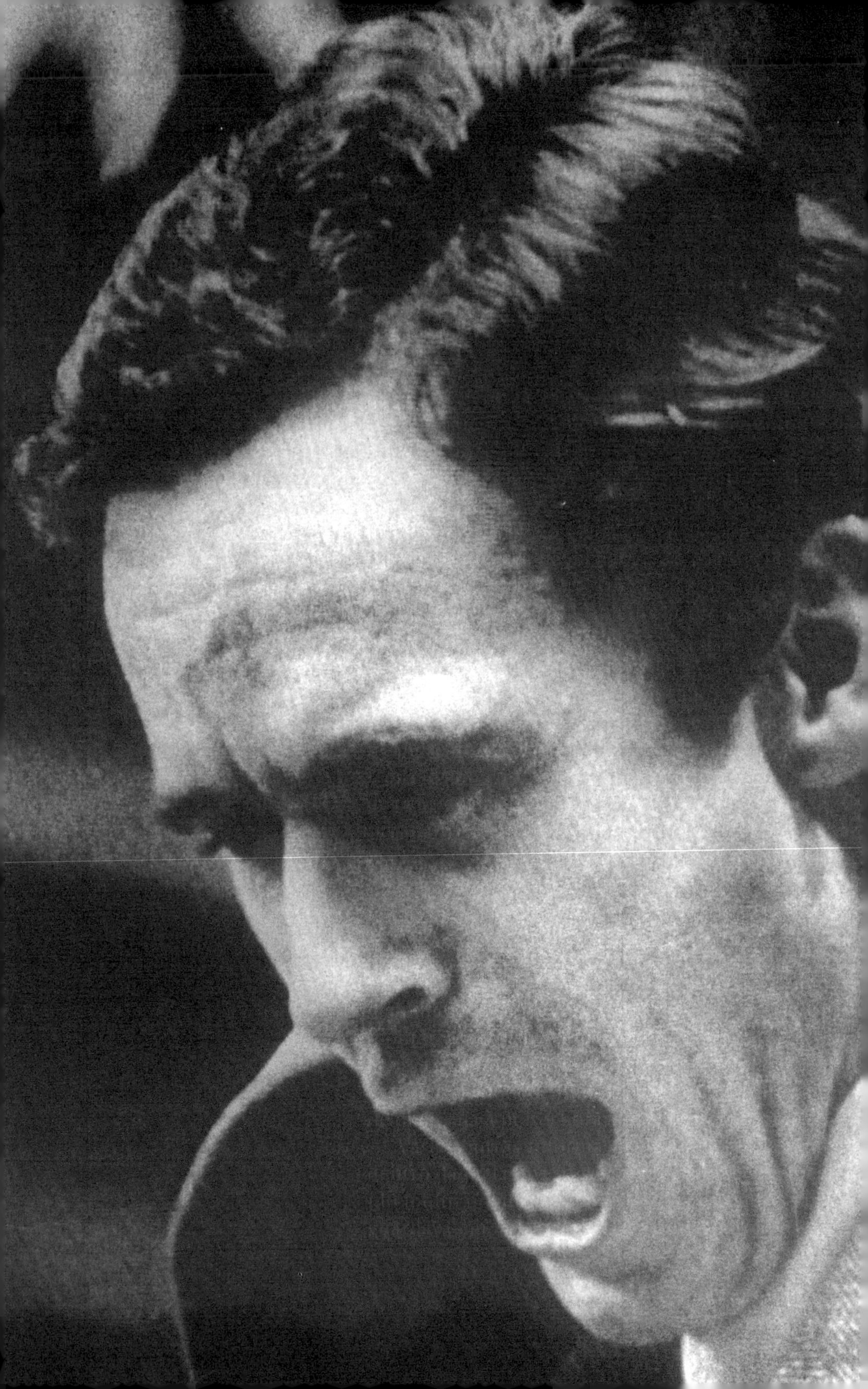

Ainda durante as investigações sobre o caso, um homem telefonou para a polícia dizendo ter visto um Fusca sair em alta velocidade do estacionamento do auditório da escola, na noite do desaparecimento de Debra.

Carol DaRonch e Jean Graham seriam testemunhas vitais nas investigações e no julgamento de Ted Bundy. Em 1975, um guarda rodoviário em uma autoestrada de Utah estranhou um Fusca rodando perto de Salt Lake. Nas cidades pequenas onde policiais rodoviários têm rondas de itinerário fixo, eles acabam tendo um excelente conhecimento dos moradores e frequentadores da região e o guarda não conhecia ninguém que tivesse um carro como aquele. Ao indicar para o motorista que encostasse o carro, a fim de fazer uma verificação que deveria ser apenas rotineira, espantou-se com a reação do motorista: ele apagou todas as luzes do veículo e saiu desabalado, em fuga.

Quando conseguiu detê-lo, o guarda pediu os documentos do motorista e verificou que se tratava de Theodore Robert Bundy. Pediu que o homem descesse do veículo, para examinar seu interior e alarmou-se ao perceber que não havia banco do passageiro. No banco de trás encontrou uma alavanca de metal, uma máscara de esqui, corda, algemas, arame e um picador de gelo. Bundy foi preso imediatamente por suspeita de roubo e levado à delegacia.

Ao ser fotografado na delegacia, os policiais perceberam sua semelhança com o suspeito que tinha atacado Carol DaRonch. As algemas encontradas no carro de Bundy eram do mesmo tipo e marca daquelas encontradas no pulso de Carol e o carro, igual ao descrito por ela. A alavanca de metal encontrada no Fusca também era similar àquela descrita pela moça no boletim de ocorrência. Todos os dados também se encaixavam perfeitamente nos assassinatos de Melissa Smith, Laura Aime e Debra Kent.

Meg Anders, com quem Ted Bundy morava, logo foi chamada para dar seu depoimento para a equipe de polícia que investigava os crimes, ajudando a montar o perfil dele ao relatar hábitos e características de personalidade, agora suspeito de vários crimes. Nas datas apresentadas pelos investigadores, Meg não sabia onde Bundy estava, o que parecia ser comum, pois ele dormia de dia e saía à noite, horário em que ela dormia.

Várias outras informações dadas por ela também faziam muito sentido dentro daquela investigação: o interesse do parceiro por sexo havia diminuído muito no último ano, ele tinha estranhas fantasias de sexo e escravidão, guardava em casa gesso para bandagens e possuía uma machadinha. Mas a

BERT

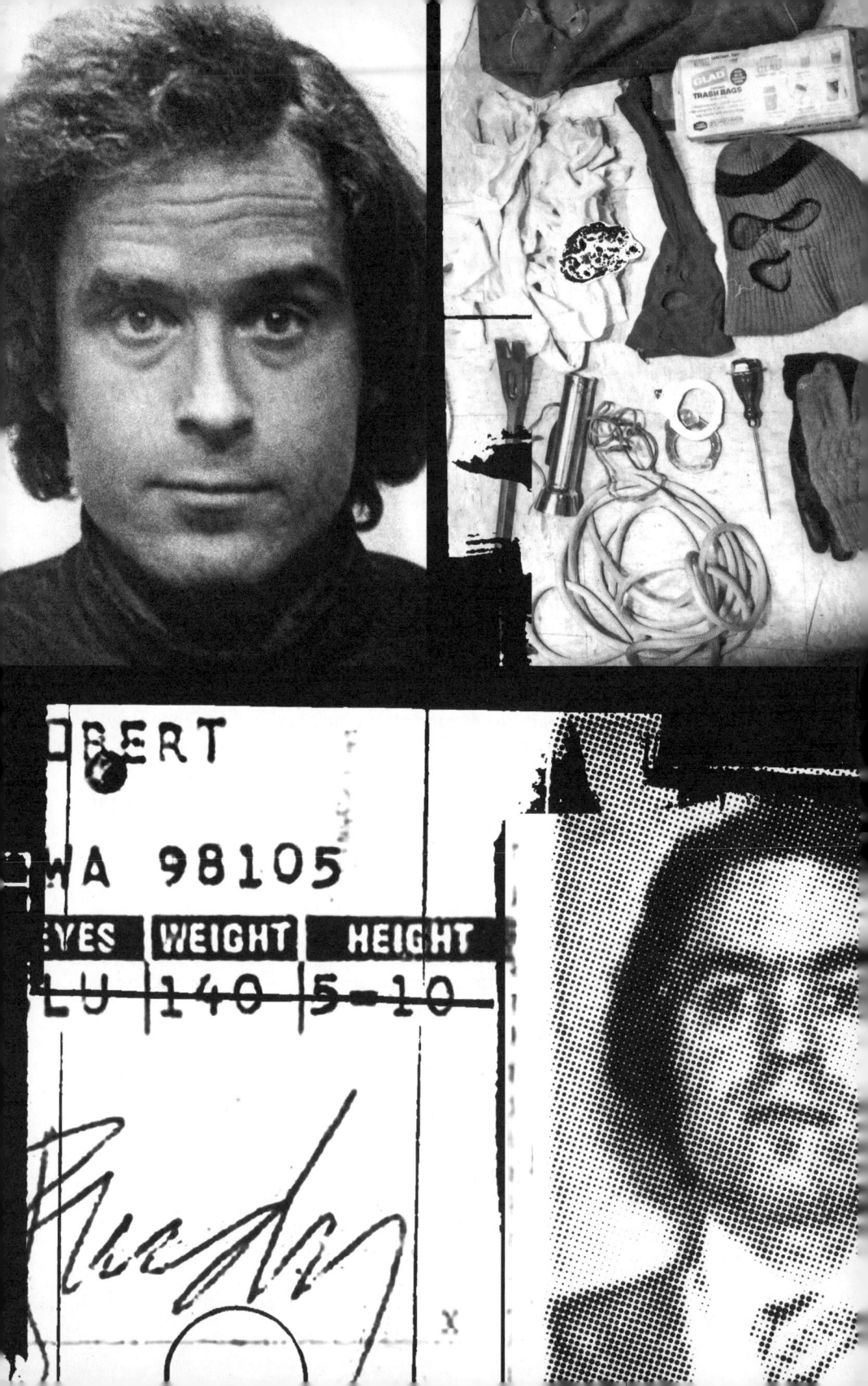

WA 98105

| EYES | WEIGHT | HEIGHT |
|---|---|---|
| BLU | 140 | 5-10 |

# WANTED BY THE FBI

## INTERSTATE FLIGHT - MURDER

## THEODORE ROBERT BUNDY

### DESCRIPTION

Born November 24, 1946, Burlington, Vermont (not supported by birth records); Height, 5'11'' to 6'; Weight, 145 to 175 pounds; Build, slender, athletic; Hair, dark brown, collar length; Eyes, blue; Complexion, pale / sallow; Race, white; Nationality, American; Occupations, bellboy, busboy, cook's helper, dishwasher, janitor, law school student, office worker, political campaign worker, psychiatric social worker, salesman, security guard; Scars and Marks, mole on neck, scar on scalp; Social Security Number used, 533-44-4655; Remarks, occasionally stammers when upset; has worn glasses, false mustache and beard as disguise in past; left-handed; can imitate British accent; reportedly physical fitness and health enthusiast.

### CRIMINAL RECORD

Bundy has been convicted of aggravated kidnaping.

### CAUTION

BUNDY, A COLLEGE-EDUCATED PHYSICAL FITNESS ENTHUSIAST WITH A PRIOR HISTORY OF ESCAPE, IS BEING SOUGHT AS A PRISON ESCAPEE AFTER BEING CONVICTED OF KIDNAPING AND WHILE AWAITING TRIAL INVOLVING A BRUTAL SEX SLAYING OF A WOMAN AT A SKI RESORT. HE SHOULD BE CONSIDERED ARMED, DANGEROUS AND AN ESCAPE RISK.

FBI/DOJ

informação mais valiosa foi a de que Bundy havia visitado Lake Sammamish Park em julho, onde supostamente havia ido praticar esqui aquático. Uma semana depois da estada dele registrada lá, Janice Ott e Denise Naslund foram declaradas desaparecidas.

Lynda Ann Heally | 1952-1974

**OUTRAS EVIDÊNCIAS FORAM CORRELACIONADAS, FAZENDO DE BUNDY UM SUSPEITO POTENCIAL:**

**1ª EVIDÊNCIA** Lynda Ann Heally foi ligada a Bundy por intermédio de uma prima dele, amiga em comum, além do fato de terem feito algumas aulas de Psicologia juntos na Universidade de Washington.

**2ª EVIDÊNCIA** Testemunhas oculares o viram em Lake Sammamish Park quando do desaparecimento de Ott e Naslund e posteriormente o reconheceram por fotografia.

**3ª EVIDÊNCIA** Ele havia frequentado durante algum tempo as montanhas Taylor, onde os diversos crânios de vítimas de assassinato haviam sido encontrados.

Sem perder tempo, os investigadores cruzaram suas faturas de cartão de crédito com os locais e datas dos crimes e descobriram que ele estava em cada cidade na data certa do desaparecimento de uma estudante.

Também foram verificados registros médicos para confrontar as informações de testemunhas que viram o suspeito engessado em datas específicas, mas nenhuma ocorrência desse tipo foi comprovada.

Apesar de continuar a alegar inocência, Theodore Robert Bundy foi levado a julgamento em 23 de fevereiro de 1976 pelo sequestro de Carol DaRonch e considerado culpado por sequestro com agravantes. Foi sentenciado a 15 anos de prisão, com possibilidade de condicional.

Bundy passou, então, por uma avaliação psicológica. Seu histórico era bastante interessante...

Segredos de família costumam causar danos às pessoas envolvidas, incluindo-se aqui as gerações seguintes. Não foi diferente na história da família Cowell. A filha do casal, Louise, envolveu-se em um relacionamento com um veterano da Força Aérea Americana e, assim como muitas adolescentes mundo afora, engravidou de um homem que jamais veria novamente. Para salvaguardar a "honra" da menina, seus pais assumiram a criação do bebê, nascido em 24 de novembro de 1946, fazendo com que a sociedade local e a própria criança acreditassem que Louise tinha "ganhado um irmãozinho".

A primeira infância do menino Theodore Robert Cowell foi em um lar onde a violência doméstica acontecia de forma contumaz. Ele assistiu às muitas das vezes em que seu "pai" violento espancava a "mãe".

Aos quase 5 anos de idade, a "irmã" Louise casou-se com John Culppeper Bundy, mudou-se para outra cidade e levou o filho biológico, sem lhe contar a verdade. Apesar de o padrasto ter adotado Ted oficialmente e das várias tentativas de aproximar-se dele, isso nunca foi possível. Para Theodore Robert Bundy, seu pai sempre seria o avô e ele jamais perdoaria o casal por tê-lo separado da pessoa que mais amava no mundo.

Ted foi uma criança isolada, tímida e insegura. Cuidava dos quatro irmãos menores e divertia-se mutilando animais. Na escola, era uma criança "diferente" e muitas vezes alvo de brincadeiras e humilhações, mas seu rendimento escolar sempre foi altíssimo. Era educado, elegante e tido como muito inteligente. Passou por várias profissões, mas nunca permanecia durante muito tempo no mesmo emprego; era profissionalmente bastante instável, tanto no tipo de atividade quanto no tempo de serviço.

Em 1967, aos 21 anos, Bundy se apaixonou por uma garota de classe social mais alta que a dele. Esquiavam, viajavam, um namoro como tantos outros. Foi o grande amor da vida de Ted, mas um ano depois ela o dispensou, rejeição da qual ele não se recuperou. Depois de perder o interesse pelos estudos e amargar uma depressão, ainda tentou, de forma obsessiva, manter contato com ela, que já não tinha nenhum interesse no relacionamento.

Para agravar sua precária situação emocional, foi naquele mesmo ano que Ted ficou sabendo o grande segredo de família: sua irmã era sua mãe, seus avós não eram seus pais. Depois da descoberta, tornou-se mais frio e com uma maior necessidade de estar no controle. Sua busca de ser o melhor em tudo parecia interminável. Retomou os estudos e graduou-se em Psicologia com honra ao mérito.

Em 1969, iniciou seu relacionamento com Meg Anders e foi morar com ela, mas continuava seus eventuais contatos com a primeira namorada. Começou a estudar direito, trabalhava em campanhas políticas para o Partido Republicano e chegou a ser condecorado por salvar uma criança vítima de afogamento em Seattle.

Em 1973, durante uma viagem para o Partido Republicano, Ted e a primeira namorada se encontraram novamente, na Califórnia. Fez tudo para reconquistá-la e conseguiu, só para logo depois descartá-la da mesma maneira que ela havia feito com ele no passado. Meg Anders jamais soube do duplo relacionamento e a moça da Califórnia não ouviu mais falar dele até ver seu rosto estampado em todos os jornais como um dos mais prolíficos assassinos dos Estados Unidos.

Segundo o livro de Anne Rule, *The Stranger Beside Me*, no relatório final constava que Bundy era "psicótico, neurótico, vítima de doença cerebral orgânica, alcoólatra, viciado em drogas e sofredor de um tipo de amnésia". Concluíram que ele tinha forte dependência de mulheres e medo de ser humilhado em seus relacionamentos com elas.

Enquanto Bundy estava detido na Prisão Estadual de Utah, os investigadores tentavam coletar provas que o ligassem aos assassinatos de Caryn Campbell e Melissa Smith. Fios de cabelo encontrados em seu carro foram examinados por peritos do FBI, que concluiu que eram similares aos cabelos das vítimas. As marcas de ferimentos deixadas na cabeça de Campbell também combinavam com a alavanca de metal encontrada no carro de Bundy. No fim do ano 1976, ele foi formalmente acusado pelo assassinato de Caryn Campbell, no estado do Colorado.

Em 1977, aproveitando a transferência de penitenciária para o Colorado, onde aguardaria o próximo julgamento, Bundy solicitou licença especial para pesquisar na biblioteca da cidade de Aspen, uma vez que defenderia a si mesmo. Não demorou em elaborar um plano de fuga, que executou com êxito no mês de junho. A alegria durou apenas seis dias, quando foi recapturado.

Seis meses depois do fracasso, conseguiu fugir novamente, dessa vez com um plano mais elaborado. Quando descobriram que o prisioneiro não estava mais em sua cela na Garfield County Jailiand, ele já estava longe!

Em 1978, instalou-se na Flórida sob a identidade de Chris Hagen e alugou um apartamento de apenas um quarto em Tallahassee, onde ninguém sabia nada sobre ele ou seu passado. Sua lista de crimes agora incluía furto e roubo, desde cartões de crédito até comida. Seus dias se resumiam a assistir a aulas como ouvinte na Universidade Estadual da Flórida, onde caçava novas vítimas potenciais.

Foi assim que, na noite do dia 14 de janeiro, chegou à porta da Fraternidade Chi Omega, onde moravam várias estudantes. Lá atacou Karen Chandler, de quem quebrou os dentes, a mandíbula e o crânio, além de esmagar-lhe os dedos e ter provocado vários cortes. Kathy Klein também foi atingida. Estava viva, mas em péssimo estado. Sangue em abundância saía de ferimentos em sua cabeça, havia lacerações e furos por toda a face, seus dentes estavam quebrados, a mandíbula, fraturada em três locais, e tinha a marca de uma chicotada no pescoço.

Quando a polícia chegou ao local, constataram que Lisa Levy e Margaret Bowman, estudantes moradoras da fraternidade, eram vítimas de homicídio; foram atacadas enquanto dormiam. A necropsia revelou que Lisa havia sido espancada na cabeça com um pedaço de pau, estuprada e estrangulada. Sua clavícula esquerda estava fraturada. Encontraram também marcas de mordidas em sua nádega esquerda e no mamilo direito. Na verdade, seu mamilo foi tão mordido que estava praticamente descolado do seio. Dentro da vagina da garota encontraram um frasco de spray para cabelo Clairol. As marcas de mordida foram fotografadas e guardadas como provas.

A necropsia de Margaret Bowman mostrou que ela havia sofrido os mesmos tipos de ferimentos fatais de Lisa, mas não tinha sido estuprada ou mordida e sim estrangulada com uma cinta-liga, encontrada mais tarde no local do crime. Nem Lisa nem Margaret mostravam sinais de luta com seu agressor, ou seja, não reagiram ao ataque que sofreram.

Naquela noite, a polícia trabalhou bastante. Ainda quando estavam atendendo as estudantes da Fraternidade Chi Omega, chegou outro chamado, de local não muito longe dali. Outra moça havia sido atacada, Cheryl Thomas, que sobrevivera mesmo depois de sofrer cinco fraturas no crânio, fratura de mandíbula e deslocamento do ombro esquerdo. Ficou surda permanentemente e jamais conseguiu manter o equilíbrio por causa de danos neurológicos. A única evidência válida que encontraram foi uma máscara de esqui aos pés da cama.

As entrevistas com as sobreviventes não ajudaram nas investigações. Nenhuma das garotas se lembrava de nada, pois estavam dormindo quando as amigas foram atacadas. A única testemunha ocular era outra estudante, Nita Neary, que tinha visto apenas o perfil do criminoso.

A última vítima de Ted Bundy foi Kimberly Leach, 12 anos, que sumiu da porta da escola em que estudava. Seu corpo foi encontrado oito semanas depois, como de hábito em um parque estadual, dessa vez o de Suwannee, na Flórida. Estava em adiantado estado de decomposição.

Bundy logo sentiria novamente a mão do destino em sua vida. Dirigindo uma van roubada, aproximou-se da menina Leslie Parmenter, 14 anos, enquanto ela esperava que o irmão fosse buscá-la na escola. Disse ser do corpo de bombeiros e perguntou se ela estudava na escola ao lado. Leslie era uma garota bem preparada para enfrentar a violência, como Melissa Smith, e teve mais sorte. Filha do chefe dos detetives da polícia de Jacksonville, estranhou o fato de o "bombeiro" estar trabalhando à paisana e não respondeu, mas anotou a placa do carro dele e foi embora com o irmão. Ao chegar à

# INTERSTATE FLIGHT - MURDER
# WANTED BY FBI
## THEODORE ROBERT BUNDY

TOP TEN

FBI No. 251,163

Rex Bundy, Ted Bundy, Ted Cowell, Theodore Robert Cowell, Theodore Robert Nelson, Bundy

NCIC: P15408131119120511113

Photographs taken 1977

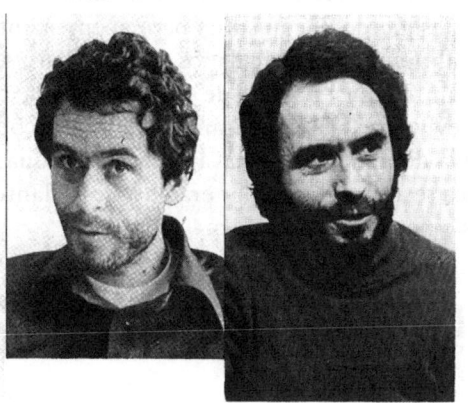

**DESCRIPTION**
AGE: 31, born November 24, 1946, Burlington, Vermont (not supp by birth records)
HEIGHT: 5'11" to 6'
WEIGHT: 145 to 175 pounds
HAIR: dark brown, collar length
BUILD: slender, athletic
EYES: blue
COMPLEXION: pale/sal
RACE: white
NATIONALITY: America
OCCUPATIONS: bellboy, busboy, cook's helper, dishwasher, janito school student, office worker, political campaign worker, psych social worker, salesman, security guard
SCARS AND MARKS: mole on neck, scar on scalp
REMARKS: occasionally stammers when upset; has worn glasses; and beard as disguise in past; left-handed; can imitate B accent; reportedly physical fitness and
SOCIAL SECURITY NUMBER USED:

**CRIMINAL RECORD**
Bundy has been convicted of aggravated kidnaping

**CAUTION**
BUNDY, A COLLEGE EDUCATED ENTHU WITH A PRIOR HISTORY OF ESCAPE, IS BEING SOUGHT AS A P ESCAPEE AFTER BEING CONVICTED OF KIDNAPING AND AWAITING TRIAL INVOLVING BRUTAL SEX SLAYING OF WOMA SKI RESORT. HE SHOULD BE CONSIDERED ARMED, DANGE AND AN ESCAPE RISK.

warrant was issued on January 5, 1978, at Denver, Colorado, charging Bundy with unlawful interstate flight to avoid prosecution for the crime of murder (Title 18, U.S. Code,

VE INFORMATION CONCERNING THIS PERSON, PLEASE CONTACT YOUR LOCAL FBI OFFICE.
NUMBERS AND ADDRESSES OF ALL FBI OFFICES LISTED ON BACK.

Director
Federal Bureau of Investigati
Washington, D.C. 20535

casa, contou toda a história ao pai, além de entregar a ele suas anotações. Ao checar a placa do veículo, o detetive James Parmenter investigou e descobriu que o carro era roubado e levou os filhos até a delegacia para que vissem álbuns de fotografias de procurados. Os irmãos reconheceram Ted Bundy logo que viram seu retrato.

Nessa altura dos acontecimentos, o criminoso já havia roubado outro carro, dessa vez um Fusca laranja, e rumava para a cidade de Pensacola. Como em Salt Lake anos antes, um patrulheiro local estranhou aquele carro rondando sua vizinhança e resolveu verificar o registro das placas por rádio. Quando soube que se tratava de veículo roubado, perseguiu-o até capturá-lo.

A equipe de investigação encontrou várias provas do envolvimento de Ted Bundy nos assassinatos de Kimberly Leach [foto]:

**1ª PROVA** A van roubada foi recuperada e fibras da roupa do suspeito foram achadas ali.

**2ª PROVA** Havia sangue do mesmo grupo sanguíneo da vítima no tapete do veículo.

**3ª PROVA** Na roupa da menina, que havia sido encontrada junto ao corpo, foram constatadas manchas de sêmen do mesmo tipo sanguíneo do suspeito.

**4ª PROVA** As pegadas que haviam sido moldadas a partir das marcas no solo do local do crime também combinavam perfeitamente com os sapatos que Bundy usava.

Em 31 de julho de 1978, Theodore R. Bundy foi acusado do assassinato de Kimberly Leach. Logo depois, foi acusado também pelas mortes de Lisa Levy e Margaret Bowman, da Fraternidade Chi Omega.

Foram marcados dois julgamentos para Ted Bundy, o primeiro em Miami, pelos crimes cometidos na Fraternidade Chi Omega, e o segundo na cidade de Orlando, pelo assassinato de Kimberly Leach.

Em Miami, Bundy defendeu-se sozinho. Era muito arrogante e autoconfiante em sua habilidade em convencer o júri de sua inocência, mas estava completamente enganado: o testemunho de Nita Neary, que o reconheceu como o homem que descia as escadas da fraternidade armado com um pedaço de pau, e o testemunho técnico do odontologista dr. Richard Souviron destruíram suas mentiras. Enquanto depunha, o dr. Souviron descreveu as marcas de mordida encontradas no corpo de Lisa Levy e mostrou fotografias em escala natural, tiradas na noite do assassinato. As fotos foram comparadas com moldes odontológicos de Bundy e combinavam nos detalhes únicos e individuais que cada ser humano tem. Para ele, não havia nenhuma dúvida de que o autor daquelas mordidas em Lisa Levy era o réu.

O maior problema no processo forense utilizado para provar que as mordidas no corpo da vítima eram de Ted Bundy foi o fato de duas marcas aparecerem no mesmo local: cada uma delas tinha de ser "separada" para uma análise independente, e cada arcada e seus respectivos dentes tinham de ser definidos. No caso em questão, as mordidas não eram concêntricas. Foi utilizado um processo em que as marcas foram fotografadas em duas transparências separadas e sobrepostas. Sobre a primeira delas, por meio de um desenho à mão, foi dado "volume" aos dentes frontais da arcada inferior do agressor. Na segunda transparência, foi desenhada a borda dos dentes dele. Essa prova técnica, apresentada de forma didática ao júri, conectando-o sem sombra de dúvida ao crime, destruiu sua defesa.

Em 23 de julho de 1979, depois de quase sete horas de deliberação, o júri considerou Ted Bundy culpado. O réu ouviu seu veredicto de culpado em todas as acusações sem o menor sinal de emoção. Também foi considerado culpado dos ataques contra Kathy Kleiner e Karen Chandler. Uma semana depois, na audiência para sentenciamento, Louise Bundy foi ouvida e pediu pela vida do filho, mas de nada adiantou. Ele foi condenado à morte em cadeira elétrica.

Em 7 de janeiro de 1980, iniciou-se o último julgamento de Ted Bundy, agora pelo assassinato de Kimberly Leach. Dessa vez ele não se defendeu sozinho. O trabalho foi feito pelos advogados Julius Africano e Lynn Thompson. A estratégia era provar a insanidade do acusado.

A promotoria não esperava dificuldades em condená-lo. Apresentou 65 testemunhas que conectavam o réu à vítima no dia de seu desaparecimento, conexão direta ou indireta.

Theodore Robert Bundy foi mais uma vez considerado culpado e condenado à morte em cadeira elétrica, mas não sem antes surpreender a todos na fase de definição da sentença. Ao entrevistar a testemunha de defesa Carole Ann Boone, os dois trocaram votos de casamento. Na Flórida, todo acordo que se faz verbalmente sob juramento é suficiente para oficializá-lo, e réu e testemunha estavam agora casados legalmente.

Depois de muitas apelações, Ted Bundy foi eletrocutado em 24 de janeiro de 1989, aos 42 anos. Em sua última refeição, comeu um filé, ovos, purê de batatas e bebeu café.

Suas últimas palavras foram dirigidas à sua mãe. Ele desculpou-se por ter infligido a ela aquela dor e disse que um lado seu estava escondido todo o tempo. Do lado de fora, uma multidão gritava *"Frite, Bundy, Frite!"* e *"BBQ Ted"*.[2] Em Tallahassee e Jacksonville, os habitantes se levantaram na hora da execução para acender uma vela em comemoração à sentença justa para o homem que matou várias de suas meninas.

Por ironia, foi uma mulher que abaixou a chave que ligou sua cadeira elétrica e deu fim à sua vida.

## CASOS NÃO RESOLVIDOS

Os casos de homicídio descritos a seguir são supostamente obra de Ted Bundy, mas ele nunca os confessou. Todos têm muita semelhança com seu *modus operandi* e assinatura. Em muitos, ele estava perto dos locais dos crimes quando aconteceram e sempre em épocas de grande estresse em sua vida pessoal. Coincidência? Ted Bundy levou esse segredo para o túmulo.

**ANN MARIE BURR**, 9 anos. Desapareceu em agosto de 1961, em Tacoma, Washington. Sua casa ficava a apenas dez quarteirões do garoto Ted Bundy, então com 15 anos, e Ann o seguia por toda parte. A menina acordou certa noite para dizer aos pais que sua irmã não estava se sentindo bem e voltou para a cama. No dia seguinte, tinha desaparecido para sempre. A janela que dava para a frente da casa estava aberta.

**LONNIE TRUMBELL**, assassinada em 23 de junho de 1966, em Seattle, Washington. Foi espancada com brutalidade juntamente com sua colega de quarto. Não sobreviveu ao ataque.

**LISA WICK**, atacada em 23 de junho de 1966, em Seattle, Washington. Era aeromoça da United Airlines. Foi atacada de forma feroz e provavelmente só sobreviveu porque dormia com os cabelos enrolados com grandes bóbis de espuma.

---

2   BBQ = *barbecue*: fazer churrasco.

# KILLER DIES WITH SMILE ON HIS FAC

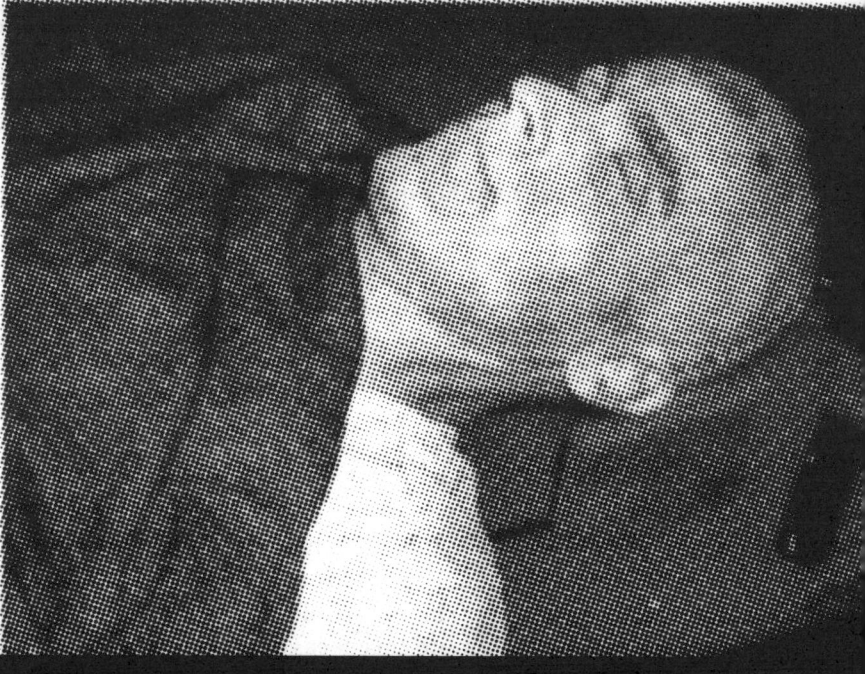

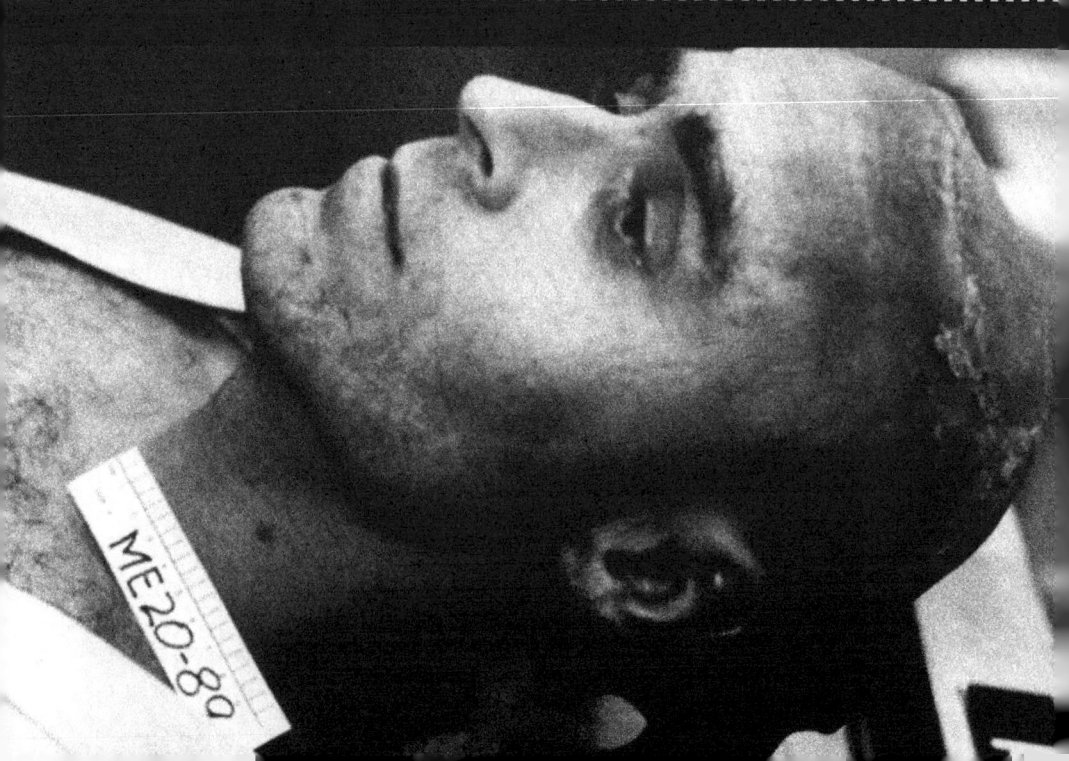

**MONSTER Bundy**

- The smirk that haunts families of his victims
- He gave a final nod and a grin to his attorney

THE GHOST of a smile hovers on the lips of mass killer Ted Bundy as he lies on a mortuary slab.

The monster who killed up to 100 women died with a last ghastly grin on his face as 2,500 volts of electricity surged through his

**RITA CURRAN**, assassinada em 19 de julho de 1971, em Burlington, Vermont. Essa tímida moça tinha longos cabelos escuros, era professora de crianças deficientes e, nas férias, trabalhava como arrumadeira em um hotel vizinho à casa em que Ted Bundy nasceu. Seu corpo nu foi encontrado por sua colega de quarto. Foi gravemente espancada, estrangulada e estuprada.

**KATHERINE MERRY DEVINE**, tinha 15 anos e foi vista pela última vez em Seattle, Washington, pegando uma carona rumo ao Oregon em 25 de novembro de 1973. Em 6 de dezembro de 1976, um casal que passeava no parque McKenny se deparou com o que parecia ser os restos mortais de uma pessoa. Chamou a polícia. Depois de examinada pelos médicos legistas, Kathy Devine foi identificada. Segundo o relatório da necropsia, morreu logo após iniciar sua jornada. A decomposição do corpo dificultou o estabelecimento da causa da morte, mas evidências sugerem que foi sodomizada e estrangulada. Também é possível que sua garganta tenha sido cortada. Sempre se acreditou que ela tivesse sido mais uma vítima de Ted Bundy.

Em 2002, quase trinta anos depois de seu assassinato e 13 anos após a execução de seu suposto assassino, essa vítima foi oficialmente retirada da lista de pessoas mortas por Bundy. Exames de DNA efetuados em amostras de sêmen guardadas por três décadas ligaram o crime a outro condenado, William E. Cosden Jr., 55 anos. Cosden foi condenado em 1976 e cumpria sentença de 48 anos por estupro, em Washington. Em 1967, já havia sido internado em hospital psiquiátrico depois de ter assassinado outra mulher em Maryland, mas foi liberado alguns anos depois. Principal suspeito nas investigações do caso Devine, foi liberado na época por falta de provas. Theodore Bundy jamais confessou ter assassinado a moça.

Em 31 de julho de 2002, William E. Cosden Jr. foi considerado culpado pelo assassinato de Katherine Merry Devine, com a recomendação do juiz para que nunca seja solto. É mais um caso de assassinato brutal resolvido com evidências irrefutáveis providas por teste de DNA.

7'0"

6'8"

6'6"

6'4"

6'2"

6'0"

5'8"

5'6"

5'4"

5'2"

5'0"

4'8"

4'6"

4'4"

03

# RICHARD TRENTON CHASE

3.

Nascimento: 23 de maio de 1950
Local: Santa Clara County, Califórnia, EUA
Morte: 26 de dezembro de 1980
Altura: 1,80 m
Cônjuge: Solteiro

▶ 1950

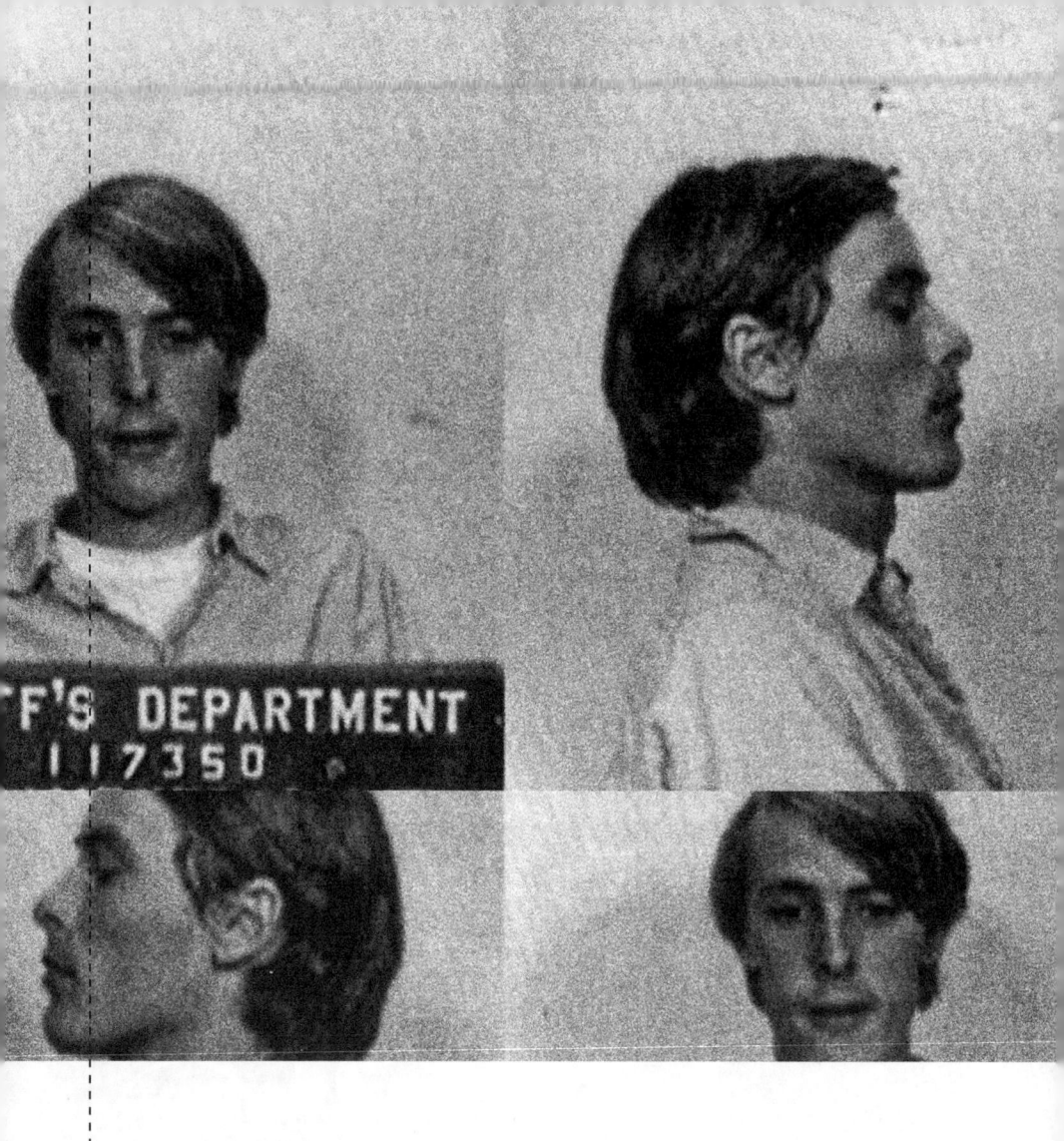

# RICHARD TRENTON CHASE
## O VAMPIRO DE SACRAMENTO

---

"As mortes mais bizarras, grotescas, e sem sentido que eu já vi em 28 anos." – Xerife Duane Low, sobre os crimes de **Richard Trenton Chase**

---

Entre dezembro de 1977 e janeiro de 1978, várias ocorrências estranhas e crimes brutais atingiram a cidade de Sacramento, na Califórnia, obrigando a polícia a pedir a ajuda de dois *profilers* do FBI, os agentes Robert Ressler e Russ Vorpagel. Eles desenvolveram, em separado, um perfil do criminoso que estava em ação. Queriam comparar seus trabalhos e ajudar a polícia a estreitar as investigações.

Foram-lhes fornecidas algumas informações; outras surgiram durante a confecção do perfil, que foi sendo atualizado em tempo real. As informações a seguir estão em ordem cronológica dos fatos, mas foram descobertas desordenadamente.

## CASO A [ 27.12.1977 ]

Uma mulher reportou à polícia que havia sido vítima de tiros vindos da rua. Ela morava a apenas alguns quarteirões da próxima vítima, Ambrose Griffin, e uma busca em sua cozinha resultou em duas balas calibre .22. A balística comprovaria que elas tinham saído da mesma arma que havia matado Griffin, mas a polícia não encontrou pistas para resolver o caso.

## CASO GRIFFIN [ 29.12.1977 ]

Ambrose Griffin, 51 anos, engenheiro, foi atingido por disparo de arma calibre .22. Socorrido, não sobreviveu. A polícia concluiu que a vítima tinha sido atingida por alguém que estava em um carro em movimento. As investigações começaram pela própria vizinhança da vítima e dois cartuchos de bala foram encontrados no chão, perto da residência deles. Também foram feitos alguns relatos sobre um estranho e suspeito carro que estivera rondando aquele bairro, mas não foi obtida nenhuma descrição clara do fato.

## CASO B [ 30.12.1977 ]

Um garoto de 12 anos relatou à polícia que havia sido atacado por um homem de cabelos castanhos, com idade por volta de 25 anos, guiando um Pontiac Trans Am marrom. O homem havia atirado em sua direção enquanto ele pedalava sua bicicleta pelo bairro. O garoto não se lembrava da placa do carro.

Sem muitas alternativas, a polícia resolveu chamar um profissional para que hipnotizasse o menino. Em alguns casos, sob hipnose, uma pessoa é capaz de se recordar de detalhes de determinada cena que inconscientemente bloqueia.

A decisão foi acertada: a placa do carro era 219EEP. Fim da trilha... A descoberta não levou os investigadores a nenhum resultado.

## ZONA LESTE DE SACRAMENTO [ 23.1.1978 ]

Robert e Barbara Edwards chamaram a polícia quando, ao chegar à casa, ouviram barulhos estranhos. Robert entrou para verificar, ainda a tempo de ver alguém pulando a janela do fundo. Ao sair correndo atrás do intruso, conseguiu ver somente que se tratava de um jovem desgrenhado.

Os policiais verificaram que a casa havia sido remexida, como nas tentativas de roubo, mas o que estranharam muito foi que o invasor havia urinado em cima de uma pilha de roupas do bebê do casal Edwards, recém-lavadas, e havia defecado em seu berço.

Ao inquirir a vizinhança, não demoraram a descobrir que logo antes dessa ocorrência talvez o mesmo intruso tivesse sido visto por uma moradora próxima, Jeanne Layton. Ela estava no jardim de sua casa quando percebeu um estranho homem de cabelos longos perambulando em direção à sua porta. Passou reto por ela, testou a porta e encontrou-a trancada. Foi então até as janelas, mas como também estavam fechadas, voltou para a porta, onde Jeanne já o esperava. Ficaram face a face, mas o estranho não se assustou ou demonstrou qualquer emoção. Olhou-a de cima a baixo, deu-lhe as costas, acendeu um cigarro e saiu andando pelo jardim dos fundos. Aturdida, a sra. Layton não entendeu nada.

## CASO WALLIN [ 23.1.1978 ]

No mesmo bairro da zona leste de Sacramento morava o casal Teresa e David Wallin. A mulher tinha 22 anos e estava grávida de três meses, quando o marido a encontrou morta de forma hedionda.

A polícia encontrou o corpo de Teresa caído de costas, sua malha levantada descobrindo os seios, com a calça e a calcinha abaixadas até os tornozelos. Seus joelhos estavam afastados, indicando um ataque sexual e o claro objetivo de degradar a vítima. Seu mamilo esquerdo havia sido arrancado, seu torso estava aberto do osso esterno para baixo, e seu baço e intestino estavam para fora do corpo. A vítima foi esfaqueada repetidamente nos pulmões, fígado, diafragma e seio esquerdo. Seus rins também foram retirados e recolocados juntos dentro do corpo, embaixo do fígado, e seu pâncreas estava cortado em duas partes. Na opinião do legista, o assassino não tinha habilidade cirúrgica profissional, mas era um amador com experiência no assunto, provavelmente tendo praticado tais atos com animais.

Fezes de animais foram encontradas em sua boca. Em volta do corpo foram detectados círculos de sangue, como se um balde molhado tivesse sido movimentado em volta do cadáver. Pegadas marcadas com sangue também foram fotografadas.

Teresa havia sido baleada três vezes; a primeira, na mão, supunha um claro ferimento de defesa. Esse projétil saiu pelo cotovelo e a atingiu no pescoço. Os outros dois foram encontrados em seu crânio e na têmpora, como em uma execução rápida.

O banheiro estava sujo de sangue e um pote de iogurte jazia sujo e vazio ao lado do corpo, como se tivesse sido utilizado para beber sangue.

A vítima foi atingida a caminho de colocar o lixo para fora de casa; a porta ainda permanecia aberta e o saco de lixo, no chão. Uma trilha de sangue, ou seja, marcas de arrasto mostravam que ela foi levada da sala ao quarto, já morta. O aparelho de som estava ligado.

O marido era o principal suspeito da polícia, o que é comum, mas Vorpagel logo descartou essa possibilidade.

Dois dias depois do terrível assassinato, dois filhotes de cachorro foram encontrados mutilados não muito longe da casa dos Wallin. Nas investigações, descobriu-se que um homem estranho, de cabelos desgrenhados e guiando um carro modelo Ranchero havia comprado dois filhotes de uma família do bairro, os mesmos encontrados mortos e na lata do lixo.

## CASO MIROTH [ 27.1.1978 ]

A vizinha de Evelyn Miroth, que cuidaria de seu filho Jason naquele dia, ficou preocupada com o atraso da amiga e com a falta de movimentação em sua casa. Depois de tocar a campainha diversas vezes sem obter resposta, resolveu mobilizar alguns outros vizinhos para entrar e verificar o que estava acontecendo. Chamaram a polícia ao ver caído com um ferimento na cabeça, no hall de entrada, o amigo da dona da casa, Dan Meredith. O carro vermelho dele havia sido visto estacionado na frente da casa de Evelyn durante boa parte da manhã, mas todos presumiram que ele havia ido embora quando o veículo sumiu.

Evelyn Miroth, que morava a menos de dois quilômetros de distância de Teresa Wallin, estava em casa com seu filho Jason, de 6 anos. Seu amigo Dan Meredith, 51 anos, foi lhe fazer companhia.

A polícia constatou que o ferimento na cabeça da vítima provavelmente era produzido por arma de fogo. O banheiro estava sujo de sangue e a banheira, cheia de "água avermelhada".

Evelyn estava morta e nua sobre a cama de seu quarto, com as pernas abertas. Ela também tinha um ferimento de bala na cabeça, seu abdome estava cortado e ela estava eviscerada. Duas facas de entalhar, ensanguentadas, estavam próximas ao corpo. A necropsia mostraria que a vítima havia sido sodomizada, pois grande quantidade de esperma foi encontrada em seu reto. Foi esfaqueada, através do ânus até o útero, por pelo menos seis vezes, além de sofrer inúmeros ferimentos em outros órgãos internos. Também foram encontrados cortes em seu pescoço e uma estranha tentativa de extirpar-lhe um dos olhos.

Círculos de sangue no carpete, parecidos com aqueles encontrados na casa dos Wallin, indicavam que mais uma vez o assassino tinha usado algum tipo de recipiente, talvez um balde, para recolher o sangue da vítima.

Do outro lado da cama jazia o corpo de Jason. Ele havia sido baleado duas vezes na cabeça, à queima-roupa. O criminoso havia deixado pegadas ensanguentadas que lembravam as marcas deixadas na casa de Teresa Wallin.

Entrevistando toda a vizinhança, descobriram que uma menina de 11 anos vira um homem rondando a casa por volta das 11 horas daquela manhã. Ele parecia ter 20 anos e, por sua descrição, era conhecido na região por andar ali pedindo revistas velhas para as pessoas.

Sem ser esperada, chegou à cena do crime Karen Ferreira, procurando seu bebê de um ano e dez meses, Michael Ferreira, que havia ficado todo o dia com sua tia, Evelyn. Não havia rastro do menino, mas o prognóstico foi péssimo quando os investigadores encontraram um furo, produzido por um tiro, no travesseiro do berço, além de muito sangue.

Mais tarde, a perícia encontrou partes do cérebro da criança na banheira, onde o assassino deve ter começado a mutilá-la e parou ao ouvir barulho na porta da frente, provavelmente fugindo com o corpo.

O carro de Dan Meredith logo foi localizado, abandonado não muito longe da cena do crime, em um estacionamento perto do complexo de apartamentos da avenida Watt. A porta estava aberta e as chaves, no contato.

# O PERFIL

Russ Vorpagel acompanhou a polícia durante os trabalhos na casa dos Miroth e assistiu à necropsia de Teresa Wallin. Robert Ressler trabalhou por meio de relatórios, laudos e fotografias. Os dois chegaram ao mesmo perfil.

O serial killer em ação foi definido como do tipo desorganizado e algumas pistas indicavam a possibilidade de se tratar de pessoa psicótica. Achavam que o assassino tinha 27 anos de idade, porque aprenderam, por intermédio das entrevistas que fizeram durante cinco anos com serial killers de todo o país, que psicóticos desorganizados que cometem crimes brutais, com ataque em blitz e nenhum motivo lógico, começam a mostrar sinais de insanidade no fim da adolescência, mas passam para a ação de fato por volta de dez anos depois.

Definiram-no como homem branco por uma questão estatística em relação a esse tipo de crime.

Era claro que o criminoso não havia planejado seus crimes, além do fato de não ter se preocupado muito em destruir evidências relacionadas com eles. Deixou pegadas e impressões digitais, e provavelmente andara pelas ruas com manchas de sangue na roupa em plena luz do dia. Como é comum no caso de doentes mentais que cometem crimes, parecia não ter entendimento das consequências dos crimes que praticava, nem se importar com sua aparência.

A sujeira e a bagunça que havia deixado nos lugares em que agira indicavam que sua própria casa devia permanecer imunda e desorganizada. Pessoas assim, doentes e capazes de viver em um lugar imundo e malcuidado, em geral moram sozinhas.

Previram que, por doença mental, o suspeito também não teria registros de ter cumprido serviço militar e não conseguiria manter um emprego por muito tempo.

O fato de as cenas dos crimes serem razoavelmente perto umas das outras indicava que o assassino andava a pé, não possuindo automóvel. O carro roubado de uma das casas fez com que os peritos concluíssem que aquele teria sido seu último crime e que ele morava na vizinhança.

Com certeza, evidências dos crimes seriam encontradas em sua casa, e se tivesse um carro lá também seriam encontradas provas de seus atos. Serial killers desorganizados não se preocupam em esconder evidências de seus crimes.

Ressler e Vorpagel tinham certeza de uma coisa: aquele assassino mataria sem parar, até que fosse preso. Tinham de trabalhar com rapidez e precisão.

O perfil criminal do serial killer em questão feito por Ressler indicava que ele era magro e subnutrido. Ele chegou a essa conclusão baseado nos trabalhos dos psiquiatras Kretchmer e Sheldon, que, apesar de antigos, correlacionavam esse tipo de doente mental com aparência física. Essa era a razão científica, mas por dedução Ressler observou que as manchas redondas no carpete dos locais de crime e o copo de iogurte sujo de sangue indicavam que o assassino bebia o sangue de suas vítimas e pessoas que bebem sangue não conseguem ter uma dieta saudável.

# A INVESTIGAÇÃO

A polícia de Sacramento trabalhou incansavelmente em cima do perfil criminal, buscando informações que indicassem pessoas que se encaixassem na descrição feita por Vorpagel e Ressler.

Por meio dos relatos de várias testemunhas que conheciam um homem estranho, magro e desgrenhado, que andava por aquela vizinhança usando uma imunda parca laranja, comprando animais de pequeno porte que nunca mais eram vistos, fizeram um retrato falado do suspeito e o divulgaram. No dia 28 de janeiro, a polícia obteve seu melhor resultado. Uma mulher chamada Nancy Holden os procurou, relatando seu estranho encontro com um antigo colega de escola, Richard Trenton Chase. O encontro foi em um shopping, Town and Country Village Shopping Center, não muito longe da avenida Watt, perto da residência dos Wallin.

Richard parecia bastante confuso, magro, agitado, nervoso e usava uma parca laranja, como a descrita no retrato falado. Agora, o procurado tinha um nome.

Ao mesmo tempo, a informação de Nancy foi confirmada pelo registro de todas as armas semiautomáticas vendidas em 1977: havia uma em nome de Richard Chase, residente na avenida Watt. Em 10 de janeiro de 1978, ele voltara à loja e comprara munição.

> A sujeira e a bagunça que havia deixado nos lugares
> em que agira indicavam que sua própria casa
> devia permanecer imunda e desorganizada.

Depois do depoimento de Nancy Holden, a polícia resolveu investigar o passado desse tal indivíduo. Descobriram seu registro de doenças mentais, incluindo uma fuga do hospital, pequenas acusações por porte de arma e drogas, e uma prisão, em agosto de 1977, em Nevada. Combinava perfeitamente com o perfil criminal feito por Ressler e Vorpagel, do FBI. Não foi difícil localizar seu endereço e no mesmo dia a polícia foi fazer-lhe uma "visita".

O gerente do complexo contou aos investigadores que a responsável pelo pagamento do aluguel do suspeito era sua mãe, que havia dito que o filho fora vítima de abuso de LSD. Ela era proibida de entrar em sua casa.

Os detetives bateram na porta da casa de Chase várias vezes, mas ninguém atendia. Fingiram desistir, mas ficaram de tocaia, aguardando, pois em algum momento ele teria de sair dali. Não demorou muito. Chase saiu de casa com uma caixa em seus braços, indo em direção a um carro. Os detetives o abordaram, não antes que ele tentasse escapar deles. Repararam que ele ainda usava a tal parca laranja e que ela estava bastante manchada. Seus sapatos também pareciam estar cobertos de sangue seco.

Richard Chase foi desarmado de sua semiautomática calibre .22, também manchada de sangue. Em seu bolso foi encontrada a carteira de Dan Meredith, juntamente com um par de luvas de látex. O conteúdo da caixa que carregava também era bastante interessante: pedaços de papel e trapos manchados com sangue.

Chase foi levado para a delegacia e interrogado, mas só admitiu matar cachorros e se recusou a falar sobre os assassinatos. Enquanto estava sob custódia, os detetives foram dar uma busca em seu apartamento atrás de novas evidências ou pistas sobre o bebê desaparecido.

Quando entraram, havia um cheiro pútrido insuportável, e o lugar era sinistro. Tudo dentro da casa estava manchado de sangue, inclusie copos. Na cozinha, encontraram vários pedaços de ossos e alguns pratos guardados na geladeira contendo partes humanas. Três processadores estavam imundos de sangue e cheiravam muito mal. Também encontraram mais de uma dúzia de coleiras de cachorro ou gato, mas nenhum animal vivo, apenas a carne deles na geladeira.

Em cima da mesa estava um livro aberto em uma página que mostrava fotografias de órgãos humanos, além de um jornal com vários anúncios de venda de filhotes de cachorro marcados com círculos. Em uma parede, dois quadros coloridos mostravam esquetes do sistema circulatório humano.

Um calendário tinha a inscrição *Today* (hoje) nas datas dos assassinatos de Wallin e Miroth, além de recentes marcas idênticas feitas em 44 datas futuras naquele ano. Um facão com restos de sangue, depois identificados como sendo de Michael Ferreira, estava no escorredor de louça.

# O HISTÓRICO DO ASSASSINO

Richard Trenton Chase é o perfil do típico serial killer desorganizado confeccionado pelo FBI, tanto em seu ritual homicida quanto em seu histórico de vida.

Nasceu em 23 de maio de 1950 e desde criança era piromaníaco e cruel com animais. Filho mais velho de um casal que se relacionava muito mal, envolveu-se no uso de drogas quando adolescente e sofria de dificuldades de ereção. Seu pai era muito disciplinador e severo, e se divorciou da mulher. Morando com a mãe, Chase provavelmente desenvolveu psicose por indução das drogas, mas mais tarde foi diagnosticado como esquizofrênico paranoico.

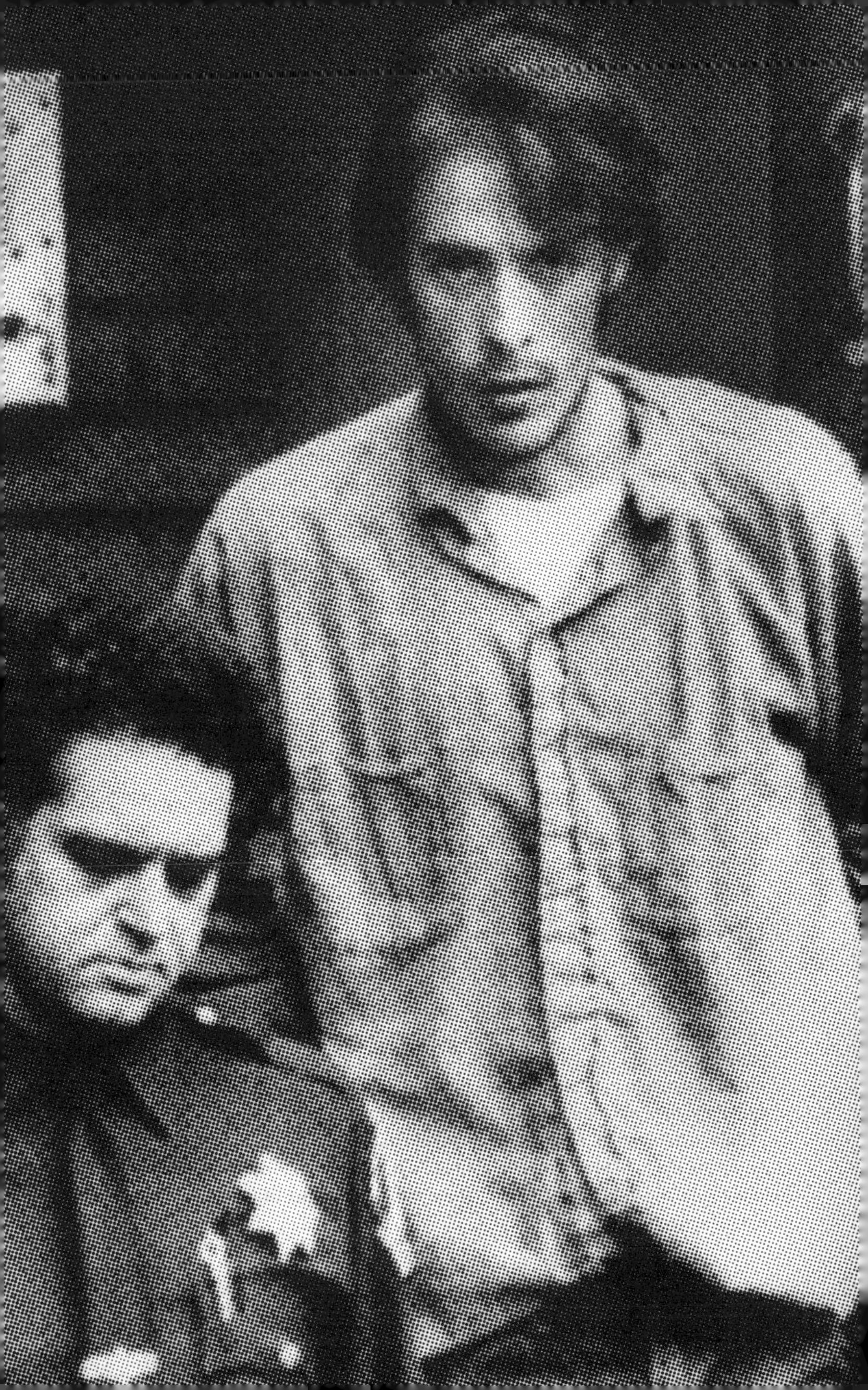

Sofria da rara síndrome de Renfield, ou vampirismo clínico. Quem sofre desse mal é obcecado por beber sangue, animal ou humano. Essa doença se agrava, sendo nítidos quatro estágios:

**1º ESTÁGIO** Em decorrência de um trauma ou incidente, a criança associa o gosto ou a visão de sangue a algo atraente e excitante. Na adolescência, a correlação com assuntos sexuais será inevitável.

---

**2º ESTÁGIO** Passa a beber o próprio sangue (hemofagia), muitas vezes em ferimentos autoprovocados.

---

**3º ESTÁGIO** Passa a beber sangue de animais (zoofagia).

---

**4º ESTÁGIO** Fase do vampirismo real. Passa a beber sangue humano, que obtém furtando ou roubando de hospitais ou laboratórios. Em casos mais raros, mata para conseguir seu objetivo.

A compulsão por beber sangue tem forte componente sexual associado.

## O JULGAMENTO [ 2.1.1979 ]

O dr. Farris Salamy, designado defensor de Chase, logo o protegeu de ficar sob interrogatório na delegacia. O promotor do caso Califórnia versus Richard Trenton Chase foi Ronald W. Tochterman, que queria condená-lo à pena de morte pelos seis assassinatos que constavam na acusação: Ambrose Griffin, Teresa Wallin, Daniel Meredith, Evelyn Miroth, Jason Miroth e o bebê Ferreira, que havia sido encontrado em uma igreja. Foi reconhecido pelas roupas que usava no dia de seu desaparecimento e havia sido decapitado. Sua cabeça jazia embaixo do torso, que estava parcialmente mumificado. Um buraco no centro da cabeça indicava que fora morto com um tiro de arma de fogo. Vários ferimentos feitos à faca foram encontrados em seus restos mortais e muitas de suas costelas haviam sido quebradas. Ao lado do corpo estavam as chaves do carro de Dan Meredith.

A defesa alegou inocência por insanidade, mas Tochterman estava determinado a provar que Chase sabia a diferença entre certo e errado, e que não matava compulsivamente. Parte de sua estratégia foram as diversas lendas sobre o conde Drácula, além de rituais de sangue em diversas culturas diferentes, nas quais se acreditava que quem ingerisse sangue humano de outra pessoa se tornaria mais forte. Ele queria demonstrar que, apesar de ser uma crença, não era razão viável para assassinato.

O réu foi avaliado por dúzias de psiquiatras. Não havia evidências de que matava compulsivamente, e sim que acreditava que beber sangue era terapêutico. Um dos psiquiatras o diagnosticou como portador de personalidade antissocial, não esquizofrênico. Para esse profissional, ele sabia o que estava fazendo.

O promotor alegou que Chase tivera escolha, mencionando as várias vezes que havia comprado luvas de borracha e as levado à casa das vítimas com a intenção de matar. A acusação também mostrou 250 provas da autoria dos crimes perpetrados por Richard Chase, entre elas seu revólver e a carteira de Dan Meredith encontrada em seu bolso. A primeira testemunha da acusação foi David Wallin, seguido por quase uma centena de outros depoimentos.

Chase foi chamado a depor em sua própria defesa. Sua aparência era horrível. Havia perdido muitos quilos, seu olhar era vazio e alegou ter ficado inconsciente durante o assassinato de Teresa Wallin. Descreveu em detalhes como havia sido maltratado durante toda a vida.

Admitiu ter bebido o sangue de Teresa, mas não se lembrava muito bem da segunda série de assassinatos. Recordava-se de ter atirado na cabeça de um bebê e o decapitado, deixando sua cabeça em um balde, na esperança de obter maior quantidade de sangue. Chase disse que seus problemas advinham de sua incapacidade de fazer sexo na adolescência e que sentia muito pelos assassinatos.

A defesa pediu um veredicto de homicídio em segundo grau, para salvar Chase da pena de morte, uma vez que ele era, sem dúvida, insano e não havia tido eficiente ajuda médica. Tochterman argumentou que ele era um sádico sexual, um monstro que sabia o que fazia, e não deveria ser salvo de tal destino.

Em maio de 1979, Richard Trenton Chase foi julgado legalmente são depois de apenas uma hora de deliberação. Com mais quatro horas de discussão, os jurados decidiram que ele deveria ser executado na câmara de gás da Penitenciária de San Quentin.

## A MORTE DE CHASE [ 25.12.1980 ]

Richard Trenton Chase foi encontrado morto em sua cela no Natal de 1980. O Vampiro de Sacramento se autoexecutou depois de juntar comprimidos que tomava todos os dias, um medicamento chamado Sinequan, para tratamento de depressão e alucinações. Aparentemente, guardou grande quantidade deles e tomou-os de uma só vez, morrendo de ingestão tóxica.

Na cela, foi encontrada uma estranha nota de suicídio que fazia menção a pílulas.

Em 1992, um filme chamado *Unspeakable* baseou-se nele como modelo para o assassino da história.

# ENTREVISTA PARA RUSS VORPAGEL E ROBERT RESLER

Vorpagel entrevistou Richard Chase ainda na custódia da polícia, logo depois de sua prisão. Ao ser perguntado se era responsável pelos crimes, afirmou que sim, mas que não tinha feito nada de errado. Disse ter agido para salvar a própria vida, porque precisava do sangue daquelas pessoas para repor o seu próprio. Quando Vorpagel perguntou por que o sangue dele precisava de reposição, Chase respondeu que o seu estava virando areia, depois de ter sido envenenado pela mãe pelo fato de ser judeu. O partido nazista teria dito a ela que se não o matasse ela mesma seria morta.

Segundo Chase, seu sangue também estava virando areia depois de ter sido mordido por um coelho contaminado por ácido de bateria.

Robert Ressler também estudou profundamente a personalidade de Richard Chase e escreveu um famoso livro sobre ele, *Whoever Fights Monsters: My Twenty Years Tracking Serial Killers for the FBI*. Ele descreve como, em 1976, Chase passou a creditar que seu sangue estava se tornando pó e a única cura possível seria retirar sangue de outras criaturas para reposição. Apesar disso, os psiquiatras da clínica onde estava internado o soltaram, mesmo sob protesto de alguns funcionários, que o consideravam perigoso.

Sua mente passou por uma progressiva degeneração desde então. Contou ao psiquiatra que seu primeiro assassinato aconteceu depois de sua mãe não permitir que ele a visitasse no Natal. Ele saiu de carro, atirando a esmo pela janela, e acabou acertando Griffin.

Chase disse aos criminalistas do FBI que matou para preservar sua própria vida e estava baseando sua apelação nesse argumento.

Mencionou a Ressler "envenenamento por barra de sabão", explicando que se você levanta o seu sabão de lavar pratos e o lado de baixo está seco, tudo está bem com você. Caso contrário, se estiver grudento, você está envenenado e seu sangue se tornará pó.

Chase também afirmou ser judeu (o que não era) e que estava sendo perseguido por nazistas por ter uma estrela de Davi desenhada na testa (não tinha). Também explicou que os nazistas estavam conectados com objetos voadores não identificados, que o comandaram telepaticamente para matar e repor seu sangue. Os óvnis o seguiam o tempo todo e se o FBI quisesse encontrá-los era só colocar um radar em Chase.

Ressler descobriu que muitos prisioneiros provocavam e ridicularizavam Chase, encorajando-o a suicidar-se. Ninguém queria sua companhia. O ex-agente do FBI, além de outros profissionais de saúde mental da prisão, concluiu que Chase deveria ser transferido para um hospital psiquiátrico, o que ocorreu por um curto período de tempo.

Foi mandado de volta a San Quentin, onde se suicidou.

7'0"
6'8"
6'6"
6'4"
6'2"
6'0"
5'8"
5'6"
5'4"
5'2"
5'0"
4'8"
4'6"
4'4"

Nascimento: 16 de outubro de 1936
Local: Yabluchne, Sumy Oblast, Ucrânia
Morte: 14 de fevereiro de 1994
Altura: 1,93 m
Cônjuge: Feodosia Odnacheva
Filiação: Anna Chikatilo e Roman Chikatilo

# ANDREI CHIKATILO

4.

▶ 1936.

# ANDREI CHIKATILO
## 4.
## O "AÇOUGUEIRO" RUSSO

> "Quando eu morrer, quero que meu cérebro seja desmontado pedaço por pedaço, e examinado, de maneira que não haja outros como eu." – **Andrei Chikatilo**

Quando a menina Lena Zakotnova, de 9 anos, chamada carinhosamente por todos de Lenochka,[1] foi sexualmente atacada e assassinada de forma brutal em dezembro de 1978, a polícia logo associou o crime a um notório estuprador que estava em liberdade condicional, Alexander Kravchenko. Ele havia estuprado e matado uma garota de 17 anos em 1970, cumprira seis anos de um total de dez anos de sentença aos quais fora condenado e estava nas ruas outra vez. Bastante conveniente para a polícia, apesar da falta de provas científicas contra ele. Só seu passado corroborava a história.

Uma testemunha do desaparecimento da menina, Svetlana Gurenkova, foi à polícia relatar que a tinha visto conversando com um homem de aproximadamente 40 anos, vestido com um capote preto e usando óculos de muitos graus. Ele oferecia balas à pequena em um ponto de ônibus. Um retrato falado foi feito e distribuído por toda a cidade.

As diferenças entre Kravchenko e o retrato falado eram enormes. Ele tinha apenas 25 anos e não usava óculos. Ao ser entrevistado pela polícia,

---

[1] Diminutivo de Lena, como Leninha.

negou o crime, mas os investigadores queriam solucionar o caso com rapidez e persuadiram a esposa do suspeito a depor contra ele no tribunal. Tinham certeza de que ele era culpado; afinal, com aqueles antecedentes... Apavorado, Kravchenko mudou seu depoimento e assumiu a culpa por um crime que não havia cometido.

Enquanto Kravchenko era questionado pela polícia, o diretor de uma escola local ficou bastante impressionado ao ver o retrato falado que circulava pela cidade. Tratava-se de um sósia de um professor que lecionava em sua escola, Andrei Chikatilo.

Era muito estranho. Parecia inconcebível que pudesse se tratar da mesma pessoa. O diretor da Escola Vocacional 32, em Novoshakhtinsk, voltou a seu escritório, indo diretamente pesquisar na pasta de Chikatilo seu histórico. O professor tinha chegado à cidade de Shakhty naquele ano. Era casado e tinha dois filhos. Diplomado em artes liberais, literatura russa, engenharia e marxismo-leninismo, parecia impossível que fosse um assassino.

Segundo as informações que tinha, Chikatilo era um cidadão acima de qualquer suspeita: casado, pai de família, bom vizinho, membro do Partido Comunista e professor. Mesmo assim, procurou a polícia, mas esta pediu que ele não comentasse com ninguém a identificação positiva.

A investigação continuou. Ao verificarem as ruelas em volta das margens do rio onde o corpo da vítima havia sido encontrado, perceberam um barraco com os degraus da frente sujos de sangue. Também notaram que, dentro do barraco, a luz estava acesa. Ao interrogar a vizinhança, a polícia descobriu que o barracão pertencia a Andrei Chikatilo, que foi imediatamente chamado para depor.

Chikatilo foi liberado em pouco tempo: sua esposa declarou que ele havia passado todo o tempo em questão com ela, em casa. Mesmo com evidências tão fortes contra ele, a polícia achou mais fácil acreditar que Alexander Kravchenko era o culpado. Ele foi julgado e condenado à prisão perpétua, mas, após apelação, imputaram-lhe a pena de morte. Kravchenko foi fuzilado em julho de 1983. Esse engano da polícia russa custaria muitas vidas.

Em 1981, por causa da escassez de recursos da escola em que trabalhava, Chikatilo foi demitido como excedente, mas membros do comitê o recompensaram: foi nomeado gerente de suprimentos de uma fábrica, na área industrial perto de Shakhty.

Agora ele tinha um *modus vivendi* com que sempre sonhara e que permitia que ele finalmente usufruísse seus prazeres. Passava a vida viajando de estação em estação e podia escolher suas vítimas com calma e tranquilidade. Ele seria uma exceção entre os assassinos seriais, ao começar sua trilha de matança aos 42 anos de idade.

Em 1984, dez vítimas de ambos os sexos já haviam sido assassinadas. Na Rússia, os invernos são intensos e longos, e os corpos ficaram cobertos de neve por muito tempo, o que acabou atrasando o entendimento de que um serial killer estava à solta. Por um lado, a polícia demorava a encontrar os corpos, mas, por outro, eles ficavam bem preservados.

> Ao verificarem as ruelas em volta das margens do rio onde o corpo da vítima havia sido encontrado, perceberam um barraco com os degraus da frente sujos de sangue.

O ritual de morte utilizado por Andrei Chikatilo desafiava qualquer ficção. Atraía suas vítimas, sem jamais forçá-las a acompanhá-lo, para áreas isoladas, em geral nas cercanias de estações de trens. Ao chegar a esses lugares, onde bosques são comuns, aquele senhor tão quieto e intelectual passava a se comportar como uma fera selvagem. Ele mesmo se descreveu como "lobo enlouquecido". Amarrava suas vítimas com rapidez, golpeava-as, prendendo-as contra o chão, e imediatamente arrancava a língua com mordidas, para evitar que gritassem. Na sequência, as violava e mutilava. A primeira mutilação a que as submetia era a dos olhos: ele os arrancava com a faca, de modo que não pudesse ser observado em sua performance sexual, o que seria sua "assinatura" do crime durante alguns anos. Depois de satisfeito, desmembrava-as ainda vivas, infligindo nelas entre quarenta e cinquenta feridas profundas. Muitas vezes arrancava o órgão sexual de suas vítimas usando como arma a própria boca. Outras vezes, enchia a barriga delas com terra e depois as destrinchava. Fervia e comia os testículos e mamilos arrancados; arrancava nariz e dedos. Muitas das crianças que matou foram mutiladas ainda vivas.

Sua segunda vítima foi a menina Larisa Tkachenko, 17 anos. Ela cabulava aula na cidade de Rostov quando foi seduzida por Chikatilo para ir ao bosque fazer sexo com ele. Cometeu um erro fatal: começou a rir quando a performance dele falhou. Foi estrangulada de imediato. Chikatilo, enfurecido e humilhado, roeu a garganta, os braços e os seios da adolescente. Sorveu um de seus mamilos depois de cortá-lo com os dentes e empalou-a. Com tranquilidade, pegou sua maleta e seguiu viagem.

Em 12 de junho de 1982, persuadiu Lyuba Biryuk a acompanhá-lo. A menina, de apenas 12 anos, foi esfaqueada pelo menos quarenta vezes no silêncio de uma floresta. Seus ferimentos incluíam a mutilação dos olhos. Os restos mortais de Lyuba só foram encontrados um ano depois de seu desaparecimento.

Durante 1983, Chikatilo fez mais três vítimas, incluindo-se aí sua primeira vítima masculina, Oleg Podzhidaev, de 9 anos. O corpo do menino nunca foi encontrado, mas, segundo os depoimentos posteriores do assassino, Oleg foi castrado e seus genitais foram levados por ele, outra assinatura frequente de seus crimes.

Nessas investigações, a polícia suspeitava que dois assassinos diferentes estavam agindo na área, pois serial killer era coisa de país capitalista.

A violência dentro da mente de Chikatilo aumentava em progressão geométrica, incontrolável. Consta que, em 1984, esse assassino matou 15 pessoas. Entre as vítimas estavam Lyuda Kutsyuba (24), Igor Gudkov (7) e Laura Sarkisyan (10).

A polícia estava alarmada com o número de assassinatos de crianças e obteve o reforço do major Mikhail Fetisov e seu time de investigação. Finalmente alguém chegava à conclusão de que aquilo era obra de um único louco.

Como a maioria dos crimes havia ocorrido na área de Rostov, em particular na cidade de Shakhty, Fetisov montou ali um esquadrão como base para as investigações. Para liderar o esquadrão, foi escolhido Viktor Burakov, experiente analista forense, considerado por muitos o mais talentoso investigador de cenas de crime do departamento de polícia. O caso foi oficialmente denominado "Lesopolosa",[2] ou "Os assassinatos do estripador da floresta".

A primeira ação do esquadrão foi pesquisar arquivos de hospitais psiquiátricos e similares, porque acreditavam que o criminoso só poderia ser um doente mental. Os arquivos da polícia também foram vasculhados minuciosamente, mas nada parecido com aqueles crimes foi encontrado nos registros.

Apesar da falta de pistas, todas as pessoas que foram suspeitas em crimes similares tiveram uma amostra de sangue recolhida para exame de tipo sanguíneo, pois o sêmen extraído dos restos mortais de algumas vítimas estabelecia o tipo de sangue do agressor como "AB". Andrei Chikatilo estava incluído nessa lista.

As substâncias A, B e H do grupo ABO são secretadas pela saliva, sêmen, leite materno, bile, líquido pleural etc. A quantidade varia entre indivíduos e depende do estado secretor (genes do grupo Se). A substância B, não se sabe o porquê, pode ser secretada em quantidades ínfimas em alguns indivíduos,

---

[2] Cinturão retangular plantado pelo homem para proteger os campos do vento e evitar erosão.

o que pode causar a impressão de que alguém que secreta bastante A e não B não tem o tipo de sangue AB, apesar de assim o ser.

Os trabalhos policiais prosseguiram, agora investigando cada motorista que trabalhava naquela área industrial da cidade. Nada foi descoberto. A polícia estava desesperada, porque o número de mortes era cada vez maior. Burakov então pediu para vários psicólogos, psiquiatras e patologistas sexuais do Instituto Médico de Rostov que preparassem um perfil do assassino. Muitos deles se negaram a ajudar, alegando ter poucas informações, mas o dr. Aleksandr Bukhanovsky [foto] concordou e forneceu um perfil aos investigadores:

01. O assassino sofria de distúrbios sexuais;

02. Sua altura era de, aproximadamente, 1,67 m;

03. Sua idade estava entre 25 e 50 anos;

04. Calçava número 41 ou acima desse número;

05. Possuía tipo sanguíneo comum;

06. Provavelmente sofrera alguma forma de abuso sexual e brutalizava suas vítimas para "compensar" o fato;

07. Não era retardado ou esquizofrênico;

08. Sofria de dores de cabeça;

09. Agia sozinho;

10. Sádico, sentia-se deprimido até matar;

11. Planejava seus crimes.

Sem muitas informações que o ajudassem, Burakov resolveu tentar a sorte estreitando a vigilância nas estações de ônibus, trens e bondes, conseguindo para tanto pessoal extra que o ajudasse nessa tarefa.

O lugar que recebeu maior atenção da polícia foi a estação de ônibus de Rostov, que era a última localização conhecida das duas vítimas recém-encontradas. A tarefa de vigiar a estação ficou sob a responsabilidade de Aleksandr Zanosovsky, que devia estar atento a qualquer pessoa que agisse de modo suspeito em relação a mulheres e crianças. Ao final do primeiro dia de vigilância, chamou atenção dele um homem de meia-idade que usava óculos de grau. Aquele senhor olhava com insistência para jovens garotas.

O policial se aproximou e pediu para ver os documentos do homem, que parecia muito nervoso por ter sido abordado. Alegou que estava em viagem de negócios, finalmente indo para casa. Zanosovsky examinou todos os documentos do homem, que incluíam um cartão vermelho que o identificava como empregado autônomo de uma das divisões da KGB, o serviço secreto russo. Constatando que tudo estava em ordem, devolveu os documentos e desculpou-se pelo incômodo.

Dias depois, Zanosovsky e um parceiro estavam novamente vigiando a mesma estação quando Andrei Chikatilo foi visto outra vez. O policial ainda se lembrava da estranha maneira de agir daquele senhor. Resolveram segui-lo por algum tempo. A espreita durou várias horas, pois Chikatilo embarcou em vários ônibus e viajou por todo o distrito antes de retornar à estação de Rostov. Durante o percurso, o homem se aproximava de várias mulheres com idades diferentes, sempre tentando entabular uma conversa. Mesmo quando rejeitado, não desistia. Parecia que seu objetivo era conversar com todas as mulheres que cruzassem seu caminho.

Pareceu obter sucesso com uma delas, com quem iniciou carícias, mas depois de algum tempo ela se aborreceu e se levantou, gritando com o homem. Zanosovsky e seu parceiro, sem perda de tempo, interpelaram o sujeito e pediram seus documentos.

Andrei Chikatilo começou a suar profusamente. Com relutância, abriu a valise para que os policiais examinassem seu conteúdo: uma corda, um pote de vaselina e uma afiadíssima faca. Foi levado sob custódia sob a acusação de assédio sexual, crime que dava direito à polícia de detê-lo para averiguações por 15 dias.

Durante esse tempo, foi descoberto um registro criminal anterior de Chikatilo, que havia roubado um linóleo e a bateria de um carro de propriedade de uma fábrica do Estado. Não era muito, mas esse crime dilatava o prazo de detenção por vários meses, dando aos investigadores a chance de examinar seu passado com mais cuidado.

Nos meses que se seguiram, várias descobertas sobre seu histórico foram feitas.

Andrei Romanovich Chikatilo nasceu na Ucrânia, em 16 de outubro de 1936. Acreditou piamente na mãe quando esta lhe contou que seu irmão mais velho, Stephan, tinha sido raptado e canibalizado por aldeões vizinhos, durante a época da grande fome dos anos 1930 na Ucrânia. Apesar da grande emoção e do transtorno da mãe ao contar essa história para os outros filhos, não existem registros de nascimento ou morte de nenhum Stephan Chikatilo ou ocorrências de canibalismo naquela época na Ucrânia.

O pai de Andrei, soldado russo, foi feito prisioneiro ao ser capturado durante a Segunda Guerra Mundial, o que fez com que sua mulher criasse os filhos praticamente sozinha. Segundo o próprio Andrei, esse fato causou nele uma angústia que o acompanhou durante toda a vida.

Chikatilo, que de tão míope era quase cego, também sofria de um distúrbio sexual desde o início da adolescência que o deixava periodicamente impotente. Ele acreditava que havia sido cegado e castrado ao nascer, crença que abasteceu suas mórbidas fantasias de vingança violenta.

Foi um estudante ávido por livros, mas seu jeito estranho e quase afeminado sempre provocava risadas constantes nos colegas. Chikatilo era alvo de ridicularizações intermináveis. Tinha pouquíssimos amigos e só admitiu que precisava de óculos quase aos 20 anos. Sua enurese noturna também era motivo de grande vergonha e segredo.

Na adolescência, parou de ser provocado. Tinha se tornado um rapaz muito alto e forte, impondo algum respeito por causa do tamanho que adquirira. Aos 16 anos, já era o editor do jornal escolar e do escritório de informação política, cargos que lhe davam algum prestígio. Ainda assim, sua vida social era inexistente, em especial no que dizia respeito a mulheres.

Casou-se em 1963 e teve dois filhos: Lyudmilla e Yuri. Em 1973, sua mãe faleceu e naquele ano Chikatilo começou a molestar meninas.

Sua timidez profunda dificultou muito sua vida como professor, no controle dos alunos. Eles sempre o ridicularizavam e o humilhavam. Seus colegas de profissão também riam dele, por achá-lo muito estranho.

Desde o início da carreira, os alunos o interrompiam toda hora com zombarias, apelidando-o de ganso por causa de seu longo pescoço e postura inadequada. Com o passar dos anos, ele passou a molestar sexualmente os estudantes. No princípio, apenas os observava no banheiro. Depois, nos dormitórios. Sentindo-se ameaçado, andava sempre com uma faca. Em suas investigações, a polícia não demorou a descobrir os incidentes sexuais nas escolas em que trabalhou, seus atos de voyeurismo e o ataque a um aluno em um dormitório.

As evidências indicavam que ele poderia ser o assassino tão procurado. Resolveram, então, tirar uma amostra de seu sangue para identificar o tipo sanguíneo: era tipo A. Se naquela altura dos acontecimentos a polícia tivesse colhido amostras de saliva e sêmen, teria descoberto que seu tipo sanguíneo, na verdade, era AB. Mas os antígenos B em seu sangue não estavam presentes de forma suficiente para serem detectados.

A única evidência real que restou para a polícia, e que poderia ligá-lo aos crimes, era o conteúdo de sua pasta. Chikatilo então foi condenado apenas por roubo; cumpriu três meses de uma pena de um ano e foi solto outra vez, ainda em 1984. Os crimes então continuaram.

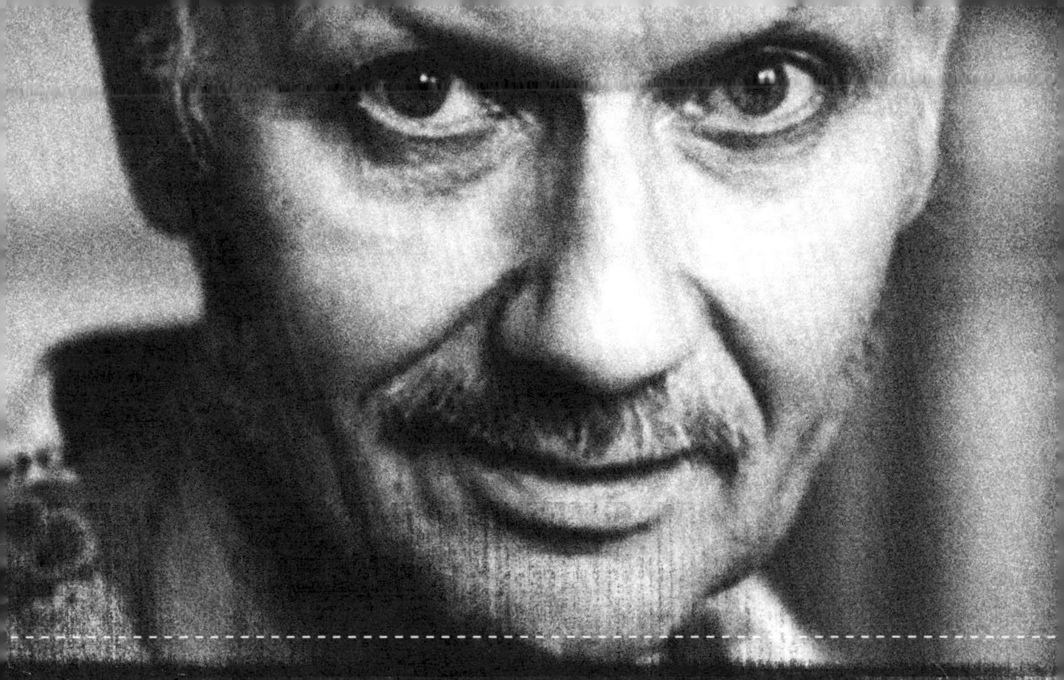

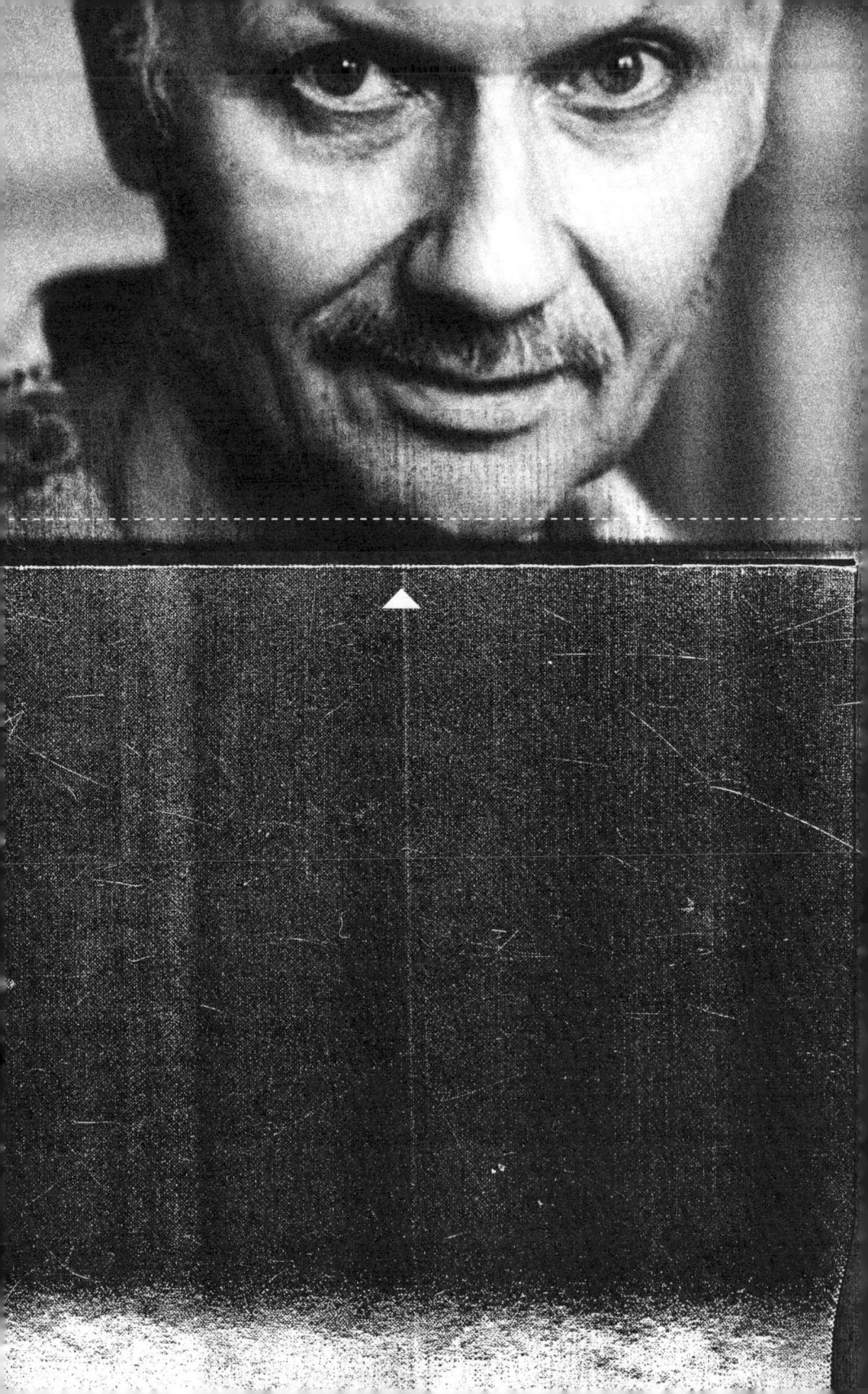

Em dezembro, Chikatilo já estava empregado em uma fábrica de locomotivas perto de Novocherkassk. Como antes, seu serviço incluía muitas viagens, todas legítimas, a trabalho.

Permaneceu sem matar até agosto de 1985, quando se aproximou de uma jovem de 18 anos com problemas mentais. Ela concordou em segui-lo até uma mata perto da linha do trem e algum tempo depois estava morta, com marcas de trinta e oito facadas pelo corpo.

Ainda em agosto, Chikatilo encontrou uma jovem na estação de ônibus de Shakhty, que disse a ele não ter onde dormir. Oferecendo a ela seu barraco em troca de favores sexuais, guiou-a pelo caminho da floresta. Novamente ele falhou sexualmente. Novamente uma mulher riu de seu pobre desempenho. Foi morta de imediato, sem dó nem piedade.

Foi pedido a Bukhanovsky um novo perfil criminal. O profissional agora estava provido de todas as informações sobre os crimes. Em um trabalho longo e mais preciso, descreveu o assassino em série como alguém que tinha controle de suas ações, narcisista e arrogante. Como muitos criminosos desse tipo, achava-se mais talentoso do que realmente era e desmerecido por seus pares. Segundo o psiquiatra, ele não era criativo, mas seguia um plano prévio de ação. Era heterossexual, sádico e necrófilo. Primeiro atingia a cabeça das vítimas, surpreendendo-as e evitando qualquer reação, iniciando então o processo de atingi-las com inúmeras facadas, que simbolicamente significavam penetrações sexuais. Masturbava-se. Cegava suas vítimas por várias razões, entre elas para impedir que sua imagem permanecesse em seus olhos, crença popular comum. Emasculava os meninos para feminizá-los e quando fazia isso com meninas manifestava seu poder sobre elas. Provavelmente guardava os órgãos sexuais extirpados ou os ingeria.

Uma hipótese interessante foi levantada: o assassino tinha uma relação estranha com as mudanças climáticas, pois antes da maioria dos assassinatos as marcações do barômetro haviam caído. A maioria dos crimes aconteceu entre terça e quinta-feira, dias de trabalho. A idade do criminoso devia estar entre os 45 e 50 anos e ele parava de matar quando achava que corria o risco de ser descoberto.

Para entender melhor a mente desse assassino, Burakov, o analista forense, entrevistou o famoso Anatoly Slivko, molestador e assassino de sete meninos. Achavam que procuravam alguém parecido com ele. Esse condenado foi executado logo após a conversa.

Em 1986, apesar de o esquadrão de investigação ainda estar trabalhando, extraoficialmente o caso foi passado para as mãos de Issa Kostoyev, diretor do Departamento de Crimes Violentos de Moscou. Ele reorganizou os trabalhos em três times: Shakhty, Rostov e Novoshakhtinsk. Decidiu que qualquer pessoa que tivesse sido condenada por qualquer crime com motivo sexual fosse checada novamente. Profundas investigações começaram a ser feitas e talvez por esse motivo Chikatilo, assustado, parou de matar por algum tempo.

Em 1987, Chikatilo assassinou um menino de 13 anos, que concordou em segui-lo atrás de alguma recompensa, durante uma viagem para a cidade de Revda, nos Urais. Seu corpo foi encontrado nas proximidades da estação de trens local. Em julho do mesmo ano, a viagem a Zaporozhye, Ucrânia, resultou na morte de outro garoto que o seguiu floresta adentro. O ataque a esse garoto foi tão brutal que a faca de Chikatilo quebrou na cena do crime, sendo encontrada pela polícia.

Em 1988, matou outra vez no mês de abril. Dessa vez, sua vítima foi uma mulher de 30 anos, na cidade de Krasny-Sulin. Na cena do crime, foi encontrada uma pegada do assassino, tamanho 45.

No ano 1989, mais oito vítimas foram mortas por Chikatilo. Uma delas no apartamento vazio de sua filha, agora divorciada. Ele embebedou Tatyana Ryshova e a seduziu. Depois de esfaqueá-la e estuprá-la, deu-se conta de que não poderia deixar o corpo em local tão óbvio. Utilizando-se de uma faca de cozinha, decapitou-a, amputou as pernas e embrulhou tudo em panos. Amarrou a trouxa no trenó de um vizinho e levou os restos mortais para um local de despejo seguro.

Outro crime foi cometido quando Chikatilo estava indo ao aniversário do pai. Ao ver Yelena Varga, de 9 anos, não pôde se conter: enganou-a para que o seguisse até a floresta e esfaqueou-a. Deixou ali o corpo depois de arrancar o útero e parte da face da menina.

A última vítima de 1989 foi um menino de 10 anos que ele conheceu em uma locadora de vídeo. Foi morto a facadas e enterrado no cemitério de Rostov pelo próprio assassino.

Em 1990, a polícia ainda não havia resolvido os crimes e todos sabiam quanto estava custando o fracasso.

Entre janeiro e novembro do mesmo ano, Chikatilo matou mais nove pessoas. A preferência dele agora se definia por meninos. Uma das vítimas foi Vadim Tishchenko, cujo corpo foi encontrado perto da estação de trens de Leskhoz, em Rostov.

Mais uma vez a polícia começou a montar um enorme esquema de vigilância permanente em todas as estações de trens e ônibus das redondezas, com policiais usando até óculos especiais para visão noturna.

Todos os passageiros que embarcavam diariamente eram observados. Foram utilizadas também iscas humanas, com policiais femininas bonitas vestindo roupas à paisana bastante provocativas. Era o desespero instalado na polícia, que pretendia capturar, por fim, aquele terrível criminoso que já agia havia mais de 12 anos.

Outro esquadrão foi escalado para identificar quem havia vendido a passagem de ônibus que fora encontrada ao lado do corpo do menino. Finalmente, depois de um trabalho exaustivo de entrevistas, um atendente da estação de Shakhty reconheceu a foto do garoto. Contou à polícia que ele havia comprado sua passagem acompanhado de um senhor alto, bem-vestido e grisalho, que usava óculos de muitos graus. O atendente também informou que sua filha já havia visto esse mesmo senhor um ano antes, quando estava em um trem conversando com outro menino e tentando convencê-lo a descer do trem com ele. O garoto se recusou e fugiu. A polícia foi imediatamente conversar com a tal filha, que deu uma descrição detalhada do sujeito. Afirmou que ele era frequentador constante dos trens, sempre tentando descer acompanhado de algum jovem.

Antes que a polícia pudesse chegar a Andrei Chikatilo, mais uma moça foi vítima dele: Svetlana Korostik, 20 anos. Foi surrada, esfaqueada e mutilada. Dessa vez, o assassino arrancou a língua da jovem e ambos os mamilos, antes de cobrir o corpo com galhos e folhas.

A polícia começou, então, a ler todos os relatórios anteriores sobre fatos estranhos que seus investigadores poderiam ter observado nas estações. Ao ler o relatório do sargento Ribakov, o chefe Kostoyev surpreendeu-se. Como aquele relato tinha passado despercebido?

O sargento Igor Ribakov contava que certo dia, trabalhando na estação de trens, reparou em um homem andando pela plataforma, suando profusamente. Ao chegar perto dele para examiná-lo melhor, notou que o senhor em questão tinha manchas de sangue na bochecha e no lóbulo da orelha, além de ter um curativo em um dos dedos da mão. Pediu os documentos do tal homem: Andrei Chikatilo, engenheiro sênior de uma fábrica de locomotivas em Rostov. O policial ia fazer mais perguntas quando um trem chegou e Chikatilo insistiu que tinha de seguir viagem naquele momento. Não havendo nenhuma razão real para segurá-lo ali, Ribakov o deixou seguir seu caminho. Apreensivo, o chefe Kostoyev resolveu checar os registros de viagem desse tal Chikatilo.

Nesse meio-tempo, outro corpo foi encontrado na cidade de Ilovaisk, o da menina Alyosha Voronka. Kostoyev logo descobriu que Chikatilo havia estado naquela cidade a negócios, na mesma data. O esquadrão principal decidiu montar um esquema de vigilância permanente sobre aquele suspeito para tentar pegá-lo em flagrante.

Em 10 de novembro de 1990, Chikatilo resolveu procurar um serviço de raios X para descobrir por que seu dedo, mordido por uma das vítimas, ainda doía tanto. Constatou-se que o dedo estava realmente quebrado. Recebeu tratamento e foi dispensado. Ao chegar à casa, resolveu sair outra vez para comprar cerveja. No caminho, parou para conversar com um garoto, mas afastou-se quando a mãe dele apareceu. Logo adiante, encontrou outro menino e se engajou em outra conversa, até que a mãe dele também o chamou. Foi então que três homens, vestindo jaqueta de couro, aproximaram-se dele e se identificaram como policiais. Chikatilo foi algemado e preso para averiguações, levado para o escritório de Mikhail Fetisov, principal chefe de todos os esquadrões.

Ao verificar a pasta que carregava, constataram que o conteúdo era o mesmo de seis anos antes: uma corda, vaselina e uma faca afiada.

Encontrar mais evidências não foi difícil. Uma busca em seu apartamento revelou 23 outras facas diferentes, um machado e um par de sapatos que combinava com a pegada encontrada ao lado do corpo de uma das vítimas. O difícil para a polícia estava sendo acreditar que aquele gentil e educado senhor de fala mansa fosse o terrível monstro procurado havia tanto tempo pela polícia russa.

Não foi tarefa simples fazer o assassino confessar. Kostoyev jogou a velha isca da doença mental, dizendo que se assim fosse diagnosticado os crimes não seriam sua culpa e ele receberia tratamento. Confrontou o suspeito com as provas circunstanciais que tinha, mas nada fazia Chikatilo falar. Sob pressão pelo tempo hábil que tinha para manter o suspeito preso para averiguações, Kostoyev pediu a ajuda de Bukhanovsky, que, utilizando-se do perfil que havia feito, conquistou o assassino, demonstrando que era capaz de entendê-lo como ninguém.

---

*Ao verificar a pasta que carregava, constataram que o conteúdo era o mesmo de seis anos antes: uma corda, vaselina e uma faca afiada.*

---

Apesar de a polícia só ter notícia, até então, de 36 crimes conectados como de mesma autoria, Chikatilo confessou em detalhes 53 crimes, sendo 21 meninos, 14 meninas e 18 jovens mulheres. Sua memória era brilhante. Ele se lembrava de datas, locais e até da roupa que suas vítimas estavam vestindo no momento do crime. Também descreveu o método especial que tinha desenvolvido para matar com facas, de modo que o sangue não espirrasse nele mesmo.

O acusado reconstituiu seus crimes utilizando um manequim, explicando todos os seus métodos de atacar, amarrar, esfaquear, abusar, mutilar e matar. Suas vítimas eram tão severamente mutiladas que, quando as autoridades do Uzbequistão encontraram o corpo de uma jovem no trigal, pensaram que ela tivesse caído sob uma máquina agrícola. Em outros três casos, a polícia achou que tivesse encontrado corpos de meninas, mas depois de examinados constatou-se que se tratava de meninos.

Chikatilo escolhia suas vítimas com cuidado, em estações de ônibus e trens, e entabulava uma conversa convencendo-as a acompanhá-lo a bosques nas proximidades. Então, só restava a elas a esperança de morrer rápido.

Em 1992, Andrei Chikatilo foi enviado ao Instituto Serbsky, em Moscou, para uma avaliação neurológica e psiquiátrica. Constataram que o criminoso tinha danos cerebrais importantes que danificaram seu controle da bexiga e da ejaculação, mas, segundo o laudo, foi considerado mentalmente são e apto para ser julgado.

O julgamento do também chamado "Açougueiro de Rostov" teve início em 14 de abril de 1992. Estavam presentes os parentes das vítimas e a imprensa.

Chikatilo apresentou a si mesmo como uma alma atormentada e enlouquecida por sua impotência sexual. Descreveu em detalhes seus sangrentos crimes e seu comportamento psicótico, causando diversos desmaios na plateia. Durante todo o tempo, foi mantido em uma jaula de metal para sua própria proteção.

Ao final, o juiz declarou, com base no depoimento dos psiquiatras, que aquele assassino estava em seu perfeito juízo mental quando havia cometido os crimes.

Em 15 de outubro de 1992, Andrei Romanovich Chikatilo foi declarado culpado por 52 assassinatos e condenado à morte. Escapou de um de seus crimes por falta de provas.

Quando ouviu sua sentença, declarou: "Quero que meu cérebro seja desmontado pedaço por pedaço e examinado, de modo que não haja outros como eu."

Foi fuzilado com um tiro na nuca em 14 de fevereiro de 1994.

O filme *Cidadão X* (1995), com Donald Sutherland e Stephen Rhea, foi baseado em seus crimes, assim como *Evilenko* (2004), com Malcolm McDowell.

7'0"

6'8"

6'6"

6'4"

6'2"

6'0"

5'8"

5'6"

5'4"

5'2"

5'0"

4'8"

4'6"

4'4"

# 5. RORY ENRIQUE CONDE

Nascimento: 14 de junho de 1965
Local: Barranquilla, Colômbia
Altura: 1,55 m
Cônjuge: Carla Bodden

1965

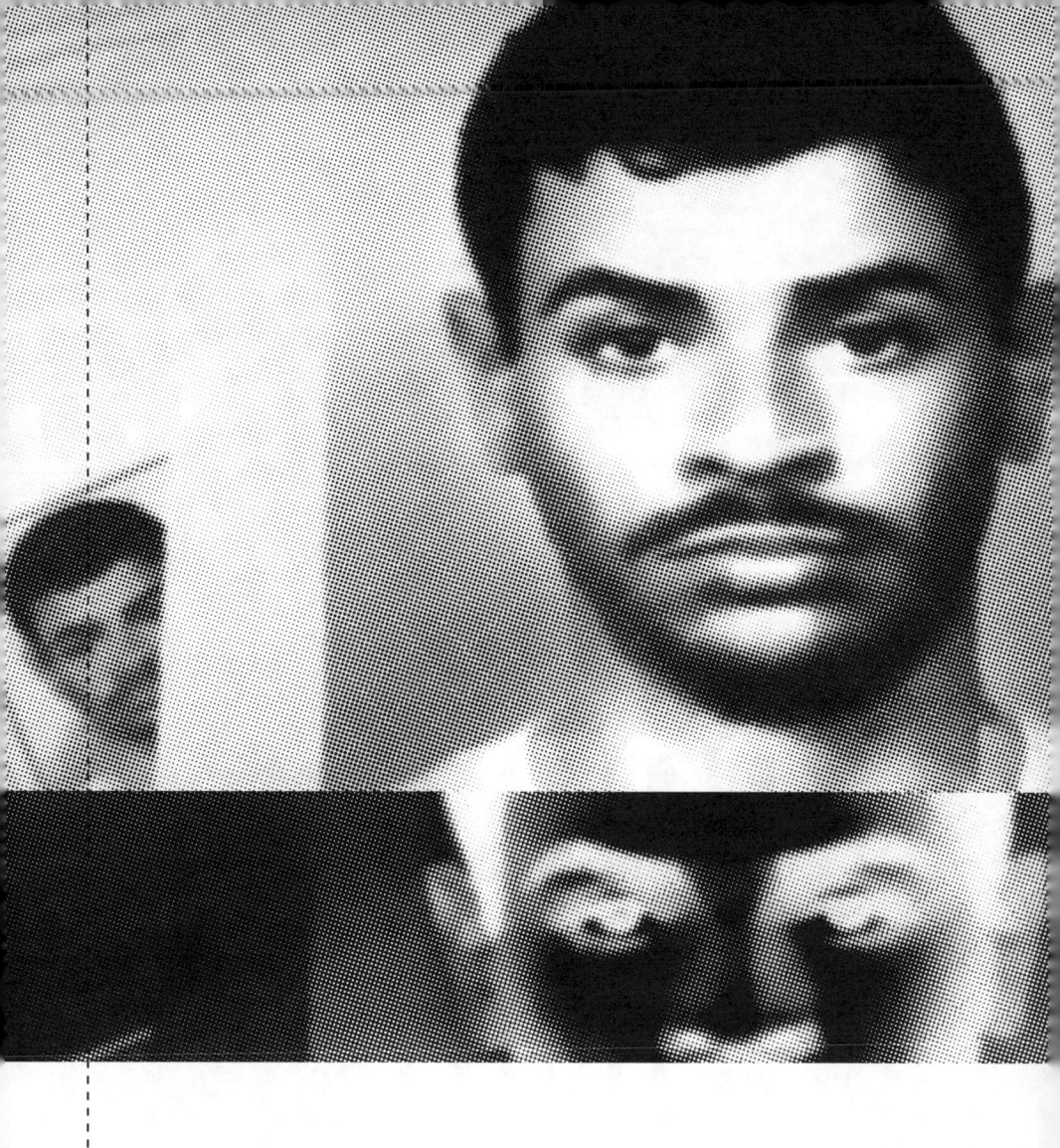

# RORY ENRIQUE CONDE
## O MATADOR DE PROSTITUTAS

"TERCEIRA! Eu a chamarei de Dwight Chan 10. [Vejam] se vocês podem me pegar." – **Rory Enrique Conde**

Gustavo Conde, mecânico de aviação, conheceu Nydia, uma belíssima mulher, filha de um eminente médico da cidade de Barranquilla, na Colômbia. A família da moça esperava que ela se casasse com um partido melhor que Gustavo. Enfrentaram a família, casaram-se e tiveram gêmeos: Nelly e Rory, que nasceram em 14 de junho de 1965. Tudo parecia ir muito bem, até que, novamente grávida, seis meses após dar à luz os gêmeos, resolveu se submeter a um aborto. Para a filha de um médico, é irônico que tenha se submetido a procedimento clandestino tão arriscado e contraído tétano, que causou sua morte.

Gustavo, desesperado de dor, imigrou para os Estados Unidos, buscando uma condição de vida melhor. Deixou os filhos com a avó, Maria Kojas, para que os criasse. Apesar de mandar dinheiro todo mês, não era muito e a família vivia bastante mal. Quando Rory tinha três anos, mudaram-se para um bairro de baixa prostituição em Medellín, mas a vida ali também não deu certo. Voltaram para Barranquilla dois anos depois.

Os tios maternos, Carlos e Alfredo, assistindo à difícil vida dos dois sobrinhos, pediram a Gustavo a guarda das crianças, que foi concedida de imediato. Passavam férias com o pai, mas sempre voltavam para a casa dos tios. Assim viveram até 1978, quando o próprio pai resolveu levá-los para viver nos Estados Unidos.

Rory, que, segundo seus colegas, era uma criança estranha e muito calada, sofria abuso sexual dos tios. Sua infância, que aparentemente era ótima, escondia o segredo extremo de humilhação e violência sexual constantes. Achou que, ao imigrar para viver com o pai, todos os seus pesadelos estariam resolvidos, mas estava enganado. Gustavo havia se casado outra vez com uma também imigrante de Barranquilla, má como uma madrasta de histórias infantis. Abusava das crianças psicológica e fisicamente, tanto que várias vezes a polícia foi chamada para deter a violência doméstica.

Quando Rory tinha apenas 19 anos, conheceu a menina Carla Bodden, então com 13 anos. Dois anos depois, com uma necessidade urgente de sair de casa, talvez maior do que o amor que tinham um pelo outro, casaram-se. Tiveram dois filhos, Rory Junior e Lydia, mas separaram-se sete anos depois. Nesses anos, Carla conheceu o lado escuro e secreto da personalidade de Rory. Ele a espancava, ameaçava sua vida, tentava matá-la sufocando-a, era maníaco por limpeza e a humilhava em frente a seus amigos. Levava amantes para casa, a quem filmava, vestidas com as peças íntimas da mulher, em atos de masturbação. Naquela época, Rory foi preso por violência doméstica.

---

Sua infância, que aparentemente era ótima,
escondia o segredo extremo de humilhação
e violência sexual constantes.

---

Quando Lydia nasceu, em 1992, o casal se mudou para um condomínio na Trilha Tamiani, ou rua Oito, como os imigrantes latinos a conheciam. Rory estava cada vez mais irascível, não fazia mais sexo com a esposa e desaparecia durante muitas noites. Quando confrontado, dizia que ia pescar, mas Carla nunca o viu levando um peixe sequer para alimentar a família. Ao flagrá-lo masturbando-se enquanto espiava a vizinha, a esposa deu um ponto final na relação. Mudou-se para a casa dos pais juntamente com os filhos do casal e esse parece ter sido o gatilho emocional que Rory esperava para se tornar o serial killer da Trilha Tamiani.

Um dos motivos para que os serial killers escolham prostitutas como suas vítimas é que podem escolhê-las como se estivessem expostas em uma vitrine; basta que achem aquela que melhor cumpre os requisitos de sua fantasia. Rory Conde culpava as prostitutas pelo fim de seu casamento. Se não fosse por elas, Carla não teria ido embora.

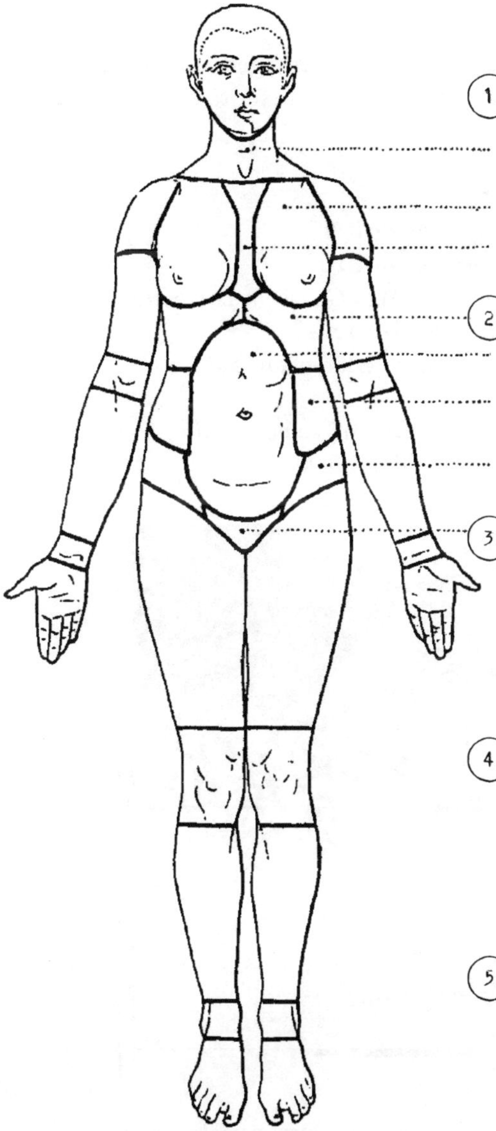

## AS VÍTIMAS DE RORY E. CONDE

**1. LAZARO COMESANA**
Data: 16 de setembro de 1994
Idade: 27 anos
Profissão: prostituta (travesti)
Causa da morte: estrangulamento

**2. ELISA MARTINEZ**
Data: 8 de outubro de 1994
Idade: 44 anos
Profissão: prostituta
Causa da morte: estrangulamento

**3. CHARITY FAYE NAVA**
Data: 20 de novembro de 1994
Idade: 23 anos
Profissão: prostituta
Causa da morte: estrangulamento

**4. WANDA COOK CRAWFORD**
Data: 25 de novembro de 1994
Idade: 38 anos
Profissão: prostituta
Causa da morte: estrangulamento

**5. NECOLE SCHNEIDER**
Data: 17 de dezembro de 1994
Idade: 28 anos
Profissão: prostituta
Causa da morte: estrangulamento

**6. RHONDA DUNN**
Data: 13 de janeiro de 1995
Idade: 21 anos
Profissão: prostituta
Causa da morte: estrangulamento

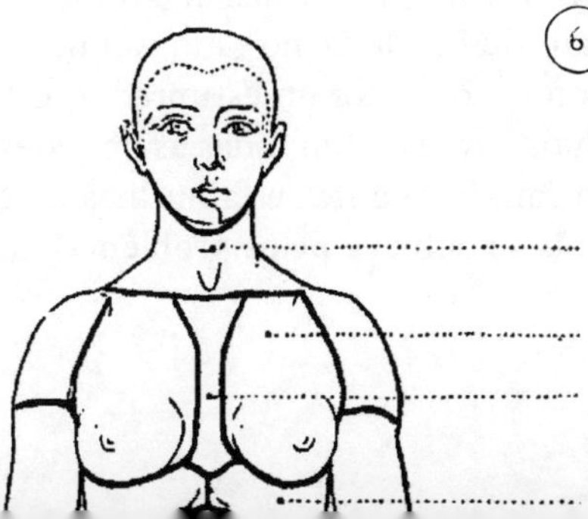

A primeira vítima foi morta depois que Rory descobriu que a prostituta que contratou era, na realidade, um homem. Seus restos foram jogados perto do novo apartamento em que morava sua ex-esposa, Carla.

Nas costas da terceira vítima, Rory gravou uma mensagem com uma caneta preta de marcar feltro, usando símbolos e com uma escrita rebuscada. A mensagem era a seguinte:

### third!
*Uma cara feliz pingando o "i".*
### I will call Dwight Chan 10
*Referência ao âncora da emissora de TV WPLG Dwight Lauderdale.*
### [see] if you can catch me.
*Usando dois olhos desenhados em vez da palavra see.*
### NYR
*Assinatura: "N" de Nydia, sua mãe, "Y" como sendo a palavra espanhola para "e" e "R" de Rory.*

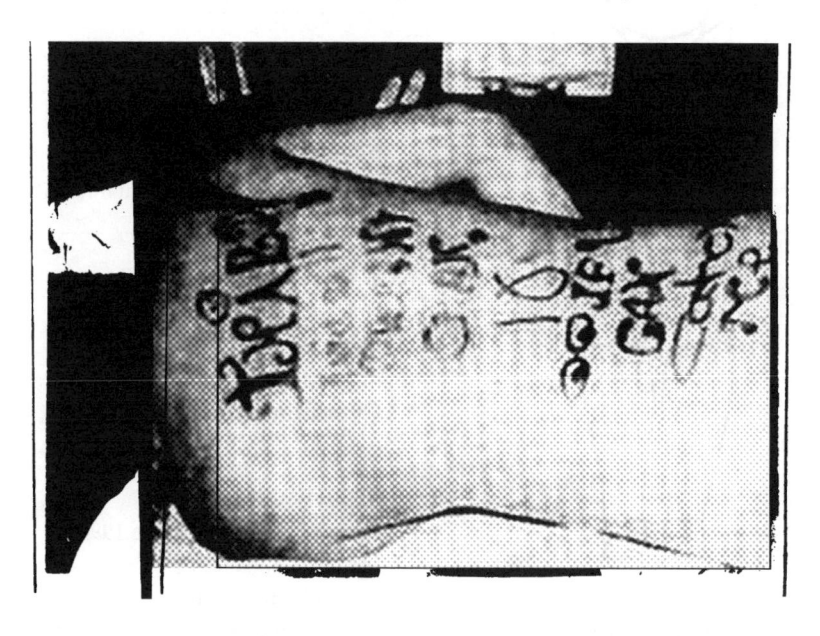

A polícia sabia que tinha em seu caminho um assassino serial que repetia sempre o mesmo padrão: todas as vítimas eram prostitutas que trabalhavam em uma pequena área de "Tamiani Trail" ou "Calle Ocho", um caminho perto do Aeroporto Internacional de Miami. Todas foram estupradas, estranguladas ou asfixiadas e sodomizadas após a morte. Em todas as ocasiões, ele ajoelhou-se ao lado dos corpos mortos ainda quentes e falou-lhes diversas vezes "É tudo sua culpa, sua culpa", pois as culpava pelos problemas de seu casamento. Então ele as vestia completamente, em sinal de respeito, e fazia o sinal da cruz antes de jogá-las nas ruas do condomínio classe média na área residencial ao longo do caminho onde morava. Como era previsível, a mídia apelidou o assassino de "Estrangulador da Trilha Tamiani".

Em dezembro de 1994, a polícia distribuiu um retrato falado e a descrição do suspeito, informações obtidas de uma prostituta que sobreviveu de um ataque parecido com os crimes anteriores. O suspeito foi descrito como "um homem branco hispânico, que teria por volta de 30 anos e que falava inglês com um leve sotaque".

O retrato falado mostrava um homem de rosto estreito, cabelos grossos e longos, e bigode. As autoridades chamavam atenção para o fato de o criminoso ter sido arranhado ou machucado quando do ataque à sua quinta vítima, Necole Christina Schneider. A polícia também conseguiu uma descrição do carro do criminoso: um Toyota vermelho com uma cadeirinha infantil no banco de trás. Isso indicava que, se não se tratasse de um carro emprestado, o criminoso era um pai de família.

A polícia já obteve sucesso ao fazer comandos para verificação de veículos e seus ocupantes no passado, especialmente em áreas de prostituição. Essa estratégia ajudou a capturar criminosos como Peter Sutcliffe, o Estripador de Yorkshire, Inglaterra, Steven Pennell e William Suff, assassino de Highland Park, Califórnia, EUA.

A maioria dos corpos foi encontrada em fins de semana ou depois de feriados. Esses fatos indicavam que o criminoso trabalhava para viver e matava apenas em seu tempo livre. Mas a primeira vítima de 1995 foi encontrada morta em uma quinta-feira, quebrando o padrão. Exceto pelo assassinato do Dia de Ação de Graças, o Estrangulador da Trilha Tamiani matava uma vez por mês.

Ironicamente, em abril de 1995, Conde foi preso por roubar um tênis da marca Reebok na loja Mervyn, no Miami International Mall. Quando uma vendedora da loja o viu furtando, tentou detê-lo, mas ele a golpeou e saiu correndo. Na fuga, deixou cair a carteira no estacionamento, pista que levou a polícia até ele.

Conde foi preso fora de casa e a polícia não fez uma busca em seu apartamento. Se tivesse feito, encontraria várias evidências de que aquele era o matador de prostitutas, mas ele não era ainda suspeito naquela época.

Em 19 de junho de 1995, Conde abordou Gloria Maestre, uma prostituta, perto de Biscayne Boulevard, oferecendo a ela duzentos dólares por uma sessão de sexo oral. Ao chegar a seu apartamento, a prostituta usou o banheiro. Quando saiu, teve seu rosto atingido por gás lacrimogêneo e em seguida foi atirada ao chão e amarrada com as mãos nas costas. Maestre foi violada duas vezes e depois amarrada, mãos e pés, com fita adesiva. O assassino então embrulhou sua cabeça com a mesma fita, como se fosse uma múmia, deixando um pequeno espaço para que a moça respirasse, e prendeu-a no banheiro.

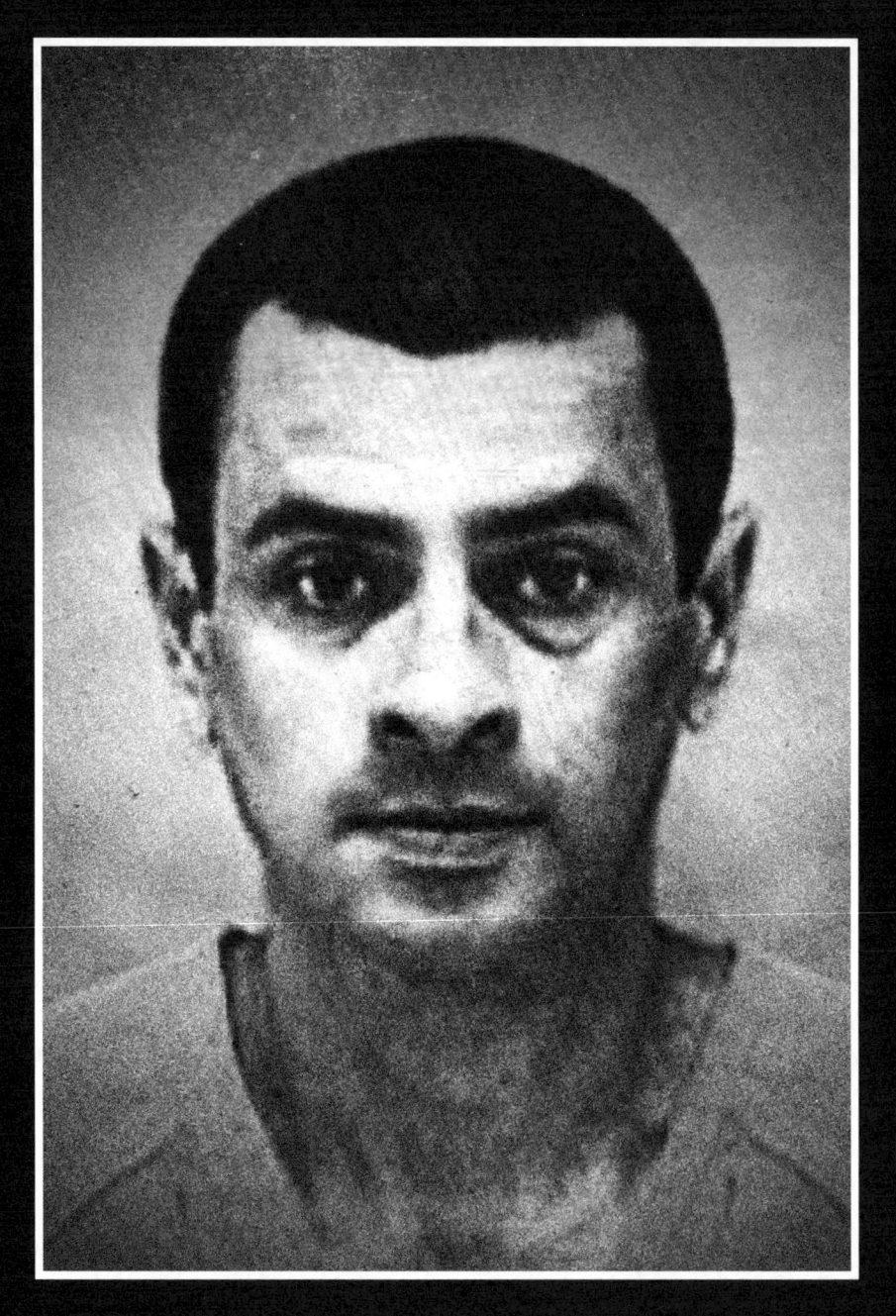

**RORY ENRIQUE CONDE**
*Florida Department of Law Enforcement*
*Estado da Flórida, EUA*

Rory Conde saiu pela manhã, pois tinha uma audiência na Justiça relativa ao furto na loja Mervyn. A prostituta, certa de que não tinha mais nada a perder, conseguiu liberar seus pés e começou a fazer todo barulho possível, inclusive acionando o alarme do apartamento. Os vizinhos, então, resolveram verificar o que estava acontecendo. Ao arrombar o apartamento de Conde, encontraram a moça tão embrulhada em fita adesiva que só se podia ver um olho e parte da boca. Ligaram para a polícia.

A moça foi salva de se transformar na vítima número sete de Rory Enrique Conde. Seu sangue-frio a ajudou, pois a maioria dos assassinos seriais só mata sua vítima quando a leva ao extremo terror.

Ao voltar da audiência, Rory viu o estacionamento de seu apartamento abarrotado de carros de polícia. Fugiu para a casa da avó, em Hialeah, onde foi preso cinco dias depois. A polícia, inicialmente, não percebeu que Conde era o assassino da Trilha Tamiani, mas, quando as provas preliminares de DNA retirado do sêmen deixado no corpo da prostituta se mostraram idênticas àquelas encontradas nos seis corpos de prostitutas assassinadas jogados na mesma trilha, não houve mais dúvidas. Acabava ali a maior investigação já feita na Flórida, ao custo de 1,8 milhão de dólares e com mais de cem agentes de polícia envolvidos. Mais de cinco mil pistas foram seguidas para que o assassino fosse encontrado quase que por acaso. Na busca subsequente no apartamento e no carro de Conde, foram encontradas evidências irrefutáveis: cabelos, fibras e pertences das seis vítimas anteriores.

Em 20 de outubro de 1999, o vendedor de material de construção Rory E. Conde foi condenado pelo assassinato de uma das seis prostitutas de Miami, Rhonda Dunn, com um resultado de nove votos contra três dos jurados. O advogado de Rory Conde não disse que ele não teria matado a prostituta, mas alegou que o crime não foi premeditado e que os traumas de infância do réu o haviam levado àqueles atos. Em 17 de março de 2000, Rory Conde foi sentenciado à morte. Conde não fez nenhuma declaração e parecia sonolento durante os 45 minutos em que o juiz lia sua sentença. Esse seria o primeiro de seis julgamentos, mas, diante do resultado terrível para o réu, Rory fez um acordo em 2001 confessando os outros cinco assassinatos e sendo condenado a cinco penas consecutivas de prisão perpétua pelo juiz Jerald Bagley, de modo que mesmo ganhando a apelação da pena de morte ele jamais sairá da prisão.

Seus advogados apelaram, como é direito de todos aqueles condenados à morte nos Estados Unidos, mas em abril de 2003 suas sentenças foram confirmadas pela Suprema Corte da Flórida.

Em 2004, teve negado, pela Suprema Corte dos Estados Unidos, um pedido de esclarecimento sobre a negação da apelação.

Em 2006, fez uma moção apelatória, referente às novas provas para a Suprema Corte da Flórida, que ainda está pendente. Ele aguarda o fim de seu processo no corredor da morte da Prisão Estadual da Flórida, em Starke, EUA.

6'6"
6'4"
6'2"
6'0"
5'8"

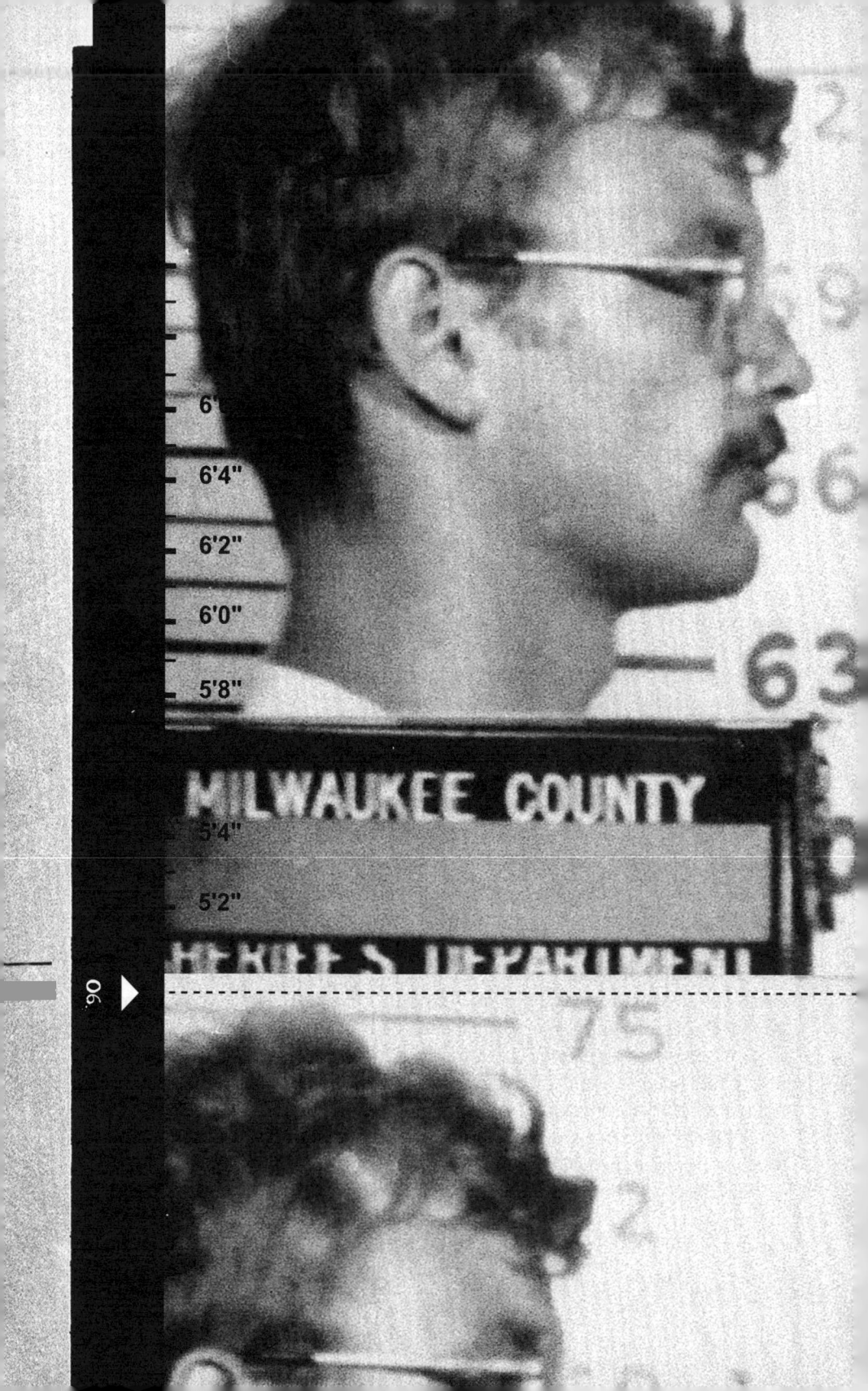

MILWAUKEE COUNTY

5'4"
5'2"

SHERIFF'S DEPARTMENT

## 6.

# JEFFREY LIONEL DAHMER

Nascimento: 21 de maio de 1960
Local: Milwaukee, Wisconsin, EUA
Morte: 28 de novembro de 1994
Altura: 1,85 m
Cônjuge: Solteiro

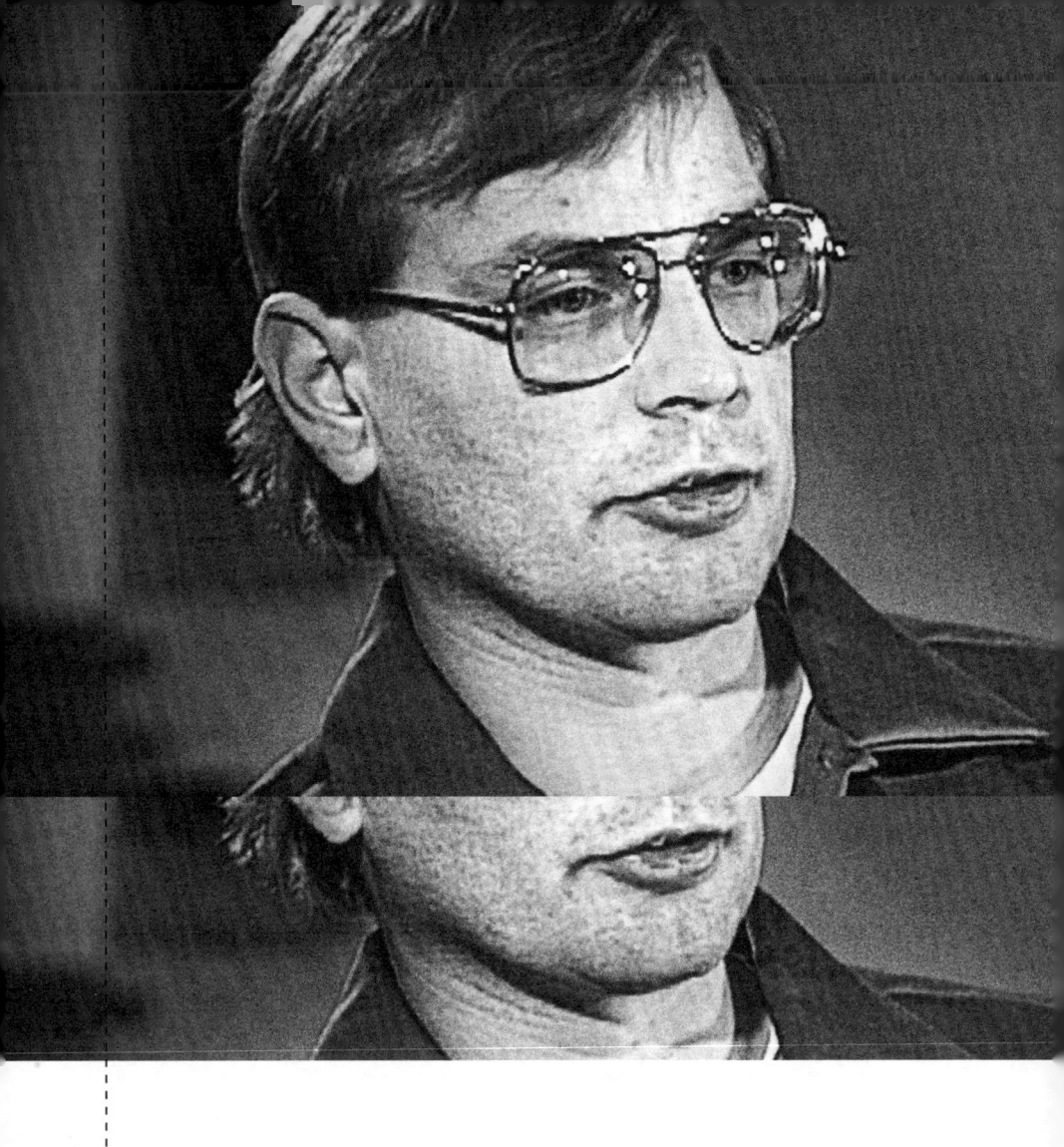

▶ 1960

# JEFFREY LIONEL DAHMER
## LOBO EM PELE DE CORDEIRO

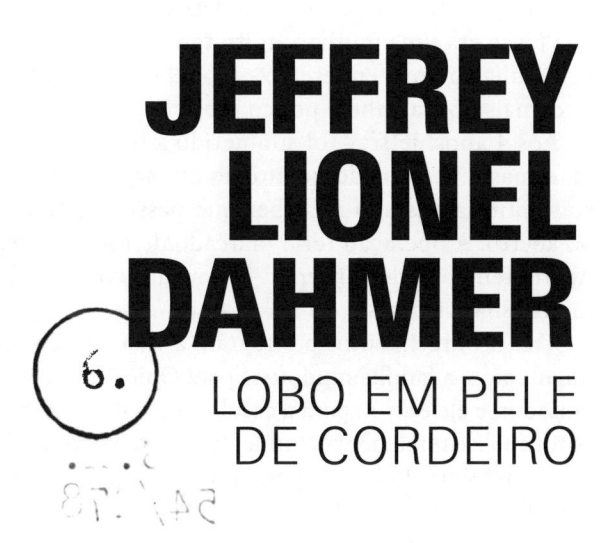

"As coisas começaram por volta dos meus 14, 15 anos. Começaram com pensamentos obsessivos sobre violência, sexo e morte. E a partir daí ficaram cada vez piores." – **Jeffrey Lionel Dahmer**

Jeffrey Lionel Dahmer foi um psicopata clássico que no Brasil provavelmente teria sido diagnosticado como portador de transtorno de personalidade antissocial e considerado semi-imputável, ou seja, tem capacidade para entender seus atos, mas não consegue controlar sua vontade.

Nos Estados Unidos, não existe o semi-imputável. O réu é imputável ou inimputável, ou seja, os casos de insanidade são aqueles em que o réu não consegue entender aquilo que faz, não discerne entre o certo e o errado e, portanto, é considerado doente mental, sendo encaminhado para hospitais psiquiátricos. Os indivíduos portadores de transtornos mentais, e não doenças mentais, são considerados aptos ao julgamento e tratados como presos comuns.

O mais famoso canibal americano nasceu em 1960, na cidade de Milwaukee, Wisconsin. Seu pai, Lionel, era químico, e sua mãe, Joyce, instrutora de máquinas de teletipo. Sua gravidez havia sido bastante difícil. O casal brigava muito e Joyce era vista como uma pessoa hipersensível, com a infância marcada pela presença de um pai alcoólatra. O modelo de casamento do casal Dahmer não animava o filho a um dia se casar. A mudança da família para Iowa, onde Lionel concluía seu doutorado na Universidade Estadual, uniu-os em torno de um novo objetivo. A felicidade só não era completa porque Joyce era uma mulher muito tensa, dificultando ainda mais a adaptação da família ao novo endereço, e Lionel vivia trancado em laboratórios, absorto demais no trabalho e pouco presente nas questões domésticas.

Aos 4 anos, Jeffrey foi submetido a uma cirurgia para extirpar duas hérnias, mas foi enganado quanto ao que ia acontecer, relatando depois que ficou muito assustado ao saber que pessoas estranhas explorariam seu corpo aberto. A operação teria marcado de forma indelével seu subconsciente? Aparentemente ele vai repeti-la em suas vítimas, abrindo seus tórax e "operando" suas vísceras.

Três acontecimentos pontuaram a vida dele aos 6 anos: sua mãe deu à luz um menino, a família mudou-se para Ohio, onde seu pai trabalharia como pesquisador, e ele entrou para a escola. Segundo o relato do pai, naquela época ele se tornou extremamente tímido, inseguro, vulnerável e introvertido. Jamais foi muito próximo do irmão, permanecia longos períodos em silêncio e vivia isolado. Estava aterrorizado em ir para a escola e teve dificuldades de se adaptar.

Dos 10 aos 15 anos, sua personalidade sofreu mudanças drásticas. De menino quieto e tímido passou a ser um jovem tenso, rígido e inflexível. Passava horas trancado em casa sozinho e respondia às pessoas monossilabicamente, de forma quase inaudível. Não se engajava em nada, ficava à parte do mundo à sua volta, vivia perdido em fantasias. Segundo o depoimento de algumas pessoas durante o julgamento, na época Jeffrey tinha fascínio por animais mortos e os recolhia depois de atropelados em estradas para examiná-los melhor. Fazia cruéis experimentos com animais, decapitando roedores, branqueando ossos de galinhas com ácido, empalando cabeças de cachorro e espalhando-as como espantalhos na floresta.

Na vida familiar, as coisas não iam muito bem. As brigas entre Lionel e Joyce aumentaram consideravelmente, até que se separaram e iniciaram uma batalha legal pela custódia do segundo filho, David. Lionel logo se casou de novo, e Shari, a segunda esposa, logo percebeu que o filho mais velho do marido era, de fato, alcoólatra. Tentando resgatar a saúde do rapaz, insistiram para que cursasse a Universidade Estadual de Ohio, mas o plano falhou logo no primeiro semestre, quando Jeffrey repetiu, consequência de ter passado todo o tempo bebendo. Lionel, decepcionado, apresentou ao filho duas opções: arrumar um emprego ou alistar-se no Exército. Jeffrey optou pelo Exército.

Foi naquele ano, antes de ser alocado na Alemanha, que Jeffrey matou sua primeira vítima, Steve Hicks, "trabalhando" seu corpo como se estivesse em um laboratório, desenvolvendo experimentos químicos, desmembrando-o para depois descartá-lo em uma mata atrás de sua casa. Inicia-se então um ritual que esse assassino incrementaria durante os anos em que cometeu os mais atrozes crimes. Estava cruzada a linha entre experimentos mórbidos e homicídio.

Passou dois anos servindo o Exército na Alemanha, mas foi dispensado por alcoolismo. Não há registros de crimes cometidos por ele naquele país.

Ao voltar para os Estados Unidos, foi preso pela primeira vez, por desordem e embriaguez. Seguindo os conselhos do pai, foi morar na casa da avó em West Asslin, Wisconsin.

Como é comum no histórico de serial killers, a violência de Jeffrey Dahmer foi aumentando e seu estado emocional se agravou, assim como o alcoolismo. Em 1986, foi preso e processado pelo que nos Estados Unidos se chama "exposição indecente". Dahmer masturbou-se na frente de dois meninos. Em 1989, foi sentenciado a cinco anos de condicional por molestar crianças; no primeiro ano, ficou dormindo na cadeia, mas podia sair diariamente para trabalhar. Ninguém sabia que ele já era um matador, necrófilo e canibal.

O ritual de Jeffrey Dahmer era sofisticadíssimo, repleto de detalhes e ações *post mortem*. Tinha prazer tanto nas caçadas a suas vítimas, que em geral aconteciam em bares ou saunas gays, quanto nas experiências médicas a que as submetia para obter um "escravo sexual zumbi", na retalhação dos corpos e no preparo de sua própria alimentação.

Atraía homens jovens para seu apartamento, oferecendo dinheiro para que posassem para fotos ou apenas convidando-os para tomar uma cerveja e assistir a um vídeo. Drogava suas vítimas e contou à polícia que algumas delas foram lobotomizadas, recebendo injeções de ácido muriático ou água quente no cérebro na tentativa de que o servissem sexualmente, apesar de a experiência nunca ter dado certo.

Gostava de matar com as próprias mãos, estrangulando os jovens, mas em alguns casos usou uma tira de couro. Passava então a masturbar-se sobre o corpo, copulava com ele e o guardava durante vários dias após o crime, com o objetivo de fazer sexo oral ou anal a qualquer momento que sentisse vontade.

Estripar o cadáver era um processo bastante detalhado e inteiramente fotografado para que pudesse se lembrar de todos os detalhes com precisão, sentindo prazer sexual todas as vezes que revivia a cena. Abria o tórax da vítima e ficava fascinado pelas cores das vísceras e excitado com o calor que o corpo recém-morto podia proporcionar. Segundo seus relatos, a "quentura" do abdome era tão prazerosa que chegava a ter "relações sexuais" com os órgãos.

Depois, iniciava o esquartejamento do cadáver e separava as partes entre úteis e inúteis. Comia seus corações e tripas, e fazia croquete de carne humana; adorava fritar os músculos das vítimas que achava mais atraentes e deliciar-se com a "iguaria". Dahmer dizia comer a carne de suas vítimas porque acreditava que assim elas viveriam novamente através dele. Essas refeições lhe proporcionavam ereções. Também tentou beber sangue, mas não gostou do sabor.

Livrava-se das partes restantes dos corpos experimentando vários produtos químicos e ácidos, que reduziam carne e ossos a um tipo de lama fétida, capaz de escoar pelo ralo ou pela privada. Guardava os crânios e preparava os genitais em conserva. De uma de suas vítimas, Anthony Sears, ferveu a cabeça até remover a pele e fazer de seu crânio um troféu. Pintou-o de cinza para que, caso fosse descoberto, ele se parecesse com um modelo plástico usado por alunos da escola de Medicina. Guardou seu troféu até ser preso. Pretendia transformar seu apartamento em um santuário, com troféus de suas vítimas ladeados por incensos acesos que trariam bons fluidos para melhora de sua vida social e financeira.

Serial killers constroem um verniz social para consumo externo, de modo que ninguém desconfie de quem sejam na realidade. Jeffrey Dahmer não era diferente. Manipulador e evasivo, fisicamente adequado ao padrão americano de beleza, ninguém suspeitaria de suas bizarras e letais preferências sexuais.

Se os policias de Milwaukee, assim como tantos no mundo inteiro, não fossem tão preconceituosos e rígidos na construção de estereótipos de boas e más pessoas, Dahmer teria sido interrompido em sua sanha criminosa antes de cometer muitos de seus crimes.

Em maio de 1991, atenderam um chamado na rua em que ele morava. Ali acontecia uma discussão acalorada entre vizinhos: duas jovens, um homem branco de boa aparência e um rapaz asiático, nu e sangrando. Ao ouvirem os envolvidos, souberam que as meninas, um tanto histéricas, chamaram a polícia para que "salvasse" o garoto, que tinham visto correr visivelmente aterrorizado do vizinho. Os policiais envolveram o rapaz em um cobertor e tentaram colher sua versão da história, mas ele estava apático, murmurava palavras incompreensíveis e parecia estar bêbado ou drogado. Por outro lado, o homem loiro estava bastante calmo e controlado, e sua versão dos fatos era muito convincente: ele e o asiático eram amantes e exageraram um pouco. Não, o namorado não era menor de idade, já tinha 19 anos, foi o que relatou.

Acompanharam o estranho casal até o apartamento indicado pelo homem, sentiram um cheiro estranho, mas era só. As roupas do rapaz nu estavam dobradas sobre o sofá e tudo estava em perfeita ordem. Se a polícia tivesse feito seu trabalho com competência, saberia que o dono do apartamento tinha antecedentes criminais em abuso sexual de menores em 1988; por uma infeliz coincidência, sua vítima no caso anterior era o irmão da atual, que tinha apenas 14 anos. Tratava-se de Konerak Sinthasomphone, laociano, que dias depois teria publicada sua fotografia no jornal como desaparecido. Apesar de a mãe de uma das testemunhas ter entrado imediatamente em contato com a polícia local e com o FBI, ninguém deu ouvidos a ela. Jeffrey Dahmer ainda faria pelo menos mais quatro vítimas.

Em julho do mesmo ano, dois policiais que faziam sua ronda perto da Universidade de Marquette, em Milwaukee, prenderam um homem negro que corria pelas ruas ainda algemado, com a certeza de que se tratava de um fugitivo. Ele contava uma estranha história de que estava em um encontro homossexual quando o parceiro o algemou e tentou matá-lo. Apesar de descrentes e sem nenhuma vontade de se envolver em uma briga de casal, acompanharam o rapaz, que se identificou como Tracy Edwards, 32 anos, ao endereço indicado por ele.

Ao chegarem à casa localizada no número 2.357 da South 57th Street, foram atendidos por um educadíssimo homem que morava no apartamento 213. Confirmou que Edwards estava se encontrando com ele e foi até o quarto buscar as chaves da algema. Policiais e vítima estavam aguardando, quando esta última se lembrou de uma faca que estava no quarto. Um dos policiais, sem demora, seguiu no encalço do dono do apartamento pelo corredor, mas foi pego de surpresa pela decoração das paredes. Eram cobertas de fotografias do tipo polaroide, mas não de paisagens ou pessoas, e sim de cadáveres, vísceras, sangue, cabeças decepadas. Antes que pudesse dar voz de prisão a Jeffrey Dahmer, este tentou enfrentá-lo, mas foi subjugado. As surpresas dentro do apartamento desse canibal estavam prestes a ser descobertas e deixariam muitas pessoas atônitas, perplexas.

Na geladeira, sobre a prateleira central, estava uma cabeça em estado avançado de decomposição. No congelador, foram apreendidas mais três cabeças escalpeladas e acondicionadas em sacos plásticos amarrados com elástico. Também foram encontrados recipientes de metal contendo mãos e pênis decompostos. No armário, estavam guardados frascos com álcool etílico, clorofórmio e formol, juntamente com outros nos quais jaziam genitálias masculinas preservadas. Na pia da cozinha, havia um torso humano rasgado do pescoço até a pélvis. Na tábua de carne ao lado, um pênis fatiado, pronto para ir para a panela. Também foram apreendidos dois tonéis, com capacidade de 189,5 litros, repletos de torsos humanos apodrecendo.

No apartamento de Jeffrey Dahmer foram identificados os restos mortais de 11 vítimas diferentes; 11 crânios, um esqueleto completo, ossos em geral, mãos, genitais embalsamados e pacotes de corações, músculos e outros órgãos mantidos no ácido ou refrigerador.

No total, esse canibal matou 17 pessoas, apesar de ter sido processado apenas por 12 homicídios no processo Estado de Wisconsin versus Jeffrey Lionel Dahmer, no qual respondeu às seguintes acusações na classificação americana de Homicídio Intencional em Primeiro Grau:

Raymond Lamont Smith | 29.5.89

Ernest Miller | 2.9.90

David Thomas | 24.9.90

Edward W. Smith | 14.6.90

| | |
|---|---|
| **01** | **ANTHONY SEARS**: em/por volta de 26 de março de 1989, no número 2357 da South 57th Street, cidade de West Allis, na região metropolitana de Milwaukee. Foi identificado a partir de seu crânio, escalpo e pênis, encontrados no apartamento do réu. |
| **02** | **RAYMOND SMITH**: também conhecido como Ricky Beeks, na primavera ou verão de 1990, no número 924 da North 25th Street, na cidade de Milwaukee. Foi identificado a partir de seu crânio pintado, encontrado no apartamento do réu. |
| **03** | **ERNEST MILLER**: em/por volta de 2 de setembro de 1990, no número 924 da North 25th Street, na cidade de Milwaukee. Foi identificado a partir de seu esqueleto em tamanho natural, encontrado no apartamento do réu. |
| **04** | **DAVID THOMAS**: em/por volta de 24 de setembro de 1990, no número 924 da North 25th Street, na cidade de Milwaukee. Foi identificado por sua irmã a partir de fotografias dele e de seu corpo desmembrado, encontradas no apartamento do réu. |
| **05** | **CURTIS STRAUGHTER**: em/por volta de 28 de fevereiro de 1991, no número 924 da North 25th Street, na cidade de Milwaukee. Foi identificado com base em seus registros dentários. |
| **06** | **ERROL LINDSEY**: em/por volta de 7 de abril de 1991, no número 924 da North 25th Street, na cidade de Milwaukee. Foi identificado com base em seus registros dentários. |
| **07** | **TONY ANTHONY HUGHES**: em/por volta de 24 de maio de 1991, no número 924 da North 25th Street, na cidade de Milwaukee. Foi identificado com base em seus registros dentários. |
| **08** | **KONERAK SINTHASOMPHONE**: em/por volta de 27 de maio de 1991, no número 924 da North 25th Street, na cidade de Milwaukee. |
| **09** | **MATT TURNER**: também conhecido como Donald Montrell, em/por volta de 30 de junho de 1991, no número 924 da North 25th Street, na cidade de Milwaukee. Foi identificado a partir de sua cabeça e órgãos internos, encontrados na geladeira do réu. Seu torso também estava no apartamento. |
| **10** | **JEREMIAH WEINBERGER**: em/por volta de 7 de julho de 1991, no número 924 da North 25th Street, na cidade de Milwaukee. Foi identificado a partir de sua cabeça, também acondicionada no congelador do réu. Seu torso estava no apartamento, ao lado dos restos mortais de Matt Turner. |
| **11** | **OLIVER LACY**: em/por volta de 15 de julho de 1991, no número 924 da North 25th Street, na cidade de Milwaukee. Foi identificado a partir de sua cabeça, empacotada no congelador do réu, além de seu coração, encontrado na geladeira. |
| **12** | **JOSEPH BRADEHOFT**: em/por volta de 19 de julho de 1991, no número 924 da North 25th Street, na cidade de Milwaukee. Sua cabeça também estava no congelador do réu por ocasião de sua prisão. |

| SUAS OUTRAS VÍTIMAS SERIAM ||
|---|---|
| **01** STEVEN HICKS, 18 ANOS | setembro de 1987 |
| **02** STEVEN W. TUOMI, 28 ANOS | junho de 1978 |
| **03** JAMES E. DOXATOR, 14 ANOS | janeiro de 1988 |
| **04** RICHARD GUERRERO, IDADE DESCONHECIDA | março de 1988 |
| **05** EDWARD SMITH, IDADE DESCONHECIDA | junho de 1990 |

Em julho de 1992, um ano após sua prisão, Jeffrey Dahmer foi levado a julgamento. Presidiria os trabalhos o juiz Laurence C. Gram Jr., acompanhado do promotor Michael McCann, e defendendo o réu o advogado Gerald Boyle, que já havia feito sua defesa anteriormente no processo de abuso infantil.

Desobedecendo à orientação de seu advogado, Dahmer se declarou culpado dos crimes pelos quais era acusado. Só restava para a defesa que ele fosse considerado mentalmente insano.

Enquanto a defesa alegava que só um louco poderia ter cometido crimes hediondos da natureza daqueles descritos ali, a acusação demonstrava a frieza da premeditação e a complexidade do planejamento ali envolvidas.

O advogado de defesa apresentou 45 testemunhas que atestaram o comportamento estranho de Dahmer e suas desordens mentais e sexuais que o impediam de entender a natureza de seus crimes. A acusação demonstrou que ele era perfeitamente capaz de controlar suas vontades, uma vez que não havia matado nenhum soldado no tempo em que servira o Exército ou colega quando frequentara a escola.

Psiquiatras depuseram por ambas as partes. Não se chegava a um consenso; cada um dissertava sobre um ponto de vista diferente. Na psiquiatria e na psicologia, não existem verdades universais, cada caso é um caso. A grande discussão e discordância entre os profissionais envolvidos, se o réu era capaz ou não de controlar suas ações, chegou a confundir o júri.

A defesa alegou que "[...] crânios trancados, canibalismo, ímpetos sexuais, perfurações, fazer zumbis, necrofilia, alcoolismo, tentar criar santuários, lobotomias, decomposição de cadáveres, taxidermia,[1] idas ao cemitério, masturbação [...] este era Jeffrey Dahmer, um trem desgovernado nos trilhos da loucura!".

A acusação disse: "Ele não era um trem desgovernado, ele era engenheiro! Senhoras e senhores, ele enganou muitas pessoas. Por favor, não deixem que esse horrível matador os engane".

O júri deliberou por apenas cinco horas e considerou Jeffrey Dahmer legalmente são, culpado pelas múltiplas acusações de homicídio. Foi sentenciado a 15 prisões perpétuas consecutivas ou um total de 957 anos de reclusão.

Diante da sentença, Dahmer fez a seguinte declaração na corte:

"Meritíssimo,
Agora está terminado. Este nunca foi um caso do qual tentei me libertar. Nunca quis a liberdade. Francamente, eu queria a morte para mim mesmo. Este caso é para dizer ao mundo que eu fiz o que fiz, mas não por razões de ódio. Não odiei ninguém. Eu sabia que era doente, ou perverso, ou ambos. Agora acredito que era doente. Os médicos me explicaram sobre minha doença e agora tenho alguma paz... Sei quanto mal eu causei... Graças a Deus não haverá mais nenhum mal que eu possa fazer. Acredito que somente o Senhor Jesus Cristo pode me salvar de meus pecados... Não estou pedindo nenhuma consideração".

Em 28 de novembro de 1994, Jeffrey Lionel Dahmer foi assassinado por Christopher Scarver, preso por assassinato em primeiro grau e que pensava ser filho de Deus. Dahmer morreu na ambulância, a caminho do hospital.

Após sua morte, foi criada uma grande controvérsia sobre a doação de seu cérebro para estudos da medicina. Depois da necropsia, o cérebro e outras amostras de tecido ficaram sob os cuidados e supervisão do dr. Robert W. Huntington, na University of Wisconsin Medical School.

Joyce Flint, ex-esposa de Lionel Dahmer, tentou contatar o pai de seu filho para submeter esses tecidos a um estudo científico conduzido pelo dr. Jonathan Pincus, da Georgetown University School of Medicine, uma vez que o

[1] Arte ou processo de empalhar animais.

dr. Huntington não liberaria o material sem autorização legal. O dr. Pincus escreveu uma carta na qual pedia o cérebro de Jeffrey Dahmer, que representava "uma chance sem paralelos de possivelmente determinar que fatores neurológicos poderiam ter contribuído para seu bizarro comportamento criminal".

O dr. Huntington respondeu que preferia conduzir com extremo cuidado o estudo do cérebro de Jeffrey Dahmer no McLean Hospital, em Boston. Acrescentou que não estava familiarizado com o dr. Pincus e seus estudos, e sua preocupação era relativa aos escrúpulos que seriam exercidos contra qualquer conclusão prematura. Na opinião dele, o cérebro de Dahmer deveria ser comparado com cérebros de pessoas consideradas normais e aquelas que houvessem agido demonstrando severo comportamento antissocial. Analisar esse cérebro de forma única e isolada e concluir algo sobre esse exame poderia ser perigoso e anticientífico. Se o dr. Pincus concordasse com essa condição, o dr. Huntington não veria problemas em encaminhar o material.

> Após sua morte, foi criada uma grande controvérsia sobre a doação de seu cérebro para estudos da medicina.

O juiz Daniel S. George tinha muitas dúvidas sobre toda essa questão. Jeffrey Lionel Dahmer deixou, por escrito, suas últimas vontades. No testamento estava escrito que seu corpo deveria ser cremado tão cedo quanto possível e que não houvesse nenhuma cerimônia funerária antes ou depois da cremação.

Joyce Flint, representada por advogado, queria autorização judicial para que o dr. Pincus realizasse seus estudos, que trariam benefícios públicos consideráveis, além de respostas para os parentes de Jeffrey. Lionel Dahmer não concordava, queria que a vontade do filho prevalecesse. O advogado de Joyce alegava que ele não parecia tão preocupado em seguir a última vontade do filho quando realizou uma cerimônia após a cremação. Lionel argumentou que a cerimônia foi estritamente familiar, não pública.

Outra preocupação do juiz era como seria tratado cientificamente o assunto e que tipo de exploração os resultados proporcionariam para os que chamou de "pesquisadores pop, psicólogos pop e coisas desse tipo".

Em 12 de dezembro de 1995, o juiz George ordenou que o cérebro de Jeffrey Lionel Dahmer fosse cremado.

**JEFFREY LIONEL DAHMER**
*Anuário Revere High School em 1977*
*Richfield, Ohio, EUA*

# ALBERT HAMILTON FISH

Nascimento: 19 de maio de 1870
Local: Washington, D.C., EUA
Morte: 16 de janeiro de 1936
Altura: 1,67 m
Cônjuge: Primeira esposa (1898/1917);
Estella Wilcox (1930/1930)
Filiação: Randall Fish e Ellen Howell Fish

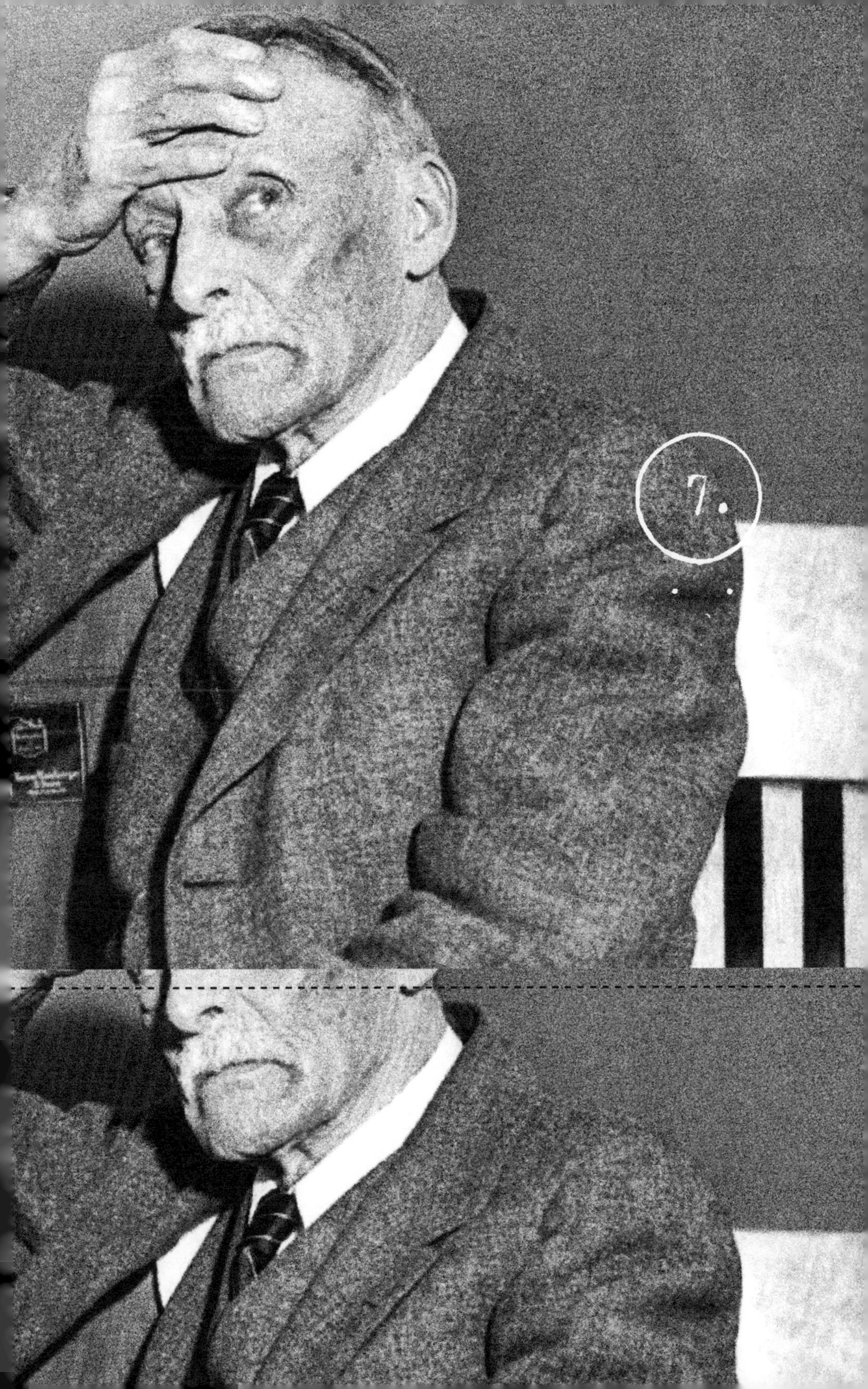
7.

# Murderer and Cannibal

human urine and blood; stuffed
27 needles into the genital area
of his own body; lit fires of toilet
paper in lavatories; prayed all
hours of the day; and was once

telegram for
to the Budd
There wa
nature, but a
gram on the

▶ 1870

# ALBERT HAMILTON FISH

## 7.

## O VOVÔ QUE COMIA CRIANCINHAS

---

"Eu sempre tive o desejo de infligir dor aos outros e que os outros infligissem dor em mim. Eu sempre pareci gostar de tudo que doía." – **Albert Hamilton Fish**

---

**1928** — Albert Hamilton Fish sentia o coração acelerar ao ler o anúncio de jornal que tinha nas mãos. Tratava-se de um jovem, Edward Budd, oferecendo seus serviços. Era a oportunidade que esperava para agir novamente. Havia anos que escolhia as crianças e os jovens que levaria com ele, em cada um dos 23 estados americanos em que havia morado. Sua aparência o ajudava bastante, pois, grisalho desde jovem, era sempre tomado por um senhor já de certa idade, incapaz de alguma maldade. Era o engano que todos cometiam.

Sem perder tempo, contatou o orgulhoso pai do rapaz que colocara o anúncio e marcaram um encontro para uma entrevista. Usou o pseudônimo de Frank Howard e se apresentou como fazendeiro, sem levantar nenhuma suspeita sobre suas reais intenções.

Mal se conteve até o dia marcado para conhecer o "futuro empregado". Entrevistou Edward e mais um colega, Willy, e sem perder tempo contratou logo os dois para trabalhar para ele. Iria buscá-los no fim de semana, quando os garotos já estariam de malas prontas.

No domingo, elegante e tranquilo, foi até o endereço da família Budd cumprir o combinado. Como homem educado que era, levou para a dona da casa um pote de queijo e morangos, conquistando a confiança da mãe do rapaz, Delia Budd. O pai do rapaz, Albert, explodia de orgulho pelo fato de Edward ter procurado emprego para ajudar a família a melhorar de vida. Agora o filho trabalharia ajudando aquele alinhado e frágil senhor a cuidar de suas galinhas e vacas leiteiras, engrossando o parco dinheiro do sustento com dignidade e segurança. Ninguém duvidou que alguém com aquela aparência realmente precisasse de ajuda nos trabalhos pesados que envolviam seus negócios. Ninguém percebeu que o garboso velhinho não conseguia tirar os olhos da caçula da família, Grace Budd, uma menina de apenas 10 anos. Como que tomado por uma paixão súbita, o frágil senhor mudou drasticamente seus planos.

---

Sua aparência o ajudava bastante, pois, grisalho desde jovem, era sempre tomado por um senhor já de certa idade, incapaz de alguma maldade. Era o engano que todos cometiam.

---

Sem que ninguém imaginasse sua verdadeira intenção, o novo patrão de Edward Budd contou para Albert e Delia que tinha de ir ao aniversário de uma sobrinha antes de levar seus novos empregados para a fazenda. Assim, com displicência, convidou a linda menina para acompanhá-lo à festa. Seria divertido para Grace e ela seria ótima companhia para sua sobrinha. Os pais da menina titubearam. Ele poderia dizer onde era a festa? "Claro que sim", respondeu Howard, escrevendo o endereço da festa em um pedaço de papel. Sem argumentos para fazer tal desfeita ao novo patrão de seu filho, assistiram quase impotentes enquanto o distinto senhor pegava Grace pela mão e saía pela porta.

Horas depois, já desesperados com o sumiço da filha, chamaram a polícia, que informou à família que o endereço da festa era falso. Nunca mais veriam a menina.

CRIMES OF THE TWENTIETH CENTURY

# Albert Fish: Itinerant Child Murderer and Cannibal

The cruel unflinching stare of manic mass murderer Albert Fish

## Cannibal Child Murderer Executed

ON JANUARY 16, 1936, prison officers brought a little old man with grey hair and a straggly moustache to the electric chair. He looked gentle and meek, although by most estimates he flogged and tortured over a hundred children and killed at least four – possibly 15. He did not look excited, although he once said: "What a thrill that will be, if I have to die in the electric chair. It will be the supreme thrill – the only one I haven't tried."

He did not look mad, although few psychiatrists would suggest that this man was normal: a man who ate human flesh and excrement; drank human urine and blood; stuffed 27 needles into the genital area of his own body; lit fires of toilet paper in lavatories; prayed all hours of the day; and was once observed yelling: "I am Jesus! I am Jesus!" over and over again.

It took two shots of electricity to kill him. It often does. But on this occasion, reporters suggested that the needles in his body shorted the circuit the first time.

Albert Hamilton Fish, at 66 the oldest man ever executed in Sing Sing, and pretty certainly the maddest, is dead.

## Trapped by Handwriting After Six Years

Fish was arrested in 1934 for the murder of 11-year-old Grace Budd six years earlier. He was caught because in November that year he suddenly wrote to Mrs Budd telling her how he had killed and eaten her child. It was the work of a sick man who relished reliving his crime and fantasizing about others. Yet he may have intended to give some crude solace in his final obscenity: "I did not fuck her tho' I could of had if I wished. She died a virgin." (Later he would tell a psychiatrist this was untrue.)

New York Missing Persons' Bureau knew this unsigned letter really did come from the mysterious "Frank Howard" who took little Grace "to a party" on May 27, 1928, never to be seen again. Its handwriting matched that of Howard's on a telegram for
to the Budd

There wa
nature, but a
gram on the e
a batch which
rooming-hou
New York. /
there said
tenant, a Mr
regularly to
from his son
did so, detec

## The Mu of Grac

Albert Fish n
when they a
ing summer
18-year-old
(who planne
Edward) pr
"Frank How
smallholde
were impre
manners an
black three
agreed that
with him the

On the d
to collect Fa
saw little G
change of p
taking her t
he said his s
Columbus A
stay a coupl
returned fo

In fact, I
child by tr
house in W
There he ser
outside whi
stairs. Ther
grabbed her
at his naked
her.

He strip

**Height 4 Feet**

Last seen wearing white felt hat blue streamer in back.
Hair dark, straight bobbed.
Eyes blue
Complexion sallow.
Physical condition anaemic.
Last seen wearing pink rose here.
Last seen wearing gray overcoat, with fur collar and cuffs, and down front of coat.
Last seen carrying brown pocket book.
Last seen wearing white silk dress.

Last seen wearing white silk socks.

Last seen wearing white shoes.
**Age 10 Years**
**Weight 60 Lbs.**

Sem perder tempo, Fish levou a menina Grace para uma viagem de trem e desceu na estação de Worthington. Excitado ao rever os planos macabros que tinha em mente para ela, quase se esqueceu, no assento em que viajara, da maleta com todos os instrumentos que havia comprado para castrar Edward e Willy, suas vítimas iniciais. Sorrindo para a menina que o havia lembrado de levar seus pertences, rumou em direção a uma casa vazia em Westchester chamada Wisteria Cottage, lugar previamente escolhido por ele para colocar em prática seus desejos perversos.

Grace não desconfiou de nada. Ficou no quintal, como o senhor Howard mandou, colhendo flores. Enquanto a menina se distraía, Fish foi para o quarto no andar superior com suas facas de corte afiado. Experiente, tirou as próprias roupas para não sujá-las de sangue, acenou para Grace da janela, fazendo sinal para que subisse, e se escondeu no armário até que ela adentrasse o quarto o suficiente para que ele a atacasse.

A garotinha gritou, chutou e arranhou seu agressor sem sucesso, enquanto ele arrancava suas roupas e a asfixiava. Não teve a menor chance; o velhinho não era tão fraco quanto aparentava.

**1934** — Seis anos depois de Grace Budd desaparecer, o caso ainda estava aberto, mas ninguém mais esperava que ela fosse encontrada, nem mesmo seu raptor. Apenas um homem, o detetive William F. King, continuava a trabalhar incansavelmente. De vez em quando, em conjunto com o jornalista Walter Winchell, plantava uma notícia falsa sobre o andamento das investigações no jornal para que o assunto continuasse em pauta, em uma frágil tentativa de não deixar o caso cair no esquecimento. Assim, foi veiculada a notícia, em novembro, que em breve surpresas seriam reveladas pelo Departamento de Pessoas Desaparecidas.

Dez dias depois, Delia Budd, mãe de Grace, recebeu uma carta. Por sorte e por causa de seu analfabetismo, entregou-a ao filho, Edward Budd. O rapaz, completamente chocado e perturbado com a leitura, apressou-se em entregar a carta ao detetive King:

"Minha querida senhora Budd,

Em 1894, um amigo meu embarcou como trabalhador braçal de convés no navio *Steamer Tacoma*, capitão John Davis. Eles velejaram de São Francisco para Hong Kong, na China. Ao chegarem lá, ele e dois outros foram para terra e ficaram bêbados. Quando voltaram, o navio tinha ido embora. Aqueles eram tempos de fome na China. *Carne de qualquer tipo* custava de um a três dólares a libra. Tão grande era o sofrimento entre os muito pobres que todas as crianças com menos de 12 anos foram vendidas como comida para manter os outros não famintos. Um menino ou menina de menos de 14 anos não estava seguro nas ruas. Você poderia ir a qualquer loja e pedir um bife, cortes de carne ou picadinho. Do corpo nu de um menino ou menina seria trazida exatamente a parte desejada por você, que seria cortada dele.

A parte de trás de meninos ou meninas é a mais doce parte do corpo e era vendida como costela de vitela, pelo preço mais alto.

John ficou lá tanto tempo que adquiriu gosto por carne humana. Quando voltou para Nova York, roubou dois meninos de 7 e 11 anos. Levou-os para sua casa, tirou a roupa dos dois e os amarrou nus no armário. Então queimou tudo deles. Inúmeras vezes, todo dia e toda noite, ele os espancou e os torturou para fazer com que sua carne ficasse boa e tenra.

Primeiro ele matou o menino de 11 anos, porque tinha a bunda mais gorda e, é claro, havia mais carne nela. Cada parte do corpo foi cozida e comida, exceto a cabeça, os ossos e as tripas. Ele foi assado no forno (todo o seu lombo), fervido, grelhado, frito e refogado. O menino pequeno era o próximo e tudo aconteceu da mesma maneira. Naquela época, eu estava morando no número 409 da rua 100. Ele me falava com tanta frequência de como a carne humana era gostosa que eu decidi prová-la.

No domingo 3 de junho de 1928, eu lhes telefonei no número 406 da rua West 15. Levei um pote de queijo e morangos para vocês. Nós almoçamos. Grace sentou no meu colo e me beijou. Eu me convenci a comê-la (naquele momento), com a desculpa de levá-la a uma festa. Você disse sim, ela poderia (ir à festa comigo). Eu a levei a uma casa vazia em Westchester que já tinha escolhido. Quando chegamos lá, eu lhe disse para ficar no quintal. Ela colheu flores selvagens. Subi as escadas e tirei toda a minha roupa. Eu sabia que se não o fizesse ficaria com o sangue dela nas roupas. Quando estava pronto, fui até a janela e a chamei. Então, me escondi no armário até ela entrar no quarto. Quando me viu completamente nu, ela começou a chorar e tentou correr escadas abaixo. Eu a agarrei e ela disse que ia contar para a mãe dela.

Eu tirei a roupa dela, deixando-a nua. Como ela chutou, mordeu e arranhou! Eu a asfixiei até a morte, então a cortei em pequenos pedaços para poder levar a carne para meus aposentos. Cozinhei e comi aquilo. Como era doce e tenro seu pequeno lombo assado no forno. Levei nove dias para comer seu corpo inteiro. Eu não 'fodi ela', e eu poderia, se tivesse desejado. Ela morreu uma virgem."[1]

---

[1] Tradução livre da carta original.

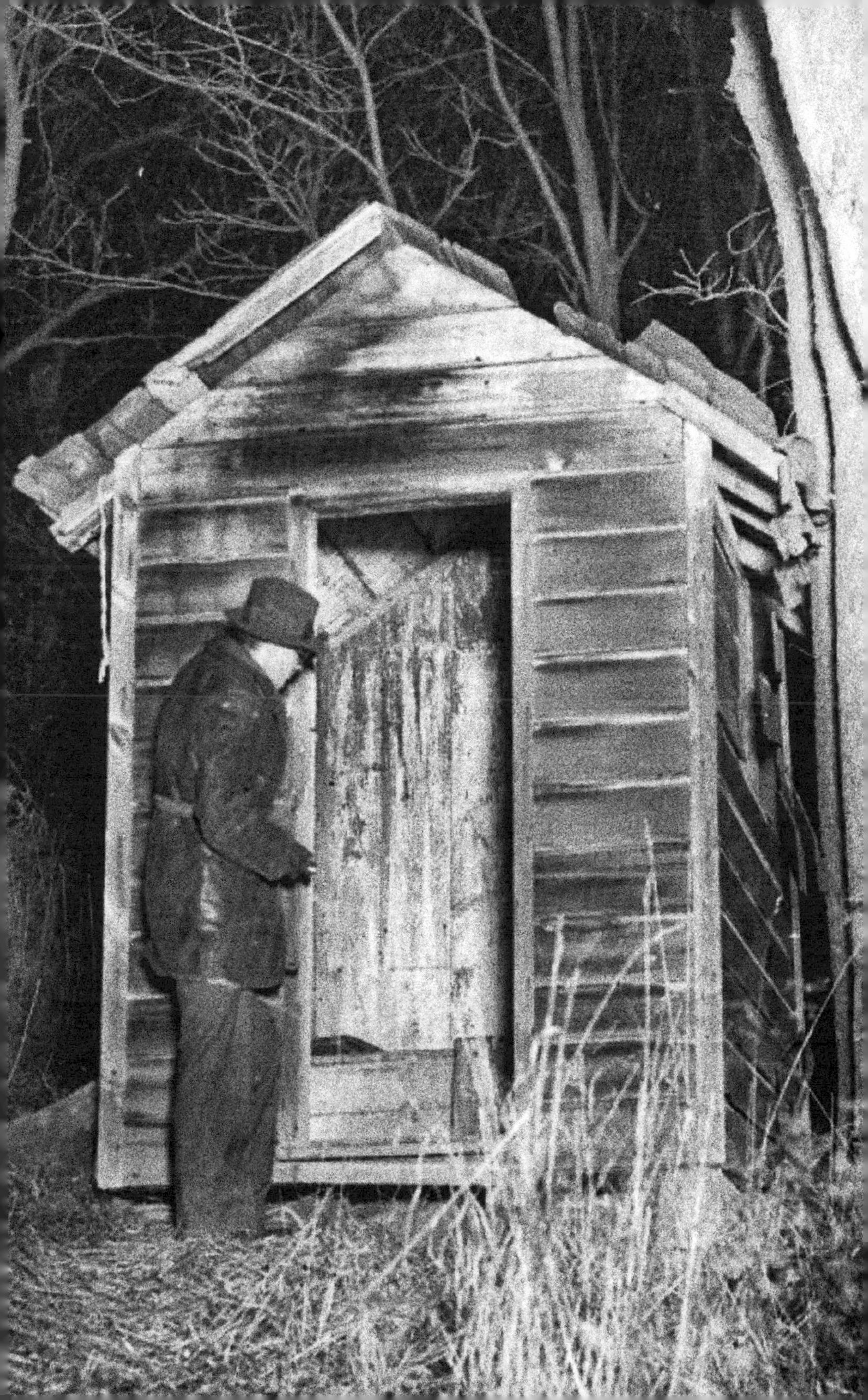

Mais de cinquenta dedos, pernas e outros ossos foram encontrados próximos a casa abandonada em Westchester

Investigadores conferem sapatos femininos e roupas encontrados próximos a casa onde ALBERT FISH assassinou Grace Budd

Ninguém quis acreditar que aquela carta era verdadeira. Todos ficaram chocados com a descrição fria de uma mente perversa, narrando o assassinato da pequena Grace com tantos detalhes. Como se não bastasse, o assassino abominável ainda enviou a receita que utilizou para canibalizar a vítima, relatando seus inimagináveis atos à mãe dela. Aquela pessoa não podia ser normal.

Dotado de uma postura extremamente profissional, apesar do horror com que leu aquelas palavras, o detetive King se ateve a detalhes relatados na carta que só podiam ser do conhecimento do próprio assassino. Era fato que "Frank Howard" havia levado queijo e morangos na visita que fizera aos Budd; a carroça em que os havia comprado foi inclusive localizada pela polícia e ficava no East Harlem, o que direcionou as investigações para aquele bairro.

A caligrafia da carta endereçada a Delia Budd também foi comparada à resposta ao anúncio colocado no jornal por Edward, irmão de Grace, em 1928. O tal "Frank Howard", seis anos antes, havia respondido ao jornal *Wester Union* e com certeza se tratava da caligrafia da mesma pessoa.

> "Cozinhei e comi aquilo. Como era doce e tenro seu pequeno lombo assado no forno. Levei nove dias para comer seu corpo inteiro."

O envelope que continha a carta também foi examinado como evidência. Ali foi encontrada uma pista crucial: um pequeno emblema hexagonal com as letras N.Y.P.C.B.A., que pertenciam à *New York Private Chauffeur's Benevolent Association* (Associação Beneficente de Motoristas Particulares de Nova York). Com a cooperação do presidente da associação, uma reunião de emergência convocou todos os membros e a caligrafia deles foi examinada e comparada. Como nenhuma delas combinou positivamente com a do assassino, o detetive King contou a todos a história do crime contra Grace. Pediu, então, aos presentes que se alguém tivesse levado da associação algum papel de carta ou envelope timbrado para dá-lo a outra pessoa que, por favor, se apresentasse e relatasse à polícia o acontecido. Um jovem porteiro admitiu que havia pego duas folhas e alguns envelopes e levado para casa. Ao interrogar a senhoria da pensão onde ele morava, a polícia descreveu o suspeito "Frank Howard". A expressão de surpresa da senhoria não deixava dúvidas de que ela sabia de quem se tratava: era a exata descrição do homem idoso que morara ali por dois meses e tinha saído da pensão havia apenas dois dias.

O inquilino chamava-se Albert H. Fish. A senhoria mencionou que ele pedira que guardasse a carta que seu filho mandaria de onde trabalhava, Civilian Conservation Corps, na Carolina do Norte. O filho mandava dinheiro com regularidade para seu velho pai. Finalmente, dias depois, o correio avisou a polícia, que deteve uma carta para Albert Fish. Depois de a carta chegar, nada de ele aparecer. O detetive King estava ficando preocupado, pois poderia ter afugentado o assassino. Por que Fish não mais contatou sua senhoria?

No dia 13 de dezembro de 1934, a senhoria telefonou para o detetive King dizendo que o antigo hóspede estava na pensão procurando a carta.

O velho homem estava sentado tomando uma xícara de chá quando a polícia chegou. Fish ficou em pé e, quando questionado, confirmou para King quem era. De repente, enfiou a mão no bolso e tirou uma lâmina de barbear. Sem perder tempo e já furioso, King agarrou a mão do velho homem e torceu-a rapidamente. "Agora eu te peguei", disse, triunfante.

Vários homens da lei e psiquiatras acompanharam as confissões de Albert Fish. Elas foram censuradas com severidade para a imprensa, por causa de seu conteúdo chocante.

Albert Hamilton Fish nascera em 1870, em uma família respeitosa, mas perdeu o pai aos 5 anos e foi para um orfanato. Lá ficou conhecido como criança-problema por sofrer de enurese noturna até os 11 anos de idade e pelas fugas constantes.

Em 1917, já casado havia alguns anos, foi abandonado pela esposa, que fugiu com outro homem, deixando para trás os seis filhos do casal. Ele, que já não era uma pessoa muito equilibrada, começou a piorar emocionalmente a cada dia. Seus filhos foram os primeiros a perceber as mudanças de atitude.

Suas obsessões agora eram temas religiosos, pecados, sacrifícios e expiação por meio da dor. Forçava seus próprios filhos a vê-lo se autoflagelar até arrancar sangue das próprias nádegas, que surrava com pedaços de madeira. Outros "passatempos" masoquistas de Albert incluíam inserir agulhas na virilha e na região entre o saco escrotal e o ânus, comer matéria fecal humana e colocar algodões embebidos com álcool dentro do ânus e atear fogo.

Aos 55 anos, Albert começou a experimentar alucinações de conteúdo religioso. Tinha visões de Cristo e seus anjos e começou a especular sobre autopurgação de iniquidades e pecados, expiação por autoflagelação, sacrifícios humanos etc. Ele tinha certeza de que, se estivesse agindo errado matando crianças, Deus mandaria um anjo para impedi-lo, assim como impediu Abraão de matar seu filho.

Os antecedentes familiares de Fish também eram bastante preocupantes. Em sua família podiam-se constatar muitas pessoas portadoras de doenças mentais: um tio paterno sofria de psicose religiosa e morreu em um hospital estadual; um meio-irmão também falecera em instituição mental; um irmão mais novo, portador de retardo mental, morrera em decorrência de hidrocefalia; sua mãe, considerada esquisita, era conhecida por ouvir e ver coisas; uma tia paterna era tida como completamente louca; outro irmão sofria de alcoolismo; e uma irmã fora diagnosticada, na época, como portadora de "um tipo de aflição mental".

O que aconteceu na casa de Wisteria Cottage foi o descrito por Albert Fish na carta para a sra. Budd. Ao retornar ao local do crime com a polícia para o resgate dos restos mortais da menina, Albert, sem nenhum traço de emoção, observou o trabalho da polícia, impassível.

Budd pai e filho foram levados à polícia para identificar Fish como sendo a mesma pessoa que se denominava "Frank Howard". Apesar do descontrole dos dois, Fish não se alterou. Aquele estava longe de ser seu único crime.

A ficha criminal de Fish não era nada pequena. Desde 1903, havia registros de prisões por furto, envio de cartas obscenas, crimes de baixo poder ofensivo. Ele estivera internado em instituições mentais mais de uma vez.

Durante o tempo em que toda a burocracia legal se realizava, houve uma surpresa no caso: um maquinista que viu a foto do acusado no jornal foi até a delegacia reconhecê-lo como o homem visto por ele tentando calar o menino Billy Gaffney, em fevereiro de 1927. No pátio de um prédio em Nova York, dois meninos, ambos chamados Billy, 3 e 4 anos, brincavam tranquilamente aos cuidados de um vizinho de 12 anos. Quando a irmã caçula do vizinho acordou chorando em seu berço, ele entrou em casa para atendê-la. Ao retornar ao pátio, os dois Billy não estavam mais lá. O vizinho, desesperado, foi chamar o pai do Billy mais novo, que começou uma frenética busca pelo prédio. Só o encontraram no terraço da cobertura. Quando o pai perguntou a ele onde estava seu amiguinho Billy Gaffney, ele respondeu: "O bicho-papão pegou ele!"

Ninguém ligou muito para o que disse a testemunha de 3 anos, considerando aquele relato apenas fantasia. Iniciaram uma busca nas vizinhanças, imaginando se o garotinho havia entrado em alguma fábrica do bairro ou caído no canal Gowanus, nas cercanias do prédio, mas as buscas não deram em nada. Finalmente, um policial resolveu ouvir a descrição da testemunha sobre o tal bicho-papão: era magro e velho, com cabelo e bigode acinzentados. Apesar da clara descrição, os policiais não conectaram esse caso ao do "homem grisalho", ocorrido alguns anos antes.

Em julho de 1924, o garoto Francis McDonnell, oito anos, brincava com seus amigos em frente à sua casa em Staten Island. A mãe, que sempre estava pajeando o filho, viu algumas vezes um velho homem, de cabelo e bigode grisalhos, observando os garotos que brincavam. Uma tarde o velho chamou Francis, que se afastou com ele, enquanto os outros meninos continuaram a jogar bola. Um vizinho distante diria depois que viu os dois entrando em um matagal, o velho atrás do menino.

O desaparecimento do garoto só foi percebido na hora do jantar. Seu pai, um policial, organizou imediatamente uma busca. O garoto foi encontrado na mata, debaixo de alguns galhos de árvore, agredido com brutalidade. Suas roupas haviam sido arrancadas, estavam despedaçadas, e ele foi estrangulado com os suspensórios que usava. Fora surrado de forma tão violenta que os policiais concluíram que ou o velho frágil não era nem tão velho nem tão frágil, ou tinha um cúmplice.

As investigações se concentraram na descrição feita pela mãe do menino sobre o velho que naquela manhã fora visto em frente à sua casa. Era idoso, esguio e tinha cabelo e bigode grisalhos. Os policiais o apelidaram de "Homem Grisalho".

Outra testemunha importante também compareceu à delegacia, um homem de Staten Island, que identificou Fish como o homem que quis atrair sua filha de 8 anos para um matagal localizado não muito longe de onde Francis McDonnell foi assassinado. A menina teria sido abordada apenas três dias antes do assassinato do menino.

Fish também foi identificado como o homem que matou a menina de 15 anos, Mary O'Connor, em Far Rockaway. Seu corpo foi encontrado em um matagal perto da casa em que Fish estava trabalhando como pintor de paredes.

Depois de reconhecido, Fish confessou coisas impensáveis que teria feito com Billy Gaffney e inclusive forneceu as várias receitas que utilizou para comê-lo. Não foi difícil concluir que estavam lidando com um compulsivo molestador de crianças. Os promotores do caso tinham a convicção de seu envolvimento em ataques a mais de cem crianças, enquanto Albert, em suas confissões, alegava ter molestado mais de quatrocentas. Ele viveu em 23 estados americanos e disse ter matado pelo menos uma criança em cada local em que morou.

O "Homem Grisalho" havia sido encontrado.

Com todas essas evidências contra Albert Fish, a única chance de ele não ser condenado à morte era ser declarado inimputável por psiquiatras forenses.

Os psiquiatras da defesa o diagnosticaram psicótico paranoico. Já os da acusação o consideraram mentalmente são.

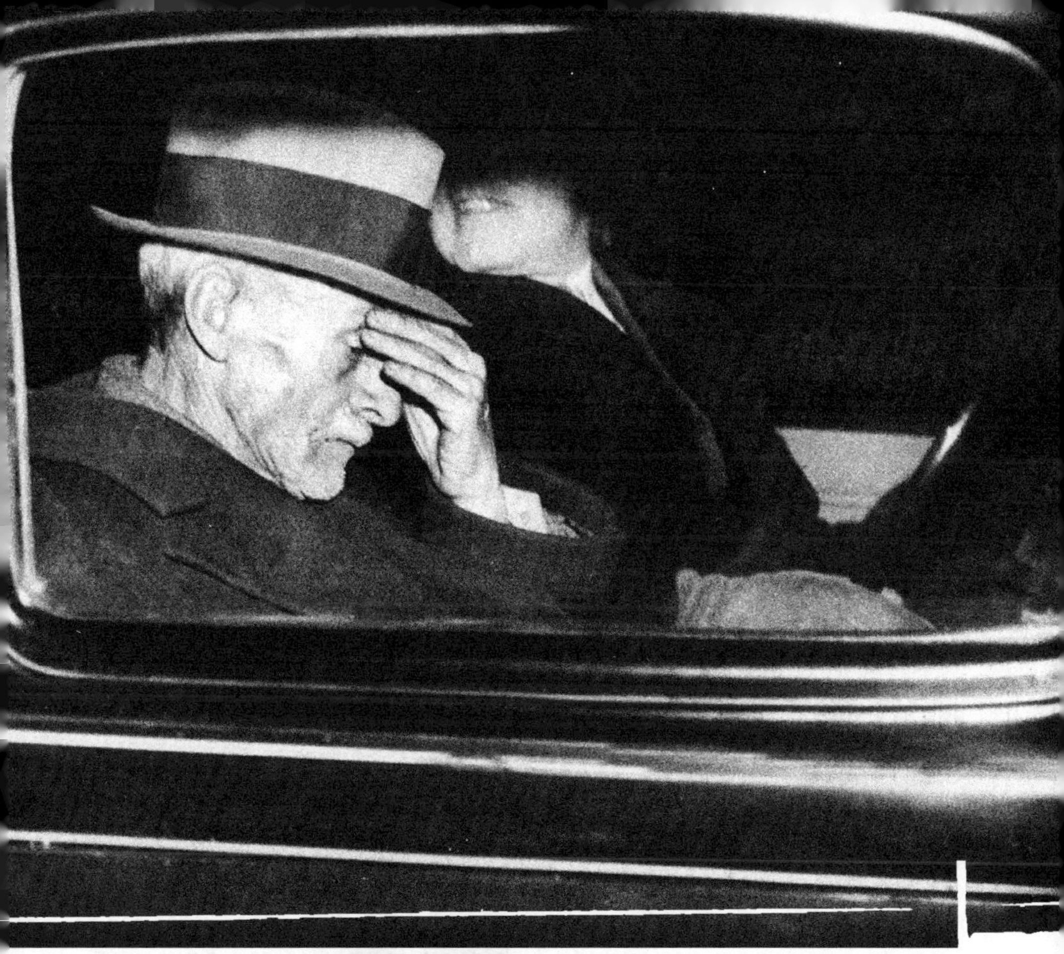

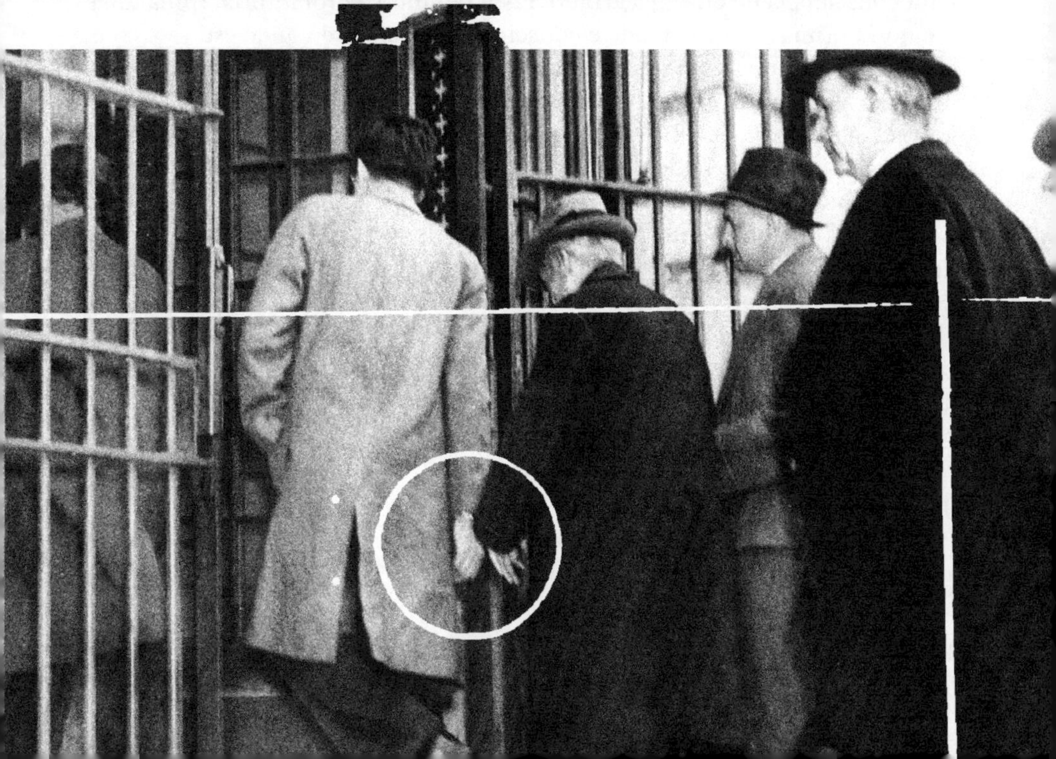

O advogado de defesa, James Dempsey, adotou como estratégia tentar provar a insanidade de seu cliente. Queria demonstrar que ele sofria de uma demência comum em pintores de parede, chamada *lead colic*.[2] Para isso, colocou no banco de testemunhas todos os seis filhos de Fish, que relataram as autoflagelações do pai presenciadas durante toda a sua infância.

Dempsey também chamou para depor pela defesa o psiquiatra dr. Fredric Wertham. O médico disse que no início dos trabalhos com Fish achava que ele estava mentindo e exagerando sobre as histórias que contava, em especial quando revelou que durante anos enfiou agulhas em seu corpo, na região entre o ânus e o escroto. No começo, descreveu como colocava e tirava as agulhas, mas, algumas vezes, ele as enfiava tão profundamente que sua retirada se tornava impossível. Depois dessa história, Wertham resolveu colocar Fish à prova e solicitou um raio X da região pélvica: foram encontradas pelo menos 29 agulhas em seu corpo.

A defesa também argumentou que homens que cozinham e comem criancinhas não podem ser normais. Quando interrogou o pai de Grace, Dempsey teve a coragem de argumentar que, afinal de contas, os próprios pais entregaram a filha para Fish. Na opinião dele, ela não havia sido sequestrada. Depois dessa alegação, a comoção foi tão grande entre os jurados e a plateia que o tribunal quase veio abaixo. O pai de Grace soluçava sem parar.

A estratégia da acusação, por intermédio do promotor Elbert F. Gallagher, foi demonstrar que Albert Fish era mentalmente sadio, apesar de ser um psicopata sexual. Ele tinha clareza do que fazia, premeditou o crime comprando instrumentos para executá-lo e, ao sequestrar e matar Grace Budd, tinha perfeita consciência de que agia errado. Fish, segundo a promotoria, tinha uma memória ótima para sua idade e consciência absoluta de onde estava e com quem. Querer provar que aquele homem não sabia o que fazia na hora do crime, para a acusação, era quase um desaforo.

Gallagher pediu que funcionários da corte trouxessem a caixa com os restos mortais de Grace Budd. Em plenário, abriu-a e retirou o crânio da menina para que todos vissem. A defesa pediu um recesso imediato!

Ao final de julgamento tão controverso, Albert Hamilton Fish foi considerado mentalmente são e culpado por assassinato premeditado. Por ser sadomasoquista, adorou ter sido sentenciado à morte na cadeira elétrica. Foi eletrocutado na prisão de Sing Sing, Nova York, em 16 de janeiro de 1936. Foram necessárias duas descargas elétricas para matá-lo, pois as 29 agulhas alojadas em seu corpo ao longo de toda a vida causaram um curto-circuito na cadeira elétrica.

Sua última frase foi sobre sua eletrocussão: "A emoção suprema, a única que nunca experimentei".

2   Intoxicação por chumbo, encontrado em maior quantidade nas tintas antigas.

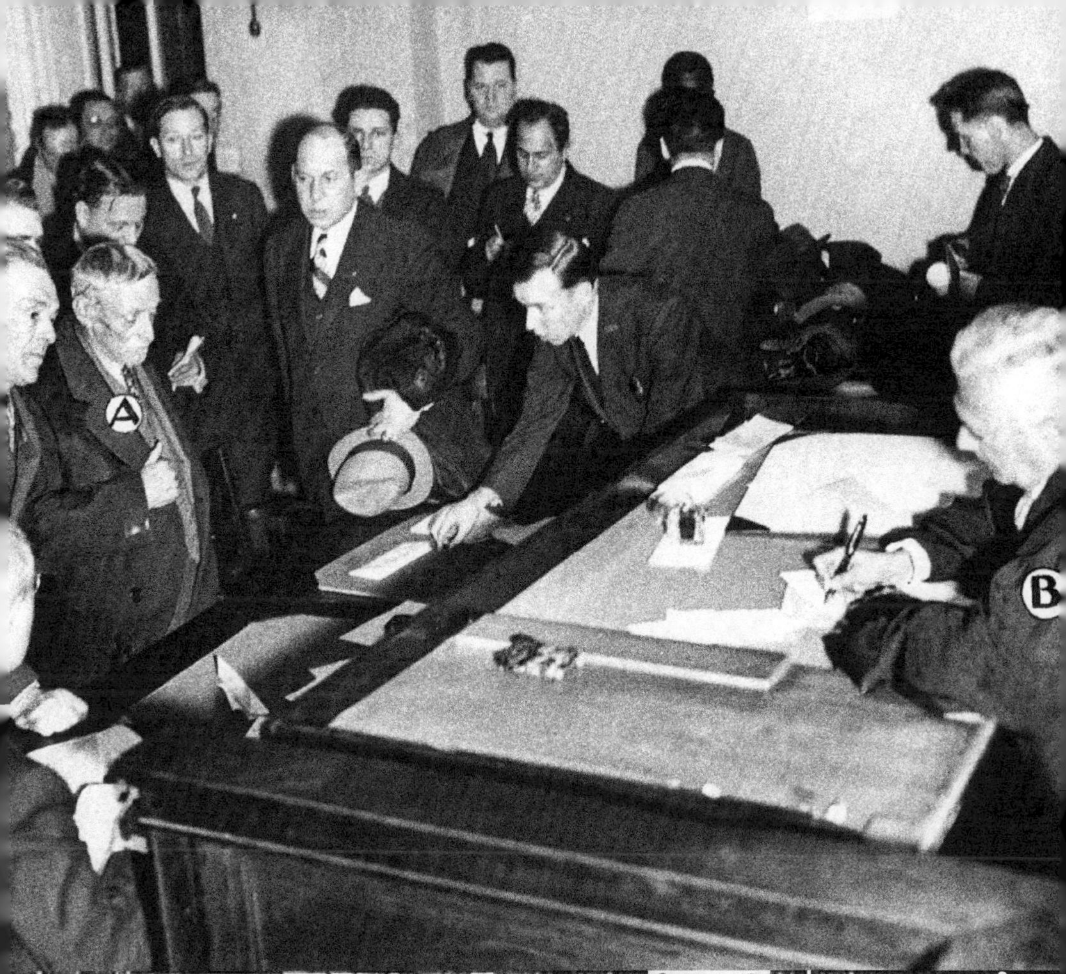
A
B

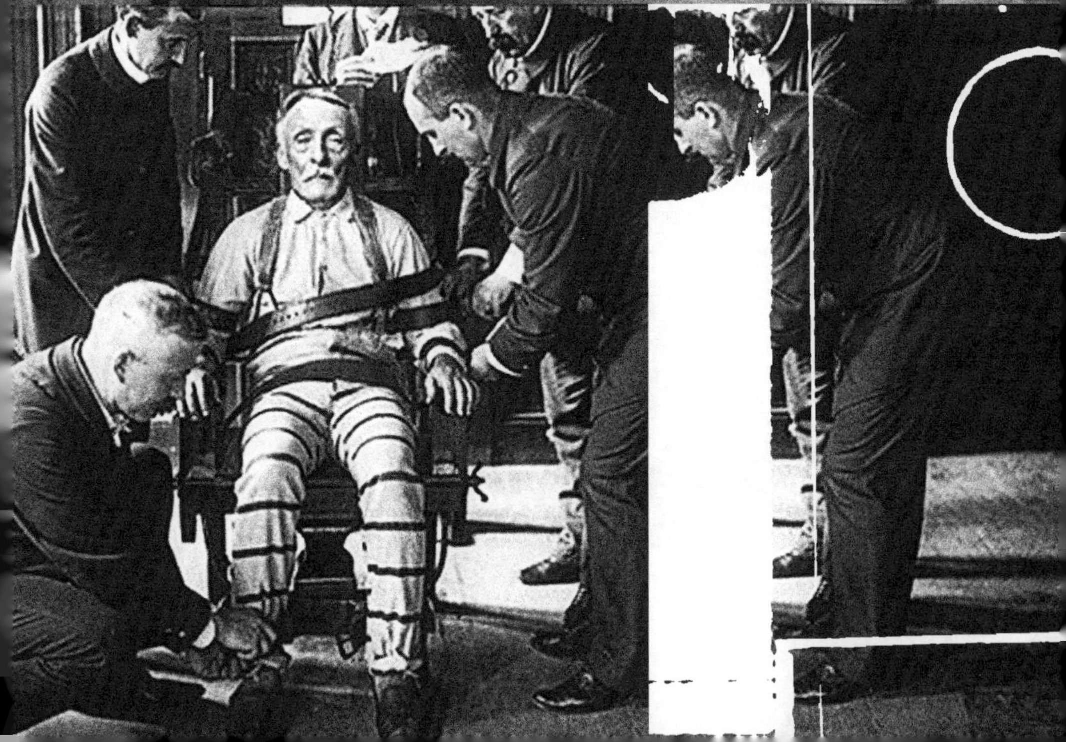

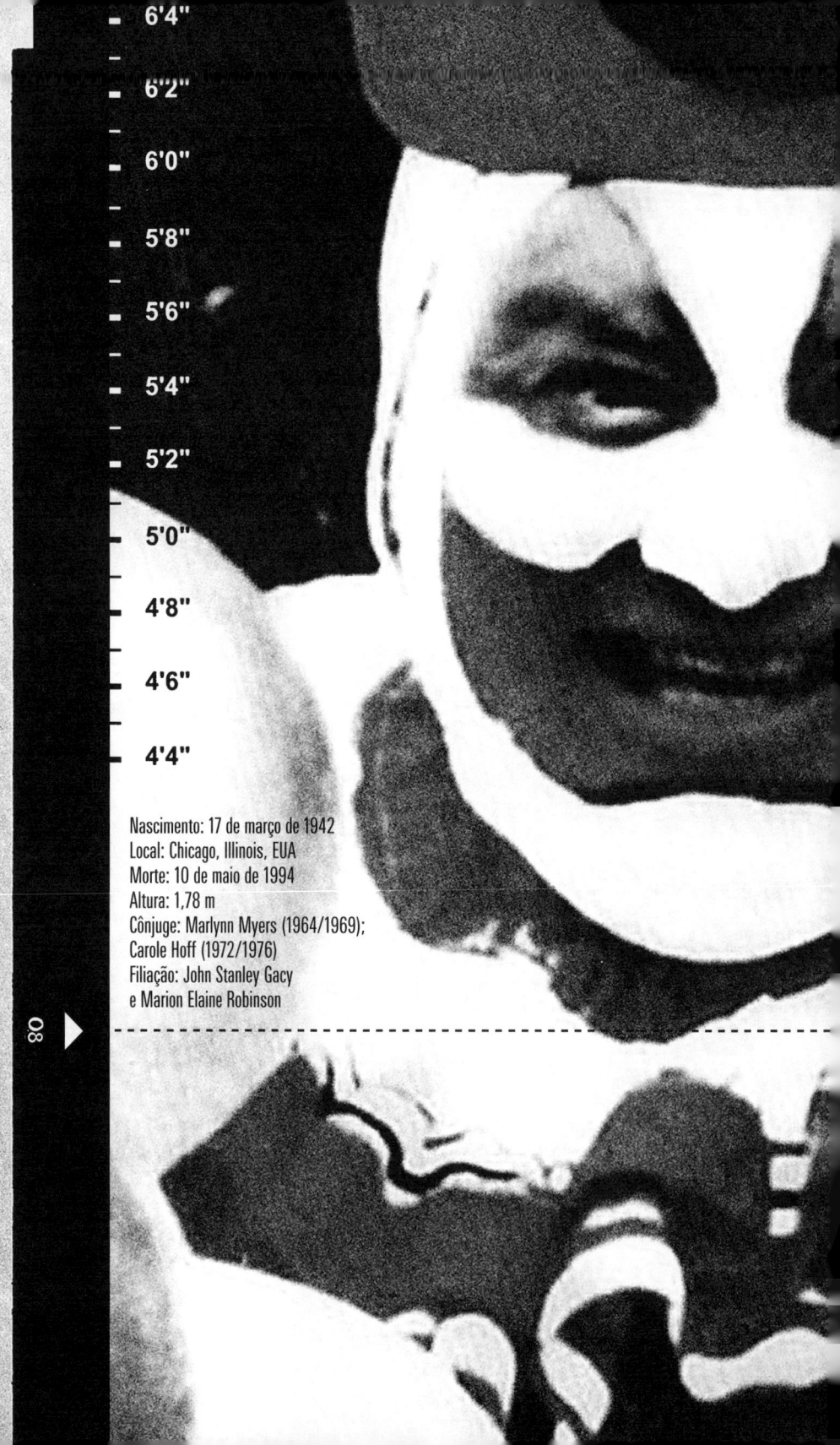

Nascimento: 17 de março de 1942
Local: Chicago, Illinois, EUA
Morte: 10 de maio de 1994
Altura: 1,78 m
Cônjuge: Marlynn Myers (1964/1969);
Carole Hoff (1972/1976)
Filiação: John Stanley Gacy
e Marion Elaine Robinson

# JOHN WAYNE GACY

8.

Hi Nick,
From Pogo
John W Gacy
1989

▶ 1942

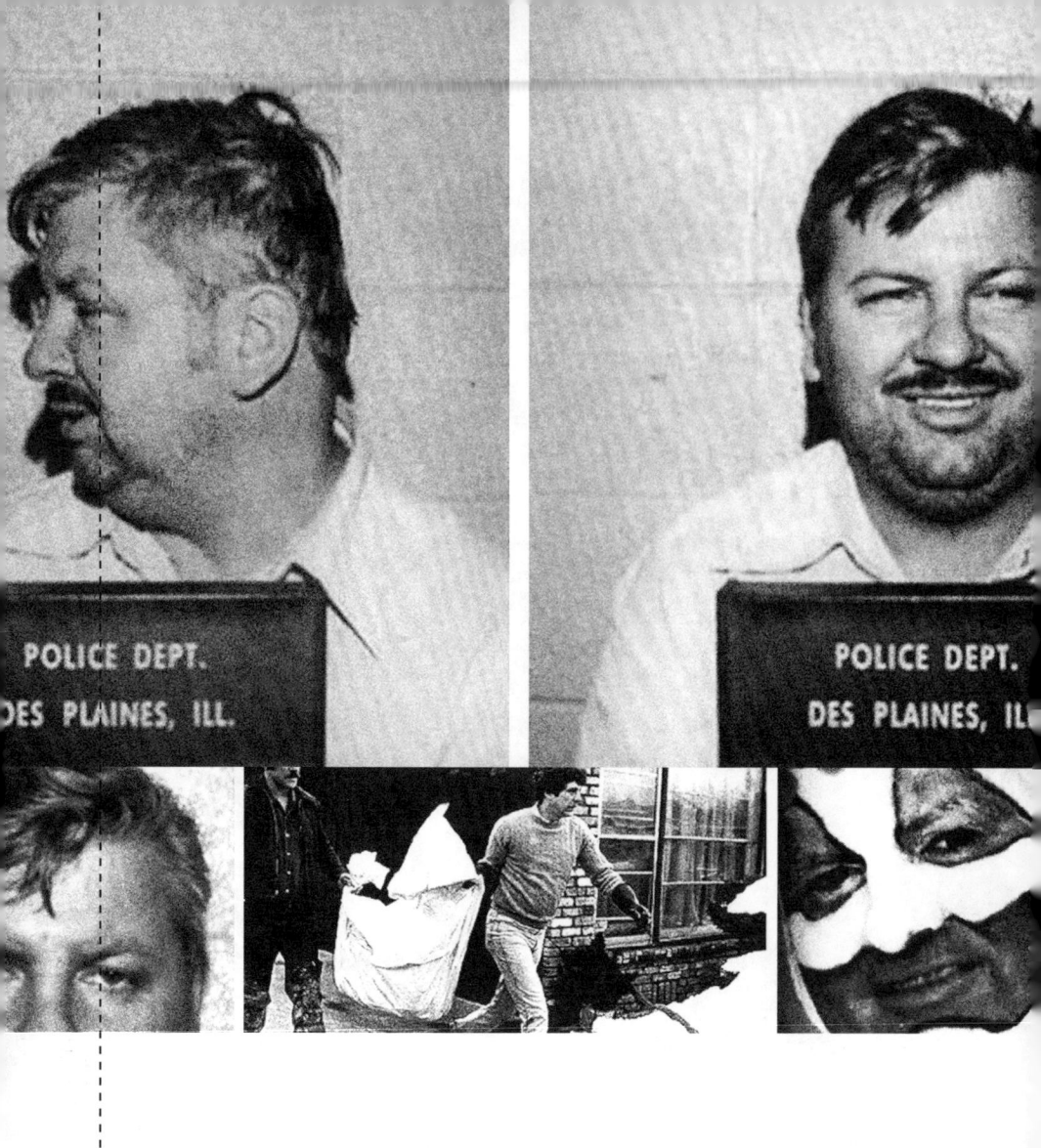

# JOHN WAYNE GACY
## 8.
## O PALHAÇO ASSASSINO

---

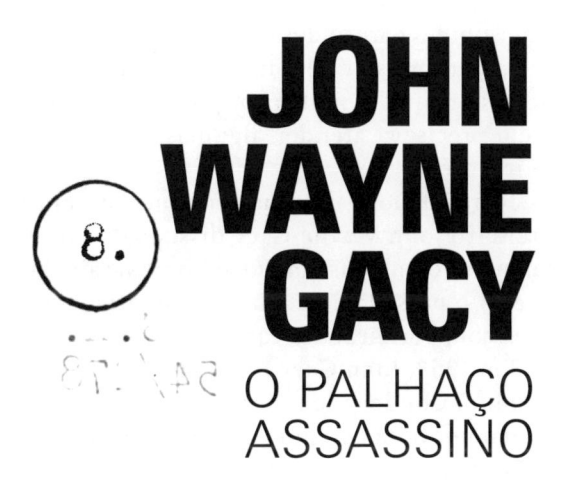

"A única coisa da qual eles podem me acusar é de ter um cemitério em casa sem licença para isso." – **John Wayne Gacy**

---

**11 DE DEZEMBRO DE 1978, DES PLAINES, CHICAGO, EUA** — Robert Piest, 15 anos, trabalhava em uma farmácia. Sua mãe tinha ido buscá-lo no horário de saída, mas o garoto pediu que ela aguardasse um pouco, pois antes de ir pra casa conversaria com um empreiteiro que lhe estava oferecendo um emprego. A mãe ficou por ali olhando as prateleiras pacientemente, torcendo pelo esforçado filho que tinha. Pediu que ele não demorasse, pois o bolo de seu aniversário o esperava pronto, em casa. O tempo foi passando e ele não voltava. Depois de sair e entrar na farmácia várias vezes sem conseguir encontrar o filho, a mãe do menino resolveu chamar a polícia. Começou a ficar desesperada.

O tenente Joseph Kozenczak respondeu ao chamado. Depois de ser informado que o nome do empreiteiro que havia oferecido emprego a Robert era John Wayne Gacy, resolveu ir até a casa dele para verificar. Havia três horas que o garoto estava desaparecido.

Quem atendeu à porta foi o próprio empreiteiro. O tenente explicou-lhe sobre o garoto desaparecido e pediu que o acompanhasse até a delegacia para prestar depoimento. Gacy disse ao tenente que não podia sair de casa naquele momento, pois havia acontecido uma morte na família e ele precisava atender algumas ligações telefônicas. Assim que pudesse iria até lá.

Horas depois, em seu depoimento para o tenente Kozenczak, o empreiteiro John Wayne Gacy disse nada saber sobre o desaparecimento do tal menino, mas, assim que o homem saiu da delegacia, o policial resolveu checar o passado dele. Surpreendentemente, sua ficha criminal se encaixava com perfeição no caso.

Em 1968, John Gacy fora condenado em Iowa por abuso sexual de um menino. Condenado a dez anos de prisão, foi posto em liberdade condicional por bom comportamento depois de cumprir 18 meses da pena. Em 1971, foi acusado outra vez de atacar um adolescente que trabalhava para ele na franquia do Kentucky Fried Chicken, cujo sogro era proprietário. O caso acabou sendo arquivado quando o garoto não compareceu à audiência. Em 1972, foi acusado de molestar e matar um gay. Alegou que se tratara de um acidente.

Quanto mais pesquisava sobre a vida de Gacy, mais espantado o tenente Kozenczak ficava. Tratava-se de homem de grande prestígio na cidade e ninguém parecia saber de seus antecedentes. Era membro do Conselho Católico Interclubes, membro da Defesa Civil de Illinois, capitão-comandante da Defesa Civil de Chicago, membro da Sociedade dos Nomes Santos, eleito Homem do Ano, Jaycee (membro da Câmara de Comércio Jovem) e tesoureiro do Partido Democrata. Sua foto havia aparecido nos jornais quando fora recebido pela primeira-dama Rosalind Carter. Muitos de seus amigos ouviram boatos sobre sua homossexualidade, mas não deram muita atenção, pois Gacy havia sido casado duas vezes, tinha um casal de filhos...

Também era conhecido como um homem extremamente caridoso, que se fantasiava de Palhaço Pogo e entretinha crianças em festas beneficentes e hospitais.

Era proprietário de uma empreiteira, PDM Contractors, Incorporated, que executava serviços de pintura, decoração e manutenção. Gacy sempre contratava menores de idade, alegando que os custos eram mais baixos.

De posse de todas essas informações, confuso e desconfiado, o tenente Kozenczak obteve um mandado de busca para a casa do suspeito. Ele acreditava que encontraria Robert Piest ali. Encontrou muito mais...

Ao vasculhar a residência do empreiteiro, a polícia se deparou com várias evidências suspeitas:

**01ª EVIDÊNCIA:** anéis gravados, alguns com iniciais;

**02ª EVIDÊNCIA:** sete filmes eróticos suecos;

**03ª EVIDÊNCIA:** vários comprimidos do sedativo Valium e nitrato de amido;[1]

**04ª EVIDÊNCIA:** fotos coloridas de farmácias;

**05ª EVIDÊNCIA:** livros sobre homossexualidade;

**06ª EVIDÊNCIA:** um par de algemas com chaves;

**07ª EVIDÊNCIA:** uma tábua com dois buracos de cada lado, de uso desconhecido;

**08ª EVIDÊNCIA:** uma pistola;

**09ª EVIDÊNCIA:** emblemas da polícia;

**10ª EVIDÊNCIA:** um pênis de borracha preta;

**11ª EVIDÊNCIA:** seringas hipodérmicas;

**12ª EVIDÊNCIA:** roupas muito pequenas para serem de Gacy;

**13ª EVIDÊNCIA:** um recibo de filme fotográfico da farmácia Nisson (que depois se descobriria ter pertencido a Robert Piest);

**14ª EVIDÊNCIA:** uma corda de náilon;

**15ª EVIDÊNCIA:** duas licenças de motorista, não no nome de Gacy;

**16ª EVIDÊNCIA:** um anel com a inscrição "Maine West High School – class of 1975" e as iniciais J.A.S.;

**17ª EVIDÊNCIA:** maconha e papéis para enrolar baseados;

**18ª EVIDÊNCIA:** um canivete;

**19ª EVIDÊNCIA:** uma mancha no tapete;

**20ª EVIDÊNCIA:** um livro de endereços.

---

[1] Preparado químico volátil com propriedades vasodilatadoras, que pode ser usado para realçar a sensação sexual.

Três automóveis também foram confiscados. Em um deles, foram encontrados fios de cabelo que depois de examinados por um laboratório forense seriam identificados como de Robert Piest.

Durante todo o tempo em que recolhiam essas evidências, os policiais sentiam odores muito fortes, que pareciam vir de baixo da casa. Era provável que se tratasse de esgoto ou água servida,[2] mas não custava verificar. A casa de Gacy foi construída de forma a ter um espaço entre o chão e a laje do piso, onde uma pessoa só conseguia entrar rastejando. Além do odor, nada chamou atenção.

John Gacy foi intimado a comparecer à delegacia para explicar os objetos encontrados em sua casa. Convocou seu advogado imediatamente. Foi acusado por porte de maconha e do sedativo Valium, mas a polícia não tinha mais nada contra ele. Tiveram de liberá-lo, mas mantiveram vigilância 24 horas sobre o suspeito.

Outras novidades começaram a aparecer no caso de John Gacy.

Em março de 1978, Jeffrey Ringall, na época com 27 anos, pegou uma carona em um Oldsmobile preto. O motorista, homem grande e pesado, era bastante simpático. No meio do trajeto, sem nenhum aviso de que algo ameaçador estava para acontecer, o homem agarrou-o, colocando sobre seu nariz um pano encharcado com clorofórmio. Ringall perdeu a consciência. Durante o caminho, acordou algumas vezes, mas logo era obrigado a cheirar mais clorofórmio e perdia os sentidos.

No dia seguinte, quando recobrou a consciência, estava completamente vestido embaixo de uma estátua, em pleno Lincoln Park. Não fazia a menor ideia de como tinha ido parar ali. Foi até a casa da namorada, sentindo-se muito mal. Ao tirar a roupa, não puderam acreditar no que viam: lacerações na pele, queimaduras, hematomas. Ringall ficou internado no hospital durante seis dias e sofreu estragos permanentes no fígado causados pelo clorofórmio que inalou em grande quantidade. Ao ser interrogado pela polícia, aquela vítima só se lembrava que um homem gordo o havia atraído para seu carro, um Oldsmobile preto. Lembrava-se também de ter sido levado a uma casa, onde foi atacado sexualmente e espancado com um chicote, mas não se recordava da localização. Ficou difícil para a polícia investigar com tão poucos dados.

Já em dezembro do mesmo ano, inconformado com a situação, Ringall jurou encontrar seu abusador. Forçando a memória, lembrou-se de ter visto uma avenida no caminho, em um dos breves momentos em que esteve consciente dentro do carro. Não teve dúvidas: pegou o próprio carro e estacionou-o na avenida por horas, todos os dias, até ver passar um Oldsmobile preto. Seguiu-o até a casa do motorista, obteve o nome do morador e entrou com uma queixa-crime de ataque sexual contra John Wayne Gacy.

---

2   Água utilizada na limpeza dos utensílios domésticos, lavagem de carros, banhos e eliminada pelo sistema de esgoto.

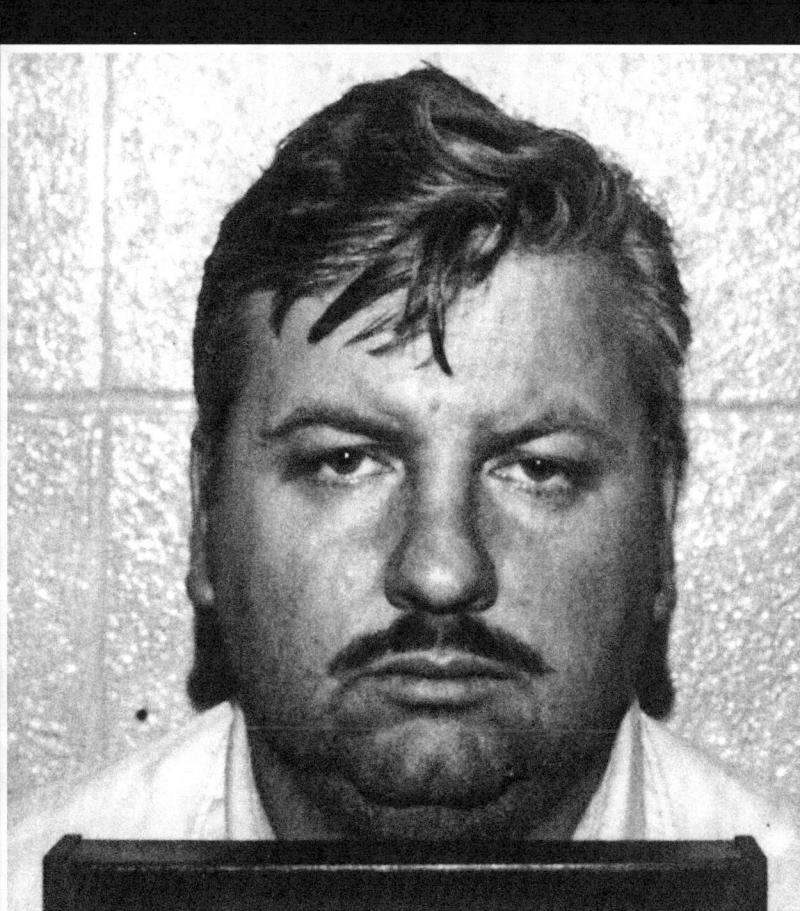

*JOHN WAYNE GACY*
Departamento de Polícia de
Des Plaines, Illinois, EUA

| | | | | |
|---|---|---|---|---|
| Jon Prestidge | William Carroll | Michael Bonnin | Greg Godzik | Russell |
| | | | | |
| am Dodd (Stapleton) | Robert Winch | James Mazzara | Richard Johnston | John Butko |

Os exames forenses nos artigos recolhidos como evidência na casa de Gacy também começavam a frutificar. Um dos anéis encontrados pertencia a John Szyc, desaparecido em janeiro de 1977. Teoricamente, ele havia vendido seu carro para o empreiteiro 18 dias depois de seu desaparecimento. A assinatura no documento do carro era falsa.

Também descobriram, nas investigações, que vários empregados de John Gacy haviam desaparecido:

**JOHN BUTKOVICH**, 17 anos. Empregou-se na PDM Contractors para financiar sua paixão por carros. Dava-se muito bem com Gacy, até que este se recusou a pagar-lhe duas semanas de serviço. Butkovich foi até a casa do empreiteiro para cobrá-lo, acompanhado de dois amigos. Tiveram uma grande briga. O garoto ameaçou seu empregador, dizendo que procuraria as autoridades competentes para contar que ele sonegava impostos. Gacy ficou furioso. Butkovich e seus amigos deixaram a casa; ele deixou cada colega em sua respectiva casa e desapareceu para nunca mais ser visto.

**MICHAEL BONNIN**, 17 anos. Gostava de fazer serviços de carpintaria e sempre estava ocupado realizando diversos projetos. Em junho de 1976, no caminho para encontrar o irmão de seu padrasto, desapareceu. Estava restaurando um toca-discos automático para John Wayne Gacy.

**BILLY CARROLL, JR.**, 16 anos. Com vários antecedentes criminais menores, passava a maior parte do tempo nas ruas da área residencial da cidade. Aos 16 anos, fazia dinheiro arrumando encontros entre meninos homossexuais e clientes adultos por uma pequena comissão. Desapareceu em 13 de junho de 1976. John Wayne Gacy era um de seus clientes.

**GREGORY GODZIK**, 17 anos. Trabalhava na PDM Contractors e restaurava carros. Em 12 de dezembro de 1976, depois de deixar a namorada em casa, disse que iria embora para a sua. No dia seguinte, a polícia encontrou seu Pontiac abandonado. Nunca mais foi visto.

**ROBERT GILROY**, 18 anos. Desapareceu em 15 de setembro de 1977. Seu pai, um sargento da polícia de Chicago, começou a procurá-lo assim que ele não compareceu a um encontro com colegas para andar a cavalo. Sua busca não resultou em nada. Jamais encontrou o filho.

A polícia também descobriu que o recibo de filme da farmácia Nisson era de um colega de trabalho de Robert Piest, que havia entregado a ele no dia de seu desaparecimento para que fosse revelado. Resolveram investigar de novo a casa de Gacy, que, pressionado, acabou confessando que matara uma pessoa, mas que o crime havia sido em legítima defesa. Fez um mapa para os investigadores, assinalando um local na garagem onde havia enterrado o corpo.

Antes de cavarem o local marcado, acompanhados de um legista, este identificou o cheiro terrível e pediu verificação do espaço embaixo da casa do empreiteiro. Não demoraram para desenterrar três corpos em decomposição. Jamais a polícia imaginou a magnitude do que seria encontrado ali.

Gacy foi o responsável por 33 vítimas de tortura e assassinato. Quando o chão de sua casa foi removido, vários corpos em covas rasas foram encontrados. Para evitar a decomposição, Gacy os havia coberto com cal. Acabou fazendo um meticuloso mapa para a polícia, indicando com precisão 27 corpos ali enterrados. Outros dois cadáveres foram encontrados embaixo do chão da garagem. No rio Des Plaines, em Illinois, foram encontradas mais vítimas, pois Gacy explicou à polícia que começou a jogá-las ali por não ter mais local disponível para enterrá-las em sua casa. Também justificou que sofria de constante dor nas costas, que o impedia de cavar tanto!

O corpo de Robert Piest só foi encontrado em 1979, no rio Illinois. Em sua necropsia, ficou comprovado que ele morrera sufocado com toalhas de papel, cujos restos ainda foram encontrados em sua garganta. A família do garoto processou Gacy, o Departamento Condicional do Estado de Iowa, o Departamento Correcional e o Departamento Policial de Chicago para obter uma indenização de 85 milhões de dólares por procedimento negligente.

Apesar de todos os esforços e métodos utilizados para a identificação das vítimas, apenas nove corpos foram identificados, de um total de 33 encontrados. Hoje, com a possibilidade de exames de DNA, tudo seria mais fácil.

John Wayne Gacy nasceu em 1942, único filho entre duas irmãs. O pai alcoólatra moldaria seu caráter. Na vida adulta, assumiria várias características dele, tornando-os cada vez mais parecidos.

John Wayne Gacy Senior, o pai, era guiado pelo medo de não ser bom o bastante (deficiência de percepção), sempre achava que os outros eram melhores do que ele e o ultrapassavam na carreira profissional. Tinha um profundo desprezo por homossexuais e políticos. Para corrigir sua deficiência de percepção, o pai tinha de ser melhor que todos à sua volta, especialmente melhor que seu filho.

John Wayne Gacy Junior, o filho, no futuro adotaria essas crenças como John, mas seu alter ego Jack seguiria o padrão de comportamento oposto ao do pai.

Para justificar os abusos que Gacy, o pai, cometia contra o filho, sua mãe explicava a ele que o pai tinha um tumor crescendo no cérebro e que, quando se descontrolava, não devia ser enfrentado. Se ficasse muito nervoso, o tumor poderia se romper e causar-lhe a morte. Todas as refeições na casa da família Gacy eram regadas a briga. Após esse "delicioso" encontro, o pai descia para o porão, onde se embebedava.

Muito cedo, acusou o filho de ser homossexual e o ridicularizava e diminuía por isso. Gacy filho era punido por qualquer coisa que o pai considerasse "um erro". Nada do que fazia parecia ser suficiente para agradá-lo. Sua relação com a mãe e as irmãs, por outro lado, era bastante forte. A mãe também apanhava do marido e dividia com o filho as dores e humilhações causadas pelas surras.

Apesar de ter como pai uma pessoa tão desagradável, o filho o amava profundamente e desejava conseguir sua aprovação e devoção a qualquer preço. Jamais conseguiu ter intimidade ou proximidade com ele, problema que o perseguiria por toda a vida e causaria as insônias incuráveis de que sofria.

Esse assassino também tinha problemas físicos: aos 11 anos, em consequência de uma batida na cabeça, originou-se um coágulo que só seria descoberto cinco anos depois. Aos 16 anos, depois de vários desmaios e hospitalizações decorrentes do que pareciam ser ataques epilépticos, o coágulo foi descoberto e tratado com medicamentos. Jamais os médicos conseguiram convencer o pai de Gacy de que ele desmaiava de verdade e não apenas fingia para chamar atenção dos adultos.

Aos 17 anos, foi diagnosticado portador de uma desconhecida doença cardíaca, o que causaria várias internações de Gacy durante a vida, mas as dores que sentia jamais foram explicadas. Nunca sofreu um ataque cardíaco.

Na escola, mantinha relacionamento normal com os amigos, e seus professores gostavam bastante dele. Deixou os estudos depois do ensino médio e viajou para Las Vegas, onde peregrinou por diversos tipos de emprego, inclusive de zelador de funerária.

Casou-se em 1964 e teve dois filhos. Entre 1965 e 1967, John W. Gacy Junior era um modelo de cidadão, ao mesmo tempo que colecionava jovens vítimas que adorava punir. Divorciou-se em 1968, depois das primeiras acusações de molestar meninos.

Casou-se novamente em 1972, mas, apesar da vida social intensa, problemas de interesse sexual pela esposa causaram mais um divórcio em 1976. Sua vida política ia de vento em popa, mas novas acusações por molestar um menor acabaram com seus sonhos de ascensão no Partido Democrata americano. Naquele ano, começou a matar.

Gacy atraía as vítimas para sua casa com promessas de emprego em construção civil ou pagamento em troca de sexo. Uma vez ali, eram algemadas para a demonstração de um truque: a pessoa não podia mais se soltar!

A maioria de suas vítimas sofria ataque sexual e era torturada e estrangulada com uma corda apertada vagarosamente por intermédio de uma machadinha, no estilo garrote. Gostava de ler passagens bíblicas enquanto fazia isso. Quase todos os garotos morreram entre 15h e 18h. Algumas vezes, Gacy se vestia como seu alter ego, o Palhaço Pogo, enquanto torturava suas vítimas. Para abafar os gritos, colocava uma meia ou cueca na boca delas. Esta era sua assinatura: todas as vítimas tinham as roupas de baixo na boca ou na garganta. Em certas ocasiões, chegou a matar mais de uma vítima no mesmo dia.

Também contou à polícia que guardava o corpo da vítima sob sua cama ou no porão antes de enterrá-lo embaixo da casa. Segundo ele, seus crimes eram cometidos por sua outra personalidade, que ele mesmo chamava de Jack Hanson. Esse argumento nunca ficou comprovado pelos 13 psiquiatras que testemunharam em seu julgamento.

Em seus depoimentos para a polícia, John Gacy alegou que havia quatro Johns: o empreiteiro, o palhaço, o político e o assassino (denominado por ele Jack Hanson). Muitas vezes, durante seu depoimento, ao ser questionado sobre algum detalhe dos crimes, ele respondia: "Você tem de perguntar isso para o Jack." Ao terminar o diagrama do local onde estavam enterrados os corpos, embaixo de sua casa, Gacy dramaticamente desfaleceu. Ao acordar, disse que Jack havia feito o diagrama.

Declarou lembrar-se, e de forma incompleta, de apenas cinco dos assassinatos que cometera. Alegava que mesmo essas memórias não pareciam ser dele, e sim de outra pessoa. Ele era apenas uma testemunha. A grande maioria dos assassinos hediondos alega ter múltiplas personalidades como meio de escapar da pena de morte. Por essa razão, essas alegações são vistas com ceticismo pelos médicos, advogados e policiais.

Nos testes psicológicos a que foi submetido pelo dr. Thomas Eliseo, ele se negou com veemência a desenhar um corpo humano do pescoço para baixo, como se fosse algo ruim ou do qual devesse se manter longe.

Quando examinado pelo dr. Robert Traisman, Gacy foi mais cooperativo e desenhou o corpo todo. Em sua análise, achou significativo o fato de o paciente desenhar a mão esquerda cheia de detalhes e a mão direita muito pequena, coberta com uma luva. Sua explicação para isso no tribunal foi que o lado direito era seu lado masculino, enquanto o esquerdo simbolizava o feminino. Interpretou esse desequilíbrio como se Gacy tivesse dificuldade em sua identidade sexual. Ao desenhar uma figura feminina para o mesmo psicólogo, esta foi considerada "maciça, com aparência masculina e braços de jogador de futebol americano". A figura feminina usava um cinto de duas voltas, as pontas caindo sobre sua área genital, o que o dr. Traisman considerou "um óbvio símbolo fálico, sugerindo forte ansiedade sexual".

Quando solicitado a desenhar qualquer coisa de sua escolha, Gacy desenhou sua própria casa, com os tijolos detalhados em excesso, tudo reproduzido fielmente. Para o dr. Traisman, isso refletia uma "tremenda compulsão e perfeccionismo".

Todos os sete psiquiatras que examinaram Gacy para seu julgamento concordaram que ele era inconsistente e contraditório, mas nenhum deles o diagnosticou como portador de múltiplas personalidades. Nenhum deles achou que ele era incapaz para ser julgado.

O dr. Lawrence Freedman diagnosticou-o como um pseudoneurótico esquizofrênico paranoico. Disse que Gacy era um homem que não tinha certeza de quem era e que de tempos em tempos manifestava diferentes aspectos de sua personalidade.

O dr. Richard Rapport o descreveu como portador de uma personalidade fronteiriça e que, invariavelmente, tudo que dizia apresentava dois lados.

O dr. Eugene Gauron diagnosticou Gacy como um sociopata.

O dr. Robert Reifman o considerou narcisista e mentiroso patológico.

O julgamento de John Wayne Gacy teve início em 6 de fevereiro de 1980 em Chicago, Illinois.

Mais uma vez, em um caso envolvendo crime em série, a defesa do assassino alegou insanidade e a acusação, sanidade, maldade e premeditação.

A acusação iniciou os trabalhos por intermédio do promotor Robert Egan. Foram ouvidas sessenta testemunhas sobre sua sanidade mental. Muitos psiquiatras também testemunharam sobre a sanidade do réu durante os ataques mortais. Todos concluíram que ele estava na total posse de suas faculdades mentais quando de seus atos e que sabia muito bem diferenciar o certo do errado.

A primeira testemunha de defesa, composta pelos advogados Motta e Amirante, chamada para depor, para surpresa de todos, foi Jeffrey Ringall. Esperava-se que ele fosse testemunha da acusação, não da defesa. Seu testemunho foi curto. A acusação queria que ele dissesse ao júri que achava que Gacy não tinha o menor controle sobre suas próprias ações. Enquanto contava os detalhes do ataque sexual e tortura que sofrera, Ringall começou a vomitar de modo incessante e a chorar histericamente. Seu depoimento foi interrompido; ele não tinha condições emocionais de continuar.

Para provar a insanidade de Gacy, seus advogados chamaram amigos e família para depor. Sua mãe contou como ele havia sofrido abusos físicos e verbais do pai. Suas irmãs disseram ter presenciado as inúmeras vezes em que foi abusado e humilhado. Outros que testemunharam em sua defesa contaram ao júri como ele era generoso e bom, ajudava os necessitados e sempre tinha um sorriso para todos. Alguns depoimentos acabaram atrapalhando a defesa de Gacy, pois seus amigos se negaram a declarar que o achavam insano, mas sim um homem dotado de uma inteligência brilhante.

Outros psiquiatras foram chamados para dar seu próprio diagnóstico. Todos declararam que Gacy era esquizofrênico e sofria de múltiplas personalidades e comportamento antissocial. Declararam que sua doença mental o impedia de perceber a magnitude de seus crimes.

Demorou apenas duas horas de deliberação para que o júri decidisse em quem acreditar: John Wayne Gacy foi considerado culpado da morte de 33 jovens e recebeu a pena de morte por injeção letal.

Foi mandado para o Menard Correctional Center, em Chester, Illinois, onde, depois de anos de apelações, foi executado.

## OS ANOS NA PRISÃO

Durante os 14 anos em que ficou preso, Gacy teve a mesma rotina: acordava às 7h, esfregava o chão de sua cela de 1,80 m × 2,5 m, olhava sua correspondência volumosa e trabalhava em suas pinturas. Ao ir para a cama, às 3h da manhã, já tinha anotado cada ligação telefônica, visitante (mais de quatrocentos) e carta recebida (27 mil), assim como cada pedaço de comida que havia ingerido. Essas anotações haviam se tornado uma obsessão.

Na prisão, dedicou-se em demasia à pintura artística. Seu tema principal eram palhaços, e muitas pessoas pagaram caro para obter algumas de suas telas. Seus quadros foram exibidos em galerias por toda a nação americana. Gacy pintou vários autorretratos e palhaços, bem como as figuras de Jesus e Hitler, chegando a vender cada tela por cem dólares, alcançando até 20 mil. Pintava também artistas pop, como Elvis Presley, e personagens da Disney, como Roger Rabbit e a Branca de Neve e os Sete Anões. Criminosos notórios também foram retratados, como Charles Manson, Al Capone e John Dillinger. Chegou a ganhar perto de 140 mil dólares com sua arte macabra. Ficou tão conhecido que foi habilitado a instalar um número de telefone 0900, no qual era possível ouvir mensagens gravadas com sua voz clamando por sua inocência, pagando-se 1,99 dólares o minuto. Acredite, muitas pessoas ligavam para ouvir aquelas mensagens e pagavam pelo serviço!

Com o decorrer dos anos, aguardando as apelações que seus advogados faziam, Gacy divorciou-se, fez psicoterapia, tentou suicídio e se tornou alcoólatra.

Sua última vítima foi seu filho Rob, que na época da execução (1994) estava com 15 anos. Ele teve de suportar a tragédia de ter um pai como Gacy e vê-lo executado. A herança que Gacy deixou para a família não apagou as marcas deixadas neles por seus crimes.

Em seu último dia de vida, 10 de maio de 1994, Gacy recebeu a visita de sua família e amigos na penitenciária Stateville, em Joliet, Illinois.

A última refeição, escolhida por ele, foi frango frito (do Kentucky Fried Chicken), camarão frito, batatas fritas e morangos frescos.

Às 21h, foi pedido que todos os familiares e amigos se retirassem, mas Gacy poderia ficar até às 23h em companhia de um ministro religioso, se assim fosse sua vontade. Nesse horário foram iniciados os preparativos finais.

Foi oferecido a Gacy um sedativo. Exatamente às 00h01 ele foi retirado de sua cela, amarrado a uma maca e recebeu uma solução salínica intravenosa no braço. Foi dada a ele, então, a chance de pronunciar suas últimas palavras: "*Kiss my ass!*" (Beije minha bunda!).

A identidade dos executores sempre é mantida em sigilo e é um trabalho voluntário. Todas as testemunhas da execução, através de uma janela, observaram ser ministrada no condenado uma primeira dose de solução salínica, seguida por outra de sódio tiopental, um anestésico que o faria dormir pela última vez.

Em seguida, o brometo de pancuronium começou a entrar nas veias, para que seu aparelho respiratório fosse paralisado. Na sequência, o cloreto de potássio pararia seu coração. O processo todo não deveria demorar mais do que cinco minutos...

John Wayne Gacy levou 18 minutos para morrer. O tubo pelo qual o soro estava sendo ministrado entupiu. Gacy bufou! Tão logo isso aconteceu, os atendentes da câmara da morte fecharam as cortinas em volta dele e começaram a lutar para desentupir o tubo. Trocaram por outro. Os olhos do prisioneiro se abriram pela última vez.

Finalmente, as duas últimas drogas encontraram caminho livre para dentro do corpo de Gacy. O monstro estava morto...

Se pudesse ter assistido ao que se passava do lado de fora, o Palhaço Pogo teria adorado o circo que se instalou. Todas as redes de rádio e televisão estavam no local, além de espectadores em geral. Quanto mais o relógio se aproximava da meia-noite, mais o povo presente cantava, brindava e se comportava como se estivesse em um show de rock. Pouquíssimas pessoas estavam lá para protestar contra a pena de morte.

Adolescentes vestiam camisetas com inscrições criativas, como "Meus pais vieram à execução de Gacy e tudo o que consegui foi esta estúpida camiseta" ou "Nenhuma lágrima para o palhaço".

Minutos depois da meia-noite, todos começaram a brindar e a cantar mais alto. Garotas subiam nos ombros dos namorados segurando lanternas.

Nada disso diminuiu a tristeza dos pais que perderam os filhos para sempre... Morria, naquela data, o misterioso assassino que se escondia atrás da máscara de um palhaço. Morria um louco com uma mortal necessidade de jovens vítimas — e com ele o segredo da identidade de várias delas.

Em 1998, vinte anos após os crimes de Gacy, novas buscas foram feitas em um local perto de onde a mãe dele morava. Vários investigadores acreditam que Gacy matou muito mais gente do que o número de corpos encontrados, porém nenhum corpo além dos 33 anteriores jamais apareceu.

| | |
|---|---|
| | 7'0" |
| | 6'8" |
| | 6'6" |
| | 6'4" |
| | 6'2" |
| | 6'0" |
| | 5'8" |
| | 5'6" |
| | 5'4" |
| | 5'2" |
| | 5'0" |
| | 4'8" |
| | 4'6" |
| | 4'4" |

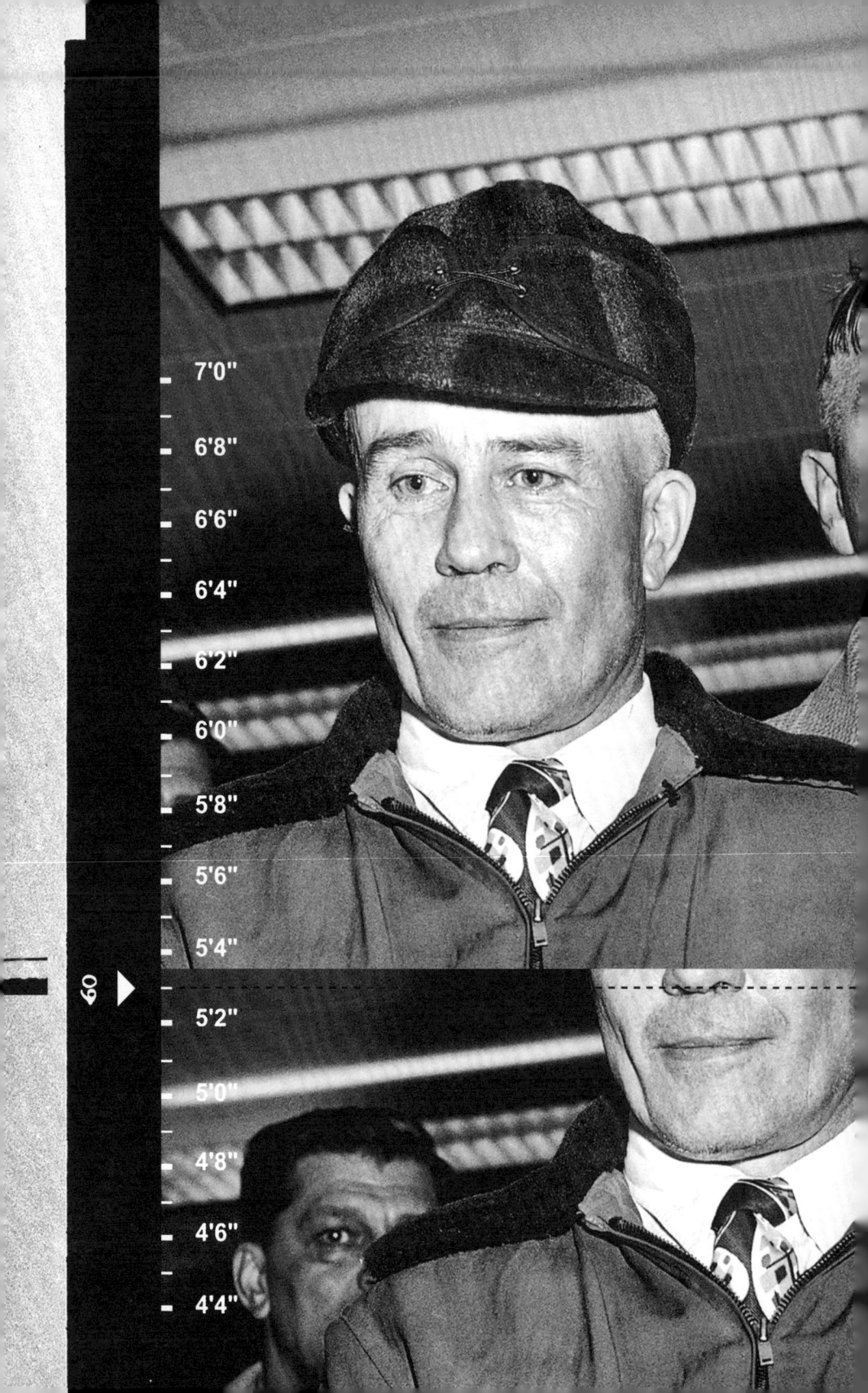

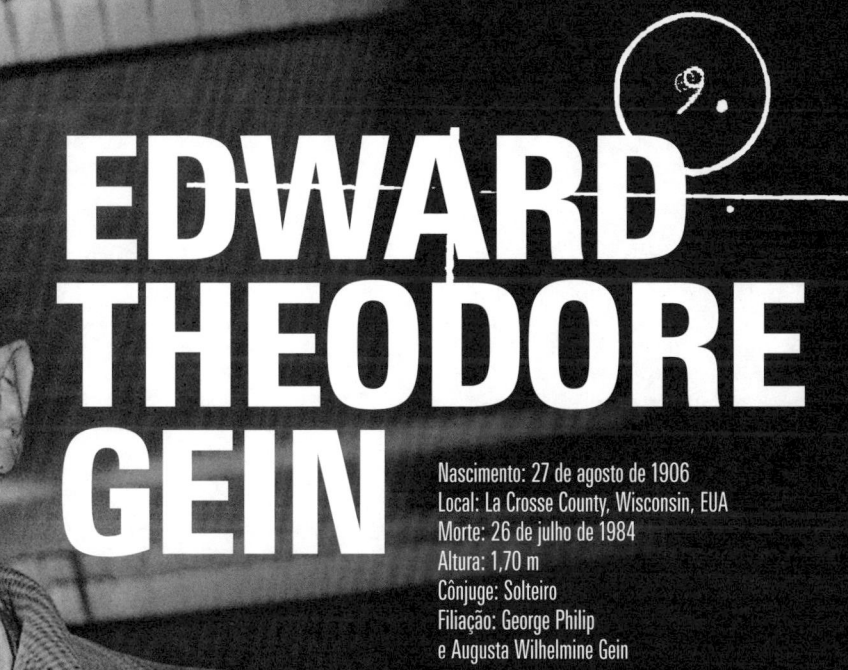

# EDWARD THEODORE GEIN

Nascimento: 27 de agosto de 1906
Local: La Crosse County, Wisconsin, EUA
Morte: 26 de julho de 1984
Altura: 1,70 m
Cônjuge: Solteiro
Filiação: George Philip
e Augusta Wilhelmine Gein

▶ 1906.

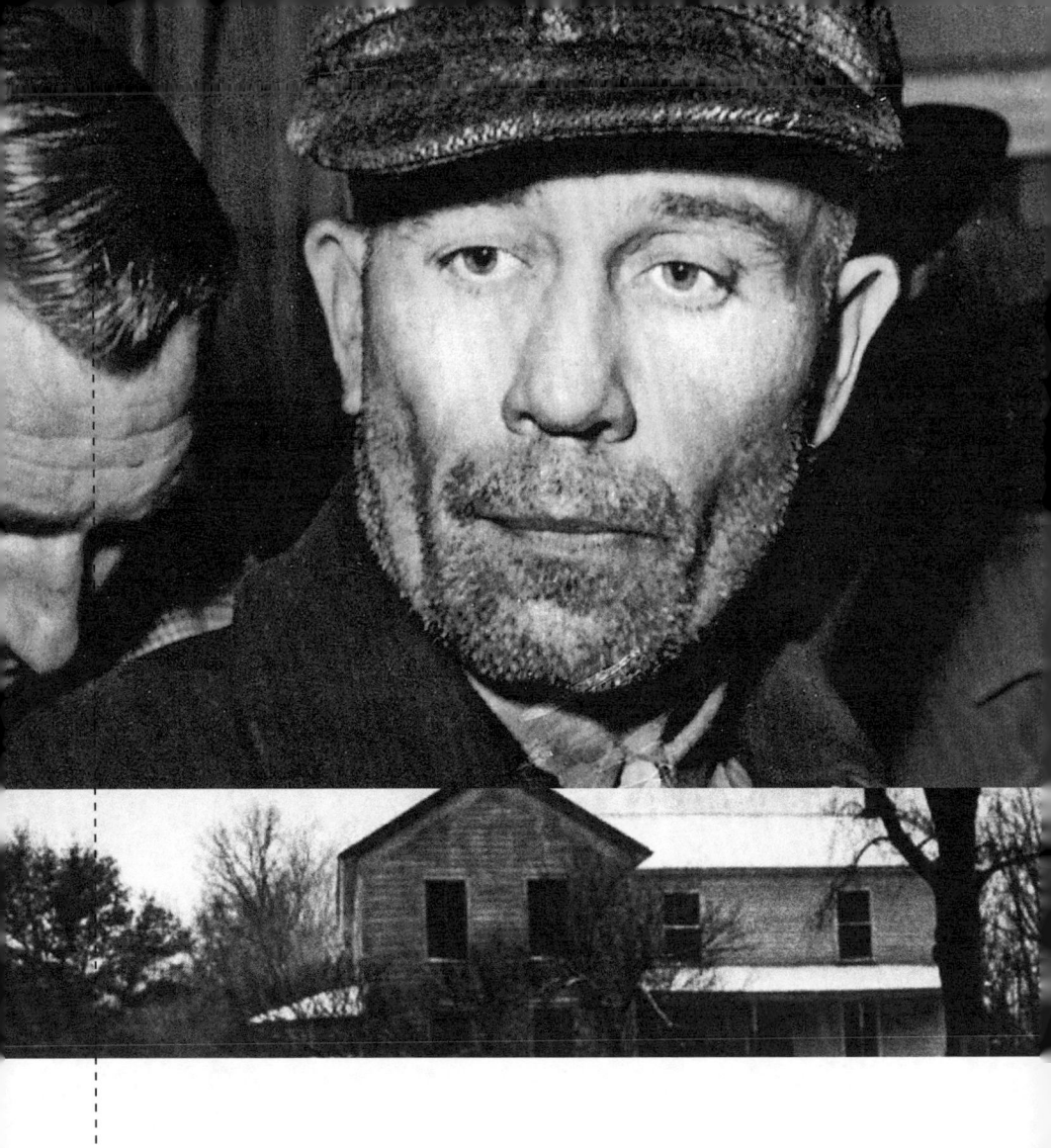

# EDWARD THEODORE GEIN
## UMA INSPIRAÇÃO PARA HITCHCOCK

*"Eu gosto desse hospital psiquiátrico, todo mundo me trata bem, embora alguns deles sejam doidos."* – **Edward Theodore Gein**

Eddie, nascido Edward Theodore Gein em 27 de agosto de 1906, limpava com cuidado o quarto da mãe, como fazia frequentemente desde sua morte, em 1945, depois de uma série de acidentes vasculares cerebrais. Que saudade sentia de Augusta! Jamais existiu mulher igual a ela, correta, religiosa, crente em Deus, pura como uma santa. O mínimo que podia fazer era deixar seus locais prediletos da casa intocados, eternizados, do mesmo jeito que ela havia deixado quando partiu. Lá do Céu, onde com certeza estava, ela veria sua dedicação em preservar tudo o que gostava.

Enquanto Eddie tirava o pó da velha cadeira de balanço, sua mente vagava no passado. Não conseguia deixar de sentir certa raiva do pai, George, aquele fraco inútil. Alcoólatra, fracassado, seu único medo era ficar igual a ele. A mãe desprezava o pai, com razão. Não fosse por ela, a família jamais teria comprado a pequena propriedade rural em Plainfield, Wisconsin. Como ainda lembrava as corridas pela grama com seu irmão Henry! Tinha apenas 8 anos e ficou deliciado. Formavam uma boa dupla, os dois, apesar da diferença de idade entre eles não ser pequena, mas Henry sempre o criticava por não ver nenhum defeito na mãe. Não, não queria pensar em Henry agora. Queria guardar a lembrança por mais um momento da felicidade estampada no rosto de Augusta ao entrar na casa da fazenda como proprietária, realizando finalmente o desejo em manter os filhos a salvo dos pecadores e das más influências femininas. Ali, isolados de tudo e de todos, os filhos não corriam o risco de serem conspurcados pela maldade humana.

Eddie entendia a mãe como ninguém. Ela era perfeita, isenta de pecados. Tudo o que fazia era pelo bem dos filhos, para poupá-los do fogo do Inferno. Henry não percebia isso e vivia discordando e criticando a cumplicidade entre eles. Não gostou de saber como Augusta atrapalhava as tentativas de Eddie de fazer amigos na escola, gritando com ele na frente de todos. Não entendia que ela o estava apenas protegendo daqueles meninos maus, que pelas costas riam dele, chamando-o de nomes e dizendo que ele mais parecia uma menina. Eddie ficava vermelho, arrasado, mas não reagia, porque simplesmente morria de vergonha. Sua timidez era tanta que sentia até um calor subindo pelo pescoço. E, quando quase caía na tentação mundana de se aproximar de um daqueles colegas endemoniados, graças ao Senhor a mãe o salvava de contaminar-se com eles. Henry não aceitava a verdadeira comunhão entre mãe e filho. Sentia ciúme? Será que o tinha perdoado por roubar o amor daquele que por sete anos fora objeto único dos cuidados de Augusta?

Henry, Henry, de novo pensava nele. Jamais se esqueceria do irmão, único companheiro, sempre, naquele isolamento em que viviam. Ficava chocado com os comentários que o irmão fazia sobre a mãe, mas o amava demais, apesar de em vários momentos, ao perceber que a atenção de Augusta se dividia entre os filhos, sentir uma raiva quase incontrolável. Lembrar com ódio de Henry rindo dele, zombando do "filhinho da mamãe" como naquele dia do incêndio, ainda o enchia de culpa. No meio da discussão, os dois viram o bosque perigosamente próximo à fazenda pegando fogo e cada um saiu para um lado, em uma tentativa desesperada de apagá-lo. Na cabeça de Eddie, Henry havia sido engolido pelas chamas do Inferno naquele dia. Castigo divino? Bem merecido! Já era noite e nenhuma notícia dele, deixando-o com sentimentos confusos: não seria bom se desaparecesse de fato? E se demorasse um pouco mais para chamar a polícia? E se desse uma mãozinha para o destino? Batendo no peito, Eddie tratou de afastar os pensamentos dolorosos de sua mente. Precisava acabar a faxina na casa antes do anoitecer.

Depois de trancar a chave o quarto da mãe, Eddie desceu para o andar de baixo da casa, onde morava desde a morte dela. Aquele lugar cheirava mal, o lixo se espalhava por todo lado, mas ele não se importava consigo mesmo.

Já estava acostumado com a bagunça na cozinha e na saleta contígua em que vivia e não tinha mais tempo a perder com arrumações inúteis. Só a mãe importava, já que o observava dia e noite, de onde estivesse.

Procurou durante alguns instantes uma leitura interessante. Desde que vivia sozinho, sem ninguém para controlá-lo, desenvolveu um profundo interesse pelo corpo feminino. Estudava o assunto em enciclopédias médicas, livros de anatomia, romances de horror e revistas pornográficas. Quando se cansava, lia sobre as atrocidades cometidas pelos nazistas durante a Segunda Guerra Mundial; estudava experimentos impingidos aos judeus nos campos de concentração. Também gostava de pesquisar os caçadores de cabeça dos Mares do Sul e seus métodos para encolhê-las, além dos naufrágios, claro.

Ultimamente, sobrava bastante tempo para seus passatempos. Depois da morte do pai, Eddie tinha cuidado da fazenda com o irmão durante alguns anos, já que a mãe nunca havia se casado de novo. Com a morte da família, sozinho no mundo, conseguiu subsídios federais, parou de cultivar as terras e passou a prestar pequenos serviços para a vizinhança. Abandonou seus afazeres pegando serviços extras para os residentes de Plainfield, conseguindo ganhar, assim, algum dinheiro. Era inclusive babá de crianças, para quem contava as fantásticas histórias que lia.

Era em momentos como esse, depois de todos os afazeres domésticos, que Eddie se entregava a seu maior prazer. Pegava o jornal do dia e lia com atenção a sessão de obituários, escolhendo com cautela que corpo "fresco" de mulher desenterraria com a ajuda de seu único amigo, Gus. A mãe não se importaria, porque, no conceito dela, mulher boa era mulher morta! Essas não fariam Eddie pecar, mesmo que fizesse sexo com elas. Não separariam a família e não trairiam o amor que ele lhes oferecia.

Estava cada vez mais obcecado pela anatomia do sexo oposto. Logo passou a necessitar de corpos reais para aquietar sua curiosidade, fazendo Gus acreditar que ele fazia "estudos científicos" ao desenterrar cadáveres recém--sepultados no cemitério de Wisconsin.

Levava os corpos para casa, dissecava-os e guardava algumas partes, como cabeças, órgãos sexuais, fígados, corações e intestinos. Os corpos que utilizava eram sempre de mulheres com a idade aproximada de sua mãe na data do falecimento dela.

Em certo momento, na progressão de sua insanidade, passou a retirar a pele dos corpos que roubava e a costurar "roupas", em volta de um velho manequim de alfaiate que ficava em um canto de seu quarto. Certas noites, vestia essas "roupas" e fazia um estranho ritual ao redor de sua casa, dançando, pulando e dando cambalhotas esquisitas. Tinha especial fascinação pela genitália feminina, brincando e afagando as partes íntimas das mulheres que desenterrava, além de rechear "calças femininas" com elas para poder sentir-se mulher quando as vestia. Assim que juntasse algum dinheiro, quem sabe poderia finalmente fazer aquela operação para mudar de sexo, em uma última comunhão com a amada mãe.

Eddie não se importava de ficar cada vez mais isolado. Desencorajava qualquer visitante de entrar em seu casulo e já não ligava mais para a quase abandonada fazenda. Seus dias eram preenchidos com sonhos e planos cada vez mais próximos de se transformar em realidade. Naquela época, os vizinhos já o chamavam de "o estranho velho Eddie".

Andando pela noite enluarada, voltando de uma fracassada visita ao cemitério, Eddie se perguntava o que faria agora que seu amigo Gus havia sido internado pela família em um asilo para idosos. Desenterrar corpos já não era tão fácil, conseguia poucas partes para satisfazer-se, e a vontade de sentir como seria o cadáver imediatamente após a morte foi crescendo dentro dele de forma incontrolável.

Logo se lembrou de Mary Hogan, uma divorciada de 54 anos que gerenciava a taverna Hogan.

**8 DE DEZEMBRO DE 1954** — O coração de Eddie batia forte quando entrou na taverna. Tinha esperado que Mary ficasse sozinha para dar início à sua empreitada. Rápida e sorrateiramente, sem nenhum alarde, atirou na cabeça dela com uma arma calibre .32 e colocou o corpo em sua caminhonete.

Agiu com rapidez; jamais foi visto.

Ao pegá-la nos braços, pôde ainda sentir o sangue correndo pelas veias com pouca intensidade, o calor que ainda emanava do corpo quase sem vida. Ao recortá-la, já em casa, não cansava de admirar as cores que ainda desenhavam seu rosto. Como era parecida com sua mãe! Fechou os olhos e abraçou-a, quase sentindo o perfume de Augusta espalhando-se pelo ar. Recortou as partes que precisaria para sua vestimenta e, com delicadeza, as guardou. Aquele seria seu traje especial e sentiria toda a sua feminilidade quando o vestisse. Recortou a genitália de Mary, guardando-a em uma caixa de sapatos juntamente com tantas outras. Ali brilhava a vagina da mãe, pintada de prata, destacando-se em sua superioridade anatômica. É, as "partes" de Augusta mereceram tratamento especial.

Mais tarde, separaria alguns ossos, que utilizaria na confecção de móveis úteis para sua casa, e daria terapêutica diferente para a pele, com a qual mudaria o assento de algumas cadeiras. Podia pensar nisso mais tarde. Recolhendo alguns "miúdos", foi preparar o jantar.

Foi um cliente que, encontrando a taverna vazia, notificou a polícia do desaparecimento de Mary Hogan. Uma grande poça de sangue manchava o chão, e um cartucho calibre .32 jazia ali perto. As manchas de sangue seguiam pela porta dos fundos em direção ao estacionamento até chegar às marcas de pneu no chão, que pareciam ser de uma caminhonete. Apesar de concluir que a vítima havia sido baleada e levada dali, a polícia foi incapaz de encontrar qualquer pista sobre o desaparecimento da mulher. Ninguém percebeu que, fisicamente, Mary Hogan se parecia muito com Augusta Gein. Na verdade, ninguém pensava em Ed Gein, ele era um sujeito inofensivo e irrelevante, quanto mais associá-lo a algum crime. Impensável.

**16 DE NOVEMBRO DE 1957, SÁBADO** — Frank Worden, xerife substituto da cidade, voltava para casa depois de uma caçada havia muito planejada. Morava com a mãe, Bernice, 59 anos, que ficara cuidando da loja de ferragens da família. Ao aproximar-se da loja, estranhou ver tudo apagado e fechado. Chamou pela mãe, mas o silêncio era absoluto. Passou os olhos experientes pelo local e rapidamente percebeu que a máquina registradora havia sido levada e poças de sangue manchavam o chão. Correu até o balcão e verificou as notas de venda daquele dia, até se deparar com um recibo de um galão de líquido anticongelante feito com a letra de sua mãe, em nome de Ed Gein. Um frio terrível percorreu-lhe a espinha. Como em um jogo de "ligue os pontos", lembrou-se de como Eddie, que vivia isolado da comunidade, havia se aproximado dele no decorrer daquele ano, puxando conversa de um jeito tímido, quase infantil. Não dera muita atenção ao fato, mas naquele momento lembrou-se de como contara ao "novo amigo" seus planos de ir caçar naquele dia.

Saiu apressadamente pela porta, inquirindo um atendente de uma garagem local, que disse ter visto uma caminhonete indo embora da loja de Bernice às 9h daquela manhã. Frank chamou o xerife Schley, relatou suas preocupações e os dois resolveram ir até a fazenda de Eddie, nem que fosse só para uma verificação de rotina.

Ao chegar à fazenda, espantaram-se com a degeneração do local. O dono não foi encontrado e tudo estava trancado. Seguiram, então, pelas redondezas à procura dele, até que tiveram sucesso em sua busca em uma quitanda próxima, onde Ed jantava com os proprietários do local e já estava para sair.

O xerife Schley o abordou e pediu que entrasse no carro da polícia, onde responderia a algumas perguntas. Edward Gein reagiu mal, respondendo ao xerife como alguém poderia querer culpá-lo pelo assassinato de Bernice Worden. Foi preso na hora: ninguém havia mencionado ainda a morte de Bernice, mesmo porque ainda não sabiam seu destino, nem sequer a haviam encontrado.

Frank e o xerife conduziram o preso até sua casa para fazer uma revista. Jamais imaginaram a cena de horror que encontrariam e as bizarras provas de que Ed Gein havia se tornado um assassino. Bernice Worden jazia nua, pendurada de cabeça para baixo em um gancho de carne como os de açougue, cortada de cima a baixo frontalmente. Sua cabeça e intestinos foram encontrados em uma caixa; seu coração, em um prato sobre a mesa da sala de jantar; além de outras partes que cozinhavam em uma panela sobre o fogão.

Na mais horrível busca de provas que os policiais de Plainfield enfrentaram em suas vidas, foram apreendidos os seguintes itens:

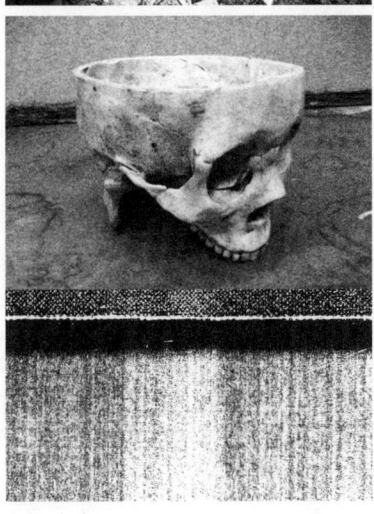

- uma poltrona feita de pele humana;
- genitália feminina preservada em uma caixa de sapatos;
- um cinto feito de mamilos;
- uma cabeça humana;
- quatro narizes;
- um coração humano;
- um terno masculino feito inteiramente de pele humana;
- uma mesa escorada com ossos de canela humana;
- nove máscaras mortuárias feitas com faces de mulheres mortas, que decoravam seu quarto;
- pulseiras de pele humana;
- uma bolsa feita de pele humana;
- dez cabeças de mulheres cortadas acima das sobrancelhas;
- uma bainha para faca de pela humana;
- um par de calças de pele humana;
- quatro cadeiras cuja palha foi substituída por pele entrelaçada;
- uma caixa de sapatos contendo nove vaginas salgadas, sendo a de Augusta Gein pintada de cor prata;
- uma cabeça humana dependurada em um cabide;
- uma "camisa feminina" feita de pele humana;
- várias cabeças humanas encolhidas;
- dois crânios enfeitando os pés da cama de Ed Gein;
- dois lábios humanos dependurados em um barbante;
- uma coroa de um crânio transformado em prato de sopa;
- uma geladeira com órgãos humanos;
- cúpulas de abajures de pele humana;
- cabeças recheadas com jornal e expostas como troféus;
- Sutiã feito com o torso de uma mulher.

Calcula-se que foram encontradas partes de 15 corpos humanos na fazenda de Ed Gein, mas ele nunca conseguiu lembrar-se de quantos assassinatos de fato cometeu. Foi processado apenas pelas mortes de Mary Hogan e Bernice Worden.

Após passar dez anos internado em um hospital psiquiátrico, foi considerado apto para ir a julgamento e culpado pelos crimes, mas mentalmente insano e enviado ao Hospital Estadual Central de Waupon. Em 1978, foi removido para o Instituto de Saúde Mental de Mendota, onde morreu "de velhice" em 1984, aos 77 anos. Sempre foi considerado um prisioneiro-modelo: gentil, polido e discreto.

Edward Theodore Gein é suspeito de ter cometido pelo menos mais cinco assassinatos, mas nada jamais foi provado. Declarou à polícia que nunca teve relações sexuais com os cadáveres que obtinha, mas gostava de tirar a pele deles e vestir-se com ela.

As suspeitas sem provas que pairavam sobre Eddie eram várias. Contava-se na cidade que ele teria sido convidado para ir à casa de seus vizinhos mais próximos, os Bankse, em certa ocasião. Havia uma parente da família que usava short, e Eddie não tirava os olhos dela. Tarde da noite, um intruso arrombou a casa e pegou o filho pequeno da tal parente pela garganta, perguntando por sua mãe. O intruso se assustou com algum barulho e fugiu antes que o garoto pudesse responder. Ele achou que reconheceu Ed Gein.

---

O xerife pediu que entrasse no carro da polícia. Gein reagiu mal, respondendo como alguém poderia querer culpá-lo pelo assassinato. Foi preso na hora: ninguém havia mencionado ainda a morte de Bernice.

---

Georgia Weckler, 8 anos, desapareceu voltando da escola para casa em 1º de maio de 1947. A única pista que a polícia tinha sobre o caso eram marcas de pneu de um carro da marca Ford. O caso foi reaberto depois da prisão de Gein, pois ele tinha um veículo dessa marca.

Evelyn Hartley, 15 anos, desapareceu no caminho de sua casa, situada em La Crosse, Wisconsin. O pai dela, depois de ligar insistentemente do trabalho para casa sem obter resposta, resolveu voltar mais cedo e verificar o que estava acontecendo. Como ninguém atendia a campainha, olhou pela janela e viu um dos sapatos e os óculos da filha no chão da sala. Tentou entrar na casa, mas todas as portas e janelas estavam trancadas, exceto uma: a do porão. Marcas de sangue manchavam a janela e dentro da casa foram detectados sinais de luta. Chamou a polícia, que encontrou outras evidências, como uma planta amassada com manchas de sangue, uma marca de mão ensanguentada em uma casa vizinha, pegadas e o outro pé do sapato de Evelyn. Suas roupas manchadas de sangue foram encontradas alguns dias depois em uma estrada perto de La Crosse, mas seu corpo nunca foi localizado.

Eddie Gein inspirou vários filmes e livros. Robert Bloch se inspirou nele para escrever a história de seu personagem Norman Bates em *Psicose* (1959), publicado pela DarkSide® Books em 2013. O filme de Hitchcock, *Psicose* (1960), baseia-se nele.

Em 1974, o filme clássico de Tobe Hooper, *O Massacre da Serra Elétrica* (1974), também tinha toques de Gein (a DarkSide® Books publicou *O Massacre da Serra Elétrica [Arquivos Sangrentos]* (2013), que conta a história da franquia).

No livro de Thomas Harris, que originou o filme *O Silêncio dos Inocentes*, o assassino Buffalo Bill também costurava roupas com pele humana e as vestia, como Eddie, usando-as em estranhos e insanos rituais.

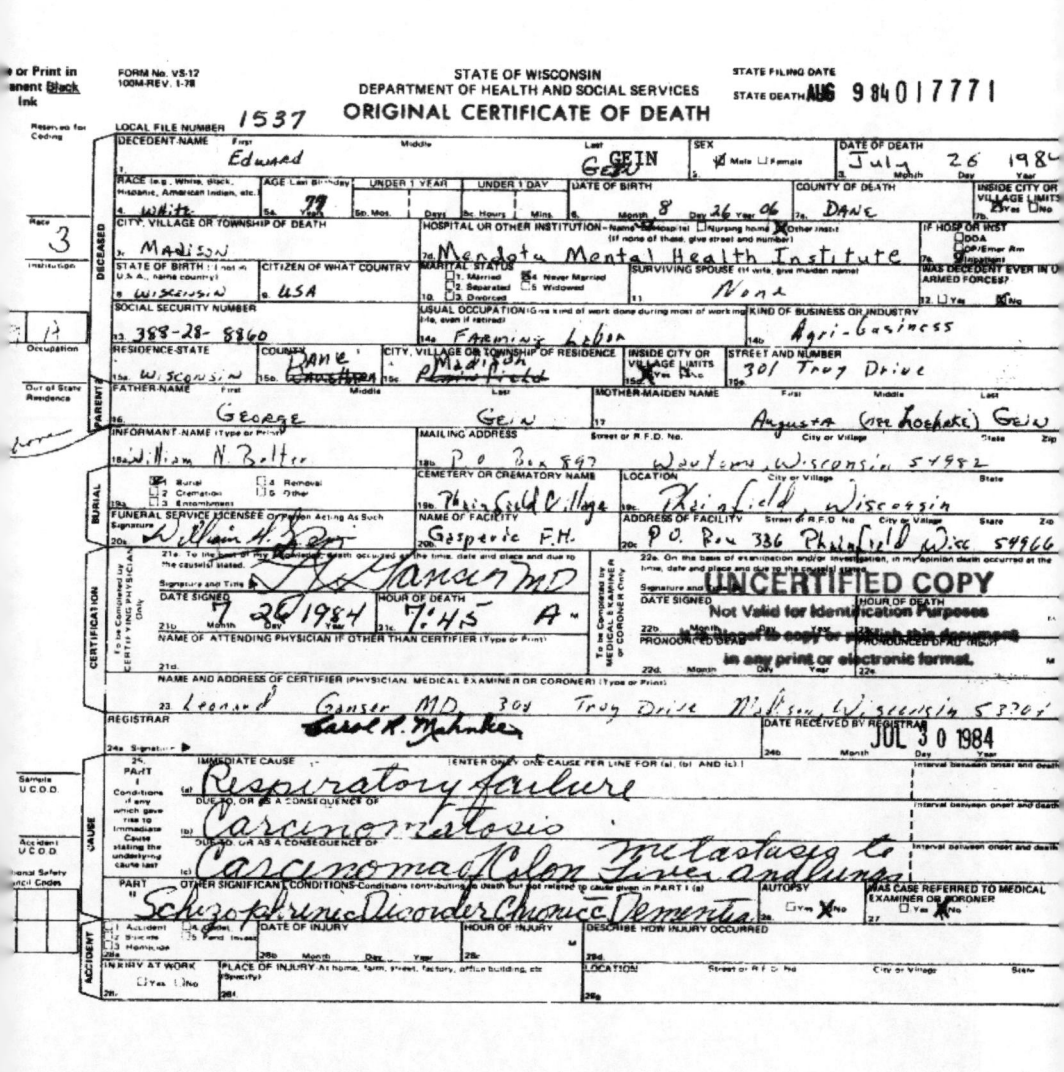

## 10. EDMUND EMIL KEMPER III

Nascimento: 18 de dezembro de 1948
Local: Burbank, Califórnia, EUA
Altura: 2,06 m
Cônjuge: Solteiro
Filiação: Edmund Emil Kemper
e Clarnell Stage

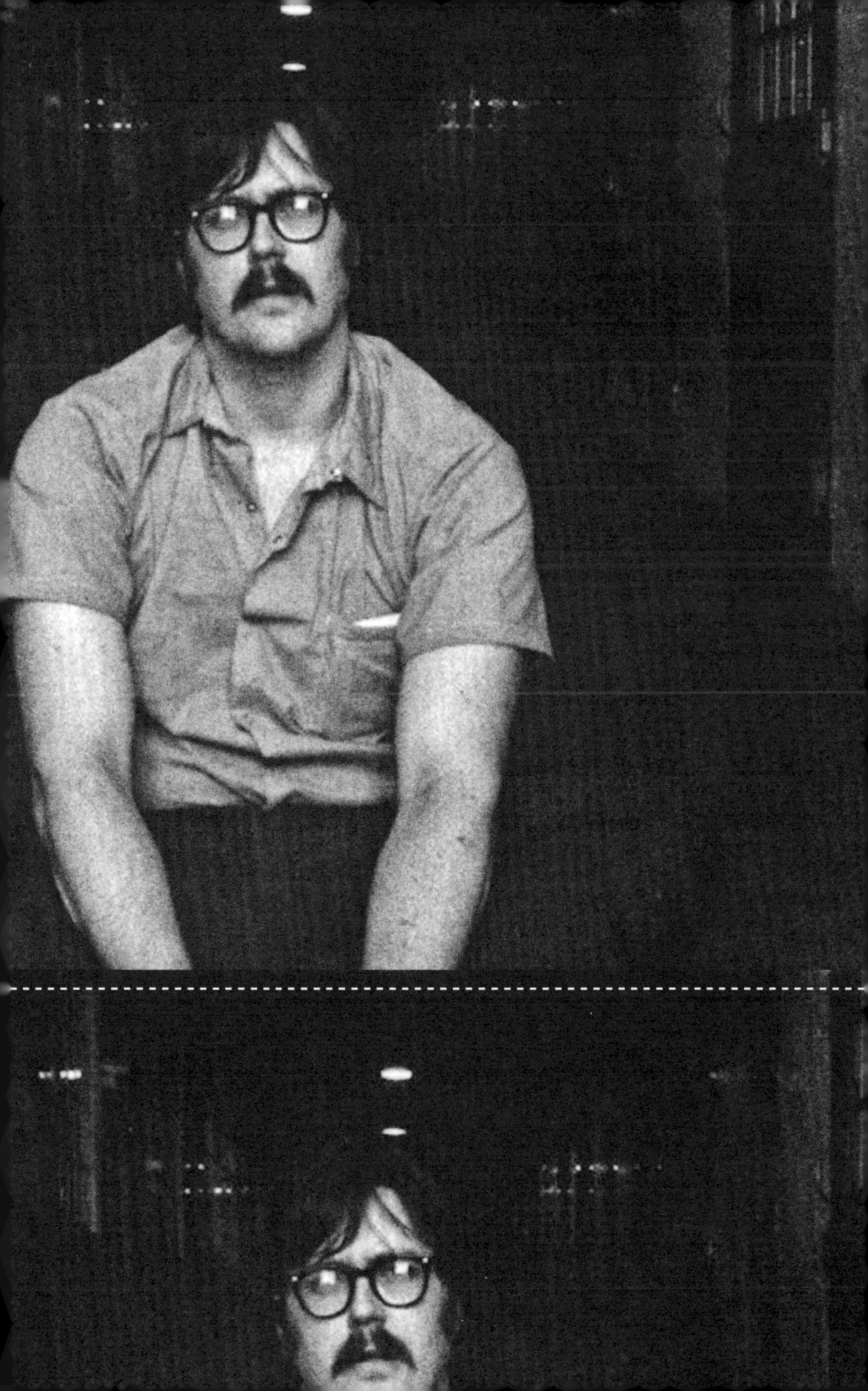

▶ 1948

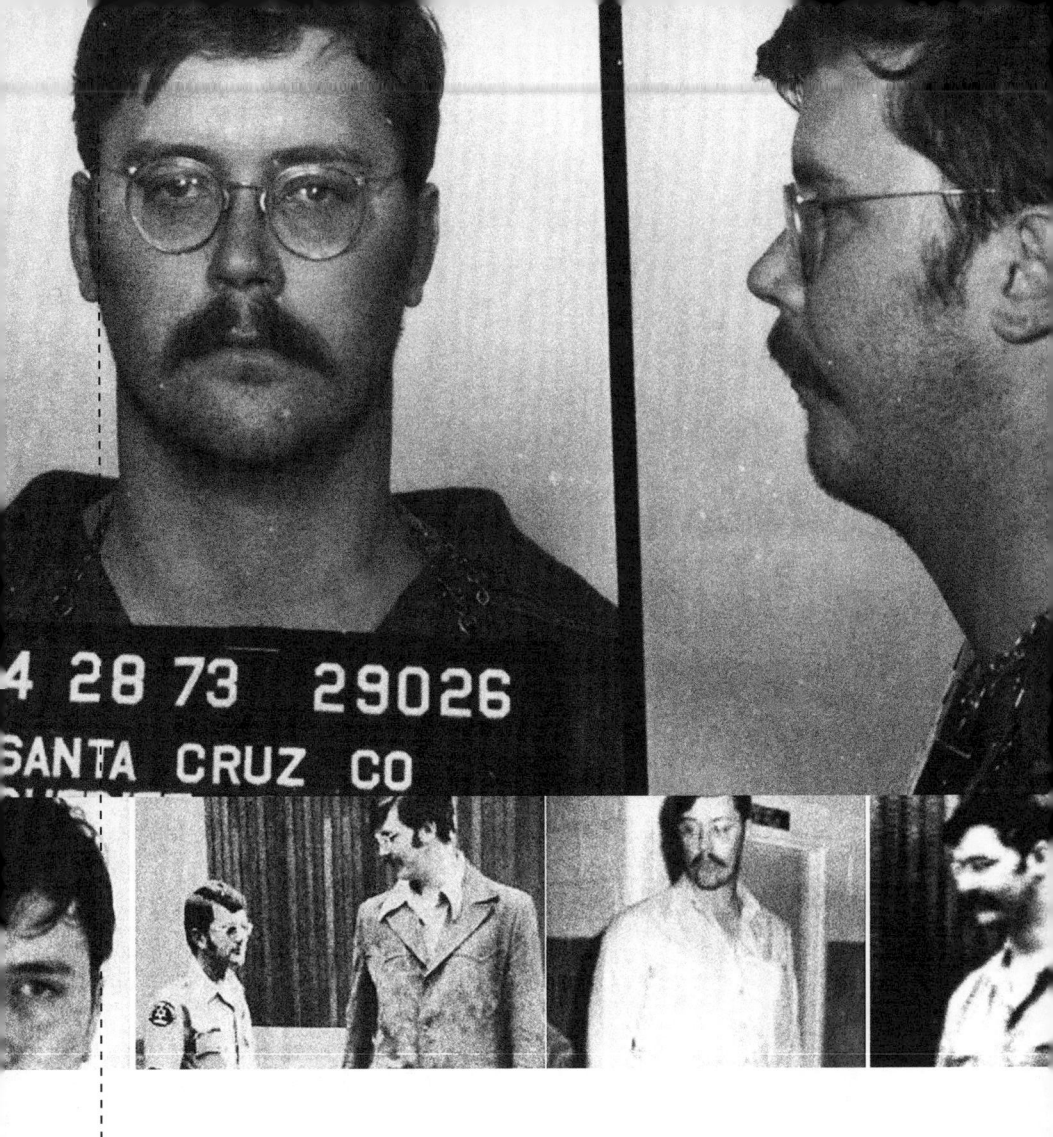

# EDMUND EMIL KEMPER III
## O ASSASSINO DE COLEGIAIS

"A maior parte da minha vida eu vivi como uma pessoa comum, até mesmo quando eu vivia outra vida paralela e cada vez mais violenta." – **Edmund Emil Kemper III**

Edmund estava sentado no sofá da sala de sua casa, sozinho, como sempre. Preferia aquela hora do dia para ficar em casa... Quando a mãe dormia. Pelo menos ela não estava gritando, os dois não estavam naquela batalha verbal permanente que parecia ter durado toda a sua vida. Não era à toa que o pai havia se separado da mãe quando ele tinha 9 anos. Ai, que saudade Ed sempre sentiu do pai ausente. E que sucessão de padrastos teve de aturar!

A vida naquela casa não era nada fácil. Era sempre menosprezado pelas mulheres que viviam ali! Ed podia sentir a raiva crescendo dentro dele, mas dessa vez não iria bloquear seus pensamentos. Iria lembrar-se de tudo, mesmo que causasse tamanha dor em si mesmo.

Jamais esqueceria o dia que chegou da escola, aos 10 anos, e foi levado direto para o porão. Que injustiça! Mudar seu quarto para o porão sem janelas só porque as irmãs tinham medo do tamanho dele. Só porque ele gostava de brincar de ser executado na câmara de gás. Por acaso tinha culpa de ter ficado tão alto assim? E brincar, fazer teatro, qual o problema? Se ele gostava de fingir que morria, ninguém tinha nada com isso. Além do mais, brincar com a irmã de morrer na câmara de gás era interessantíssimo. Não uma morte normal, qualquer. Não o cotidiano, o comum. Por que todos achavam isso tão estranho? Diante de alguns comentários seus, a irmã mais velha o olhava como se fosse louco. Foi assim quando, apaixonado pela professora, comentou com a irmã que para beijá-la teria de matá-la primeiro. Arrependeu-se de ter contado como se sentia assim que as palavras saíram de sua boca. Sentia-se um pária em sua própria família.

Na escola, a vida não era melhor. Apesar de ser grande para sua idade, Ed morria de medo de apanhar dos colegas. Nunca conseguiu ter um amigo por muito tempo; também não podia explicar para nenhum deles que ficava trancado o resto do dia em um porão escuro, que ninguém poderia brincar com ele em casa, que sua mãe gritava com ele o tempo todo. Os gritos, os gritos... Ed tampou as orelhas, mas continuava escutando a mãe gritar. Era como se ela gritasse dentro de sua cabeça! Quantas vezes se perdeu em fantasias só para o tempo passar mais rápido, para esquecer a solidão do dia e o inferno da noite!

Aquela vadia... No campus universitário, era a mulher nota dez, a Senhora Maravilha. Tudo estava sob controle. Bastava chegar à casa e a fada madrinha se transformava em bruxa terrível! Não cuidava de nada nem de ninguém, aquela egoísta filha da mãe. Ainda bateu nele só porque desmembrou seus dois gatos. Bem-feito: naquele dia, por alguns minutos, sentiu-se vingado.

O divórcio dos pais não ajudou em nada. Sentia cada vez mais a falta do pai.

Os tempos em que passou na casa da avó não foram nada melhores. Mandá-lo aos 15 anos para aquela fazenda isolada, morar com dois velhos idiotas, afastado de tudo e de todos. North Fork, Califórnia. O fim do mundo. Ed tentou, tentou muito se distrair da raiva que crescia dentro dele. Saía com seu rifle, presente do avô, acompanhado de seu fiel cachorro, caçava e caçava coelhos e esquilos, mas tinha de voltar e conviver com aqueles velhos estúpidos. Sua avó, toda nervosa, tensa. Era engraçado vê-la andando armada com uma pistola, de um dia para o outro. Ficava reclamando que seu olhar a deixava nervosa, que parasse de fitá-la. Nem olhar a velha ele podia. Que inferno! A mulher o irritava profundamente. Precisava encontrar um jeito de sair dali.

Um dia, sentado junto com a avó na cozinha, olhando enquanto ela escrevia mais uma daquelas suas idiotas histórias infantis, ela o tirou do sério quando mandou que ele virasse para o outro lado. Aquela vaca ia aprender... Ed pegou o rifle, chamou o cachorro e disse que sairia para caçar antes que fizesse uma besteira. A avó, metida como sempre, não podia ficar sem dar a última palavra: "Não atire em passarinhos, hein".

Ed parou onde estava. Ficou observando aquela velha nojenta enquanto ela continuava escrevendo e escrevendo. De repente, ergueu o rifle e... BOOOM... Atirou na cabeça da avó! Ela despencou sobre a mesa da cozinha, enquanto Ed ainda atirava mais uma vez em suas costas. Correu para dentro de casa, pegou uma toalha e enrolou-a na cabeça dela, para que pudesse levar o corpo para o quarto do casal. Pelo menos ela não encheria mais o saco dele.

Depois de ajeitá-la, sua única preocupação era o que diria ao avô. Foi para fora pensar com calma. Até que gostava dele, mas contar o que acabara de fazer, não sei não, era capaz de o avô sofrer um enfarte na hora. Ed não teve muito tempo para pensar no assunto. Logo viu o carro do avô estacionando, chegando com as compras que tinha ido fazer na cidade. Todas as suas dúvidas se dissiparam ao vê-lo descendo do caminhão, cheio de sacolas nos braços. Ergueu outra vez o rifle, fez pontaria e o matou com um só tiro.

E agora? O que fazer? Todos saberiam que foi ele. Resolveu telefonar para a mãe. Pelo menos teria o gostinho de contar a ela...

Na hora, parecia a coisa certa, mas relembrando... Tinha sido aquela desgraçada que o fizera chamar o xerife e se entregar. Não fosse por ela, não teria ido parar naquele terrível hospital psiquiátrico de Atascadero. Mesmo explicando ao xerife que tinha matado a avó só para ver como era e o avô para poupá-lo de ver sua mulher morta e ter um ataque cardíaco, foi levado preso, diagnosticado psicótico e paranoico! Isso não fazia muito sentido. Ninguém conseguia entendê-lo, exceto seus colegas do hospital.

Foram seus tempos mais felizes. Atascadero estava longe de ser uma prisão. Não tinha guardas nas torres e o grande objetivo ali era tratar e recuperar doentes mentais que haviam cometido crimes, não os punir.

Ed demorou longo tempo para entender seus crimes, mas os amigos internados foram rápidos. Jamais assumiu a culpa por ter matado seu avós, foi algo além de seu controle, mas estava tão bem que tinha ficado orgulhoso ao ser escalado para trabalhar de auxiliar no laboratório de psicologia e ajudar a aplicar testes em outros pacientes. Ele se esforçava o máximo. E, todo dia, esperava com ansiedade as horas vagas. Naqueles momentos os outros criminosos contavam a ele as histórias de seus crimes com todos os detalhes. As que mais o interessavam eram as dos estupradores seriais, isso sim o deixava excitado! O melhor de ouvir histórias e contar suas fantasias era que naquele ambiente comportamento violento e fantasias perversas não eram "coisa de louco". Os outros internos o consideravam totalmente normal.

Quanto mais tempo passava internado, mais suas fantasias sexuais se tornavam intrincadas e intensas. Não via a hora de poder colocar em prática todos os seus sonhos... Ed sempre achou que seus amigos estupradores haviam sido presos porque não tinham sido espertos o suficiente: deixavam atrás de si muitas testemunhas e evidências. Atacavam mulheres que os conheciam e em locais públicos. Já ele tinha guardado com muito cuidado todos os detalhes e informações de que pudesse precisar um dia e jamais dividiu com seus médicos as violentas fantasias de assassinar incognitamente. Quando realizasse seus desejos, jamais descobririam sua identidade secreta. Não deixaria pistas nunca!

Para todos, Ed Kemper era um trabalhador esforçado e comportado, adolescente religioso que havia muito tinha se arrependido de seus atos e se regenerado. Tinha boa aparência, era inteligentíssimo e caseiro; procurava na Bíblia cada referência religiosa que ouvia nas conversas dali. Não demorou muito para que sua alta médica começasse a ser encaminhada e começou a frequentar uma escola perto do hospital, ainda sob supervisão. Ficava meio deslocado no meio de gente "normal", que considerava tão estranha. Seus colegas de classe eram hippies com longos cabelos, que desvalorizavam o que Ed mais admirava: a autoridade em geral. Ele era diferente dos outros, mais conservador, tinha cabelos curtos, usava bigodinho bem-aparado e seu maior desejo era ser um oficial da lei. Não conseguiu, novamente por causa de sua altura. Dá para acreditar que na polícia existia um limite máximo para a altura? Ed era maior do que o permitido. Media 2,10 m e pesava 136 kg. Era revoltante que isso o impedisse de realizar seu grande sonho.

Foi nessa época que, para se consolar, comprou uma motocicleta. Pelo menos assim podia fingir que era um "tira". Também começou a colecionar armas e facas.

Com sua inteligência, não foi nada difícil sair-se bem na escola. Em três meses, foi libertado em condicional por 18 meses. Apesar dos conselhos dos médicos de Atascadero de que ele não devia morar com a mãe, foi para lá que voltou. Adorou. Apesar de tudo, amava aquela mulher proibida.

Foi naquela época que a mãe tinha acabado de se mudar para Santa Cruz e trabalhava no campus da Universidade da Califórnia. Com a oficialização do divórcio, havia mudado seu nome de volta para Clarnell Strandberg. Desde que Ed tinha sido internado, a megera parecia estar cada vez mais feliz e tranquila. Não tinha problema, Ed logo daria um jeito nisso...

Não demorou muito para que as batalhas verbais entre mãe e filho começassem outra vez. Discutiam tão alto que todos os vizinhos tinham conhecimento delas. Ed não se conformava. Para sua mãe, todos os problemas eram culpa dele. Seus momentos de lazer aconteciam quando ia ao bar Jury Room,[1] onde encontrava seus únicos amigos, os policiais da cidade. Que fascínio pelas histórias de polícia! Jamais perdoaria a vida por ter lhe negado o emprego sonhado. Ed adorava tudo o que dizia respeito à polícia e passava horas conversando com eles sobre armas e munições. Lá estava gente que o respeitava de verdade; até o apelidaram carinhosamente de "Big Ed".

---

[1] Sala do Júri (Jury Room): bar frequentado por vários policiais nos dias de folga.

Ele também não via a hora de se livrar da mãe. Trabalhou em vários empregos até se estabilizar na Divisão de Estradas, ganhando dinheiro suficiente para alugar um apartamento e dividir as despesas com um colega. Agora sim ia conseguir se dar bem com a mãe e conquistar seu respeito.

Mas, apesar da mudança, as coisas não correram como Ed esperava. A mãe continuou a menosprezá-lo. Ficava tão perturbado quando a encontrava que em duas ocasiões caiu de sua moto, tendo até de ficar de licença para recuperar-se dos ferimentos na cabeça. Tudo por culpa daquela desgraçada!

Quando se recuperou, vendeu a moto e com o dinheiro da indenização que recebeu pelos acidentes comprou um carro muito parecido com o da polícia. Enfim, realizava uma grande vontade que tinha desde a infância. Equipou o carro com um radiotransmissor, microfone e antena (assim podia ouvir os chamados da polícia) e logo começou a dar caronas na estrada para lindas meninas. Carona só para mulheres, é claro!

Sua grande diversão era observar como as mocinhas reagiam a ele. Tinha "pós-graduação" em fazer as pessoas confiarem nele e as levava em segurança a seu destino enquanto aprendia a melhorar seus métodos de persuasão. Ao chegar à casa, fantasiava em como seria mantê-las cativas sem ser descoberto. Devagar, foi planejando como realizaria suas fantasias sexuais. Quando já tinha todos os detalhes na cabeça, passou à ação: tirou a antena do carro, ajeitou a porta do passageiro de modo que não abrisse por dentro, armazenou plásticos, facas, revólveres e cobertores no porta-malas e, finalmente, sentiu-se mais do que pronto.

Em 7 de maio de 1972, sua vida começou a ficar mais interessante; perto do campus, duas garotas estavam no acostamento pedindo carona.

Mary Ann Pesce e Anita Luchese, estudantes do Colégio Estadual de Fresno, mal acreditaram na sorte quando um carro parou para pegá-las. Pretendiam passar os feriados em Berkeley. Entraram no veículo, felizes da vida, mas a felicidade durou pouco tempo: logo ficaram alarmadas ao se darem conta de que aquele simpático motorista estava enveredando por um caminho deserto. Quando começaram a questioná-lo, já assustadas, ele com tranquilidade tirou uma arma de baixo do banco e mandou que ficassem quietas. Ed prendeu Anita no porta-malas. A menina chorava sem parar, mas logo o som ficou abafado.

Conduziu Mary Ann até o banco de trás do carro, deitou-a de bruços, algemada, colocou um saco plástico em sua cabeça e começou a estrangulá-la com uma tira de tecido. A menina, apavorada, lutava pela vida. Ed estava adorando a luta. Quanto mais ela lutava, mais excitado ficava. Até que a garota furou o plástico e quase estragou seus planos! Filha da mãe! Frustrado, tirou do bolso sua faca e esfaqueou-a repetidas vezes, até que parasse de se mexer. Por fim, cortou sua garganta. Era hora de dar atenção a Anita.

Ed tirou a menina do porta-malas e começou a esfaqueá-la com uma faca maior ainda, matando-a rapidamente. Que sensação maravilhosa olhar para a cara dela enquanto fazia isso! Já tinha planejado todos os passos seguintes que executaria. Levou os dois corpos sem vida para sua casa, onde havia uma mesa para dissecação, comprada por ele, e começou seu trabalho com Mary Ann. Dissecou-a inteirinha, matando todas as suas curiosidades. Tirou fotos de todo o processo, depois enfiou os restos na sacola plástica usada para tentar sufocar Mary Ann e enterrou-a. As cabeças... Não, não se livraria delas tão já. Nem do corpo tão lindo de Anita. Primeiro desfrutaria do prazer de tê-las com ele, depois... Bem, talvez as jogasse em alguma ravina por aí.²

Missão cumprida. Jamais a polícia suspeitaria de Ed Kemper. Então, poderia agir quantas vezes quisesse.

Na noite de 14 de setembro de 1972, Ed avistou Aiko Koo em um ponto de ônibus. Parou o carro e ofereceu carona para a garota, que prontamente aceitou. Ela estava cansada de esperar o ônibus e atrasada para sua aula de dança. Em uma curva, Aiko viu a arma de Ed. Entrou em pânico e tentou sair do carro. A porta não abria. Ed, com voz incisa e profunda, explicou que a garota não tinha nada a temer. A arma era para que ele se suicidasse e se ela não fizesse nenhum sinal para a polícia ou pedestres nada iria acontecer. Aiko, em silêncio, tremia de maneira incontrolável.

Ed dirigiu seu carro em direção às montanhas. Saiu da estrada principal, parou o carro e avançou para cima da garota. Tentou sufocá-la tapando sua boca e enfiando o polegar e o indicador nas narinas dela até provocar um desmaio. Quando ela despertou, Ed começou a sufocá-la outra vez. Deliciava-se observando todas as expressões e esperou que ela parasse de respirar. Tirou-a do carro, deitou-a no chão e estuprou seu corpo ainda quente. Isso é que era prazer! Depois, para ter certeza de que estava morta, estrangulou-a uma vez mais, dessa vez com o próprio lenço da menina. Quando estava totalmente seguro de sua morte, colocou o corpo no porta-malas do carro e saiu da cena do crime. Ed havia acabado de se mudar para os fundos da casa da mãe e, no caminho para lá, parou em um bar local e tomou umas cervejas. Toda hora parava o carro e admirava sua conquista. Tarde da noite, levou Aiko para sua cama e divertiu-se mais um pouco. Depois, dissecou-a do mesmo modo que havia feito com Mary Ann e Anita e saiu para jogar fora os

---

2   O corpo sem cabeça de Mary Ann Pesce foi encontrado e identificado em agosto daquele ano. Jamais a cabeça e o corpo de Anita Luchese foram encontrados.

restos mortais da vítima. Jogou as mãos e a cabeça de sua vítima em locais diferentes do resto do corpo.

Em suas conversas com policiais no Jury Room, adorava ouvir os detalhes das investigações de seus crimes, entre uma cerveja e outra. Quase se sentia um deles, ao ser incluído na conversa e saber segredos que não saíam nos jornais. Adorou ouvir de seus amigos que nunca relacionaram o desaparecimento de Aiko com o de suas primeiras vítimas. Por enquanto, tudo certo. Nos quatro meses seguintes, vítimas de outros assassinos tiveram seus corpos encontrados na mesma área, mas jamais Ed Kemper foi considerado um suspeito pela polícia. Em 8 de janeiro de 1973, sentindo-se mais confiante, comprou uma arma calibre .22. Sua única preocupação era ser pego com o rifle, porque com seus antecedentes criminais não tinha autorização para andar armado.

Sua próxima vítima foi Cindy Schall. Levou-a para as colinas de Watsonville, onde a matou com sua nova arma. A bala alojou-se no crânio dela. Ed levou o corpo para seu quarto na casa de sua mãe e esperou até que a mãe saísse para trabalhar. Então, teve todo o tempo do mundo para fazer sexo com a garota sem correr o risco de ser descoberto.

Sem a mesa de dissecação, que tinha em seu velho apartamento para trabalhar os corpos, pois a mãe acharia uma mobília muito estranha, Ed ajeitou Cindy na banheira e dissecou-a. Teve muito cuidado para deixar tudo limpo, sem nenhuma pista. Removeu a bala do crânio da garota no quintal da mãe, acondicionou os pedaços esquartejados em vários sacos plásticos e jogou-os de um penhasco perto de Carmel. Dessa vez, o corpo seria descoberto em menos de 24 horas, mas esse fato não causou nenhuma preocupação a Ed. Ele havia sido cuidadoso ao extremo.

Na noite de 5 de fevereiro de 1973, Ed teve uma briga descomunal com a mãe. Ficou muito perturbado, pois sua vontade era esmurrá-la sem parar. Ah, se ela fosse um homem... Trancou seu apartamento nos fundos e saiu para a rua a esmo, pronto para caçar outra vítima.

A primeira caronista que entrou em seu carro foi Rosalind Thorpe. Conversavam animadamente quando Ed parou para dar carona a outra moça, Alice Liu. Nenhuma delas teve o mínimo receio de entrar em um carro com o adesivo-passe da Universidade de Santa Cruz, que Clarnell achava ter perdido. Rodaram por algum tempo e dessa vez Ed sequer parou o carro para matá-las. Chamou atenção de Rosalind para a bela vista na janela do passageiro, enquanto sacou seu .22 e atirou na cabeça da moça. Sem perder tempo, virou a arma em direção à perplexa Alice, atirando várias vezes. Diferente de Rosalind, Alice não morreu na hora. Teve de atirar nela de novo quando saíram da cidade, terminando o serviço. Parou o carro em um beco sem saída e transferiu os dois corpos para o porta-malas. Ao chegar à casa, tirou os corpos do carro, decepou suas cabeças e guardou tudo no porta-malas. Na manhã seguinte, já na segurança de seu quarto, fez sexo com o corpo sem rosto de Alice. Também levou para dentro a cabeça de Rosalind, para extrair a bala alojada em seu crânio e eliminar qualquer pista. Jogou as partes esquartejadas dos corpos longe de Santa Cruz e dirigiu para longe, livrando-se das mãos e cabeças das vítimas.

Ed adorava passar as noites no Jury Room, onde constatava quão longe seus amigos estavam da verdade. Todas as conversas giravam em torno do que seria chamado de "Co-Ed Killer".[3] Ninguém imaginava que ele entrava no campus, para escolher suas vítimas, com o adesivo-passe da mãe, que nada sabia.

Apesar de usar métodos variados para matar, ou seja, atirava, esfaqueava ou sufocava, sempre levava suas vítimas para casa. Seus atos com os corpos progrediam, como fazer sexo com eles.

Um dos dias em que Ed mais se divertiu foi quando foi à consulta com seu psiquiatra levando as cabeças das vítimas no porta-malas de seu carro. Adorava testar sua habilidade em fazê-lo acreditar que tudo estava bem, uma vez que já tinha aprendido a se comportar como uma pessoa "normal". Ao longo de tantos tratamentos, sabia o que os profissionais de saúde mental esperavam que dissesse e descrevia seu dia a dia exatamente como eles queriam ouvir.

A mãe nem desconfiava da depravação de Ed. Se descobrisse, Ed não conseguia imaginar o que causaria a ela. Os gritos, os gritos... Ele a ouvia dentro de sua cabeça sem cessar. Pensou que lembrar de tudo isso só tinha feito sua raiva por ela aumentar. A mãe, tão amada, tão odiada, tão desejável! Nenhuma de suas vítimas chegava perto do prazer que sentia quando fantasiava sexo com sua mãe...

Ed levantou-se do sofá. Foi até o lado de fora e pegou um martelo-unha. Subiu vagarosamente as escadas em direção ao quarto da mãe. Silêncio, precisava de silêncio, mas não parava de ouvir os gritos. Como seria a cara de sua mãe na hora da morte? Seria diferente dos seres humanos mortais? Seria ela mortal?

Ed abriu com cuidado a porta do quarto da mãe. Lá estava Clarnell, dormindo em paz, mesmo depois de tantas crueldades que dissera ao filho. Ed se aproximou e ajoelhou-se ao lado da cama. Observou-a por um tempo, lembrando mais um pouco o quanto a tinha amado e o quanto fora rejeitado por ela. Queria tanto que ela tivesse sido mais maternal, não tão manipuladora... Levantou os lençóis e observou seu corpo... Não, não podia ter aqueles pensamentos novamente, não aguentava a culpa de desejá-la tanto! Apertou a própria cabeça, tentando fazer com que os pensamentos incestuosos desaparecessem... Mas nada, nada conseguia parar o processo de desejá-la. Desesperado, Ed ficou de pé. Pegou o martelo com as duas mãos e tirou a vida da mãe antes de decapitá-la com um só golpe. Clarnell jamais

---

3   Co-Ed: é o termo usado nos Estados Unidos para designar a escola educacional mista. Como só matou colegiais, nenhuma alcunha era mais adequada do que essa, dando duplo sentido ao apelido.

soube quem a atacou. Pelo menos foi rápido e ela não sentiu nada, mas era incrível ver como ela era humana e vulnerável como as outras!

Ed então, em um ritual enlouquecido, deu vazão a seus desejos. Estuprou o corpo sem cabeça da mãe até saciar-se por completo. Agora sim estava aliviado.

Mas, como sempre, os gritos dentro de sua cabeça voltaram. Ed ainda ouvia os gritos da mãe por todo lado. Meu Deus, ela já não estava morta? Precisava acabar com aquilo. Desceu até a cozinha e pegou uma faca afiada. Subiu as escadas de dois em dois degraus, rápido, com pressa, antes que os gritos o enlouquecessem. Pegou desajeitadamente a cabeça da mãe no colo e arrancou de maneira rápida todas as cordas vocais. Enfim os gritos pararam de atormentá-lo.

Levantou-se e ajeitou o que sobrou da cabeça da mãe em cima da prateleira. Olhou para ela e, por fim, falou tudo o que tinha vontade sem ser interrompido. Depois, foi até seu quarto, pegou seus dardos e ficou por muito tempo acertando aquele alvo perfeito. Essa prática começou a fazer com que raciocinasse com clareza.

A polícia encontraria logo o corpo de sua mãe e as suspeitas não demorariam a recair sobre ele. Precisava disfarçar o acontecido sem perda de tempo. E se a polícia pensasse ser aquele o trabalho de um desconhecido, um doido qualquer? Mas só o corpo da mãe, ali, sem nenhuma explicação...

De repente, uma ideia começou a formar-se em sua mente. Desceu correndo as escadas, pegou o telefone e discou para a casa de Sarah Hallet, a melhor amiga de sua mãe. Convidou-a para um jantar íntimo naquele dia, uma surpresa para Clarnell. Sem perda de tempo, arrumou a mesa para as duas.

Ao entrar, Sarah não teve tempo nem de pensar. Levou uma pancada na cabeça e foi agarrada por aquele enorme homem que a estrangulou com as mãos até a morte. Ainda inseguro do resultado, Ed utilizou o lenço de Aiko para estrangulá-la mais um pouco. Finalmente, deu-se por satisfeito.

Na manhã seguinte, ao acordar do transe em que tinha estado, ficou extremamente perturbado com a cena que encontrou. Era domingo de Páscoa. Ed entrou no carro de Sarah, deu a partida e começou a viajar sem rumo. Depois de um tempo, abandonou-o em um posto, alegando que precisava de reparos. Trocou de carro várias vezes, alugando várias marcas e modelos, com medo de ser pego. Mesmo sem saber para onde estava indo, começou a alimentar a expectativa de ficar famoso por causa de seus crimes. Finalmente o mundo saberia o quanto era inteligente...

Ed percorreu todo o caminho até Pueblo, Colorado. Parava para comprar jornais e assistir ao noticiário, esperando ouvir as notícias sobre sua façanha. Mas algo dera errado. Ed não estava se tornando famoso como esperava, nem sequer era suspeito de ter matado Clarnell e Sarah.

Sem perder mais tempo, alugou um quarto em um motel e ligou para a polícia de Santa Cruz, dizendo-se responsável por oito crimes. Ninguém na polícia acreditou: 'Pare de brincar, Big Ed, esta não é hora para trotes! Você não assiste à televisão? Não sabe o quanto estamos ocupados tentando pegar o assassino de sua mãe? Onde você se meteu, afinal?"

Para a polícia, Ed era só um moço que queria ser "tira" e vivia na delegacia perguntando detalhes sobre crimes. Ed teve de fazer diversas ligações para que acreditassem nele. Deu detalhes sobre os crimes que só o assassino conheceria e informou sua localização. A polícia atravessou três estados para prendê-lo. Ele sentou e esperou.

## SOBRE OS CRIMES

Em seus depoimentos, Kemper admitiu guardar cabelo, dentes e pele de algumas vítimas como troféus. Também admitiu praticar canibalismo, dizendo preferir a carne da coxa de suas vítimas para fazer à caçarola com macarrão. Comia suas vítimas para que fizessem parte dele.

Várias cabeças de vítimas foram enterradas no jardim de sua casa, viradas de frente para o quarto de sua mãe, já que ela adorava "ser vista" por todos.

## O JULGAMENTO

Ed Kemper levou os policiais de Santa Cruz a todos os lugares que utilizava para se livrar dos corpos. James Jackson foi designado pela corte para ser seu advogado de defesa e a ele só restou alegar que seu cliente não estava de posse das plenas faculdades mentais no momento dos crimes.

Várias testemunhas foram trazidas para depor e tentar estabelecer a insanidade de Kemper, mas o promotor destruiu o depoimento de cada uma. O dr. Joel Fort, testemunha da acusação, foi quem fez o maior estrago na estratégia da defesa: afirmou que o réu não era paranoico esquizofrênico. Para tanto, utilizou-se de todos os registros referentes ao assassino desde o hospital psiquiátrico Atascadero, além de entrevistas com o réu. Afirmou que Ed era obcecado por sexo e violência, tão carente de atenção que, durante o julgamento, tinha tentado suicídio cortando os pulsos com uma caneta esferográfica, mas de forma nenhuma insano. Fort também afirmou que, se Ed Kemper fosse solto, mataria outra vez o mesmo tipo de vítima.

Durante as três semanas que durou o julgamento, nenhuma testemunha, incluindo suas irmãs e médicos de Atascadero, conseguiram convencer o júri de sua insanidade. Quando perguntado a que pena deveria ser submetido para pagar por seus crimes, respondeu: "Pena de morte por tortura".

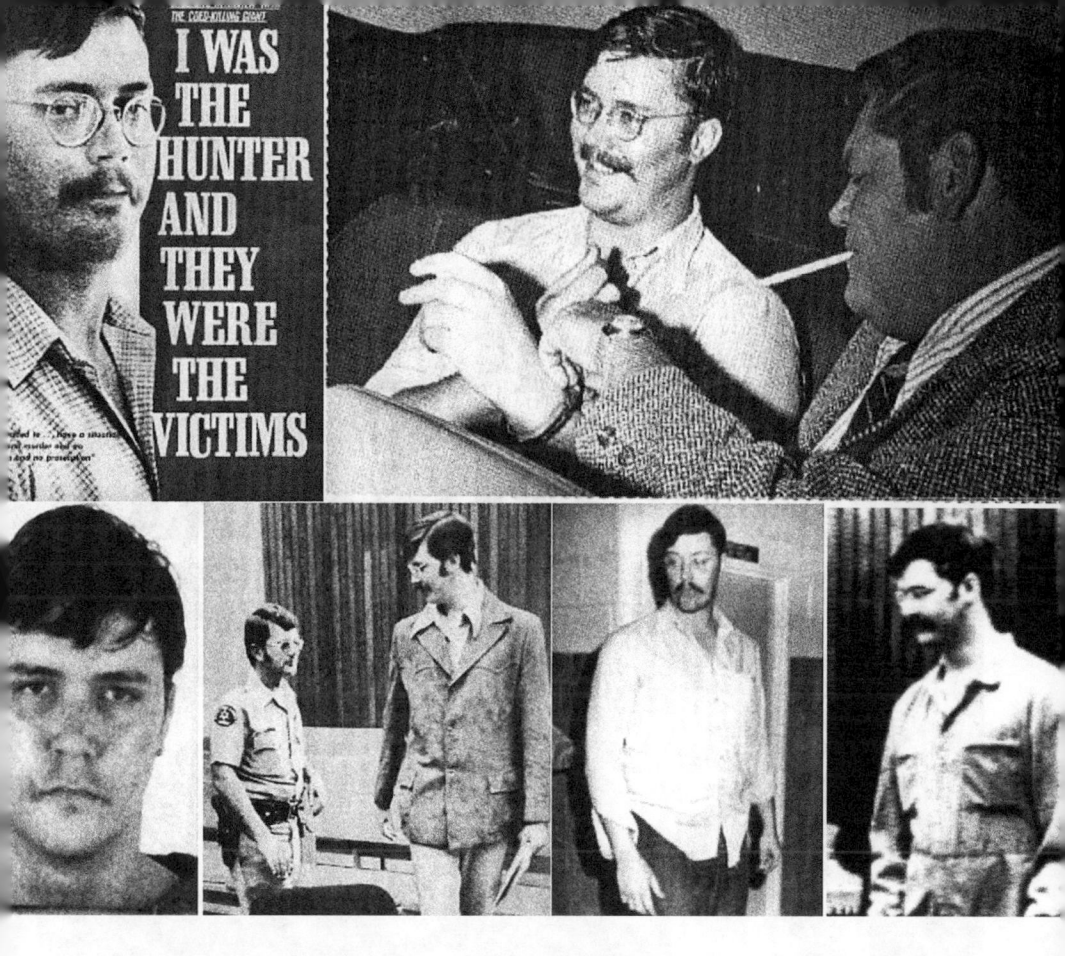

Os jurados deliberaram por cinco horas. Consideraram Edmund Kemper culpado de assassinato em primeiro grau nos oito crimes. Foi condenado à prisão perpétua sem possibilidade de condicional. Só escapou da pena de morte porque na época tinha sido abolida no estado da Califórnia.

Após uma rápida passagem pelo Vacaville Medical Facility, Kemper foi encarcerado na prisão de segurança máxima de Folsom pelo resto de sua vida. Ele ainda está atrás das grades. Deu extensas entrevistas a Robert Ressler, na época trabalhando como agente do FBI, para ajudar na elaboração de perfis criminais de serial killers.

Em 1988, participou, juntamente com o assassino em série John Wayne Gacy, de um programa via satélite em que cada um discutiu seus crimes. Como sempre, foi loquaz e explícito.

Na prisão, é considerado um "serial killer genial", pois sem sua própria ajuda jamais seria preso e condenado. Seu quociente de inteligência (QI) é de 145.

Hoje é considerado um preso-modelo com um coração de ouro!

Utiliza seu tempo livre traduzindo livros para o braile.

# IVAN ROBERT MARKO MILAT

Nascimento: 27 de dezembro de 1944
Local: Guildford, New South Wales, Austrália
Altura: 1,73 m
Filiação: Stephen Milat e Margaret Milat

11.

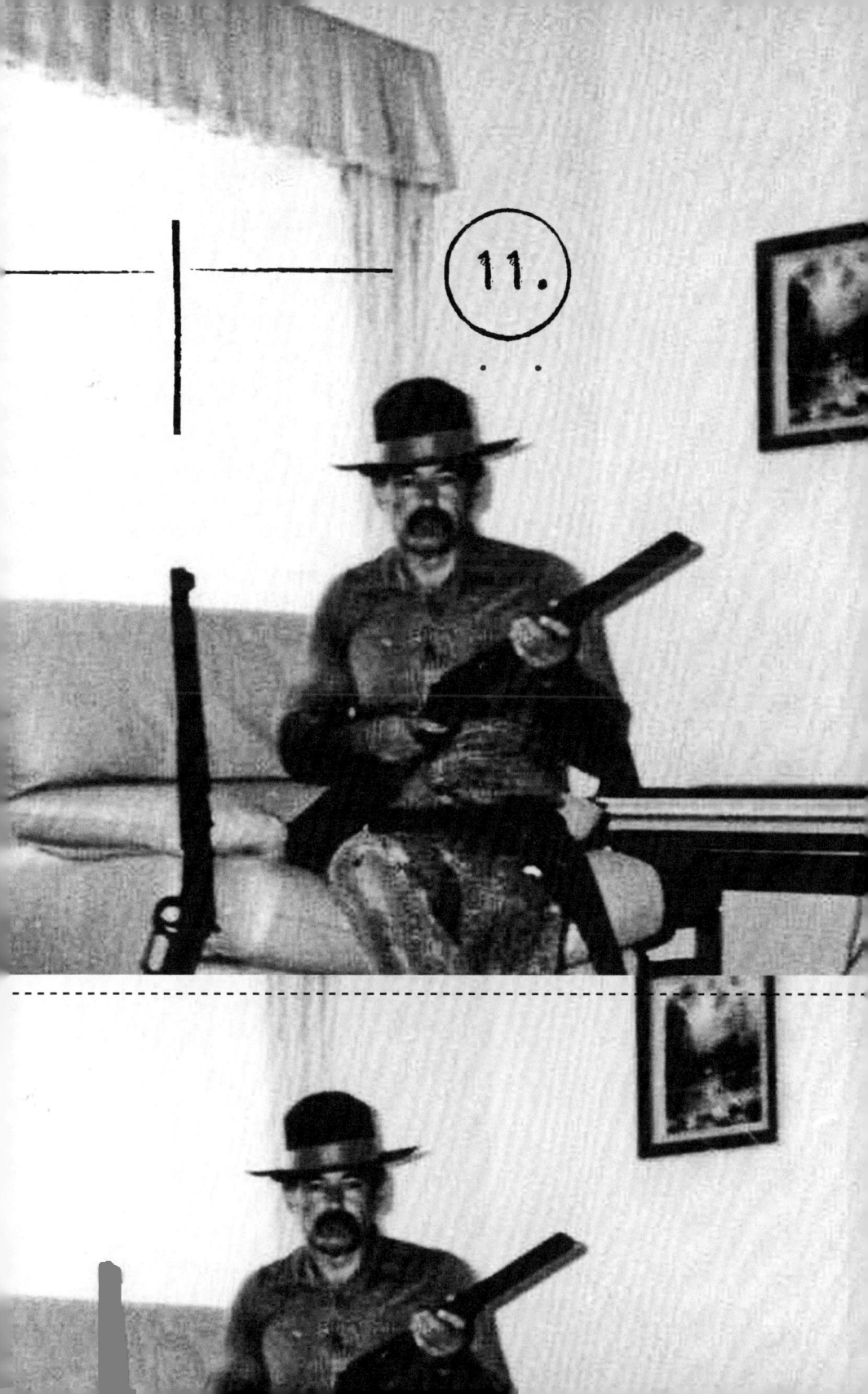

▶ 1944

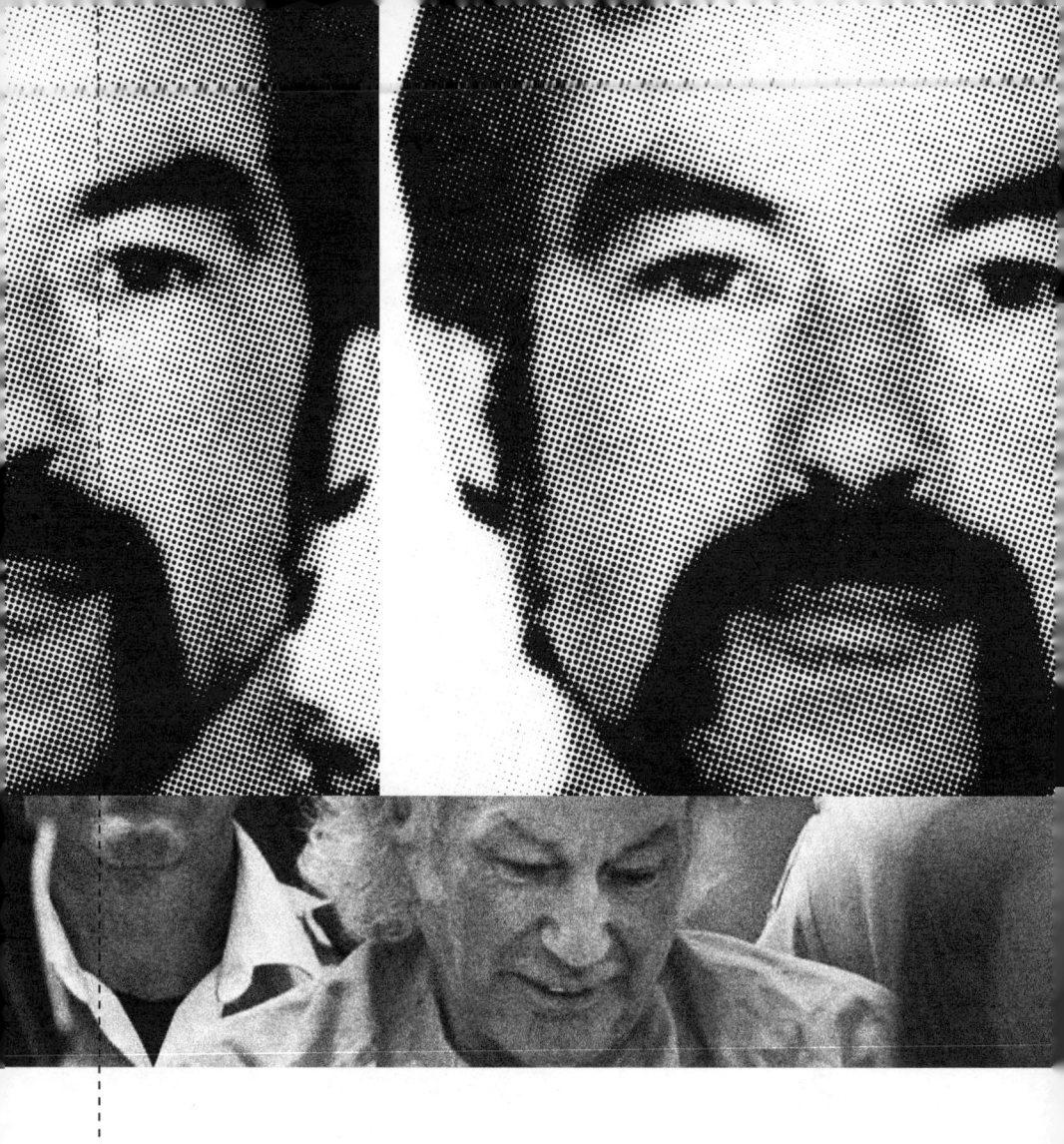

# IVAN ROBERT MARKO MILAT

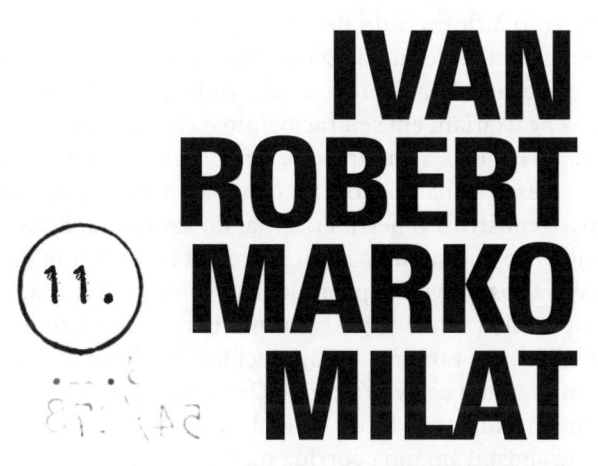

## O ASSASSINO DE MOCHILEIROS

> "Sou inocente! Eles não podem me dar algumas evidências, fatos, fatos honestos? Não é justo. Essas pessoas não estão me dando uma chance justa." – **Ivan Robert Marko Milat**

Rod Milton acordou naquela manhã com a mesma sensação que sentia ao entrar em cada caso nos últimos vinte anos. Em sua longa carreira de psiquiatra forense, havia se especializado como *profiler* e tinha a difícil tarefa de fornecer para a polícia o perfil psicológico e comportamental de criminosos, identificados ou não. A cada possibilidade de tratar-se de crimes em série, era chamado pela equipe de investigação responsável e, munido de toda e qualquer informação oficial, conectava os crimes de uma mesma autoria, entrava na mente de assassinos, funcionando como eles, pensando como eles, até reconstruir os crimes e afunilar a busca da polícia, fornecendo dados sobre o procurado. Outras vezes, com o criminoso já preso, fazia um estudo de sua personalidade e orientava os interrogatórios, montando estratégias para obter a confissão do culpado. Quando o interrogado era inocente, ou seja, sua personalidade não combinava com os atos cometidos pelo criminoso em questão, evitava as falsas confissões informando a polícia que deveriam buscar mais provas.

Dessa vez não era diferente. A antecipação de "entrar" em mente tão perturbada fazia com que seu sangue corresse acelerado nas veias, fazia seu coração bater mais rápido. Procurou as chaves do carro, apressado, e saiu em direção à floresta de Belangalo, Austrália, onde os crimes haviam ocorrido. No caminho, fez uma revisão mental dos dados aos quais teve acesso, estudados à exaustão até que soubesse tudo de cor. Na hora certa, sabia que os dados se encaixariam em seu raciocínio e conseguiria fazer um retrato bem-aproximado daquele assassino que tirara a vida de vários mochileiros na Austrália.

Nesse trabalho, contaria com a ajuda de seu colega dr. Richard Basham para construir o perfil criminal do assassino. Eram sete os jovens desaparecidos de que se tinha notícia até então: Deborah Phyllis Everist e James Harold Gibson, vistos pela última vez em 1989; Simone Loretta Schmidl, desaparecida em 1991; o casal de namorados Gabor Kurt Neugebauer e Anja Habschied, também desaparecidos em dezembro de 1991. A lista terminava em Joanne Lesley Walters e Caroline Jane Clarke, que tiveram seus corpos encontrados em 16 de setembro de 1992 por dois parceiros de motocross que apostavam uma corrida na floresta de Belangalo. A polícia de Bowral foi avisada da descoberta de cadáveres e iniciou-se então a maior investigação criminal da história australiana.

## AS VÍTIMAS

### 1989 | DEBORAH PHYLLIS EVERIST E JAMES HAROLD GIBSON

O casal de amigos desapareceu em 1989. Seus corpos foram encontrados em outubro de 1993, na floresta de Belangalo, por um morador local. Os dois esqueletos estavam incompletos, provavelmente como resultado da ação de animais.

O esqueleto de Deborah Everist estava em péssimo estado de conservação. Ela ainda usava sua corrente de prata com crucifixo e um bracelete de pedras semipreciosas. Nas proximidades, jazia um par de sandálias.

Além das várias marcas de fratura na parte posterior de seu crânio, havia quatro cortes não letais na linha do cabelo. Os restos da mandíbula também estavam quebrados e na região lombar foram observados sinais de uma facada.

Mais bem conservado, o esqueleto de James Gibson trouxe mais informações. Ele ainda vestia calça jeans, com o zíper aberto e o botão fechado, e calçava tênis ainda amarrados. Seu chapéu de feltro preto também foi encontrado e ajudaria em sua identificação.

Ferimentos à faca, quando são profundos, deixam marcas nos ossos que podem ser nitidizadas com soluções químicas especiais. Gibson sofreu pelo menos sete ferimentos com instrumento cortante: dois deles nas costelas, dois na parte mais alta das costas, um de cada lado do peito e um no meio da coluna vertebral, seccionando três vértebras, o que o paralisou.

# 1991 | SIMONE LORETTA SCHMIDL, GABOR KURT NEUGEBAUER E ANJA HABSCHIED

Simone Schmidl era alemã da cidade de Regensburg e desapareceu ao sair de Sydney em janeiro de 1991. Seu corpo foi encontrado na mesma floresta, em novembro de 1993, parcialmente vestido. A camisa e o sutiã estavam levantados até o pescoço e ela vestia short, que estava com os cordões desamarrados. Em volta da cabeça pendia uma bandana roxa. "Simi", como era chamada em família, ainda usava suas joias. Foi reconhecida, de imediato, pela bandana idêntica àquela da fotografia entregue para a polícia quando de seu desaparecimento. O exame da arcada dentária tornaria oficial a identificação do corpo.

Na necropsia, o legista pôde confirmar que se tratava da ação do mesmo assassino pela similaridade dos ferimentos de Simone com o das outras vítimas: apesar de não haver nenhuma fratura no crânio, ela sofreu inúmeras facadas no peito e nas costas, inclusive com secção da coluna vertebral idêntica à de Gibson.

Gabor Kurt Neugebauer e Anja Habschied eram namorados e desapareceram em dezembro de 1991. Seus corpos também foram encontrados em novembro de 1993, durante a exaustiva busca que a polícia realizou de novas vítimas do mesmo perfil – jovens mochileiros que se aventuravam na floresta de Belangalo, Austrália.

O corpo de Gabor estava embaixo de uma pilha de folhas e coberto por um tronco de árvore. O esqueleto estava completo e ele ainda estava vestido com sua calça jeans, com zíper aberto e botão fechado. Em volta da cabeça havia duas mordaças, uma dentro e outra fora da boca, com nós similares, porém diferentes.

Como o osso hioide do rapaz estava fraturado, concluiu-se que ele fora estrangulado. Sua mandíbula mostrava várias fraturas e o exame do crânio mostrou seis entradas de projéteis, três pelo lado posterior esquerdo e três por baixo. Quatro projéteis foram recuperados ainda dentro do crânio da vítima. Caixas vazias de munição e noventa cápsulas deflagradas que estavam no local também foram recolhidas para exame balístico.

A perícia concluiu que Gabor Neugebauer não tinha sido morto no mesmo local em que seu corpo foi encontrado.

O corpo de Anja tinha a blusa levantada até a altura dos ombros. Sua calça jeans e seu sutiã, cortado na lateral, foram encontrados longe dali. No esqueleto faltava o crânio e as primeiras duas vértebras. O médico-legista concluiria em seu laudo que a moça fora decapitada com instrumento afiado, machado ou espada, e pelo ângulo do corte estaria de joelhos e com a cabeça abaixada no momento do golpe fatal, como em uma decapitação ritual. Sua cabeça nunca foi encontrada.

# 1992 | JOANNE LESLEY WALTERS E CAROLINE JANE CLARKE

As amigas Joanne e Caroline desapareceram cinco meses antes de serem encontradas por dois motoqueiros durante uma competição de motocross, em setembro de 1992.

Os restos mortais de Joanne Walters estavam parcialmente cobertos por folhas secas e um tronco de árvore. Ela estava vestida com sua calça jeans, com o zíper aberto e o botão fechado. Sua camiseta continha inúmeras marcas de facadas na altura do coração; ainda calçava sapatos e usava suas joias. Apesar de estar usando calças, sua calcinha nunca foi encontrada.

Seu corpo estava em adiantado estado de decomposição. De suas roupas e mãos foram recolhidos fios de cabelo escuro, que foram armazenados para comparação futura com possíveis suspeitos do crime. Sua cabeça estava envolta com uma espécie de mordaça e outros pedaços de tecido foram encontrados em sua garganta, sugerindo asfixia.

Havia cinco ferimentos de facada no peito da moça e mais nove em suas costas, perfazendo um total de 14 cortes, cinco propositalmente na espinha dorsal, que havia sido seccionada, paralisando a vítima.

Por causa do adiantado estado de decomposição, não foi possível afirmar se houve ou não penetração vaginal ou anal, mas o material foi recolhido em lâminas como prova. Não havia ferimentos de defesa, mostrando que o assassino estava no completo controle da situação. O exame meticuloso dos cortes levou o legista a concluir que a arma do crime era uma faca do tipo "Bowie" ou similar.

Caroline Clarke, além de ter sido esfaqueada, também foi vítima de dez tiros no crânio, de onde ainda foram recuperados quatro projéteis calibre .22. Seus braços estavam posicionados estendidos acima da cabeça, envolta em um pano vermelho perfurado no local dos tiros, mostrando sem sombra de dúvida que fora vendada antes de ser morta. Ela ainda havia sido esfaqueada na base do pescoço, como sua amiga Joanne.

Os testes balísticos demonstraram que os tiros foram dados de três direções diferentes, tendo a cabeça da moça como alvo. A crueldade estava explícita.

Nas proximidades do local onde o corpo de Caroline foi encontrado, a perícia recolheu seis baganas de uma mesma marca de cigarro, cartuchos de arma calibre .22 e um pedaço de plástico verde do tamanho de uma moeda. Os restos de uma fogueira feita de pedras jaziam a 35 metros do local.

# A CENA DO CRIME E SUAS DEDUÇÕES

A floresta de Belangalo é composta de pinheiros plantados pelo homem e localizada entre as cidades de Sydney e Canberra, Austrália. Os corpos de Caroline Clarke e Joanne Walters, duas mochileiras inglesas que faziam turismo, foram os primeiros a ser encontrados e com base nos dados científicos desses crimes é que foi construído o primeiro perfil do criminoso pelo dr. Rod Milton. Mais tarde ele contaria com a ajuda do dr. Richard Basham para completar os trabalhos, já de posse dos relatórios forenses relativos a cada vítima. Os dois *profilers*, ao estudarem todos os dados, não podiam descartar as inúmeras coincidências de *modus operandi* e assinatura do crime. Sem dúvida, tratava-se de um serial killer, o que na época da descoberta do cadáver das duas primeiras vítimas não se podia afirmar.

Todas as vítimas foram encontradas em local afastado e ermo, indicando que o criminoso estava familiarizado com a área. Parecia ser um crime premeditado, no qual o assassino escolheu o local com cuidado para correr baixo risco de ser interrompido ou flagrado.

O corpo de Caroline estava em mais adiantado estado de decomposição que o de sua amiga Joanne. Sua cabeça foi envolvida em um pano vermelho e três cartuchos foram encontrados embaixo dela. Quando um assassino cobre o rosto de sua vítima, em geral sua intenção é despersonalizá-la, transformá-la em objeto. Ela estava vestida e suas roupas, alinhadas, exceto pelo fecho frontal do sutiã, que estava aberto. Não havia nenhum indício de ataque sexual. Aquele parecia ter sido o palco de um crime de execução. Os braços da moça estavam posicionados acima da cabeça, e Milton concluiu que o assassino seguiu seu script prévio. Arrepiou-se ao imaginar a jovem suplicando pela vida até finalmente ser morta.

Distante quase quatro metros do corpo de Caroline, os detetives haviam encontrado seis baganas de cigarro, todas da mesma marca, corroborando a tese de que o assassino tinha passado bastante tempo com a vítima até assassiná-la. Não muito longe, localizaram o cartucho deflagrado de uma arma calibre .22 e um plástico verde do tamanho de uma moeda. Depois de a área ser explorada com detector de metais por peritos da balística, outros nove cartuchos da mesma arma foram recolhidos distantes menos de quatro metros do corpo.

O pensamento dos *profilers* se voltou para a cena do crime de Joanne. Tudo indicava caos em contrapartida à organização do local do assassinato de Caroline. O assassino parecia ter estado em um transe enlouquecido, agindo com muito mais emoção. A vítima estava amordaçada e suas roupas estavam em completo desalinho. Sua camiseta e sutiã, que permanecia abotoado, estavam levantados, deixando os seios à mostra. O zíper da calça da jovem estava aberto, mas curiosamente o botão da calça estava fechado. Ela ainda calçava sapatos pretos, que permaneciam amarrados, indicando que a calça foi, no máximo, abaixada para permitir a violência sexual em vida ou pós-morte. A calcinha não foi encontrada e poderia ter sido levada pelo criminoso como um troféu. Nenhuma joia da moça foi levada. O corpo estava parcialmente coberto por um tronco de árvore sobre um tapete de folhas secas. Restos de uma fogueira construída com pedras foram encontrados. Teriam passado a noite ali?

Caroline e Joanne estavam quarenta metros distantes uma da outra. O assassino, um ou mais, tinha se dedicado em separado a cada uma, e era sofrido imaginar o que passaram as duas amigas até que, por fim, descansaram.

Ao colocarmos em perspectiva os achados de local de crime e médico-legais (aqueles a que tivemos acesso), encontramos várias similaridades desses dois crimes com os outros cinco. As evidências encontradas no caso mais recente, que seria o assassinato de Joanne e Caroline, são mais precisas e em maior número. Mas, analisando os outros achados, podemos concluir que, apesar da falta de evidências concretas, o ritual do assassino para com suas vítimas era o mesmo, e provas se perderam por ação do tempo ou de animais da floresta. Veja no quadro a seguir:

| RITUAIS | VÍTIMAS | | | | | | |
|---|---|---|---|---|---|---|---|
| | EVERIST | GIBSON | SCHMIDL | NEUGEBAUER | HABSCHIED | WALTERS | CLARKE |
| JOIAS | • | | • | | | • | |
| FRATURA MANDÍBULA/CRÂNIO | • | | | • | | | |
| BOTÃO DA CALÇA FECHADO | | • | | • | | • | |
| ZÍPER DA CALÇA ABERTO | | • | | • | | • | |
| CALÇADOS INTACTOS | | • | • | • | | • | |
| PARALISIA PROVOCADA | | • | • | | | • | ? |
| BLUSA LEVANTADA | | | • | | • | | |
| CABEÇA COBERTA (MORDAÇA/VENDA) | | • | • | | | • | • |
| PILHA DE FOLHAS | | | | • | • | | |
| TRONCO DE ÁRVORE | | | | • | • | | |
| TIRO NA CABEÇA | | | | • | | | • |
| DECAPITAÇÃO | | | | | • | | |
| VÍTIMA DE JOELHOS | | | | | | • | • |

Os achados do médico-legista tinham ajudado os *profilers* a reconstruir cada passo do crime cometido. Nunca se acostumariam com a brutalidade e crueldade dos assassinos que estudavam.

# O PERFIL CRIMINAL

Depois de reconstruir passo a passo as ações envolvidas no crime, concluiu-se que era possível que ele tivesse sido executado por duas pessoas, que poderiam ser dois irmãos, um mais velho e dominante, o outro submisso, mas não menos sádico. A dupla teria o mesmo interesse por armas de fogo e caça e prováveis antecedentes criminais de motivação sexual, crimes cometidos juntos ou em separado.

Tratava-se de morador de periferia em área semirrural; estaria empregado em trabalho de média habilidade, provavelmente externo, para que suas saídas fossem legitimadas; estaria envolvido em uma instável e insatisfatória relação com cônjuge; poderia ser homossexual ou bissexual, teria histórico de agressão às autoridades; sua idade ficaria na faixa entre 30 e 40 anos.

Foi de posse de todos esses dados que a polícia iniciou uma investigação detalhada de crimes parecidos com o assassinato de Joanne Walters e Caroline Clarke. Os resultados não demoraram a aparecer.

---

Ao colocarmos em perspectiva os achados de local de crime e médico-legais, encontramos várias similaridades desses dois crimes com os outros cinco.

---

Com a investigação mais adiantada trazendo inúmeros detalhes importantes e já trabalhando em parceria com o sociólogo e analista de dados Robert Young, outras características dos criminosos foram incorporadas ao perfil. O uso de silenciador, por exemplo, comprovado pelos exames de balística, fez os *profilers* concluírem que o assassino vivia em um mundo de fantasias e poderia ir com frequência até a floresta para praticar tiro ao alvo em latas e garrafas. Também inferiram que o suspeito seria proprietário de uma motocicleta e se considerava acima da lei.

O assassino não necessariamente moraria na floresta de Belangalo, mas era certo que fazia frequentes visitas ao local e poderia inclusive ser proprietário ou inquilino de alguma área próxima. Havia grande possibilidade que morasse na região norte, pois todas as vítimas haviam sido vistas perto de Liverpool e todos os corpos foram encontrados no mesmo local, em Belangalo.

Também foram examinados todos os depoimentos já colhidos pela polícia e um deles chamou atenção: tratava-se do relato de um homem de nome Alex Milat.

# A INVESTIGAÇÃO

Para chefiar os trabalhos da força-tarefa criada pela polícia para investigar esses crimes em série, foi designado Clive Small, que nomeou Rod Lynch seu auxiliar. Sabiam que então se iniciava a caçada a um assassino brutal: ele espancava, estrangulava, atirava, esfaqueava e decapitava suas vítimas. Era muito provável também que os sete jovens tivessem sido molestados sexualmente de alguma maneira e a violência do assassino estava em ascendência; a cada vítima o número de ferimentos era maior e o tempo gasto no ritual de morte também aumentava. Assassinos em série, enquanto ainda não descobertos, escalam na violência, sentindo-se cada vez mais confortáveis e com a autoconfiança estimulada a cada dia que passam sem ser suspeitos.

Um levantamento acurado em busca de evidências foi feito em uma grande área da floresta de Belangalo, utilizando-se o método de dividi-la em partes numeradas para que nenhum detalhe fosse perdido. Cada achado foi mapeado, fotografado e recolhido. Também foram utilizados cães do tipo farejador, na tentativa de encontrar novas vítimas.

As cápsulas deflagradas que foram encontradas demonstravam que se tratava de uma "Ruger" de repetição e, em razão do enorme número de armas daquele tipo utilizadas no país, a equipe policial contatou membros de um clube local de tiro para colher seus testemunhos. Um deles lembrou-se de um amigo, Alex Milat, que contou ter visto algo suspeito, e a polícia foi interrogá-lo.

A testemunha descreveu o que viu na ocasião em que estava na floresta: um veículo Ford Sedan e outro com tração nas quatro rodas percorrendo uma trilha. No banco da frente do primeiro carro, apenas o motorista; no banco de trás, outros dois homens sentados e entre eles uma mulher com um pano envolvendo-lhe a cabeça, como uma múmia. No segundo carro, além do motorista, um casal no banco de trás. A mulher estava amordaçada da mesma maneira. A testemunha deu uma descrição tão detalhada aos policias que incluía até as roupas vestidas pelos ocupantes dos carros e ainda declarou que na época havia anotado as placas dos veículos, mas que já não as tinha mais.

A força-tarefa muitas vezes deixou passar dados importantes e não fez conexões de informações aparentemente óbvias, mas em 1994 os trabalhos começaram a engatar. Trinta e sete investigadores começaram a rever todos os depoimentos já coletados pela polícia e logo destacaram algumas informações que direcionariam a uma nova estratégia de investigação:

**01.** Uma mulher havia telefonado para a polícia denunciando o antigo patrão de seu namorado, Ivan Milat, que ela descrevia como homem estranho, dono de propriedade nas proximidades da floresta Belangalo e de um veículo com tração nas quatro rodas. Era colecionador de armas.

**02.** Joanne Berry, moradora local, ligou para a polícia relatando a existência de um boletim de ocorrência feito em 1990 por ela e um cidadão inglês que passava férias na Austrália, Paul Onions. Ali estava descrito como ela havia parado na estrada para ajudar esse jovem que havia escapado de um assaltante. Paul pegara carona com um sujeito bem-apessoado, divorciado, descendente de iugoslavos e proprietário de terras na área de Liverpool. No caminho, mesmo ameaçado com uma arma de fogo, conseguira fugir. Infelizmente essa informação ficou perdida no meio de toda a papelada da investigação até abril de 1994.

**03.** O nível de detalhamento do depoimento de Alex Milat.

Com o nome Milat aparecendo aqui e ali, a força-tarefa resolveu investigar essa família. Tratava-se de uma viúva, mãe de 14 filhos, homens e mulheres. O pai era imigrante croata e lutara na guerra pelo Exército britânico, experiência que alimentaria o modelo de educação que havia utilizado com a família, sempre rígido e disciplinador.

Todos os integrantes da família Milat era familiarizados com armas de fogo desde a mais tenra infância e as colecionavam. Muitos dos irmãos moravam em áreas próximas de onde as vítimas tinham sido vistas pela última vez. Dois dos irmãos, Ivan e Richard, haviam trabalhado juntos na mesma empresa à época dos crimes e a polícia requisitou o livro de ponto da empresa. Ali puderam constatar que Richard tinha álibi para todos os desaparecimentos, mas Ivan folgou em todos os dias que o comprometeriam. Tornou-se, de imediato, suspeito.

Ao comparar seu suspeito com o perfil criminal fornecido para a força-tarefa pelos *profilers*, a combinação era próxima à perfeição. Caçador, trabalhador de estradas e com vários antecedentes criminais, inclusive com condenações. Mas o que chamou atenção do detetive Wayne Gordon, responsável pela investigação da família Milat, foi um crime pelo qual Ivan Milat havia sido absolvido: em 1971, dera carona a duas mochileiras, de Liverpool para Melbourne, e fora acusado de estuprar uma delas. Em seu depoimento, as garotas testemunharam que ele usara uma faca.

A partir desse ponto, quatro policiais foram destacados para manter sob vigilância o suspeito número um da força-tarefa.

Ao investigar os carros da família, localizaram um Nissan Patrol 4×4, que havia pertencido a Ivan, com um novo dono, que entregou à polícia um projétil calibre .22 encontrado embaixo do banco do motorista, consistente com as caixas de munição encontradas nos locais do crime.

Uma pesquisa no órgão de registro de imóveis logo resultou na informação de que Ivan Milat tinha uma pequena propriedade há apenas 37 quilômetros da floresta Belangalo. Também possuía uma motocicleta.

O detetive Gordon precisava agora colocar Ivan Milat com seu Nissan no local dos crimes. Passou um pente-fino em todos os trabalhos realizados e se deparou com o telefonema de Joanne Berry e o boletim de ocorrência de Paul Onions. Gordon e Clive Small, seu chefe, furiosos com essa falha enorme na investigação, contataram Paul pedindo que ele fosse a Sydney e fizesse um reconhecimento fotográfico do homem que o atacara. Como os irmãos Milat eram muito parecidos, usaram a foto de Ivan, pois Richard trabalhara naquele dia, enquanto o irmão folgara. A vítima não demorou muito para identificá-lo, provendo fundamentos para que fosse pedido um mandado de busca para a casa de Ivan Milat e outro para a casa de sua mãe e irmãos, uma vez que havia a suspeita forte de que a ação criminosa era executada por mais de uma pessoa.

A execução dos mandados foi planejada com cuidado para que fossem concomitantes e envolveu trezentos oficiais da polícia. O dr. Rod Milton também proveu o detetive Gordon de informações sobre o perfil de Milat que o ajudariam a negociar uma rendição pacífica. A operação foi um sucesso, e no dia 22 de maio de 1994 Ivan Robert Milat se entregou para a polícia.

## BUSCA E APREENSÃO

Na casa de Ivan, foram encontrados dois sacos de dormir, depois identificados como pertencentes a Simone Schmidl e Deborah Everist; uma faca Bowie, com 12 polegadas de comprimento; um manual técnico para uso de uma Ruger calibre .22; uma fotografia do suspeito com uma Colt calibre .45 (como a descrita por Paul Onions); uma fotografia de sua namorada vestindo um top Benetton idêntico ao de Caroline Clarke; uma bandana roxa idêntica à que estava amarrada na cabeça de Simone Schmidl; várias faixas de tecido similares àquelas com que as vítimas foram amarradas (uma manchada com o sangue de Caroline Clarke); e um rifle Ruger calibre .22 desmontado. Não restavam muitas dúvidas de que ele era o assassino.

Outros itens também foram apreendidos, tanto na casa de Ivan como nas de outros membros da família — entre eles cordas azuis e amarelas, como aquelas encontradas em um dos locais de crime, mais partes de rifles Ruger calibre .22, equipamentos de camping, cozinha e o cantil de Schmidl, a câmera fotográfica de Clarke, uma arma automática Browning, outros rifles e revólveres, facas e farta munição. Os irmãos Walter e Richard Milat alegaram que esconderam coisas em suas casas a mando de Ivan e a mochila de uma das vítimas foi encontrada na casa do primeiro.

Na casa de Margaret Milat, mãe de Ivan, foi encontrada uma espada curva de cavalaria, a provável arma utilizada para decapitar Anja Habschied.

Ivan negou seu envolvimento e não reconheceu nenhum dos objetos encontrados e apreendidos, mas a balística comprovou que os projéteis extraídos dos corpos das vítimas foram disparados por seu rifle.

## O JULGAMENTO

O julgamento demorou mais de 15 semanas. Só pela acusação, 145 testemunhas foram ouvidas e 356 evidências foram apresentadas. Para a promotoria, Ivan caçava suas vítimas antes de matá-las.

A defesa tentou provar que os verdadeiros Milat assassinos eram Richard e Walter, que teriam plantado provas na casa do irmão Ivan para incriminá-lo.

Em 27 de julho de 1995, Ivan Milat foi considerado culpado pela unanimidade do júri. Sua pena pelo ataque a Paul Onions foi de seis anos e recebeu uma sentença de prisão perpétua por cada um dos sete assassinatos que cometeu. O assassino ouviu passivamente, em silêncio, sem demonstrar nenhuma emoção. Foi levado para a prisão de segurança máxima em Maitland, sudoeste de Sydney, permanecendo ali até 1997, quando foi transferido para a prisão de Goulburn após uma tentativa de fuga.

Até hoje ele alega ser inocente e formou um grupo que luta por sua soltura junto ao governo australiano. Ivan Milat sempre declarou que fugirá na primeira oportunidade que tiver. A polícia ainda investiga se a família de Ivan estava envolvida na tentativa de fuga do irmão.

## OBSERVAÇÕES FINAIS

Muitos mochileiros, de diversas nacionalidades, desapareceram na mesma região da Austrália nos últimos anos. Diane Pennacchio, 29 anos, desaparecida depois de sair de um bar em Canberra, teve seu corpo encontrado em 1991. A forma como estava disposto era exatamente igual à de todas as vítimas de Ivan Milat: esfaqueado, de bruços ao lado de um tronco de árvore caído, com as mãos atrás das costas. Um dossel triangular de gravetos foi construído sobre seu corpo e, sobre ele, folhas de samambaia. Perto do corpo foram encontrados restos de uma fogueira feita de pedras, formando um círculo perfeito.

Muitos acreditam que Ivan Milat não agia sozinho. O próprio pai de Gabor Neugebauer declarou para a imprensa que achava impossível que apenas um homem conseguisse dominar seu filho ao mesmo tempo que dominava Anja. Ele era bastante forte e bom de briga.

Outro irmão de Ivan, Bóris, que se afastou dos Milat, declarou para a mídia que ninguém podia imaginar a violência que ocorria na família. Ele acredita que tenham matado pelo menos 28 mochileiros, mas não tem fatos nem provas para fundamentar suas suspeitas. Segundo ele, onde quer que seu irmão tenha trabalhado, pessoas desapareceram nas proximidades.

A polícia australiana ainda tenta obter provas que comprometam Walter ou Richard Milat. Os seis fios de cabelo encontrados nas mãos de Joanne Walters foram examinados por laboratórios forenses, na tentativa de extrair seu DNA e confrontá-lo com os do suspeito. Quatro fios foram danificados nessas tentativas e agora a polícia espera que novas técnicas sejam desenvolvidas para testar os dois fios restantes sem o risco de ficar sem provas.

Ivan Robert Marko Milat continua preso na Penitenciária de Segurança Máxima em Goulburn, Austrália.

---

Em 27 de julho de 1995, Ivan Milat foi considerado culpado pela unanimidade do júri. Sua pena pelo ataque a Paul Onions foi de seis anos e recebeu uma sentença de prisão perpétua por cada um dos sete assassinatos que cometeu.

---

Em fevereiro de 2001, foi levado às pressas para o hospital da penitenciária, depois de ter informado às autoridades que havia ingerido lâminas de barbear, grampos para papel e uma pequena corrente que unia dois cortadores de unha.

Em maio do mesmo ano, engoliu uma mola da descarga da privada de sua cela. Segundo Milat, esses atos de automutilação fazem parte de uma campanha para que sua apelação seja ouvida pela Corte Superior da Austrália. Já as autoridades da Penitenciária Supermax de Goulburn acham que seu objetivo é ser transferido para um hospital ou outra penitenciária, o que facilitaria sua fuga. Essa teoria ganhou peso quando os médicos descobriram que Milat havia embrulhado as lâminas de barbear com plástico adesivo antes de engoli-las e por isso não sofreu danos em seu trato digestivo.

Durante as audiências para conseguir seu direito de apelação, Milat foi questionado sobre o desaparecimento de Leanne Goodall (20), Robyn Hickie (17) e Amanda Robinson (14), entre 1978 e 1979. Ele trabalhava na mesma área em que as garotas sumiram, mas negou qualquer envolvimento. Não foi formalmente acusado por esses crimes.

Em novembro de 2002, processou o Estado por desrespeito à sua privacidade ao permitir a publicação das fotos dos raios X a que foi submetido quando se automutilou. Por causa desse processo, discute-se hoje na Austrália até onde vão os direitos de quem cometeu assassinatos tão brutais.

Em dezembro de 2003, Ivan Milat foi interrogado sobre o desaparecimento de duas enfermeiras em julho de 1980: Gillian Jamieson e Deborah Balkan. Colegas de quarto, as jovens de 20 anos desapareceram depois de terem sido vistas saindo do Hotel Tollgate, em Parramatta, Sydney. Estavam acompanhadas por um homem vestindo roupas de trabalho sujas e usando chapéu preto estilo caubói. Na época, Milat usava um chapéu similar e trabalhava a menos de dois quilômetros do local, no Departamento de Estradas Principais, em função braçal. A recompensa sobre qualquer informação que leve a polícia a solucionar esses casos é de cem mil dólares australianos.

Milat também é o principal suspeito da morte de outro mochileiro, Peter David Letcher, de Bathurst. Ele foi encontrado morto por tiro, na floresta estadual de Jenolan, em 1988.

Em maio de 2004, a Corte Superior australiana recusou o pedido de Ivan Milat para apelar contra suas sete condenações por assassinato, considerando que não houve falha processual no julgamento original. No mesmo ano, ele declarou em uma entrevista que acusar seus irmãos pelos assassinatos foi uma estratégia de defesa em seu julgamento, mas que na verdade eles são inocentes.

A polícia ainda hoje acredita que Milat é o autor do assassinato de Susan Isenhood, de 22 anos. Seu corpo foi encontrado há muitos anos e identificado por DNA em 2004. O caso permanece sem solução. A moça desapareceu em outubro de 1985, quando foi visitar o irmão, e pegou carona para retornar de Taree, onde na época Milat trabalhava em uma estrada próxima.

Em 2005, Ivan Milat foi questionado pelo desaparecimento de outra caronista em 1980, Anette Briffa (18).

Em junho de 2006, foi isolado em cela especial, depois de ameaçar novamente cometer suicídio. Havia ganhado uma sanduicheira elétrica e um televisor por comportamento-modelo na penitenciária, mas um grupo de direitos das vítimas protestou e conseguiu que esse "conforto" fosse confiscado de sua cela.

Em agosto de 2006, novas buscas foram feitas na casa da família Milat, mas nada foi encontrado. Existem dez casos de assassinato sem solução que podem estar relacionados com ele, mas não há prova alguma. Mesmo nos casos em que foi considerado culpado, a prova era apenas circunstancial e nada significaria se não fosse o testemunho de Paul Onions, que o reconheceu e descreveu seu *modus operandi* no local dos crimes.

# LEONARD LAKE E CHARLES CHITAT NG

**Leonard Lake**
Nascimento: 29 de outubro de 1945
Local: São Francisco, Califórnia, EUA
Morte: 6 de junho de 1985
Cônjuge: Primeiro casamento (1975/?);
Claralyn Balasz (1981/?)

**Charles Chitat Ng**
Nascimento: 24 de dezembro de 1960
Local: Hong Kong
Cônjuge: Solteiro

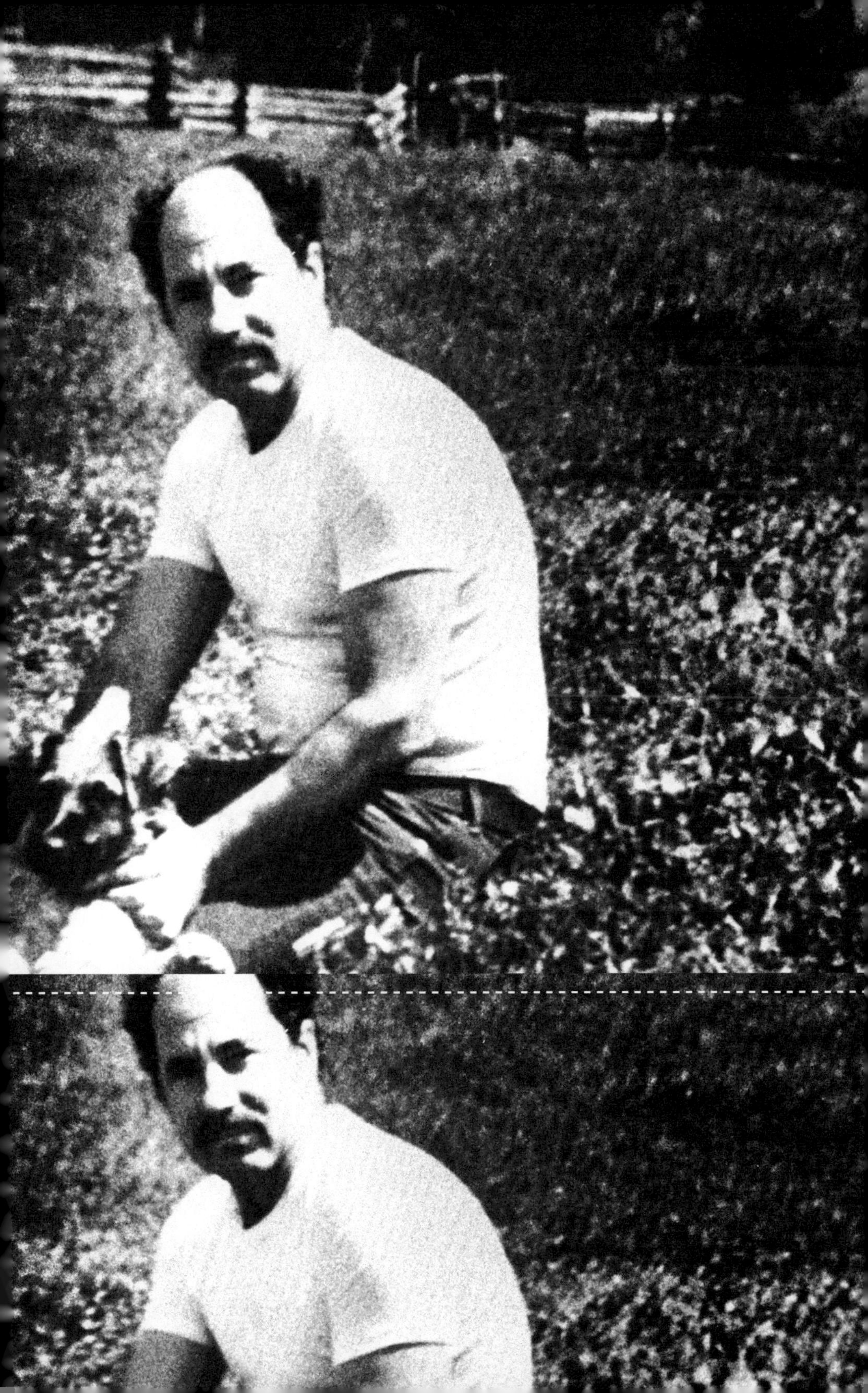

1945
1960

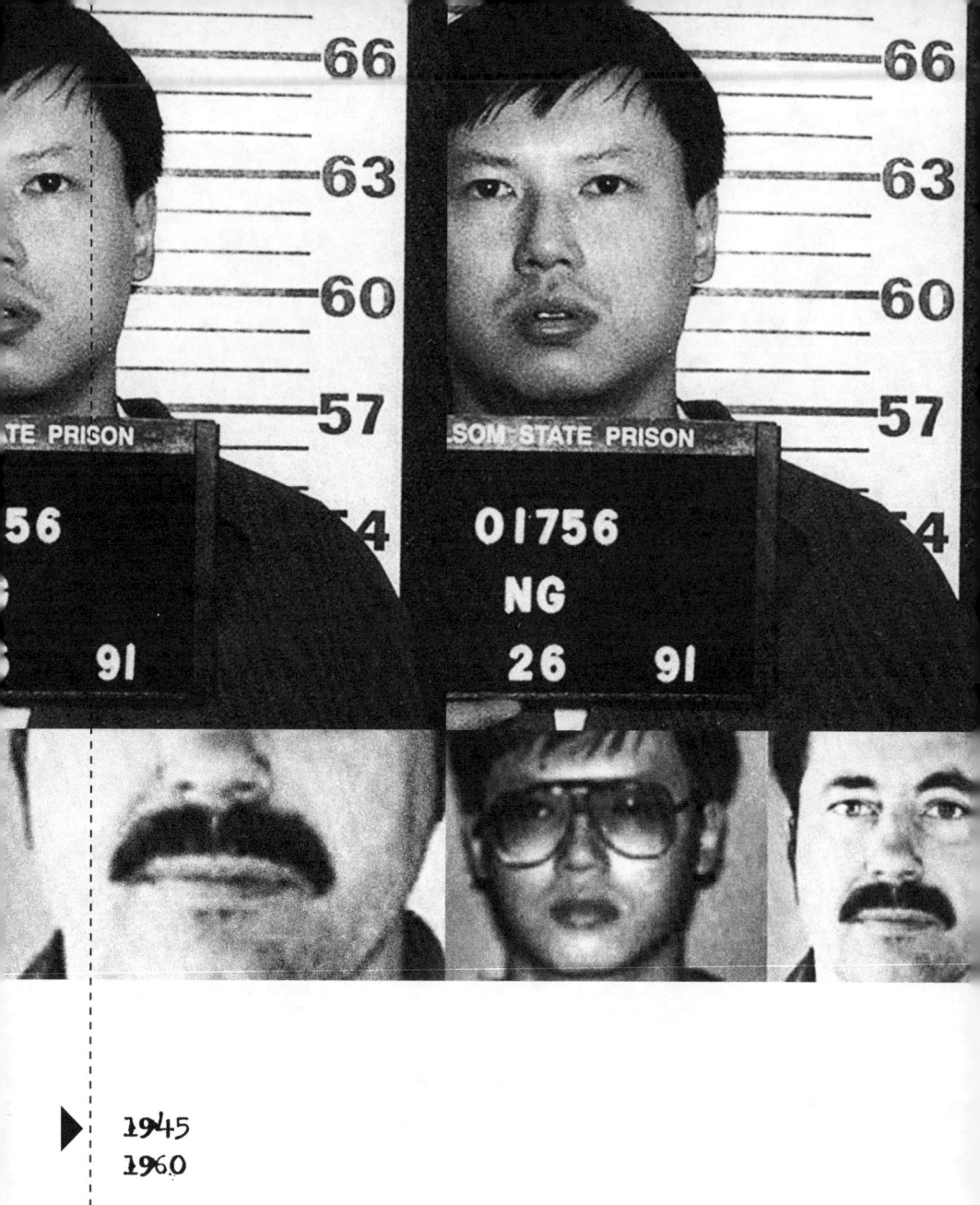

# 12. LEONARD LAKE E CHARLES CHITAT NG
## UMA DUPLA LETAL

> "Você devia ouvir os gritos. Às vezes eu precisava amordaçá-las, porque elas gritavam tanto que eu não conseguia me ouvir." – **Charles Chitat Ng**

Junho de 1985. No calor do estacionamento de uma loja na cidade de São Francisco, EUA, Leonard Lake aguardava a polícia juntamente com o gerente. Ele não podia acreditar na burrice do amigo Charles Chitat Ng, em sua prepotência. Era fato precisarem de um torno mecânico novo, mas furtá-lo diante de todo mundo e sair correndo? Claro que viram quando Ng jogou a mercadoria dentro do porta-malas de seu carro, criando o maior alvoroço! Agora ele estava ali, que situação, e mesmo depois de pagar a ridícula quantia de 75 dólares pela "compra" o policial ainda insistia em revistar seu carro. O coração de Lake batia rápido, ele suava por todos os poros, a adrenalina corria em seu sangue. Aquilo não ia dar certo.

Insistia em mostrar a nota do torno pago e encerrar a questão, mas o policial coçou a cabeça quando encontrou uma arma calibre .22 com silenciador na sacola de ginástica de Lake. Inquieto demais, foi quase com desespero que assistiu ao homem verificar por rádio a placa do carro, um Honda Prelude 1980. Sua mente trabalhava de forma frenética para preparar as respostas das perguntas que sabia que viriam. Não, o carro não era seu, era de seu amigo Lonnie Bond. Não, ele não era Lonnie, era Robin Stapley, disse, ao entregar sua carteira de motorista. Não, a arma não era sua, era de Lonnie também. Não, ele não tinha furtado o torno, tinha sido seu amigo asiático, mas ele já havia pago a conta, então por que não podia ir embora?

Apesar da insistência do "cliente" em encerrar o assunto, o experiente policial Daniel Wright estava cada vez mais confuso. O Robert S. Stapley do documento apresentado tinha 26 anos e o homem com quem falava parecia mais velho que isso. O número da placa do carro realmente pertencia a Lonnie Bond, mas o modelo do carro não batia. O registro da arma não estava no nome do tal Lonnie, mas no de Stapley. O "cliente" não parava de insistir para ir embora e Wright, desconfiado e precavido, alegou que portar armas com silenciador era ilegal nos Estados Unidos e, portanto, iriam conversar na delegacia. Suando profusamente, inconformado com sua falta de sorte, Lake ouviu seus direitos serem lidos e se viu algemado e trancado na viatura. Estava perdido. Em sua cabeça, passava um turbilhão de pensamentos, estava em desespero, buscava uma saída, tinha imaginado ser preso inúmeras vezes, mas nenhuma daquela maneira, por motivo tão idiota.

Quando seus bolsos foram esvaziados na delegacia, encontraram o recibo de seu amigo, Charles Gunnar. Outro policial apareceu na porta dizendo que os registros do Honda Prelude estavam no nome de um tal Paul Cosner, indivíduo que constava desaparecido havia nove meses. Foi então que Lake decidiu-se. Fim da linha. Com olhar desesperado, mas sem levantar suspeitas, pediu lápis e papel. Escreveu uma nota rápida, explicou a Wright que o amigo responsável pelo furto do torno se chamava Charles Chitat Ng, acrescentando a pronúncia correta, Chitah Ing, e quase começou a gargalhar pela infame situação que vivia. Ainda confuso com o desenrolar dos fatos, pediu um copo de água e engoliu rapidamente os dois comprimidos de cianureto que carregava na lapela, antes que perdesse a coragem. Tinha planejado aquele momento uma centena de vezes, mas no fundo achou que ele não aconteceria. Antes que tivesse tempo de pensar em mais nada além das desculpas por escrito que pediu à mulher, à mãe e às irmãs, estava convulsionando pelo chão da delegacia, diante do olhar aturdido de todos ali.

A emergência foi chamada, Lake foi socorrido já quase sem vida e os policiais quebravam a cabeça para entender por que alguém cometeria suicídio ao ser descoberto por um furto de veículo.

Leonard Lake e Charles Chitat Ng formaram uma das duplas mais letais conhecidas na história dos crimes em série. Conheceram-se na Marinha, onde serviram juntos, e juntos também foram acusados pelo FBI de roubar armas de uma base militar no Havaí. Naquela época, Lake estava casado com Claralyn Balasz e Ng morava com eles. Lake separou-se e fugiu para a cabana do pai de Balasz, em Wilseyville, Califórnia, região distante 220 quilômetros de São Francisco, aos pés das montanhas de Serra Nevada. Sua fiança foi paga pelo padrinho de casamento, Charles Gunnar, mas ele não arriscou ser julgado. Ng foi preso, enfrentou a Corte Marcial e cumpriu dois anos em regime fechado na prisão militar de Leavenworth. Ao sair, foi morar com o parceiro de crime.

Os dois desenvolveram fantasias inacreditáveis. Raptavam pessoas, por vezes famílias inteiras, mas logo executavam os homens, de quem utilizavam os documentos, veículos e armas, e as crianças, que para eles não tinham nenhuma utilidade.

Com as mulheres, a fantasia era bem outra. Lake e Ng as mantinham em cativeiro na cabana de Wilseyville como escravas, que os entretinham com stripteases eventuais, lavavam, passavam, cozinhavam, serviam os dois sexualmente e acabavam mortas, suspeita-se, em verdadeiras caçadas humanas floresta adentro. Aquelas que resistiam eram torturadas até que se tornassem mais cooperativas.

A cabana era simples, com dois quartos, sala, cozinha e banheiro. O teto era todo pintado com manchas vermelhas. A cama do quarto do casal era de dossel e havia fios elétricos amarrados em cada uma das quatro colunas da cama. Em cada canto da cama estavam fixados parafusos tensores e, acima deles, um holofote de 250 W na parede. Fitas de vídeo e áudio registraram os horrores a que as mulheres foram submetidas pela dupla implacável. Imploraram pela vida de seus filhos e maridos enquanto Lake e Ng se divertiam, seviciando-as. Na colcha e no colchão ainda foram encontrados restos de sangue de muitas delas, bem como nas inúmeras lingeries que as vítimas eram obrigadas a usar em um macabro desfile de moda.

Do lado de fora da cabana havia um incinerador, com paredes à prova de fogo, capaz de aguentar elevadas temperaturas. Muitos corpos foram destruídos ali. Havia também um bunker, uma espécie de abrigo antiaéreo, que acabou se provando ser uma medonha câmara de torturas e cativeiro.

A sala principal da estranha construção era de aproximadamente 18 m². Em uma parede de compensado, dezenas de ferramentas e serras potentes, manchadas de sangue, jaziam dependuradas ao lado de uma bancada de trabalho. Atarraxado à bancada estava um torno mecânico quebrado.

O local parecia bem menor por dentro do que por fora, porque a parede de compensado na qual as ferramentas ficavam dependuradas era, na verdade, uma porta que levava a um pequeno quarto. Dentro dele havia uma cama de casal, um criado-mudo, livros e um abajur. Na parede, uma placa com a inscrição "Operação Miranda". As investigações posteriores mostrariam que tal inscrição fora retirada do livro *O Colecionador* (1963), de John Fowles, encontrado no bunker. O livro conta a história de um colecionador de borboletas que rapta uma linda mulher, mantendo-a trancada em seu celeiro até sua morte.

O quarto também continha equipamentos militares, como armas, rifles de assalto, uniformes, botas e pistolas automáticas. Entre essas armas, uma mira militar, usada por soldados de tocaia que necessitam acertar tiros no escuro. Na prateleira, entre livros sobre explosivos e produtos químicos, havia uma pequena janela feita de várias camadas de vidro, à prova de som, e uma porta secreta atrás dela que levava a outro quartinho, de apenas 2,0 m × 2,5 m. No pequeno aposento, havia uma cama estreita, um banheiro químico, ventilador e uma jarra de água. Buracos haviam sido feitos na parede para que alguma ventilação pudesse entrar, mas foram abafados para que luz não a passasse. Um botão ao lado da janela, quando apertado, permitia que os ocupantes do primeiro quarto ouvissem qualquer som que viesse do segundo.

Nenhuma ficção é tão tenebrosa quanto a realidade das vítimas que foram condenadas a se "hospedar" naquele lugar.

Durante as investigações, inúmeras provas foram encontradas e o quebra-cabeça foi sendo montado.

A polícia técnica de São Francisco verificou o Honda Prelude, no qual foram encontradas manchas de sangue no banco do passageiro, um buraco de arma de fogo perto do quebra-sol do mesmo lado e duas caixas de explosivos embaixo do banco. Paul Cosner, em nome de quem o veículo estava registrado, tinha 39 anos e era comerciante de carros usados. Havia desaparecido em 2 de novembro de 1984, depois de comentar com a namorada que sairia para mostrar um carro a um homem de "aparência estranha". Nunca mais voltou.

No porta-luvas do carro foram encontrados vários cartões de banco e de crédito, além de outros documentos em nome de Robin Scott Stapley, declarado desaparecido em abril daquele ano, em San Diego. Nessa cidade, Stapley era membro fundador dos "Anjos da Guarda", organização nacional formada para proteger cidadãos de ataques criminosos e para auxiliar a polícia.

Outro cartão encontrado estava em nome de Randy Johnson, um sem-teto, veterano da Guerra do Vietnã que havia sido companheiro de Lake, recrutado para ajudar na construção do bunker e depois executado.

O xerife Ballard foi nomeado chefe da força-tarefa que cumpriu o mandado de busca e apreensão na cabana e no bunker de Wilseyville. O trabalho demorou dias.

Logo foram detectados traços de água sanitária em um diâmetro de três metros em volta do bunker, ao longo de um fosso que parecia conter artigos de pano. Preocupado com a possibilidade de descobrir ali um cemitério, Ballard pediu que as terras vizinhas, de propriedade de um tal Bo Carter, fossem investigadas.

Carter informou aos investigadores que havia alugado sua propriedade para a família Bond, Lonnie, Brenda e um filhinho de um ano. Como o pagamento do aluguel estava atrasado, o proprietário contratou um agente local para que fosse até lá fazer a cobrança. Por relatório, foi informado pelo agente que a família havia abandonado a propriedade dez dias antes, segundo o vizinho Charles Gunnar, que o atendeu de forma bastante solícita. O vizinho também informou que um homem chamado Robert Stapley havia morado ali com a família Bond, mas não sabia onde ele estava. O relatório também se referia a uma provável escavação em sua propriedade, o que o levou a verificar pessoalmente o local. Na ocasião, conheceu o vizinho Charles Gunnar, mas só deu importância ao fato quando viu nos jornais as fotografias de Leonard Lake, prisioneiro que tomou cianureto. Eram a mesma pessoa.

Diante desses fatos, Ballard ordenou que uma equipe composta por cães treinados e especialistas forenses iniciasse as buscas de possíveis vítimas enterradas ali. Contaram com o auxílio de um especialista da Associação de Resgate por Cães da Califórnia e requisitaram equipamentos pesados para que a propriedade pudesse ser escavada com cuidado.

Nas buscas dentro do bunker, foram encontrados um macacão e um boné com a inscrição "Dennis Moving Service". Também foi encontrado o diário de Leonard Lake e seu conteúdo parecia um livro de horror. Lá estava descrito, em detalhes, como a dupla de amigos selecionava, estuprava e matava suas numerosas vítimas. Lake escreveu no diário sobre sua compulsão em dominar mulheres e fazer delas suas escravas. Também estavam descritas suas teorias sobre guerras nucleares, sua crença sobrevivencialista e seu plano de construir bunkers por todo o país, repletos de suprimentos, armas e escravas que repovoariam o mundo.

Glória Eberling, mãe de Leonard Lake, e Claralyn Ballasz, sua ex-esposa, estavam presentes. Àquela altura, Leonard Lake já apresentava morte cerebral e a família estava sendo pressionada a autorizar o desligamento dos aparelhos que o mantinham vivo. Glória também confessou à nora sua preocupação com o desaparecimento de seu outro filho, Donald Lake, de quem não tinha notícias havia dois anos. Por sua vez, Claralyn confessou que ajudara Charles Ng a fugir da polícia, levando-o até um terminal da American Airlines no dia da prisão de Lake. Não tinha a menor ideia de para onde o amigo ia, apenas que usava o nome falso de Mike Kimoto.

Os detetives resolveram não perder mais tempo. Informaram a polícia sobre a fuga e o pseudônimo de Ng, e a investigação passou a ser de grande assassinato, incluindo o FBI, o Departamento Florestal Californiano e o Departamento de Justiça da Califórnia.

O caso estava se tornando um verdadeiro circo de horrores. As evidências sugeriam múltiplos raptos, estupros, assassinatos e dois principais suspeitos: um morto e um foragido. Tudo que se podia fazer no momento era coletar o maior número de provas possíveis.

As investigações do FBI mostraram que Charles Ng havia embarcado em um voo de São Francisco para Chicago, mas as pistas acabavam aí. Sabia-se, por sua ficha, que tinha irmãs morando em Toronto e Calgary, no Canadá, um tio em Yorkshire, na Inglaterra, e muitos amigos que haviam servido com ele na Marinha americana moravam no Havaí. O mais interessante foi a descoberta de que Ng não era cidadão americano, mas alegou ter nascido em Bloomfield, Indiana, para conseguir seu alistamento. O FBI concluiu que, cedo ou tarde, Ng procuraria sua família ou amigos. A Interpol e a Scotland Yard foram avisadas e a descrição de Charles Chitat Ng, distribuída por todo o mundo.

No dia 8 de junho de 1985, os primeiros cadáveres foram encontrados. Por ironia, naquele dia Leonard Lake faleceu. Segundo a descrição de um jornalista, na reportagem sobre o caso, o assassino morto era "muito patético e humano para ser chamado de Diabo, mas muito frio e cruel para ser considerado humano".

---

Também foi encontrado o diário de Leonard Lake e seu conteúdo parecia um livro de horror. Lá estava descrito, em detalhes, como a dupla de amigos selecionava, estuprava e matava suas numerosas vítimas.

---

Na sequência das escavações, foram desenterrados cinco baldes ensacados. Dentro deles, um talão de cheques em nome de Robin Scott Stapley, joias, cartões de crédito, carteiras de motorista, carteiras de dinheiro e três fitas de vídeo. Ao assisti-las, o choque foi tremendo. A realidade podia ser pior do que a fantasia. Nelas apareciam as vítimas identificadas como Kathy e Brenda sendo ameaçadas, torturadas e seviciadas.

Kathy foi filmada amarrada em uma cadeira. Depois, foi forçada a fazer um striptease completo para deleite de Lake e Ng, e as cenas de sexo entre a moça e Ng estavam também registradas ali, com Lake aparecendo ao tirar fotografias do casal. Em outra parte do filme, Kathy aparece algemada em uma poltrona. Lake diz a ela para cooperar e ele a deixará ir embora em trinta dias. Se recusasse, atirariam em sua cabeça e a enterrariam junto com seu namorado, já morto por eles. Na verdade, Kathy Allen havia sido atraída até a cabana da dupla quando Lake foi chamá-la, no supermercado em que trabalhava, alegando que seu namorado, Michael Sean Carrol, havia levado um tiro. Michael fora companheiro de cela de Charles Ng. No filme, Lake também avisa a aterrorizada moça que a manteria ocupada lavando suas roupas, passando-as, cozinhando e mantendo relações sexuais. Ao longo do vídeo, ele continua fazendo várias ameaças, explicando que se sentia mal pelo que estava fazendo, mas que não podia evitar suas ações e as do amigo Ng. Kathy também foi avisada para parar de bater na porta de seu quartinho, pois as dobradiças já estavam ficando danificadas. Se fizesse isso outra vez, seria severamente castigada.

A cena então é cortada para a moça, que está sendo forçada a escrever uma carta aos parentes de seu namorado, dizendo que haviam mudado de endereço e que não seriam mais encontrados. O vídeo volta para Kathy, sendo obrigada a escolher entre ser escrava sexual ou morrer. Ela concorda com a escravatura, é libertada das algemas e amarrada à cama. Lake aparece, então, tirando fotos dela vestida com diversos tipos de lingeries.

Nas fitas, que incluíam cenas de Brenda O'Connor, esposa de Lonnie Bond e vizinha de Lake, esta implora em desespero que lhe deem informações sobre seu bebê. Lake responde que ele está "dormindo como uma pedra". Depois de torturada e ameaçada, o vídeo mostra uma Brenda mais cooperativa e pode-se ouvir o som dos três tomando banho juntos. A polícia acredita que o marido e filho de Brenda foram mortos antes mesmo que Lake e Ng começassem as gravações da fita.

As escavações progrediam e foram achados parte de um crânio e mais um balde, dessa vez contendo itens pessoais e o que parecia ser mais um cadáver queimado. Outros quatro corpos foram desenterrados: um homem negro, duas mulheres e uma criança.

Também foi encontrado um recipiente plástico e um longo tubo de metal, com trinta centímetros de diâmetro. Ali estavam 1.863 dólares de prata, carteiras e cartões de crédito. Dentro do tubo, um rifle Colt AR-15 semiautomático.

Ao todo, foram encontrados os corpos de sete homens, três mulheres, dois bebês e mais de vinte quilos de fragmentos de ossos. As evidências sugerem que 25 pessoas foram mortas pela dupla; vários desaparecimentos foram relacionados com o caso. Como muitos corpos foram incinerados, esquartejados e espalhados pela propriedade, a identificação de todos se tornou impossível.

As vítimas identificadas foram as seguintes:

| KATHLEEN ALLEN | Gerente de um supermercado em Milpitas. |
|---|---|
| MICHAEL CARROL | Namorado de Kathleen, traficante e companheiro de cela de Ng. |
| ROBIN SCOTT STAPLEY | Membro-fundador dos "Anjos da Guarda" em San Diego, Califórnia. |
| RANDY JOHNSON | Veterano de guerra, amigo de Lake. |
| CHARLES GUNNAR | Amigo e padrinho de casamento de Lake e Balasz. |
| DONALD LAKE | Irmão de Leonard Lake. |
| PAUL COSNER | Dono do Honda Prelude. |
| BRENDA O'CONNOR | Lonnie Bond e Lonnie Bond Jr., vizinhos. |
| HARVEY, DEBORAH E SEAN DUBS | Família que pôs à venda equipamentos de áudio por intermédio de um anúncio de jornal e foi raptada e morta pela dupla. |

O FBI preparou dossiês com o histórico de Charles Chitat Ng e Leonard Lake.

Ng nasceu em Hong Kong no dia 24 de dezembro de 1961. Oriundo de família abastada, com condições de um futuro promissor, sua personalidade rebelde fez com que fosse expulso de várias escolas antes de ser enviado a Yorkshire, Inglaterra, para terminar os estudos. Ali, apesar da proteção do tio, professor da escola, não conseguiu escapar das acusações de furtar objetos de vários estudantes e foi preso em uma loja local subtraindo mercadorias. Foi outra vez expulso e voltou para Hong Kong, onde morou até os 18 anos, quando obteve visto de estudante para tentar uma educação melhor no Notre Dame College, em Belmont, Califórnia, de onde saiu um semestre depois. Ng alistou-se então na Marinha americana, encerrando sua carreira ali quando roubou as armas da base havaiana juntamente com Lake.

Leonard Lake nasceu em São Francisco, no dia 20 de outubro de 1945. Teria durante toda a vida a sensação de abandono e rejeição, pois em seus primeiros seis anos morou com vários parentes, jogado de um lado para o outro pelos pais, que viviam uma relação repleta de violência. Até os 19 anos morou com os avós, mas deixou-os para alistar-se na Marinha. Foi mandado para Da Nang, no Vietnã, onde teve suas primeiras "incipientes reações psicóticas", segundo relatório médico da época. Recebeu dispensa por problemas médicos não especificados, mas saiu bastante condecorado. Foi atendido em um hospital para veteranos por causa de alegados problemas psicológicos, que parecem ter sido agravados pelo excessivo consumo de maconha que ele mesmo plantava em seu rancho.

Buscas foram efetuadas no apartamento de Charles Ng em São Francisco. Lá foram encontradas armas, pertences de algumas vítimas e um recibo de pagamento emitido pela Dennis Moving Company. Um dos empregados dessa empresa era Cliff Peranteau, colega de Ng, visto várias vezes envolvido em sérias discussões com ele. Cliff desapareceu em janeiro de 1985 e seus pertences foram encontrados no apartamento de Ng. Aparentemente, todas as pessoas que estiveram envolvidas na construção do bunker da cabana de Wilseyville foram executadas por Lake e Ng.

Em sua fuga, ao chegar a Chicago, Ng hospedou-se no Chateau Hotel sob o nome de Mike Kimoto, ficando lá por quatro dias. Encontrou-se, então, com um amigo não identificado, que viajou com ele por Detroit antes que cruzasse a fronteira dos Estados Unidos com o Canadá, sozinho.

Durante 34 dias, conseguiu fugir da caçada internacional deflagrada pela polícia de São Francisco. Depois disso, sua compulsão em roubar o denunciou, como já havia acontecido na prisão de Leonard Lake.

Charles Chitat Ng foi preso em 6 de junho daquele mesmo ano, depois de uma tentativa malograda de levar mercadorias sem pagar. Reagiu à prisão, trocou tiros com o segurança da loja e acabou detido, acusado de roubo, posse ilegal de arma e tentativa de assassinato.

Assim que as notícias de sua captura chegaram ao conhecimento da força-tarefa que investigava o caso Lake-Ng nos Estados Unidos, pediram sua extradição. Calculada ou não, a escolha de Ng em fugir para o Canadá foi bastante acertada. Naquele país, a pena de morte foi abolida e não costumam extraditar presos que possam enfrentar esse tipo de pena em outros países. O então ministro da Justiça do Canadá, John Crosbie, negou o pedido.

Com as mãos atadas, as autoridades americanas resolveram enviar dois detetives de São Francisco para entrevistar Charles Ng em sua cela, em Calgary. Nessa entrevista, ele alegou que Leonard Lake era o responsável pelos assassinatos em Wilseyville, mas admitiu ter ajudado a esconder o corpo de Paul Cosner. Segundo sua versão dos fatos, teria encontrado com Lake no Boulevard Geary, em São Francisco. Paul Cosner tinha acabado de ser assassinado e seu corpo ainda estava no carro.

Depois dessa "confissão", o Departamento de Justiça norte-americano fez novo pedido de extradição, mais uma vez negado pelas autoridades canadenses. Queriam que Ng fosse julgado pelos crimes cometidos em seu país, onde acabou sendo condenado por assalto e sentenciado a quatro anos e meio de prisão.

Enquanto cumpria pena, estendia-se uma longa batalha entre os governos canadense e americano. A luta pela extradição demorou quase seis anos, tempo que o preso aproveitou estudando as leis americanas.

Durante o processo, outras provas foram anexadas ao caso. Existem evidências de que Ng teria desenhado vários esboços dos assassinatos em Wilseyville, com detalhes que só o próprio assassino poderia ter conhecimento. Em um deles, intitulado "25 Anos Depois", aparecia sentado em sua cela, cercado pelas pessoas que tinha assassinado, com o nome escrito sobre cada um.

Depois de dúzias de apelações e audiências sem fim, o governo canadense concordou em extraditar Charles Ng no dia 26 de setembro de 1991. Minutos depois de o acordo ser estabelecido, e sem dar tempo de o advogado de defesa de Ng tomar qualquer atitude, o terrível assassino foi levado para os Estados Unidos. Finalmente enfrentaria a Justiça, em um dos processos mais caros da história do país.

Ng aguardou o andamento do processo na prisão de Folsom, Sacramento. Com todo o conhecimento jurídico que adquirira, discutiu sem parar o local em que seria julgado, pediu adiamentos, moveu ações de maus-tratos contra o Estado, demitiu advogados pedindo dilatação de prazo para que seus novos defensores estudassem o caso, processou-os por incompetência pedindo indenizações milionárias quando não conseguiam obter sucesso. A guerra legal durou até outubro de 1998, 13 anos depois de os crimes terem sido descobertos. Eram seis toneladas de papel que finalmente seriam avaliadas pelo júri.

A promotora que acusou Charles Chitat Ng foi Sharlene Honnaka, que levou meses para relatar ao júri todas as atrocidades pelas quais responsabilizava o réu e seu parceiro, Leonard Lake. Os vídeos que mostravam Kathy Allen e Brenda O'Connor sendo torturadas e abusadas por Lake e Ng foram assistidos por todos. Quilos de evidências, incluindo pertences das vítimas, foram mostrados aos jurados, em um dos casos mais bem documentados da Justiça norte-americana.

A equipe de defesa de Ng, formada pelos advogados Allyn Jaffrey, Carl C. Holmes e William Kelley, manteve a história que foi contada ainda no Canadá: o assassino era Leonard Lake; o réu só havia participado de raras ofensas sexuais contra algumas das vítimas.

O réu, com sua prepotência, acabou cavando a própria sepultura quando pediu para testemunhar. Ao fazer isso, permitiu à promotoria que fossem mostradas ao júri novas provas, como as fotografias em sua cela em Calgary. Na parede da cela, exatamente atrás de sua figura, apareciam os esboços incriminatórios. Aparecia também a inscrição *"No kill, no thrill — no gun, no fun"* ("Sem morte, não há emoção — sem arma, não há diversão").

Depois de oito exaustivos meses de trabalho, todos adoraram quando o júri considerou Charles Chitat Ng culpado pelo assassinato de seis homens, três mulheres e dois bebês, no dia 24 de fevereiro de 1999. Na audiência para definir a sentença a que seria submetido, havia a possibilidade de condenação à prisão perpétua, mas o juiz não titubeou ao condená-lo a morte.

Apenas 15% das vítimas de serial killers foram mortas por duplas ou times de assassinos. Em cada dupla, um integrante mantém o controle psicológico e o outro é submisso a suas vontades. São raros os casos em que os dois parceiros são dominantes — mas, nesses casos, os mais brutais, encontraram-se duas mentes psicopatas que se descobriram dividindo a mesma fantasia e a executam de forma compulsiva, sem nenhuma barreira moral, uma vez que entre eles não há segredo ou pudor.

Segundo o estudo conduzido por Robert R. Hazlwood, Park Elliot Dietz e Janet I. Warren, o perfil estudado do criminoso sádico sexual mostra que 50% deles abusam de álcool ou drogas e um terço serviu nas Forças Armadas norte-americanas, além do fato de 43% estarem casados na época em que cometeram os crimes. O planejamento é cuidadoso e metódico, capturando suas vítimas depois de selecioná-las, levando-as para suas residências, florestas isoladas ou construções feitas especificamente para esse fim. Dos sádicos sexuais, 60% mantêm suas vítimas cativas por mais de 24 horas. Mais da metade deles guarda recordações do crime, como diários, calendários, desenhos, cartas, fotografias, fitas de áudio e vídeo, recortes de jornal, entre outras, escondidas em casa ou no escritório, ou ainda enterradas no quintal. Quarenta por cento deles guardam itens pessoais da vítima, como carteira de motorista, joias, roupas e fotografias.

O caso de Leonard Lake e Charles Chitat Ng se adequou ao perfil descrito pelo estudo. Será que fariam separadamente o que fizeram juntos? Os dois seriam dominantes ou um deles liderava a ação? São poucos os estudos no mundo sobre comportamento de duplas ou grupos e a maioria se refere a duplas homem/mulher.

Charles Chitat Ng ainda está apelando de sua sentença, por considerá-la "muito áspera".

Joseph Harrington e Robert Burger escreveram *Justice Denied: the Ng Case, the Most Infamous and Expensive Murder Case in History* (Nova York: Perseus Publishing, 1999), entre muitos outros, contando a história verídica e completa dos crimes da dupla. Greg Owens também se aprofunda no asssunto, no livro *The Shocking True Story of Charles Ng* (Nova York: Red Deer Press, 2001).

Quem quiser ler os documentos sobre o pedido de extradição de Charles Chitat Ng do Canadá para os Estados Unidos, pode acessar o link <http://www1.umn.edu/humanrts/undocs/html/dec469.htm>.

# DENNIS ANDREW NILSEN

13.

Nascimento: 23 de novembro de 1945
Local: Fraserburgh, Aberdeenshire, Escócia
Cônjuge: Solteiro
Filiação: Olav Magnus Moksheim Nilsen
e Elizabeth Duthie Whyte

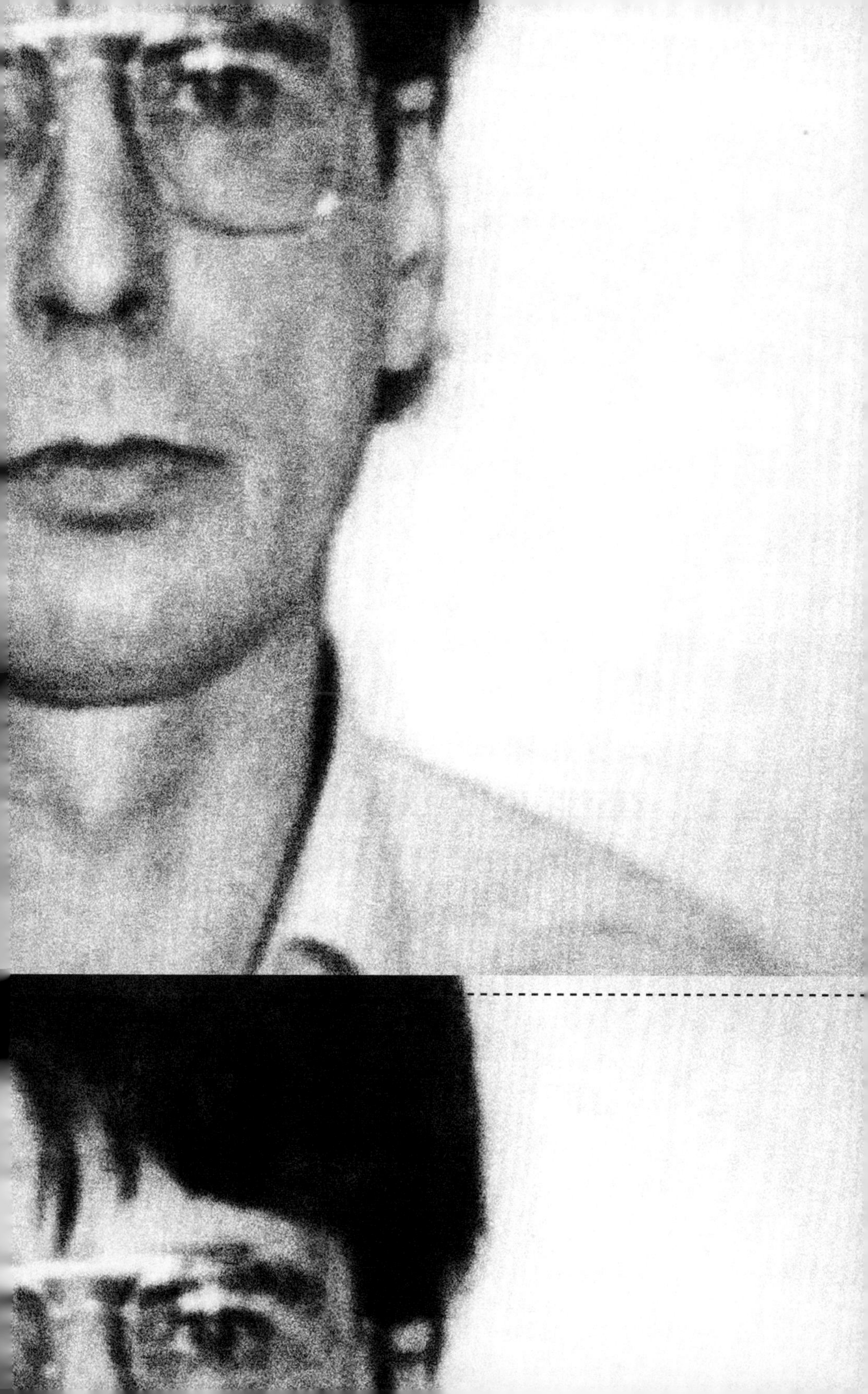

▶ 1945

# DENNIS ANDREW NILSEN

**13.**

## O SERIAL KILLER CARENTE

---

"Ninguém quer acreditar que eu sou apenas um cara comum, chegar a essa conclusão seria algo extraordinário e avassalador." – **Dennis Andrew Nilsen**

---

Dennis Nilsen estava chegando à casa naquela sexta-feira, 4 de fevereiro, depois de mais um dia de trabalho na Jobcentre, agência de empregos na qual era executivo. Sempre saía pontualmente às 8h30 e retornava às 17h; nunca se atrasava, pois sua cachorrinha Bleep o esperava ansiosa para passear. Nada o tirava daquela rotina, mesmo quando se mudou para o sótão do edifício localizado no número 23 da rua Cranley Gardens, subúrbio de classe média de Londres, com mais quatro vizinhos. Não fazia muito tempo que morava ali – perto de um ano – e não conhecia bem nenhum vizinho. Não era dado a intimidades, não recebia visitas, não tinha ninguém muito próximo dele. Sua vida era bastante "monocromática" e rotineira. Sua privacidade era mantida sem dificuldades, uma vez que todos os vizinhos moravam no térreo e ele, no sótão. Além do mais, um andar inteiro vazio o separava deles. Ninguém desconfiava de suas atividades "extracurriculares".

Nilsen chegou do passeio diário com Bleep e encontrou uma vizinha moradora do térreo, Fiona Bridges. Sem paciência, ele a ouviu contar sobre o entupimento do vaso sanitário de seu apartamento, como o namorado Jim não conseguira desentupi-lo com métodos caseiros, como havia telefonado para a administradora pedindo reparos etc. Ela perguntou se a privada de seu apartamento também estava com problemas; ele negou e subiu apressadamente os três lances de escada que o levavam ao sossego. Nem deu muita importância ao caso. Estava mais preocupado com o cadáver que ocupava seu armário havia oito dias.

Entrou em casa, tirou o paletó surrado de todo dia e cumpriu o ritual já tão conhecido: cortou um saco de lixo grande o suficiente para cobrir o chão da sala, forrou o carpete para não manchá-lo, pegou o cadáver no armário e o depositou em cima do plástico, bem no centro do aposento, de barriga para cima. Andou até a cozinha e escolheu uma faca de lâmina longa, para conseguir separar com eficiência a cabeça de sua vítima do corpo. Bem, não gostava de chamar o corpo de "vítima". Na verdade, aqueles eram seus amigos mais íntimos, aqueles que não iam embora, que faziam companhia para ele sem reclamar. Eram aqueles que o deixavam cuidar de tudo, banhá-los, penteá-los, abraçá-los, acariciá-los – enfim, enchê-los de carinho sem nenhuma possibilidade de sair pela porta. Seus eternos namorados.

Nilsen havia aprendido como cortar e desossar carne no Exército e sabia o melhor jeito de cortar e dissecar um corpo. Acondicionava os órgãos em sacos plásticos e guardava os pacotes embaixo das tábuas da sala até o próximo passo.

Cortou a cabeça do corpo sem vida com a habilidade que a repetição traz. Mais sangue do que esperava saiu do pescoço. Levou a cabeça do "amigo" para ferver em sua velha panela, adquirida quatro anos antes, muito útil em seu primeiro assassinato. Encheu o utensílio de água, de modo a cobrir o conteúdo, e ligou o fogo alto em duas bocas, até que fervesse. Aquilo ainda teria de cozinhar a noite inteira para que seus objetivos fossem alcançados. Pegou mais um saco de lixo tamanho grande para forrar melhor a sala, prevenindo novos acidentes. Não gostava de bagunça, tinha mesmo um jeito organizado.

Esticou o novo plástico ao lado do primeiro, moveu o corpo e recolheu o outro plástico, mas sujou o carpete do banheiro ao levá-lo para descarte. Concentre-se, Des, você está ficando desatento! Precisava de uma bebida urgentemente! Pegou a coleira de Bleep, que abanava o rabo alegremente, e levou a cachorrinha outra vez para passear, rumo ao supermercado mais próximo. Seus estoques de cigarro, de rum Bacardi e de Coca-Cola tinham chegado ao fim e sem o combustível certo nunca terminaria sua tarefa. Voltou diminuindo o passo — afinal, por que a pressa? Tinha todo o tempo do mundo...

Nilsen chegou à casa, preparou seu drinque e sentou-se em sua poltrona preferida, não sem antes colocar para tocar seus discos de música orquestrada, que o acalmavam e o ajudavam a devanear. Foi dormir assim, meio bêbado, não sem antes verificar como ia o cozimento na panela sobre o fogão.

Naquele mês de fevereiro de 1983, a vida de todos ali seria marcada pela descoberta de um dos mais famosos serial killers da Inglaterra, que naquela época nem mesmo estava sendo procurado; a polícia nem desconfiava que havia um criminoso assim em ação.

No sábado, 5 de fevereiro, chegou ao edifício da Cranley Gardens o encanador Mike Welch. Depois de tentar resolver o problema de entupimento com os métodos usuais e sem obter nenhum resultado, pediu para ver a caixa de inspeção. Sem conseguir entender por que não conseguia desentupir os vasos, aconselhou os moradores a chamar uma empresa com mais equipamentos modernos específicos para casos mais difíceis, uma espécie de Roto-Rooter local, a Dyno-Rod.

Jim, namorado de Fiona, deixou um bilhete para todos os vizinhos sobre os reparos e pediu que não dessem descarga em nenhum apartamento — porque a água estava refluindo — até segunda, quando a Dyno-Rod resolveria o problema dos encanamentos. Fiona também encontrou Des Nilsen na escadaria e o informou sobre os últimos acontecimentos. Ele gelou. Finalmente achou que ele poderia ser o causador da dor de cabeça geral, que teria entupido todo o prédio ao descartar os pedaços das vítimas que picava para se livrar de provas. O que faria agora?

Nilsen tinha pressa em "trabalhar" o corpo de Steven Sinclair (20), viciado em drogas que havia encontrado vagando pela Leiscester Square e que atendera o convite para tomar um drinque no apartamento. Ouviram música e beberam, até que Sinclair adormeceu em uma poltrona. Ele então foi à cozinha, pegou um barbante, emendou-o em uma gravata, atou os joelhos de sua vítima adormecida e serviu-se de um aperitivo. Movido de compaixão momentânea, resolveu acabar com aquilo e estrangulou sua vítima com eficiência e quase sem luta. Quando removeu as roupas do amigo, descobriu em seus braços bandagens, que denunciavam uma recente tentativa de suicídio.

Nilsen banhou-o e o colocou na cama. Levou espelhos para o quarto, que posicionou em volta da cama para que pudesse ver a si mesmo e ao parceiro juntos e nus. Conversou com Sinclair como se ele ainda estivesse vivo, sem saber que aquele crime tiraria sua liberdade para sempre. Dez dias depois, já desconfiava que as coisas poderiam não acabar muito bem para ele.

Voltando à realidade, evitou lembrar a cena do assassinato de seu último parceiro. Na tarde de domingo, desmembrou o corpo havia muito sem vida em quatro partes: duas com cada braço e ombro, a caixa torácica e a metade de baixo do corpo, com as pernas. Ensacou cada porção utilizando-se de três sacos plásticos, juntando a cabeça parcialmente cozida em um deles, guardou dois no armário e um no móvel de roupa suja, não sem antes jogar um pouco de desodorante para disfarçar o cheiro fétido que o material emanava.

Na segunda-feira, Nilsen foi trabalhar como todos os dias, mas estava impaciente demais. Será que os outros notaram algo diferente nele?

Na terça à tardinha, Michael Cattran, encanador da Dyno-Rod, desceu até a caixa de inspeção do esgoto com uma lanterna e achou que não estava enxergando direito ao se deparar com mais de trinta pedaços de carne impedindo o fluxo no encanamento. O cheiro era de carniça, mas seria possível? Com todos os moradores em volta dele, ligou para seu supervisor e relatou o achado. Ainda perguntou ao morador do sótão, que tinha um cachorro, se ele costumava jogar na privada restos de carne com que alimentava o animal, mas recebeu uma negativa dele. Sem saber o que fazer e percebendo o nervosismo e constrangimento que tomava conta dos moradores do edifício, Michael resolveu ganhar tempo e voltar no dia seguinte com seu supervisor. Nunca tinha visto um entupimento como aquele.

Dennis Nilsen bebeu muito naquela noite, para diminuir o ritmo dos pensamentos que rodavam em um turbilhão de energia dentro de sua cabeça. Considerou a ideia de se suicidar, mas o que seria de Bleep? Claro, teria de matá-la primeiro... Isso estava fora de cogitação, jamais conseguiria tirar a vida da amada cachorrinha. E mais: se sumisse da Terra, ninguém jamais saberia o destino daquelas pessoas. Por volta da meia-noite, pé ante pé, abriu a caixa de inspeção, desceu iluminando o caminho com uma lanterna, recolheu os pedaços de carne dentro de um saco de lixo e espalhou-os no jardim do fundo do edifício. Na volta encontrou Jim e Fiona. Sem graça, disse que tinha ido tirar água do joelho.

No dia seguinte, Michael voltou com seu supervisor Gary Wheeler. Foi com surpresa que constataram que a caixa de inspeção agora estava limpa, exceto por uma ridícula quantidade de dejetos ainda ali. Desconfiada, Fiona resolveu chamar a polícia.

O inspetor-chefe, detetive Peter Jay, atendeu ao chamado. Desconfiado dos estranhos acontecimentos, recolheu a carne e alguns ossos e levou o material para o dr. David Bowen, professor de Medicina Forense da Universidade de Londres. Ele identificou o tecido como humano, provavelmente da região do pescoço. Os ossos também eram humanos, da mão de uma pessoa.

Ao chegar à casa, Dennis Nilsen já imaginava encontrar a polícia o aguardando. Três detetives o abordaram, disseram-lhe que a carne encontrada no encanamento era humana e perguntaram onde estava o resto do corpo. À queima-roupa, Nilsen respondeu: "Em sacos plásticos, no armário perto da porta. Eu mostro a vocês".

Atônito, sem esperar por resposta tão direta, o detetive Jay perguntou: "Algo mais?"

Nilsen respondeu: "É uma longa história. Vou contar tudo. Quero tirar tudo isso do meu peito, mas não aqui, na delegacia". Jay ainda arriscou: "Estamos falando de um corpo ou dois?" Nilsen, sorrindo meio sem jeito, respondeu: "15 ou 16 desde 1978..."

Dennis Nilsen começou a matar aos 33 anos, quando ainda morava em uma casa no número 195 da Melrose Place. Encontrava jovens em pubs, levava-os para casa, bebiam juntos, iam para a cama e, ao acordar, ele se dava conta de que o novo amigo iria embora, deixando-o sozinho mais uma vez. Incapaz de suportar a separação, estrangulava o parceiro com uma gravata e mantinha o cadáver em sua casa enquanto era possível, acariciando o corpo sem vida, banhando-o, vendo televisão com ele ou se masturbando em sua companhia. Quando cansava, escondia o corpo embaixo das tábuas da sala. Quando se sentia só novamente, retirava o corpo do esconderijo e brincava com ele como se fosse um boneco.

No começo, Nilsen "brincava" de cativeiro com os parceiros, mas deixava-os ir, embora ainda vivos, se bem que assustados com os momentos sem ar que haviam passado enrolados na própria gravata. Depois não os deixava mais ir embora.

Ele usava inseticida em seu apartamento duas vezes por dia para livrar-se das moscas. Um vizinho mencionou o cheiro horrível e permanente, mas Nilsen assegurou que era da construção decadente.

Para livrar-se dos corpos, prendia seu cachorro e seu gato no jardim, tirava a roupa de baixo com a qual vestia os cadáveres e os cortava em pedaços no chão da cozinha, utilizando uma faca. Algumas vezes, fervia a cabeça de suas vítimas para retirar a carne, na panela que havia comprado na época do primeiro assassinato. Também guardava pedaços de corpos no galpão do jardim ou em um buraco perto de um arbusto, do lado de fora da casa. Os órgãos internos de suas vítimas eram colocados dentro de uma brecha entre as cercas duplas de seu terreno. Alguns torsos foram guardados dentro de malas e sacolas, que levava para o quintal quando tinha tempo e os queimava. Sempre o intrigou o fato de ninguém questioná-lo sobre suas atividades nessas ocasiões. Crianças da vizinhança se aproximavam para ver o "churrasco", que durava o dia inteiro. Nilsen os avisava para ficarem distantes. Quando o fogo apagava, esmagava os crânios entre as cinzas da fogueira e espalhava os restos sobre a terra. Cada fogueira queimava até seis corpos. Doze cadáveres foram queimados.

Em sua nova moradia não havia jardim e sumir com os corpos se tornou um problema.

O depoimento de Nilsen demorou mais de trinta horas. Ele falou sobre suas técnicas e ajudou a polícia a identificar partes das vítimas. Não pediu compaixão nem demonstrou remorso. Graças a seus completíssimos depoimentos, foi possível juntar os pedaços de cada corpo, como em um quebra-cabeça. Foi o corpo de Sinclair, o mais inteiro, que possibilitou a acusação de Nilsen por assassinato e assegurou sua prisão para investigações.

O advogado designado para defender Nilsen foi o dr. Ronald T. Moss, que acompanhou todas as confissões de seu cliente. Ele estava satisfeito em constatar que Nilsen entendia tudo o que estava acontecendo. Estava até escrevendo suas memórias, ajudado por um jovem escritor, Brian Masters.

Nilsen esperou pelo julgamento na prisão de Brixton. Estava assustado com a reação da mídia a seus crimes e queria que todos entendessem que ele era apenas um homem comum. Declarou que havia deixado sete de suas vítimas irem embora com vida de sua casa, mas que só se lembrava do nome de quatro delas. Destas, três testemunharam contra ele no tribunal: Carl Stotter, Douglas Stewart e Paul Nobbs. Nilsen tentou diminuir a credibilidade das vítimas, mostrando a seu advogado alguns problemas com o depoimento delas. Disse que Stewart ficou para tomar mais uma bebida depois do suposto ataque alegado por ele, coisa que a testemunha não soube explicar. A defesa também provou que Stewart tinha vendido sua história para a mídia. Nobbs admitiu ter tido um encontro sexual com Nilsen e que ele pareceu amigável durante todo o tempo. Stotter, tímido e terrificado pelos procedimentos, também declarou que Nilsen era solícito e amigável. Mesmo assim, seu relato fez grande estrago na defesa do acusado.

O advogado Ronald Moss foi dispensado e em seu lugar foi contratado Ralph Haeems, o advogado do prisioneiro por quem Nilsen se apaixonou na prisão, David Martin. Haeems decidiu defender Nilsen diminuindo sua responsabilidade nos crimes, alegando insanidade por anormalidade mental.

Nilsen, ao olhar as fotografias da perícia, tinha dúvidas se os familiares das vítimas algum dia o perdoariam. Escreveu mais de cinquenta cadernos sobre suas memórias para ajudar no processo, além de esquetes mostrando seu *modus operandi*.

No julgamento, que teve início em 24 de outubro de 1983, foi acusado por seis homicídios e duas tentativas de homicídio. Alegou inocência para cada um deles.

O promotor Alan Green argumentou que Nilsen sabia exatamente o que estava fazendo, tendo como provas as próprias declarações do acusado na delegacia. A defesa continuava reforçando a tese de doença mental, por meio de várias análises psiquiátricas.

O relato de Nilsen para a polícia foi lido na corte, atividade que levou quatro horas. Entre as evidências levadas a juízo, estavam a panela de Nilsen, sua tábua de cortar e um jogo de facas que pertenceram a Martin Duffey.

Chamado como testemunha da defesa, o psiquiatra James MacKeith discutiu vários aspectos de uma desordem de personalidade não especificada, da qual acreditava que Nilsen sofria. Descreveu a dificuldade do acusado em demonstrar seus sentimentos e como ele sempre fugiu dos relacionamentos que iam mal. Seu comportamento inadequado teria tido início na infância. Ele teria habilidade de separar suas funções mentais e comportamentais em um nível extraordinário, o que implicava diminuir a responsabilidade pelo que estava fazendo. O psiquiatra também mostrou a associação de Nilsen entre corpos inconscientes e excitação sexual. Também descreveu Nilsen como narcisista e prepotente, além de ter um prejudicado senso de identidade e de ser capaz de despersonalizar outras pessoas até um ponto em que não sentisse muito o que estava fazendo a elas.

O segundo psiquiatra, Patrick Gallwey, diagnosticou Nilsen como fronteiriço e portador da síndrome do falso eu, o que o levaria a "brancos" ocasionais de distúrbios esquizofrênicos, que ele manejava a maior parte do tempo para que não viesse à tona. Demonstrou como uma pessoa pode se desintegrar sob circunstâncias de isolamento social e testemunhou acreditar que Nilsen não premeditava seus atos. O depoimento de Gallwey foi confuso e repleto de jargões médicos, sendo até criticado pelo juiz.

Por último, foi chamado o psiquiatra legal Paul Bowden, que atendeu Nilsen por 14 horas, mais que qualquer outro psiquiatra da defesa. Ele alegou não ter encontrado evidências que confirmassem o que havia sido testemunhado por seus colegas e concluiu que Nilsen era extremamente manipulador. Era um caso único, com anormalidade mental, mas não com desordem mental. Sua explicação sobre a diferença entre as duas não ficou muito clara.

Durante o resumo do julgamento feito para o júri, o juiz instruiu-os que a mente pode ser demoníaca sem ser anormal, dispensando todos os jargões psiquiátricos já utilizados. O júri se retirou para decidir o veredicto em 3 de novembro. No dia seguinte, com base nas divergências profundas que já estavam surgindo, o juiz do caso declarou que aceitaria a maioria de votos; não seria necessária a unanimidade.

Naquele mesmo dia, Dennis Andrew Nilsen foi considerado culpado de todas as acusações e sentenciado à prisão perpétua e não elegível para condicional por 25 anos. Nilsen estava com quase 38 anos.

Sem dúvida, esse assassino inspirou vários escritores. Sua biografia mais completa foi feita por Brian Masters no livro *Killing for Company: the Story of a Man Addicted to Murder*.

A personagem mais fiel aos acontecimentos está no livro de Brite, *Exquisite Corpse*, no qual um dos personagens é baseado em Nilsen e o outro em Jeffrey Dahmer.

As autoridades britânicas impediram Dennis Nilsen de publicar sua própria biografia. Em 2006, ele confessou em detalhes seu primeiro assassinato para a polícia, do menino Stephen Dean Holmes (14), que diz ter sido a primeira de 14 vítimas. Há controvérsia, pois a polícia acredita que ele assassinou pelo menos 15 pessoas, apesar de sete não terem sido identificadas. Holmes faz parte desse grupo e a Justiça inglesa ainda resolve se o indiciará ou não por esse homicídio, uma vez que ele já cumpre prisão perpétua na prisão de segurança máxima Full Sutton, perto da cidade de Pocklington, Inglaterra.

## HISTÓRICO DE DENNIS ANDREW NILSEN

Nasceu em Fraserburgh, Escócia, em 23 de novembro de 1945, filho do meio de um casamento que durou apenas sete anos, provavelmente em decorrência do alcoolismo do pai, Olav.

A mãe, Betty, uma irmã, um irmão e Dennis sempre moraram com os avós maternos; Dennis tinha uma relação especial com seu avô, mas ele faleceu quando o menino contava apenas 6 anos. Aqui está a explicação de Nilsen para seu próprio trauma: a mãe, sem contar a ele o que tinha acontecido, o levou para ver o corpo do avô morto, o que significou um choque terrível e uma perda insubstituível. Em depoimentos posteriores, Dennis diria que a morte do avô fora uma espécie de morte emocional dentro dele.

Quando estava com 8 anos, quase morreu afogado no mar. Foi resgatado por um garoto mais velho que brincava na praia e, enquanto estava desacordado na areia, o garoto tirou suas roupas e se masturbou sobre ele. Nilsen só soube o que aconteceu quando acordou e viu o esperma do rapaz sobre seu estômago.

Dois anos depois, sua mãe casou-se outra vez e teve mais quatro filhos, negligenciando Dennis, agora uma criança solitária. Em sua infância, não encontramos histórico de crueldade com animais ou outras crianças e ele não era do tipo agressivo, que seria mais condizente com o futuro assassino em que se transformou.

Nilsen não teve vida sexual na adolescência, mas experimentou atração por outros meninos. Em 1961, aos 16 anos, alistou-se no Exército e tornou-se cozinheiro. Foi nessa função que aprendeu o ofício de açougueiro.

Consumia bastante álcool e mantinha-se afastado dos outros. Foi nessa época, quando passou a dormir em um quarto privativo, que Nilsen descobriu seu corpo, mas o dissociava de si mesmo. Olhava-se no espelho de modo que não visse seu rosto, admirava o corpo do rapaz do "outro lado" e masturbava-se. A fantasia foi tomando proporções maiores e algum tempo depois ele passou a imaginar que "o outro" estava morto, estado em que Nilsen considerava possível alcançar a perfeição física e emocional. Chegava a usar maquiagem para melhorar os efeitos especiais, incluindo sangue falso para fazer parecer que o corpo tivesse sido assassinado. Imaginava alguém o levando e enterrando.

Em 1972, iniciou um treinamento para se tornar policial. Uma das experiências mais marcantes do curso foi assistir a necropsias no necrotério. Ficou fascinado. Depois de um ano, desistiu da carreira. Empregou-se como entrevistador em uma agência de empregos, carreira que seguiu até ser preso.

Em 1975, mudou-se para 195 Melrose Place, ao norte de Londres, um apartamento térreo com jardim. Morava com ele David Gallichan, que negava que sua amizade fosse homossexual. Compraram uma cachorrinha, batizada de Bleep, e também um gato. Dois anos depois, separaram-se e Nilsen aumentou bastante seu consumo de álcool e as horas que passava assistindo à televisão. Um ano e meio depois, começou a matar.

Dezesseis meses após a prisão de Nilsen, a polícia encontrou mais de mil fragmentos de ossos no jardim que lhe pertenceu.

7'0"
6'8"
6'6"
6'4"
6'2"
6'0"
5'8"
5'6"
5'4"
5'2"
5'0"
4'8"
4'6"

14.

# ARTHUR SHAWCROSS

Nascimento: 6 de junho de 1945
Local: Kittery, Maine, EUA
Morte: 10 de novembro de 2008
Filiação: Arthur Roy Shawcross
e Bessie Shawcross

▶ 1945

# ARTHUR SHAWCROSS

## 14.

## LIBERTADO PARA MATAR

> "Eu deveria ser castrado ou ter um eletrodo colocado em minha cabeça para parar minha estupidez. Eu sou apenas uma alma perdida à procura de libertação da minha loucura." – **Arthur Shawcross**

Arthur Shawcross, nascido em 1945 na cidade de Kittery, Maine, filho de um soldado e de uma dona de casa, teve a infância tão perturbada quanto a maioria dos serial killers.

Os primeiros sinais de problema apareceram quando nasceu seu irmão menor, Jimmy. O ciúme foi tanto que Arthur passou a sofrer de enurese noturna e falava como um bebê até os 6 anos. É o quadro da conhecida regressão psicológica.

Fugas constantes de casa, obsessão por sexo, iniciação de vida sexual prematura e profundo ódio por crianças pequenas, que fazia chorar sempre que tinha oportunidade, completaram o quadro de uma infância, no mínimo, perturbada.

Incesto também passou a acontecer a partir de seus 12 anos, segundo seus relatos, quando começou a manter relações sexuais com a irmã Jeannie, que sempre negou o acontecido.

Na adolescência, ficava sempre sozinho na classe, durante o recreio, e sua comunicação com os outros era pobre e rara. Curiosamente, suas notas eram bem acima da média. Foi nessa fase que começou a se relacionar com amigos imaginários, de quem imitava vozes para manter conversas fantasiosas. Seus colegas o ridicularizavam por isso, provocando crises de intensa raiva quando era chamado pelo novo apelido, Oddie, uma brincadeira com a palavra *odd* (esquisito, bizarro).

Quando seu comportamento começou a ficar insuportável para os que conviviam com ele, foi submetido a vários testes psicológicos. Os profissionais concluíram que Arthur sofria de grande sentimento de inadequação e rejeição. Sua crescente hostilidade contra os pais, principalmente contra a mãe, chamava a atenção dos psicólogos.

O relacionamento entre mãe e filho sofreu grande deterioração quando ela descobriu que seu marido mantinha outra família na Austrália. A partir daí, o assunto "mulher" em sua casa era proibido. A mãe se tornou amarga, explosiva e passou a gritar de modo histérico com todos depois de qualquer menção a mulheres em geral. Arthur foi se tornando cada vez mais agressivo, explosivo e espancador de meninos menores da vizinhança.

Nessa época, começaram os pequenos furtos e roubos a residências. Seu problema social também se agravou com as constantes repetências escolares. Obrigado cada vez mais a conviver com crianças mais novas, que ele detestava, passava horas sozinho, sem encontrar nada em comum com seus colegas de classe, bem mais jovens do que ele. Cada vez mais isolado, distraía-se andando pela floresta e falando consigo mesmo. Seus parceiros de sexo passaram a ser animais, como vacas, ovelhas, cavalos e até galinhas, que acabavam morrendo durante suas investidas.

A anamnese de Shawcross também se refere ao abuso sexual que sofreu pelas mãos da tia, Tina, que o obrigava a fazer sexo oral com ela desde a mais tenra idade, desenvolvendo aquele que seria seu modo sexual de ação predileto por toda a vida. Ele também alegava ter feito sexo oral com a irmã, o irmão e a prima, mas nunca relatou ter feito sexo com penetração, indicador de que tinha problemas em manter a ereção.

Sua primeira experiência sexual com violência se deu em certa tarde, quando um homem em um conversível vermelho o teria obrigado a fazer sexo oral nele segurando-o pela garganta. Como seu desempenho foi pobre e o homem não conseguiu atingir o orgasmo, ele foi sodomizado. Depois desse episódio, segundo o próprio Arthur, passou a só conseguir atingir o orgasmo quando sentisse dor ao fazer sexo.

Aos 19 anos, casou-se pela primeira vez, uma união que durou três anos e resultou em um filho.

Em 1968, aos 23 anos, foi recrutado pelo Exército. No Vietnã, matou, desmembrou, mutilou e comeu várias vítimas vietnamitas, mas na guerra se perdoa tudo o que se faz contra o inimigo. Na época, ele acreditava estar "possuído" pelo espírito de Ariemes,[1] que o levava a estuprar, matar e praticar

---

[1] Canibal e assassino do século XII.

canibalismo. Shawcross também era portador de um cromossomo Y a mais[2] e tinha também lesões cerebrais.

Segundo o especialista Jonathan Pincus,[3] existem três fatores que, quando inter-relacionados, causam condutas de extrema violência anormal, como o canibalismo. São eles: ser maltratado e/ou abusado na infância, paranoia e dano cerebral. As pessoas que têm esse tripé em seu histórico se deixam levar por seus impulsos sem considerar regras éticas ou sociais. Uma pessoa que sofre de lesão do lóbulo frontal é capaz de urinar no meio da sala de visitas só porque teve vontade; os eletroencefalogramas de Arthur Shawcross mostram claras evidências desse tipo de lesão, além da presença de um quisto na região do lóbulo temporal.

A "liberdade ética e moral" vivida no Vietnã durou pouco. Lá, matar era "coisa normal", uma rotina seguida por todos. Quando voltou para casa, em 1969, como veterano de guerra, era um homem bem diferente daquele que havia sido no passado. Observe-se aqui que, antes da guerra, já não se tratava de pessoa com equilíbrio dentro dos padrões considerados "normais".

Já casado pela segunda vez, foi transferido para o Fort Sill Oklahoma a fim de terminar seu serviço militar. Nessa época é que tiveram início as violentas visões da guerra e os pesadelos sem fim. Shawcross passou a consultar-se com um psiquiatra, que indicou a internação do paciente. A esposa negou-se a assinar a autorização necessária e, sem tratamento, seu estado mental começou a piorar sensivelmente.

Episódios de incêndio começaram a permear sua vida, até que foi preso por colocar fogo na fábrica de queijos em que trabalhava. Foi condenado a cinco anos de prisão.

Durante o tempo na cadeia, Shawcross alegou ter sido violentado por três prisioneiros negros. Vingou-se deles surrando-os e violentando-os em três incidentes separados. Foi transferido para a Penitenciária de Auburn. Saiu em liberdade condicional em 1971, como prêmio por ter salvado a vida de um guarda da prisão em meio a um motim. Voltou para a cidade de Watertown em 1972, já divorciado, para tentar recomeçar sua vida. A prisão não tinha feito muito bem a seu já frágil estado mental.

Arriscou-se em um terceiro casamento, dessa vez com uma amiga de sua irmã, Penny Nichol. O fracasso foi completo. Arthur era incapaz de manter a ereção, não conseguiu ter filhos e ainda foi acusado pelos sogros de assédio sexual à cunhada mais nova. Naquela época, passava cada vez mais tempo fora de casa, pescando em riachos e rios das proximidades e convivendo com várias crianças que brincavam por ali todos os dias. Entre elas estava o garoto

---

2 Homem normal = cromossomos XY; Shawcross = cromossomos XYY.
3 Departamento de Neurologia da Faculdade de Medicina da Universidade de Georgetown, Washington.

Jack Blake, de 10 anos. Shawcross se encantou com ele e chegou a pedir à mãe do garoto autorização para levá-lo para pescar, mas ela negou.

Quatro meses depois do convite, o menino desapareceu do local onde estava brincando, perto do condomínio em que morava Arthur Shawcross. Naquela noite, Mary Blake bateu à porta de Shawcross para perguntar onde estava seu filho, mas ele disse não tê-lo visto naquela manhã. Infelizmente, a verdade era outra. Ele havia levado o garoto para a mata, onde o molestou sexualmente, estrangulou-o e bateu em sua cabeça até matá-lo. O coração e os genitais da criança foram retirados e comidos por ele.

Na mesma hora se transformou em suspeito principal da polícia, mas não havia provas suficientes para acusá-lo.

Três meses depois, enquanto a polícia ainda procurava por Jack Blake, a menina Karen Ann Hill foi encontrada morta. Seu corpo estava embaixo de uma ponte sobre o rio Black. Aos 8 anos, ela havia sido estuprada, mutilada e estrangulada. Em sua garganta foram encontrados lama, folhas e outros restos.

As investigações levaram aos fatos: Shawcross tinha sido visto com a garota no dia de seu desaparecimento, tornando-se mais uma vez suspeito de assassinato. Quando os policiais descobriram que os dois haviam tomado sorvete perto da mesma ponte sob a qual o corpo da menina tinha sido encontrado, ele foi preso para interrogatório.

Depois de algumas horas de pressão, confessou ter matado a pequena Karen e deu informações suficientes para que a polícia localizasse o corpo de Jack Blake.

Arthur Shawcross foi julgado e condenado a 25 anos de prisão pelo assassinato de Karen Ann Hill, mas nunca foi acusado pelo assassinato de Jack Blake. Nem quando confessou o crime e mostrou às autoridades onde estava o corpo do menino. Nem mesmo quando admitiu aos psiquiatras da prisão ter voltado várias vezes ao local onde estava o corpo para fazer sexo com o cadáver.

Os primeiros anos de prisão foram um verdadeiro tormento para o assassino, porque até mesmo presidiários consideram molestadores e assassinos de crianças indefesas como a mais vil espécie de ser humano.

Depois de oito anos de pena cumprida, a vida dele foi entrando em certa rotina. Shawcross chegou a ser o prisioneiro-modelo daquela penitenciária e, durante os 15 anos em que ficou preso, foi avaliado por vários psiquiatras. Os laudos diziam que, sob condições normais, era um indivíduo passivo, mas sob estresse seria incapaz de controlar seus desejos sexuais.

Apesar de todos os pareceres desfavoráveis, foi colocado em liberdade condicional em abril de 1987, considerado "pronto" para ser reintegrado à sociedade. Depois de sua soltura, seu oficial de condicional, Robert T. Kent, escreveu a seguinte carta a seus superiores: "[...] Correndo o risco de ser melodramático, considero esse homem possivelmente o mais perigoso indivíduo liberado nesta comunidade em muitos anos".

Seriam proféticas suas palavras. Por que liberar sob condicional um homem que só podia sair de casa durante o dia, estava proibido de sair do município e de estabelecer contato com qualquer pessoa menor de 18 anos, de se aproximar de escolas ou outros locais onde ficavam crianças, de beber álcool... Isso é estar pronto para a reintegração?

Shawcross casou-se, então, com Rose Walley, mas não conseguia estabelecer moradia em cidade alguma, porque toda comunidade que tomava conhecimento de seu passado o queria fora dali o mais rápido possível. O casal tentou morar em Binghamton, Delhi, Fleichmanns e por fim estabeleceu-se em Rochester, Nova York. Não possuíam carro e Arthur trabalhava à noite como empacotador de saladas no "Bognia's", na região central da cidade. Morava perto do emprego e se locomovia de bicicleta ao longo do rio Genesee.

Tudo corria bem em sua vida até o Natal daquele primeiro ano em liberdade, quando sua família se recusou a visitá-lo e devolveu todos os seus presentes de Natal. A rejeição tornou seu humor sombrio e pode ter sido o gatilho para sua reincidência.

Foi naquela época que conheceu Clara Neal, que se tornaria sua amante. Clara emprestava seu carro frequentemente para Arthur, que explicava para a esposa ser esse o motivo pelo qual tratava a amiga tão bem. Tudo parecia normal para o casal durante aquele inverno. Shawcross, que não estava livre de seus problemas sexuais, era frequentador assíduo da avenida Lake, reduto conhecido das prostitutas de Rochester. Entre elas, era conhecido como "Mitch".

Em março de 1988, foi encontrado o corpo de Dorothy "Dotsie" Blackburn, prostituta de 27 anos, que boiava em Salmon Creek, conhecida área de pesca da região de Rochester.

O cadáver estava pouco decomposto por causa da neve, mas todas as evidências tinham sido destruídas. O médico-legista que fez a necropsia relatou que a moça tinha marcas de uma grande mordida na vagina, em que faltava um pedaço de carne. Quando confessou o crime, anos depois, Shawcross contaria à polícia que a matou depois de ter seu pênis mordido por ela. Segundo ele, ouviu uma série de xingamentos antes de "calar sua boca".

As investigações começaram, tendo como ponto de partida a avenida Lake. As prostitutas tinham pouco a declarar: mal conheciam os homens com quem saíam e ninguém parecia estranho ou assustador de forma especial nos últimos tempos.

Em setembro de 1988, o patrão de Shawcross descobriu seu passado criminal e o demitiu, causando uma nova onda de raiva e ressentimento. Não demorou muito para que outro corpo fosse encontrado, de Anne Marie Steffen, 27 anos, também prostituta da mesma área em que trabalhava a vítima anterior. O *modus operandi* do serial killer parecia ser o mesmo, mas a polícia continuava sem nenhuma pista de sua identidade.

Até maio de 1989, as coisas ficaram calmas na região. Shawcross havia conseguido um novo emprego, na G&G Food Services, e parecia que os homicídios haviam parado. Em junho, foi encontrada morta Dorothy Keller, uma sem-teto de 59 anos. Seu corpo decapitado foi localizado no rio por pescadores. Esse crime não parecia ter relação com os anteriores e sua investigação não recebeu muita atenção. Se tivesse se aprofundado, a polícia saberia que Dorothy trabalhava eventualmente como garçonete e ficou amiga de Shawcross quando o conheceu em um jantar. Ele a teria convidado para uma tarde bucólica: iriam para o campo pescar e fazer amor, mas tudo começou a dar errado quando ela o acusou de ter roubado seu dinheiro. Também ameaçou contar para Rose e Clara sobre seu caso com Arthur – como ele podia já ter duas mulheres e ainda enganá-la? Era a cantilena "moralista" usual. Shawcross não perdeu tempo. Encerrou a desagradável conversa assassinando a colega.

As vítimas seguintes foram as prostitutas Patty Ives, 25 anos, e Frances M. Brown, 22 anos. A polícia enfim percebeu as similaridades entre os crimes e começou a procurar por um só assassino. A mídia começou a explorar o caso e aterrorizar a todos: um assassino serial estava à solta na cidade! Foi chamado, nos noticiários, de "The Rochester Nighstalker", "The Rochester Strangler" e "The Genesee River Killer". Muitos chegaram a especular sobre a semelhança com os assassinatos do "Green River Killer" (Assassino do Rio Green), em Seattle, mas nenhuma prova que corroborasse essa hipótese era conclusiva. Nesse caso, foram encontrados 48 corpos assassinados na área do rio, mas o assassino foi identificado apenas em 2001, quando foi preso Gary Ridgway, verdadeiro autor dos crimes.

Arthur Shawcross acompanhou o caso pela mídia minuciosamente. "Preocupava-se" com a segurança de sua esposa e de sua amante e chegava a pedir que elas tivessem cuidado ao andar pelas ruas, quando na verdade queria mesmo saber o quanto as investigações estavam longe dele.

Como sexta vítima ele escolheu June Stotts, 29 anos, amiga do casal e assídua frequentadora de sua casa. June era vizinha e aceitou uma carona oferecida pelo amigo em um dia quente em que se encontraram à beira do rio. Foram passear em um local deserto e fizeram sexo, mas quando Shawcross reclamou que June não era mais virgem, ela começou a gritar, descontrolada. No ímpeto de silenciá-la, sufocou-a. Depois, comeu sua vagina e alguns de seus órgãos internos.

Após esse assassinato, a polícia, já sem saber o que fazer, solicitou ao FBI que ajudasse na solução desses crimes, pois parecia que o assassino do rio Genesee não iria parar de matar tão cedo. O FBI enviou Gregg McCrary, que em parceria com Ed Grant elaborou um perfil do assassino: homem branco, na casa dos 30 anos, possuía carro e usufruía da confiança das prostitutas. Parecia óbvio para os dois agentes que as vítimas mortas conheciam seu agressor e era alta a probabilidade de que ele já tivesse mantido relações sexuais com elas anteriormente sem que nada em particular chamasse atenção das moças. Não era um estranho. Quando se espalha a notícia de que existe um assassino serial matando prostitutas em determinada área, elas tendem a se preocupar só com os estranhos. Também deve-se considerar o fato de as prostitutas serem um alvo fácil e seguro para assassinos seriais, pois pouca gente percebe e/ou denuncia seu desaparecimento e a polícia não é tão cobrada por resultados nas investigações. No perfil também constava a hipótese muito provável de o assassino ter antecedentes criminais em ofensas sexuais. Os *profilers* também apontaram para a possibilidade de o assassino ser necrófilo, o que o faria voltar ao local do crime para usar os corpos das vítimas sexualmente. Sugeriram que se fizesse uma vigilância bastante discreta se outro cadáver fosse encontrado.

Em novembro, mais duas prostitutas foram assassinadas: Maria Welch, 22 anos, e Darlene Trippi, 32. Dezembro não foi um mês mais calmo. Elizabeth Gibson, 29 anos, e June Cícero, 34, foram assassinadas com duas semanas de intervalo. Para Shawcross, elas mereciam isso, pois tinham tentado roubar sua carteira ou zombado de sua performance sexual. As duas eram prostitutas e saíram para um programa sob vigilância da polícia, que já fazia campana na avenida Lake.

A última vítima de Arthur Shawcross foi Felicia Stephens, 20 anos, também prostituta. Ele jogou o corpo da jovem no mesmo local onde se livrou de June Cícero e Dorothy Blackburn para poder voltar a utilizá-los quando quisesse. Foi essa necessidade necrófila de voltar para "desfrutar" dos restos mortais de suas vítimas que o levaria à prisão.

Agora já se somavam 11 vítimas e a vigilância sobre a área de Northampton Park foi multiplicada drasticamente. Helicópteros patrulhavam sem parar as imediações do rio Genesee.

Em 3 de janeiro de 1990, Shawcross resolveu ter outra vez relações sexuais com o corpo de June Cícero. Agora, ele não mais seguia os avanços das investigações pela mídia. Sentia-se seguro. Ficou feliz em poder estacionar com facilidade seu carro sobre uma ponte, onde teria uma vista perfeita do corpo de June enquanto almoçava. Nesse momento, um helicóptero da polícia que sobrevoava aquela área avistou um corpo abandonado em Salmon Creek. Ao mesmo tempo, os mesmos policiais observaram um homem parando seu carro em uma ponte sobre o rio. O homem desceu do carro. Parecia estar olhando fixamente na direção do corpo recém-avistado. Os tripulantes do helicóptero avisaram as radiopatrulhas da área sem demora.

Arthur Shawcross viu o helicóptero enquanto almoçava. Sem perder tempo, entrou no carro de Clara e foi em direção ao trabalho dela. Os policiais não demoraram a localizar o veículo e minutos depois levavam o suspeito para prestar esclarecimentos na delegacia.

Ele não combinava de forma exata com o perfil elaborado pelo FBI, principalmente no quesito idade, mas McCrary tinha alertado a polícia que fazer perfil criminal é uma arte subjetiva e que erros podiam acontecer – portanto, nenhum suspeito deveria ser descartado. O delegado obteve com facilidade a confissão de Shawcross sobre crimes anteriores cometidos por ele, e quando os registros criminais do suspeito foram verificados o interesse da polícia redobrou, mesmo tendo de liberar o preso algumas horas depois por falta de provas. O carro utilizado por ele foi confiscado para exames pela polícia técnica.

Durante o exame do veículo, foi encontrado um brinco idêntico ao que faltava na orelha de uma das vítimas. Além desse fato, uma prostituta da avenida Lake contou à polícia que Shawcross era um assíduo usuário dos serviços das prostitutas daquela área. Ele foi levado à delegacia na manhã seguinte para esclarecimentos.

Depois de negar seu envolvimento nos 11 crimes por horas, finalmente resolveu confessar todos eles em detalhes. Continuava acreditando estar possuído, dessa vez pelo espírito da mãe. Segundo ele, sofria violações sexuais constantes pelas mãos da mãe, que se divertia de modo sádico enfiando paus de vassoura no ânus do filho, o que o tornava inocente por seu descontrole.

Quando o delegado perguntou o que achava que devia ser feito com ele, Shawcross respondeu: "Devem me trancar e jogar a chave fora. Se eu for libertado, matarei outra vez".

Em seu julgamento, recusou-se a testemunhar e assistiu a todos os trabalhos, impassível, como se não fosse problema seu, alheio aos acontecimentos na sala do júri. Sua defesa tentou alegar insanidade e relatou o canibalismo em uma tentativa de reforçar essa tese, mas nunca foram encontradas evidências concretas de que ele seria canibal.

Shawcross foi submetido a várias baterias de testes psicológicos nos meses que antecederam seu julgamento. Segundo o depoimento do dr. Kraus, psiquiatra, ele "sofria de instabilidade emocional, tinha deficiência de aprendizado, era geneticamente prejudicado, sofria de desordens bioquímicas, lesões neurológicas e alienação de outras pessoas durante toda a vida, não controlava suas frustrações e raivas, misturadas com medo, escalada de violência e agressão destrutiva, que ultimamente transformaram-se em fúria assassina".

Outros psiquiatras relataram suas opiniões, entre eles o dr. Park Dietz, conhecido por seus trabalhos consultivos para o FBI. Segundo ele, Shawcross estava fingindo ter uma doença mental para escapar da prisão.

A única testemunha médica apresentada pela defesa foi a dra. Dorothy Otnow Lewis. Segundo ela, o réu tinha sido "horrivelmente traumatizado quando criança, o que teria causado múltiplas personalidades nele". Também insistiu no transtorno de estresse pós-traumático (TEPT),[4] advindo por meio das experiências de guerra, e que resultou em seu comportamento atual. A alegação de sofrer de TEPT como consequência de suas experiências no Vietnã caiu por terra quando descobriram que ele havia forjado os registros militares para fingir ter recebido medalhas por heroísmo.

Shawcross, em sua defesa, declarou ter matado prostitutas que acreditava terem aids, em uma tentativa de livrar o mundo desse mal. Em nenhum momento demonstrou-se arrependido de seus crimes.

O júri não foi misericordioso. Ele foi considerado culpado por dez assassinatos (depois constatados 11) e condenado a dez sentenças de 25 anos cada, a serem cumpridas no Sullivan Correctional Facility.[5] Ainda está preso, sem possibilidade de liberdade condicional.

Em 1997, casou-se oficialmente com sua amante Clara Neal, após a morte de Rose Walley. Segundo o casal, só dessa maneira sua união seria correta aos olhos de Deus.

Em setembro de 1999, Shawcross foi punido com dois anos de confinamento em solitária. Também perdeu todos os seus privilégios penitenciários por cinco anos, depois de vender suas pinturas por intermédio de agentes em leilões na internet pelo site eBay. A Lei Filho de Sam proíbe que um criminoso lucre com seus crimes.[6]

Ainda vive isolado, nos dias de hoje, em uma cela individual, 23 horas por dia.[7] Estará qualificado para condicional no ano 2240, segundo sua ficha criminal no Departamento de Serviços Correcionais do Estado de Nova York, sob nº 91B0193.

---

4   Transtorno de estresse pós-traumático (TEPT) é uma desordem de ansiedade que consiste no desenvolvimento de sintomas característicos, seguindo-se a um acontecimento psicologicamente doloroso.
5   No estado de Nova York, não existe a pena de morte.
6   A lei foi aprovada pela primeira vez em 1977, quando David Berkowitz recebeu grandes quantias de dinheiro pela publicação de sua história, e segue em vigor em vários estados norte-americanos. Pela nova legislação, o estado é autorizado a receber todo o dinheiro arrecadado pelo criminoso por cinco anos, a fim de destiná-lo para compensar as vítimas.
7   Atualização: Arthur Shawcross morreu em 10 de novembro de 2008, após a redação original deste livro.

# AILEEN WUORNOS

Nascimento: 29 de fevereiro de 1956
Local: Rochester, Michigan, EUA
Morte: 9 de outubro de 2002
Altura: 1,63 m
Cônjuge: Lewis Gratz Fell
Filiação: Leo Dale Pittman
e Diane Wuornos

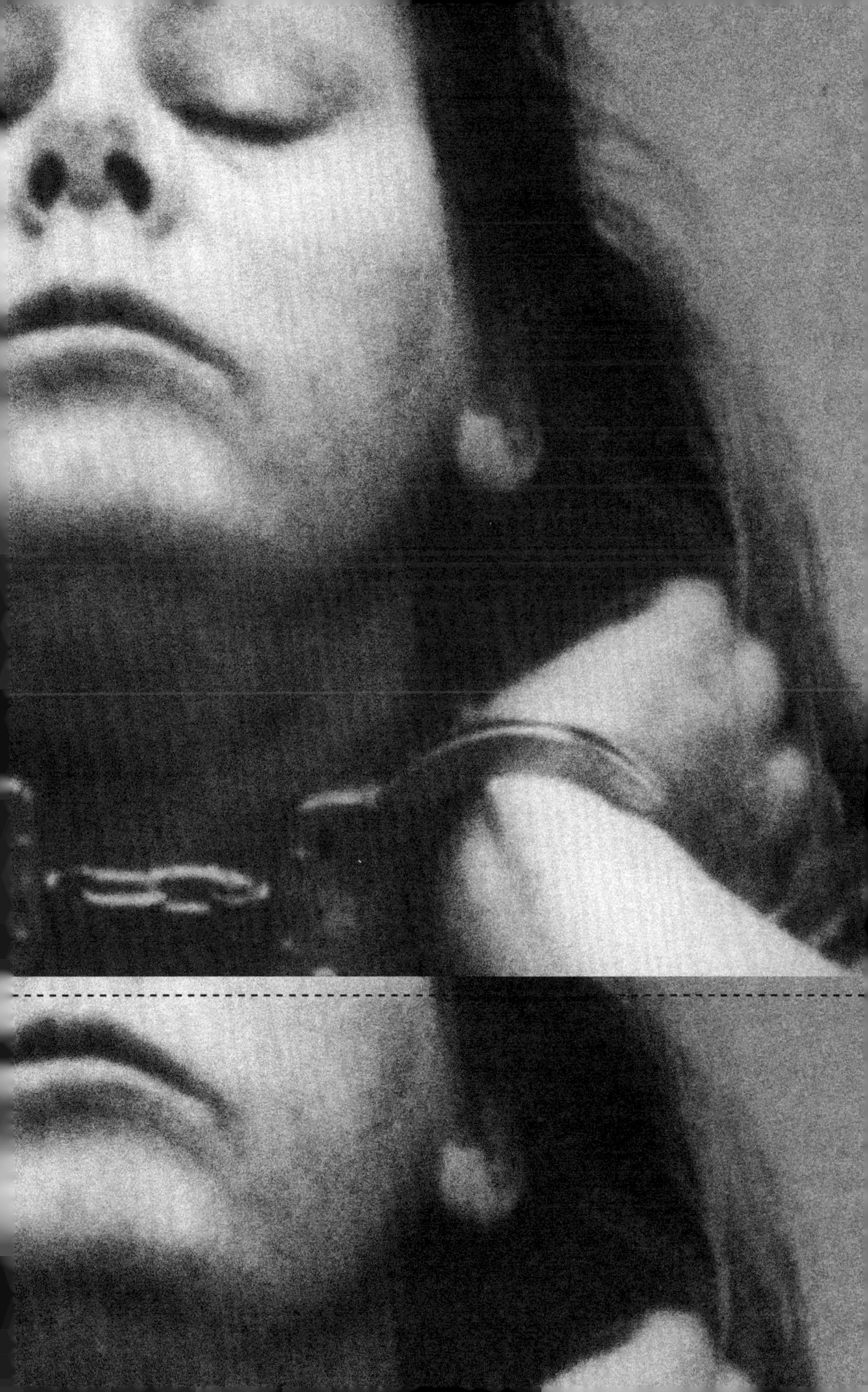

▶ 1956.

# AILEEN WUORNOS
## VÍTIMA OU ALGOZ?

---

"Obrigada, eu irei para o céu agora e você vai apodrecer no inferno." – **Aileen Wuornos**

---

O capitão Steve Binegar, comandante da divisão de investigação criminal do município de Marion, Geórgia, estava bastante intrigado. Durante um ano inteiro crimes parecidos haviam acontecido ao longo de estradas e, apesar da eterna resistência da polícia em considerar a existência de um serial killer, as similaridades jorravam daquelas histórias:

## VÍTIMAS DE WUORNOS

### RICHARD MALLORY, 51
**DESAPARECIDO EM** 01.12.1989
**DESCOBERTO EM** 12.12.1989
**LOCAL DO CRIME** Volusia (Flórida) entre Interestadual 95 e U.S. 1 Norte
**ARMA** revólver calibre .22

**EVIDÊNCIAS** corpo enrolado em tapete, em adiantado estado de decomposição, baleado três vezes. Carro localizado em Ormond Beach, 12 dias antes da localização do cadáver

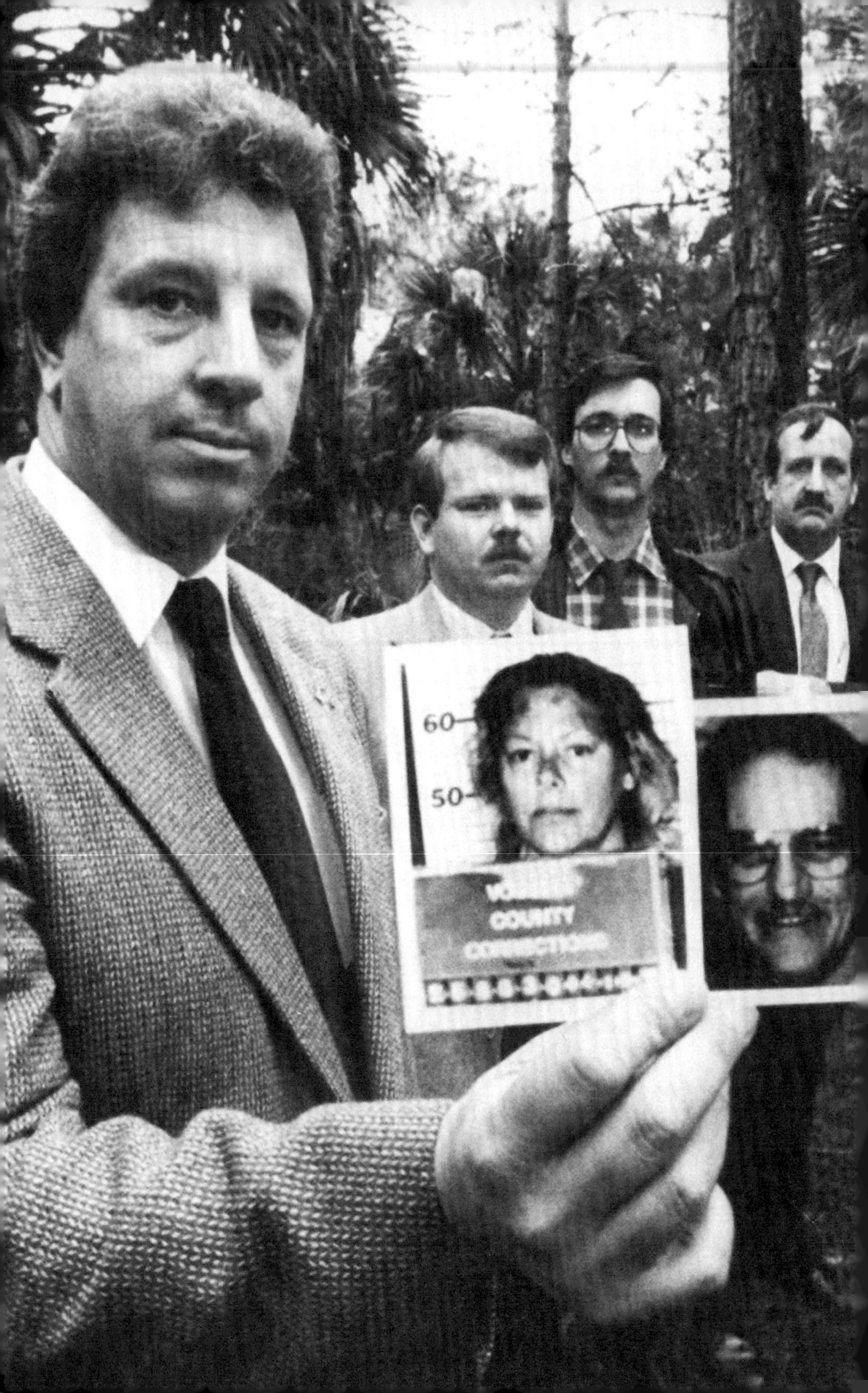
60
50
COUNTY
CORRECTIONS

## HOMEM ADULTO, NÃO IDENTIFICADO

**LOCAL DO CRIME** próximo à Interestadual 75, município de Brooks, Geórgia (divisa com o estado da Flórida)
**ARMA** revólver calibre .22
**EVIDÊNCIAS** foram encontrados dois projéteis calibre .22 ao lado do cadáver

## DAVID SPEARS, 43

**DESAPARECIDO EM** 19.05.1990
**DESCOBERTO EM** 01.06.1990
**LOCAL DO CRIME** estrada U.S. 19, município de Citrus (60 km ao norte de Tampa, Flórida)
**ARMA** revólver calibre .22
**EVIDÊNCIAS** baleado seis vezes, estava nu e usava um boné de beisebol

## CHARLES CARSKADDON, 40

**DESAPARECIDO EM** 31.05.1990
**DESCOBERTO EM** 06.06.1990
**LOCAL DO CRIME** entre a estrada S.R. 52 e a Interestadual 75, município de Pasco (em direção a Tampa, Flórida)
**ARMA** revólver calibre .22
**EVIDÊNCIAS** baleado nove vezes, corpo em adiantado estado de decomposição. Carro encontrado no município de Marion. Entre seus itens pessoais roubados estava uma arma automática calibre .45

## PETER SIEMS, 65

**DESAPARECIDO EM** 07.06.1990
**DESCOBERTO EM** não encontrado
**LOCAL DO CRIME** apenas seu carro foi encontrado pelo xerife do município de Marion
**ARMA** não identificada
**EVIDÊNCIAS** veículo Pontiac Sunbird 1988, cinza, quatro portas, com os vidros e quebra-ventos arrebentados. Manchas de sangue foram encontradas no interior do carro

## TROY EUGENE BURRESS, 50

**DESAPARECIDO EM** 29.07.1990
**DESCOBERTO EM** 04.08.1990
**LOCAL DO CRIME** Floresta Nacional de Ocala, próximo à Estrada Estadual 19
**ARMA** revólver calibre .22
**EVIDÊNCIAS** veículo encontrado a 64 km do município de Ocala, distante 12 km do corpo. O calor da Flórida causou a aceleração da decomposição do cadáver, mas sua esposa o reconheceu pela aliança de casamento, que ainda estava em seu dedo. Foi assassinado com dois tiros, um no peito e o outro nas costas

## CHARLES RICHARD HUMPHREYS, 56

**DESAPARECIDO EM** 11.09.1990
**DESCOBERTO EM** 12.09.1990
**LOCAL DO CRIME** Estrada Municipal 484, próxima à Interestadual 75, município de Marion
**ARMA** revólver calibre .22
**EVIDÊNCIAS** assassinado com sete tiros, estando seis projéteis ainda alojados em seu corpo. Seu carro só foi localizado em 19.9.1990, no município de Suwanee

## WALTER GINO ANTONIO, 62

**DESAPARECIDO EM** não conclusivo
**DESCOBERTO EM** 19.11.1990
**LOCAL DO CRIME** próximo à interseção das estradas U.S. 19 e U.S. 27, no município de Dixie
**ARMA** revólver calibre .22
**EVIDÊNCIAS** assassinado com quatro tiros. O corpo estava despido, somente de meias, em uma estradinha no condado de Dixie. Dias depois foram encontradas suas roupas em uma remota área nas vizinhanças da cidade de Taylor. Seu assassino roubou um anel de ouro, o distintivo, as algemas, o cassetete e a lanterna. O carro foi localizado cinco dias depois no município de Brevard

Com todos os dados alinhados, não foi difícil para Binegar e a força-tarefa que trabalhava no caso observarem que todas as vítimas eram homens de meia-idade, transitando em estradas da mesma região, encontrados mortos da mesma maneira, com a mesma causa mortis e arma de igual calibre.

Formularam, então, uma teoria, juntamente com os representantes dos municípios onde as vítimas foram encontradas: diante dos noticiários intensos na mídia, ninguém naquela área era louco o suficiente para estacionar na estrada e dar carona para um desconhecido. Em seu entender, o criminoso não era uma figura ameaçadora para suas vítimas.

Revendo a investigação inteira, revisaram a ocorrência do dia 4 de julho do mesmo ano, quando Hubert Hewet, voluntário do corpo de bombeiros da cidade de Orange Springs, atendeu ao chamado de Rhonda Bailey. A caminho do endereço que constava em suas anotações, passou por duas mulheres a pé na estrada, uma delas com o braço ferido. Parou e ofereceu ajuda, perguntando se estavam envolvidas na ocorrência para a qual se dirigia logo adiante. Elas disseram que não sabiam sobre nenhum acidente e que não precisavam de ajuda.

Ao chegar ao endereço do acidente, falou com a sra. Bailey, que relatou ter visto quando um carro perdeu a direção e bateu em um arbusto, em frente à sua casa. Antes que ela pudesse oferecer algum auxílio, duas mulheres desceram do carro discutindo muito, umas delas ferida no braço, livraram-se de várias latas de cerveja vazias e Rhonda perguntou se ainda precisavam de ajuda, mas as duas tentaram convencê-la de que não era necessário e abandonaram o veículo, seguindo a pé. Ela chamou o socorro assim mesmo.

Hewet pediu a descrição delas, que obviamente batia com a das duas mulheres que encontrara na estrada momentos antes. Chamou o xerife do município de Marion, responsável por aquela área, que sem demora começou a investigar quem era o proprietário do carro. Era Peter Siems, desaparecido desde o mês anterior.

De posse do retrato falado das duas suspeitas, Binegar pediu ajuda à imprensa e no fim de novembro a história sobre os assassinatos foi divulgada com o retrato falado. A população não tardou a se manifestar e várias pistas importantes chegaram às mãos da força-tarefa:

- Um homem em Homosassa Springs comunicou-se com a polícia dizendo que duas mulheres haviam alugado um trailer dele no ano anterior. Seus nomes eram Tyria Moore e sua amiga Lee.
- Uma mulher de Tampa reconheceu as mulheres do retrato falado como aquelas que haviam trabalhado em seu motel, localizado ao sul de Ocala. Chamavam-se, segundo ela, Tyria Moore e Susan Blahovec.
- Um telefonema anônimo também identificou as mulheres suspeitas como Tyria Moore e Lee Blahovec. Segundo essa ligação, Lee Blahovec era a líder da dupla e uma conhecida prostituta em paradas de caminhão. Ambas eram lésbicas.

Depois de organizadas todas as pistas recebidas, a polícia tinha agora o nome de várias suspeitas: Tyria Moore, Lee ou Susan Blahovec e Cammie Marsh Greene. Checaram as licenças de motorista de todas as identidades, mas a confusão só ficou maior porque perceberam que a fotografia de Blahovec não era a mesma de Greene.

Dando sequência aos trabalhos policiais, checaram os recibos de todas as lojas de penhores da área em questão em que pudesse ter sido emitido recibo no nome de qualquer uma das identidades que estavam sendo apuradas. Tiveram sucesso em Daytona, onde Cammie Marsh Greene assinou o recibo e forneceu a impressão digital, como é de praxe nas lojas de penhores americanas, ao deixar lá a câmera e o radar de Richard Mallory, em 6 de dezembro de 1989. Em Ormond Beach foi encontrada a mala de ferramentas que combinava com a descrição da mala roubada de David Spears, também penhorada. Em Volusia, a dupla fez dinheiro com o anel de ouro de Walter Gino Antonio, penhorado no dia 7 de dezembro de 1990.

Ao colocar a digital que constava em todos os recibos no Sistema de Identificação Automatizada de Impressões Digitais, nada conseguiram e peritos se deslocaram para Volusia, onde começou o paciente trabalho de uma busca manual. A digital pesquisada foi localizada em um mandado contra uma mulher de nome Lori Grody, que, comparada à impressão de uma palma de mão em sangue deixado no carro de Peter Siems, combinava perfeitamente.

Todas essas informações reunidas foram encaminhadas para o Centro Nacional de Informação Criminal e as respostas vieram dos estados de Michigan, Colorado e Flórida: *Lori Grody*, *Susan Blahovec*, *Cammie Marsh Greene* e *Lori Grody* eram todos pseudônimos da mesma mulher. Seu verdadeiro nome era Aileen Carol Wuornos.

A caçada a serial killer iniciou-se em 5 de janeiro de 1991 pela Polícia Federal americana, já que a ação da suspeita era interestadual. Foi montado um esquema utilizando investigadores disfarçados sob falsas identidades, passando-se por traficantes do estado da Geórgia, que "perambularam" pelas ruas até encontrar Aileen Wuornos em um pub chamado Port Orange. Os federais não queriam uma ação precipitada, mas, como é comum no mundo inteiro, "se esqueceram" de combinar uma tática conjunta com a força-tarefa da polícia local, que também buscava prender a suspeita. Depois de se esbarrarem em um pub e no monitoramento de Wuornos, disputando sua prisão e quase prejudicando um desfecho competente nesse caso, acertaram-se. Aileen Carol Wuornos, chamada Lee pelos amigos, foi presa dentro do quarto do motel onde estavam hospedados os policiais federais, depois de beberem juntos no bar de ciclistas Last Resort, onde tinham entabulado amizade na noite anterior. Foi utilizado o antigo mandado de prisão contra Lori Grody e nenhuma menção foi feita aos assassinatos que estavam sendo investigados. A mídia nem ficou sabendo do desfecho para que a investigação fosse preservada, uma vez que ainda não tinham a arma dos crimes nem sabiam o paradeiro de Tyria Moore, que só foi localizada dois dias depois em Pittston, Pensilvânia, na casa de sua irmã.

A polícia teve de ir até lá para ouvir seu depoimento, que foi bastante colaborativo depois que ela entendeu como sua situação ficaria complicada se cometesse perjúrio. Tyria sabia sobre os assassinatos cometidos por sua amiga desde que Lee tinha chegado em casa com o Cadillac de Richard Mallory, em 1989. O diálogo que se seguiu naquele dia foi assustador em sua naturalidade, porque, após a óbvia pergunta – "Que carro é esse?" –, Lee contou sobre o assassinato. Temendo qualquer envolvimento com o crime, Tyria interrompeu o relato da amiga, pedindo que não dissesse mais nada e repetindo essa atitude todas as vezes que Lee apareceu querendo contar como obtivera certas coisas. Suspeitava, mas se limitava a saber o mínimo possível. Se soubesse muito, acabaria entregando a amante para as autoridades. Tyria Moore disse, em seu depoimento, que vivia assustada, apesar de Lee ter garantido que nunca a machucaria.

De volta à Flórida, a namorada de Lee Wuornos continuou a colaborar com a investigação para que a acusação fosse bem-estruturada e corroborada por uma confissão. A melhor maneira de obter tal trunfo seria orientar e usar Tyria para que Wuornos, que tinha confiança absoluta nela, confessasse a autoria dos crimes em conversas com a amante.

Tyria ficou hospedada em um motel em Daytona. O plano da polícia era que entrasse em contato com Lee na cadeia, dizendo que havia conseguido dinheiro com a mãe e tinha voltado para pegar o resto de suas coisas. Ela se mostraria assustada com a possibilidade de também ser acusada dos homicídios, uma vez que já havia sido procurada pela polícia, obrigando, assim, a confissão de Wuornos. Sua conversa no telefone seria toda gravada.

A primeira ligação telefônica de Moore para Wuornos aconteceu em 14 de janeiro de 1991. Esta última estava certa de que havia sido presa pela violação de uso de armas sob o nome de Lori Grody. Quando Moore falou sobre suas suspeitas, ela respondeu: "Eu estou aqui apenas pelas acusações de ocultar armas e comércio ilegal de licenças, e vou lhe dizer, cara, eu li os jornais e não sou uma das suspeitas". Lee, por intuição, sabia que os telefones da cadeia poderiam estar grampeados e se esforçou para falar dos crimes em código e construir álibis que poderiam ser posteriormente utilizados.

Por três dias as ligações continuaram e Tyria insistia cada vez mais que os investigadores estavam atrás dela. Com os dias se passando, Lee foi ficando cada vez mais descuidada em suas conversas com a amiga e acabou dizendo que esta poderia dizer toda a verdade para os policiais – se fosse o caso, confirmaria sua inocência, pois jamais deixaria que ela fosse presa. Acabou a conversa com esta frase: "Escute, se eu tiver que confessar, eu farei isso".

A informação crucial obtida por meio da escuta eletrônica das conversas foi a localização de um armazém alugado por Lee. As buscas no local resultaram na apreensão das ferramentas roubadas de David Spears, do cassetete roubado de Walter Gino Antonio e de uma câmera e barbeador elétrico que pertenciam a Richard Mallory.

Confrontada com todas as provas, em 16 de janeiro de 1991, Aileen Wuornos confessou seus crimes, não sem antes deixar claro que Tyria Moore era inocente. Depois, alegou que também não tinha culpa de nada, uma vez que havia matado em legítima defesa. Segundo seu depoimento, ela é que havia sido vítima de estupro inúmeras vezes nos últimos anos. Quando cada uma de suas vítimas tinha ficado agressiva, ela as havia matado.

Foi ficando cada vez mais famosa com a divulgação, pela mídia, de seus crimes e declarações e só pensava no dinheiro que receberia por sua história, esquecendo que as leis da Flórida se opõem a que prisioneiros obtenham lucro com seus crimes. Quanto mais "popular" ficava, quanto mais famosa se sentia, mais crimes confessava.

---

Confrontada com todas as provas, Wuornos confessou seus crimes e deixou claro que Tyria Moore era inocente. Depois, alegou que também não tinha culpa de nada, uma vez que havia matado em legítima defesa.

---

Nesse momento, surgiu na história uma personagem que iria modificar todo o rumo dos acontecimentos. Entrou na vida da assassina Arlene Pralle, dizendo estar seguindo as ordens de Jesus ao entrar em contato com Lee. Pralle, aos 44 anos, dizia ter renascido para Jesus e começou a trabalhar arduamente na defesa de sua mais recente amiga. Avisou-a de como seus advogados e todo o mundo estavam lucrando com sua história e trocou o time de defesa.

Deu entrevistas a repórteres, descrevendo seu relacionamento com Lee como "um encontro de almas gêmeas" e que tudo que uma sentia a outra sentia também. Durante 1991, apareceu em entrevistas na televisão, revistas e jornais, contando para quem quisesse ouvir sobre a natureza pura e boa de Aileen Wuornos, que ela mesma havia descoberto, tentando mudar a imagem da amiga. Os problemas da infância dela foram enfatizados e detalhados para que os repórteres e o público se sentissem penalizados.

O pai de Aileen, Leo Dale Pittman, era um molestador de crianças e sociopata que se enforcou na prisão em 1969. Sua mãe, Diane Wuornos, casou-se aos 15 anos e teve um casal de filhos, adotados pelos avós maternos, Lauri e Britta Wuornos, na cidade de Troy, Michigan.

Aos 6 anos, Aileen sofreu queimaduras faciais enquanto brincava com o irmão Keith de fazer jogos com fluido de isqueiro. Mais tarde, diria à polícia ter feito sexo com ele desde a mais tenra idade, mas ele já não estava vivo para confirmar ou negar suas declarações.

Aos 12 anos, descobriu que Lauri e Britta eram seus avós, revoltando-se contra a pessoa severa que a educava e que também sofria de alcoolismo.

Aos 14 anos, Aileen estava grávida e ficou em um abrigo para mães solteiras durante toda a gestação. Lá as pessoas a achavam hostil, não cooperativa e antissocial. Em janeiro de 1971, deu à luz um filho, que foi entregue para a adoção assim que nasceu.

---

Os problemas da infância dela foram enfatizados
e detalhados para que os repórteres e o
público se sentissem penalizados.

---

Em julho do mesmo ano, Britta Wuornos faleceu. Diane Wuornos se ofereceu para receber seus filhos, no Texas, mas eles recusaram. Aileen Wuornos, já conhecida na época como Lee, abandonou a escola, deixou sua casa e saiu pelo mundo se prostituindo. Dormia em um carro abandonado, embebedava-se, usava drogas constantemente e alimentava-se mal. Poucos anos depois, Keith morreu de câncer na garganta e Lauri suicidou-se. Lee, então, seguiu para a Flórida, onde se casou com Lewis Fell, um homem bem mais velho do que ela, mas o casamento durou pouco. Lewis conseguiu anulá-lo depois da prisão da esposa por arremessar um taco de bilhar na cabeça de um barman em Michigan.

Lee voltou para a Flórida e entrou em fracassados relacionamentos, crimes de falsificação, roubo e assalto à mão armada. Em maio de 1974, foi presa sob o nome de Sandra Kretsch, no Colorado, por conduta desordeira, dirigir alcoolizada e por ter disparado uma arma calibre .22 de um veículo em movimento. Em 20 de maio de 1981, foi presa na Flórida por assalto à mão armada em uma loja de conveniência e cumpriu pena de 13 meses. Sua prisão seguinte ocorreu em 1984, por falsificação de cheques.

O nome que adotou a seguir, Lori Grody, era de uma tia que morava em Michigan. Foi presa sob esse nome, em 1986, por policiais em Volusia, depois que um homem a acusou de sacar um revólver contra ele dentro de seu carro e exigir duzentos dólares. Debaixo do assento que ocupava foi encontrada uma pistola calibre .22 e munição. Uma semana depois, encontrou Tyria Moore em um bar gay em Daytona, solitária e revoltada.

Lee e Ty, como chamava sua namorada, apaixonaram-se. Não se desgrudavam uma da outra e Lee continuava se prostituindo para ganhar a vida. Fazia ponto em bares e paradas de caminhão, suplementando seu sustento com furtos e roubos.

Penalizada com a vida errante de Aileen Wuornos, Arlene Pralle e seu marido a adotaram legalmente em novembro de 1991. Segundo o casal, apenas cumpriam a ordem de Deus.

Os advogados de Lee ofereceram um trato à promotoria: ela se declararia culpada de seis acusações de assassinato e receberia pena de seis prisões perpétuas consecutivas. A promotoria não aceitou, pois acreditava que nesse caso se aplicaria a pena de morte.

Aileen Wuornos foi a julgamento pelo assassinato de Richard Mallory em janeiro de 1992. As evidências e testemunhas contra ela eram bastante sólidas e fizeram um irreparável estrago em sua defesa, como o depoimento do dr. Arthur Botting, que havia autopsiado o corpo de Mallory, declarando que a vítima havia agonizado entre dez e vinte minutos antes de morrer. Tyria Moore também deixou sua marca quando testemunhou que Lee não parecia muito abalada com o assassinato quando contou a ela o que havia ocorrido.

Doze homens declararam ter tido encontros com Aileen pelas estradas da Flórida ao longo dos anos. Esse estado tem uma lei conhecida como "Regra Williams", que permite que evidências relacionadas com outros crimes sejam admitidas no julgamento em questão para demonstrar certo padrão de comportamento. Wuornos alegava ter matado em legítima defesa e se o júri soubesse apenas do assassinato de Richard Mallory poderia ter acreditado nesse argumento, mas, ao tomar conhecimento de todos os assassinatos cometidos por ela, sete no total, era improvável que tivesse sempre agido em legítima defesa.

Depois de assistirem aos vídeos de sua confissão, a alegação de legítima defesa pareceu mais ridícula ainda. Lee parecia extremamente autoconfiante e desafiadora, além do fato de ter declarado merecer morrer por ter tirado vidas. Ela não era nada simpática e por esse motivo sua defensora pública, Tricia Jenkins, não queria de maneira alguma que sua cliente ocupasse o banco das testemunhas. Lee, sempre com excesso de confiança, insistiu em contar sua história. Segundo ela, Mallory a havia sodomizado e estuprado, além de tê-la torturado. Tendo sua história destruída pela acusação, que demonstrou todas as mentiras e inconsistências em seu relato, ela fez um escândalo. Até a evocação da 5ª Emenda, que dá ao acusado o direito de não responder a perguntas que possam incriminá-lo, contribuiu para sua condenação depois de ter sido usada 25 vezes.

Aileen Wuornos era a única testemunha de defesa de Aileen Wuornos; as outras pessoas que depuseram a seu favor eram especialistas. Eles declararam que ela era mentalmente doente e sofria de transtorno de personalidade fronteiriça. Além disso, depuseram que sua infância tumultuada havia arruinado qualquer chance de normalidade na vida adulta.

O júri se retirou e levou menos de duas horas para chegar a um veredicto: culpada de assassinato em primeiro grau. A ré teve uma crise histérica, praguejando contra o júri e ameaçando a todos, esquecendo-se de que no dia seguinte era esse mesmo júri insultado que definiria sua pena. Por unanimidade, a ré foi condenada à morte na cadeira elétrica, em 31 de janeiro de 1992.

Aileen Wuornos não foi mais a julgamento. Em março, não contestou as acusações pelos assassinatos de Dick Humphreys, Troy Burress e David Spears, retirando a versão de que havia sido estuprada por eles. Foi condenada a mais três sentenças de morte. Em junho ela se declarou culpada pelo assassinato de Charles Carskaddon e em novembro recebeu sua quinta pena de morte. Em fevereiro de 1993, foi condenada à morte mais uma vez depois de declarar-se culpada pelo assassinato de Walter Gino Antonio. Aileen Wuornos nunca foi acusada pelo assassinato de Peter Siems, cujo corpo nunca foi encontrado. Ela se ofereceu para mostrar à polícia onde estava o corpo, perto de Beaufort, Carolina do Sul, mas nada foi encontrado no local indicado por ela. A polícia de Daytona acredita que essa história foi inventada para que Lee tirasse umas "férias" da cadeia e ganhasse um passeio de avião. Especula-se que o corpo tenha sido jogado em um pântano perto da Interestadual 95, ao norte de Jacksonville.

Durante algum tempo, também se especulou sobre outro julgamento para ela pelo assassinato de Richard Mallory, depois que seus advogados descobriram que ele havia cumprido pena de dez anos por violência sexual.

Esse caso é bastante controverso. Muitos acreditam que ela só matou os homens que a ameaçaram e/ou estupraram, uma vez que inúmeros clientes da prostituta saíram ilesos de seus encontros. Agressões contra prostitutas pouco são investigadas ou nem sequer levadas em conta. Porém, ela são mais vulneráveis a esse tipo de agressão do que as outras mulheres, pela própria profissão de risco que têm.

A casa de Aileen Wuornos foi vandalizada. Os arquivos do caso foram roubados. O único advogado que se atreveu a questionar seu primeiro julgamento recebeu ameaças de morte e foi afastado do caso. Existe ainda a suspeita de que o conselheiro municipal, em Volusia, tenha negociado contratos para livros e filmes sobre o caso. Todos esses fatos fazem muitas pessoas duvidarem da culpa real dela nos assassinatos pelos quais foi responsabilizada. Essas pessoas organizaram protestos públicos, escreveram para a Suprema Corte da Flórida pedindo novo julgamento, criaram comitês de ajuda e defesa de Aileen Wuornos em São Francisco e escreveram inúmeras cartas para o Departamento Correcional de Broward.

Aileen Wuornos tornou-se uma católica ortodoxa. Pediu perdão para os familiares das vítimas, dizendo que se arrependia e que queria estar com Jesus depois de sua merecida execução.

Manhã de 9 de outubro de 2002, 9h29, Prisão Estadual da Flórida. Quem assistia à execução de Aileen Wuornos viu a cortina se abrir pela última vez para aquela que foi chamada de "A Prostituta das Estradas" e "A Senhorita da Morte". A condenada fez ar de surpresa antes de fazer sua bizarra declaração final:

> "Eu só gostaria de dizer que estou velejando com a Rocha[1] e voltarei como no *Independence Day* com Jesus, 6 de junho, como no filme, na nave-mãe e tudo. Eu voltarei."[2]

Exatamente às 9h30, a injeção letal foi administrada em seu braço direito. Dois minutos depois, ela parou de se mexer e foi pronunciada morta às 9h47, aos 46 anos de idade.

No último ano no corredor da morte, foi voluntária para a pena de morte, dizendo que sempre iria tirar vidas e que estava cansada de mentiras. Ela confessou ter conhecimento de que seria executada pela morte de seis homens, mas que na realidade havia assassinado sete.

Aileen Wuornos se despediu dizendo a todos que voltaria.

---

[1] A Rocha é uma referência bíblica a Jesus.
[2] "I'd just like to say I'm sailing with the Rock and I'll be back like 'Independence Day' with Jesus, June 6, like the movie, big mother ship and all. I'll be back."

## MULHERES EXECUTADAS NOS ESTADOS UNIDOS DESDE 1976

| Data | Nome | Descrição |
|---|---|---|
| 14.9.2005 | FRANCES ELAINE NEWTON | 40 anos, por injeção letal no Texas, pelo assassinato de seu marido e seus dois filhos. |
| 9.10.2002 | AILEEN WUORNOS | 46 anos, por injeção letal na Flórida, pelo assassinato de seis homens. |
| 10.5.2002 | LYNDA YON BLOCK | 54 anos, eletrocutada no Alabama, por matar um policial. |
| 4.12.2001 | LOIS NADEAN SMITH | 61 anos, por injeção letal em Oklahoma, pelo assassinato da ex-namorada de seu filho. |
| 1.5.2001 | MARILYN PLANTZ | 40 anos, por injeção letal em Oklahoma, pelo assassinato de seu marido. |
| 11.1.2001 | WANDA JEAN ALLEN | 41 anos, por injeção letal em Oklahoma, pelo assassinato de duas mulheres. |
| 2.5.2000 | CHRISTINA RIGGS | 28 anos, por injeção letal em Arkansas, por sufocar seus dois filhos pequenos. |
| 24.2.2000 | BETTY LOU BEETS | 62 anos, por injeção letal no Texas, pelo assassinato de um de seus maridos. |
| 30.3.1998 | JUDY BUENOANO | 54 anos, eletrocutada na Flórida, por matar seu filho e marido. |
| 3.2.1998 | KARLA FAYE TUCKER | 38 anos, por injeção letal no Texas, pelo assassinato de duas pessoas. |
| 2.11.1984 | VELMA BARFIELD | 52 anos, por injeção letal na Carolina do Norte, pelo envenenamento de seu noivo. |

## MULHERES NO CORREDOR DA MORTE NOS ESTADOS UNIDOS
(POR ESTADO) DE 1º DE JANEIRO DE 1973 A 31 DE DEZEMBRO DE 2007

| ESTADO | TOTAL | BRANCAS | NEGRAS | LATINAS | INDÍGENAS |
|---|---|---|---|---|---|
| CALIFÓRNIA | 23 | 12 | 3 | 6 | 2 |
| TEXAS | 20 | 12 | 7 | 1 | 0 |
| CAROLINA DO NORTE | 16 | 10 | 4 | 0 | 2 |
| PENSILVÂNIA | 7 | 3 | 4 | 0 | 0 |
| ILLINOIS | 7 | 1 | 4 | 2 | 0 |
| ALABAMA | 11 | 8 | 3 | 0 | 0 |
| FLÓRIDA | 21 | 13 | 5 | 3 | 0 |
| OKLAHOMA | 8 | 7 | 1 | 0 | 0 |
| TENNESSEE | 2 | 2 | 0 | 0 | 0 |
| ARIZONA | 4 | 4 | 0 | 0 | 0 |
| MISSOURI | 5 | 4 | 0 | 1 | 0 |
| KENTUCKY | 3 | 3 | 0 | 0 | 0 |
| GEÓRGIA | 6 | 5 | 1 | 0 | 0 |
| MISSISSIPPI | 9 | 7 | 2 | 0 | 0 |
| IDAHO | 2 | 2 | 0 | 0 | 0 |
| INDIANA | 4 | 2 | 2 | 0 | 0 |
| LOUISIANA | 3 | 2 | 1 | 0 | 0 |
| NEVADA | 2 | 1 | 1 | 0 | 0 |
| OHIO | 12 | 6 | 6 | 0 | 0 |
| JURIDISÇÃO FEDERAL | 2 | 2 | 0 | 0 | 0 |
| MARYLAND | 3 | 1 | 0 | 0 | 2 |
| NOVA JERSEY | 3 | 3 | 0 | 0 | 0 |
| ARKANSAS | 2 | 2 | 0 | 0 | 0 |
| DELAWARE | 1 | 1 | 0 | 0 | 0 |
| CAROLINA DO SUL | 1 | 1 | 0 | 0 | 0 |
| VIRGÍNIA | 1 | 1 | 0 | 0 | 0 |
| OREGON | 1 | 1 | 0 | 0 | 0 |
| TOTAL | 179 | 116 | 44 | 13 | 6 |

Fonte: Victor L. Streib, Ohio Northern University, 2012.

7'0"
6'8"
6'6"
6'4"
6'2"
6'0"
5'8"
5'6"
5'4"
5'2"
5'0"
4'4"

16.

SAN FRANCIS

0-69

WA

# O ZODÍACO

them in an another way.
I shot a man sitting in
a parked car with a .38
⊕-12    SFPD-0

▶ 19??

# O ZODÍACO
## O CASO QUE NINGUÉM RESOLVEU

> "Ela era jovem e bela, mas agora ela está espancada e morta. Ela não foi a primeira e não será a última. Eu passo minhas noites acordado pensando sobre minha próxima vítima." – **O Zodíaco**

Esse é um dos mais famosos serial killers dos Estados Unidos. Agiu durante anos na Califórnia, impunemente, escreveu cartas para jornais, desafiou e provocou a polícia. Nunca foi identificado.

Sobre o assunto, diversos livros foram escritos, documentários foram feitos, websites foram criados. Quase trinta anos depois, investigações sobre alguns dos assassinatos ligados a ele ainda estão sendo feitas. O site <www.zodiackiller.com>, que as acompanha, atrai milhares de pessoas por semana. É um dos maiores mistérios da história dos crimes americanos.

Alguns escritores chegaram a sugerir que o Zodíaco poderia estar ligado a Charles Manson ou ao Unabomber, outros dois casos americanos famosos, mas nunca se chegou a uma conclusão definitiva.

Neste caso, cada um tem seu suspeito. Escolha o seu depois de conhecer os detalhes da investigação.

# OS FATOS

## 30 DE OUTUBRO DE 1966

Cheri Jo Bates, 18 anos, decidiu ir até a biblioteca da Riverside City College, Califórnia, EUA, estudar. Pouco depois das 16h30, deixou um bilhete para o pai, pregado na geladeira, dizendo onde estaria.

Às 17h, Joseph Bates, pai de Cheri Jo, chegou em casa e não viu o carro da filha, um Fusca. Entrou, encontrou o bilhete e não se preocupou mais.

Cheri Jo permaneceu na biblioteca por horas. Enquanto estudava, alguém abriu o capô de seu carro e retirou a bobina do distribuidor e condensador. O distribuidor foi desconectado. Às 21h, a garota decidiu que já era hora de voltar para casa. Quando tentou ligar seu carro... Nada. Tentou mais uma vez... Nada. Já de noite, sem ter a quem recorrer, sem saber o que fazer, um gentil homem lhe ofereceu carona até sua casa. Ela aceitou. Caminhando em direção ao carro do homem, ele de repente a agarrou, tapou sua boca e colocou uma faca em sua garganta. Desesperada, a menina tentava gritar e fugir, atacando seu agressor como podia, arranhando seu rosto.

Nos depoimentos posteriores, a polícia saberia que dois gritos horrendos foram ouvidos: o primeiro às 22h15, o segundo às 22h45. Não se sabe o que aconteceu nesse intervalo de tempo, mas o resultado foi que o criminoso cortou a jugular de Cheri Jo e deu outras três facadas em sua garganta, aniquilando suas cordas vocais. A menina foi praticamente decapitada, depois de esfaqueada 42 vezes, sete só na garganta, mas o assassino ainda não estava satisfeito. Deitou-a no chão e deixou sua lâmina enterrada no ombro da vítima. No ataque, perdeu seu relógio Timex, que marcava 12h23. A origem do relógio foi rastreada até um posto militar, na Inglaterra.

Dias depois, a polícia recebeu uma carta de confissão anônima, escrita a máquina. Não conseguiram identificar quem a teria escrito.

Seis meses depois, o *Riverside Press-Enterprise* publicou um artigo sobre o caso. No dia seguinte à publicação, a polícia, Joseph Bates e o jornal receberam novas cartas do suposto assassino.

Anos depois, seria feita a correlação desse caso com os do criminoso chamado de "Zodíaco", quando a polícia de Riverside notou similaridades com o caso de assassinato em Napa, acontecido posteriormente. Até os dias de hoje existem dúvidas sobre a autoria do assassinato; muitos não acreditam que tenha sido o Zodíaco.

## 20 DE DEZEMBRO DE 1968

Mais de dois anos já haviam se passado desde o assassinato de Cheri Jo Bates. Nunca mais ninguém tinha ouvido falar do caso.

Naquela noite de lua cheia, David Arthur Faraday (17), estudante do Vallejo High School, marcou um encontro com Betty Lou Jensen (16), estudante do Hogan High School. David pegou Betty em casa às 20h20; disseram aos pais dela que iriam a um concerto e prometeram voltar até às 23h. Em vez do concerto, foram de carro para um local chamado Lover's Lane, conhecido ponto de namoro da região, nas proximidades do lago Herman.

Semanas antes, Betty tinha tido a sensação de que estava sendo seguida e observada por alguém na escola. Por mais de uma vez, sua mãe encontrou o portão do jardim, que dava para a janela da menina, aberto. Estranho, mas nada que alarmasse a família.

Os namorados, ao chegarem ao Lover's Lane, travaram as portas e reclinaram os bancos. Um passante viu os dois adolescentes ali, enquanto Betty Lou recostava sua cabeça nos ombro de David. Segundo essa testemunha, estava bastante escuro, apesar da lua cheia. Outras duas testemunhas, caçadores de racum, diriam ter visto o que pareceu ser uma Valiant azul seguindo o carro de David.

Perto das 23h, quando o casal já se preparava para ir embora, outro carro apareceu no local e estacionou perto deles. Um homem corpulento desceu e chegou a ser visto por outro carro que passava por lá. Parou ao lado da janela de Betty Lou e ordenou que o casal saísse do carro. Mas, como estavam com as portas travadas, se negaram, achando que estavam seguros. Diante da recusa, o desconhecido sacou uma arma da jaqueta, foi até a janela de trás e atirou no vidro, que explodiu. Contornou o carro até a outra janela traseira e também a estourou.

Betty Lou, apavorada, abriu a porta para descer. David não teve tempo para isso. Antes que pudesse sair, o estranho encostou a arma atrás de seu ouvido esquerdo e atirou. A bala atravessou a cabeça de David horizontalmente, arrancando parte dela.

Gritando, fora de controle, Betty Lou saiu correndo. O homem seguiu em seu encalço, atirando cinco vezes em suas costas. Ela tombou a nove metros do carro em que estava.

David continuava vivo e sangrando em profusão. O assassino virou-lhe as costas, entrou em seu carro e foi embora.

Minutos depois, Stella Borges, uma senhora que passava de carro, chamou a radiopatrulha. Betty Lou já estava morta e David chegou ainda com vida à Unidade de Terapia Intensiva do Hospital Geral de Vallejo, mas não resistiu aos ferimentos e faleceu logo depois.

Os projéteis que mataram Betty Lou e David saíram de pistola semiautomática calibre .22.

# 4 DE JULHO DE 1969

Darlene Ferrin conhecia tanto David como Betty Lou. Tinha 22 anos, era casada e tinha uma filhinha, Dena. Karen, a babá que Darlene contratava com certa frequência, notou, em 27 de fevereiro de 1969, quando um carro branco estacionou do lado de fora da casa. Ela comentou o fato com Darlene, que pareceu não dar maior importância a ele e continuou a se arrumar para sair. Karen descreveria depois o homem sentado ao volante: grande, cara redonda e cabelo castanho cacheado. Darlene chegou a comentar com a babá que "ele a devia estar observando novamente". Disse que, pelo que sabia, "ele" estava fora do estado e não queria que ninguém soubesse do assassinato que ela testemunhou. Darlene chegou a dizer o nome do homem, algo como Peter ou Paul, mas Karen não deu atenção.

Algum tempo antes, pacotes haviam sido enviados à casa de Darlene. Pam Huckaby, sua irmã, ao receber um dos pacotes, reconheceu o entregador como "aquele homem que ficava sentado em seu carro branco, em frente à casa de Darlene". O homem, que usava óculos, avisou-a para não abrir o pacote. Na época, especulou-se se os pacotes estavam sendo enviados pelo ex-marido de Pam, Jim, que vivia no México e possuía uma arma calibre .22.

Darlene chegou a avisar as amigas para que não se aproximassem do homem do carro branco que ficava estacionado em frente à sua casa. Obviamente, ela não gostava da situação, mas não tinha coragem de pedir que ele saísse dali.

Em 4 de julho daquele ano, saiu de casa para ir buscar seu amigo Michael Mageau (19). Os dois tinham combinado de ir ao cinema em São Francisco. Perceberam que estavam sendo seguidos e, assustada, a moça começou a dirigir cada vez mais rápido, tentando pegar estradas vicinais para despistar seu perseguidor. De repente, estavam na Columbus Parkway, na mesma direção da estrada do lago Herman.

Darlene parecia conhecer quem a perseguia. Sem aviso, o carro atrás do casal diminuiu a velocidade e sumiu, mas o alívio durou pouco... Cinco minutos depois foram abalroados horizontalmente e ficaram impossibilitados de fugir. As luzes do outro carro cegavam os dois, mas mesmo assim Mageau pôde ver que um homem carregando uma lanterna vinha em sua direção. A janela de seu lado estava aberta e ele ouviu tiros serem disparados. Sentiu um calor estranho tomar conta de todo o seu corpo e se deu conta de que a vítima era ele. Perplexo, ainda ouvindo disparos, viu Darlene tombar sobre o volante. Ela fora alvejada cinco vezes, além de ter sido atingida por alguns projéteis que atravessaram o corpo de Mageau.

Enquanto o assassino voltava para seu carro, Mageau pôde ver seu rosto, mas ao ouvir seus gritos de dor o homem voltou e atirou mais duas vezes.

Dessa vez, apesar da dor insuportável, Mageau fingiu-se de morto. Percebeu que não conseguia mais gritar, pois uma das balas havia atingido sua mandíbula e perfurado sua língua. Darlene ainda gemia no banco da frente quando ele, com muita dificuldade, conseguiu descer do carro para tentar encontrar socorro. Para sua sorte, três adolescentes que procuravam um amigo notaram o carro estacionado no meio da estrada e viram a vítima caída no chão. Sem hesitar, desceram para socorrê-lo. Quando se deram conta de que a situação era grave, foram até uma casa próxima e avisaram a polícia.

O policial Richard Hoffman e o sargento Conway já estavam no local quando a ambulância chegou. Darlene foi pronunciada morta à 0h38. À 0h40, o Departamento de Polícia de Vallejo recebeu uma ligação telefônica. Uma voz calma, do outro lado da linha, reportou o duplo homicídio, deu a localização dos corpos e a descrição do carro de Darlene Ferrin. Disse ainda que ambas as vítimas tinham sido alvejadas com uma Luger 9mm, identificando a arma com precisão, e alegou ser a mesma arma que havia matado Faraday e Jensen no ano anterior. Com um tom de voz mais profundo, disse adeus e desligou. Para desespero da polícia, descobriu-se que a ligação havia sido feita de um telefone público que ficava do lado de fora do escritório do xerife de Vallejo.

Michael Mageau foi operado e sobreviveu. Depois de curado, deu tantas versões[1] do ocorrido para a polícia e escondeu-se com tanta rapidez que a única conclusão possível é que estava apavorado demais com a possibilidade de o assassino voltar e tirar sua vida. Descreveu o carro de seu agressor como sendo marrom, provavelmente um Corvair.

## 27 DE SETEMBRO DE 1969

Cecília Shepard e Bryan Hartnell combinaram um programa juntos. Eram amigos havia muito tempo e planejaram um piquenique nas margens do lago Berryessa. Estavam conversando e comendo quando um carro parou ao lado do Karmann-Ghia de Bryan e seu ocupante começou a observar o casal.

Cecília notou o estranho, mas ele logo desapareceu entre as árvores. Momentos depois, ela o viu novamente. De novo ele sumiu. Quando apareceu outra vez, vestia um capuz preto em forma de saco sobre a cabeça, como se fosse um executor. A frente do capuz pendia até a cintura e no peito tinha desenhado um símbolo do zodíaco. Ele usava óculos escuros sobre o capuz, e do lado direito de sua cintura pendia um facão de pelo menos 30 cm de comprimento. Do lado esquerdo, o coldre estava vazio. Ela ergueu os olhos e percebeu uma arma em sua mão.

O homem falou para Bryan que era um condenado fugitivo e exigiu dinheiro e as chaves do carro. Foi atendido de imediato. Ele então deu uma

---

[1] A história relatada aqui é uma das muitas versões de Mageau sobre os acontecimentos.

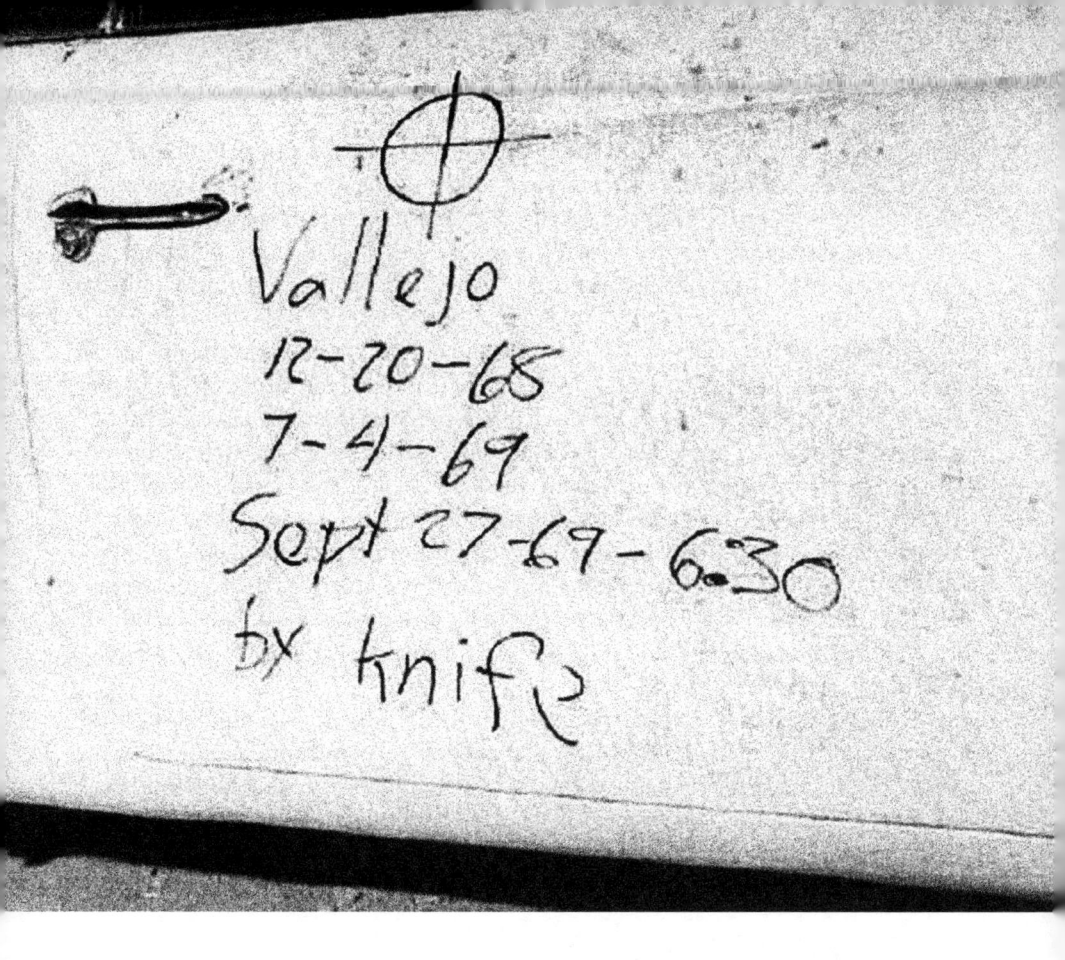

corda à Cecília para que ela amarrasse Bryan, o que foi feito com nós bem largos, para que talvez ele tentasse escapar, mas o criminoso percebeu e resolveu ele mesmo amarrar Cecília e apertar os nós que continham Bryan. Ameaçou o casal, dizendo que tinha de esfaqueá-los. Bryan disse ao criminoso que não suportaria ver Cecília ser esfaqueada, que preferia ser a primeira vítima. O assassino respondeu que era justamente o que pretendia fazer e, apesar das súplicas desesperadas do rapaz, ajoelhou-se e o esfaqueou seis vezes nas costas. Enquanto ele gemia com uma dor lancinante, o estranho esfaqueou Cecília dez vezes, cinco nas costas e cinco na frente, atingindo seu seio, abdome, virilha, e outra, e outra, e outra...

Ao ir embora, o criminoso fez questão de deixar as chaves do carro de Bryan e o dinheiro em cima da toalha de piquenique para que ficasse claro que não se tratava de um assalto e sim de uma execução. Antes de sair de cena, ainda deu uma paradinha no Karmann-Ghia e, com uma caneta hidrográfica, escreveu na porta:

"Vallejo 12-10-68 7-4-69 Sept 27-69-6:30 by knife"

Assim que o criminoso partiu, as vítimas começaram a gritar. A moça conseguiu desamarrar-se e libertou o amigo. Da praia, um pescador chinês ouviu os gritos e chamou a polícia, que encontrou Bryan distante 270 metros da estrada. Ele perdia sangue sem parar, mas mesmo muito ferido indicou onde estava a outra vítima.

Às 19h13 foi reportado ao escritório do xerife de Napa o duplo esfaqueamento. Às 19h40, um homem não identificado telefonou para o departamento de polícia e descreveu o que seria um duplo homicídio, informando a localização dos corpos. Ao ser perguntado sobre sua identidade, respondeu: "Eu sou aquele que fez isso!"

Cecília Shepard morreu em 28 de setembro por causa dos diversos ferimentos a faca. Bryan Hartnell sobreviveu. Hoje em dia é advogado no sul da Califórnia.

A polícia descobriu uma pegada perto do carro de Bryan. O tamanho era 10 ½ — o equivalente ao número 41. O tipo de sola do calçado parecia ser o equivalente a uma bota do tipo Wing Walker, de uso exclusivo de militares.

## 11 DE OUTUBRO DE 1969

Noite. O motorista de táxi Paul Lee Stine não estava ainda nem perto de encerrar seu dia de trabalho quando atendeu o homem que entrou em seu carro e seguiu viagem até o endereço solicitado. Ao parar o táxi no local indicado, alguém passeava com seu cachorro em frente ao veículo. O silencioso passageiro então mudou de ideia e pediu ao motorista que andasse mais um quarteirão. Assim que estacionou, Paul Stine foi agarrado por trás, com o braço esquerdo de seu passageiro envolvendo com força sua garganta. Sentiu o cano de uma arma no ouvido direito e começou a lutar pela vida. Não teve tempo nem de pensar sobre o que estava acontecendo; o tiro que levou literalmente estourou seus miolos. A arma utilizada foi uma semiautomática 9mm.

O passageiro saiu do táxi, abriu a porta da frente e sentou-se no banco vazio, ao lado de Stine. Pegou a carteira do motorista, cortou um pedaço da camiseta ensanguentada e com ela limpou toda e qualquer digital que pudesse ter deixado ali, levando um pedaço da roupa de sua vítima com ele. O sangue de Stine estava espalhado por toda parte. Sem se impressionar, o criminoso saiu do carro e desceu a rua a pé, sem se dar conta de que havia sido visto por uma garota de 14 anos que estava em uma janela do outro lado da rua.

Às 21h58, a polícia foi chamada pelo pessoal da casa em que a testemunha estava. Não tinham escutado nenhum tiro, mas a cena assistida por ela era ímpar. O homem que fez a ligação disse que o suspeito que saíra do táxi era um homem "negro" adulto, mas sua visão havia sido prejudicada pela pouca luminosidade daquele trecho da rua.

Os policiais se dirigiram para o local. Ao pedirem informações para um senhor que passava por ali, ele relatou ter visto um homem carregando uma arma, correndo em direção ao leste de Washington. A polícia saiu correndo atrás da pista, sem perceber que, provavelmente, o gentil informante era o criminoso que procuravam. Paul Lee Stine foi declarado morto às 22h30.

## 22 DE MARÇO DE 1970

Noite de lua cheia. Kathleen Johns e seu bebê de dez meses de vida estavam na Estrada 132, indo para a cidade de Petaluma, Califórnia, EUA. O gentil motorista de uma Station Wagon Chevrolet 1957 cor marrom e branca, ao ultrapassá-la, fez sinal de que o pneu estava com problemas. Kathleen deu seta e parou no acostamento. O homem parou para ajudá-la, "graças a Deus".

Verificou o pneu, pareceu arrumá-lo e os dois veículos seguiram viagem. Minutos depois, o pneu do carro da jovem mãe literalmente voou para fora, fazendo-a parar de forma abrupta. O motorista do Chevrolet parou também, oferecendo carona para a senhora e seu bebê. Sem alternativa, Kathleen aceitou.

Depois de alguns quilômetros do que parecia ser uma viagem tranquila, o estranho, sem aviso prévio, pegou uma estrada deserta. Avisou a mulher que mataria ela e seu bebê. Com o carro em movimento, arrancou a criança do colo da mãe e tentou arremessá-la para fora. A luta pela vida começou e, ao mesmo tempo que tentava salvar seu bebê e a si mesma, Kathleen observava todos os detalhes que poderiam vir a ser úteis caso escapasse daquele inferno. O homem era bem-arrumado, calçava botas militares bem-engraxadas e vestia uma "capa" de náilon azul e preta. Usava também uma calça de lã preta boca de sino, como era moda, além de óculos de armação fina e preta, do tipo tartaruga, presa por um elástico por trás da cabeça. O cabelo dele era castanho e cortado estilo "escovinha", com uma risca bem marcada. Seu nariz era médio, e seu queixo, marcado; tinha compleição física média e pesava algo entre 75 e 80 kg.

De repente, o carro deu um solavanco e diminuiu de velocidade. Era a chance que Kathleen estava esperando; pulou para fora do carro com seu bebê nos braços. Correndo, atravessou uma vinicultura como pôde, tropeçando, sem ar e sem emitir som algum. O agressor a seguiu com uma lanterna nas mãos, mas não conseguiu alcançá-la. Por sorte, um caminhão parou na estrada e o motorista desceu para ver o que estava acontecendo. Ao se deparar com a desesperada mulher, tentou socorrê-la, mas, por mais que insistisse para que entrasse em seu veículo, ela não saía do lugar. O homem que estava perseguindo Kathleen entrou em seu carro e partiu em alta velocidade. O motorista do caminhão, penalizado com a situação da moça, esperou pacientemente até que um carro com uma mulher na direção parasse ali e prestasse socorro. Ela levou Kathleen até a delegacia mais próxima.

Kathleen contou sua história em detalhes para os policiais. Pendurado atrás do policial que tomava seu depoimento estava o retrato falado do homem que tinha assassinado o taxista Paul Stine, no ano anterior. Quando viu o desenho, a jovem mãe começou a gritar em total descontrole. Era o mesmo homem que a havia atacado na estrada! O retrato falado era do assassino agora chamado de Zodíaco.

Os policiais viram ali uma grande oportunidade de descobrir novas pistas. Acompanharam a moça até seu carro na intenção de encontrar digitais, mas ao chegarem ao local viram que o veículo fora queimado por dentro.

Nunca ficou provado que Kathleen foi raptada pelo Zodíaco, apesar de ele fazer referência ao caso e assumir a responsabilidade em uma de suas cartas.[2]

---

2   "Estou relativamente infeliz, porque vocês, pessoas, não usarão alguns buttons legais. Então, agora tenho uma pequena lista, começando com a mulher e seu bebê, a quem dei uma carona interessante por duas horas, uma noite há alguns meses, que resultou em eu queimar o carro dela onde eu os encontrei."

This is the Zodiac speaking

I have become very upset with the people of San Fran Bay Area. They have __not__ complied with my wishes for them to wear some nice ⊕ buttons. I promiced to punish them if they did not comply, by anilating a full School Buss. But now school is out for the summer, so I punished them in an another way. I shot a man sitting in a parked car with a .38.

⊕-12      SFPD-0

The Map coupled with this code will tell you whe-e the bomb is set. You have antill next Fall to dig it up. ⊕

C △ J ¡ ■ O ⱪ ⌶ A M ⊣ ▲ Ω O R T G
X ⊙ F D V ⸹ ◪ H C E L ⬥ P W △

# AS CARTAS DO ZODÍACO

Durante os anos em que agiu, o Zodíaco manteve contato, por meio de 21 cartas e postais, com o Departamento de Polícia de Riverside, com Joseph Bates (pai de Cheri Jo), com os jornais *Riverside Press-Enterprise*, *San Francisco Chronicle* (que parecia ser seu preferido), *San Francisco Examiner*, *Vallejo Times-Herald* e *Los Angeles Times*, com o advogado Melvin Belli e o editor Paul Avery. Suas cartas sempre tinham um tom de zombaria e provocação.

Sabe-se que se tratava de um homem inteligente e brilhante. Seu prazer era observar as investigações andarem em círculos, sem nunca chegar a lugar algum.

Suas cartas eram verdadeiras obras de arte. Usava símbolos e códigos criptografados, e sua escrita era precisa e descritiva. Era comum iniciá-las escrevendo com letra cursiva, que sempre variava o estilo, provavelmente copiadas de outros tipos de caligrafia.

Em algumas de suas cartas, parecia ser uma pessoa com pouca instrução, cometendo erros gramaticais e ortográficos infantis. Isso contradizia os sofisticadíssimos códigos e símbolos que utilizava e que se referiam à astrologia e aos signos, e por isso foi chamado de Zodíaco.

A primeira carta recebida pelo jornal *San Francisco Chronicle* estava duplamente selada para que chegasse mais rápido, o que depois se constataria ser um hábito do Zodíaco. Tratava-se de um criptograma impresso, composto de símbolos, e estava endereçado ao editor, reclamando a responsabilidade sobre os assassinatos de David Faraday, Betty Lou Jensen e Darlene Ferrin. Na carta, constavam alguns detalhes do crime que só o assassino poderia saber.

Assassinato de Betty Lou e David: dez tiros detonados, corpo do garoto atrás do carro, garota caída do lado direito, pés apontados para oeste.

Assassinato de 4 de julho: garota vestindo calça comprida, garoto também foi atingido no joelho.

O assassino assinou a carta com um círculo cruzado, como aquele desenhado na roupa do atacante de Cecília e Bryan.

O criptograma tinha sido postado em julho de 1969 e o Zodíaco afirmava que sua identidade estava ali, para quem o desvendasse. Ordenou que sua carta fosse publicada na edição de 1º de agosto de 1969, caso contrário faria uma matança de grande proporção. O jornal concordou e publicou.

Um professor da cidade de Salinas, Harden, trabalhou em conjunto com a esposa por vários dias tentando decifrar o criptograma. Ele era criptógrafo amador e disse ter decifrado o código. O nome do assassino não estava ali. O texto dizia: "Eu gosto de matar pessoas porque é muito divertido..."

Para construir os criptogramas, o Zodíaco utilizava dois livros fáceis de ser encontrados em qualquer biblioteca: *Codes and Ciphers*, de John Laffin, e o *Zodiac Alphabet*.

A polícia então exigiu que o suposto assassino desse detalhes dos crimes somente conhecidos por ele, pois não queriam perder tempo com um louco que estivesse se fazendo passar pelo Zodíaco. A resposta veio em uma carta de três páginas, que começava assim:

"Prezado editor, aqui é o Zodíaco falando..."

Era a primeira vez que ele próprio se chamava pelo apelido que permanece até hoje. O homem deu detalhes que eram desconhecidos do público em geral.

Em 14 de outubro de 1969, o Zodíaco enviou sua quinta carta, postada em São Francisco. No remetente estava desenhado o círculo cruzado. A missiva ameaçava explodir um ônibus escolar com uma bomba química, além de conter um retalho de roupa, que logo foi identificado como sendo da camisa do taxista Paul Stine. Se sua intenção era amedrontar a população, ele conseguiu.

A polícia ainda tentou usar ninidrina, um pó utilizado para detectar a presença de vários aminoácidos, permitindo a definição de impressões digitais, mas nada foi encontrado. Nenhuma impressão digital, suor ou aminoácido. Nada. As cartas foram levadas para especialistas, na tentativa de conseguir alguma pista.

---

Um professor da cidade de Salinas, Harden, trabalhou em conjunto com a esposa por vários dias tentando decifrar o criptograma. O texto dizia: "Eu gosto de matar pessoas porque é muito divertido..."

---

Em 22 de outubro de 1969, o Departamento de Polícia de Oakland recebeu uma ligação telefônica anônima. Nela, uma voz de homem se identificou como o Zodíaco e exigiu que fosse conseguido um contato telefônico entre ele e F. Lee Bailey ou Melvin Belli, renomado advogado. Ele queria ser ouvido no programa de entrevistas, o que conseguiu. Em duas horas, Belli estava aguardando ao vivo a conversa com o criminoso, que aconteceu às 19h20. Ao todo, foram feitas 35 ligações. Nelas, ouviu-o reclamar de fortes dores de cabeça, que passavam quando ele matava. Disse que não queria ir para a câmara de gás. Belli tentou, com toda habilidade, convencer "a voz" a se entregar. Marcou um encontro fora do ar, mas ele nunca apareceu.

Em novembro de 1969, o jornal *Chronicle* recebeu mais cartas do Zodíaco. Eram legítimas, todas continham pedaços da camisa de Paul Stine. Nelas, ele afirmava ter assassinado mais duas pessoas, perfazendo um total de sete vítimas.

Em uma dessas cartas, o Zodíaco explicou por que a polícia nunca o encontraria:

1º **MOTIVO** Ele se parecia com a descrição das vítimas apenas quando matava; o restante do tempo tinha uma aparência completamente diferente.

---

2º **MOTIVO** Não deixava impressões digitais na cena do crime; usava protetores transparentes nos dedos.

---

3º **MOTIVO** Todas as suas armas haviam sido compradas pelo correio.

A carta seguinte foi endereçada a Melvin Belli, também contendo um pedaço da camisa ensanguentada de Paul Stine. Ele desejava ao advogado um Feliz Natal e pedia sua ajuda, porque estava muito próximo do descontrole. Logo faria sua nona e décima vítimas.

Dessa vez, a polícia teve uma pista de que o Zodíaco poderia ter ascendência inglesa; já suspeitavam de que se tratasse de um marinheiro inglês. Ele usou as expressões "The Kiddies" e "Happy Christmas", comuns na Inglaterra mas não nos Estados Unidos, onde seriam usadas as expressões "Kiddo" para garotos e "Merry Christmas" para Feliz Natal.

Em 30 de janeiro de 1974, depois de três anos de silêncio absoluto, um jornal de São Francisco recebeu uma autêntica carta do Zodíaco. Nela, estava anotado "Me-37; SFPD-0", que se concluiu tratar-se de uma contagem ou um placar: "Trinta e sete para mim, zero para o departamento de polícia de São Francisco". Um policial levou a contagem de 37 vítimas a sério e encaminhou-a ao xerife Striepke. Ele pegou os quarenta casos de assassinatos não resolvidos em quatro estados do Oeste americano, marcando sua localização no mapa. Surpresa!!! Os alfinetes formavam uma letra "Z" tamanho gigante. A teoria de Striepke caiu por terra quando o assassino serial Theodore Bundy foi preso e assumiu muitos daqueles crimes.

Em algumas cartas o Zodíaco mostrou ser fã do filme *O Exorcista* (1973), que considerava uma comédia. Muitos acreditaram que ele pertencesse a alguma seita satânica, mas nenhuma prova concreta foi encontrada.

Hoje em dia, existem sérias dúvidas quanto à autoria do Zodíaco no assassinato de Cheri Jo Bates. O principal suspeito agora é um colega de faculdade da moça e existem várias provas circunstanciais contra ele.

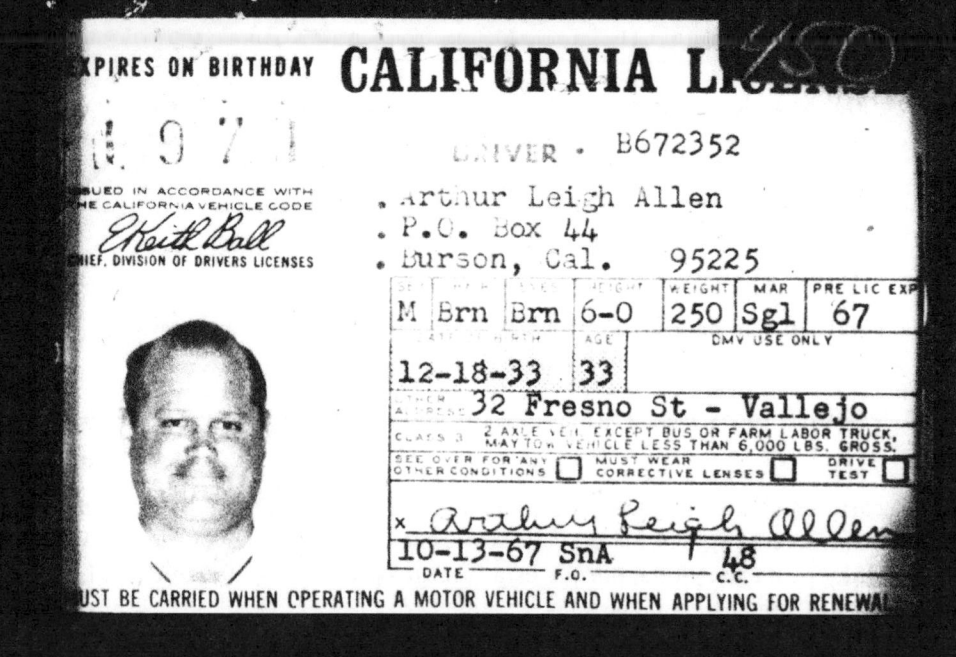

## A INVESTIGAÇÃO

Quando a investigação do Zodíaco começou, a polícia tinha 2.500 suspeitos. A investigação foi reduzindo esse número. Aqui estão alguns exemplos:

### ARTHUR LEIGH ALLEN – O PRINCIPAL SUSPEITO

Foi o suspeito número um da polícia e o preferido de muitos. A primeira vez que tomaram conhecimento dele foi em 1971, quando seus amigos e família contaram sobre seu comportamento irregular. Todos que o conheciam achavam que ele poderia ser o Zodíaco.

Estas eram as características que ligavam Allen ao histórico de crimes do Zodíaco:

- Foi criado em Vallejo, Califórnia.
- Em 1956, alistou-se na Marinha americana. Sempre se supôs que o Zodíaco tivesse alguma filiação militar, provavelmente na Marinha.
- Durante os anos 1969 e 1970, esteve empregado parte do dia como zelador na Elmer Cave Elementary School, em Vallejo. Foi nessa época que o Zodíaco escreveu cartas ameaçando crianças de uma escola.
- Entre 1970 e 1974, ocupava-se em estudar Ciências Biológicas no Sonoma State College, tendo Química como matéria secundária.

Durante a permanência de Allen em Sonoma, cidade localizada no oeste da Califórnia, aparentemente os assassinatos do Zodíaco cessaram, mas iniciaram-se os chamados "Assassinatos de Colegiais de Sonoma". De acordo com o já aposentado agente especial Jim Silver, do Departamento de Justiça da Califórnia, quando a polícia mapeou o último local onde as vítimas foram vistas e o local onde seus corpos foram encontrados, o trailer de Allen ficava no centro.

Era comum Allen usar frases como "o mais perigoso jogo" e "homem como o verdadeiro jogo", usadas nas cartas do Zodíaco.

De acordo com seu irmão, Ron, Allen ganhou de sua mãe, no Natal de 1967, um relógio com um símbolo do zodíaco, um círculo cruzado. Pouco tempo depois de ganhar o presente, fez as seguintes declarações a um amigo cuja identidade foi protegida:

- Ele gostaria de matar casais ao acaso.
- Iria provocar a polícia com cartas detalhando seus crimes.
- Assinaria essas cartas com o mesmo círculo cruzado desenhado em seu relógio.
- Chamaria a si mesmo de Zodíaco.
- Usaria maquiagem para mudar sua aparência quando matasse.
- Amarraria uma lanterna ao cano de sua arma para poder atirar no escuro.
- Enganaria mulheres, fazendo-as parar seus carros em áreas rurais ao pensar que tinham problemas com os pneus.

Em novembro de 1969, sua cunhada o viu com um papel na mão que parecia uma carta. Nela, apareciam símbolos e linhas, similares aos códigos usados pelo criminoso. Ele alegou que era o trabalho de um louco, que mostraria a ela, mas não o fez. A mesma cunhada também encontrou uma faca ensanguentada no banco da frente do carro dele, que justificou o fato dizendo que tinha matado galinhas com ela. Isso aconteceu na mesma época do ataque em Berryessa. A polícia foi chamada em 1971 e vasculhou o trailer de Allen. No freezer, foram encontrados corpos mutilados de roedores, corações e fígados de esquilos e outros animais pequenos, mas ser esquisito não é crime.

As impressões digitais de Allen foram tiradas, assim como exemplos de sua caligrafia. Elas não combinavam com algumas encontradas no táxi de Stine, mas a caligrafia mostrou similaridades com a do Zodíaco, principalmente no modo como se inclinava para o lado direito da página.

Allen viveu com sua mãe em Vallejo, mas a polícia não conseguiu um mandado de busca para a casa dela. Depois também se soube que mantinha dois trailers, mas somente um foi verificado.

Vários fatos o ligavam ao caso do Zodíaco:

- Sua descrição física era similar ao retrato falado.
- Estivera no Riverside Citty College, em 1966, quando Cheri Jo foi morta.
- Sofria de terríveis dores de cabeça.
- Era ambidestro.
- Tinha sido estudante de Química.

Em 1973, médicos atestaram que Allen possuía cinco diferentes personalidades. Também atestaram que ele poderia ser violento, perigoso e capaz de matar.

Foi preso por molestar crianças e na cadeia espalhou para todos que era o Zodíaco. Depois mudou de ideia e de história, dizendo aos companheiros de cela que rezava para o Zodíaco matar mais uma vez, pois assim ficaria livre da suspeita. O Zodíaco não apareceu até que ele fosse solto.

Assim como o Zodíaco, Allen selava duplamente suas cartas e estava nos locais de todos os crimes atribuídos a ele.

O estudo de seu perfil mostrou que ele odiava a mãe e sempre se sentiu inferior ao pai, um militar de sucesso. Sofria de alcoolismo e depressão, situações sempre agravadas nas duas datas mais estressantes para ele: seu aniversário (18 de dezembro) e o Natal.

Na época do assassinato de Darlene, um amigo de Allen estava vendendo um Corvair marrom, carro descrito por Mageau como sendo de seu agressor. Allen, com frequência, dirigia esse carro. Também morava bem perto de onde a moça trabalhava como garçonete. Darlene tinha um conhecido que chamava de "Lee", o mesmo nome como Allen era chamado, pois é assim que se pronuncia seu nome intermediário.

Logo depois de Paul Stine ser assassinado, o amigo de Allen, Ralph Spinelli, procurou o Departamento de Polícia de Vallejo para comunicar que, dias antes, ele tinha admitido, em conversa, ser o Zodíaco e provaria isso para Ralph indo até São Francisco e matando um motorista de táxi.

Em uma carta enviada aos jornais, o Zodíaco desenhou o diagrama de uma bomba. Os ingredientes a serem utilizados em sua confecção eram: nitrato de amônia, fertilizante e cascalho. O Zodíaco também dizia ter esses itens em estoque no porão de sua casa e que haviam sido comprados por meio de ordem postal. Ao fazerem a busca na casa de Allen em 1991, os policiais de Vallejo encontraram, no porão, diagramas desenhados de bombas que incluíam o uso de nitrato de amônia, fertilizante e cascalho. Também foram encontrados catálogos para compra, pelo correio, de bombas, armas e armadilhas.

Em 1991, Michael Mageau identificou Arthur Leigh Allen como seu agressor. Fez essa identificação entre várias fotos mostradas a ele pelo policial

George Bawart, do Departamento de Polícia de Vallejo. Quando Bawart perguntou por que ele nunca tinha identificado Allen em vinte anos de investigação, Mageau respondeu que nunca foram mostradas a ele fotos de suspeitos, somente lhe perguntaram se reconhecia certos nomes.

Allen morreu em 26 de agosto de 1992, de complicações causadas por diabetes e problemas no coração.

## LAWRENCE KREW/KANE

Em uma conversa com uma funcionária de um cassino em um restaurante, Krew alegou ser um especialista no zodíaco (astrologia) e ofereceu-se para fazer seu mapa astral. Naquela noite, levou até sua casa o mapa pronto. Ele era de Touro, ela, de Capricórnio, uma compatibilidade perfeita.

Tinha a idade aproximada de 38 anos, media 1,80 m de altura e usava óculos com armação de tartaruga. Disse morar em Stateline, em um apartamento-estúdio.

Quando saíram outra vez, a moça levou uma amiga com ela. O homem falou sobre o zodíaco durante quatro horas, além de eleger assuntos interessantes, como morte e assassinato. Contou a elas que morreria "na água". Quando as moças começaram a fazer perguntas, ele se fechou e foi embora.

Um relato semelhante ao da funcionária do cassino foi dado a policiais por outra mulher, que os procurou bastante assustada.

O detetive Harvey Hines, que investigou o Zodíaco por vinte anos, foi chamado para averiguar o desaparecimento de Donna Lass e logo notou algo de errado. Seguiu para South Lake Tahoe, a fim de acompanhar o caso de perto. Hines perguntou sobre Donna a seus amigos e descobriu que ela trabalhava de enfermeira em um hotel-cassino da região.

Quando questionou suas colegas de trabalho, descobriu que havia um tal de Larry Krew interessado nela. Ele tinha por volta de 40 anos, cabelo cortado bem curto e uma respeitável barriga. Media 1,80 m e pesava algo em torno de 80 kg, além de usar óculos com armação de tartaruga. Fora descrito às amigas por Donna como solitário, quieto e arrepiante. Tinha um escritório em frente ao Sahara Hotel e morava com a mãe em um apartamento-estúdio em Stateline. Foi visto várias vezes conversando com a moça na enfermaria do cassino. Conhecia tudo sobre astrologia.

A enfermeira foi vista pela última vez em 6 de setembro de 1970, por volta de uma da manhã, quando deixou seu plantão. No dia seguinte, um homem desconhecido telefonou para o emprego e para o condomínio dela, dizendo que ela não voltaria por causa de uma emergência familiar. A ligação era falsa e Donna Lass nunca mais foi vista.

Krew nasceu no início dos anos 1920 e mudou-se para a Califórnia em 1953. Era do signo de Touro. Serviu na Reserva Naval por sete meses, de onde foi desligado com diagnóstico de "histeria psiconeurótica".[3]

Hines passou a investigar Krew como suspeito de ser o Zodíaco. Descobriu que seu suspeito tinha vários pseudônimos, três cartões de seguro social sob nomes diferentes e duas datas de nascimento, além de duas carteiras de motorista.

Em 1962, sofreu uma grave colisão com um caminhão de cimento, machucando a cabeça. Foi diagnosticada uma lesão cerebral, mas, apesar de considerada grave, nunca ficou internado em uma instituição mental.

Entre 1964 e 1968, foi preso 19 vezes por roubo e fraude. As mais recentes acusações eram por rondar pessoas. Depois de se divorciar da mulher, mudou-se de volta para a casa da mãe.

Alguns documentos da Marinha sugerem que ele seria homossexual. Hines descobriu que Krew trabalhara para uma empresa em Riverside na mesma época do assassinato de Cheri Jo Bates. Quando morou em São Francisco, sua casa ficava localizada na rua Eddy, dois quarteirões depois de onde Paul Stine pegou o Zodíaco em seu táxi.

A peça teatral de Gilbert e Sullivan, *The Mikado*, estava sendo encenada a três quadras de distância de seu apartamento, e o Zodíaco tinha escrito que era fã da dupla.

---

Quando a investigação do Zodíaco começou, a polícia tinha 2.500 suspeitos.

---

Krew comprou um carro modelo sedã Ambassador em 10 de julho de 1969, apenas seis dias depois do assassinato de Darlene Ferrin. O homem que raptou Kathleen Johns e sua filha em 1970 guiava o mesmo modelo de carro.

Depois de matar Stine, o Zodíaco aparentemente escapou em direção ao Letterman General Hospital. Na mesma época, Donna Lass trabalhava como enfermeira nesse hospital. Em junho de 1970, Donna mudou-se de São Francisco para South Lake Tahoe, Nevada, empregando-se no Sahara Tahoe Hotel Cassino. Em junho de 1970, Krew também se mudou para a mesma cidade e foi trabalhar no mesmo edifício que Donna.

Certo de que Krew era o Zodíaco, Hines começou os procedimentos de identificação.

---

3   Histeria: a personalidade histérica, referida na CID-10 como transtorno histriônico de personalidade, é caracterizada por um comportamento colorido, dramático e extrovertido que se apresenta sempre exuberantemente (PsiqWeb, Geraldo José Ballone).

Conversou com as duas irmãs de Darlene Ferrin, que escolheram a foto de Krew entre muitas outras, apontando-o como o homem que seguia sua irmã. Depois pediu ao policial Foukes, que tinha falado com o Zodíaco logo após o assassinato de Stine para pedir informações, para identificar o homem entre as várias fotografias. Sem hesitar, ele pegou a foto de Krew, mas muito tempo havia se passado para que tivesse certeza absoluta. Kathleen Johns foi contatada. Se alguém conhecia bem o Zodíaco era ela. Hines colocou 18 fotos em linhas para sua avaliação. Ela apontou para Krew, comentando apenas que ele parecia mais novo do que na foto, em que estava sem óculos.

Apesar de todos esses resultados obtidos na investigação de Hines, os oficiais responsáveis pelo caso não concordaram com ele. Acreditavam que o Zodíaco era Allen.

Outro sobrenome utilizado por Krew era Kane, provavelmente o verdadeiro. Se for verdade, o criptograma contendo o nome do Zodíaco, conforme o prometido por ele, estava certo. O nome Kane aparecia no criptograma de 20 de abril de 1970.

O Zodíaco também enviou cartas assinadas como "Um cidadão" em maio de 1974. Seria uma alusão ao filme *Cidadão Kane*, um dos mais famosos da história do cinema.

Em 1999, Lawrence Kane estava vivendo em Nevada, EUA.

## ANDREW TODD WALKER

Foi o primeiro suspeito no caso do Zodíaco. Era um homem de meia-idade, usava óculos de aro de tartaruga, pesava mais de 90 kg, media 1,83 m e era barrigudo. Alguns dos amigos de Darlene Ferrin o reconheceram em fotos como o homem que a seguia.

Em um dos criptogramas do Zodíaco, decifrado pelo computador da Agência de Segurança Nacional americana, o nome "Walker" aparece diversas vezes.

A casa dele sofreu uma inundação na mesma época em que o Zodíaco escreveu que foi "inundado pela chuva". Walker vivia em uma área deserta, cercada por pinheiros, o que combinava com outro trecho de uma das cartas enviadas pelo Zodíaco, em que afirmava estar "olhando através dos pinheiros". Também era sócio do Sierra Club, que foi mencionado na mesma carta.

Ensinou códigos no Exército depois de servir como estudante por um curto período de tempo, indicando sua forte aptidão nessa área. Viveu em Vallejo no fim dos anos 1960 e era considerado sexualmente perturbado.

A discrepância estava em sua caligrafia, que não combinava com a do Zodíaco, além das impressões digitais, que não eram as mesmas encontradas no táxi de Stine. A adolescente que viu pela janela a morte de Stine também o considerou muito velho e gordo, diferente do homem que vira saindo do táxi.

## RICK MARSHALL

Outro forte suspeito de ser o Zodíaco foi Rick Marshall, colecionador de latas de filmes antigos. Nascido no Texas em 1928, vivia em uma área próxima a Riverside, em 1966, segundo relatos de conhecidos, mesma época do assassinato de Cheri Jo Bates.

Em 1969, morava perto de onde Paul Stine foi assassinado, em São Francisco. Uma ligação anônima para um detetive afirmava que Marshall tinha um amigo que guardava as latas para ele e que nas tais latas poderiam estar evidências, como a camisa de Stine, armas e tantas outras provas. O anônimo também acreditava que as latas poderiam explodir ao serem abertas, destruindo seu conteúdo. Marshall pegou as latas de volta em 1972.

Esse suspeito, também fã de Gilbert e Sullivan, tinha treinamento em códigos e possuía uma máquina de costura em casa, que poderia ter sido usada para confeccionar a roupa utilizada no assassinato do lago Berryessa. Trabalhou na projeção de filmes de cinema mudo e os colecionava, e o Zodíaco fez várias referências, em suas cartas, aos filmes *Zaroff, O Caçador de Vidas* (*The Most Dangerous Game*), *O Fantasma da Ópera* e *O Exorcista*.

---

> Uma ligação anônima para um detetive afirmava que Marshall tinha um amigo que guardava as latas para ele e que nas tais latas poderiam estar evidências.

---

Marshall era ambidestro e sua descrição física combinava com o retrato falado do Zodíaco. Usava óculos com armação de tartaruga presos por tira elástica, fora marinheiro e possuíra uma máquina de teletipo, semelhante à utilizada pelo Zodíaco em suas cartas. Tinha, na época, um amigo que confeccionava cartazes para cinema, cuja caligrafia era bastante similar à do Zodíaco e facilmente poderia ter sido imitada.

Durante três anos, entre 1975 e 1978, saiu do estado. Nesse intervalo de tempo, nenhuma carta do Zodíaco foi recebida. Morava a um quarteirão de Darlene Ferrin e seu marido, em São Francisco.

Nunca foi descartado como suspeito. Em 1989, trabalhava como engenheiro na empresa Tektronix. Seu último endereço conhecido é em San Rafael, Califórnia. A carta do Zodíaco, datada de 8 de julho de 1974, foi postada na mesma cidade.

**TED KACZYNSKI**

Condenado como o Unabomber, Kaczynski compartilha algumas características com o Zodíaco:

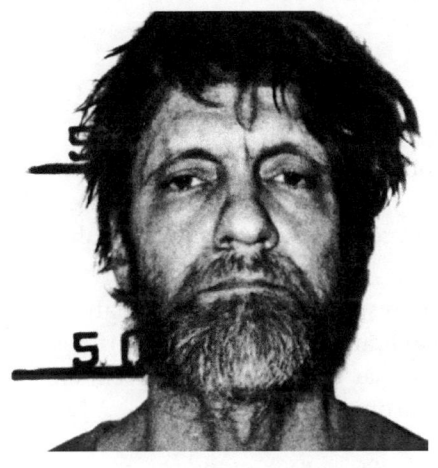

- Moraram em lugares similares nos mesmos períodos.
- Eram ambos inteligentíssimos, quase gênios.
- Tinham conhecimentos de matemática pura.
- Caçavam animais selvagens por esporte.
- Conheciam armas e possuíam habilidade para usá-las.
- Planejavam bombas com materiais comuns.
- Entendiam, criavam e utilizavam criptografia avançada.
- Tinham semelhanças físicas.
- Falavam calmamente, com educação e precisão.
- Tinham caligrafias similares.
- Guiavam o mesmo tipo de carro da marca Chevrolet.
- Eram assexuados e sexualmente frustrados.
- Comunicavam-se por meio de cartas.
- Escreviam cartas zombeteiras para suas vítimas.
- Demandavam publicidade por meio de seus crimes.
- Usavam disfarces.
- Usavam uma marca própria envolvendo linhas cruzadas em círculos.
- Tinham conexões em Montana e no Sierra Club.
- Ameaçavam explodir um grande alvo e depois diziam ser uma brincadeira.
- Valorizavam sua inteligência contra a estupidez de suas vítimas e da polícia.
- Cumpriam hiatos de tempo sem comunicação.
- Entendiam o alfabeto rúnico.
- Eram depressivos.

Alguns acreditam que essas similaridades se devem ao fato de o Unabomber ter sido profundamente influenciado pelo Zodíaco. Foi eliminado como suspeito de ser o Zodíaco pelo FBI e pelo Departamento de Polícia de São Francisco, depois de comparadas as impressões digitais e a caligrafia, e por não estar na Califórnia em cinco datas em que o Zodíaco agiu.

## OUTROS SUSPEITOS

**MICHAEL O'HARE** poderia ser o Zodíaco, se considerarmos sua inteligência brilhante, sua habilidade como atirador e seus conhecimentos profundos em código morse e matemática binária. Nunca se conseguiu conectá-lo a nenhuma vítima ou cena de crime do Zodíaco.

**BRUCE DAVIS** era membro da família Manson (responsável pelo assassinato de Sharon Tate). Morava na área da baía de São Francisco na época dos crimes, mas nada além disso o ligava ao Zodíaco, apesar de alguns acreditarem em uma conexão entre o Zodíaco e Charles Manson.[4]

## A PSICOLOGIA DO CASO ZODÍACO

Ainda existe grande interesse nesse assassino. Ele foi único. Era preciso e meticuloso em seus padrões de comportamento e pensamento.

O Zodíaco sempre matou em fins de semana, perto de água ou em lugares com nomes referentes à água. Seus crimes sempre aconteceram em feriados ou vésperas, como podemos ver a seguir:

**CHERI JO BATES** foi morta momentos antes da meia-noite de 30 de outubro, Halloween.

**DAVID FARADAY E BETTY LOU JENSEN** foram mortos em 20 de dezembro, cinco dias antes do Natal.

**DARLENE FERRIN** foi morta em 4 de julho, dia da Independência americana.

**CECÍLIA SHEPARD** foi esfaqueada no primeiro dia do feriado judaico de Tabernáculos.

**PAUL STINE** foi morto no Dia de Colombo.

**KATHLEEN JOHNS** foi raptada no dia do equinócio da primavera.

---

[4] Para saber mais, leia *Charles Manson, A Biografia* (DarkSide® Books, 2014).

Todas as datas coincidem com fases da lua nova. Saturno era visível, assim como a Estrela da Noite, na hora dos assassinatos.

Todos os 340 caracteres cifrados em símbolos foram retirados de horóscopos. Acredita-se que o Zodíaco era do signo de Touro, pois escondeu cinco símbolos desse signo em suas cartas.

Sua insígnia, um círculo cruzado, representava os solstícios e equinócios: solstício de verão, de inverno; equinócio vernal (da primavera) e de outono.

O Zodíaco atacava casais de adolescentes. Usava armas diferentes a cada ataque, entre revólveres e facas. Um carro sempre estava envolvido.

Sua aproximação era sistemática: sempre ao anoitecer ou fim da noite. Sempre comunicava seus assassinatos por carta ou telefone, demonstrando que precisava de atenção.

Nunca molestava sexualmente suas vítimas e seu perfil elaborado pelos investigadores do caso trazia a conclusão de que matar era a única relação possível para ele com uma mulher. Era provável que tivesse uma mãe dominadora e sentisse desejo sexual por ela, seu verdadeiro alvo, como também prazer sexual ao matar, atingindo o orgasmo enquanto esfaqueava ou atirava em suas vítimas repetidamente.

Um escritor, que dizia conhecer a identidade do Zodíaco, afirmava que ele tinha obsessão pela água, relógios, binários matemáticos e pelo escritor Lewis Carroll (*Alice no País das Maravilhas*).

Robert Graysmith, autor do livro mais famoso sobre o Zodíaco, também afirmava conhecer a identidade dele. Descrevia-o como molestador de crianças e o responsabilizou por 49 possíveis vítimas, entre outubro de 1966 e maio de 1981.

O Zodíaco tinha treinamento nas áreas de:

- dispositivos explosivos;
- criptografia;
- astrologia;
- química;
- armas.

Conhecia em profundidade:

- Gilbert e Sullivan;
- língua inglesa;
- motores de carro;
- cultos ancestrais;
- cinema;
- costura.

*Gilbert e Sullivan foram criadores de mais de 14 óperas e grandes influenciadores do teatro musical.*

*Please rush to Editor!*

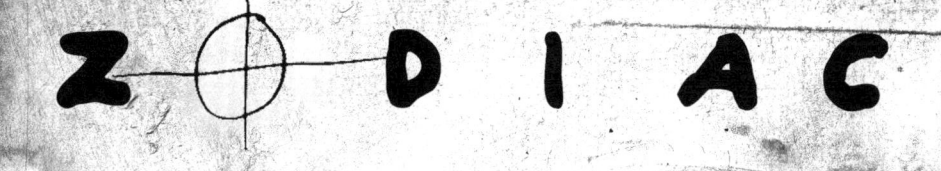

**PRIORITY**

# ZODIAC

PARAMOUNT PICTURES AND WARNER BROS. PICTURES PRESENT A PHOENIX PICTURES PRODUCTION A DAVID FINCHER FILM JAKE GYLLENHAAL MARK RUFALLO ANTHONY EDWARDS ROBERT DOWNEY JR MUSIC DAVID SHIRE EDITOR ANGUS WALL EXECUTIVE PRODUCERS LOUIS PHILLIPS MIKE MEDAVOY ARNOLD W. MESSER BRADLEY J. FISCHER JAMES VANDERBILT CEAN CHAFFIN BASED ON THE BOOK BY ROBERT GRAYSMITH DIRECTED BY DAVID FINCHER

Sabia como não deixar impressões digitais ou pistas, o que provavelmente aprendeu na prisão. Tinha habilidade excepcional com armas, era ambidestro e pode ter trabalhado na polícia ou servido na Marinha. Você conhece alguém que reúna todas essas características?

Jamais foi encontrada alguma evidência nos locais de crime do Zodíaco, mas em 2002 investigadores do caso resolveram tentar utilizar a ciência e suas modernas técnicas para extrair o DNA da saliva contida nos selos das cartas que o famoso assassino enviou para a imprensa e a polícia na época de seus crimes.

Cientistas forenses utilizaram-se da reação em cadeia pela polimerase, técnica que faz numerosas cópias de específicos segmentos de DNA com rapidez e acuidade. Esse processo também permite que se obtenha uma enorme quantidade de DNA, que poderá ser utilizada em várias análises forenses.

Para surpresa de muitos, Arthur Leigh Allen, por intermédio de material extraído de tecido cerebral proveniente de sua necropsia, foi eliminado como o autor das "lambidas" nos selos das cartas. Será que o Zodíaco era tão inteligente a ponto de utilizar propositalmente outra pessoa para lamber e colar os selos que utilizava nas cartas que enviava?

Em 2 de abril de 2004, o Departamento de Polícia de São Francisco encerrou as investigações dos homicídios executados pelo Zodíaco. Foi a primeira vez que as investigações de um caso de homicídio não resolvido foram abandonadas por esse departamento.

## FILMES E SERIADOS

O caso do Zodíaco foi amplamente explorado pela indústria de entretenimento. Vários documentários a respeito desse assassino foram feitos pela televisão. No filme *Perseguidor Implacável* (*Dirty Harry*, 1971, Warner Bros., direção Don Siegel), com Clint Eastwood, o personagem Scorpio (Andy Robinson) escreve cartas para o jornal *San Francisco Chronicle*, aterrorizando a cidade. Os seriados que incluíram essa história ou parte dela em seus episódios foram *Havaí 5-0*, *Nash Bridges* e *Millennium*. Outros títulos são:

- *The Zodiac Killer* (1971, Adventure Productions Inc., direção Tom Hanson);
- *Fúria Assassina* (*The Limbic Region*, 1996, Metro-Goldwyn-Mayer, direção Michael Pattinson);
- *O Zodíaco* (*The Zodiac*, 2005, ShadowMachine Films, direção Alexander Bulkley);
- *Assassino do Zodíaco* (*Zodiac Killer*, 2005, Open Grave Productions, direção Ulli Lommel);
- *Zodíaco* (*Zodiac*, 2007, Warner Bros., direção David Fincher).

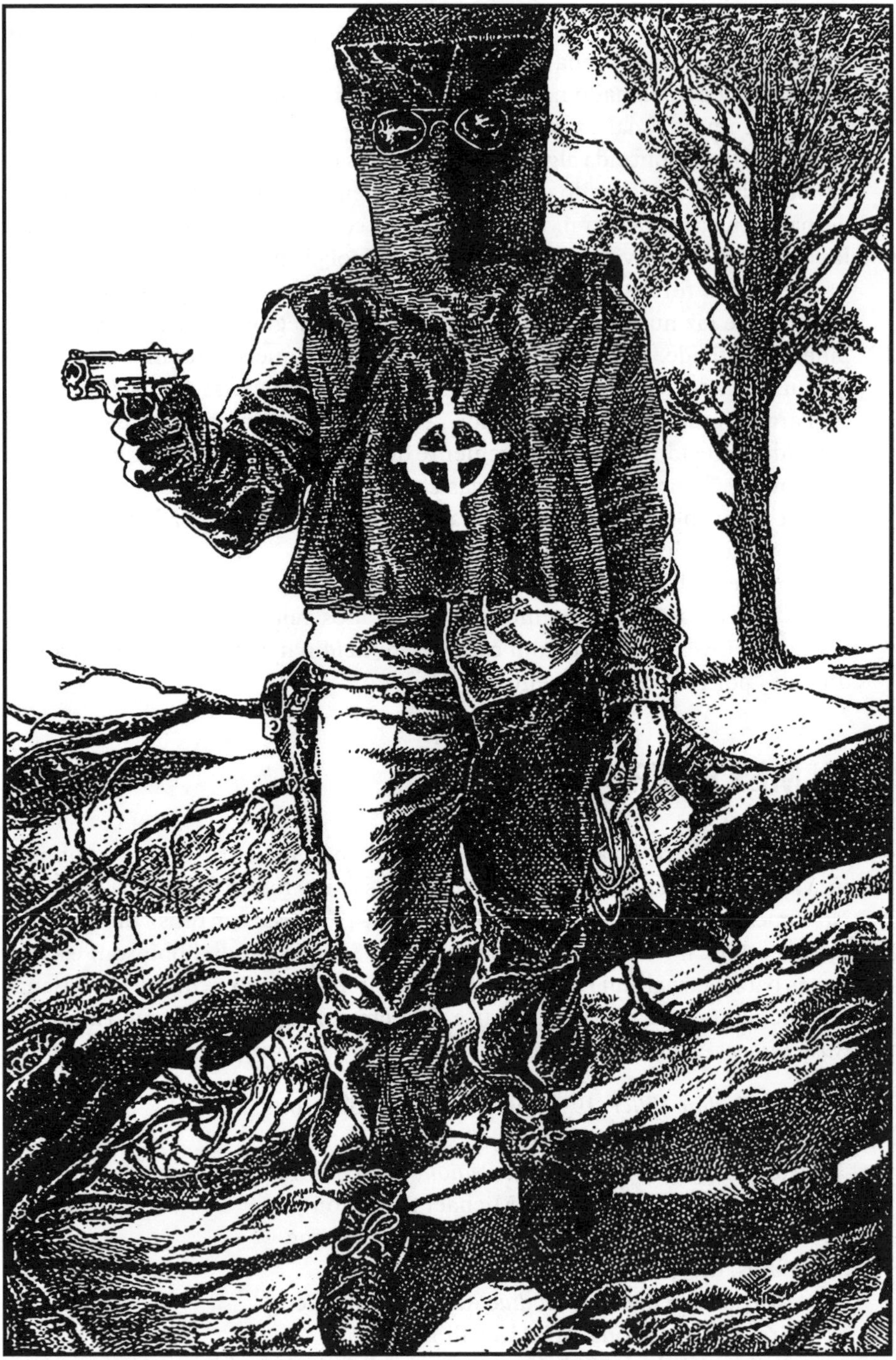

## COPIADOR

Em novembro de 1989, a polícia de Nova York recebeu uma carta que começava com as palavras "Aqui é o Zodíaco falando" e foi avisada de 12 assassinatos planejados. Cinco meses depois, uma série de atentados teve início nos bairros do Brooklyn e do Queens, e mais cartas foram enviadas ao jornal *New York Post*. Nelas, o atirador de Nova York afirmava ser o Zodíaco original. Durante os seis anos que o caso durou, oito pessoas foram atingidas e quatro mortas.

Em 18 de junho de 1996, Heriberto Seda foi preso e acusado pelos crimes, para os quais teria obtido inspiração no livro de Robert Graysmith, *O Zodíaco*, e em suas teorias astrológicas.

## LIVROS

Inúmeros livros também foram escritos, ficção ou não. A maioria foi lida por milhares de pessoas:

- *Zodiac* (St. Martin's Press, 1986), de Robert Graysmith;
- *Zodiac: An Eco-Thriller* (Bantam Books, 1995), de Neal Stephenson;
- *The Zodiac Cult Murders* (Xlibris Corp, 2001), de Malcolm Dallas;
- *"This Is the Zodiac Speaking": Into the Mind of a Serial Killer* (Praeger, 2001), de Michael D. Kelleher e David Van Nuys.
- *Sleep My Little Dead (The True Story of the Zodiac Killer)* (St. Martin's Press, 2003), de Kieran Crowley;
- *The Unabomber and The Zodiac* (Edição do Autor, 2007), de Douglas Evander Oswell;
- *Zodiac Unmasked* (Berkley, 2007), de Robert Graysmith;
- *The Most Dangerous Animal of All: Searching for My Father... and Finding the Zodiac Killer* (Harper, 2014), de Gary L. Stewart e Susan Mustafa.

# ANEXOS
# *SERIAL KILLERS*

## ANEXO 01 – SERIAL KILLERS PELO MUNDO

| | NOME | PAÍS | VÍTIMAS |
|---|---|---|---|
| 1. | PEDRO ALONSO LOPEZ | COLÔMBIA | 300 + |
| 2. | SALLEN MOHAMMAD KURAISHI | ÍNDIA | 250 + |
| 3. | H.H.HOLMES | ESTADOS UNIDOS | 200 + |
| 4. | HENRY LEE LUCAS & OTTIS TOOLE | ESTADOS UNIDOS | 200 + |
| 5. | GILLES DE RAIS | FRANÇA | 140 + |
| 6. | LUIS ALFREDO GARAVITO | COLÔMBIA | 140 |
| 7. | DR. JACK KEVORKIAN | ESTADOS UNIDOS | 130 |
| 8. | HU WANLIN | CHINA | 100 + |
| 9. | JAVED JQBAL | PAQUISTÃO | 100 + |
| 10. | PEE WEE GASKINS | ESTADOS UNIDOS | 100 + |
| 11. | DELFINA & MARIA DE JESUS GONZALES | MÉXICO | 91 + |
| 12. | MIYUKI ISHIKAWA | JAPÃO | 85 + |
| 13. | BRUNO LUDKE | ALEMANHA | 80 |
| 14. | DANIEL CAMARGO BARBOSA | EQUADOR | 72 |
| 15. | YANG XINHAI | CHINA | 65 + |
| 16. | ANDREI CHIKATILO | RÚSSIA | 52 + |
| 17. | IRENE LEIDOLF | CANADÁ | 49 + |
| 18. | ROBERT BROWNE | ESTADOS UNIDOS | 49 + |
| 19. | ALEXANDER PICHUSHKIN | RÚSSIA | 48 + |
| 20. | MANUEL DELGADO VILLEGAS | ESPANHA | 48 + |
| 21. | GARY RIDGWAY | ESTADOS UNIDOS | 48 |
| 22. | AHMAD SURADJI | INDONÉSIA | 42 |
| 23. | GERALD STANO | ESTADOS UNIDOS | 41 |
| 24. | ELISABETH BATHORY | HUNGRIA | 40 + |
| 25. | RICHARD "ICEMAN" KUKLINSKI | ESTADOS UNIDOS | 40 + |
| 26. | ANATOLY ONOPRIENKO | UCRÂNIA | 38 + |
| 27. | MOSES SHITOLE | ÁFRICA DO SUL | 38 + |
| 28. | MICHAEL SWANGO | ESTADOS UNIDOS | 35 + |
| 29. | DONALD HARVEY | ESTADOS UNIDOS | 34 + |
| 30. | FERNANDO HERNANDEZ LEYVA | MÉXICO | 33 + |
| 31. | JOHN WAYNE GACY | ESTADOS UNIDOS | 33 |

| | | | |
|---|---|---|---|
| 32. | VASILI KOMAROFF | RÚSSIA | 33 |
| 33. | JANE TOPPAN | ESTADOS UNIDOS | 31 + |
| 34. | CHRISTINE MALÈVRE | FRANÇA | 30 + |
| 35. | DAVENDRA SHARMA | ÍNDIA | 30 + |
| 36. | GERARD JOHN SCHAEFER | ESTADOS UNIDOS | 30 + |
| 37. | KARL DENKE | ALEMANHA | 30 + |
| 38. | MICAJAH & WILEY HARPE | ESTADOS UNIDOS | 30 + |
| 39. | WLADYSLAW MAZURKIEWICZ | POLÔNIA | 30 |
| 40. | PATRICK W. KEARNEY | ESTADOS UNIDOS | 28 + |
| 41. | WAYNE WILLIAMS | ESTADOS UNIDOS | 28 |
| 42. | FRITZ HAARMANN | ALEMANHA | 27 + |
| 43. | DEAN CORLL | ESTADOS UNIDOS | 27 |
| 44. | ROBERT WILLIAM PICKTON | CANADÁ | 26 + |
| 45. | BRUCE GEORGE PETER LEE | INGLATERRA | 26 |
| 46. | JUAN CORONA | ESTADOS UNIDOS | 25 |
| 47. | MARCEL PETIOT | FRANÇA | 24 + |
| 48. | BELA KISS | HUNGRIA | 24 |
| 49. | HELENE JEGADO | FRANÇA | 23 + |
| 50. | ARNFINN NESSET | NORUEGA | 22 + |
| 51. | EARL NELSON | CANADÁ | 22 + |
| 52. | MARK GOUDEAU | ESTADOS UNIDOS | 22 + |
| 53. | THEODORE BUNDY | ESTADOS UNIDOS | 22 + |
| 54. | CORAL EUGENE WATTS | ESTADOS UNIDOS | 22 |
| 55. | NORMAN AFZAL SIMONS | ÁFRICA DO SUL | 22 |
| 56. | CARL PANZRAM | ÁFRICA DO SUL | 21 |
| 57. | PHOOLAN DEVI | ÍNDIA | 20 + |
| 58. | THIERRY PAULIN & JEAN-THIERRY MATHURIN | FRANÇA | 20 + |
| 59. | ANTONE COSTA | ESTADOS UNIDOS | 20 |
| 60. | CHARLES SOBHRAJ | ÁSIA | 20 |
| 61. | LUCIAN STANIAK | POLÔNIA | 20 |
| 62. | SASHA & LYUDMILA SPESIVTSEV | RÚSSIA | 19 + |
| 63. | GERD WENZINGER | ALEMANHA/BRASIL | 19 |
| 64. | LARRY EYLER | ESTADOS UNIDOS | 19 |
| 65. | SERGEI RYAKHOVSKY | RÚSSIA | 19 |

| | | | |
|---|---|---|---|
| 66. | SIPHO AGMATIR THWALA | ÁFRICA DO SUL | 19 |
| 67. | VADIM YERSHOV | RÚSSIA | 19 |
| 68. | PAUL JOHN KNOWLES | ESTADOS UNIDOS | 18 + |
| 69. | CHRISTOPHER MHLENGWA ZIKODE | ÁFRICA DO SUL | 18 |
| 70. | DONATO BILANCIA | ITÁLIA | 18 |
| 71. | HUANG YONG | CHINA | 17 + |
| 72. | JOEL RIFKIN | ESTADOS UNIDOS | 17 + |
| 73. | LESZEK PEKALSKI | POLÔNIA | 17 + |
| 74. | JEFFREY DAHMER | ESTADOS UNIDOS | 17 |
| 75. | ROBERT HANSEN | ESTADOS UNIDOS | 17 |
| 76. | DOUGLAS EDWARD GRETZLER & WILLIE LUTHER STEELMAN | ESTADOS UNIDOS | 16 + |
| 77. | JOSE ANTONIO RODRIGUEZ VEJA | ESPANHA | 16 + |
| 78. | RANDY KRAFT | ESTADOS UNIDOS | 16 + |
| 79. | RICHARD RAMIREZ | ESTADOS UNIDOS | 16 + |
| 80. | EARL FREDERICK | ESTADOS UNIDOS | 16 |
| 81. | ELIAS XITAVHUDZI | ÁFRICA DO SUL | 16 |
| 82. | HERB BAUMEISTER | ESTADOS UNIDOS | 16 |
| 83. | MOHAMMED BIJEH | IRÃ | 16 |
| 84. | RANDY STEVEN KRAFT | ESTADOS UNIDOS | 16 |
| 85. | SAEED HANAEI | IRÃ | 16 |
| 86. | WILLIAM BURKE & WILLIAM HARE | ESCÓCIA | 16 |
| 87. | DENNIS NILSEN | INGLATERRA | 15 + |
| 88. | DR. HAROLD SHIPMAN | INGLATERRA | 15 + |
| 89. | JOHANN HOCH | ALEMANHA | 15 + |
| 90. | JOSEPH P. FRANKLIN | ESTADOS UNIDOS | 15 + |
| 91. | THOMAS QUICK | SUÉCIA | 15 + |
| 92. | ALBERT FISH | ESTADOS UNIDOS | 15 |
| 93. | ELIFASI MSOMI | ÁFRICA DO SUL | 15 |
| 94. | BELLE GUNNESS | ESTADOS UNIDOS | 14 + |
| 95. | JOE BALL | ESTADOS UNIDOS | 14 + |
| 96. | KENNETH ALLEN McDUFF | ESTADOS UNIDOS | 14 + |
| 97. | ROBERT JOSEPH SILVERIA | ESTADOS UNIDOS | 14 + |
| 98. | WILLIAM BONIN | ESTADOS UNIDOS | 14 + |
| 99. | BAI BAOSHAN | CHINA | 14 |

| | | | |
|---|---|---|---|
| 100. | JOACHIM KROLL | ALEMANHA | 14 |
| 101. | LEONARD LAKE & CHARLES NG | ESTADOS UNIDOS | 13 + |
| 102. | MARIE BESNARD | FRANÇA | 13 + |
| 103. | PETER SUTCLIFFE | INGLATERRA | 13 + |
| 104. | RANDALL WOODFIELD | ESTADOS UNIDOS | 13 + |
| 105. | WILLIAM LESTER SUFF | ESTADOS UNIDOS | 13 + |
| 106. | ABDALLAH al-HUBAL | IÊMEN | 13 |
| 107. | ALBERT DeSALVO | ESTADOS UNIDOS | 13 |
| 108. | HERBERT MULLIN | ESTADOS UNIDOS | 13 |
| 109. | JOHANNES MASHISNE | ÁFRICA DO SUL | 13 |
| 110. | JOSEPH CHRISTOPHER | ESTADOS UNIDOS | 13 |
| 111. | LI WENXIAN | CHINA | 13 |
| 112. | ELTON M. JACKSON | ESTADOS UNIDOS | 12 + |
| 113. | JACK UNTERWEGER | ESTADOS UNIDOS | 12 + |
| 114. | MARTHA BECK & RAYMOND FERNANDEZ | ESTADOS UNIDOS | 12 + |
| 115. | ROSEMARY & FRED WEST | INGLATERRA | 12 + |
| 116. | SISWANTO | INDONÉSIA | 12 |
| 117. | SYLVESTER MOFOKENG | ÁFRICA DO SUL | 12 |
| 118. | ARTHUR SHAWCROSS | ESTADOS UNIDOS | 11+ |
| 119. | CHESTER TURNER | ESTADOS UNIDOS | 11 + |
| 120. | JOSEPH VACHER | FRANÇA | 11 + |
| 121. | NICHOLAS PANARD | ESTADOS UNIDOS | 11 + |
| 122. | FAMÍLIA BENDER | ESTADOS UNIDOS | 11 + |
| 123. | ANATOLY GOLOVKIN | RÚSSIA | 11 |
| 124. | CARLOS EDUARDO ROBLEDO PUCH | ARGENTINA | 11 |
| 125. | CHARLIE STARWEATHER & CARIL ANN FUGATE | ESTADOS UNIDOS | 11 |
| 126. | CLIFFORD ROBERT OLSON | CANADÁ | 11 |
| 127. | HENRY LANDRU | FRANÇA | 11 |
| 128. | JOHN JUSTIN BUNTING | AUSTRÁLIA | 11 |
| 129. | JUAN RODRIGUEZ CHAVEZ | ESTADOS UNIDOS | 11 |
| 130. | MARIE ALEXANDRINE BECKER | BÉLGICA | 11 |
| 131. | PETER MANUEL | INGLATERRA | 11 |
| 132. | SHEN CHANGPING & SHEN CHANGYIN | CHINA | 11 |
| 133. | VAUGHN GREENWOOD | ESTADOS UNIDOS | 11 |

| | | | |
|---|---|---|---|
| 134. | KENNETH BIANCHI & ANGELO BUONO | ESTADOS UNIDOS | 10 + |
| 135. | MAOUPA CEDRIC MAAKE | ÁFRICA DO SUL | 10 + |
| 136. | RICHARD ANGELO | ESTADOS UNIDOS | 10 + |
| 137. | ROBERT J. WAGNER, JOHN J. BUNTIN & MARK R. HAYDON | AUSTRÁLIA | 10 + |
| 138. | "BOETIE BOER" STEWART WILKEN | ÁFRICA DO SUL | 10 |
| 139. | BOBBY JOE LONG | ESTADOS UNIDOS | 10 |
| 140. | DAVID J. CARPENTER | ESTADOS UNIDOS | 10 |
| 141. | DENNIS (BTK) RADER | ESTADOS UNIDOS | 10 |
| 142. | EDMUND KEMPER III | ESTADOS UNIDOS | 10 |
| 143. | EUGENE V. BRITT | ESTADOS UNIDOS | 10 |
| 144. | GERALD & CHARLENE GALLEGO | ESTADOS UNIDOS | 10 |
| 145. | JOHNNIE MALARKEY | ESTADOS UNIDOS | 10 |
| 146. | MARTIN DUMOLLARD | FRANÇA | 10 |
| 147. | CALVIN JACKSON | ESTADOS UNIDOS | 9 + |
| 148. | DAGMAR JOHANNE AMALIE OVERBYE | DINAMARCA | 9 + |
| 149. | HENRY LOUIS WALLACE | ESTADOS UNIDOS | 9 + |
| 150. | ALI REZA KHOSHRUY KURAN KORDIYEH | IRÃ | 9 |
| 151. | IAN BRADY & MYRA HINDLEY | INGLATERRA | 9 |
| 152. | JOHN GEROG HAIG | INGLATERRA | 9 |
| 153. | MARYBETH TINNING | ESTADOS UNIDOS | 9 |
| 154. | MELVIN DAVID REES | ESTADOS UNIDOS | 9 |
| 155. | PETER KURTEN | ALEMANHA | 9 |
| 156. | ANDREW URDIALES | ESTADOS UNIDOS | 8 + |
| 157. | ANGEL MATURINO RESENDIZ | ESTADOS UNIDOS | 8 + |
| 158. | CHRISTOPHER WILDER | AUSTRÁLIA | 8 + |
| 159. | DAVID & CATHERINE BIRNIE | AUSTRÁLIA | 8 + |
| 160. | DOROTHEA PUENTE | ESTADOS UNIDOS | 8 + |
| 161. | GARY & THADDEUS LEWINGDON | ESTADOS UNIDOS | 8 + |
| 162. | GREGORY BREEDEN | ESTADOS UNIDOS | 8 + |
| 163. | RUSSELL ELLWOOD | ESTADOS UNIDOS | 8 + |
| 164. | ALTON COLEMAN & DEBRA BROWN | ESTADOS UNIDOS | 8 |
| 165. | ERIC EDGAR COOKE | AUSTRÁLIA | 8 |
| 166. | GREGORY CLEPPER | ESTADOS UNIDOS | 8 |
| 167. | JEAN-BAPTISTE TROPPMANN | FRANÇA | 8 |

| | | | |
|---|---|---|---|
| 168. | KEITH JESPERSON | ESTADOS UNIDOS | 8 |
| 169. | KENDALL FRANÇOIS | ESTADOS UNIDOS | 8 |
| 170. | MARIE NOE | ESTADOS UNIDOS | 8 |
| 171. | NANNIE DOSS | ESTADOS UNIDOS | 8 |
| 172. | REGINALD CHRISTIE | INGLATERRA | 8 |
| 173. | TERRY BLAIR | ESTADOS UNIDOS | 8 |
| 174. | VLADIMIR MUKHANKIN | RÚSSIA | 8 |
| 175. | WILLIAM DARRELL LINDSEY | ESTADOS UNIDOS | 8 |
| 176. | CARLTON GARY | ESTADOS UNIDOS | 7 + |
| 177. | DALE R. ANDERSON | ESTADOS UNIDOS | 7 + |
| 178. | DERICK TODD LEE | ESTADOS UNIDOS | 7 + |
| 179. | GERT VAN ROOYEN | ÁFRICA DO SUL | 7 + |
| 180. | GUSTAVO ADOLFO | EL SALVADOR | 7 + |
| 181. | HARRISON GRAHAM | ESTADOS UNIDOS | 7 + |
| 182. | IVAN ROBERT MARKO MILAT | AUSTRÁLIA | 7 + |
| 183. | JOHN NORMAN COLLINS | ESTADOS UNIDOS | 7 + |
| 184. | NIKOLAI DZHURMONGALIEV | RÚSSIA | 7 + |
| 185. | ORVILLE LYNN MAJORS | ESTADOS UNIDOS | 7 + |
| 186. | ROBERT BERDELLA | ESTADOS UNIDOS | 7 + |
| 187. | ROBERT ROZIER | ESTADOS UNIDOS | 7 + |
| 188. | SAMUEL SIDYNO | ÁFRICA DO SUL | 7 + |
| 189. | TIMOTHY KRAJCIR | ESTADOS UNIDOS | 7 + |
| 190. | AILEEN WUORNOS | ESTADOS UNIDOS | 7 |
| 191. | ANDRÉ SHELLY BROOK | ESTADOS UNIDOS | 7 |
| 192. | GUY GEORGES | FRANÇA | 7 |
| 193. | PAUL STEVEN HAIG | AUSTRÁLIA | 7 |
| 194. | SEAN VINCENT GILLIS | ESTADOS UNIDOS | 7 |
| 195. | ANDRAS PANDY | BÉLGICA | 6 + |
| 196. | BRUCE MENDENHALL | ESTADOS UNIDOS | 6 + |
| 197. | DAVID SELEPE | ÁFRICA DO SUL | 6 + |
| 198. | DMITRY KOPILO | RÚSSIA | 6 + |
| 199. | DOUGLAS CLARK & CAROL BUNDY | ESTADOS UNIDOS | 6 + |
| 200. | GERALD PARKER | ESTADOS UNIDOS | 6 + |
| 201. | JOSE LUIS CALVA ZEPEDA | MÉXICO | 6 + |
| 202. | MICHAEL ROSS | ESTADOS UNIDOS | 6 + |

| | | | |
|---|---|---|---|
| 203. | MOHAMED ELSAYED GHANAM | EGITO | 6+ |
| 204. | MORRIS SOLOMON | ESTADOS UNIDOS | 6+ |
| 205. | RICHARD BIEGENWALD | ESTADOS UNIDOS | 6+ |
| 206. | ROBERT ZARINSKY | ESTADOS UNIDOS | 6+ |
| 207. | ROMAN BURTSEV | ESTADOS UNIDOS | 6+ |
| 208. | SAMUEL BONGANI MFEKA | ÁFRICA DO SUL | 6+ |
| 209. | CLEOPHUS PRINCE JR. | ESTADOS UNIDOS | 6 |
| 210. | DANIEL BLANK | ESTADOS UNIDOS | 6 |
| 211. | DAVID BERKOWITZ | ESTADOS UNIDOS | 6 |
| 212. | DAVID LEONARD WOOD | ESTADOS UNIDOS | 6 |
| 213. | DAVID WAYNE McCALL | ESTADOS UNIDOS | 6 |
| 214. | DEBBIE FORNUTO | ESTADOS UNIDOS | 6 |
| 215. | FERDINAND GAMPER | ITÁLIA | 6 |
| 216. | GARY RAY BOWLES | ESTADOS UNIDOS | 6 |
| 217. | GENE RASBERRY | ESTADOS UNIDOS | 6 |
| 218. | HUBERT GERALDS JR. | ESTADOS UNIDOS | 6 |
| 219. | IVAN J. HILL | ESTADOS UNIDOS | 6 |
| 220. | JOHN CHARLES EICHINGER | ESTADOS UNIDOS | 6 |
| 221. | JOHN HAIGH | INGLATERRA | 6 |
| 222. | LOREN JOSEPH HERZOG & HOWARD SHERMANTINE | ESTADOS UNIDOS | 6 |
| 223. | LORENZO GILYARD | ESTADOS UNIDOS | 6 |
| 224. | RALPH HARRIS | ESTADOS UNIDOS | 6 |
| 225. | RICHARD TRENTON CHASE | ESTADOS UNIDOS | 6 |
| 226. | RORY E. CONDE | ESTADOS UNIDOS | 6 |
| 227. | CHARLES MANSON | ESTADOS UNIDOS | 5+ |
| 228. | DANNY HAROLD ROLLING | ESTADOS UNIDOS | 5+ |
| 229. | ELFRIEDE BLAUENSTEINER | ÁUSTRIA | 5+ |
| 230. | GEORGE PUTT | ESTADOS UNIDOS | 5+ |
| 231. | JULIA LYNN WOMACK | ESTADOS UNIDOS | 5+ |
| 232. | LAWRENCE BITTAKER & ROY NORRIS | ESTADOS UNIDOS | 5+ |
| 233. | MARC DUTROUX | BÉLGICA | 5+ |
| 234. | MARION ALBERT PRUETT | ESTADOS UNIDOS | 5+ |
| 235. | PAUL DENNIS REID | ESTADOS UNIDOS | 5+ |
| 236. | PETER NORRIS DUPAS | AUSTRÁLIA | 5+ |

| | | | |
|---|---|---|---|
| 237. | WILLIAM MACDONALD | AUSTRÁLIA | 5 + |
| 238. | METOD TROB | ESLOVÊNIA | 5 |
| 239. | "THE FOXGLOVE KILLERS" | ESTADOS UNIDOS | 5 |
| 240. | "THE TOLEDO CLUBBER" | ESPANHA | 5 |
| 241. | ANDREW PHILLIP CUNANAN | ESTADOS UNIDOS | 5 |
| 242. | ARTHUR BISHOP | ESTADOS UNIDOS | 5 |
| 243. | COLIN IRELAND | INGLATERRA | 5 |
| 244. | DANIEL CONAHAN JR. | ESTADOS UNIDOS | 5 |
| 245. | DIMITRIS VAKRINOS | GRÉCIA | 5 |
| 246. | GARY EVANS | ESTADOS UNIDOS | 5 |
| 247. | GLEN ROGERS | ESTADOS UNIDOS | 5 |
| 248. | JEROME BRUDOS | ESTADOS UNIDOS | 5 |
| 249. | JUAN CHAVEZ | ESTADOS UNIDOS | 5 |
| 250. | LI YUHUI | CHINA | 5 |
| 251. | LYDA CATHERINE AMBROSE | ESTADOS UNIDOS | 5 |
| 252. | MARTHINUS JAKOBUS STAPELBERG | ÁFRICA DO SUL | 5 |
| 253. | NICHOLAS LUNGISA NCAMA | ÁFRICA DO SUL | 5 |
| 254. | RUSSEL KEYS | ESTADOS UNIDOS | 5 |
| 255. | SAMUEL JACQUES COETZEE & JOHN FRANK BROWN | ÁFRICA DO SUL | 5 |
| 256. | STEVE WRIGHT | INGLATERRA | 5 |
| 257. | THOMAS LUCAS. | ALEMANHA | 5 |
| 258. | WALTER HILL | ESTADOS UNIDOS | 5 |
| 259. | WANETA HOYT | ESTADOS UNIDOS | 5 |
| 260. | CAYETANO SANTOS GODINO | ARGENTINA | 4 + |
| 261. | CHRISTINE MALEVRE | FRANÇA | 4 + |
| 262. | EDWARD SURRATT | ESTADOS UNIDOS | 4 + |
| 263. | GEORG KARL GROSSMANN | ALEMANHA | 4 + |
| 264. | JOE METHENY | ESTADOS UNIDOS | 4 + |
| 265. | JONBENET RAMSEY | ESTADOS UNIDOS | 4 + |
| 266. | LOUIS JAMES PEOPLES | ESTADOS UNIDOS | 4 + |
| 267. | MARIN ESCAMILLA GONZALEZ | ESTADOS UNIDOS | 4 + |
| 268. | MICHAEL LUPO | INGLATERRA | 4 + |
| 269. | RICARDO CAPUTO | ARGENTINA | 4 + |
| 270. | RICKY LEE GREEN | ESTADOS UNIDOS | 4 + |

| | | | |
|---|---|---|---|
| 271. | ANDREI MASLICH | RÚSSIA | 4 |
| 272. | ANNA ZWANZINGER | ALEMANHA | 4 |
| 273. | ANTHONY BALAAM | ESTADOS UNIDOS | 4 |
| 274. | ARCHIE "MAD DOG" McCAFFERTY | ESCÓCIA | 4 |
| 275. | BEVERLY ALLIT | INGLATERRA | 4 |
| 276. | CARY STAYNER | ESTADOS UNIDOS | 4 |
| 277. | CRAIG PRICE | ESTADOS UNIDOS | 4 |
| 278. | DARREL RICH | ESTADOS UNIDOS | 4 |
| 279. | DONALD MILLER | ESTADOS UNIDOS | 4 |
| 280. | ERIC ELLIOTT & LEWIS GILBERT | ESTADOS UNIDOS | 4 |
| 281. | ERIC MATTHEWS | ESTADOS UNIDOS | 4 |
| 282. | FRANCISCO DEL JUNCO | ESTADOS UNIDOS | 4 |
| 283. | FRANZ FUCHS | ÁUSTRIA | 4 |
| 284. | GERALD PATRICK LEWIS | ESTADOS UNIDOS | 4 |
| 285. | JACK BARRON | ESTADOS UNIDOS | 4 |
| 286. | JOHN MARTIN SCRIPPS | SINGAPURA/CANADÁ/TAILÂNDIA | 4 |
| 287. | JOHN WILLIAMS JR. | ESTADOS UNIDOS | 4 |
| 288. | KATHLEEN ANNE ATKINSON | INGLATERRA | 4 |
| 289. | KRISTEN GILBERT | ESTADOS UNIDOS | 4 |
| 290. | LOWELL AMOS | ESTADOS UNIDOS | 4 |
| 291. | MARK ANTONIO PROFIT | ESTADOS UNIDOS | 4 |
| 292. | PETER MOORE | ALEMANHA | 4 |
| 293. | RAVI KANTROLE | ÍNDIA | 4 |
| 294. | ROBERT ARGUELLES | ESTADOS UNIDOS | 4 |
| 295. | ROBERT BLACK | ESTADOS UNIDOS | 4 |
| 296. | THOMAS "ZOO MAN" HUSKEY | ESTADOS UNIDOS | 4 |
| 297. | THOMAS PIPER | ESTADOS UNIDOS | 4 |
| 298. | TSUTOMU MIYAZAKI | JAPÃO | 4 |
| 299. | WAYNE ADAM FORD | ESTADOS UNIDOS | 4 |
| 300. | CAROLINE GRILLS | AUSTRÁLIA | 3 + |
| 301. | CECILE BOMBECK | FRANÇA | 3 + |
| 302. | JOHN E. ROBINSON | ESTADOS UNIDOS | 3 + |
| 303. | JUDY BUENOANO | ESTADOS UNIDOS | 3 + |
| 304. | OSCAR RAY BOLIN JR. | ESTADOS UNIDOS | 3 + |
| 305. | PAUL BERNARDO & KARLA HOMOLKA | CANADÁ | 3 + |

| | | | |
|---|---|---|---|
| 306. | RAMON JAY ROGERS | ESTADOS UNIDOS | 3 + |
| 307. | ROBERT SHULMAN | ESTADOS UNIDOS | 3 + |
| 308. | SEAN PATRICK GOBLE | ESTADOS UNIDOS | 3 + |
| 309. | VOLKER ECKERT | ALEMANHA | 3 + |
| 310. | ANDONIS DAGLIS | GRÉCIA | 3 |
| 311. | CHARLES MEACH | ESTADOS UNIDOS | 3 |
| 312. | CHARLES SCHMID | ESTADOS UNIDOS | 3 |
| 313. | FLOID (TODD) TAPSON | ESTADOS UNIDOS | 3 |
| 314. | HARVEY MURRAY GLATMAN | ESTADOS UNIDOS | 3 |
| 315. | HERIBERTO SEDA | ESTADOS UNIDOS | 3 |
| 316. | JOSE LAZARO BOUCHANA | MÉXICO | 3 |
| 317. | JOSEPH & MICHAEL KALLINGER | ESTADOS UNIDOS | 3 |
| 318. | MICHAEL LEE LOCKHART | ESTADOS UNIDOS | 3 |
| 319. | PAUL MICHAEL STEPHANI | ESTADOS UNIDOS | 3 |
| 320. | SEAN SELLERS | ESTADOS UNIDOS | 3 |
| 321. | THERESA CROSS | ESTADOS UNIDOS | 3 |
| 322. | WESTLEY ALLAN DODD | CANADÁ | 3 |
| 323. | WILLIAM HEIRENS | ESTADOS UNIDOS | 3 |
| 324. | DANIEL RAY TROYER | ESTADOS UNIDOS | 2 + |
| 325. | DONALD LEROY EVANS | ESTADOS UNIDOS | 2 + |
| 326. | EDWARD THOEDORE GEIN | ESTADOS UNIDOS | 2 + |
| 327. | JACQUES GIRARDIN | INGLATERRA | 2 + |
| 328. | RALPH ANDREWS | ESTADOS UNIDOS | 2 + |
| 329. | ROGER KIBBE | ESTADOS UNIDOS | 2 + |
| 330. | RONALD GLENN WEST | CANADÁ | 2 + |
| 331. | VICTOR GANT | ESTADOS UNIDOS | 2 + |
| 332. | GARY HEIDNIK | ESTADOS UNIDOS | 2 |
| 333. | MARY BELL | INGLATERRA | 2 |
| 334. | "THE KOBE SCHOOL KILLER" | JAPÃO | 2 |
| 335. | ABEL LATIF SHARIF | MÉXICO | 1 + |
| 336. | CHARLES PIERCE | ESTADOS UNIDOS | 1 + |
| 337. | DAVID HARKER | INGLATERRA | 1 + |
| 338. | RUSSEL ELLWOOD | ESTADOS UNIDOS | 1 + |

## CASOS SEM SOLUÇÃO

| | | | |
|---|---|---|---|
| 1. | "O ZODÍACO" | ESTADOS UNIDOS | 37 + |
| 2. | "MATADOR DAS CIDADES GÊMEAS" | ESTADOS UNIDOS | 34 |
| 3. | "O MONSTRO DE FLORENÇA" | ITÁLIA | 14 + |
| 4. | "THE STONEMAN" | ÍNDIA | 13 |
| 5. | "SOUTHSIDE SLAYER" | ESTADOS UNIDOS | 12 + |
| 6. | "THE CLEVELAND TORSO MURDERER" | ESTADOS UNIDOS | 12 + |
| 7. | "OPERAÇÃO ENIGMA" | INGLATERRA | 9 + |
| 8. | "COLONIAL PARKWAY KILLER" | ESTADOS UNIDOS | 8 |
| 9. | "I-70/I-35 KILLER" | ESTADOS UNIDOS | 8 |
| 10. | "I-75 KILLERS" | ESTADOS UNIDOS | 8 |
| 11. | "THE LISBON RIPPER" | PORTUGAL | 7 + |
| 12. | "DETROID SERIAL KILLER" | ESTADOS UNIDOS | 7 |
| 13. | "THE AXEMAN OF NEW ORLEANS" | ESTADOS UNIDOS | 7 |
| 14. | "THE IRONMAN" | ÁFRICA DO SUL | 7 |
| 15. | "THE TYLENOL KILLER" | ESTADOS UNIDOS | 7 |
| 16. | "ATLANTA CHILD MURDER" | ESTADOS UNIDOS | 6 |
| 17. | "THE ATTERIDGEVILLE MUTILATOR" | ÁFRICA DO SUL | 6 |
| 18. | "JACK, O ESTRIPADOR" | INGLATERRA | 5 |
| 19. | "THE PHANTOM KILLER" | ESTADOS UNIDOS | 5 |
| 20. | "OKC "SERIAL KILLER" | ESTADOS UNIDOS | 4 + |
| 21. | "POMONA STRANGLER" | ESTADOS UNIDOS | 4 + |
| 22. | "THE OAKLAND COUNTY CHILD KILLER" | ESTADOS UNIDOS | 4 |
| 23. | "BIBLE JOHN" | ESCÓCIA | 3 + |
| 24. | "DAYTONA BEACH KILLER" | ESTADOS UNIDOS | 3 + |
| 25. | "RENO SERIAL RAPIST" | ESTADOS UNIDOS | 3 |
| 26. | "THE ALPHABET KILLER" | ESTADOS UNIDOS | 3 |
| 27. | "CLAREMONT SERIAL MURDERS" | AUSTRÁLIA | 2 + |

## ANEXO 02 – APELIDOS DE SERIAL KILLERS

| # | NOME | APELIDO |
|---|---|---|
| 01. | ALBERT DeSALVO | The Boston Strangler |
| 02. | ALBERT FISH | The Moon Maniac |
| 03. | ALDOLFO DE JESUS CONSTANZO | The Godfather of Matamoros |
| 04. | ALFRED CLINE | The Buttermilk Bluebeard |
| 05. | ANATOLY ONOPRIENKO | The Terminator |
| 06. | ANDREAS BICHEL | The Bavarian Ripper |
| 07. | ANDREI CHIKATILO | The Mad Beast |
| 08. | ARCHIBALD HALL | The Monster Butler |
| 09. | ARCHIE McCAFFERTY | The Mad Dog |
| 10. | ARTHUR SHAWCROSS | The Monster of Rochester |
| 11. | BELA KISS | The Monster of Czinkota |
| 12. | BOBBY JOE LONG | The Classified Ad Rapist |
| 13. | CARY STAYNER | The Yosemite Serial Killer |
| 14. | CARLTON GARY | The Stocking Strangler |
| 15. | CAROL EUGENE WATTS | The Sunday Morning Slasher |
| 16. | CHARLES SCHMID | The Pied Piper of Tucson |
| 17. | CLEO GREEN | The Red Demon |
| 18. | COLIN IRELAND | The Gay Slayer |
| 19. | DAVID BERKOWITZ | The Son of Sam |
| 20. | DAVID CARPENTER | The Trailside Killer |
| 21. | DEAN CORLL | The Candy Man |
| 22. | DONALD HARVEY | Angel of Death |
| 23. | DOUGLAS CLARK | The Sunset Strip Slayer |
| 24. | DR. HAROLD SHIPMAN | Dr. Death |
| 25. | DR. THOMAS NEILL CREAM | The Lambeth Poisoner |
| 26. | EARLE NELSON | The Gorilla Murderer |
| 27. | ED GEIN | The Plainfield Ghoul |
| 28. | EDMUND KEMPER III | The Co-Ed Killer |
| 29. | EDWARD LEONSKI | The Singing Strangler |
| 30. | EDWARD RULLOFF | The Educated Murderer |
| 31. | ELIZABETH BATHORY | The Blood Countess |

| 32. | FRANZ FUCHS | The Austrian Unabomber |
| --- | --- | --- |
| 33. | FRITZ HAARMANN | The Vampire of Hanover |
| 34. | GEORG KARL GROSSMAN | The Berlin Butcher |
| 35. | GEORGE METESKY | The Mad Bomber |
| 36. | GERALD SCHAEFER | The Killer Cop |
| 37. | GERTRUDE BANISZEWSKI | The Torture Mother |
| 38. | GILLES DE RAIS | The Original Blueberd |
| 39. | GORDON CUMMINS | The Blackout Ripper |
| 40. | HARVEY CARNIGAN | The Want-Ad Killer |
| 41. | HEINRICH POMMERENCKE | The Beast of the Black Forest |
| 42. | HENRI LANDRU | The Bluebeard of Paris |
| 43. | HENRY LEE LUCAS & OTTIS TOOLE | The Sadist King & The Generalissimo of Pain |
| 44. | HERMAN MUDGETT | H.H.Holmes/The Torture Doctor |
| 45. | IAN BRADY & MYRA HINDLEY | The Moors Murderers |
| 46. | IVAN ROBERT MARKO MILAT | The Backpack Murderer |
| 47. | JACK KEVORKIAN | Dr. Death |
| 48. | JAMES WATSON | Bluebeard |
| 49. | JEAN-THIERRY MATHURIN | The Old Ladies Killer |
| 50. | JEFFREY DAHMER | The Milwaukee Monster |
| 51. | JERRY BRUDOS | The Shoe-Fetish Slayer |
| 52. | JOACHIM KROLL | The Ruhr Hunter |
| 53. | JOE BALL | The Alligator Man |
| 54. | JOHANN HOCH | The Stockyard Bluebeard |
| 55. | JOHN COLLINS | Coed Murderer |
| 56. | JOHN WAYNE GACY | The Killer Clown |
| 57. | JOHN HAIGH | The Acid-Bath Killer |
| 58. | JOHN REGINALD CHRISTIE | Monster of Rillington Place |
| 59. | JOHN SCRIPPS | The Tourist from Hell |
| 60. | JOHN WAYNE GLOVER | The Granny Killer |
| 61. | JOHN WILLIAMS | The Ratcliffe Highway Murderer |
| 62. | JOSEPH MUMFRE | The Axeman of New Orleans |
| 63. | JOSEPH SMITH | The Brides in the Bath Murderer |
| 64. | JOSEPH VACHER | The French Ripper |
| 65. | JUAN CORONA | The Machete Murderer |

| 66. | KARL DENKE | The Mass Murderer of Munsterberg |
|---|---|---|
| 67. | KEITH HUNTER JESPERSON | The Happy Face Killer |
| 68. | KENNETH BIANCHI & ANGELO BUONO | The Hillside Stranglers |
| 69. | LARRY EYLER | The Interstate Killer |
| 70. | LOISE PETTE | The Duchess of Death |
| 71. | LUCIAN STANIAK | The Red Spider |
| 72. | MARIE BESNARD | Poison Queen |
| 73. | MAJOR RAY LISEMBA | Rattlesnake Lissemba |
| 74. | MELVIN DAVID REES | The Sex Beast |
| 75. | NANNIE DOSS | The Giggling Granny |
| 76. | NICOLAS CLAUX | The Vampire of Paris |
| 77. | NIKOLAI DZUMAGALIES | Metal Fang |
| 78. | PATRICK KEARNEY | The Trash Bag Murderer |
| 79. | PAUL KNOWLES | The Cassanova Killer |
| 80. | PEDRO LOPEZ | The Monster of the Andes |
| 81. | PETER KURTEN | The Vampire of Duselldorf |
| 82. | PETER SUTCLIFFE | The Yorkshire Ripper |
| 83. | POSTEAL LASKEY | Cincinnati Strangler |
| 84. | RANDALL WOODFIELD | The I-5 Killer |
| 85. | RAYMOND FERNANDEZ & MARTHA BECK | The Lonely Hearts Killer |
| 86. | RICARDO CAPUTO | The Lady Killer |
| 87. | RICHARD ANGELO | The Angel of Death |
| 88. | RICHARD BIEGENWALD | The Thrill Killer |
| 89. | RICHARD COTTINGHAM | The Ripper/Jekyl and Hyde |
| 90. | RICHARD KUKLINSKI | Iceman |
| 91. | RICHARD MACEK | The Mad Biter |
| 92. | RICHARD RAMIREZ | The Night Stalker |
| 93. | RICHARD TRENTON CHASE | The Vampire of Sacramento |
| 94. | RORY CONDE | The Tamiami Trail Strangler |
| 95. | RUDOLF PLEIL | The Death Maker |
| 96. | SERGEI RYAKHOVSKY | The Hippopotamus |
| 97. | STEPHEN RICHARDS | Nebraska Fiend |
| 98. | TED KACZYNSKI | The Unabomber |
| 99. | THE BENDER FAMILY | The Bloody Benders |

| 100. | THEODORE BUNDY | The Lady Killer/The Campus Killer |
| --- | --- | --- |
| 101. | THEODORE DURRANT | The Demon in the Belfry |
| 102. | THIERRY PAULIN | The Monster of Montmarte |
| 103. | THOMAS PIPER | The Boston Belfry Murderer |
| 104. | TIMOTHY WILLIAM SPENCER | The Southside Slayer |
| 105. | VASILI KOMAROFF | The Wolf of Moscow |
| 106. | VAUGHN GREENWOOD | The Skid Row Slasher |
| 107. | VERNON BUTTS | Freeway Killer |
| 108. | VICYTOR SZCZEPINSKI | The Doorbell Killer |
| 109. | VLAD TEPES | Dracula |
| 110. | WAYNE BODEN | The Vampire Rapist |
| 111. | WAYNE WILLIAMS | The Atlanta Child Murderer |
| 112. | WERNER BOOST | The Doubles Killer |
| 113. | WILLIAM BONIN | The Freeway Killer |
| 114. | WILLIAM HEIRENS | The Lipstick Killer |
| 115. | WILLIAM LESTER SUFF | The Riverside Prostitute Killer |
| 116. | WILLIAM McDONALD | The Sydney Mutilator |

# ANEXO 03 – PENA DE MORTE

## PAÍSES QUE MANTÊM A PENA DE MORTE PARA CRIMES COMUNS

**A.** AFEGANISTÃO, ALGÉRIA, ANTÍGUA E BARBUDA, ARÁBIA SAUDITA, ARMÊNIA **B.** BAHAMAS, BAHREIN, BANGLADESH, BARBADOS, BELIZE, BENIN, BIELORÚSSIA, BOTSUANA, BURUNDI **C.** CAMARÕES, CATAR, CAZAQUISTÃO, CHADE, CHINA, COMORES, CONGO, COREIA DO NORTE, COREIA DO SUL, CUBA **D.** DOMINICA **E.** EGITO, EMIRADOS ÁRABES, ERITREIA, ESTADO DA PALESTINA, ESTADOS UNIDOS, ETIÓPIA **F.** FILIPINAS **G.** GABÃO, GANA, GUATEMALA, GUIANA, GUINÉ EQUATORIAL, GUINÉ **I.** IÊMEN, ÍNDIA, INDONÉSIA, IRÃ, IRAQUE, IUGOSLÁVIA[1] **J.** JAMAICA, JAPÃO, JORDÂNIA **K.** KUWAIT **Q.** QUÊNIA, QUIRGUISTÃO **L.** LAOS, LESOTO, LÍBANO, LIBÉRIA, LÍBIA **M.** MALÁSIA, MALAWI, MARROCOS, MAURITÂNIA, MONGÓLIA, MYANMAR/BIRMÂNIA **N.** NIGÉRIA **O.** OMÃ **P.** PAQUISTÃO **R.** RUANDA, RÚSSIA **S.** SÃO VINCENTE E GRANADINAS, SANTA LÚCIA, SERRA LEOA, SINGAPURA, SÍRIA, SOMÁLIA, SUAZILÂNDIA, SUDÃO **T.** TADJIQUISTÃO, TAILÂNDIA, TAIWAN, TANZÂNIA, TRINIDAD E TOBAGO, TUNÍSIA **U.** UGANDA, UZBEQUISTÃO **V.** VIETNÃ **Z.** ZÂMBIA, ZIMBÁBUE.

1     O país não existe mais; foi desmembrado entre Eslovênia, Croácia, Bósnia e Herzegovina, Sérvia, Montenegro e República da Macedônia.

## PAÍSES QUE NÃO ADOTAM A PENA DE MORTE

**A.** ÁFRICA DO SUL, ALEMANHA, ANDORRA, ANGOLA, AUSTRÁLIA, ÁUSTRIA, AZERBAI-JÃO **B.** BÉLGICA, BULGÁRIA **C.** CABO VERDE, CAMBODJA, CANADÁ, COLÔMBIA, COSTA RICA, CROÁCIA **D.** DINAMARCA **E.** EQUADOR, ESLOVÁQUIA, ESLOVÊNIA, ESPANHA, ESTADO DO VATICANO, ESTÔNIA **F.** FINLÂNDIA, FRANÇA **G.** GEÓRGIA, GRÉCIA, GUINÉ-BISSAU **H.** HAITI, HONDURAS, HUNGRIA **I.** ILHAS MARSHALL, ILHAS MAURÍCIO, ILHAS SALOMÃO, INGLATERRA, IRLANDA, ITÁLIA **K.** KIRIBATI **L.** LIECHTENSTEIN, LITUÂNIA, LUXEMBURGO **M.** MACEDÔNIA, MALTA, MICRONÉSIA, MOÇAMBIQUE, MOLDÁVIA, MÔNACO **N.** NAMÍBIA, NEPAL, NICARÁGUA, NORUEGA, NOVA ZELÂNDIA **P.** PAÍSES BAIXOS, PALAU, PANAMÁ, PARAGUAI, POLÔNIA, PORTUGAL **R.** REPÚBLICA DOMINICANA, REPÚBLICA TCHECA, ROMÊNIA **S.** SAN MARINO, SÃO TOME E PRÍNCIPE, SEICHELES, SUÉCIA, SUÍÇA **T.** TIMOR LESTE, TURCOMENISTÃO, TUVALU **U.** UCRÂNIA, URUGUAI **V.** VANUATU, VENEZUELA

## PAÍSES COM PENA DE MORTE PARA CRIMES COMUNS, MAS COM COMPROMISSO DE NÃO EXECUÇÃO

**B.** BRUNEI, BURKINA FASO, BUTÃO **C.** CONGO **G.** GÂMBIA, GRANADA **M.** MADAGASCAR, MALDIVAS, MALI **N.** NAURU, NIGÉRIA **P.** PAPUA-NOVA GUINÉ **R.** REPÚBLICA CENTRAL AFRICANA **S.** SAMOA, SENEGAL, SRI LANKA, SURINAME **T.** TOGO, TONGA, TURQUIA

## PAÍSES QUE PREVEEM PENA DE MORTE EM CASOS MILITARES OU EM QUESTÕES ESPECIAIS

**A.** ALBÂNIA, ARGENTINA **B.** BOLÍVIA, BÓSNIA E HEZERGOVINA, BRASIL[2] **C.** CHILE, CHIPRE **E.** EL SALVADOR **I.** ILHAS FIJI, ISRAEL **L.** LETÔNIA **M.** MÉXICO **P.** PERU

---

2   A pena de morte no Brasil está prevista no Código Penal Militar, art. 5º, XLVII, mas somente pode ser aplicada em caso de guerra declarada, nos termos do art. 84, item XIX da vigente Constituição Federal. Nesse caso, a execução do condenado deve ser feita em ambiente fechado, por fuzilamento. O Tribunal Militar ou Conselho de Guerra pode aplicá-la em alguns casos além de traição.

# MÉTODOS DE EXECUÇÃO

**1. ENFORCAMENTO** É o mais antigo método de execução. O criminoso é levado a subir num suporte sobre uma plataforma, onde uma corda especial com um nó corrido é colocada em volta de seu pescoço. O suporte sob os pés do criminoso é retirado, provocando sua queda, e seu pescoço é quebrado, levando-o à morte instantânea. O método de enforcamento originou-se na Pérsia, de onde foi levado para a Inglaterra. Nos Estados Unidos, ainda é uma forma de execução utilizada.

**2. CADEIRA ELÉTRICA** Esta forma de execução tem sido utilizada apenas nos Estados Unidos e foi introduzida em 1890. O prisioneiro é amarrado com firmeza em uma cadeira, e um "capacete da morte", contendo eletrodos que irão executá-lo, é colocado sobre a cabeça, previamente raspada. Entre o capacete e a pele é colocada uma esponja molhada com solução salina, para melhor condução da eletricidade e a prevenção de queimaduras. Outro eletrodo é atado ao tornozelo do criminoso, que recebe uma descarga elétrica de 2.250 volts. A eletricidae atravessa o corpo do prisioneiro e, após três segundos, mais quatro descargas, em intervalos de dois minutos entre cada uma, são novamente liberadas.

**3. CÂMARA DE GÁS** Também foi primeiramente utilizada nos Estados Unidos, no estado de Nevada, em 1921. O condenado é levado para dentro de uma câmara, sentado em uma cadeira e tem os braços e pernas amarrados. Depois que a câmara é selada, cianeto é jogado dentro de um balde cheio de água, produzindo um gás mortal. Se o prisioneiro quiser morrer mais rápido, ele pode inspirar profundamente a fim de perder logo a consciência. Em dois minutos ou menos de inalação do gás cianídrico, a morte acontece. Um médico, do lado de fora da câmara, monitora o prisioneiro com um estetoscópio especial e anuncia sua morte. Depois, a câmara de gás é borrifada com amônia para destruir qualquer resquício do gás letal. Ainda é utilizada em cinco estados norte-americanos.

**4. INJEÇÃO LETAL** A identidade dos executores sempre é mantida em sigilo; é um trabalho voluntário. O criminoso é amarrado em uma maca especial e um soro de solução salínica é colocado para correr em suas veias, seguido por outro de sódio tiopental, um anestésico potente. Uma vez iniciado o processo de execução por injeção letal, as testemunhas acompanham através de uma janela. Em seguida, o brometo de pancuronium começa a ser aplicado, para que o aparelho respiratório seja paralisado. Na sequência, o cloreto de potássio faz com que o coração pare de funcionar. O processo todo não deve demorar mais do que cinco minutos.

Prior prison record:

_____
_____
_____
_____

CRIME SUMMARY:
_____
_____
_____
_____
_____
_____
_____
_____
_____

_____
_____
_____
_____

Co-Defendants: None

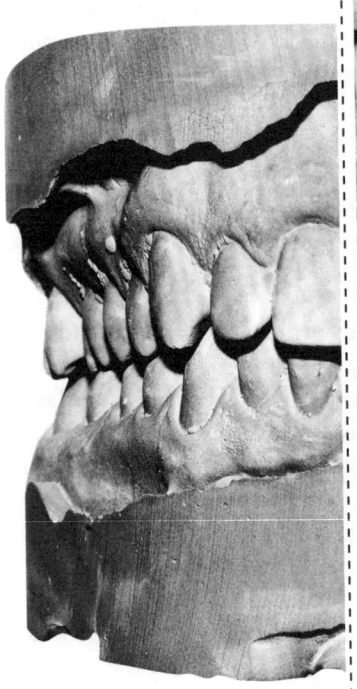

_____

Race of Victim(s): white male

_____

# ANEXO 04 – FRASES DO UNIVERSO SERIAL KILLER

1. "Eu quero dominar vida e morte." – **Ted Bundy**

2. "Mesmo morta, ela ainda estava sendo mordaz comigo. Eu não pude fazê-la calar a boca." – **Ed Kemper** (sobre sua mãe)

3. "Você tem somente poucos segundos. Você tem que lutar como o diabo, porque as chances são de que você seja assassinado." – **John Douglas,** FBI (sobre a vítima)

4. "Se eu as matasse, você sabe, elas não poderiam me rejeitar como homem. Isto é mais ou menos produzir uma boneca a partir de um ser humano... e levar adiante minhas fantasias com uma boneca, uma boneca humana. Com uma garota, fica muita coisa em seu corpo mesmo sem a cabeça. Obviamente, a personalidade desaparece." – **Ed Kemper**

5. "Sexo não deveria existir." – **John Haigh**

6. "Eu estava morto com relação às mulheres. Eu não sentia que elas precisassem existir. Eu as odiava e queria destruir cada uma que eu pudesse encontrar. E estava fazendo um bom trabalho..." – **Henry Lee Lucas** (forçado pela mãe a se vestir como mulher quando criança)

7. "Minha paixão era tão grande que eu queria possuí-la. Eu queria comê-la. Se eu o fizesse, ela seria minha para todo o sempre." – **Issei Sagawa**

8. "Conforme cresci, entendi que eu era diferente das outras pessoas e o modo de vida na minha casa era diferente da casa dos outros... Isto estimulou minha introspecção e estranhos questionamentos mentais." – **John Haigh**

9. "Eu fiz a minha fantasia de vida mais poderosa do que a minha vida real." – **Jeffrey Dahmer**

10. "Um palhaço pode 'se dar bem' somente como assassino." – **John W. Gacy**

11. "A fantasia que acompanha e suscita a antecipação que precede o crime é sempre mais estimulante que a sequela imediata do crime em si." – **Ted Bundy**

12. "Quando se trabalha duro para fazer alguma coisa corretamente, você não quer esquecê-la." – **Ted Bundy** (quando perguntado por que tirava fotos de suas vítimas)

13. "Eu sou o mais frio filho da puta que você jamais vai encontrar. Eu apenas gostava de matar, eu queria matar." – **Ted Bundy**

14. "Eu somente estava me suicidando, mas sempre quem morria era o espectador." – **Dennis Nilsen**

15. "Eu causei sonhos que levaram à morte. Este é o meu crime." – **Dennis Nilsen**

16. "Eu dei início ao caminho da morte e à depressão de um novo tipo de convívio." – **Dennis Nilsen**

17. "Eu gostaria de ter parado, mas não pude. Eu não tinha nenhuma outra emoção ou alegria." – **Dennis Nilsen**

18. "Eu sempre tive fetiche por assassinato e morte." – **David Berkowitz**

19. "Eu não queria machucá-los, apenas queria matá-los." – **David Berkowitz**

20. "Estou profundamente magoado por você ter me chamado de 'aquele que odeia mulheres'. Eu não sou. Mas eu sou um monstro. Eu sou o Filho de Sam, eu sou um capetinha." – **David Berkowitz**

21. "Eu não tenho desejo algum de me regenerar. Meu único desejo é de regenerar as pessoas que tentam me regenerar, e acredito que o único meio de regenerar as pessoas é matando. Minha máxima é: 'Roube todos, estupre todos e mate todos'." – **Carl Panzram**

22. "Eu posso ser um pouco diferente..." – **George Joseph Smith**

23. "O que eu fiz não foi por prazer sexual. Na realidade, me trouxe paz de espírito." – **Andrei Chikatilo**

24. "Eu realmente ferrei tudo desta vez!"
– **Jeffrey Dahmer** (para seu pai)

25. "Eu? Eu não machucaria nenhuma gostosa. Eu amo as gostosas!" – **Albert DeSalvo**

26. "Todo homem tem seu próprio gosto. O meu é por cadáveres." – **Henri Blot**

27. "Eu não pude impedir o fato de ser um assassino, não mais que um poeta consegue impedir a inspiração para cantar. Eu nasci com o mal sendo meu patrocinador ao lado da cama onde fui 'cuspido' para dentro do mundo, e ele tem estado comigo desde então." – **dr. H.H. Holmes**

28. "Durante uma entrevista, respondendo à pergunta 'O que você pensa quando vê uma menina bonita andando pela rua?', a resposta honesta: 'Eu imagino como sua cabeça ficaria em um espeto'." – **Edmund Kemper**

29. "As mulheres que eu matei eram prostitutas bastardas nojentas que estavam sujando as ruas. Eu só estava limpando um pouco o lugar." – **Peter Sutcliffe**

30. "Nenhum sentido faz sentido." – **Charles Manson**

31. "Olhe para esta coisa inútil. O que você pensa que eu poderia fazer com isso? [referindo-se à sua genitália] Eu não sou um homossexual... Eu tenho leite nos meus peitos. Eu vou dar à luz!" – **Andrei Chikatilo**

32. "Você não pode afirmar que aprecia ou entende Picasso sem estudar suas pinturas. O projeto de trabalho de um serial killer bem-sucedido é tão cuidadoso quanto o de um pintor que planeja uma tela. Eles consideram o que fazem uma arte." – **John Douglas,** FBI

# BIBLIOGRAFIA

ASSOCIATED PRESS. "FBI points to serial killer in 4 cases", 30-9-1993.

_____. "Ex-con guilty in serial killings jury rejects insanity plea", 14-12-1990.

_____. "9th murder charged", 12-1-1990.

_____. "Slaying arrest spurs return of prostitutes", 11-1-1990.

BUREAU OF JUSTICE STATISTICS. "Execution methods used by states", 1995.

BURNS, TERRY H. "Gacy killed dozens, and maybe was 'good for more than 33'".

_____. "Gacy meets death at midnight".

_____. "Just what goes on in a mass killer's mind?".

COHEN, SUSAN. "The stuff of which movies are made", em *The Washington Post*, 9-6-1992.

DAY, RODNEY & WONG, STEPHEN. "Anomalous perceptual asymmetries for negative emotional stimuli in the psychopath", em *Journal of Abnormal Psychology*, 105 (4), 1996.

DECAIRE, MICHAEL W. "Aggression types and criminal behavior", em *FBI Law Enforcement Bulletin*.

_____. "Forensic psychologists vs. forensic psychiatrics: an analysis of forensic evaluations".

DOUGLAS, JOHN E. & MUNN, CORINE. "The art and science of criminal investigation. Violent crime scene analysis: modus operandi, signature, and staging", em *FBI Law Enforcement Bulletin*, fevereiro/1992.

_____. & OLSHAKER, MARK. "Mind hunter — inside the FBI's elite serial crime unit", 1999.

_____. *The Anatomy of Motive: The FBI's Legendary Mindhunter Explores the Key to Understanding and Catching* (Simon & Schuster, 1999).

DUKE, LYNNE. "S. Africans arrest suspect in killings", em *The Washington Post*. Column Around the world, 20-10-1995.

ENG, JAMES L. "'Ted files' pose dilemma on disclosure of records", em *Local News*, 22-2-1988 (Associated Press).

FBI. "FBI profile of Scarborough rapist. Description: investigative analysis", 17-12-1988.

FELDMANN, MARK. "Cook: no honor in preparing last meal".

FORWOOD, BILL. "To kill and kill again", abril.

GALLMAN, JUDITH M. "Sidebar: deadly impersonation cop ruse popular among serial killers", em *Arkansas Times*, 1-8-1997.

GARCIA, KENNETH J. "San Quentin's step-by-step guide to execution-procedure 770", 21-2-1996.

GEBERTH, VERNON J. "Anatomy of a lust murder", em *FBI Law Enforcement Bulletin*, 46 (5), maio/1998.

GOLDMAN, AMY. "Surviving the experts", 1997/1999.

_____. "The importance of victimology in criminal profiling", 28-5-1997.

GOTO, ED. "Serial killers: the heart of darkness", em *USA Today*.

HARE, ROBERT D. "Psychopathy: a clinical construct whose time has come", em *Criminal Justice and Behavior*, 23 (1), março/1996.

HAYDEN, TERRY. "Psychological profiling", 1997.

_____. "Is there any social psychology in theories of aggression?", 1997.

_____. "Crime & personality: where have we been, where are we now, where are we going", 1997.

HAZELWOOD, ROBERT R. & WARREN, JANET. "The criminal behavior of the serial rapist".

HOLMES, M. "Unholy saints: serial killers through the ages", em *Time Domestic*, 20-4-2000.

JOSEPH, JENIFER. "Anatomy of a killer. FBI profilers turn evidence into a picture of suspects".

JULKA, CHRIS. "He has money to burn Gacy's works".

KOENEMAN, SCOTT. "Amid circus, a handful stood fast. Onlookers: some came for the spectable, others for the principle".

KRUEGER, ANNE. "California's death penalty - a humane way to die?", em *The San Diego Union-Tribune*, 19-2-1996.

LEVENSTON, GARY K. *et al.* "Psychopathy and startle modulation during affective picture processing: a replication and extension", agosto/1996.

MALONEY, J. J. "The death penalty", em *Crime Magazine*, 30-1-1999.

MARSHALL, STEVE. "Parolee's release questioned", em *USA Today*, 8-1-1990.

MAZZA, EDWARD. "Brutal world. Serial killers prey on the weak. First in a two-part series".

MCDONALD-MISZCZAK. "Profile of typical child sexual abusers" (personal communication), em *FBI Law Enforcement Bulletin*, 25-3-1997.

MCFARLAND, MELANIE. "Love those killers: american's fascination with the serial psychopath", em *Features News*, 31-10-1997.

MULVANEY, JIM. "Search for a serial killer's signature. Police say cases are hard to track", em *Newsday*, 4-7-1993.

NEWS DISPATCHES. "Plea in murder case" (artigo compilado), em *Newsday*, 5-1-1990.

NEWS SERVICES AND STAFF REPORTS. "3 Face death penalty", 16-5-1979.

_____. "Richard Trenton Chase was sane when he murdered's", 16-5-1979.

_____. "Jury recommends death for calif. 'Vampire Killer'", 18-5-1979.

NIAGARA REGIONAL POLICE. "Profiling extract from GRT warrant".

NOVAK, TIM. "Gacy marks 100th state execution Illinois death row".

OLSEN, JOHN. "The psychopaths among us. The misbegotten son: a serial killer and his victims. The true story of Arthur J. Shawcross", em *New York Times Book Review*, 14-3-1993.

ONTARIO PSYCHOLOGY ASSOCIATION. "Forensic psychology & forensic psychiatry: an overview".

PATRICK, CHRISTOPHER J. "Emotion and temperament in psychopathy", outono/1995.

_____. "Emotion and psychopathy: startling new insights", em *Psychophysiology*, n° 31, 1994.

POLNER, ROB. "Haunting similarities cops draw parallel with killer Shawcross", em *Newsday*, 30-6-1993.

PRICE, DEB. "Killer instincts: FBI's own 'Sherlock Holmes' gets inside the head of serial murderers", em *The Detroit News*, 12-12-1995.

RADELET, MICHAEL L. "Post-Furman botched executions".

RAINE, ADRIAN et al. "Pet study: looking inside the minds of murderers. Selective reductions in prefrontal glucose metabolism in murderers", 1-9- 1994.

RAMSLAND, Katherine. "Bad seed or bad parents", em *Time Domestic*.

_____. "Rochester indictment", em *Washington Post*, 24-1-1990.

ROTH, RICHARD (correspondent). "How do serial killer suspects elude police?", 24-6-1999.

SEIDEMAN, DAVID. "Crime: a twist before dying a snafu at the execution of a serial killer inflames the debate about humaneness and capital punishment", em *Time Domestic*, 143 (21), 23-5-1994.

SEVEN, RICHARD. "The profiler: law enforcement's new darlings blend psychology, computers, probabilities and suppositions to get inside the minds of serial killers", em *Features News*, 13-4-1997.

_____. "Slaying of prostitutes linked", em *USA Today*, 14-3-1990.

SUNDE, SCOTT. "Serial killers often leave a 'signature'",19-5-2000.

TAYLER, LETTA. "Insanity tough to establish in mass killings", em *Nezvsaday*, 2-7-1993.

TOMASSIE, JUAN. "Suspect and victims", em *USA Today*.

TOUFEXIS, ANASTASIA. "Crime dances with werewolves: America's fascination with serial killers is reaching an all-time high – and may be fueling their deadly deeds", em *Time Domestic*, 143 (14), 4-4-1994.

TURNER, DAN. "The chamber. By abducting a dozen women and abusing them as sex slaves before brutally killing them Charles Ng beat O. J. Simpson for the title of Most Expensive Defendant in California history".

TURVEY, BRENT E. "The impressions of a man: an objective forensic guideline to profiling violent serial sex offenders", março/1995.

_____. "Criminal profiling — an introduction to behavioral evidence analysis", em *Academic Press*, 2002.

_____. "Deductive criminal profiling: comparing applied methodologies between inductive and deductive criminal profiling techniques", janeiro/1998 <http://www.corpus-delicti.com/Profiling_law.html>.

_____."Behavior evidence: understanding motives and developing suspects in unsolved serial rapes through behavioral profiling techniques", junho/1996.

_____. "An objective overview of autoerotic fatalities", Knowledge Solutions Library, junho/1995 <http://www.corpus-delicti.com/auto.html>.

_____. "The role of criminal profiling in the development of trial strategy", 1997, <http://www.corpus-delicti.com/Trial_Strategy.html>.

VORPAGEL, RUSSEL. "Profiles in murder – an FBI legend dissects killers and their crimes", em *Time Domestic*, janeiro/2000.

WICHMAN, LARRY. "Caníbales modernos".

WILSON, KINSEY. "Arrest in serial murders paroled killer charged in deaths of 8 women in Rochester area", em *Newsday*, 6-1-1990.

WHITESIDE, JOHN. "The bogyman in all our nightmares".

# WEBGRAFIA

*Pesquisa feita para a primeira edição; muitos do links podem estar fora do ar. Procuramos manter a pesquisa original de modo a preservar as fontes.*

**INTERNET CRIME ARCHIVES** mayhem.net/
**THE DEATH PENALTY WEBPAGE** wesleylowe.com/cp.html
**DEATH PENALTY FOR FEMALE OFFENDERS** deathpenaltyinfo.org/FemDeathDec2007.pdf
**EXTRADIÇÃO DE CHARLES CHITAT NG** www1.umn.edu/humanrts/undocs/html/dec469.htm
**JEFFREY LIONEL DAHMER** www.biography.com/people/jeffrey-dahmer-9264755
**RICHARD TRATON CHASE (SÍNDROME DE RENFIELD)** angelfire.com/home/darkrealms/ren.html
vampires.monstrous.com/renfield_syndrome.htm
**MILAT IN SUICIDE BID OVER CONFISCATED TV** skcentral.com/news.php?readmore=1499
**PEOPLE 'LOSING THE PLOT' OVER MILAT** abc.net.au/news/australia/nsw/summer/200606/sl668169.htm
**IVAN MILAT BACKPACKER MURDERS** abc.net.au/am/content/2004/sl236820.htm
**CHIKATILO STATUE CAUSES STIR** exile.ru/152/152030033.html
**HENRY CONDE** floridacapitalcases.state.fl.us/case_updates/25274.doc
**ARQUIVOS DE SERIAL KILLERS** mayhem.net members.tripod.com/~SerialKillr/SerialKillersExposed/sknumber.html
**FEDERAL BUREAU OF INVESTIGATION** fbi.gov
**THE LONDON TIMES** the-times.co.uk
**ROYAL CANADIAN MOUNTED POLICE** rcmp-grc.gc.ca
**ROBERT K. RESSLER** robertkressler.com
**STARING INTO EYES OF A KILLER** geocities.com/SunsetStrip/Towers/9590/
**APB NEWS** apbnews.com
**SERIAL KILLER ARCHIVE** geocities.com/Area51/Aurora/3188/archive.html
**SERIAL KILLERS** geocities.com/Pentagon/8362/
**SERIAL HOMICIDE** geocities.com/SunsetStrip/Towers/9590/≥
**MEDIA NAMES FOR SERIAL KILLERS** locals.wilmington.net/jbailey/index.html

**THE CRIME LIBRARY** crimelibrary.com
**CIÊNCIA FORENSE** forensic-science.com
**THE ZODIAC** zodiackiller.com
**ARTIGOS VÁRIOS** corpus-delicti.com
**SERIAL KILLER CENTRAL** angelfire.com/oh/yodaspage/
**MURDER IN UK** ferryhaiden.free-online.co.uk/
**ABSURD CRIMES** editionnine.deathrowbook.com/
**THE WORLD WIDE SERIAL KILLER HOMEPAGE** hosted.ray.easynet.co.uk/serial-killer/
**SPECIFIC SERIAL KILLERS** members.tripod.com/~Serialkillr/SerialKillerExposed/specklinks.html
**LIVROS: CATALOGUE OF DEATH** serial-killers.virtualave.net/
**MURDER, INC.** lasecrets.com/MurderInc/
**PROPHET'S HAUNTED WEBPAGE** geocities.com/Area51/Cavern/3987/main2.html
**VELVET DEATH'S WINDOW TO THE SOUL...** geocities.com/Area51/Corridor/5231/
**THE SERIAL KILLER INFO SITE** serialkillers.net/
**SERIAL KILLERS INDEX** geocities.com/Area51/shadowlands/4077
**MODUS OPERANDI - SERIAL KILLERS** fortunecity.com/roswell/streiberg/273
**TRACY'S SERIAL KILLER INFORMATION PAGE** cob250.dn.net/members/trcycrpntr/
**INVESTIGATIVE PSYCHOLOGY-UNIVERSITY OF LIV** liv.ac.uk/AppliedPsychology/irrv/irrvhome.html
**A-Z OF SERIAL KILLERS** simonsays.com
**THE SCRATCHIN' POST SERIAL KILLERS ARCHIVE** tdl.com/~Kitty/crimes.html
**THE ELETRIC CHAIR** theeletricchair.com
**MITCH'S HOUSE OF MADNESS** geocities.com/Pentagon/8385
**SERIAL KILLER MAIN'S DOMAIN** campbelcounty.com/~doker/serial.htm
**SERIAL KILLER WITH MATT** go.to/smm
**INTO THE MIND OF A SERIAL KILLER** members.nbci.com/piperm
**SERIAL HOMICIDE - CASE OF THE DAY** serialhomicide.com
**ASIAN AMERICAN PROFILES** goldsea.com/Personalitie/psersonalities.html
**ELETRIC LIBRARY** elibrary.com
**SERIAL KILLERS - A GROWING MENACE** killersdomain.virtualave.net/skindex.html

**SERIAL KILLERS**
macalester.edu/~psych/whatap/UBNRP/serialkiller/

**SERIAL KILLERS - CASE STUDIES** gateway.to/murder/

**ADOPTED SERIAL KILLERS** geocities.com/Wellesley/9950

**FAMOUS AMERICAN TRIALE**
law.umko.edu/faculty/projects/triale/triale.html

**MEDFORD MAIL TRIBUNE, SOUTHERN OREGON**
mailtribune.com

**THE LAPORTE COUNTY PUBLIC LIBRARY HOME**
lc-link.org/libraries/lcpl/lcpl_l.html

**TRIALS** county.com/trials/

**TIMES-MAIL BEDFORD, INDIANA** tm-news.com/stories

**SERIAL MURDER THROUGH THE LOOKING GLASS**
serial-killers.virtualave.net/

**INSTITUTO GUTENBERG - JORNAIS DOS EUA**
igutenberg.org/joreua.html

**TIME MAGAZINE** time.com/time

**4ANYTHING NETWORK** 4crime.4anything.com/

**THE MODESTO BEE** modbee.com

**USA TODAY** usatoday.com

**GALLERY OF ROGUES**
hometown.aol.com/hmudget/page/index.htm

**SERIAL KILLER OF THE MONTH**
geocities.com/CapeCanaveral/1682/Monthly.htm

**WASHINGTON POST** washingtonpost.com

**ARIZONA CENTRAL ARIZONA REPUBLIC ARCHIVE**
newslibrary.krmediastream.com

**DEATH PENALTY INFORMATION CENTER**
essential.org/dpic/

**SHY'S CYBER CHAMBER**
shycyberchamber.com/ - 210.50.20.37

**AMERICA'S DEATH ROW INMATES PAGES**
members.xoom.com/ccadp/

**CORRECTIONS OFFENDER INFORMATION NETWORK**
dc.state.fl.us/ActiveInmates/inmatesearch.asp

**THE MIAMI HERALD ONLINE** miami.com/herald

**EL NUEVO HERALD DIGITAL** miami.com/elnuevoherald/

**THE BOSTON GLOBE ARCHIVES** globe.com/globe/search

**REVISTA ÉPOCA ONLINE** epoca.com.br

**FOLHA DE S. PAULO** folha.com.br

**UNION TRIBUNE** uniontrib.com/news/

**LOS ANGELES TIMES** latimes.com

**MIDSOUTH JUSTICE** midsouthjustice.org

**GALERIA EBAY** ebay.go.com

**NATIONAL ARCHIVE OF CRIMINAL JUSTICE DATA**
icpsr.umich.edu/NACJD/home.htm

**MURDERER'S ROW**
angelfire.com/ta/darkvisions/index.html

**PRISION LAW PAGE** prisonwall.org

**SERIAL KILLER | ILANA CASOY** serialkiller.com.br

**SAN FRANCISCO CHRONICLE** sfgate.com/wais/search

**SAN DIEGO UNION TRIBUNE** uniontrib.com

**REVISTA VEJA** veja.com.br

**THE BOSTON GLOBE** globe.com

**THEODORE BUNDY VICTIMS**
televar.com/~mndcrime/bundy2.html

**SERIAL KILLERS** ronmitchell.com

**TED BUNDY** members.tripod.com/~Steve Odwyer/

**ANCHORAGE DAILY NEWS** adn.com

**SERIAL KILLERS - INTO THE MIND OF MADMAN**
autobahn.mb.ca/~mustarda/serial.html

**DEPOIMENTOS DE PSICOPATAS FAMOSOS**
orbita.starmedia.com/~skailer/

**GUARDIAN UNLIMITED SPECIAL REPORTS POLIC**
guardianunlimited.com.uk

**CRIME TIMES** crime-times.org

**1992 FBI REPORT-SATANIC RITUAL ABUSE**
skeptictank.org/fbil992.htm

**IT ALL BEGAN WITH ANIMAL ABUSE**
netexpress.net/~parallax/serial_killers.html

**MURDER**
zombie.horrorseek.com/horror/drlarry/mainl.htm

**LIVROS** amazon.com

**CRIMINAL PROFILING RESEARCH**
criminalprofiling.ch/introdution.html

**SERIAL KILLER ART FOR SALE** lowbrowartworld.com

**THE ASSOCIATED PRESS PHOTO ARQUIVE**
photoarquive.ap.org

**TIMEPIX** timepix.com

**CIRCULUS VITIOSUS** tedric.de/glorija/killer.html

**THE OTHER SIDE OF THE WALL** prisonwall.org

**MAYHEM'S HOUSE OF MADMEN**
members.tripod.com/mayhem44/main.html

**THE STRANGE** the-strange.com/jwg/

**INVESTIGATOR'S GUIDE TO ALLEGATIONS OF RIT**
astraeasweb.net/religion lanning.html

**CNN** cnn.com

**CRIME ABOUT** crimeabout.com

# AGRADECIMENTOS

"A maior alegria é chorar de parceria..."

Mantive a frase que abre os agradecimentos que fiz na primeira edição, porque escrever é assim mesmo, sem começo e sem fim, e com os parceiros choramos, rimos, trabalhamos à exaustão, damos pouca atenção, exigimos demais, nos estressamos, nos divertimos, comemoramos, sonhamos, vivemos cada passo do caminho. Quem vive perto, muitas vezes vive longe. Nesta revisão e atualização, compartilharam e colaboraram sempre: Eduardo Morales, Janice Florido, Adriana Monteiro, Christiano Menezes e Chico de Assis. É clichê, mas é verdade, sem este time seria impossível!

*ILANA*

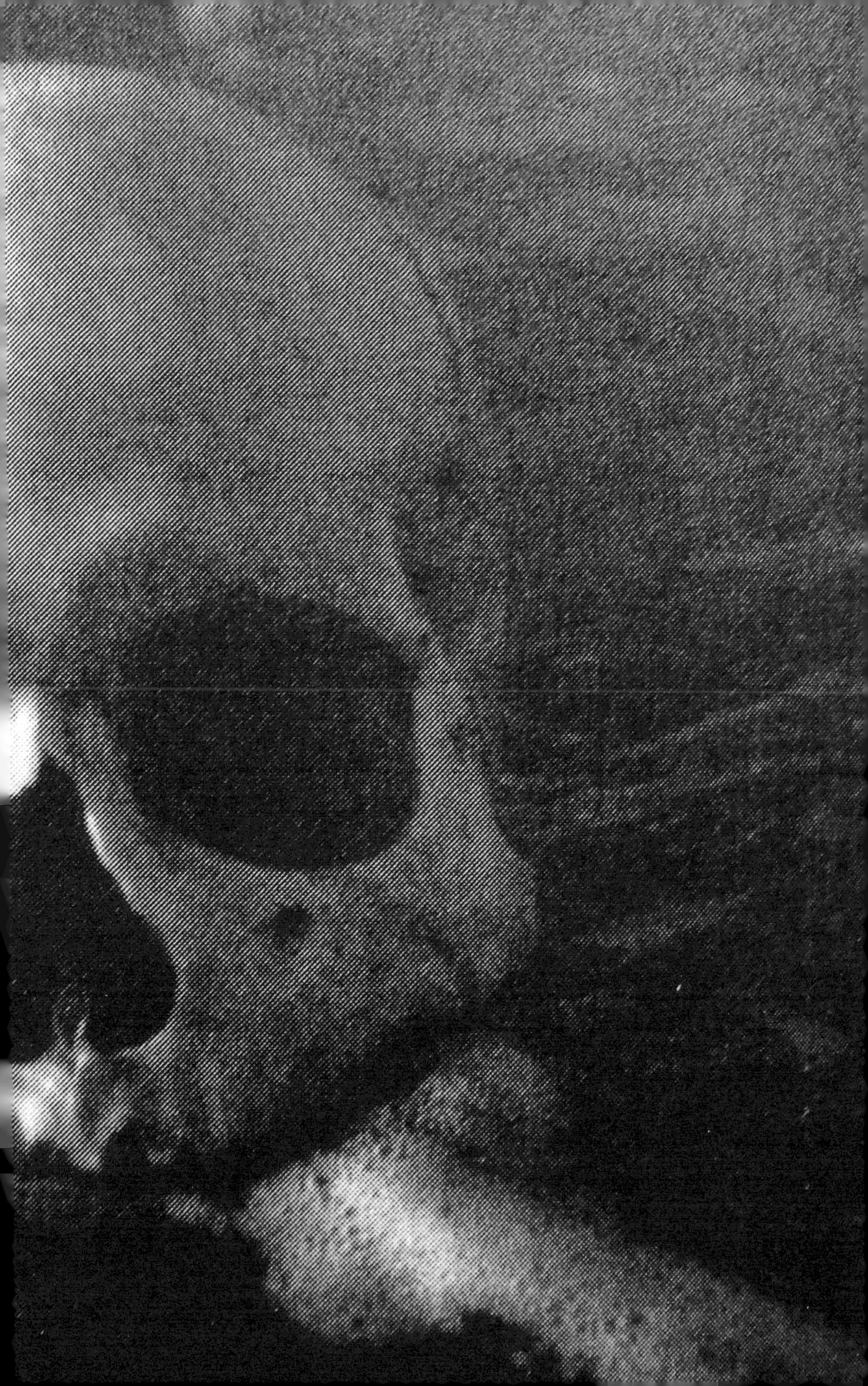

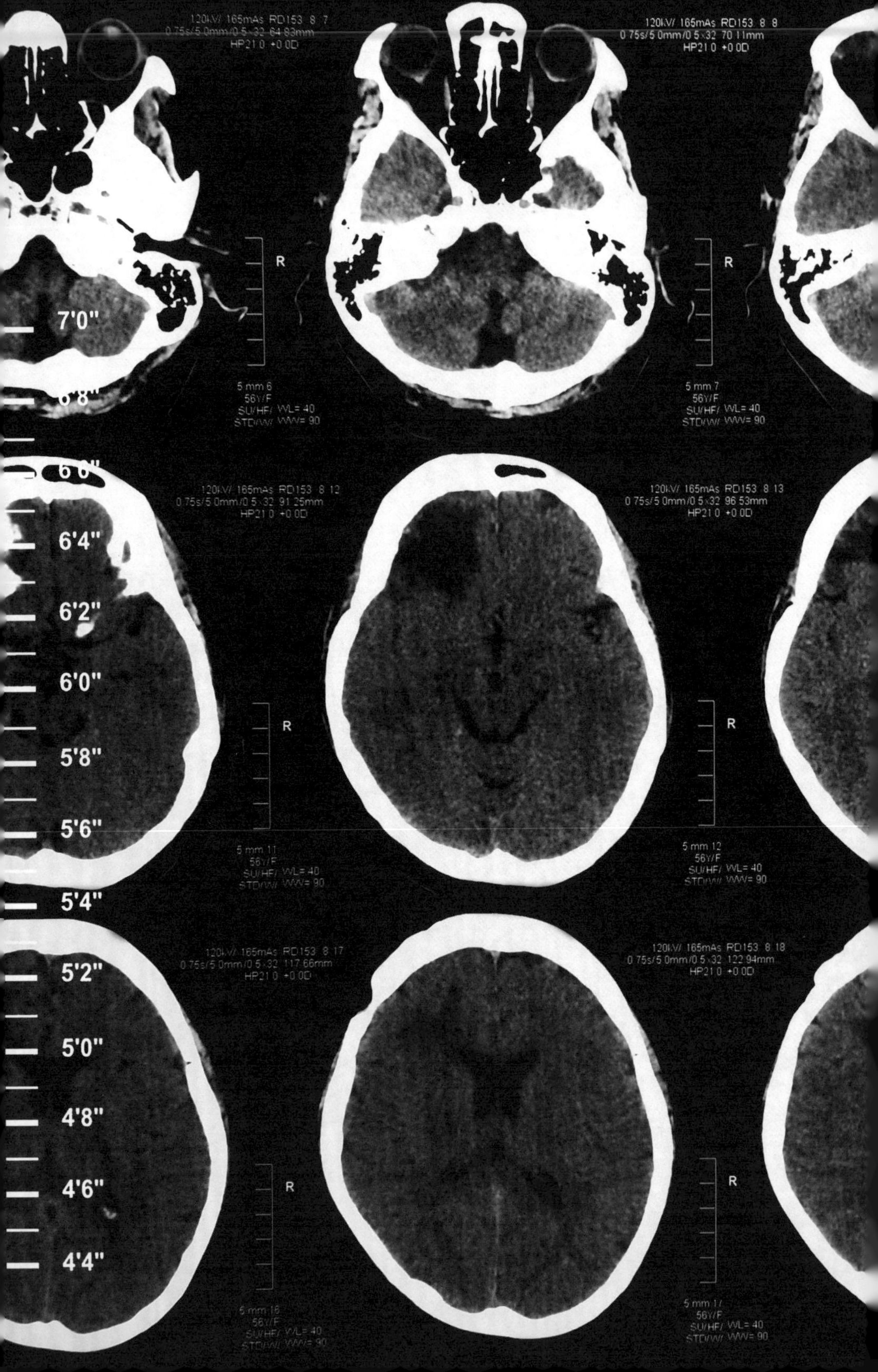
120kV/ 165mAs RD153 8 8
0.75s/5.0mm/0.5x32 70.11mm
HP21.0 +0.0D
R
7'0"
5 mm 7
56Y/F
SU/HF/ WL= 40
STD/W/ WW= 90
120kV/ 165mAs RD153 8 12
0.75s/5.0mm/0.5x32 91.25mm
HP21.0 +0.0D
6'4"
6'2"
6'0"
5'8"
5'6"
5'4"
120kV/ 165mAs RD153 8 13
0.75s/5.0mm/0.5x32 96.53mm
HP21.0 +0.0D
5 mm 12
56Y/F
SU/HF/ WL= 40
STD/W/ WW= 90
120kV/ 165mAs RD153 8 17
0.75s/5.0mm/0.5x32 117.66mm
HP21.0 +0.0D
5'2"
5'0"
4'8"
4'6"
4'4"
120kV/ 165mAs RD153 8 18
0.75s/5.0mm/0.5x32 122.94mm
HP21.0 +0.0D
56Y/F
SU/HF/ WL= 40
STD/W/ WW= 90

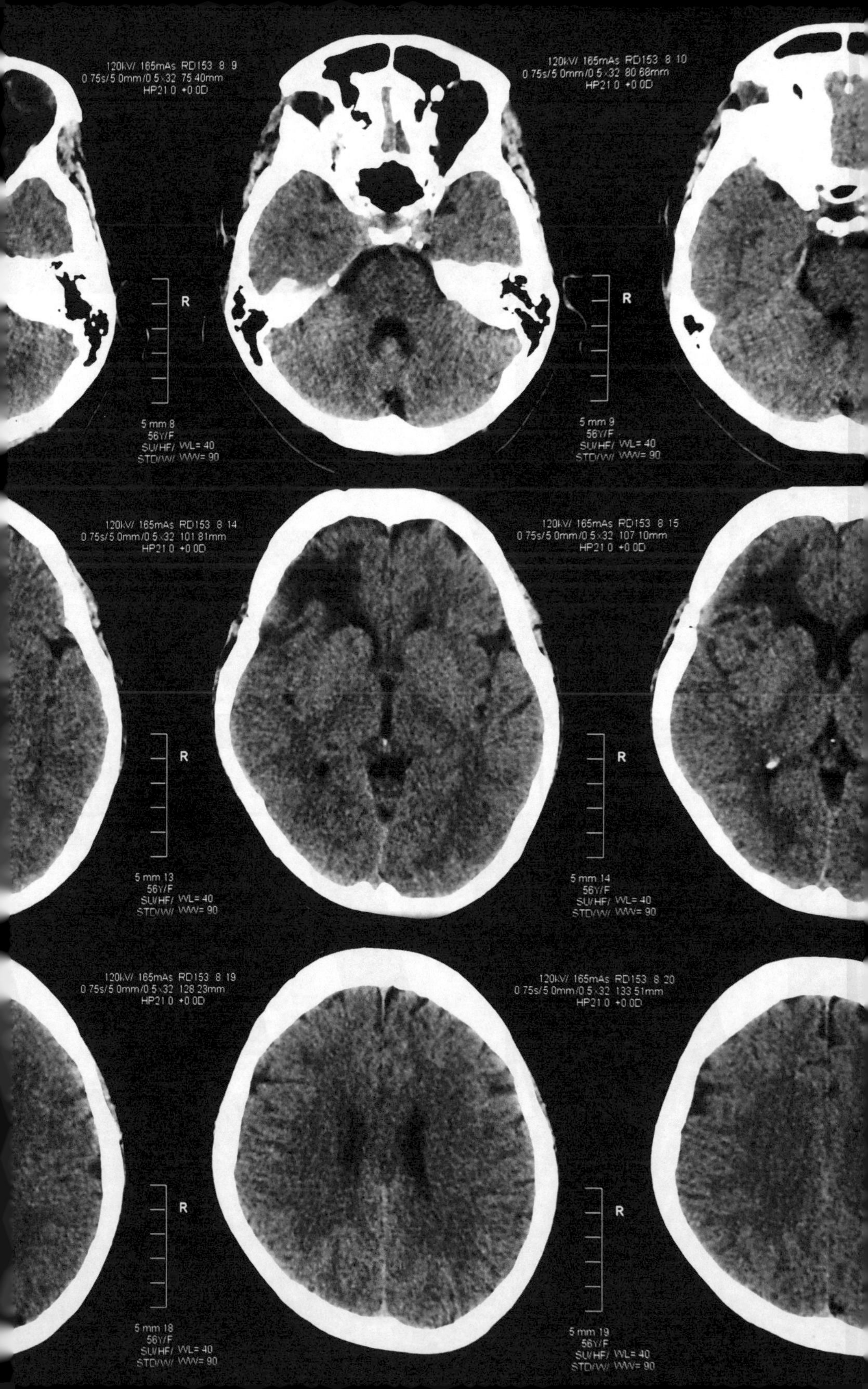
120kV/ 165mAs RD153 8 9
0.75s/5.0mm/0.5×32 75.40mm
HP21.0 +0.0D
R
5 mm 8
56Y/F
SU/HF/ WL= 40
STD/W/ WW= 90
120kV/ 165mAs RD153 8 10
0.75s/5.0mm/0.5×32 80.68mm
HP21.0 +0.0D
R
5 mm 9
56Y/F
SU/HF/ WL= 40
STD/W/ WW= 90
120kV/ 165mAs RD153 8 14
0.75s/5.0mm/0.5×32 101.81mm
HP21.0 +0.0D
R
5 mm 13
56Y/F
SU/HF/ WL= 40
STD/W/ WW= 90
120kV/ 165mAs RD153 8 15
0.75s/5.0mm/0.5×32 107.10mm
HP21.0 +0.0D
R
5 mm 14
56Y/F
SU/HF/ WL= 40
STD/W/ WW= 90
120kV/ 165mAs RD153 8 19
0.75s/5.0mm/0.5×32 128.23mm
HP21.0 +0.0D
R
5 mm 18
56Y/F
SU/HF/ WL= 40
STD/W/ WW= 90
120kV/ 165mAs RD153 8 20
0.75s/5.0mm/0.5×32 133.51mm
HP21.0 +0.0D
R
5 mm 19
56Y/F
SU/HF/ WL= 40
STD/W/ WW= 90

# ARQUIVOS
# SER
# KILL

MADE IN BRAZIL 2.

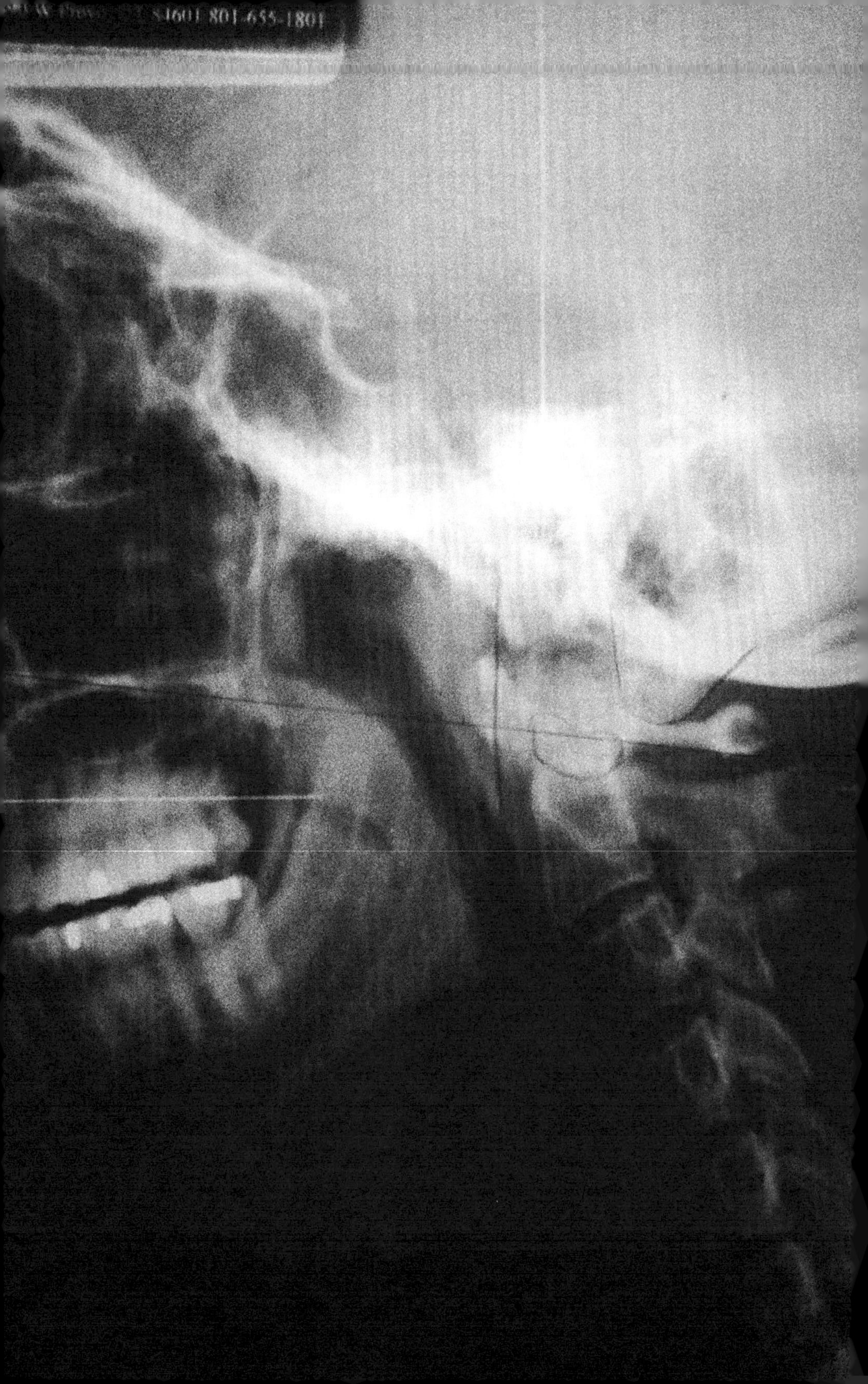
84601 801-655-1801

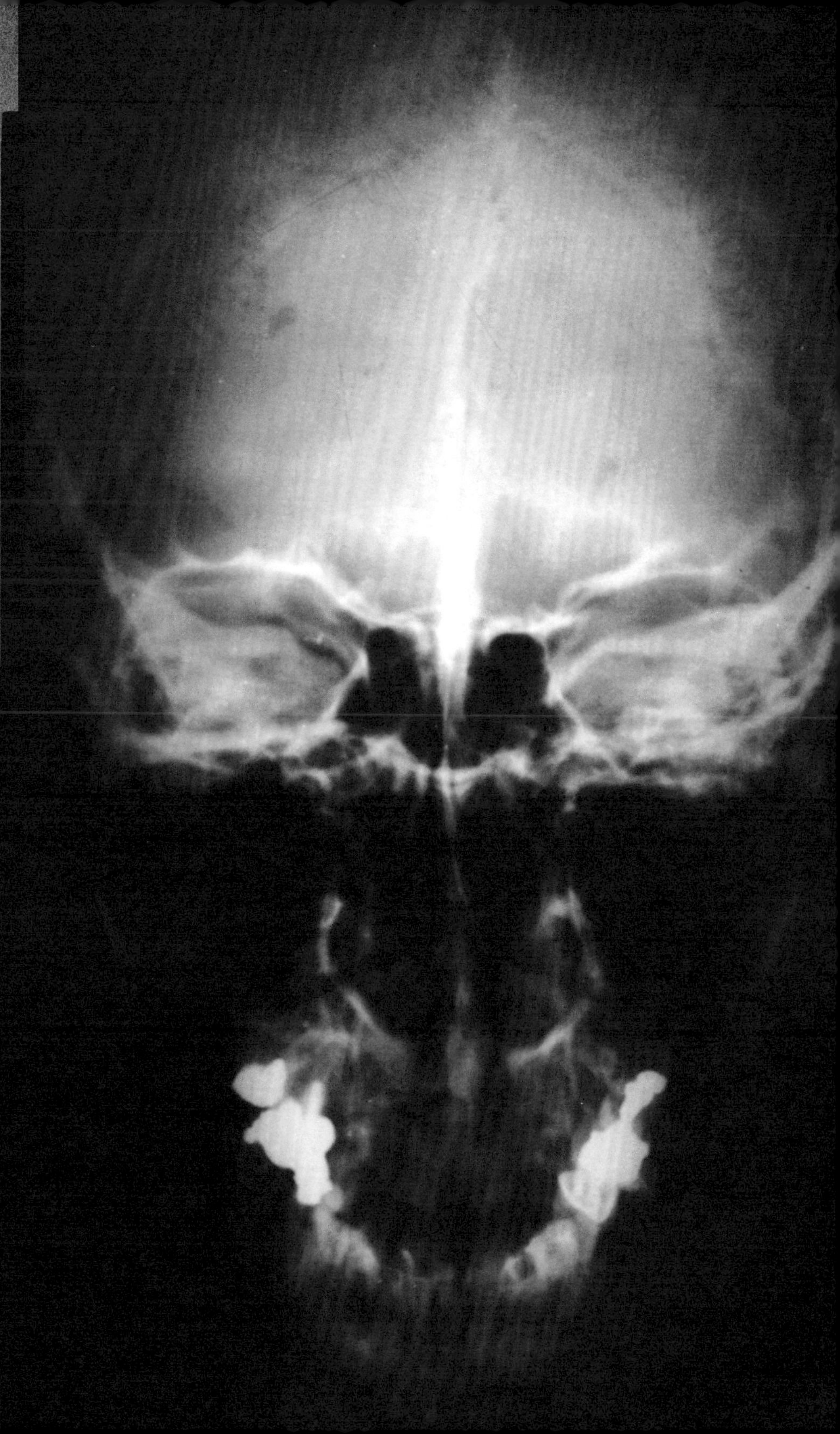

# ILANA CASOY

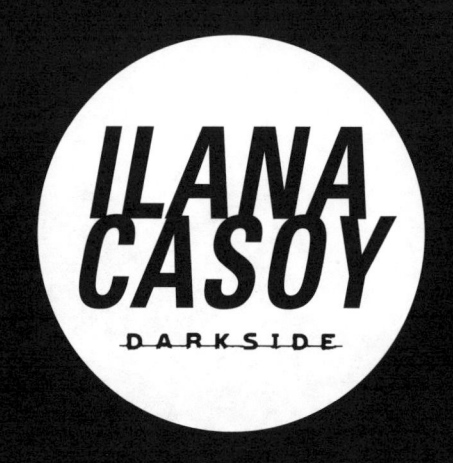

DARKSIDE

ARQUIVOS *SERIAL KILLERS*

(2.)

# MADE IN BRAZIL

Nome
Filiação
Côr parda                        Sexo masculino
Idade 32 anos                    Estado civil solteiro
..issão dentista                 Instrucção elementar
Nacionalidade Brasil             Naturalidade Est. de Minas
Numero do registro no Gabinete de Identificação

Situação legal {
  Motivo da prisão Homicídio duplo
  Accusado? Sim
  Condemnado?
  Absolvido? Sim (mandado internar)
}

Procedencia Casa de Detenção
Data da entrada
Autoridade que requereu o internamento Juiz da 7a. Prot. C.
Documentos apresentados Of.1.780 da Casa de Detenção
Sua observação está no livro VII        pag. 7
Diagnostico Degeneração mental. Loucura moral.

Co-Defendants:

Race of Victim(s):

# ILANA CASOY
## MADE IN BRAZIL
# SUMÁRIO

| | |
|---|---|
| 374 | PREFÁCIO<br>por Roberto Tardelli |
| 376 | APRESENTAÇÃO<br>por Maria Adelaide de F. Caires |
| 382 | SERIAL KILLERS EM AÇÃO |
| 390 | JOSÉ AUGUSTO DO AMARAL<br>Preto Amaral |
| 402 | FEBRÔNIO INDIO DO BRASIL<br>Filho da Luz |
| 426 | BENEDITO MOREIRA DE CARVALHO<br>Monstro de Guaianases |
| 448 | FRANCISCO COSTA ROCHA<br>Chico Picadinho |
| 514 | JOSÉ PAZ BEZERRA<br>Monstro do Morumbi |
| 552 | MARCELO COSTA DE ANDRADE<br>Vampiro de Niterói |
| 648 | PEDRO RODRIGUES FILHO<br>Pedrinho Matador |

**ANEXOS TÉCNICOS**

| | |
|---|---|
| 677 | Assassinatos em série e psicopatia, por Antonio de Pádua Serafim |
| 681 | Laudo clínico de Febrônio Indio do Brasil Filho da Luz |
| 704 | Laudo clínico de Benedito Moreira de Carvalho Monstro de Guaianases |
| 706 | Entrevista com o advogado de Francisco Costa Rocha Chico Picadinho |
| 710 | Laudo Clínico do "Monstro do Morumbi" |
| 714 | AGRADECIMENTOS |

"Eu apelo para o futuro; eu apelo para uma época em que o ódio e a crueldade não mais controlarão os corações dos homens. Época em que poderemos aprender através da razão, do bom senso, do entendimento e da fé que cada vida vale a pena ser salva e que a compaixão é o maior atributo do homem."

CLARENCE DARROW (1857-1938)

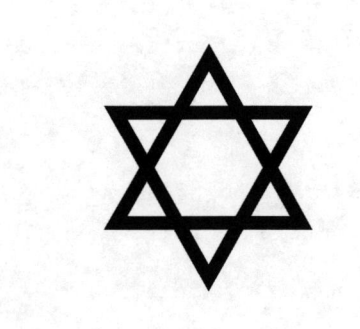

Dedico este livro aos meus
filhos, Fernando e Marcelo,
homens de fé e coragem.

# PREFÁCIO
## ROBERTO TARDELLI
PROMOTOR

Pensem, ainda que por segundos, que eles são pessoas como nós. Sim, por mais que nos surpreendamos, por mais que não queiramos, por mais que abominemos a ideia, o fato é que eles também têm a nossa história: passado, filhos, esposa, emprego. Foram crianças que talvez tenham padecido horrores que nós crianças nem sequer poderíamos supor que existissem.

Andam pelas ruas e acenam para as pessoas. Paqueram, sobem e descem as escadas da cidade, leem alguns poetas e são dotados de um humor meio mórbido, quase natural, e deixam transparecer que as coisas aconteceram porque simplesmente era natural que acontecessem e que tudo talvez faça parte de uma mesma moeda, de uma mesma paisagem humana, daquela que não gostamos de ver.

Estão entre nós e, dentro deles, há muito de nós. Vê-los passar pelo livro é como ver passar muitas alegorias, símbolos de uma sociedade que vive à procura de seu próprio rosto. Vê-los agir meticulosamente é entrar em contato com uma destrutividade irresistível, suficiente para pôr em xeque todas as nossas certezas, frágeis certezas de solidariedade e humanidade, das quais parece que abdicaram tão solenemente quanto matam suas vítimas.

Neste corajoso livro, Ilana Casoy marca um encontro da sociedade com sua face mais obscura e dele não há mais como faltar. A esse encontro, ao qual ela nos convida com um texto enxuto, revelador e que dá vida a esses seres a quem conhecemos apenas por meio dos mais sensacionalistas programas vespertinos, compareçam uma galeria de celebridades, de homens que põem por terra toda a mediocridade de rotulações simplistas e desafiam a si mesmos, a polícia, o Estado e, mais que tudo, desafiam a própria lógica da vida, criando uma antivida, uma antiexistência que se compraz e se resolve na eliminação sistêmica da existência do próximo.

Cada página deste livro guarda uma surpresa, cada página nos reserva um sobressalto. A leitura é cativante, embora o tema seja duro e que, de tão duro, tenha esperado tanto tempo para uma abordagem crítica e amadurecida, sem os chavões de linguagem reducionistas e sem maquiavelismos juvenis.

A proposta da autora é de trazer reflexões multidisciplinares: ao operador do Direito, como e por que estamos tão atrasados no tratamento aos sociopatas e como não conseguimos sair do discurso passional e radicalizado, sem, contudo, um interesse verdadeiramente científico em como nos aparelharmos, doutrinária e profissionalmente, para enfrentá-los. Ao trabalhador da área da saúde mental, saber como podem ser sedutores e acumpliciadores. Aos militantes das áreas sociais, como podem ser irresgatáveis as dívidas do passado da violência contra crianças. Aos livres-pensadores, como são interessantes e aterrorizantes esses personagens do mundo real.

De alguma forma, todos teremos a sensação, ao final do livro, de que algo mudou em nossa forma de ver o mundo; que comparecermos ao encontro marcado por Ilana Casoy foi enriquecedor. A impressão é de que se trata de um livro para constatações e amadurecimentos. Um livro que exerce sua missão histórica com altivez e dignidade. Com sabedoria e profundo sentido de pesquisa. Sobretudo, com respeito. A eles, como pessoas, e a nós, como seus leitores. Façamo-nos, pois, presentes a esse encontro marcado.

# APRESENTAÇÃO
## MARIA ADELAIDE DE F. CAIRES
### PSICÓLOGA CLÍNICA E FORENSE

Rever os casos, nesta versão atualizada, é a reiteração da honra de participar do projeto, também neste formato literário, de mostrar, estudar e refletir sobre a diversidade motivacional do agir humano. Revi, reformulei pouco e acrescentei algumas reflexões. Quem dera pudesse informar sobre programas efetivos de "combate civilizado" da violência via prevenção, por exemplo, e não pela repressão, método assaz familiar, mas de comprovação milenar de eficácia bem restrita.

Reitera-se a análise através das "pegadas" documentais, agora já conhecidas e aprendidas na primeira versão, do que se extraiu das conversas e entrevistas de envolvidos e autores.

A busca de respostas ainda persiste, ao se readentrar na intimidade do agir humano violento e perverso.

Ilana revê os recônditos da esperança e da dor dos que sofrem uma ação depredadora – cruel e inumana – e mostra, com a clareza e o espírito de quem se propôs a relatar, as duas faces da violência: a da vítima e a do agressor, da "bela e da fera".

O cenário de horror se metamorfoseia ao contar a trama e o drama entrelaçados nas adversidades do cotidiano. O dia a dia às voltas com expectativas, desejos, frustrações, fantasias e planos. Para muitos de nós, "administráveis"; para outros, contudo, intransponíveis, como se pode depreender rapidamente. E, não só isso, são emoções que se avolumam internamente em tal monta que desumanizam seu portador.

É o instinto destrutivo que impera, já não responde por sua natureza – quando socializada – de prover mudanças promissoras no *status quo* individual e social. Em função disso, o portador perde a possibilidade de ser e de fazer alguém feliz, de aderência e convivência construtiva, mesmo conflituosa, com os seus semelhantes.

Mas a sociedade também perde – não é só ele –, entre outras coisas, a serenidade sobre a eficácia dos seus mecanismos de congregação/civilidade e controle.

Ilana nos mostra essa dicotomia paradoxal com a destreza de um conto (a cada caso) e com método ao organizar e expor matérias técnico-científicas tão diversas.

Essa é a sua sensibilidade! A de captar o "humano" em meio a névoas tão densas, de transcender o horror e abrir os inúmeros ângulos de abordagem e entendimento do ato – em si ignóbil e revoltante para o cidadão comum.

A abertura dos bastidores (da investigação, da perícia, entre outros) ao leitor leigo promove a desmistificação do desconhecido e um acervo dos aspectos da motivação, entraves e necessidades de procedimentos jurídicos e técnico-científicos, tornando-os públicos para, quem sabe, surtirem o efeito de ampliar os matizes para uma reflexão mais coletiva.

Aos leitores comprometidos com a tarefa de fazer cumprir a lei e àqueles com a de contribuir com a sua aplicação, como no caso da peritagem, oferece uma gama de ingredientes que os remete desde a uma análise crítica dos diversos procedimentos aplicados àqueles que precisam ser estruturados, no nosso meio, enquanto recursos científicos de investigação e estudo.

A releitura – acrescida de novos fatos – pode demandar novas reflexões.

E, por falar em bastidores, vamos aos casos:

# DÉCADA DE 1920

**1920**

## JOSÉ – "PRETO AMARAL" (1871-1927)

Escalada iniciada em 1920 por vagabundagem e furto, culminando em 1926 com a série de crimes violentos contra a vida de crianças carentes. Atos cruéis de natureza compulsiva e repetitiva, que se somavam a múltiplos tipos penais.

Em sua história? Vários registros de identificação: camuflagem autoprotecionista? Busca incessante de uma? Afinal, pode-se supor que quem tem muitas talvez não "tenha" uma sequer.

Preso em janeiro de 1927, o ciclo de violência que viveu e perpetrou contra outrem cessou em julho do mesmo ano. Faleceu, por problema pulmonar, sem tempo de ser julgado!

Sem vínculos afetivos estáveis, sem projetos, metas ou ambição pessoal compartilháveis socialmente. Apenas levado a cumprir um impulso que nem sequer tem nome ou que o compreenda. Planeja, mas nada reflete, só executa!

## FEBRÔNIO – "O FILHO DA LUZ" (1898-1984)

Sai "Preto Amaral" e entra Febrônio no cenário jornalístico da época.

Ele reúne um compêndio de tipos penais ao longo de sua escalada criminal, que culmina com os crimes hediondos contra crianças carentes.

Até onde se sabe, ele foi o primeiro caso a receber, em nosso meio, o diagnóstico médico-legal de inimputável, por ter sido considerado, à época, portador de esquizofrenia.

E de sua história? Duas versões díspares: a subjetiva (relatada por ele) e a objetiva (pelo irmão Agenor). Temos aí a dificuldade dos dois de situar o número de irmãos ou saber sua própria origem – esta a reveste com outra identidade (nome e sobrenome – pai e mãe). No seu atestado de óbito, consta ser filho do casal Indio do Brasil, Theodoro e Estrella do Oriente (?).

Diversas identidades, violência em família, inúmeros "ofícios" – até como doutor: cirurgião-dentista e médico. Crente, de postulação mística própria, ritualizava, como ímã da Vida, a morte. Assim tenta, de algum modo, dar sentido, talvez mais nobre ou palatável, à própria vida e a seus atos.

O que de fato foi?

– Febrônio, o "bicho-papão" que aterrorizava o imaginário infantil da época!

## DÉCADA DE 1950

**1950**

### BENEDITO (1908-1976)
### "MONSTRO DE GUAIANASES"

Tomado por um "arrepio que não passava", indiscriminava, por vezes, a "caça", mas não o procedimento, que seguia sempre o mesmo rito!

Inúmeras identidades, violência em família, múltiplos endereços e vinte e nove vítimas!

Diagnóstico médico-legal: inimputável. Interno era "[...] dominador, meticuloso e obediente" – todos esses traços em excesso, tal qual no seu *modus operandi*! A obediência? Ela também, ao próprio instinto!

## DÉCADA DE 1960

**1960**

### FRANCISCO – "CHICO PICADINHO" (1942-)

A solidão de quem vivia só consigo próprio, "[...] pesquisando vampiros, perseguindo assombrações [...], matando a curiosidade de tantas perguntas sem respostas que sempre rondavam a sua imaginação". Sem fio condutor persistente (interna e externamente), com vínculos afetivos esmaecidos por necessitarem ser mantidos em segredo e diluindo-se, um após o outro, até quase o esquecimento.

Início? Rua, sevícias precoces, álcool, drogas e "boemia". O desregrar-se até a última essência. Despir-se nos escombros do desafeto e desarticular a vida – literalmente.

Cumpre pena. Sai em liberdade condicional na década de 1970. A "fera" interna, ainda ali, presente no subterrâneo, vai ressurgindo lenta e insidiosamente, em busca de obstáculos que a libertassem. O "homem" se assistia a ser vencido sem que conseguisse mudar o curso nefasto e violento que se avizinhava.

Sabia! Pensava! Ensejava ajuda! Tinha consciência! Travava uma luta interna.

Quem vence? Vence a morte do "homem" que se queria intelectual. "Ela" – a fera – vence.

Segundo crime mais desumano pela fúria dos atos perpetrados à vítima.

Qual a imagem que fica para si? Nem sequer aguenta os flashbacks e ecos internos de seus atos. São insuportáveis, para si próprio!

## DÉCADA DE 1970

### 1970

### JOSÉ – "MONSTRO DO MORUMBI" (1945-)

Os requintes da crueldade que impingia às suas vítimas, vivas ou mortas, remontavam e recontavam os subterrâneos disformes do seu ser.

De sua história? Bom... sofrimento e violência precoces, inúmeras identidades e também, à semelhança dos demais, sem raiz, ou seja, sem lar! Cumpriu a pena. Resgata a totalidade de sua cidadania. Resistirá?

## DÉCADA DE 1990

### 1990

### MARCELO – "O VAMPIRO DE NITERÓI" (1967-)

Menino "esquisito" ria sozinho sem motivo aparente. A realidade? Tinha a própria. Construía-a ouvindo coisas aqui e ali – uma colcha de retalhos em desalinho e obscura.

A escalada? Sexualidade despertada precocemente aos 9 anos. Rua. Indiferença. Abandono. Aos 13, sexo – dinheiro e trabalho. O instinto sexual crescia. O "sadismo" espreitava. Como cumpri-lo? Ah, sim, agora podia, já não era mais puro... Mas precisava preservar a pureza das crianças – assim pensava, acreditava e agiu: o menino era "bonito, tinha as pernas lisinhas...". Se "bebesse o sangue, podia ficar bonito assim". Se o matasse antes dos 13, não tinha importância porque ele ainda era "puro" e ia subir e ser "anjo no céu".

Depois dos 13, sexo sem morte, senão era assassinato!

O sadismo só não evoluiu para o canibalismo porque residia, vez ou outra, com a mãe. Mas ele estava lá, na forma de desejo.

O horror desnudado numa forma tão crua!

Delírio e sadismo – união nefasta! Vítimas: treze crianças, entre 5 e 13 anos.

O que há em comum entre eles? Infância negligenciada, vítimas de violência sexual, física e psicológica precoces, inabilidade escolar, sem norte, sem "casa" e sem um agente disciplinador. Ah! A maioria procurou servir a alguma Arma: Exército, Aeronáutica (na busca interna, não consciente, de um regime disciplinador talvez).

Esse estilo de vida tão comum à maioria deles será apenas coincidência? Sofrimento imposto precocemente destrói e/ou corrói a matriz de identidade social e de tantos outros valores partilhados na civilidade?

"Eu ousaria tomar a liberdade de convidar aqueles [...] que são destinados a grandes cargos a dignar-se a um exame maduro sobre se é efetivamente temível que a doçura produza as mesmas revoltas que a crueldade fez nascer; [...]"

Como reverter esse então "destino", que rouba os direitos magnos à vida e à dignidade humana num ciclo interminável – geração após geração – de horror, intolerância e abandono – afetivo e social?

Quem sabe, Ilana, com esta sua inestimável contribuição, tão nobremente organizada neste livro, possa despertar a compaixão, o interesse e a necessidade nos governantes e nas instituições da sociedade civil organizada em investir, mais e mais, em pesquisas científicas voltadas para a área de atenção básica à saúde mental, já na infância.

Em tempo: que bom que os "casos brasileiros" foram reunidos num livro à parte e não num capítulo do seu livro *Serial Killer: Louco ou Cruel?*. Assim você teve a oportunidade de percorrê-los com calma e profundidade! E nós, de nos beneficiarmos com o seu primoroso esforço. Obrigada!

Maria Adelaide de F. Caires
Psicóloga clínica e forense,
autora do livro *Psicologia jurídica:
implicações conceituais e aplicações práticas*

Fig. 1.

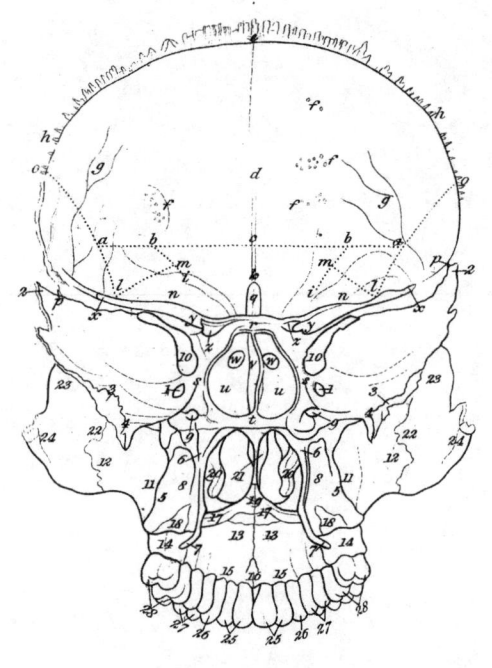

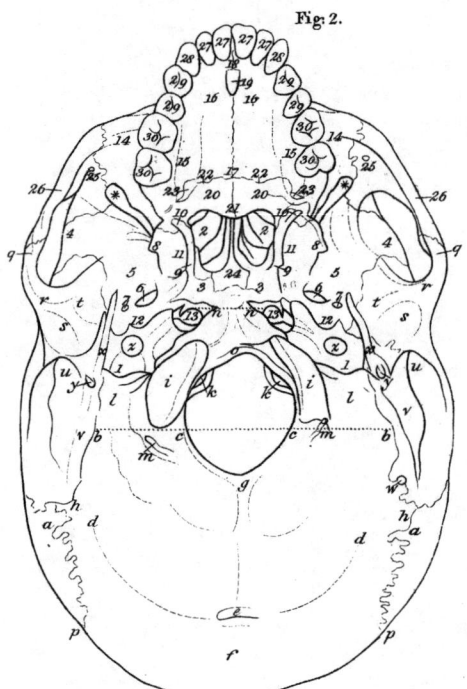

Fig. 2.

# SERIAL KILLERS
## EM AÇÃO

"Os homens trazem em si a crueldade. Não devemos esquecer-nos disso, devemos ter cuidado. É preciso [...] defender esse espaço de consciência, de lucidez. Essa é a nossa pequenina esperança." – **José Saramago**

Serial killers são os assassinos que cometem uma série de homicídios com algum intervalo de tempo entre eles. Suas vítimas têm o mesmo perfil, a mesma faixa etária, são escolhidas ao acaso e mortas sem razão aparente. Para criminosos desse tipo, elas são objeto da sua fantasia. Infelizmente, eles só param de matar, até onde se sabe, quando são presos ou mortos.

O serial killer "esfria" entre um crime e outro, não conhece sua vítima, tem motivo psicológico para matar e necessidade de controle e dominação. Geralmente suas vítimas são vulneráveis e o comportamento delas não influencia a ação do assassino.

Esses assassinos começam a agir entre 20 e 30 anos, escolhendo indivíduos mais fracos que se encaixam em algum estereótipo e levam uma lembrança ou troféu de cada assassinato cometido. Por se sentirem acima do bem e do mal, acreditam ser muito espertos, têm autoconfiança e muitas vezes "jogam" com a polícia.

## SERIAL KILLERS ORGANIZADOS

Os serial killers organizados são seres solitários por se sentirem superiores às demais pessoas: ninguém é bom o bastante para eles. São socialmente competentes e, muitas vezes, casados. Conseguem bons empregos porque parecem confiáveis e aparentam saber mais do que na realidade sabem. Quando usam drogas, as preferidas são maconha e álcool. Para eles, o crime é um jogo.

Retornam ao local onde mataram para acompanhar os trabalhos da perícia e da polícia, estão atentos aos noticiários e são os últimos suspeitos, por serem charmosos e carismáticos. Planejam o crime com cuidado, carregam o material necessário para cumprir suas fantasias, interagem com a vítima e se gratificam com o estupro e a tortura. Deixam pouquíssimas evidências no local do crime, escondem ou queimam o cadáver e levam um pertence daquele que matou como lembrança ou troféu.

## SERIAL KILLERS DESORGANIZADOS

Os serial killers desorganizados também são solitários, mas por terem comportamento considerado estranho, esquisito. Sua desorganização é geral: com a casa, com o carro, com o trabalho, com a aparência e com o estilo de vida. Não são atléticos, são introvertidos e não têm condição de planejar um crime com eficiência. De forma geral, agem por impulso e perto de onde moram, usando as armas ou os instrumentos encontrados no local de ação. É comum manterem um diário com anotações sobre suas atividades e vítimas, trocam de emprego com frequência e tentam seguir carreira militar ou similar, mas não bem-sucedidas.

É raro manter algum contato com a vítima antes de agir; agem com fúria, gratificam-se com estupro ou mutilação *post mortem* e, nesse grupo, é comum encontrarmos canibais e necrófilos. Têm mínimo interesse no noticiário sobre seus crimes e deixam muitas evidências no local em que matam.

## A CONEXÃO

Três elementos conectam os crimes em série: *modus operandi*, ritual e assinatura.

O *modus operandi* assegura o sucesso do criminoso em sua empreitada, protege sua identidade e garante a fuga. Mas encontrar o mesmo *modus operandi* em diversos delitos não é suficiente para conectá-los. O modo de agir é dinâmico e vai se sofisticando conforme o aprendizado do criminoso e a experiência adquirida com os crimes anteriores.

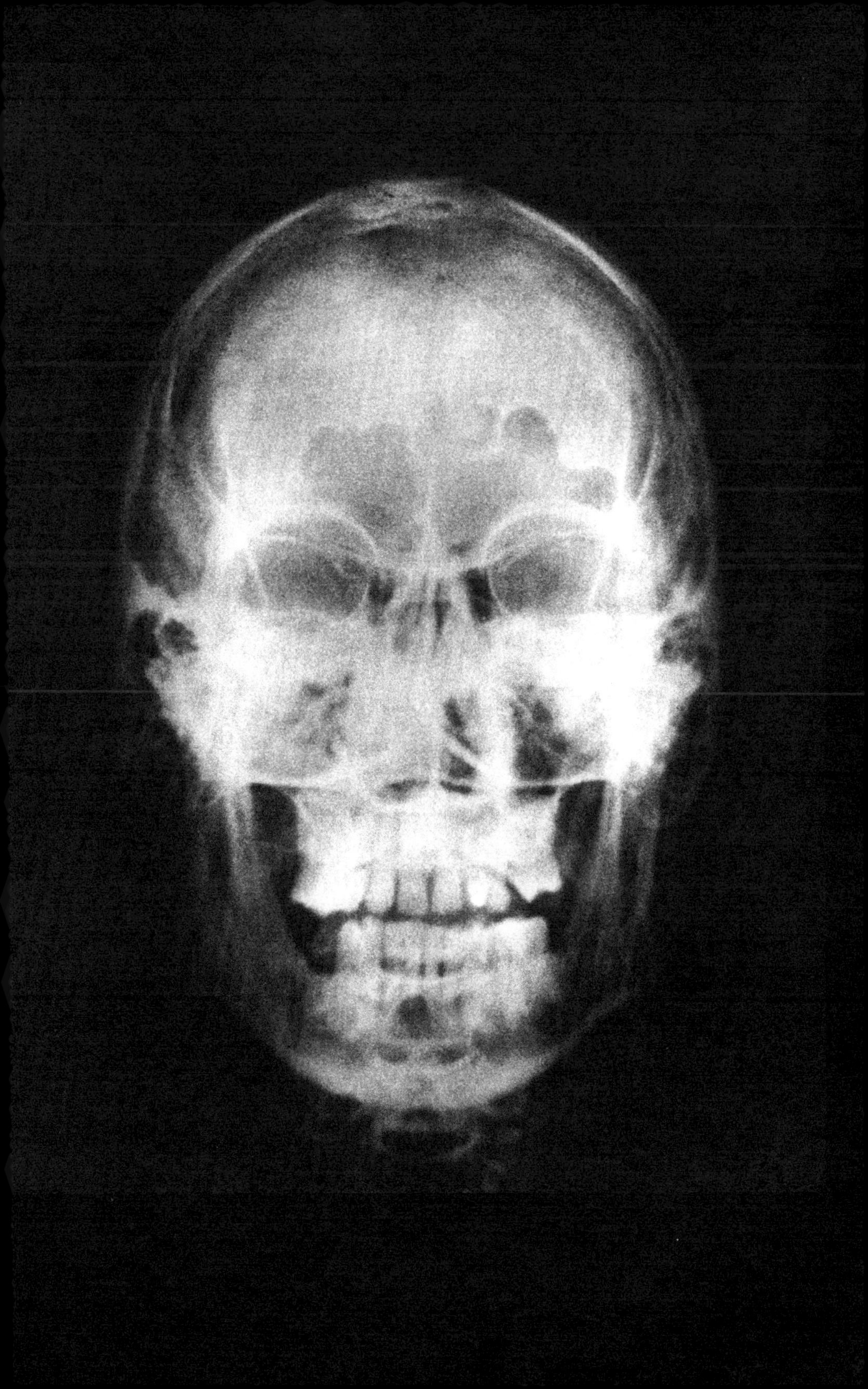

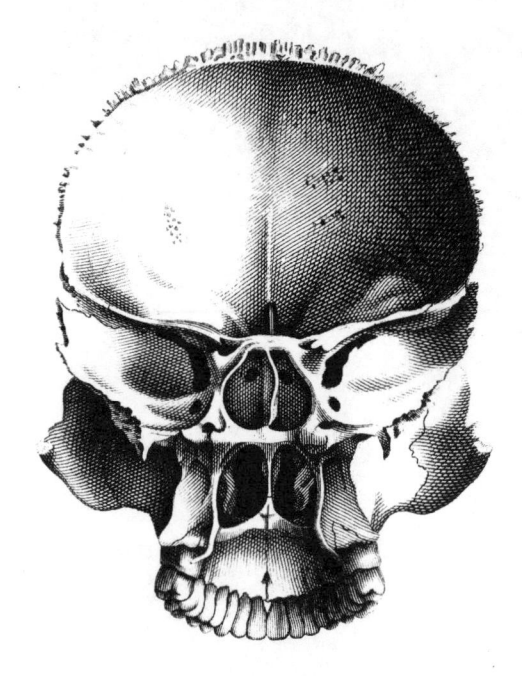

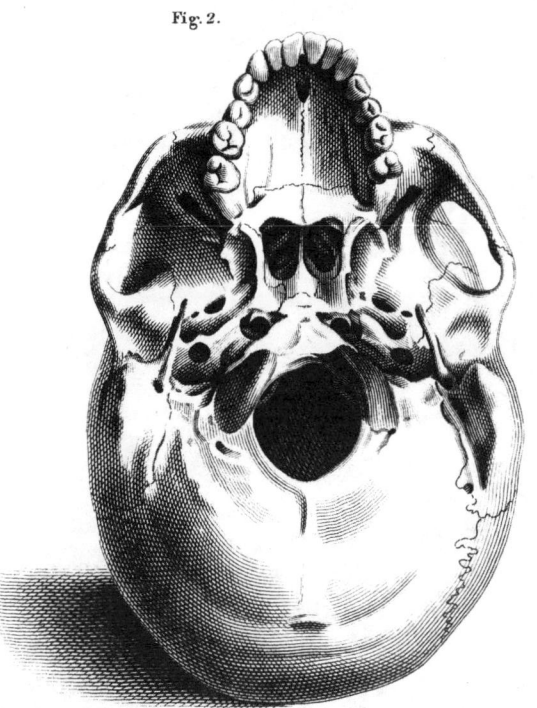

Fig: 1.

Fig. 2.

O ritual é o comportamento que excede o necessário para a execução do crime e é baseado nas necessidades psicossexuais do criminoso, imprescindível para sua satisfação emocional. Rituais são enraizados na fantasia e frequentemente envolvem parafilias, além de cativeiro, escravidão, posicionamento do corpo e *overkill* (ferir mais do que o necessário para matar), entre outros. Pode ser constante ou não.

A assinatura é uma combinação de comportamentos, identificada pelo *modus operandi* e pelo ritual. Não se trata apenas de formas de agir inusitadas. Muitas vezes o assassino se expõe a um alto risco para satisfazer todos os seus desejos, como, por exemplo, permanecendo muito tempo no local do crime. Pode também usar algum tipo de amarração específica ou um roteiro de ações executadas pela vítima, como no caso de estupradores em série. Ferimentos específicos também são uma forma de assinar um crime.

## NO BRASIL

No Brasil, a polícia tem muita dificuldade em aceitar a possibilidade de um serial killer estar em ação. Certo preconceito permeia as investigações de crimes em série. Isso já aconteceu inúmeras vezes no passado, com consequências nefastas. Em outros países, com uma análise acurada do motivo ou da falta dele, do risco-vítima e risco-assassino, *modus operandi*, assinatura do crime e a reconstrução da sequência de atos cometidos pelo criminoso, os serial killers são caçados antes que cometam tantos crimes. Quanto antes se reconhece que um assassino desse tipo está em ação mais rápido é possível acionar psiquiatras e psicólogos forenses, *profilers* e médicos-legistas, que juntos podem fazer um perfil da pessoa procurada. Isso resulta na diminuição do número de suspeitos, no estabelecimento de estratégias eficientes de investigação, na busca de provas, no método de interrogatório do suspeito para adquirir a confissão, além de dar à promotoria um *insight* da motivação do assassino.

O agressor serial invariavelmente mostra um importante aspecto comportamental em seus crimes: ele sempre os assina. A assinatura é única, como uma digital, e está ligada à necessidade psicológica do criminoso. Diferente do *modus operandi*, a assinatura de um serial killer nunca muda.

A polícia civil deveria saber tudo isso? Não, mas deveria poder contar com a ajuda de órgãos especializados em ciência forense, existentes no Brasil, mas pouco incentivados e divulgados. Quando lidamos com crimes em série, o trabalho integrado de profissionais forenses deveria ser obrigatório.

Parece hollywoodiano? Não, nós também temos serial killers. Afinal, a mente humana não obedece fronteiras geográficas.

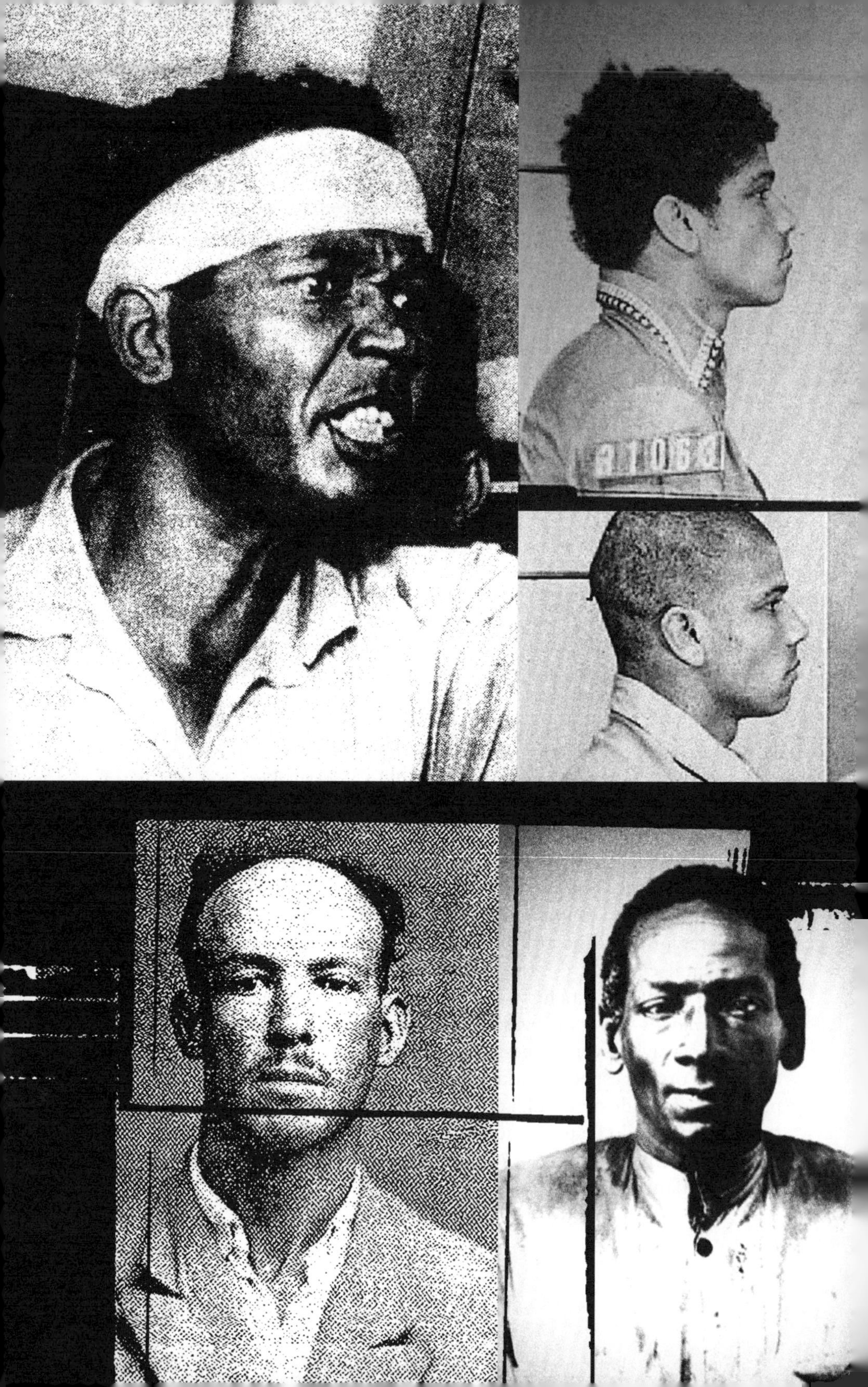

# 7. SERIAL KILLERS
## GALERIA DO MAL

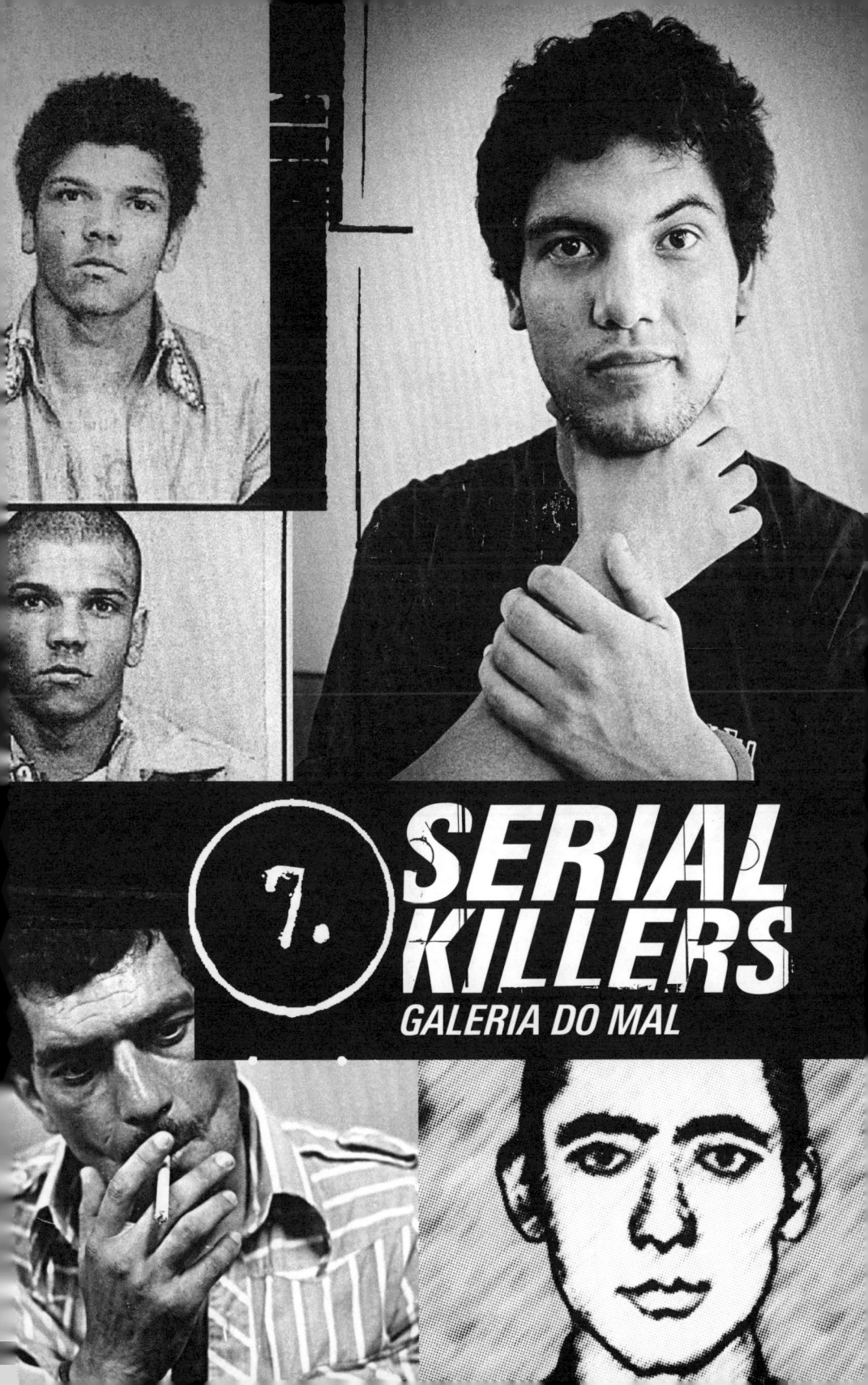

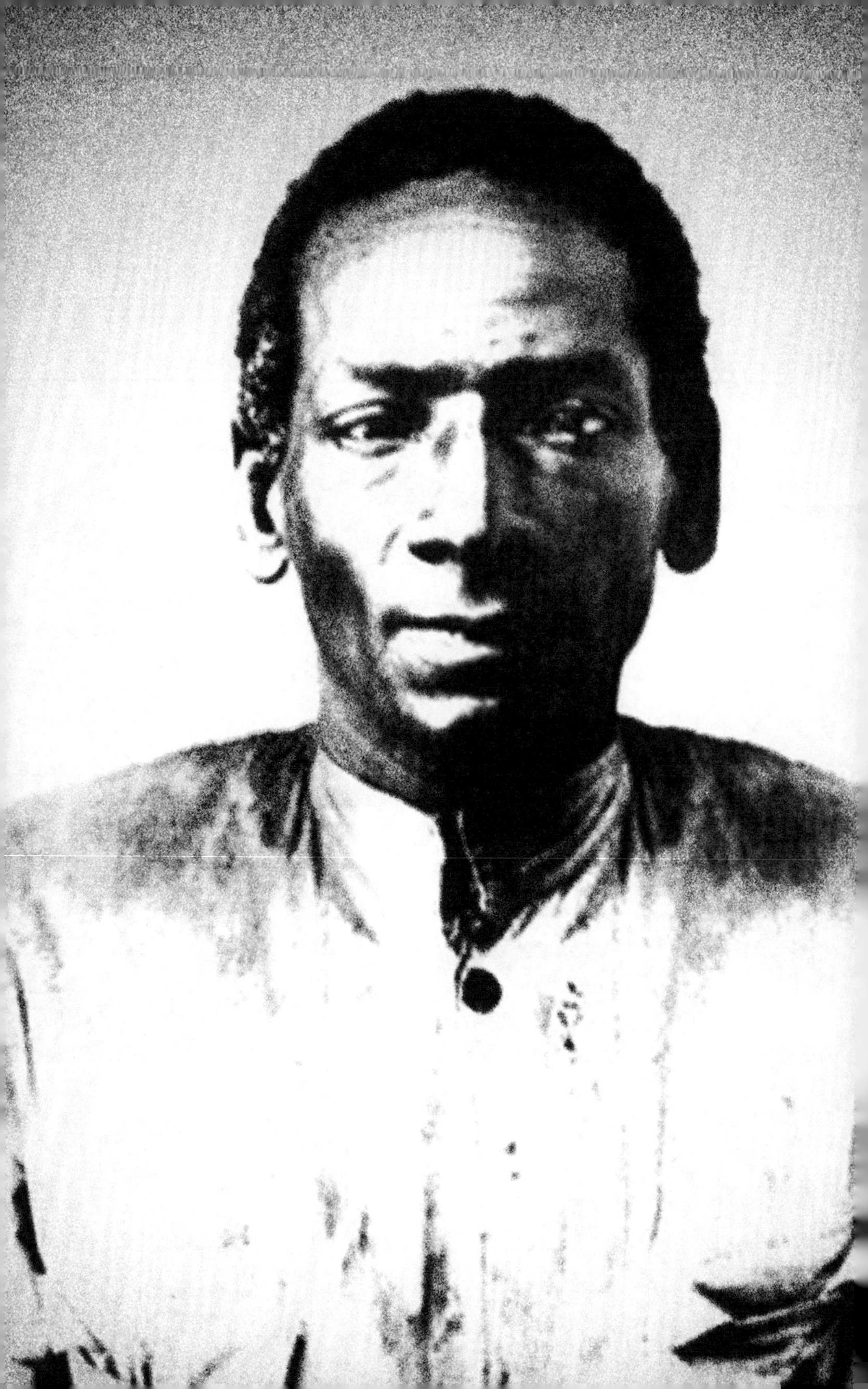

# JOSÉ AUGUSTO DO AMARAL
## O "PRETO AMARAL"

> "Os crimes dos sádicos-necrófilos são executados com relativa calma, com prudência, de emboscada, e o criminoso age como se estivesse praticando um ato normal." – **Antonio Carlos Pacheco e Silva, psiquiatra**

## OS CRIMES

**13 DE FEVEREIRO DE 1926.** O menino "Rocco",[1] pequeno engraxate de 9 anos, trabalhava nas imediações da praça da Concórdia, próximo ao Teatro Colombo, no Brás. Cansado, estava pronto para ir embora. A garoa fina que caía espantava os fregueses naquela tarde cinzenta de São Paulo. As poucas pessoas que passavam pela rua estavam apressadas, tentando escapar da chuva.

Um homem alto, negro, aproximou-se de "Rocco", pedindo que o ajudasse a carregar uma caixa com roupas, serviço pelo qual ele pagaria 4$000 (quatro mil réis). O menino, excitado com a oportunidade de ganhar um dinheiro extra, aceitou depressa. Seguiu-o da avenida Celso Garcia até a ponte sobre o rio Tamanduateí, próximo à estação da Cantareira. Ao entrarem pela rua João Theodoro, "Rocco" sentiu um frio no estômago ao ver-se desprotegido pela pouca luz... A rua estava sem iluminação. Antes que o menino pudesse

---

[1] Apelido da vítima, usado para proteger sua verdadeira identidade. [Todas as notas são da Autora.]

ficar com medo e sem nenhum aviso, o homem o atacou diretamente no pescoço, tentando estrangulá-lo. O garoto lutou bravamente com todas as suas forças, mas, sem conseguir respirar, desmaiou. Julgando-o morto, o estranho arrastou-o para debaixo da ponte, rasgou suas roupas e preparou-se para violentá-lo, quando, num golpe de sorte, um carro aproximou-se e estacionou. Receoso de ser flagrado, o estranho largou "Rocco" e fugiu. O menino acordou um tempo depois, gemendo sem parar. Com muito esforço, machucado e enlameado, chegou até a rua. Duas moças que passavam por ali viram o menino e chamaram imediatamente um policial.

O motorista de táxi Basílio Patti estava saindo para trabalhar quando foi parado pelo grupo, ao atravessar a ponte da rua João Theodoro. O policial pediu a Patti que levasse "Rocco" até a casa dos pais.

Aturdida com a história contada pelo filho, a família não deu queixa à polícia.

O criminoso tinha certeza de ter matado o menino. Depois de vagar a noite inteira pelo centro da cidade, voltou ao local no dia seguinte para dar vazão aos seus desejos sexuais. Surpreso, não achou cadáver algum...

**5 DE DEZEMBRO DE 1926.** Sob as árvores da avenida Tiradentes, sentado em um banco, Antônio Sanchez descansava e pensava em como faria para comprar uma refeição naquele dia. Tinha saído de Barra Bonita, interior de São Paulo, para trabalhar na capital. Antônio era franzino, doente e um pouco afeminado. Aparentava ter bem menos idade do que seus 27 anos. Morava em um apartamento alugado na Lapa, mas não sabia como iria arcar com as despesas. Estava morrendo de fome e não tinha conseguido ganhar dinheiro algum.

Um homem desconhecido, negro e alto, sentou-se ao seu lado. Disse chamar-se Amaral e começaram a conversar. Sanchez, vendo que ele fumava, pediu-lhe um cigarro, comentando sobre a miséria em que se encontrava. Não tinha nem como pagar comida e sentia muita fome. Amaral, dando uma de bom samaritano, chamou o rapaz para almoçar com ele no Botequim do Cunha, que ficava em uma esquina da rua Teodoro Sampaio. O convite foi aceito por Sanchez num piscar de olhos.

Depois de ver o rapaz almoçar com o prazer de quem aplaca a dor da fome, Amaral convidou-o para ir com ele até o Campo de Marte para ajudá-lo a fazer um serviço. Seria bem pago. Antônio sentiu-se finalmente com sorte. Além de comer, acabava de arrumar um trabalho que ainda lhe renderia uns trocados. Confiando no novo "amigo", ele o seguiu.

Ao chegarem ao Campo de Marte, seguindo uma picada que Amaral parecia conhecer bem, o ataque começou. Estavam em um lugar ermo, atrás de um bambual. Antônio reagiu, sem acreditar no que acontecia.

Os golpes de Amaral vinham sem trégua e o rapaz tentava, em desespero, escapar. Mas o homem era bem mais forte que ele. Depois de uma luta desigual, Antônio Sanchez foi estrangulado. Ao ver o moço desfalecido, abaixou-se para ouvir se seu coração ainda batia. A lembrança do menino fujão de tempos atrás permanecia em sua memória. Com a certeza de que o rapaz não dava sinais de vida, violentou-o e fugiu em seguida. Para ele, não fazia diferença o fato de fazer sexo com Antônio já morto.

**VÉSPERA DE NATAL DE 1926.** José Felippe de Carvalho, 12 anos, morava no Alto do Pari e conhecia bem os locais por onde perambulava. Às 16h, brincava com seu estilingue caçando passarinhos pelas redondezas. Mais tarde, pediu permissão à mãe para ir à missa de Natal da Igreja de Santo Antônio. Ela, regozijada com a religiosidade do filho, permitiu.

Chovia em São Paulo. Caminhando pelas proximidades do Canindé, José Felippe avistou um homem vendendo balões de gás. Fascinado, o menino aproximou-se e pediu um. O homem deu-lhe de presente e puxou conversa. Perguntou onde ele morava e o que fazia ali sozinho, e não deixou de reparar que o garoto tinha no bolso um estilingue. Alguns minutos depois, o balão de gás de José Felippe estourou. Amuado, pediu que o homem lhe desse mais um. O simpático sujeito satisfez-lhe a vontade e, continuando com a conversa, comentou que em uma mata perto dali havia um local com muitos passarinhos. Se o garoto quisesse acompanhá-lo, poderia mostrar-lhe o lugar.

O menino, feliz da vida, concordou. Amaral, seguido por ele, foi até o Campo de Marte. Da mesma maneira que fez com Sanchez, atacou José Felippe, cometeu homicídio e, em seguida, deu vazão a seus desejos sexuais.

A mãe do menino ficou desesperada quando o filho único não voltou para casa. Saiu pelas ruas, de igreja em igreja, procurando-o freneticamente. Quando sua triste busca em nada resultou, deu queixa em uma delegacia do Brás pelo desaparecimento.

Como no caso de Sanchez, o corpo da vítima não foi localizado. José Felippe só seria reconhecido dias depois pelas roupas que vestia, quando sua mãe tomou conhecimento por meio de jornais que a polícia havia encontrado cadáveres de meninos sem identificação.

**ANO-NOVO. PRIMEIRO DE JANEIRO DE 1927.** Antônio Lemes, 15 anos e compleição franzina, estava de folga do trabalho. Era operário em uma fábrica de tecidos. Saiu de casa pedindo à mãe que guardasse seu almoço. Lemes disse que chegaria mais tarde, pois iria fazer um serviço extra para uma senhora no bairro da Penha.

Amaral, aproveitando o feriado, apostava dinheiro nos jogos de azar que se davam nas proximidades do Mercado Central. Logo avistou o Lemes entre outras crianças que brincavam por ali. Levantou-se e convidou o garoto para almoçar com ele no Restaurante Meio-Dia, como fazia habitualmente. O rapaz aceitou.

Comeram, beberam vinho e Amaral ofereceu 2$000 (dois mil réis) a ele para que o acompanhasse até a Penha. Como Antônio conhecia bem o bairro e tinha mesmo que fazer um serviço lá, concordou de bom grado.

Os dois seguiram para o largo do Mercado, onde tomaram o bonde. No ponto final da linha, seguiram a pé pela estrada de São Miguel. De vez em quando paravam em bares pelo caminho, para que Amaral tomasse uns tragos.

Na altura do Km 39, Amaral pegou um atalho da estrada recém-construída. Quando se afastaram o suficiente, enlaçou fortemente o rapaz com o braço esquerdo, esganando-o com a mão direita. Antônio, pego de surpresa, não resistiu. Apenas empalideceu e desmaiou. Sem querer arriscar, Amaral enrolou um cinto de brim branco de 85 cm de comprimento no pescoço de sua vítima e apertou-o com máxima força. Depois, jogou-o no chão, tirou-lhe a calça, rasgou-lhe a camisa e fez sexo com o cadáver. Fugiu.

Dessa vez, o assassino não teria a mesma sorte. O corpo de Antônio Lemes foi encontrado no dia seguinte.

---

Amaral, aproveitando o feriado, apostava dinheiro nos jogos de azar que se davam nas proximidades do Mercado Central. Logo avistou o Lemes entre outras crianças que brincavam por ali.

---

Ao começarem as investigações na área do Mercado, perto de onde o rapaz morava, alguém disse tê-lo visto na companhia de um homem negro. A polícia, sem perder tempo, começou a investigar todos os homens negros com antecedentes de pederastia,[2] uma vez que Lemes havia sido sodomizado. Os jornais também noticiaram o crime com alarde.

A primeira testemunha a comparecer na delegacia, Roque Siqueira, havia lido as notícias sobre o crime nos jornais e informou ter visto, no primeiro dia do ano, um sujeito negro convidando um menino para almoçar com ele. Almoçaram no mesmo restaurante em que Siqueira estava. Ele viu o adulto pagando algum dinheiro ao garoto. A testemunha disse à polícia que o sujeito era conhecido nas imediações do mercado como um vagabundo que vivia da exploração do jogo de cartas naquelas redondezas.

Os investigadores, acompanhados de Siqueira, saíram à procura do suspeito. Não demorou muito para que o encontrassem.

---

2 Contato sexual entre um homem e rapaz bem jovem.

# O CRIMINOSO

José Augusto Amaral, nascido em 15 de agosto de 1871, solteiro, era natural de Conquista, Minas Gerais. Seus pais, escravos africanos do Congo e Moçambique, haviam sido comprados pelo visconde de Ouro Preto.

Amaral foi voluntário da Força Pública do Estado de São Paulo, mas desertou. Era reincidente nesse tipo de atitude, que tomou em todos os corpos militares onde serviu: Brigada Policial do Rio Grande do Sul, Grupo de Artilharia Pesada em Bagé, Regimento de Infantaria de Porto Alegre, 13º Regimento de Cavalaria do Rio de Janeiro. Também se alistou na Marinha, mas abandonou o compromisso logo em seguida.

Em seu registro policial constam várias identificações para fins militares, três prisões por vadiagem em São Paulo (1920 e 1921), por vagabundagem em Bauru e Santos (1922) e, neste mesmo ano, por furto em São Paulo. O Código Penal vigente naqueles anos, Código Penal dos Estados Unidos do Brazil (1890), o primeiro após a Proclamação da República, decretava:

> **ART. 399.** Deixar de exercitar profissão, officio, ou qualquer mister em que ganhe a vida, não possuindo meios de subsistencia e domicilio certo em que habite; prover a subsistencia por meio de occupação prohibida por lei, ou manifestamente offensiva da moral e dos bons costumes.

Naquela época, pós-escravatura no Brasil, era comum que negros fossem presos por esse motivo, pois muitos não conseguiam se empregar "oficialmente" e viviam de pequenos e eventuais trabalhos. Dessa forma, "Preto Amaral" constava como pessoa de maus antecedentes, pela prática do que se denominava contravenção.

José Augusto do Amaral foi preso pelo assassinato de Antônio Lemes, mas não demorou a confessar seus crimes anteriores. Segundo ele, os atos de pederastia eram praticados somente após a certeza da morte da vítima, como se este argumento atenuasse sua culpa. As declarações do "Preto Amaral" foram feitas com naturalidade e sem a menor demonstração de emoção, segundo os relatos dos policiais e jornais da época.

Organizaram-se então diligências para pesquisar o Campo de Marte, onde o criminoso alegou ter deixado os outros corpos. Sem hesitar, Amaral guiou os investigadores até um local próximo a um bambual, onde foi encontrada uma ossada humana. Mais adiante, sob a ramagem de uma pequena moita ressequida, jazia o cadáver de outro menino.

A polícia estava pronta para processar Amaral e colocá-lo na cadeia pelo resto da vida, mas outra confirmação ainda surgiria: o sr. Carmine, pai do engraxate "Rocco", procurou a polícia e contou o que aconteceu com seu filho no ano anterior. O menino foi levado ao gabinete do delegado onde reconheceu "Preto Amaral" como seu agressor.

Outro que compareceu à delegacia foi Antonio Manoel Neves Filho, 16 anos, que quase caiu na armadilha do mesmo assassino. Ele foi abordado na rua Voluntários da Pátria e seguiu Amaral até Ponte Grande. Por sorte, quando estava no meio do matagal, conseguiu fugir. Também reconheceu "Preto Amaral" como seu agressor.

Mais uma vítima se apresentou, Manoel Antonio Neves, 13 anos. Neves contou ter sido convidado por um negro de nariz recurvo para acompanhá-lo até a estação da Cantareira, com a finalidade de ajudar a levar um embrulho para o Campo de Marte, onde estavam. Pelo serviço, receberia 1$000 (mil réis). Depois de alguns minutos na companhia do homem, Manoel achou que alguma coisa estava errada e resolveu fugir. Ele também reconheceu formalmente José Augusto Amaral como o homem que o "contratou".

A polícia não conseguiu comprovar a culpa de Amaral nos desaparecimentos de outras crianças ocorridos na mesma época:

| CASOS DE CRIANÇAS DESAPARECIDAS SEM SOLUÇÃO | | |
|---|---|---|
| ANTONIO RAMALHO FILHO | 16 ANOS | Desapareceu em 23.12.1926 |
| LUIS BICUDO | 15 ANOS | Encanador, desapareceu em 25.12.1926 |
| SARKIS ELCLAREI | 14 ANOS | Desapareceu em 27.12.1926 |
| VICENTE SCAGELLI | 17 ANOS | Desapareceu em 27.12.1926 |
| LUIS HIRAH | 15 ANOS | Telegrafista, desapareceu em 31.12.1926 |

Estavam confirmadas todas as declarações de homicídio do suspeito, que dizia estar se sentindo melhor depois de sua confissão, mas ele não reconheceu ter abordado as vítimas vivas que o reconheceram na delegacia.

Segundo o "Preto Amaral", suas noites estavam sendo atormentadas pelos fantasmas das pessoas para as quais fez algum mal. Esperava, com a admissão de seus crimes, viver em paz.

Enquanto estava preso, à espera de julgamento, "Preto Amaral" foi submetido a exames físicos e psiquiátricos. Os médicos concluíram que se tratava de criminoso sádico, necrófilo e pederasta, sendo a criança seu objeto especial. Tinha habilidade de praticar seus crimes sem ser descoberto e, se não fosse sua confissão, dificilmente os restos mortais de suas vítimas teriam sido encontrados.

No exame físico, foi constatado que seu órgão genital tinha um tamanho descomunal. Segundo Amaral, uma "mulher da vida" jamais o atendia duas vezes. Ele atribuía esse fato a uma "simpatia" que fez quando adolescente. Aconselhado por amigos, teria marcado numa bananeira o tamanho desejado para seu pênis, com dois traços riscados a faca. Passado algum tempo, ao perceber que seu pênis se desenvolvia sem parar, correu até a árvore para modificar o traçado, mas já era tarde. Ela crescera demais e a distância entre os traços também. Desesperado, Amaral derrubou-a a machadadas na tentativa de interromper o processo, mas, segundo ele, o "encanto" permaneceu.

Na face anterior do braço esquerdo tinha tatuado, desde os 14 anos, as iniciais do nome de sua mãe, Francisca Cláudia.

Analfabeto, inteligente, tocava instrumentos musicais de ouvido e tinha excelente memória. Era ferreiro e cozinheiro. Morou em Minas Gerais, Espírito Santo, Bahia, Ceará, Amazonas, Pará, Bolívia, Argentina, Uruguai, Rio Grande do Sul e, finalmente, São Paulo.

Alegava ter tido alucinações depois de cometer seu primeiro crime. Jamais mostrou algum sinal de arrependimento sobre seus atos. Não se sabe se matou meninos nos locais onde morou antes de chegar a São Paulo.

Amaral não refletia sobre suas ações; era completamente impulsivo em relação a elas. Não percebia nada de anormal em seu comportamento.

Seu diagnóstico médico-psiquiátrico, feito pelo ilustre psiquiatra Antonio Carlos Pacheco e Silva, cátedra de Psiquiatria da Faculdade de Medicina de São Paulo, foi o seguinte:

> Trata-se, a nosso ver, de um criminoso sádico e necrófilo, cuja perversão se complica de pederose, em que a criança é o objeto especial e exclusivo da disposição patológica. Teria habilidade de praticar seus crimes sem ser descoberto.
>
> Amaral enquadrou-se no grupo dos pervertidos sexuais caracterizados por aqueles que se encontram em permanente estado de hiperestesia sexual, que, sob a influência dessa excitação, que é contínua e mortificadora, são levados ao ato, mais ou menos automaticamente, sem terem a capacidade de refletir e julgar o ato impulsivo.
>
> Os crimes dos sádicos-necrófilos são executados com relativa calma, com prudência, de emboscada, e o criminoso age como se estivesse praticando um ato normal.

O "Preto Amaral", "Monstro Negro", "Papão de Crianças", "Besta-fera", "Espigado" ou "Tucano", como também foi chamado, foi ficando cada vez mais debilitado enquanto estava na cadeia. Emagreceu, tinha febre constante e dores reumáticas. Foi removido para a enfermaria da Cadeia Pública, onde faleceu de tuberculose pulmonar em 2 de julho de 1927, aos 55 anos, ainda sob prisão preventiva. Nunca chegou a ser julgado.

# CONCLUSÃO DO CASO DE JOSÉ AUGUSTO DO AMARAL (PRETO AMARAL)

**1926 – ANO DO CASO DE "PRETO AMARAL".** Na época, os grandes nomes da criminologia de nosso país estavam extremamente influenciados pela escola positivista, para a qual "o infrator era um prisioneiro de sua própria patologia (determinismo biológico) ou de processos causais alheios (determinismo social). Era ele um escravo de sua carga hereditária: um animal selvagem e perigoso, que tinha uma regressão atávica e que, em muitas oportunidades, havia nascido criminoso", segundo afirma Sergio Salamão Shecaira (2008).

Médicos que fizeram a história da psiquiatria forense no Brasil, como Raimundo Nina Rodrigues (1938), chegavam a propor códigos penais diferentes para diferentes raças e regiões e a definir o negro como "rixoso, violento nas suas impulsões sexuais, muito dado à embriaguez, e esse fundo de caráter imprime o seu cunho na criminalidade colonial atual".

José Augusto do Amaral foi examinado, depois de preso, pelo médico dr. Antonio Carlos Pacheco e Silva, um dos pioneiros da psiquiatria brasileira, pesquisador que se baseava bastante na teoria das degenerescências e membro da Liga Brasileira de Higiene Mental, chegando a criar sua correspondente paulista no Hospital do Juqueri.

Influenciado pelas mesmas ideias de seus pares, defensores da eugenia, partia do pressuposto, entre outros, de que algumas raças eram mais propensas à criminalidade.

É neste contexto preconceituoso que se condena, antes mesmo de ser julgado, José Augusto Amaral, o "Preto Amaral", o que se chamaria hoje o primeiro serial killer do Brasil.

A discussão da culpabilidade de Amaral nos assassinatos de crianças em São Paulo se dá, de forma ampla, na tese do dr. Paulo Fernando de Souza Campos, *Os crimes de Preto Amaral: representações da degenerescência em São Paulo (1920)*, apresentada à Faculdade de Ciências e Letras da Universidade Estadual Paulista (Unesp) em 2003.

Apesar da dúvida que paira sobre a autoria real desses assassinatos, conhecer o histórico desse indiciado – o contexto de sua criação, sua crença e seus pensamentos – é uma tentativa de desvendar se tudo isso é compatível com a personalidade e modo de vida de alguém capaz de cometer esse tipo de crime.

De fato, deve haver coerência entre o histórico e os achados nos exames médicos feitos na época com a possibilidade de José Augusto Amaral ser um assassino em série. Elenco a seguir os dados que apontam para tal afirmação, sem esquecer o princípio da presunção de inocência previsto no art. 5º, inciso LVII, da Constituição Federal, que assim dispõe: "[...] ninguém será considerado culpado até o trânsito em julgado da sentença penal condenatória".

## INDÍCIOS DE UM SERIAL KILLER

**01** Antecedentes de doença mental, deduzidos pela internação de três meses no Hospício de Alienados de Porto Alegre, depois de episódio de "ausência mental". (Relato de Pacheco e Silva.)

**02** Amaral era solitário e sem endereço fixo, vivendo em albergues, praças públicas e pensões.

**03** Desertou, por várias vezes, de instituições militares, demonstrando problemas em relação à disciplina.

**04** O tamanho e calibre de seu pênis eram completamente anômalos, o que certamente lhe causou problemas sexuais.

**05** Amaral era andarilho, vivia em peregrinação pelo país afora. Residiu em Ouro Preto e Vitória, e consta, no processo crime, sua passagem pela Bahia, Ceará, Amazonas, Pará, Bolívia, Argentina, Uruguai, Rio Grande do Sul e São Paulo.

**06** Tem antecedentes criminais.

**07** Levou a polícia até os restos mortais de Antônio Sanchez e José Felippe de Carvalho.

**08** Foi reconhecido, na delegacia por três vítimas que alegavam ter sobrevivido ao seu ataque.

**09** Os assassinatos se deram no mesmo local e da mesma forma.

**10** Os assassinatos pararam depois de sua prisão.

# REFERÊNCIA

ASSUNÇÃO JR., Francisco B. A ideologia na obra de Antonio Carlos Pacheco e Silva. *Rev. Latinoam. Psicopat. Fund.* VI, 4, p. 39-53.

CAMPOS, Paulo Fernando de Souza. *Os crimes de Preto Amaral:* representações da degenerescência em São Paulo (1920). 2003. Tese (Doutorado em História)– Programa de Pós-graduação da Universidade Estadual Paulista, Botucatu, SP, 2003.

FONSECA, Guido. *Crimes, criminosos e a criminalidade em São Paulo (1870-1950).* São Paulo: Editora Resenha Tributária, 1988.

RODRIGUES, Raimundo Nina. *As raças humanas e a responsabilidade penal no Brasil.* 3. ed. São Paulo/Rio de Janeiro/Recife/Porto Alegre: Nacional, 1938.

SHECAIRA, Sergio Salamão. *Criminologia.* 2. ed. São Paulo: Editora RT, 2008.

SILVA, A. C. Pacheco; REBELLO NETO, J. Um sádico-necrophilo: o Preto Amaral. *Archivos da Sociedade de Medicina Legal e Criminologia de São Paulo,* São Paulo, 1927.

# OUTRAS FONTES

Fotografias do acervo do Museu e Arquivo Criminal Dr. Milton Bernardski, da Associação dos Investigadores de Polícia de São Paulo.

Museu do Crime da Academia de Polícia Dr. Coriolano Nogueira Cobra, São Paulo.

Museu do Tribunal de Justiça do Estado de São Paulo.

Processo-crime nº 1670 – 1927.

---

**AGRADECIMENTO ESPECIAL:** Registro aqui o incentivo do Instituto de Defesa do Direito de Defesa (IDDD), na pessoa de Luciana Zaffalon Leme Cardoso, para que eu repensasse este caso e pesquisasse com mais profundidade o momento histórico em que ocorreu, esclarecendo que José Augusto do Amaral morreu sem ter tido direito a um julgamento. Para entender a história do Código Penal do Brasil e sua evolução, contei com o precioso conhecimento do promotor Francisco José Taddei Cembranelli. Em 2013, houve um júri simulado e Amaral foi absolvido. Testemunhei pela acusação e destaco aqui o profundo e brilhante trabalho do procurador de Justiça Carlos Roberto Marangoni Talarico.

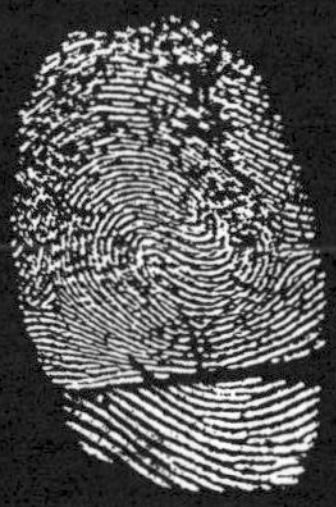

EU SOU FILHO
DA LUZ

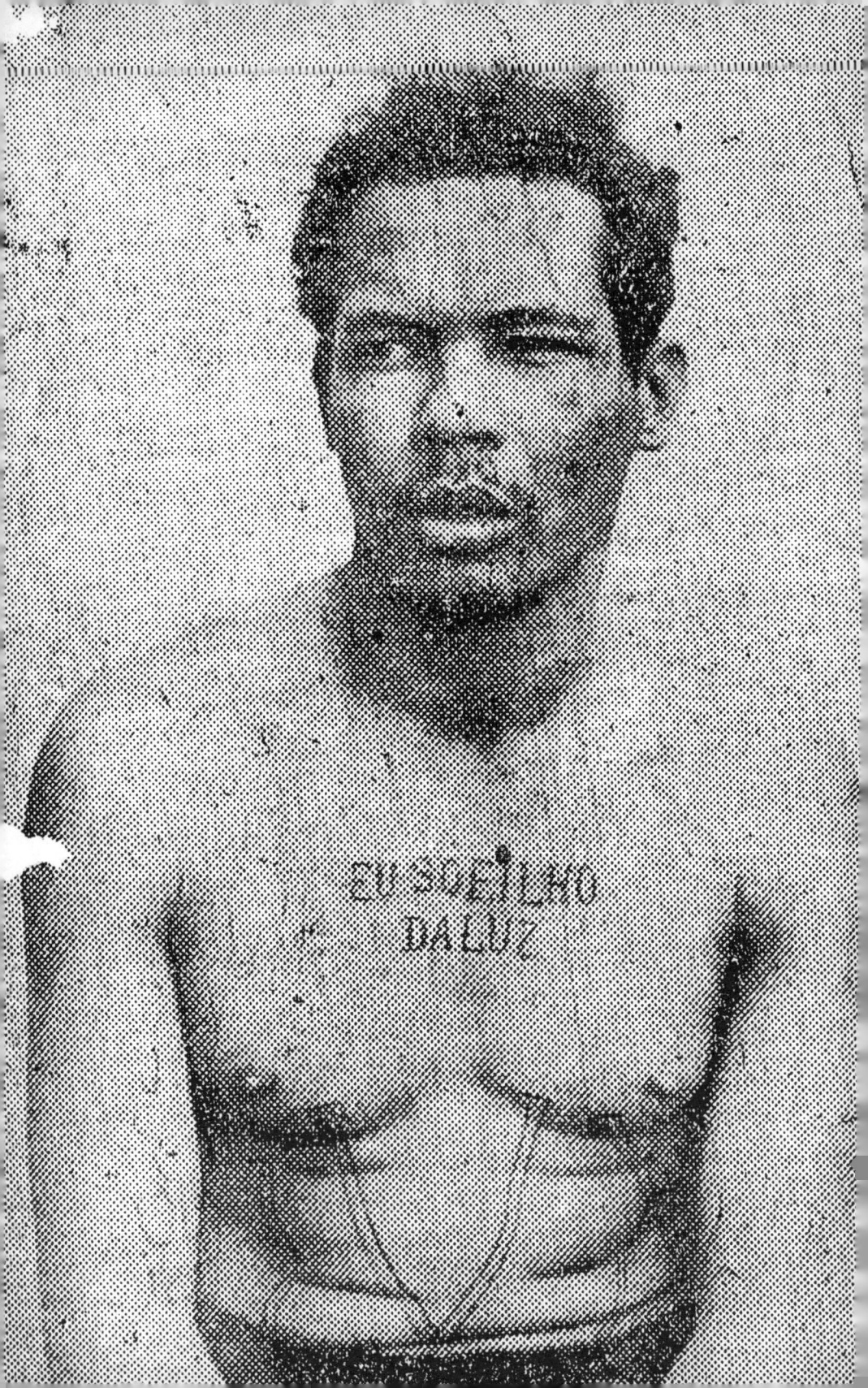

# FEBRÔNIO INDIO DO BRASIL
## "O FILHO DA LUZ"

> "Eu sou um predestinado e estou na Terra para cumprir uma missão divina que me foi confiada." – **Febrônio Indio do Brasil**

## OS HOMICÍDIOS

**13 DE AGOSTO DE 1927.** Naquele sábado, Febrônio Indio do Brasil perambulava sem destino pela cidade do Rio de Janeiro. Essa era sua vida, andar por aí cumprindo a missão de tatuar meninos, lutando assim contra o demônio. Ele mesmo tinha uma grande tatuagem que contornava o tórax, com as letras D C V X V l. Essas inscrições significavam Deus, Caridade, Virtude, Santidade,[1] Vida e Ímã da Vida. Serviriam de talismã para aqueles que as carregassem no corpo. A crença religiosa de Febrônio era um misto de "espiritismo e livre-pensamento".

Vagou pelas ruas da cidade até se decidir pelo rumo de Jacarepaguá. De lá, resolveu seguir para a Várzea da Tijuca, andando pela estrada que ligava os dois locais.

---

[1] Febrônio utilizou a letra X para Santidade. De acordo com *A Grande Enciclopédia Portuguesa e Brasileira*, volume 37, X.O., X.P., X.P.I., X.P.S., X.R.I., X.R.O. e X.Y. referem-se a Christi, Christo e Christus.

Ao ver um enterro passar, não resistiu e perguntou para uma pessoa do cortejo se o defunto tinha feito "cara feia" antes de morrer. O cidadão olhou para ele atônito, sem entender o objetivo da pergunta, mas Febrônio não ligava para o que os outros pensavam ou falavam dele. No seu mundo místico, essa informação era valiosa, apesar de ninguém entender qual a necessidade de ele saber disso.

Continuou pela estrada da Tijuca até que, em certo ponto do caminho, encontrou um homem chamado João Marimba, a quem perguntou onde ficava a ilha do Ribeiro, local que queria conhecer. João acompanhou-o até lá.

A ilha do Ribeiro era um lugar de dificílimo acesso. Era extensa, completamente desabitada, mas repleta de árvores frutíferas. Ficava unida à estrada por uma parte aterrada da lagoa que a circundava, como um brejo, e encontrar essa ligação não era tarefa fácil.

Febrônio encheu João Marimba de perguntas sobre o proprietário das terras, além de tecer comentários sobre a quantidade de mato que havia lá.

João Marimba, sem entender o interesse daquele homem por terras tão inóspitas, indagou:

– Afinal, quem é o senhor e o que pretende nestas lonjuras?
– Sou chofer. Pretendo montar por aqui uma empresa de autoviação e ando em busca de um ponto que se preste para uma grande garagem – respondeu Febrônio.

Febrônio realmente vestia um uniforme de motorista. "Devia mesmo estar a serviço de uma empresa", pensou então João Marimba. Dando de ombros, esperou que ele analisasse o local. Quando Febrônio ficou satisfeito, despediram-se e cada um seguiu seu rumo.

Mais adiante, caminhando ainda pela estrada da Tijuca, Febrônio chegou a um local chamado Marimbeiro. Olhando em volta, percebeu um menino de cerca de 10 anos parado na porta de uma casa. Aproximou-se e, com sua lábia afiada, logo tirou dele a informação de que seu nome era José de Moura. No decorrer da conversa, o menino José perguntou a Febrônio se ele não conhecia alguém que estivesse oferecendo emprego. Febrônio, aproveitando o rumo da conversa, disse que era exatamente isso que fora fazer lá e perguntou ao garoto se o irmão dele estava em casa. Como quem precisava de emprego na família era Alamiro José, seu tio, o menino convidou sem demora o estranho para entrar, sem perceber que o homem havia perguntado sobre um irmão que não existia.

José apresentou Alamiro a Febrônio e na mesma hora começaram a conversar. Parecia que a família estava com sorte: havia uma vaga na empresa de autoviação "do Lopes". Febrônio se identificou como motorista dessa empresa, que estaria estabelecendo uma linha de ônibus do Leblon até Porta d'Água, cruzando justamente aquele local.

Nesse momento, chegou Antonio José, pai do pequeno José, que logo quis se inteirar da conversa. Estranhando a visita, perguntou a Febrônio por que tinha ido até sua casa. Este respondeu que fora mandado por Jodelino, irmão de Alamiro, para oferecer o tal emprego.

Antonio José ficou preocupado. Alamiro tinha umas feridas nas pernas e não poderia começar a trabalhar de imediato. Febrônio tranquilizou Antonio. Disse que o emprego era para tomar conta de um depósito de material da empresa, que ficava próximo à residência deles. As feridas do rapaz não seriam empecilho.

Antonio aquiesceu e se preparou para encerrar a conversa. Já era hora do jantar e o estranho devia ir embora. Ardiloso, Febrônio precisou apenas de mais dois dedos de prosa para compartilhar a refeição na companhia da família. Comportou-se muito bem; não bebeu nada alcoólico e comeu como rei.

Acabada a refeição, Febrônio convidou Alamiro para acompanhá-lo até a sede da empresa "do Lopes". Antonio José interveio, dizendo que seria melhor irem na segunda-feira. Febrônio argumentou depressa que Alamiro deveria assinar uns papéis sem demora, porque a linha já começaria a funcionar naquele dia e eles não tinham tempo a perder. Com segurança, venceu a resistência de Antonio e saiu com o rapaz porta afora. Já era noite fechada, mas Antonio José parou de se preocupar com o cunhado de quase 20 anos.

Alamiro seguiu Febrônio pela estrada da Tijuca até a ilha do Ribeiro. Embrenharam-se pela mata e, quando estavam completamente isolados, Febrônio propôs que parassem para pernoitar. Já era tarde e seria melhor retomarem o rumo no dia seguinte.

Por cima de folhas ressecadas, Febrônio estendeu uma capa. Tirou toda a roupa e, nu, pediu que Alamiro fizesse o mesmo. Hesitante, o rapaz tirou a calça e a cueca, mas, quando olhou o motorista, percebeu a excitação sexual dele e deu-se conta de suas verdadeiras intenções. Assustado, ouviu Febrônio mandar que se deitasse sobre a capa, mas rejeitou com veemência a ideia. Enraivecido, Febrônio não aceitou a negativa e tentou forçar Alamiro. Os dois, homem e rapaz, se envolveram em uma luta brutal. Alamiro era forte e não se renderia com facilidade. Febrônio, ágil como um animal predador, pegou o rapaz pelo pescoço e passou a estrangulá-lo. Já sem ar, os joelhos da vítima se dobraram e ela foi derrubada no chão. Sem demora, Febrônio enlaçou o pescoço de Alamiro com um cipó verde e apertou um nó. Asfixiou o rapaz.

Sem ter mais serventia para Febrônio, jogou displicentemente as roupas de Alamiro sobre o corpo inerte, deixando de fora apenas braços e pés.

Na segunda-feira, Antonio José, alarmado com a demora de Alamiro, foi até a Empresa de Autoviação Lopes. Lá foi informado que não existia nenhum funcionário de nome Febrônio, nem uma linha nova entre o Leblon e Porta d'Água. Com o coração pesado, Antonio José percorreu os hospitais da região, mas não encontrou Alamiro. Ao chegar em casa, o padeiro foi lhe

# O CASO DE FEBRONIO PERANTE A PSYCHIATRIA

*(Conclusão da 5ª pag)*

Correccional da Ilha Grande) o mundo vivo Oriente, o herdeiro de uma trombeta viva que scientifica tocando sem descanso noite e dia a

**O perfil do criminoso**

existencia do seu eterno companheiro vindo do sol nascente".

A' pag. 16: "eis o estrondo leal de u~~ ~~or perfeito, o Santo Taberna~~  ~~o Oriente ordenou a coroação ~~  ~~enino vivo Oriente".

A' pag. 28: "Buscou entre os homens mais infelizes o menino insignificante de valor tão precioso...; menino das magias antigas, qual o ente encarnado o mysterio da igreja do que a ti ensinou a voz da morte a vida prophetizar?"

Todo o livro demonstra a par de nenhuma cultura a imaginação fantasista de Febronio. As leituras biblicas a que se entregou muito influiram nesse seu escripto assim como nos seus sonhos. De todos os capitulos da Biblia, evidentemente o que mais o impressionou é o referente a Daniel.

Febronio, como Daniel, pretende possuir altas qualidades de desvendar o futuro por meio dos sonhos. Como Daniel, exilado e escravizado, Febronio tem estado na Ilha Grande e na Detenção.

### CONSIDERAÇÕES FINAES

Antes da doutrina psycho-analista, seria difficil comprehender os casos morbidos como o de Febronio.

T ria de ir forçosamente para os

cismo que á primeira vista poderia lembrar um recurso de super-simulação, mas que na realidade visa inconscientemente a dissimulação do archaismo psychico

A analyse dos seus sonhos e as experiencias de associações de ideaes não deixam a este sujeito grandes duvidas.

O "dragão", o "boi" (allusões muito directas á figura paternal), constituem no sonho o maior embaraço ás suas aspirações. Identificada a **imago** materna, soffre as maiores atrocidades (algolaguia passiva ou onirica). A **moça** sua protectora e conselheira (mago materna) o orienta na luta contra o "dragão". Recommenda-lhe o emprego da espada (symbolo de masculinidade) e de tatuagem (algolaguia activa) ao mesmo tempo que o induz á publicação de um livro justificando uma grande missão: "Dues vive", e o "menino vivo Oriente" (Febronio) é o seu herdeiro. Desde então o seu poder será illimitado, já não existirá o "dragão".

As impulsões para tatuagens tomaram-se irresistiveis.

A publicação do livro necessitou de uma grande tenacidade. Havia de "cumprir a sua missão".

As impulsões sexuaes de Febronio estão escondidas sob a mascara de tatuagens (impulsões sadicas).

Em conformidade com a estructura da entidade morbid os diversos symptomas nevroticos servem para derivar as representações obsidentes, que envolvem parentes muito proximos e que á sua consciencia apparecem como elementos estranhos. Servem ainda para exprimir a luta entre o desejo de satisfação e o dever de repressão.

Em resumo, de accordo com os

avisar que um cadáver havia sido encontrado nas matas da ilha do Ribeiro. Seguiram para lá e, com horror, Antonio José reconheceu Alamiro, ainda com um cipó em volta da garganta.

**29 DE AGOSTO DE 1927.** Segunda-feira, outra vez sem destino certo para Febrônio. Ele vagava a esmo pela ilha do Caju quando avistou o menor João Ferreira (10), chamado carinhosamente por todos de Jonjoca, na porta de sua casa. Com toda simpatia, aproximou-se dele e ofereceu alguns doces que levava no bolso. Entabularam uma conversa sobre trabalho e Febrônio convidou o menino para que se empregasse de copeiro na casa de um coronel do Exército, na avenida Pedro Ivo. Nesse momento, chegou dona Beatriz, mãe do menino. Animadamente, contaram a ela sobre o emprego, mas a senhora não gostou muito do que ouviu. Achava o filho muito novo para já ir trabalhar em endereço tão longe de casa.

Febrônio então perguntou para dona Beatriz:

– A senhora não teria um filho um pouco maior? Também acho este pequeno...
– Não, não tenho – respondeu dona Beatriz.
– Nesse caso, vai este mesmo. A senhora não se arrependerá, pois o coronel paga bem!

Com habilidade e paciência, foi argumentando com a mãe do menino. Dona Beatriz não conseguia se resolver. Ali estava uma boa oferta de emprego e Jonjoca ajudaria muito no apertado orçamento da casa. Por outro lado, achava o filho ainda tão pequeno... Com muito cuidado e bom senso, pediu a Febrônio que se dirigisse com o menino até a oficina onde seu marido trabalhava de mecânico, apresentasse a proposta para ele e, qualquer que fosse a decisão, ela acataria.

Dona Beatriz ficou na porta de casa olhando os dois partirem, depois de entregar ao filho um embrulho com uma calça cinza, caso precisasse trocar de roupa. Acenou para o filho, que lhe disse:

– Não se preocupe mamãe, eu volto logo!

Sem demora, homem e menino seguiram para encontrar José Ferreira na praia do Retiro Saudoso, 252. Febrônio explicou para o pai de Jonjoca tudo sobre o emprego, mas, com malícia, acrescentou que dona Beatriz já havia autorizado o filho a acompanhá-lo para empregar-se na casa do coronel. Depois de algumas perguntas, José "concordou" com a esposa e viu os dois partindo na direção combinada.

Naquele mesmo dia, ao chegar em sua casa, José logo descobriu que Febrônio tinha enganado o casal. Sem demora, começou uma busca desesperada por Jonjoca na rua Pedro Ivo. Percorreu todas as casas, mas a resposta era sempre a mesma: ninguém tinha visto seu filho, ninguém estava empregando um copeiro, não havia coronel nenhum morando por ali. Sem demora, José e Beatriz seguiram para a delegacia e prestaram queixa. Os policiais de plantão ouviram a descrição do estranho homem que levou Jonjoca: moreno, com dente de ouro e jaquetão escuro. Mostraram a eles várias fotografias de arquivo e, dentre elas, reconheceram a de Febrônio Indio do Brasil. Outro que compareceu e reconheceu Febrônio foi o menor Orlando Figueiredo, de 16 anos, vizinho de Jonjoca. Ele havia sido convidado pelo suspeito para trabalhar no mesmo emprego, mas não aceitara a oferta.

Enquanto José e Beatriz identificavam o raptor de seu filho, Febrônio o levava para a Quinta da Boa Vista, enchendo o menino com promessas que nunca cumpriria. Entraram pelas matas do largo do França e, já isolados, prometeu a Jonjoca um terno, caso ele se deixasse ser tatuado no peito. Sem muita alternativa e com medo do facão que o homem carregava na cintura, o garoto permitiu que ele desenhasse várias letras em seu peito com a ajuda de uma agulha, linha e tinta vermelha. O processo foi muito doloroso, mas o menino pensava que assim conseguiria sair vivo do que já se mostrava ser uma enrascada.

Depois da sessão de tatuagem, os dois tomaram o bonde da linha Itapiru e saltaram na rua Haddock Lobo. Mais um bonde e seguiram a pé para a ilha do Ribeiro, local agora bem familiar para Febrônio. Chegaram já de noite e, antes que Jonjoca percebesse o que acontecia, Febrônio o agarrou pelo pescoço, apertando-o até que o último fio de vida se esvaísse. Depois, despiu o menino, recolheu sua roupa numa trouxa bem apertada e jogou-a longe do corpo.

## A HISTÓRIA

Em agosto de 1927, as manchetes do jornal *Correio da Manhã* destacavam as últimas notícias sobre Sacco e Vanzetti, anarquistas condenados à morte por homicídio nos Estados Unidos. Muitos os consideravam inocentes e injustiçados, sem direito a um julgamento imparcial por conta de suas crenças políticas radicais. No dia 17 de agosto, na página seis do mesmo jornal, saiu a primeira notícia do que seria chamado por toda imprensa de "O hediondo crime da ilha do Ribeiro". No dia anterior, a polícia havia sido avisada sobre um cadáver encontrado naquela ilha, distante apenas dois quilômetros do local onde tinha sido visto pela última vez Alamiro José Ribeiro.

O corpo estava no interior da mata, estendido sobre uma ramagem, de barriga para cima. Um policial aproximou-se e levantou o paletó que cobria a parte de cima do cadáver. Tratava-se de um rapaz com aproximadamente 20 anos. O policial também retirou de cima dele a calça e a ceroula que lhe cobriam o ventre e as pernas. Estava vestido apenas com a camisa e ainda calçava meias, presas por ligas, como era comum na época. Próximos ao corpo estavam os sapatos da vítima.

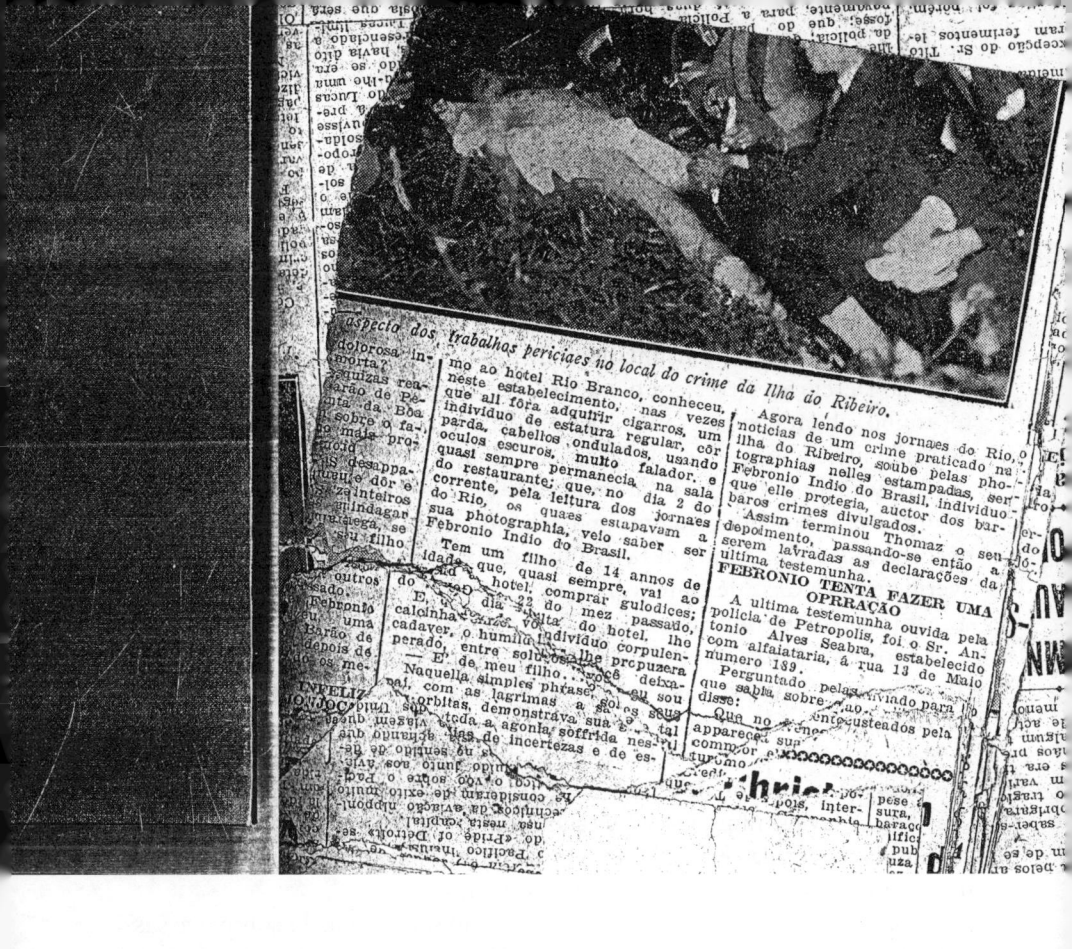

Logo chegou ao local Antonio José, que reconheceu na hora o corpo como sendo do cunhado Alamiro.

Em um exame superficial, os peritos logo perceberam que o rapaz havia sido estrangulado com o cipó verde que ainda estava enrolado no pescoço. O corpo tinha marcas acentuadas de atos de crueldade, como contusões fortes nas nádegas e ferimento na cabeça. Aparentemente, não havia sinais de sevícias, mas isso só poderia ser confirmado na necropsia.

Perto do corpo, a polícia apreendeu uma bolsa de fumo e um boné. Um dos investigadores do caso logo se lembrou de um detento que saíra havia poucos dias da Casa de Detenção. Com pressa de resolver o caso, dirigiu-se para lá e não demorou para que o colega de cela do suspeito confirmasse que os objetos eram de Febrônio Indio do Brasil. O homem ainda declarou que o boné era seu e que Febrônio o havia furtado dele antes de ser solto. Dono de extensa ficha criminal, ele era muito conhecido pelos policiais do Rio de Janeiro.

Imediatamente, chamaram Antonio José de Moura que, sem pestanejar, reconheceu a fotografia do suspeito entre outras tantas providenciadas pelos policiais.

Febrônio, vulgo Tenente, usava vários nomes diferentes: Teborde Simões de Mattos Indio do Brasil, Fabiano Indio do Brasil, Pedro de Souza, Pedro João de Souza, José de Mattos, Febrônio Simões de Mattos e Bruno Ferreira Gabina.

Seus registros criminais incluíam 37 prisões pela polícia, oito entradas na Casa de Detenção e três condenações. Havia sido preso por vadiagem, furto, roubo, chantagem e fraude. No dia 8 de agosto daquele mesmo ano, tinha sido libertado da Casa de Detenção, depois de responder a um processo por crime de homicídio. Tinha espancado até a morte, com socos e pontapés, Djalma Rosa, um menor da mesma cela que não aceitara suas propostas indecorosas. Foi absolvido em 18 de julho de 1927, mas levado novamente para averiguações à Casa de Detenção. Quando colocado em liberdade, vestia farda azul-marinha e boné escuro.

Todos os agentes da 4ª Delegacia foram destacados para seguir seu rastro. Febrônio foi procurado em São Cristóvão, São João de Meriti e Petrópolis, sem sucesso. Os agentes carregavam sua fotografia no bolso para um possível reconhecimento, até que no dia 31 de agosto tiveram sorte. Febrônio foi preso na estação Barão de Mauá, ao tentar entrar no trem da Leopoldina. Em seus bolsos levava níqueis, papéis sem importância, uma cautela, uma chave costurada no cós da ceroula e um vidro com tinta de tatuagem. Não reagiu à prisão, mas negou terminantemente os crimes.

Já na delegacia, Febrônio declarou que não sabia de nada sobre o assassinato de Alamiro e o sumiço de Jonjoca. Alegava que quando saíra da cadeia dirigira-se para Petrópolis, onde se havia estabelecido como cirurgião-dentista. Lá tinha sido preso e encarcerado por vários dias. Ao ser libertado, fora para o Rio de Janeiro localizar, na Saúde Pública, seu diploma de dentista, em data após o desaparecimento das duas vítimas.

Nada convencida com as declarações de Febrônio, a polícia mandou chamar dona Beatriz, que o reconheceu imediatamente como o homem que havia levado seu filho. Frente a frente com ele, implorou:

– Dize, ao menos, onde está meu filho!

Febrônio ficou em silêncio; nada respondeu. Diante de seu rosto impassível e sem nenhuma resposta sobre o paradeiro de Jonjoca, a mãe da vítima desmaiou.

O delegado então chamou José Ferreira e Orlando Figueiredo, que também reconheceram Febrônio como o homem procurado pela morte de Alamiro e pelo desaparecimento de Jonjoca.

Às onze horas da noite, Febrônio foi novamente interrogado. Depois de muita conversa sem resultados práticos, declarou:

– Doutor, nada lhe posso dizer agora à noite. A minha memória não é tão fresca quanto o é de dia, consequência naturalmente de uma grave moléstia que me levou ao hospício.

O delegado Oliveira Ribeiro perguntou:

– Foi você então que induziu o menor João a acompanhá-lo?

Febrônio respondeu:

– Foi, sim.
– E onde o deixou?
– Já lhe disse, não me lembro, interrogue-me amanhã. Não raciocino bem à noite.

Febrônio foi levado de volta à cela. O interrogatório continuaria só no dia seguinte.

Na manhã do dia 2 de setembro, depois de algumas horas tentando fazê-lo falar, por fim Febrônio Indio do Brasil confessou ser o autor do assassinato de Alamiro José Ribeiro.

Segundo conta, ele e Alamiro saíram da Tijuca e tomaram um bonde para Cascadura. Foram à cidade, compraram uma bebida à base de cachaça e estiveram no Cinema Ideal. De lá seguiram para o Alto da Boa Vista e beberam tudo o que haviam adquirido. Os dois foram então para a ilha do Ribeiro, onde tiveram uma acalorada discussão. Febrônio teria enrolado o cipó no pescoço de Alamiro e só parado de apertar quando o rapaz "dormira".

Quando Febrônio acordou, disse ter ficado atordoado ao perceber que Alamiro estava morto e, assustado, fugiu para Ipanema, onde furtou o paletó e o colete que usava quando fora preso. Não soube responder ao delegado o que havia feito com a roupa que estava usando no dia do crime, nem indicar a localização da casa em que praticara o tal furto.

Durante o interrogatório, presenciado por toda a imprensa, todos repararam que Febrônio divagava sobre assuntos estranhos, para depois voltar a falar racionalmente. Era clara sua confusão mental, mas para todos ali isso não passava de uma inteligente dissimulação.

Quando interrogado sobre a tal religião que inventara, Febrônio respondeu ao delegado:

– Eu estava na Colônia Correcional quando criei a religião que presentemente adoto. Ela é fruto de repetidas leituras e estudos que tenho feito sobre as religiões professadas pelo povo. E tudo o que faço é em benefício da geração. Em tempos idos, reis e príncipes sacrificaram seus filhos em holocausto aos seus deuses. Eu sacrifiquei Alamiro em benefício da humanidade que está corrompida.

Febrônio afirmou que não havia matado Jonjoca. O menino seria o "substituto e continuador" da obra de Alamiro que, vitorioso, deixou este mundo de misérias e desenganos. Jonjoca teria sido libertado depois de tatuado com o Ímã da Vida, que seria seu talismã de proteção.

Pressionado pelo delegado a dizer a verdade sobre o menino desaparecido, Febrônio por fim declarou:

– Nada direi. Tenho um pé enterrado e não enterrarei o outro... Isso nunca!

Diante da negativa de autoria, a polícia se concentrou nas buscas por João e em investigações sobre Febrônio Indio do Brasil. Muitas informações estranhas seriam levantadas naquela semana.

## O MÉDICO E O MONSTRO

A primeira parada da polícia foi em Petrópolis, onde Febrônio havia declarado ter estado depois de ter sido libertado em 8 de agosto.

Descobriram que a sua moradia era o quarto número três do Hotel Rio Branco. Naquela cidade, era conhecido como dr. Bruno Ferreira Gabina, cirurgião-dentista desaparecido em 1922. O dono do estabelecimento mostrou aos policiais o quarto do "doutor Bruno", onde foram apreendidas nove peças de cirurgia, uma roseta com 25 dentes, uma forma para dentaduras, diversas ferramentas, fragmentos de massas para dentaduras, uma caixinha com aparelho para injeção e um vidro com brilhantina. Depois se saberia que esse material havia sido roubado do dentista Antonio Lourenço.

Fazendo perguntas pela cidade, logo descobriram histórias interessantes. O alfaiate Antonio levou para os investigadores as roupas que Febrônio vestia quando matara Alamiro, a tal farda azul-marinho. Segundo seu depoimento, o acusado o procurou usando a identidade de Bruno e comprou um terno. Deixou a roupa que usava, deu um sinal em dinheiro e pediu que Antonio recebesse o restante no seu quarto de hotel. Ao ir cobrar a dívida, o "doutor Bruno" notou que Antonio mancava e perguntou-lhe por quê. O alfaiate respondeu que tinha um cisto sebáceo no quadril. O "doutor Bruno" pediu para ver a lesão e Antonio tirou as calças para que fosse feito o exame. Sentiu quando o "médico" aplicou iodo sobre a pele, mas não esperava a canivetada que levou para ficar curado. O louco tinha lhe rasgado profundamente a carne e o ferimento sangrava sem parar. Assustado, Antonio correu dali para outro médico e não recebeu a dívida que tinha ido cobrar.

A dona do Hotel Rio Branco também conversou com a polícia. Segundo ela, um hóspede fora lhe contar que certo dia, à meia-noite, tinha visto o "doutor Bruno" enterrando alguma coisa no quintal. Quando foi verificar, achou um par de seus sapatos, cada pé contendo uma pata do coelho servido no jantar da noite anterior. Segundo a infeliz senhora, desde aquele dia sofria de dores de cabeça terríveis por causa da "mandinga".

Uma mulher de nome Francisca, moradora de Petrópolis que fora depor no Rio de Janeiro, contou uma história ainda mais bizarra. Com dor de dente, no dia 16 de agosto ela foi atendida pelo "doutor Bruno", que lhe extraiu quatro dentes. Indignada, perguntou por que o "dentista" havia tirado aqueles que ainda estavam bons. Ele respondeu que "dentes doentes comprometiam a integridade dos vizinhos". Depois, mandou que dona Francisca fizesse um bochecho com álcool puro na sua frente.

Quando Febrônio foi interrogado sobre suas histórias como dentista, confessou que havia se apoderado do diploma do doutor Bruno Ferreira Gabina, que o contratara para serviços gerais, mas vivia embriagado e não conseguia atender seus pacientes. Febrônio então tinha de despachá-los sem tratamento. Certo dia, de posse do diploma de Bruno, Febrônio foi até o Departamento Nacional de Saúde Pública e, passando-se pelo dentista, se registrou. Dali em diante atendia em consultório próprio, na rua Visconde de Rio Branco. O estabelecimento foi transformado em Assistência Dentária, tendo assim enganado várias pessoas. Sentia prazer no sofrimento físico que infligia a suas vítimas. Quando extraía dentes, eram vários de uma só vez.

Passado um tempo, transformou a Assistência Dentária em agência de empregos, onde empregaria indivíduos mediante uma fiança. Quando começou a ter problemas com a polícia, resolveu que era hora de mudar de estado. Em processo de 1925 pela 1ª Delegacia Auxiliar do Rio de Janeiro, consta que Febrônio tinha se formado dentista pela Faculdade da Bahia, sob o nome de Febrônio Simões de Mello Indio do Brasil.

Viajou para o Espírito Santo como Bruno Gabina, mas, como não conseguiu muitos clientes, "transformou" o diploma de dentista em um "de médico" e, novamente, registrou-se no Departamento de Saúde Pública, dessa vez no novo estado.

Lá foi morar em Mimoso, exercendo a profissão de médico. Fez vários partos e cirurgias.

Mudou-se então para Minas Gerais, onde também se passou por médico, dessa vez com o nome de doutor Uzeda Filho. Ao atender uma emergência de parto, acabou causando a morte da pobre mulher que socorria.

A polícia não conseguiu provas de que Febrônio tivesse matado o doutor Bruno Gabina e assumido então sua identidade. Nem a mãe do verdadeiro dentista sabia onde ele estava.

# O caso de Febronio perante a psyc[hiatria]

## A opinião dos drs. Murillo de Campos e Leonidio Ribeiro

continua interessando vivamente opinião publica o caso monstruoso Febronio.

Proseguindo o nosso inquerito a [res]peito desse criminoso, sobre o [que] já falaram os professores Hen[rique] Roxo e Espozel e os drs. Pedr[o Per]nambuco e Evaristo de Moraes, [e que] estão realizando um exame me[dico] desse individuo, movidos apenas [pelo] interesse scientifico que o caso [apre]senta, são os drs. Murillo [de Cam]pos, psychiatra e chefe de se[rviço] militar do Hospicio e Leonidio [Ri]beiro, medico-legista e docente da [Fac]uldade de Medicina.

[Ac]cedendo ao nosso desejo, esses es[peci]alistas começaram a explicar-[nos] as razões por que estavam exa[min]ando o caso de Febronio, com [as] seguintes palavras: "Graças à [gentileza] especial do dr. Cort[e]s de Goes, chefe de policia, e à [boa] vontade do dr. Espozel Coutinho, [advo]gado auxiliar, e [do dr.] Meira [...]

gistrados na literatura medico-legal de todos os tempos, e o primeiro publicado entre nós, de grande sadismo, tendo um especial interesse scientifico, por se tratar de um mestiço.

Este caso constitue uma observação curiosa, em que fica claramente evidenciado o typo caracteristico do sadista, denominação que se originou do nome desse nobre francez, o marquez de Sade, bello typo de homem, cheio de fortuna, que viveu em Paris, em principios do seculo passado. Depois de uma vida toda ella de dissipações e orgias, acompanhadas de praticas de perversão sexual e pederastia as mais ignobeis, ao ponto de maltratar e depois ferir as suas victimas, passou longos annos na prisão, sendo afinal condemnado á morte, para ser perdoado e internado num hospicio, como louco. Sendo homem de talento, ao mesmo tempo que um espirito culto, aproveitou os longos annos em que este[ve para] sa-

tisfazer o seu prazer, num requinte de sadismo nunca visto.

### EXAME SOMATICO DO CRIMINOSO

Febronio é um mestiço escuro, em que são poucos os caracteres de cruzamento, caboclo-preto.

O contorno frontal da face é pentagonal, o nariz chato, o craneo bachicephalo, a testa fugidia.

As orelhas, imperfeitamente orladas, têm os lobulos adherentes. Os dentes são máos, cariados, e alguns irregularmente implantados. Cabellos abundantes e eriçados. Barba e bigode ralos. Pellos axilares e pubianos, pouco abundantes e cortados. Tronco e coxas glabros. Braços e pernas revestidos de pellos finos e pouco abundantes. Pelle fina e elastica. Panicula gordurosa pouco espessa —, mas bem perceptivel, sobretudo ao nivel do abdomen. Musculatura forte, mas sem o relevo das massas musculares. Esqueleto forte, bacia larga, escoliose com concavidade para a direita. Orgãos genitaes normaes, etc.

De accordo com os dados acima, e as mensurações realizadas, Febronio póde ser incluido, quanto á constituição physica, num typo displasico de Kretschmer, com accentuados elementos de feminilidade, ou num mixto cerebro-digestivo de Sigaud, ou ainda num typo mixto da primeira e segunda construcções morphologicas de De Giovanni.

### SEU ESTADO MENTAL

Humor calmo; expressão facil, ás vezes muito reservado e certo gráo de irritabilidade quanto a algumas perguntas. Propensão a perder-se em minucias. Difficuldade em destacar-se dos assumptos.

As respostas são geralmente de caracter vago e não raro reticentes, mas sempre rigorosamente fiscalizadas. As mesmas perguntas, feitas em dias diversos, obtêm, via de regra, respostas desiguaes e desorientadoras. Desorientação no tempo, não se podendo saber até que ponto as suas informações obedecem a propositos intencionaes. Orientação perfeita no meio. Não precisa factos nem datas do seu passado, parecendo ter certo prazer em confundil-os e apagal-os no interrogatorio.

Quanto aos crimes de que é accusado, nega-os systematicamente e com a maior displicencia, repete: "é perseguição que me movem, con[...]"

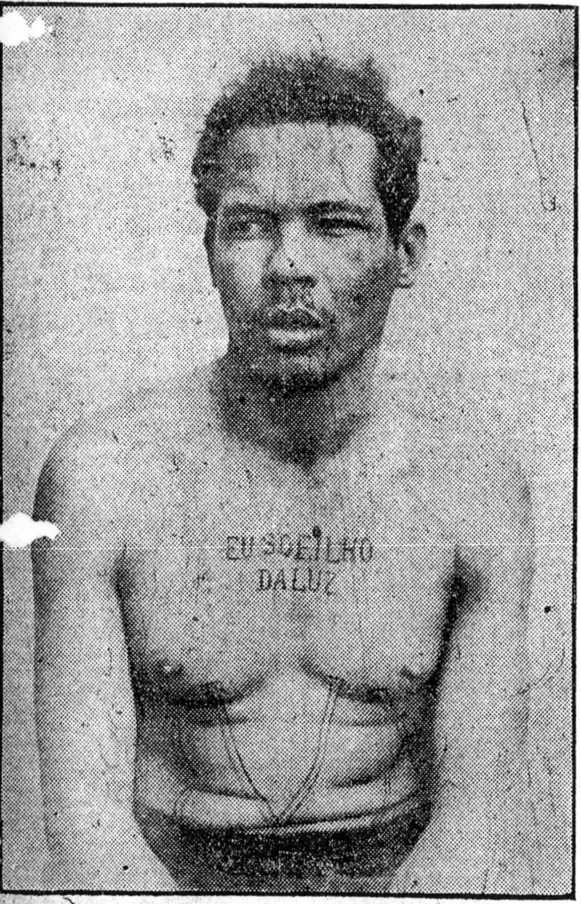

**As tatuagens de Febronio**

*Um desenho feito por Febronio, na [...]*

[right column, fragmentary:]
los lo[...]
que [...]
me, [...]
cc [...]
sacad[...]
cl [...]
ti [...]
z [...]

No[...]
firm[...]
mesi[...]
comp[...]
uma es[...]
gão. An[...]
cedor, de[...]
com as let[...]
tão poderia[...]
como ainda d[...]
nuir a luz do[...]

Datam mais [...]
ca a um impuls[...]
mas dos crim[...]
processado. Pr[...]

cia meninos, [...]
ro, presentes [...]
passar por u[...]
tia rica e ass[...]

Logo que pa[...]
pada amarrad[...]
uma alteração [...]
curva repetir [...]
mou-se num b[...]
procura alcan[...]
Quando o avi[...]
uma arvore, [...]
cresce, quand[...]
e diminue qua[...]
acordado, diz [...]
a perseguição [...]
xa [...]

Sente rebeld[...]
ços nas idéas, [...]

A proposito [...]
ções do Princi[...]
que não o as[...]
movia a vai[...]
apenas os [...]
são. [...]

Indicando a [...]
editora, conse[...]
prietario, info[...]
mam as fezes, [...]
2 annos appar[...]

*f. Bello Horizonte Diamantina*

## A letra do delinquente

...da Casa de Detenção, apesar das condições... exames, colher alguns permittem breves con... este criminoso, que ...seus inumeroros cr... stancias especiaes em ...uma observação rara

...udo, ainda incompleto, caracter privado, ten... intuito de examinar... aspecto medico-legal...

### ...ES DE FEBRONIO

...da vida de Febronio, ...o proprio depoimento, ...desde os doze annos ...do pela morte de seus paes, no inte... em successivas passa... nia Correccional e pe... lém de algumas subtra... Solto, a sua activi... quasi que exclusiva... ca do crime. Tem si... no responsavel por ... delictos, desde os mais ...mo furtos, estellionato ...illegal de varias ...popular, ...advogado, medico e ...crimes mais graves, ...os e homicidios.

...parte onde é assigna... esença, ficam vestigios perversa, especialmen... que sente em martyr... o dói, nas pessoas que ...a Colonia Correccional feita, a perna de um ...que se havia machuca... se de um serrote de ...tra vez, enxertou um ...no na ferida e um me... lo tudo muito bem e ... curados", segundo ...almente. Em Petro... um cliente que ...ra tratar dos dentes, ...lle para que deixasse ...xisto, situado no dor... ne desse momento ...o bisturi violenta... a pessoa, porque a... respondeu: "o tumor ...e precisava ser ope...

...de dentista, que tenho ...varios logares por on... ma especial habilidade ...o de dentes, que fazia ...nde numero. I... que não arrancava só ... a pessoa, explicou, ...o: "em geral os dempenso daquelle que se ... um grande abalo, gostava de tirar lo... ma vez".

...pratica de tatuagem, ...preferencia nos adoles... perversões de nature... têm sido verificadas. ...gares por onde passa. ...a Policia Central, em ...nno, tentou violentar ...vinte annos, na pre... companheiros de xa... lo-o e pisando violenta... re, de tal modo que ...lleceu, na manhã se... contusão traumatica. ...tenção, onde tem esta... ...informam que elle ...e perigoso, por isso qu... violentar os seus com... subiculo. No Hospicio ... observação clinica, ...de igual natureza. ... nte da mesma enfer...

### GRANDE SADISMO

...a, porém, são cri... ...dos casos raros, são ...osos crimes de morte, ...las que o tornam di... los especialistas. Tra... ividuo com a perver... genital, conhecida ... sadismo, por isso qu... ...intima entre o ... e a dôr provocada n... ... la constitue, sob as ... dos poucos casos re... gostosa

...ve preso para escrever varios livros e romances, em que tomou por thema e estudou demoradamente os seus proprios vicios e perversões sexuaes, acabando por descrever e criar o typo, hoje, classico, do sadista, de que foi o autor e primeiro modelo.

As manifestações do pequeno sadismo são muito communs e se revelam por formas attenuadas e symbolicas, num exaggero pathologico de certos phenomenos da vida sexual, até em individuos reconhecidamente normaes. Ha, por exemplo, os sanguinarios, que se comprazem com a vista mesmo de uma gota de sangue, e os flagelladores que, no meio das multidões, e até na familia e nas escolas, têm prazer em humilhar, injuriar e martyrizar crianças e mulheres.

O grande sadismo, porém, muito mais raro, só tem sido observado em tarados, com estigmas de degeneração muito accentuados, com obsessões e impulsões, podendo realizar seus crimes em perfeita consciencia e com remorso. Os casos conhecidos de criminosos de grande sadismo não têm occorrido, como é noção popular, em individuos de masculinidade excessiva, antes, ao contrario, em typos de organização afeminada, como o proprio marquez de Sade e tambem o nosso observado, que apresenta, além de signaes evidentes de degeneração, ginecomastia, escassez accentuada de barba e bigode, implantação feminina dos pellos do pubis, sendo completamente glabro no resto do corpo.

Os autores affirmam que o sadismo ou melhor a algophilia, que é o sentimento do prazer sexual ligado á dôr provocada na victima, é muito raro nas mulheres, onde, ao contrario, é commum o masochismo, que é o amor obtido á custa do proprio soffrimento. Além da lenda conhecida e muito antiga sobre as mulheres vampiros, que sugavam o sangue de seus amantes, é preciso não esquecer que ha mulheres celebres, como Catharina de Medicis, onde o desejo imperioso de reinar, ao lado de uma crueldade voluptuosa em mandar chicotear, na sua presença, as damas da propria côrte, fez Krafft Ebbing dizer tratar-se de um caso de sadismo feminino. Basta, aliás, percorrer as paginas da historia das religiões e das guerras antigas, para encontrar numerosos exemplos, onde a exaltação morbida do sentimento religioso ou patriotico, não só de homens como de mulheres, fazia apparecer um prazer especial, que tocava ás raias do sadismo, em assistir a assaltos e massacres os mais crueis, além das scenas da inquisição e dos circos romanos.

Febronio se enquadra perfeitamente no grupo dos criminosos de grande sadismo, em virtude de ser levado á praticar os crimes chamados de "repetição", que são aquelles que se processam do mesmo modo e em identicas circumstancias, utilizando sempre o assassino o mesmo meio de provocar a morte, que é, na maioria dos casos, o estrangulamento, precedido ou acompanhado de violação e mutilação.

Ha varios casos registrados na literatura medico-legal, revestindo esse aspecto, dentre os quaes os mais recentes e conhecidos são o do franchez Vacher, que estrangulou dezoito pastores dos dois sexos, cortando o pescoço das victimas, antes ou depois de ter sido violado; o de Jack, o estripador, que, num arrabalde de Londres, conseguiu matar, por estrangulamento, uma dezena de meninas, com o fim de praticar actos libidinosos, sempre acompanhados de mutilação dos orgãos sexuaes dos cadaveres; Verzeni, que, em alguns mezes, commetteu, na Italia 4 crimes de morte por sadismo e Gruyo na Hespanha, que fez, em 10 annos, 6 victimas ambos provocando a morte por meio do estrangulamento.

Muito recentemente, em Hanover, na Allemanha, um individuo conseguiu estrangular, em alguns annos, no seu proprio apartamento, cerca de 20 meninos, que conseguia violentar, sendo, afinal, descoberto quando procurava occultar e produ...

...tessel-os á policia para fugir aos soffrimentos e martyrios que me esperavam si eu não fizesse".

Ausencia de disturbios psychosensoriaes. Manifestações affectivas exaggeradas em relação á sua progenitora. Imaginação viva que o conduz a concepções verdadeiramente fantasticas, em que parece encontrar uma compensação ás vicissitudes e dissabores da realidade. E' um sonhador "desperto", em muitas occasiões. Isto dá-lhe o aspecto de incorrigivel mythoveanico.

A sorte não lhe tem sido favoravel, mas isto "por obra e graça do demonio" (sic), como veiu a saber por meio de uma revelação em sonho, occorrido ha annos.

"Em um logar ermo vi apparecer uma moça branca de cabellos loiros e longos, que me disse que Deus não morrera e que eu teria a missão de declarar isso a todo mundo. Deveria nesse proposito escrever um livro e tatuar meninos com o symbolo D. C. V. X. V. I. que significa Deus vivo, ainda que com o emprego da força!"

Procurou, sem perda de tempo, dar desempenho a essa missão. Embrenhou-se nas mattas proximas do Pão de Assucar e ahi entregou-se a "altas cogitações", que constituem "as suas revelações do principe do fogo". Nessa época foi certo dia preso e internado no Pavilhão de Observações, do Hospital de Alienados. Da sua observação, nesse hospital, datada de outubro de 1926, consta effectivamente o seguinte:

"... encontrado completamente despido, explica que, sem dinheiro, sem moradia e sem destino, procura descansar o corpo. Como os philosophos antigos, estava em altas cogitações, que constituirão a sua obra: "Revelações do principe do fogo"

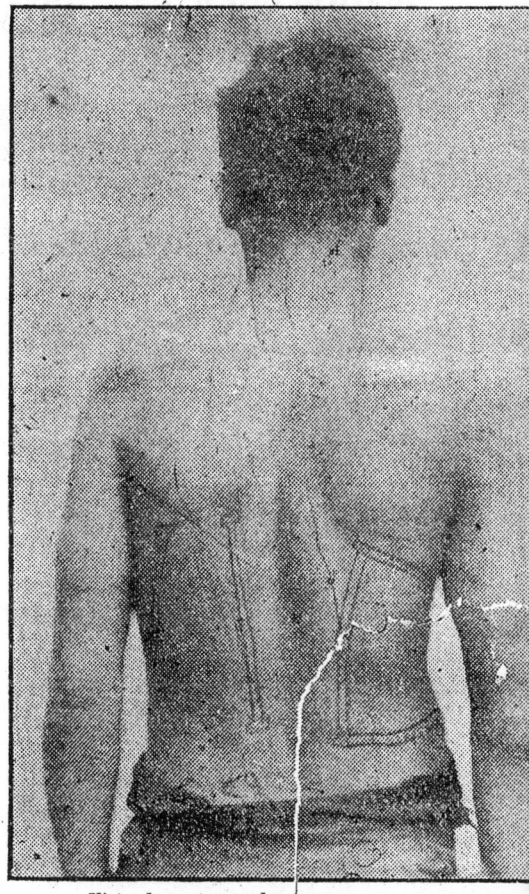

*Visto de costas, onde apparecem as tatuagens*

pequenas prestações, a cas... a importancia da metade da edição, mais ou menos 8...

Depois da impressão as difficuldades: Febronio ret... queno numero de exempla... dia-os e, com o producto ... retirava outros. De uma ... que lá appareceu, disse-lhe ... que não conseguira compre... seu livro, ao que Febronio dera: "aquillo é mesmo um... lhada, mas vocês entende... quando virem Jesus Vivo na Avenida".

Esse livro, de pequeno ... tem 67 paginas, e foi publ... 1926. Começa a primeira fi... declaração da missão já re...

"Eis aqui meu santo
Tabernaculo vivente
Hoje dedicado a vós
Os encantos que legaste
Hontem a mim na fortal...
Do meu fiel Diadema Ex...

Nas paginas seguintes o ...mo Deus vivo" dá um te... da veracidade dessa mi... mesmo tempo que exalta a ... a do observado.

Assim na pag. 10: "... ei... dade de um acto supremo, Tabernaculo — vivo Orien... nhou entre os vivos de (allusão a sua estadia na ...
(Continua na 9...

# OUTROS CRIMES SEXUAIS

Com o rosto estampado em todos os jornais do Rio de Janeiro, Febrônio Indio do Brasil começou a ser reconhecido como autor de vários crimes.

Quatro meses antes dos assassinatos da ilha do Ribeiro, a polícia havia sido informada do misterioso desaparecimento dos menores Jacob Edelman e Octávio de Bernardi.

Febrônio conheceu Jacob no Hospital Nacional de Alienados, onde ambos estavam internados. Tirou-o dali com promessa de emprego em seu consultório dentário, na estação de Mangaratiba. Chegando lá, disse que a clínica estava fechada e que antes de pegar a chave em casa iriam buscar outro menino, Octávio, um pouco distante dali.

Ofereceu então um emprego para Octávio no matadouro de Santa Cruz e seus pais deram permissão para que o rapaz acompanhasse o agente.

Os três foram então juntos para a estação de Sampaio, onde pegaram um carro para Santa Cruz. De lá seguiram para Mangaratiba.

Em um local deserto, Febrônio, empunhando um "estilete especial", mandou que Jacob se deitasse no chão. Tatuou então no peito do rapaz as letras D C V X V I, enquanto Octávio assistia à cena, aterrorizado.

Pernoitaram em um rancho, na casa de uma senhora chamada Finoca, na praia da Cruz, onde permaneceram por cinco dias dormindo em uma esteira no mesmo cômodo.

No terceiro dia, Febrônio levou Jacob para a praia das Flecheiras, onde abusou sexualmente do menino apavorado. Também o obrigou a assistir todas as torturas a que submeteu Octávio, desde as tatuagens até as sevícias.

Febrônio furtou uma rede na casa de dona Finoca ao sair com Jacob. Fez então um buraco dentro do rancho, colocando dentro 11 pedaços de cana, 11 bananas e 11 pedaços da camisa da vítima. Depois, fechou o buraco com terra e colocou uma pequena cruz de pau, dizendo que assim fazia para que qualquer um que fosse persegui-lo, ao pisar ali, esquecesse o que estava fazendo.

Quando Jacob foi solto, procurou imediatamente a polícia e contou sua história. Octávio foi encontrado em Mangaratiba e, de tão maltratado, mal podia se locomover.

Em seu depoimento, Febrônio disse que escolheu Jacob porque ele era alemão e, como tal, pertencia a uma raça superior. Pretendia iniciá-lo nos mistérios de sua seita. A admiração com que se referia à Alemanha era inequívoca.

Outra vítima identificada foi o menor Eduardo Ferreira dos Santos. Em data desconhecida, Febrônio teria sido preso em flagrante nas matas de Santa Teresa, ao tentar forçar o rapaz a praticar o que se denominava, na época, atos imorais. Só não conseguiu porque foi interrompido pelo fiscal João Cabral de Brito, que chamou as autoridades do 13º Distrito Policial.

No início daquele fatídico mês de agosto, Manoel Alves, de 18 anos, também havia procurado a delegacia do 27º Distrito, pedindo uma guia para internar-se no Hospital D. Pedro II. Ele tinha sido vítima de um indivíduo que gravara em seu peito as letras D C V X V I e o maltratara sem dó nem piedade. Manoel chegou a dizer que o nome do homem era Febrônio e que se haviam encontrado na Gávea. Acompanhou-o com uma promessa de emprego.

Em 15 de agosto de 1927, Febrônio aplicou o mesmo golpe em dona Maria e seu filho Benjamim, de 14 anos. Já acompanhando Febrônio, a dupla cruzou no caminho com Joaquim (16), irmão de Benjamim. Os dois garotos trocaram de lugar, pois preferia alguém mais velho para o "serviço".

Joaquim acabou tatuado por Febrônio, que para executar a tarefa o segurou pelo pescoço com a mão esquerda. Cada vez que tentava reagir, tinha seu braço espetado pelas agulhas com que Febrônio escrevia em sua pele. Ele ameaçou furar os olhos do rapaz, que se "acalmou" na hora, esperando uma oportunidade melhor para escapar. No primeiro descuido de Febrônio fugiu.

Álvaro Ferreira (18), empregado no comércio e morador do arraial de Coroa Grande, contou em seu depoimento como foi seduzido por Febrônio. Estava em um trem quando o criminoso puxou conversa com ele, dizendo que era negociante no mercado e que poderia empregá-lo por um salário de 150$000 réis (cento e cinquenta mil réis). Disse a Álvaro que ele poderia começar a trabalhar imediatamente e convenceu-o a acompanhá-lo. Chegando à estação D. Pedro II às nove horas da manhã, foram juntos até a Tijuca. Febrônio disse que morava lá e que tinha de pegar alguns objetos antes de ir ao mercado. Saltando do bonde, seguiram por um caminho mato adentro. Febrônio convenceu Álvaro a deixá-lo tatuar seu peito. Com medo, Álvaro consentiu que Febrônio fizesse uma letra com uma agulha molhada de tinta. Depois disso, Febrônio quis praticar atos libidinosos e, como o rapaz se recusou, ficou raivoso e puxou uma faca, ameaçando-o de morte. Álvaro ficou ferido no braço esquerdo e, apavorado, consentiu.

Muitos dos casos de garotos com os quais Febrônio se relacionou e que foram citados nos jornais não se transformaram em processos criminais.

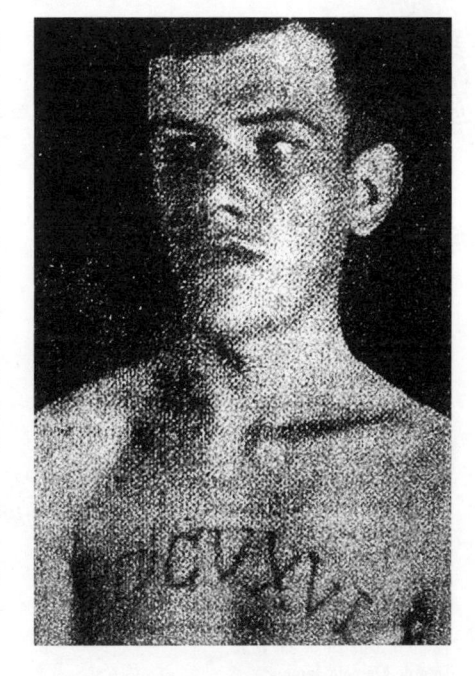

O ator Clóvis Inocêncio interpreta Febrônio em imagem de divulgação para a peça *DCVXVI - Eis o Filho da Luz*, dirigida e escrita por Paulo Biscaia Filho, em 1999. Foto de Marcelo Jorge.

# EPISÓDIOS ESTRANHOS

Em fevereiro de 1927, Febrônio foi preso nas matas do Corcovado. Estava completamente nu e pintado de amarelo, dançando na frente de uma criança assombrada que se encontrava amarrada em um tronco de árvore.

Também chegou aos ouvidos do delegado a notícia de que Febrônio teria sido flagrado, pela dona da casa onde era inquilino, cozinhando uma cabeça humana em uma lata de querosene. A senhoria foi chamada para depor, uma vez que seu marido, o chinês Antonio Fonseca, já era falecido. Ela confirmou a história. Febrônio esclareceu que pegara a cabeça em um mausoléu do cemitério do Caju. Segundo ele, o crânio já não tinha nenhuma carne, apenas um pouco do couro cabeludo, mas ainda exalava mau cheiro. Para livrar-se do incômodo, ferveu a "peça" em uma infusão de cal virgem e sabão grosso, para depois utilizá-la em estudos relacionados à medicina. Depois de secá-la presa a uma tábua, arrancou-lhe todos os dentes da frente.

# REVELAÇÕES DO PRÍNCIPE DE FOGO

Febrônio se dizia predestinado e que estava na Terra para cumprir uma missão divina que lhe havia sido confiada.

Depois de um sonho, criou uma religião segundo a qual ele era o "Filho da Luz", palavras que tatuou em seu próprio peito.

Nas palavras de Febrônio, seu sonho fora o seguinte:

– Em um lugar ermo vi aparecer uma moça branca de cabelos loiros e longos que me disse que Deus não morrera e que eu teria a missão de declarar isso a todo mundo. Deveria, nesse propósito, escrever um livro e tatuar meninos com o símbolo D C V X V I que significa Deus vivo, ainda que com o emprego da força.

Escreveu um livro de pequeno formato e apenas 67 páginas, publicado em 1926. Ali estão, segundo o doutor Heitor Pereira Carrilho, médico psiquiatra forense responsável pela avaliação mental de Febrônio, "curiosos elementos de apreciação de suas ideias místicas e supersticiosas e de toda a sua mentalidade".

O livro é composto de pequenos capítulos que apresentam as revelações recebidas por Febrônio nos montes e nas ilhas desertas. Segundo o escritor, as revelações também foram tiradas de leituras bíblicas e de sonhos.

Declarava, indignado, que merecia ótimo tratamento, pois era autor de livro doutrinário. Não era pessoa fútil nem banal.

Seguem aqui alguns trechos, extraídos do Laudo do Exame de Sanidade Mental de Febrônio Indio do Brasil, datado de 20 de fevereiro de 1929:

"Eis aqui meu santo/ Tabernáculo vivente/ Hoje dedicado a vós
Os encantos que legaste/ Hontem a mim na fortaleza
Do meu fiel Diadema Excelso."

"Vivente, quando desencarnardes, ide ao Throno da Vida e alli encontrareis dois mysterios: o Santo Tabernáculo – Vivente e o Fiel Diadema Excelso."

"Eis-me ó potente Leviathan do Santuário do Tabernáculo do testemunho que há no céo; já que, prodigiosamente emergido, o eminente antigo, precursor pertinaz do bem, encanto da justiça honrada; no caminho da Luz entre o canal das trevas, manejando espada valente, feliz vivenda edificou; um dos fieis amigos surprehendente a guerra, o coração generoso, Carta Viva, a perola enterrada; debate a anciã esperando, o menino vivo ausente, nenhuma prenda d'antes, outro tanto adorou; representa um voto magestoso o testemunho do mar-de-vidro; deante do meu Sacro--Santo Throno-Vivo..."

"Buscou entre os homens mais infelizes o menino insignificante de valor tão precioso...; menino das magias antigas, qual o ente encarnado o mysterio da igreja do que a ti ensinou a voz da morte a vida profetizar?"

"Eis-me, ó santos fiéis do Santuário do Tabernáculo do testemunho que há no Céo./ Eis-me, ó quatro creaturas viventes/ Eis-me, ó dez reis fiéis do Santuário./ Eis-me, ó sete sellos do Tabernáculo/ Eis-me, ó Sordonia viva."

*Na época, a polícia desconfiou que o livro não tivesse sido escrito por Febrônio, e sim por Bruno Ferreira Gabina. Nunca saberemos.*

# O ENCONTRO DO CADÁVER DE JONJOCA

Em 7 de setembro de 1927 foram encontrados os restos mortais do menino João Ferreira, o Jonjoca. Um pescador o avistou do mar, na ilha do Ribeiro, em local distante apenas trezentos metros de onde estava o corpo de Alamiro.

O cadáver de Jonjoca, já em adiantado estado de decomposição, jazia embaixo de uma moita de capim. Estava de barriga para cima, o braço esquerdo recolhido na altura da cabeça, mão esquerda aberta com a palma virada para cima. O braço direito estava estendido perpendicularmente e a mão direita, apoiada no chão. A perna direita estava esticada e a perna esquerda recolhida, com o pé encostado no joelho direito. Nenhum cabelo de João foi encontrado.

Ao lado do corpo a polícia recolheu um maço de cigarros vazio da marca Liberty, a mesma consumida por Febrônio.

Ainda se viam vestígios de uma fogueira. Perto, uma calça cinza, uma fivela de cinto e um botão.

Ao ver os objetos apreendidos no local do crime, o pai de Jonjoca os reconheceu imediatamente. A calça fora feita pela mulher, com brim comprado por ele em um saldão de um armarinho. Tinha uma espécie de queimadura no cós, pois pagara barato por ser tecido salvo de um incêndio. A fivela era parte do cinto de seu outro filho, Graciano, usado por Jonjoca naquele dia. O botão era do paletó do menino, que devia ter resistido ao ser atacado.

A roupa que o menino vestia só foi encontrada no dia seguinte, amarrada em uma trouxa, juntamente com seus sapatos. Ali estavam o paletó faltando um botão e o resto do cinto sem fivela. Também localizaram uma corda fina com argola na ponta, que podia ter sido a arma do crime.

Os pais de Jonjoca ficaram desconsolados. O enterro do menino paralisou a cidade e foi notícia de jornal. Os motoristas da cidade do Rio de Janeiro, em um ato de solidariedade e como um pedido de desculpas pelo infame assassino ter se passado por um deles, acompanharam o enterro em um enorme cortejo.

No dia 14 de setembro, sem se conformar com a atrocidade que seu pequeno filho sofrera, José Ferreira tentou atacar Febrônio com uma faca quando passou por ele na delegacia. Os policiais o seguraram.

# A CONFISSÃO FINAL

No dia 8 de setembro de 1927, Febrônio Indio do Brasil finalmente confessou sua responsabilidade pelo homicídio de João Ferreira.

Mais uma vez o depoimento foi presenciado pela imprensa, que ouviu todos os detalhes do rapto e assassinato de Jonjoca. De fato, o menino havia lutado por sua vida, mas não tivera a menor chance.

Febrônio disse que foi levado a cometer esses crimes por meio de revelações que recebia constantemente, convencendo-o a sacrificar vítimas em benefício do Deus Vivo, símbolo de sua religião.

Também declarou que tinha mais uma tatuagem, que não mostrava porque "todo aquele que lesse seria infeliz pelo resto da vida".

Foi denunciado pelo Ministério Público em 19 de setembro de 1927.

## O JULGAMENTO

A defesa de Febrônio Indio do Brasil foi realizada pelo advogado maranhense Letácio Jansen, que teceu severas críticas ao processo. Sua tese defensiva foi a inimputabilidade do réu, como ele mesmo explicou em seu discurso:

– Quer criminoso, quer não criminoso, Febrônio Indio do Brasil é, positivamente, um louco. Não pode ser pronunciado, ainda menos condenado. Se a sociedade julga-o perigoso, que se o interne num manicômio, numa penitenciária nunca. Justiça!

Jansen conseguiu o seu intento. Febrônio foi avaliado pelo psiquiatra forense doutor Heitor Carrilho, que concluiu inimputabilidade e recomendou que ele ficasse internado pelo resto da vida. Febrônio foi absolvido, mas recolhido como o primeiro "habitante" do Manicômio Judiciário do Rio de Janeiro, que foi criado em função de seu caso. Na interpretação de muitos, foi a vitória da ciência sobre o direito.

Febrônio deu entrada no Manicômio Judiciário, procedente da Casa de Detenção, no dia 6 de junho de 1929. Lá, ficaria em "prisão perpétua" até sua morte em 27 de agosto de 1984. Causa da morte: enfisema pulmonar.

## A FUGA

No café da manhã do dia 8 de fevereiro de 1935, os funcionários do Manicômio Judiciário deram falta do interno número 1 do estabelecimento: Febrônio Indio do Brasil não estava no refeitório. Imediatamente soaram os alarmes.

Durante a revista no pátio, os guardas perceberam uma corda confeccionada com várias tiras de lençol, presa a um gancho feito com alças de balde e firmada no alto do muro de quatro metros da instituição.

Um exército de policiais foi colocado nas ruas com a missão de encontrar o louco fugido, enquanto meninos vendiam jornais com a manchete "FEBRÔNIO FUGIU!".

Como Febrônio usava o uniforme do manicômio, logo se suspeitou que tivesse contado com a ajuda de alguém para passar despercebido em sua fuga. O primeiro suspeito foi seu irmão Agenor, mas, convocado a dar esclarecimentos, disse nada saber sobre os atos de Febrônio.

Na delegacia, o investigador Francisco Palha tentava organizar as buscas pelo fujão, numa confusão de agentes e policiais desesperados para aplacar o terror que começava a se instalar na cidade do Rio de Janeiro. Bernardino Barbosa mal foi percebido quando entrou no recinto, dizendo que precisava fazer uma denúncia.

Ao ouvi-lo, Palha não podia acreditar nas boas-novas. Barbosa estava lá para comunicar à polícia que Febrônio estava escondido em sua casa, em Honório Gurgel, levado por Agenor, seu amigo, como um irmão que acabara de chegar de Pernambuco para passar alguns dias no Rio.

Ao ver a fotografia de seu hóspede na capa da terceira edição do jornal *A Noite*, Bernardino Barbosa, morto de medo, logo resolveu avisar a polícia.

Febrônio foi encontrado em um dos quartos da casa, completamente nu, com uma figa amarrada na cintura e outra na perna. Na cintura também levava uma bolsa contendo várias cartas e 195$000 (cento e noventa e cinco mil réis) em dinheiro. Quando os policiais entraram para fazer sua prisão, ele ajoelhou no chão e pediu:

– Não me façam mal, por favor!

Febrônio isentou seu irmão de qualquer culpa e confessou ter aproveitado a saída da guarda que abria os portões do manicômio para funcionários a fim de escalar o muro e fugir.

Ao chegar ao Manicômio Judiciário do Rio de Janeiro, levado pela polícia, teve um ataque de ira e cólera e tentou agredir o dr. Heitor Carrilho.

Febrônio despertou o interesse de pesquisadores, criminologistas, criminalistas, poetas, psiquiatras e cronistas.

Os poucos exemplares de seu livro *Revelações do príncipe de fogo* foram recolhidos e queimados pela polícia. Resta hoje uma cópia na biblioteca particular de Mário de Andrade, no Instituto de Estudos Brasileiros, na Universidade de São Paulo.

Febrônio morreu com aproximadamente 89 anos depois de passar dois terços de sua vida internado, no que seria a primeira pena de "prisão perpétua" legitimada pela ciência no Brasil. Foi o inimigo público número um de sua época, virou marchinha de carnaval e seu nome era sinônimo de bicho-papão. Crianças desobedientes daqueles anos ouviam com frequência seus pais dizerem:

– Cuidado que o Febrônio vem te pegar!

# REFERÊNCIAS

PRÍNCIPE de fogo. Direção: Silvio Da Rin. Produção: Lumiar Produções Audiovisuais Ltda e Silvio Da Rin. Direção de Produção: Hilton Kaufman. Intérpretes: Guilherme Karan; Yamba Pequeno; Nelson Xavier. Roteiro: Silvio Da Rin. Pesquisa: Mariza Sobral Miliet. Rio de Janeiro: Embrafilme, 1984. Curta-metragem (11 minutos), son., color., 35mm.

WUNDERLICH, Alexandre. Os casos de Piérre Rivière e Febrônio Indio do Brasil como exemplos de uma violência institucionalizada. *Jus Navigandi*, Teresina, ano 5, n. 43, 1 jul. 2000. Disponível em: <http://jus.com.br/artigos/1013>.

# OUTRAS FONTES
(PERIÓDICOS DA ÉPOCA CONSULTADOS)

"A polícia conseguiu prender, hontem, o bandido Febrônio Indio do Brasil, apparecendo outras vítimas!" *Gazeta de Notícias*, Rio de Janeiro, 1º set. 1927, p. 4.

"Ainda o crime da ilha do Ribeiro." *Gazeta de Notícias*, Rio de Janeiro, 23 ago. 1927, p. 4.

"As monstruosidades de um bandido." *Correio da Manhã*, Rio de Janeiro, 9 set. 1927, p. 3.

"As monstruosidades de um bandido." *Correio da Manhã*, Rio de Janeiro, 10 set. 1927, p. 3.

"As monstruosidades de um bandido." *Correio da Manhã*, Rio de Janeiro, 16 set. 1927, p. 3.

"Aumenta assustadoramente a lista de vítimas do bandido Febrônio." *Gazeta de Notícias*, Rio de Janeiro, 14 set. 1927, p. 4.

"Barbaro assassino da ilha do Ribeiro." *Gazeta de Notícias*, Rio de Janeiro, 3 set. 1927, p. 4.

"Barbaro assassino da ilha do Ribeiro." *Gazeta de Notícias*, Rio de Janeiro, 4 set. 1927, p. 4.

"Crime da ilha do Ribeiro." *Gazeta de Notícias*, Rio de Janeiro, 20 ago. 1927, p. 4.

"Encontro de um cadáver na ilha do Ribeiro." *Gazeta de Notícias*, Rio de Janeiro, 18 ago. 1927, p. 4.

"Febrônio e a monstruosidade de seus crimes." *Correio da Manhã*, Rio de Janeiro, 21 set. 1927, p. 5.

"Febrônio fugiu!" *A Noite*, Rio de Janeiro, 8 fev. 1935.

"Febrônio, 'Filho da Luz'". *Correio da Manhã*, Rio de Janeiro, 4 set. 1927, p. 3.

"Febrônio, 'Filho da Luz.'" *Correio da Manhã*, Rio de Janeiro, 7 set. 1927, p. 3.

"Febrônio, o 'filho da luz' e a monstruosidade de seus crimes." *Correio da Manhã*, Rio de Janeiro, 4 out. 1927, p. 3.

"Febrônio, o 'Filho da Luz', e a monstruosidade dos seus crimes." *Correio da Manhã*, Rio de Janeiro, 17 set. 1927, p. 5.

"Hediondo crime da ilha do Ribeiro." *Correio da Manhã*, Rio de Janeiro, 1º set. 1927.

"Hediondo crime da ilha do Ribeiro." *Correio da Manhã*, Rio de Janeiro, 2 set. 1927, p. 3.

"Os crimes de um miserável." *Correio da Manhã*, Rio de Janeiro, 8 set. 1927, p. 3.

"Os crimes do celerado que se diz 'Filho da Luz.'" *Correio da Manhã*, Rio de Janeiro, 6 set. 1927, p. 5.

"Os crimes do Febrônio." *Correio da Manhã*, Rio de Janeiro, 27 set. 1927, p. 5.

"Os crimes monstruosos." *Gazeta de Notícias*, Rio de Janeiro, 13 set. 1927, p. 4.

"Preso! Febrônio detido pela polícia." *A Noite*, Rio de Janeiro, 9 fev. 1935, capa da 3ª edição.

"Reconduzido ao manicômio!" *A Noite*, Rio de Janeiro, 9 fev. 1935, 5ª edição.

"Um crime hediondo na ilha do Ribeiro." *Correio da Manhã*, Rio de Janeiro, 17 ago. 1927, p. 6.

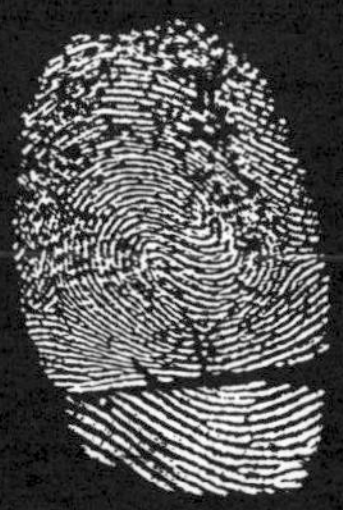

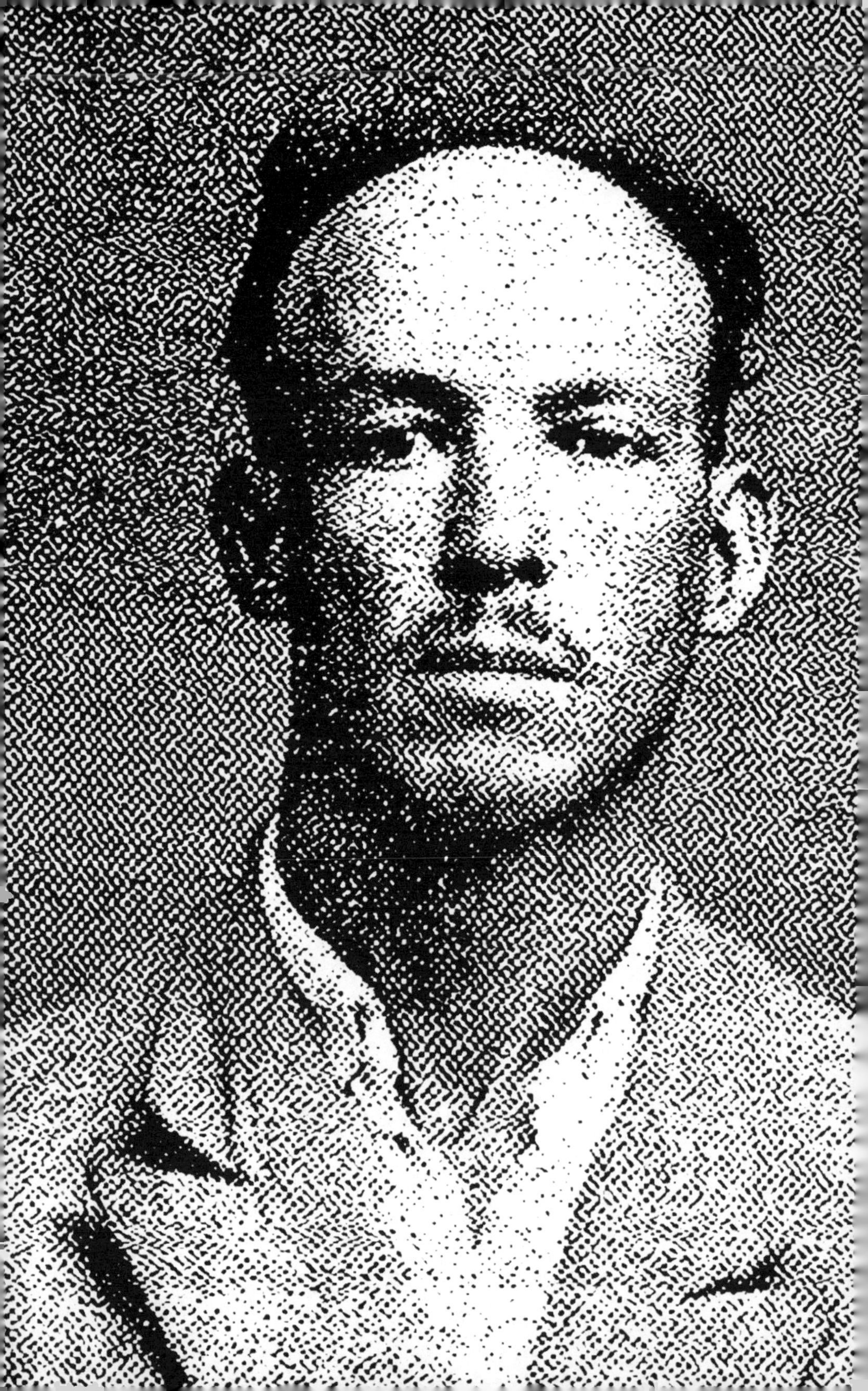

# BENEDITO MOREIRA DE CARVALHO
## "MONSTRO DE GUAIANASES"

*"Fiz tudo isso sem pensar. Cuide de sua vida e trate de me esquecer". –* **Benedito Moreira de Carvalho à esposa**

## RECONSTRUÇÃO DOS CRIMES

**CASO DA CHÁCARA RUDGE RAMOS.** Naquele sábado de 1952, Benedito já acordou com uma espécie de friagem, como um arrepio que não passava. Imediatamente veio o pensamento e a urgência de fazer sexo. Com a esposa era impraticável. Ela sofria de muitas enfermidades, o que tornava impossível ter relações sexuais sempre que desejava. O problema era o quanto queria; na verdade, não parava de querer. Já havia procurado um médico e vários curandeiros, mas nenhum remédio ou chá diminuíra sua virilidade. Nada fazia seu impulso sexual desaparecer.

Raras vezes se lembrava de suas vítimas. Só quando firmava bem o pensamento. Quase nunca sentia algum remorso, apesar de saber o que tinha feito. Parecia que nada havia acontecido.

Fazia a contabilidade de seus crimes num caderninho. Se um dia fosse preso, não queria levar a culpa por nenhum assassinato que não tivesse cometido. Sabia dos vários tarados sexuais que agiam em São Paulo. Era só olhar sua coleção de notícias sobre o assunto para perceber que, com facilidade, a polícia podia confundir tudo.

Ultimamente, conseguia cada vez menos controlar sua vontade. Em alguns dias, não se contentava nem com cinco mulheres. Tinha relações sexuais com elas até seu pênis sangrar. O mais excitante era quando a vítima resistia. Ah, a violência era um poderoso afrodisíaco. Se chegasse perto de uma mulher e ela cedesse, não seria tão prazeroso. Para ele, não importava se a moça era negra ou branca, grande ou pequena. Se satisfizesse sua vontade, servia.

Naquela madrugada, Benedito se vestiu no escuro para não acordar a esposa. Colocou o chapéu, abaixou a aba para que seu rosto não fosse visto facilmente, pegou sua pasta e saiu, não sem antes verificar se estava levando seu cordel.

Ao sair, tranquilizou-se com o fato de ainda estar escuro. Não levantaria suspeita; a cidade ainda dormia. Seguiu a pé até o parque D. Pedro II, pensando no rumo que tomaria para encontrar um local apropriado para agir. Decidiu-se pelo ônibus amarelo da linha São João Clímaco.

Sentou-se no fundo e tirou do bolso a fotografia dos campos de concentração alemães que ganhara como recordação. Benedito preferia as revistas de mulheres peladas, mas ver as mulheres nuas nas pilhas de cadáveres da fotografia também lhe dava prazer, excitação. Seria pelos corpos nus ou pela violência em que se encontravam?

Ao olhar pela janela, percebeu que já estava na altura do posto da Guarda Civil que ficava no começo da via Anchieta. Desceu imediatamente do ônibus. Aquele local era ermo o suficiente para que pudesse agir, mas não tanto que o impedisse de encontrar uma presa. Os arrepios e as friagens continuavam. Enquanto não satisfizesse sua sede sexual, não teria paz.

Benedito foi caminhando pela estrada, olhos apertados de caçador tentando avistar uma caça. Viu, a sua direita, a placa de entrada da chácara Rudge Ramos. Sabia que lá existia um lago e muitas casas de japoneses. Ele adorava meninas japonesas.

Andou alguns metros, atravessou um mata-burro, passou por diversas casas. Ao longe, indo em sua direção, Raquel,[1] 10 anos. A japonesinha era pequena e devia estar indo para a escola, já que carregava uma pasta, que Benedito certamente levaria como lembrança, se fosse possível.

Ele preferia mulheres, mas, quando se sentia como naquele dia, nada importava. Nem pensava no sofrimento da menina, só em ter relações sexuais com ela.

Quando Raquel passou por ele, agarrou-a com rapidez pelo pescoço. Tirou a cordinha da mala, já com a laçada pronta, e constringiu o pescoço da menina até que ela desmaiasse.

Benedito arrastou Raquel para o mato que cercava a estrada. Tirou as roupas da criança e tentou penetrá-la com seu membro. Não conseguiu. A

---

[1] Os nomes das vítimas menores de idade foram substituídos por nomes bíblicos.

vagina era pequena demais e ele, avantajado. Na pressa de satisfazer-se, cuspiu na própria mão e umedeceu o sexo da menina. Mesmo assim, precisou de muito esforço. Finalmente ejaculou, mas o alívio tão esperado não veio. Benedito então a penetrou mais uma vez. Ao terminar, olhou para a garotinha desfalecida. Examinou sua fisionomia com atenção e verificou sua pulsação. Estava viva. Recolheu as roupas de Raquel e a cobriu com elas.[2]

Saiu sem olhar para trás, ainda inquieto, insatisfeito. Apanhou alguns ramos de cambuci e erva-de-bicho para fazer um chá quando chegasse em casa. Ainda sentia arrepios.

Ao voltar pela estrada, viu um menino brincando com uma garrafa e um carrinho. Imediatamente as pulsações voltaram; o desejo cresceu de forma insuportável.

Benedito chamou o garotinho e perguntou seu nome. Ele respondeu que era Abrão e que tinha 8 anos. Tentando ganhar sua simpatia, Benedito lhe disse que conhecia seu pai. O menino sorriu, envergonhado, segurando com força seus brinquedos. Benedito então propôs ao garoto que o acompanhasse por um atalho em troca de algum dinheiro. Sem perceber suas reais intenções, ele concordou. Naquela idade, jamais passaria pela cabeça da criança que aquele homem bem-vestido lhe faria algum mal.

Abrão e Benedito entraram pelo atalho e cruzaram uma porteira de arame farpado, alcançando o mato. Ao ver-se sozinho, sem enxergar mais a estrada, o menino teve medo. Largou os brinquedos no chão e tentou sair correndo. Não teve tempo. Benedito agarrou-o pelo pescoço até que desfalecesse. Nem precisou usar o cordel. Deitou-o no chão, arrancou suas roupas e o sodomizou.

Depois de verificar se ele ainda estava vivo, Benedito jogou longe os brinquedos para dificultar sua localização. Apressadamente, voltou à via Anchieta e pegou um ônibus de São Bernardo do Campo para o parque D. Pedro II. Ainda eram nove horas da manhã e ele falaria para a esposa que não havia conseguido trabalho naquele dia.

Pensou um pouco no risco que corria ao praticar aqueles crimes e deu graças pelo fato de as vítimas estarem vivas quando as deixara. Se elas morressem, não seria culpa sua.

Afastou esses pensamentos com urgência. O que importava é que agora estava em paz...

---

[2] Raquel morreu posteriormente em decorrência dos ferimentos causados por Benedito em seu ataque brutal.

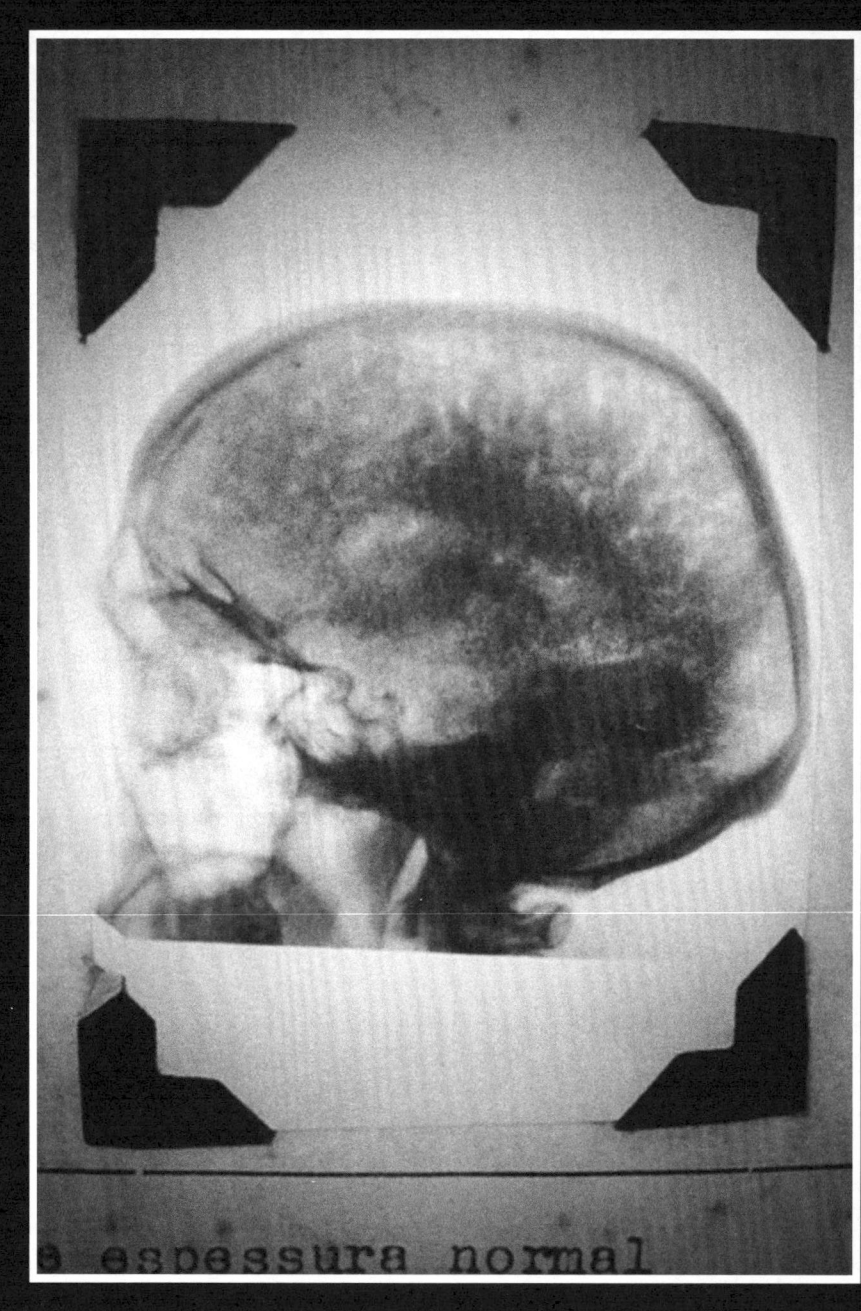

**BENEDITO MOREIRA DE CARVALHO**
*Pneumoencefalograma – 13/9/1953*

## A HISTÓRIA[3]

Entre dezembro de 1950 e novembro de 1953, a polícia de São Paulo constatou um surto de sadismo e crimes sexuais. Eles chegavam a acontecer até duas vezes por semana, índice extremamente alto para a época. A polícia estava bastante perdida nas investigações.

Na Semana Santa de 1952, Gertrudes Dunzinger foi assassinada. A polícia logo foi chamada ao local do crime. O investigador de polícia Adalberto João Kurt, que atendeu ao chamado, quase morreu de susto quando um velho que afirmava ter visto um homem seguindo Gertrudes começou a gritar inesperadamente, apontando para ele. O assassino não era Kurt, mas era a cara dele! Essa foi a primeira pista da polícia sobre a aparência do homem que procuravam. Os atentados sexuais na cidade de São Paulo continuavam aumentando e a polícia estava muito pressionada para obter resultados.

[3] Os relatos dos crimes constantes aqui foram feitos por Benedito Moreira de Carvalho e nem sempre estão de acordo com os dados do processo.

Os investigadores responsáveis pelo caso de Gertrudes começaram então a juntar o depoimento de várias testemunhas de outros crimes que, aparentemente, não tinham conexão.

Com espanto, perceberam que de fato, em todos eles, era descrito um indivíduo forte, sempre carregando uma pasta de couro marrom embaixo do braço, aloirado, parecido com o investigador Kurt em altura e fisionomia. As descrições das testemunhas também apontavam um homem que usava bigode pequeno e bem-aparado, e, muitas vezes, um chapéu cinza com a aba abaixada, que escondia parcialmente o rosto.

Suas vítimas eram frequentemente encontradas de forma parecida; o *modus operandi* em todos os crimes era semelhante. A polícia só podia concluir que um serial killer estava à solta na cidade.

Os métodos de investigação foram mudados radicalmente.

A sequência de crimes sexuais entre 1951 e 1952 em São Paulo indicava que o criminoso tinha larga experiência na área e uma boa probabilidade de anterior passagem pela polícia.

Iniciou-se uma investigação detalhada nos arquivos da Delegacia de Costumes, na Penitenciária do Estado, na Casa de Detenção e nas delegacias distritais em geral, utilizando-se listas de criminosos sexuais postos em liberdade condicional ou que já tivessem concluído sentença. Até arquivos de jornais foram pesquisados.

> Entre dezembro de 1950 e novembro de 1953, a polícia de São Paulo constatou um surto de sadismo e crimes sexuais. Eles chegavam a acontecer até duas vezes por semana, índice extremamente alto para a época.

Desse imenso trabalho, resultou uma lista de nomes de possíveis suspeitos, que iam sendo estudados pacientemente e eliminados por exclusão, fosse por sua aparência, fosse por seu *modus operandi*.

Ao examinarem os arquivos da delegacia da 10ª Circunscrição, Distrito da Penha, depararam com a ficha de Benedito Moreira de Carvalho. Ao examinar as fotos, sua aparência logo chamou atenção dos policiais... O homem aloirado era parecidíssimo com o investigador Kurt!

Verificou-se em seu prontuário que já cumprira pena por estupro na Penitenciária do Estado e respondia simultaneamente a dois processos por crimes sexuais: duplo atentado cometido no município de Poá, que naquela época (e até 1950) ainda pertencia a Mogi das Cruzes, e outro contra uma jovem japonesa em São Paulo.

A leitura dos relatórios policiais indicava que o modo de agir de Benedito assemelhava-se bastante ao dos casos sem solução que estavam sendo apurados. Iniciaram-se rigorosas investigações em torno dele.

Logo descobriram que ele havia fugido da cadeia de Mogi das Cruzes em agosto de 1951 e que, no mesmo dia, praticara um estupro e uma tentativa de estupro em Itaquera.

O suspeito utilizava-se de vários nomes: Joaquim Moreira de Carvalho, Benedito Moura de Carvalho e José Carvalho.

Naquele momento das investigações, aconteceu mais um estupro com morte: Ruth, em Itaquera, em 18 de agosto de 1952.

A polícia, ao chegar ao local do crime e entrevistar testemunhas, obteve informações que assinalavam a presença de homem aloirado, magro, com altura por volta de 1,70 m, chapéu de aba baixada e pasta de couro na mão. Essa descrição batia com a de Benedito. Imediatamente saíram atrás dele.

Descobriram que Benedito era profissional de serrarias. Os investigadores Mário Gonçalves, Athos Tescarollo, Antonio Belli e Alcides de Oliveira, orientados pelo delegado Francisco Petrarca Iello, levantaram os endereços de todas as serrarias de São Paulo e assinalaram os diversos empregos do criminoso num mapa. Verificaram todas as folhas de frequência, cartões e livros de ponto desses locais. Sem exceção, Benedito havia faltado ao trabalho ou estava desempregado nas datas dos crimes, que sempre ocorriam próximos das serrarias. Não havia mais dúvidas de que Benedito Moreira de Carvalho era o autor dos crimes que estavam sendo investigados.

A tarefa de localizar o suspeito não foi nada fácil. Ele dava endereços falsos de sua residência em todos os empregos e até mesmo em seu sindicato, o que constituía mais uma indicação de que se tratava de alguém que tinha o que esconder. Finalmente chegaram ao endereço correto: rua Ponciano, 32, Guaiaúna, São Paulo.

Em 29 de agosto de 1952, a equipe de investigação da polícia de São Paulo, vestida com macacões e trajes de operários, estacionou um caminhão em frente à casa de Benedito. Eram duas horas da madrugada e todos fingiram estar consertando o "caminhão quebrado".

Por volta de 4h30 daquela manhã, Benedito Moreira de Carvalho saiu de casa com cautela, depois de examinar as imediações, como se soubesse que algo estava errado. Levava na mão uma pasta de couro marrom.

Os investigadores deram-lhe imediatamente voz de prisão. Ele não reagiu. Ao examinarem o conteúdo de sua pasta, constataram que só carregava um cordel com uma laçada em uma das extremidades. O achado era evidência importante, pois duas das vítimas haviam sido estranguladas com material semelhante.

Benedito Moreira de Carvalho foi detido e interrogado. Confessou dez dos seus crimes, sem nenhum constrangimento ou remorso. Entre os mais recentes, estavam dez estupros, oito acompanhados de homicídio, que ele confessou sem hesitar.

## CASO DA VILA DIADEMA

DATA: 26.02.1952
VÍTIMA: TAMARA
IDADE: MENOR
CRIME: ESTUPRO E HOMICÍDIO

Benedito pegou o ônibus de manhã para procurar emprego numa serraria. Desceu na Vila Conceição e começou a seguir a pé. Andou uns sete ou oito quilômetros, mas não encontrou o local que procurava. Começou então a voltar pela mesma estrada. Já passavam das 13h quando ele avistou uma mocinha caminhando a sua frente. Apressou o passo, tomou a dianteira e, depois de cinquenta metros, começou a andar de volta em sua direção. Ao cruzar com a moça, parou e a convidou para entrar no mato. Ela o repeliu. Diante dessa atitude, apertou-lhe o pescoço e arrastou-a para dentro do mato. Segundo seu relato, "a moça gritou um pouco". Quando percebeu que sua vítima recobrava os sentidos, repetiu-lhe a mesma proposta e mais uma vez foi repelido por ela. Com raiva, esganou-a e a estuprou. Deixou o local achando que Tamara ainda vivia.

## CASO DE PARELHEIROS

DATA: 07.04.1952
VÍTIMA: GERTRUDES DUNZINGER
IDADE: 29 ANOS
CRIME: ESTUPRO E HOMICÍDIO

Benedito tomou o ônibus para Santo Amaro às oito horas da manhã no parque Anhangabaú. Chegando lá, depois de pouco tempo, tomou outro ônibus para Parelheiros. Ao passar perto de uma escola, perguntou ao motorista se ali era o "Casa Grande" e desceu. Andou por uma estrada secundária e passou por outra escola. Já na volta, em frente a uma granja de japoneses, viu uma moça loira que parecia ser estrangeira. Subiu num barranco, esperou que ela passasse e começou a segui-la. Aproximou-se e propôs à mulher que entrasse com ele no mato. Repelido, continuou a segui-la até passar por uma segunda porteira. Dessa vez, segurou-a pelo braço. Ela gritou. Imediatamente, tapou-lhe a boca com a mão e apertou-lhe o pescoço com a cordinha. Arrastou-a para a margem direita do caminho, entrando com ela numa picada, para em seguida estuprá-la.

A mulher levava uma sacola com pão, maçãs, pequenos embrulhos e uma lata. Benedito comeu as maçãs e voltou pelo mesmo caminho. Viu um velhote que já havia cruzado seu caminho na ida. Cumprimentou-o e foi embora. Dois ônibus depois estava de volta à praça João Mendes.

Logo cedo, Benedito tomou o ônibus para a Vila Carrão e depois para São Mateus. Em seguida, pegou carona com destino a Santo André. Nas proximidades de uma fazenda, pediu ao motorista que parasse e desceu. Voltou então um trecho do caminho a pé e numa baixada encontrou uma japonesinha que levava uma pasta escolar. Avançou sobre ela, apertou-lhe o pescoço, esganando-a, e depois de transpor uma cerca de arame farpado arrastou a menina desfalecida para o matagal existente à margem da estrada. Estuprou-a, usando vaselina de uma latinha que levava com ele. Depois, cobriu o cadáver com as roupas dela e voltou à estrada, indo a pé para São Mateus. Foi para casa. Cometeu o crime por volta das sete horas.

## CASO DA ESTRADA DA JUTA
**DATA:** 26.05.1952
**VÍTIMA:** ESTER
**IDADE:** 12 ANOS
**CRIME:** ESTUPRO E HOMICÍDIO

---

Benedito Moreira de Carvalho foi detido e interrogado. Confessou dez dos seus crimes, sem nenhum constrangimento ou remorso.

---

Logo cedo, às seis horas da manhã, Benedito foi de ônibus primeiramente para Guarulhos e em seguida para Cumbica. Numa parada, pouco antes da Base Aérea, viu uma jovem acompanhando um menor até o ônibus. Notando que ela ficara só, na estrada, e que o lugar era adequado para os seus planos, desembarcou e seguiu a moça pelo atalho em que ela caminhava, à direita da estrada. Após uns duzentos metros, puxou conversa e perguntou se Maria de Lourdes era moradora dali. Ela disse que sim. Pouco adiante, Benedito propôs manterem relações sexuais. Repelido, agarrou-a pelo pescoço e arrastou-a para uma capoeira à margem do atalho. Não chegou a consumar o ato sexual. Perdeu o desejo ao perceber que a moça tinha um corrimento malcheiroso. Deixou a jovem desfalecida e, depois de socar seu rosto, foi embora.

## CASO DE CUMBICA
**DATA:** 28.05.1952
**VÍTIMA:** MARIA DE LOURDES ALVES
**IDADE:** 18 ANOS
**CRIME:** TENTATIVA DE ESTUPRO

## CASO DE BARUERI

**DATA:** 20.06.1952
**VÍTIMA:** REBECA
**IDADE:** 12 ANOS
**CRIME:** ESTUPRO

Benedito saiu de casa em direção a Barueri, onde esperava localizar uma curandeira indicada por um amigo. Caminhou a esmo, parando num bar para tomar leite. Depois esteve em uma olaria, perto da estrada de Parnaíba, de onde seguiu em direção a um morro. Do alto, viu uma japonesinha acompanhada de um menino, talvez seu irmão, que levava um litro na mão. Decidido a possuí-la, aproximou-se e tratou de afastar o menino, fazendo com que ele levasse um recado para um motorista de caminhão que estava na olaria próxima. Ele relutou, mas cedeu. Ao ficar só com a garota, acompanhou-a na direção em que ela ia. Pouco adiante, entrou com ela no mato e mandou que se deitasse. Como ela não aceitou, Benedito lhe constringiu o pescoço até que desfalecesse e caísse. Segundo seu depoimento, não consumou o estupro porque a menina estava menstruada. Disse ter apenas introduzido levemente o pênis na vagina dela. Deixou-a deitada, com vida, e foi embora.

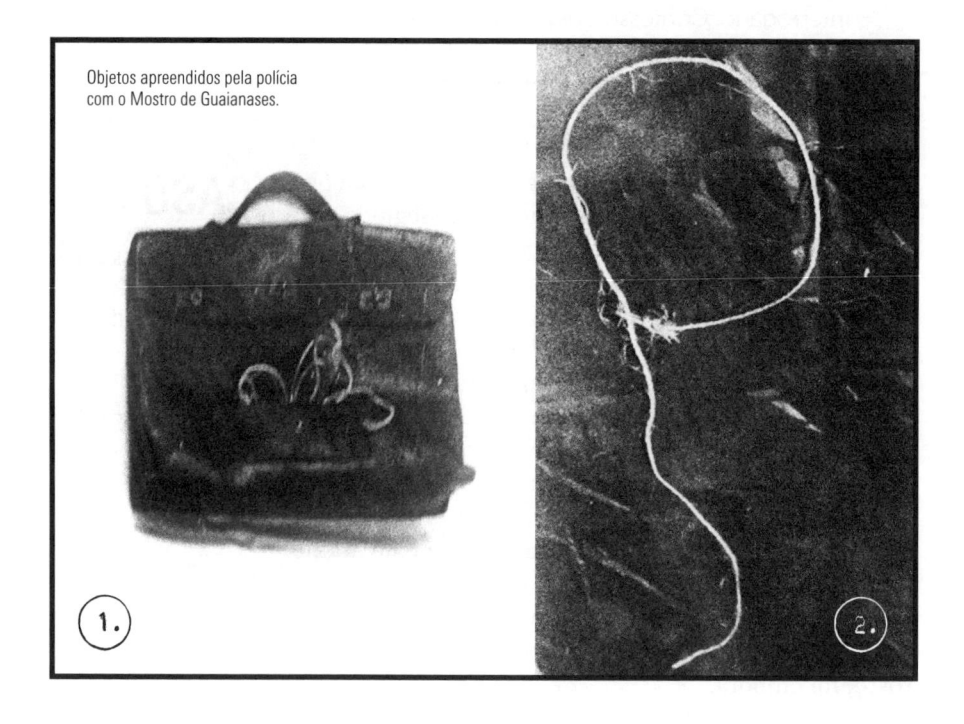

Objetos apreendidos pela polícia com o Mostro de Guaianases.

## CASO DA PARADA XV DE NOVEMBRO

**DATA:** 21.07.1952
**VÍTIMA:** MERCÍLIA OLIVEIRA DE SOUZA
**IDADE:** 18 ANOS
**CRIME:** ESTUPRO E HOMICÍDIO

Depois de descer do trem, por volta das treze horas, Benedito esteve em um bar e, depois, "possuído de desejo sexual", pegou um atalho. No fim do caminho, viu uma capela, na soleira da qual se sentou e descansou.

Recomeçou a caminhar até encontrar a casa que procurava, onde viu uma senhora e uma menina. Pediu um copo d'água e conversou algum tempo com a mais velha, perguntando sobre uns negros que ali moravam. Ela disse que a família tinha se mudado. Benedito resolveu regressar pelo mesmo caminho. Foi quando viu, a algumas centenas de metros adiante, uma menina morena de 18 anos levando ameixas nas mãos. Perdeu-a de vista por algum tempo, para depois reencontrá-la em um casebre mal-acabado.

Cumprimentou-a, entrou pelo portão e da janela pediu-lhe que arranjasse algumas mudas de cana para ele. A moça respondeu que a cana de açúcar não era dela, mas se ofereceu para levá-lo à dona da plantação, que morava ali perto. Quando a moça, já do lado de fora, fechava a porta para acompanhá-lo, Benedito fez-lhe uma proposta sexual, que foi repelida prontamente. Agarrou seu pescoço, arrastou-a por alguns metros e pegou umas cordas que estavam no chão, estrangulando-a com elas. Arrastou a jovem pela corda, levou-a até um sapezal que ficava a uns cinquenta metros do casebre e estuprou-a enquanto estava desfalecida. Depois, desapertou o nó e notou que sua vítima ainda vivia. Fugiu pelos fundos da chácara, indo para a estação de trem. Disse, em seu depoimento, que a moça gritou ao ser atacada.

## CASOS DA CHÁCARA RUDGE RAMOS

**DATA:** 02.08.1952

Esses casos foram utilizados no início do capítulo para reconstruir os crimes de Benedito Moreira de Carvalho e mostrar como ele pensava e agia.

**VÍTIMA:** RAQUEL
**IDADE:** 10 ANOS
**CRIME:** ESTUPRO E HOMICÍDIO

**VÍTIMA:** ABRÃO
**IDADE:** 8 ANOS
**CRIME:** ATENTADO VIOLENTO AO PUDOR

## CASO DE ITAQUAQUECETUBA

DATA: 18.08.1952
VÍTIMA: RUTH
IDADE: 10 ANOS
CRIME: ESTUPRO E HOMICÍDIO

Benedito desceu do trem na estação de Aracaré às nove horas da manhã. Andou por um atalho e foi sair no Rancho Grande, onde tomou guaraná e permaneceu algum tempo. Voltou para pegar o trem, mas, como ele ainda ia demorar, resolveu voltar ao Rancho Grande e pegar um ônibus. No caminho, num ponto íngreme da estrada, encontrou uma menina negra, Ruth.

Ao cruzar com ela, convidou-a para acompanhá-lo ao mato. Não percebendo suas intenções, Ruth o seguiu até a margem da capoeira. Ali, Benedito agarrou-a pelo pescoço e a arrastou, desfalecida, mato adentro. Depois de estuprá-la, deixou-a recostada em uma árvore, à sombra, ainda com sinais de vida, coberta com suas roupas. Fugiu.

## CASO DO SÍTIO INVERNADA

DATA: 21.08.1952
VÍTIMA: MIRIAM
IDADE: 15 ANOS
CRIME: ESTUPRO E HOMICÍDIO

Benedito foi para Cumbica, onde iria encontrar o amigo Albino, alistado na Força Aérea. Ao chegar ao local, soube que o colega havia sido expulso da unidade. Pegou carona num caminhão e desceu a dois quilômetros do sítio Invernada, no Barreiro. Seguiu a pé pela estrada até o tal lugar e cruzou com várias pessoas pelo caminho. Viu então uma mocinha tirando água de um poço na margem esquerda da estrada. Aproximou-se e verificou que era japonesa. Puxou conversa. Perguntou se alguém de sua família estava em casa. Miriam respondeu que não, que estavam todos na roça. Então Benedito agarrou-a pelo pescoço, mas dessa vez não seria tão fácil, porque a resistência foi grande e os dois lutaram até que ela fosse subjugada. Miriam foi derrubada e feriu o rosto em consequência da queda. Em seguida, Benedito apertou-lhe o pescoço e arrastou-a para o matagal. Colocou-a no chão, desfalecida, e estuprou-a. Não despiu inteiramente a moça e, em seu depoimento, lembrou-se de que a japonesa tinha um pano branco[4] de grandes dimensões sob o corpo. Recebeu uma lesão na unha quando lutava com a vítima. Fugiu.

---

4 *Jiban*, pano branco geralmente usado sob o quimono.

# OS TRABALHOS POLICIAIS

A polícia conseguiu um mandado de busca para investigar a casa de Benedito. As seguintes evidências foram encontradas:

> Três pastas de couro; noticiário de seus crimes e outros em recortes de jornais; vários ternos; chapéu cinza como o descrito pelas testemunhas; livros de catecismo; imagem de santa Izildinha; relação manuscrita a lápis, do próprio Benedito, com várias anotações.

Benedito Moreira de Carvalho fazia um "livro-caixa" de seus crimes de morte. Os bairros eram marcados de acordo com suas próprias referências sobre o local, não com os nomes conhecidos pela imprensa.

Segundo o próprio assassino, suas anotações tinham o objetivo de prevenir-se no caso de ser responsabilizado por crimes sexuais que não tivesse cometido. Eis os registros de seu caderno de contabilidade:

**LAPA:** 01 MENINA • **BAIRRO DO LIMÃO:** 01 MENINO • **ARTUR ALVIM:** 02 MENINAS • **VILA TALARICO:** 01 MENINO
**PIRITUBA:** 01 MENINA • **SUZANO:** 01 MENINA • **VILA DIADEMA:** 01 MENINA • **ESTRADA SACOPEMA:** 01 MENINA JAPONESA • **MAUÁ:** 01 MENINA • **TREMEMBÉ:** 01 MENINA • **PARELHEIRO:** 01 MULHER • **VIA ANCHIETA:** 01 JAPONESINHA • **GUARULHOS:** 01 MULHER • **5ª PARADA:** 01 MENINO • **ITAQUAQUECETUBA:** 01 MENINA • **TABÔA:** 01 JAPONESA

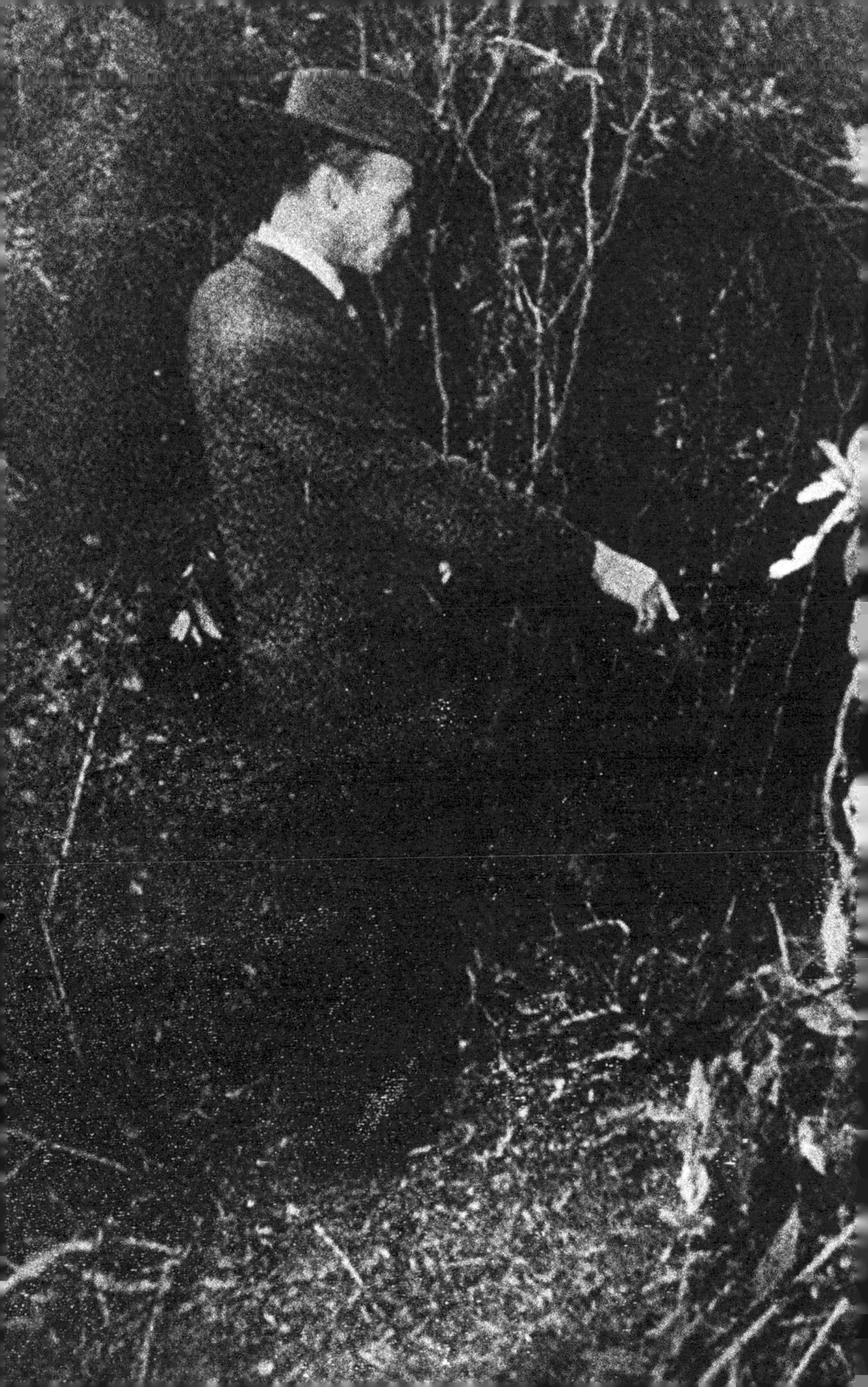

Benedito nunca confessou cópula anal e estrangulamento, ações suas comprovadas por exames médico-legais. Nas marcas de estrangulamento manual deixadas pelo "Monstro de Guaianases" – ele foi assim "batizado" pela imprensa, uma referência aos locais em que praticava seus crimes – no pescoço de suas vítimas, sempre faltava parte do dedo indicador da mão esquerda, que Benedito Moreira de Carvalho tinha perdido num acidente de trabalho. O conteúdo de sua pasta também não deixou dúvidas sobre seus objetivos de uso do cordel com laçada.

Quando interrogado a respeito, ele afirmou que "aquela cordinha" era usada para fazer feixes de gravetos e cavacos que costumava levar para casa e utilizar no fogão. O problema foi que sua esposa negou categoricamente essa declaração, pois o fogão de sua casa era a carvão. De fato, aquele tipo de corda é usado em serrarias para amarrar caibros e ripas, mas as necropsias de Gertrudes Dunzinger e Raquel demonstravam que os sulcos encontrados no pescoço delas correspondiam com exatidão à espessura do cordel de Benedito.

A maior preocupação de Benedito era que as pessoas não acreditassem que ele era doente. Não queria ser tratado como criminoso, queria ser internado em hospital psiquiátrico. Confessou que não conseguia dominar os ímpetos de violência quando estava excitado sexualmente.

Sobre as pastas de couro encontradas em sua casa, declarou que foram compradas por ele na rua São Caetano, eram suas.

O caso do "Monstro de Guaianases" atraiu todas as atenções e causou grande comoção. Seus interrogatórios sobre cada delito em particular foram feitos publicamente, num salão da Secretaria de Segurança Pública, e acompanhados durante dias e dias seguidos por uma multidão de curiosos. Os jornalistas interrogavam Benedito à vontade. Psiquiatras interessados no caso foram entrevistá-lo sem o menor constrangimento.

Passados 14 dias da primeira confissão, Benedito, diante das novas provas, confessou mais três crimes.

A pasta que ele disse ter comprado um ano antes por Cr$ 34,00 (trinta e quatro cruzeiros), na rua São Caetano, provou-se custar bem mais do que isso. A etiqueta da mala levou os investigadores ao fabricante, que estimou o preço de venda em pelo menos o dobro do que ele alegava ter pagado.

Para resolver a dúvida, a polícia examinou outra vez todos os inquéritos de crimes sexuais para verificar se em algum caso havia sido assinalado o desaparecimento da mala da vítima. De fato, no caso de Sarah (10), isso tinha acontecido.

Ela havia sido estuprada e gravemente ferida no mesmo dia que a menina Ester fora estuprada e morta na estrada da Juta, em Santo André.

Foram chamados para depor Sarah e seu pai, que reconheceram a pasta, entre outras quatro, com todas as formalidades e testemunhas.

A menina ainda indicou uma anotação feita a lápis que estaria escrita dentro da mala, provavelmente o preço em código. O pai da vítima conduziu a polícia à loja onde a havia comprado e o vendedor a reconheceu entre outras, mostrando a anotação feita de próprio punho em seu interior.

Ao mesmo tempo, o criminoso confessou outros dois delitos por haver sido reconhecido por testemunhas: estupro de Deborah (11) em 5 de maio de 1952, na Vila Carrão, e de Lea (11) em 24 de junho de 1952, em Mauá.

Benedito fez o reconhecimento e a identificação de todos os locais dos crimes. Mostrou à polícia, com impressionante exatidão, os caminhos pelos quais chegava a eles, o ponto em que encontrara a vítima, a posição em que esta ficara, o caminho de volta, os lugares onde tinham ficado bolsas e outros objetos delas.

Indicava com extrema segurança clareiras, atalhos, estradas, casas, capões de mato, cercas — enfim, todos os detalhes de cada crime cometido por ele. No sítio Invernada, cena de seu último assassinato, reconheceu o local, apesar de a casa ter sido demolida e o aspecto geral do lugar ter mudado. No local em que matou Ester, Benedito não se confundiu nem mesmo com a profunda modificação produzida ali por recentes queimadas.

A menina Rebeca (12), apesar do inicial estado de choque em que ficara após o ataque de Benedito, sobreviveu e pôde depois identificar seu estuprador e colaborar com mais detalhes sobre seu comportamento.

Suas vítimas, atacadas com luta corporal ou não, eram agarradas pelo pescoço e tinham a boca tampada. Arrastadas para o mato, eram estupradas brutalmente ao mesmo tempo que eram esganadas.

A violência de seus crimes era tal que suas vítimas desmaiavam durante o ataque. Os exames de corpo de delito das vítimas indicaram rompimento da vagina e ânus, lesões (escoriações, sulcos e equimoses) no pescoço e rosto, constrição da garganta, socos na cabeça, escoriação na face interna das coxas e face anterior das pernas, morte da vítima por esganadura, estrangulamento ou sufocação, além de contusões e escoriações nos seios.

Benedito cometeu crimes contra 29 vítimas: dez estupros seguidos de homicídio, nove estupros, um atentado violento ao pudor, um atentado ao pudor, seis tentativas de estupro, uma tentativa de estupro e homicídio e um homicídio.

Vinte e duas de suas vítimas com idade conhecida eram menores de idade. Todas, sem exceção, foram atacadas durante o dia. Todos os locais de crime eram escondidos, ermos, outeiros cobertos de vegetação de pequeno porte como capoeiras, clareiras ou capões de mato.

Em seu prontuário no Manicômio Judiciário do Estado de São Paulo,[5] mais cinco crimes constam como sendo de sua autoria. Em Suzano, praticou três atentados sucessivos em 1º de março de 1951 contra uma menina japonesa de 8 anos (seu nome não consta) salva por um passante; Hana, que foi vítima de estupro e tentativa de homicídio; e Eva (13), estuprada e esganada no interior de um rancho. Em 24 de abril de 1952 a vítima foi Leila (12), estuprada e esganada em Tremembé. Em 16 de junho de 1952 foi a vez de Moisés (9), esganado e morto no bairro da 5ª Parada.

---

[5] Em 27/01/1988, o Decreto nº 28.195 transformou a instituição em Hospital de Custódia e Tratamento Psiquiátrico de Franco da Rocha. Em 30/08/1988, pelo Decreto nº 28.822, o local passou a se chamar Hospital de Custódia e Tratamento Psiquiátrico Professor André Teixeira de Lima de Franco da Rocha.

Ao ser interrogada, Marina Ferreira de Carvalho, esposa de Benedito, disse não ter queixas do marido. Parece que ao seu lado seus impulsos sexuais não eram nada doentios. Nunca notou qualquer anomalia ou perversão na conduta dele.

A senhora Carvalho declarou que Benedito era trabalhador e bom chefe de família, sustentando sozinho o lar. Nunca soube ao certo os motivos das prisões e condenações do marido. Sabia vagamente de que se tratava de "encrencas com moças".

Nos últimos tempos, vendo as notícias nos jornais, tentou abordar o assunto com Benedito, mas não conseguiu obter nenhum comentário. Lembrou-se de que, quando ele levara a segunda pasta para casa, ela teria questionado por que mais uma, se ele já tinha tantas. O marido respondeu que precisava daquela e encerrou o assunto.

Na última vez que o visitou, Benedito disse à esposa: "Fiz tudo isso sem pensar. Cuide de sua vida e trate de me esquecer".

## SOBRE O CRIMINOSO

Benedito Moreira de Carvalho nasceu em 10 de agosto de 1908, em Tambaú, São Paulo. Sua mãe morreu ao dar à luz Benedito, seu décimo segundo filho. Queixava-se de crueldades sofridas na infância pelas mãos de seu pai, que o surrava frequentemente com argola de "rabo-de-tatu", um pequeno chicote feito de couro trançado. Também usava cabo de vassoura ou qualquer tipo de pau, sempre na cabeça, produzindo-lhe perturbações, tonteiras, náuseas e desmaios. Tinha pelo pai um misto de estima e ódio, mas se relacionava muito bem com a irmã que o criara.

Dizia ter sofrido uma infância de privações em seu lar. Já na adolescência, ocupou-se de tarefas agrícolas nas propriedades em que nasceu e morou.

Saiu de casa aos 16 anos, quando se instalou em Araçatuba. Lá trabalhou como carreiro (motorista de carro de boi), garçom e lavador de pratos.

Contraiu várias doenças venéreas, entre elas gonorreia, cancro venéreo e adenite inguinal.

Em 1928, aos 20 anos, "sentou praça" na Força Pública como bombeiro, sendo expulso por incapacidade moral em 31 de junho de 1936, depois de seu primeiro crime sexual. Nesse crime já se manifestavam os primeiros sinais de sadismo: atacou a menor Maria num lugar ermo, no bairro Cerâmica, e, subjugando-a com violência, tentou esganá-la. O estupro não foi consumado porque Benedito ejaculou antes, mas o fato chegou aos ouvidos de seu comandante e ele excluiu-o da Força Pública. Condenado a um ano de reclusão, cumpriu a pena e passou a ser serrador.

Em setembro de 1941, no bairro da Penha, cometeu um atentado violento ao pudor. Foi condenado a dois anos e 11 meses de prisão.

No ano de 1943, por causa de um acidente de trabalho, perdeu as duas primeiras falanges do dedo indicador da mão esquerda.

Em julho de 1946, no atentado que ficou conhecido como "Crime da estrada da Peninha", agarrou a menor Naomi, de 16 anos. Ela resistiu e Benedito esganou-a, arrastou-a para o mato e a estuprou. Quando foi preso, identificou-se com nome falso, Joaquim Moreira de Carvalho. Foi condenado a seis anos de reclusão, pena depois reduzida pelo Tribunal de Justiça para três anos e seis meses de prisão. Saiu em liberdade condicional em dezembro de 1949.

Em 25 de janeiro de 1951, Judith sofreu tentativa de estupro por Benedito em Poá. No primeiro dia de agosto de 1951 ele tentou estuprar as irmãs Dalila e Berenice e violentou a menina Sulamita, todas menores de idade. Em 18 de agosto de 1951, novamente em Poá, atacou a menina Dina (13). Arrastou-a para o mato, mas o estupro foi interrompido antes de ser consumado pela chegada de um rapaz no local.

No dia 6 de setembro de 1951 foi preso em flagrante ao invadir a casa de Edna em Itaquera do Campo. Benedito utilizou um cinto para apertar seu pescoço, mas a menina conseguiu gritar. Assustado, ele fugiu, mas foi perseguido e preso por populares. Por meio de um *habeas corpus*, alcançou a liberdade em novembro de 1951.

Menos de um mês depois, em 21 de dezembro, ainda estuprou Lidia, em São Bernardo do Campo.

No ano de 1952, iniciou-se a série de homicídios cometidos por Benedito Moreira de Carvalho, que até então se comportava como um estuprador.

Benedito não fumava, não bebia e era muito arredio. Introvertido, não fazia amigos e era reservado ao extremo com parentes e colegas. Vivia bastante isolado emocionalmente, jamais frequentando bares ou lugares públicos. Suas maneiras sempre foram hostis e antissociais.

Casou-se com Marina Ferreira, com quem teve um filho. Este, aos 13 anos, foi morar na casa dos tios e não falava, de jeito nenhum, sobre o pai. As razões de sua mudança não foram esclarecidas.

Benedito teve caxumba, que lhe causou uma orquite, inflamação dos testículos, e nem sempre secretava esperma. Alegava que depois da caxumba nunca mais pôde controlar seu desejo sexual. Chegava a colher ramos de cambuci e erva-de-bicho para fazer chás que diminuíssem sua virilidade. Acompanhava pelos jornais e colecionava todas as notícias publicadas sobre "tarados sexuais".

As lesões em suas vítimas eram sempre semelhantes: pescoço, rosto, seios e coxas. Se fosse uma criança, apenas a arrastava para o mato; se adulta, antes de tomar alguma medida drástica, fazia um convite, sem aceitar "não" como resposta.

Sempre despia as vítimas meninas e as cobria com as peças de seu vestuário depois de obter satisfação sexual. Quando atacava mulheres adultas, deixava-as nuas e completamente descobertas.

Teve sua prisão preventiva decretada em 12 de setembro de 1952 e foi para o Manicômio Judiciário de São Paulo, hoje chamado Hospital de Custódia e Tratamento Psiquiátrico Professor André Teixeira Lima, de Franco da Rocha, em 24 de outubro de 1952.

A conclusão de todos os laudos realizados até sua morte era de que o paciente sofria de psicose e/ou pseudopsicopatia por lesão cerebral, sendo assim indivíduo de alta periculosidade.

Foi absolvido de seus crimes em razão da inimputabilidade e mantido o resto de seus dias internado no manicômio.

Segundo José Benedito Catalani, funcionário da instituição desde 1973, Benedito Moreira de Carvalho era autoritário, dominador, meticuloso e obediente. Era responsável pelo refeitório dos pacientes da seção B e chefe muito duro com os outros presos. A liderança dos internos não gostava do excesso de autoridade sempre utilizado por Benedito.

Em 1975, Catalani assistiu ao paciente Armindo Pereira Alves, da elite da malandragem na época, atentar contra a vida de Benedito com um canivete Corneta, marca famosa na época, cuja lâmina saltava quando acionada. A camisa branca abotoada de Benedito se abriu com as quatro ou cinco facadas que levou. Sua barriga foi cortada como a de um peixe ao ser limpo; tripas e fezes ficaram expostas e Benedito, segurando o ventre, caminhou vinte metros até o consultório médico para buscar socorro. Hospitalizado durante algum tempo, recuperou-se totalmente.

Segundo Catalani, Benedito sempre teve receio de sair de sua unidade. Ele temia ser alvo de vingança por parte dos parentes de suas vítimas. Tinha mais medo ainda de qualquer paciente oriental.

Em 1976 sofreu um enfarte dentro da copa do refeitório. Como era um preso de confiança, a chave estava com ele e a porta, trancada. Depois do arrombamento executado por funcionários, Benedito ainda recebeu socorro, mas não sobreviveu.

Sua esposa Marina retirou seus pertences, que se resumiam em uma carteira de couro sintético, uma carteira porta-notas, uma caneta tinteiro, óculos com estojo, dez maços de cigarros Parker, um relógio de pulso marca Diva, cédula de identidade, carteira do 2º Batalhão da Força Pública da 4ª Companhia e certidão de nascimento.

Isso foi o que restou do temido Monstro de Guaianases.

# REFERÊNCIAS

FONSECA, G. *Crimes, criminosos e a criminalidade em São Paulo (1870-1950)*. São Paulo: Resenha Tributária, 1988.

# OUTRAS FONTES

Fotografias do acervo do Museu do Crime da Academia de Polícia do Estado de São Paulo e do prontuário nº 4.818 do paciente Benedito Moreira de Carvalho, do Hospital de Custódia e Tratamento Psiquiátrico Prof. André Teixeira Lima, de Franco da Rocha.

Museu do Crime da Academia de Polícia Dr. Coriolano Nogueira Cobra. Estado de São Paulo.

Museu do Tribunal de Justiça do Estado de São Paulo.

Museu e Arquivo Criminal Dr. Milton Bernardski. Associação dos Investigadores de Polícia de São Paulo.

Prontuário nº 4.818 do paciente Benedito Moreira de Carvalho, do Hospital de Custódia e Tratamento Psiquiátrico Prof. André Teixeira Lima, de Franco da Rocha.

Registro Geral nº 223.141, de Benedito Moreira de Carvalho.

Um caso grave de sadismo. Arquivos da Polícia Civil de São Paulo.

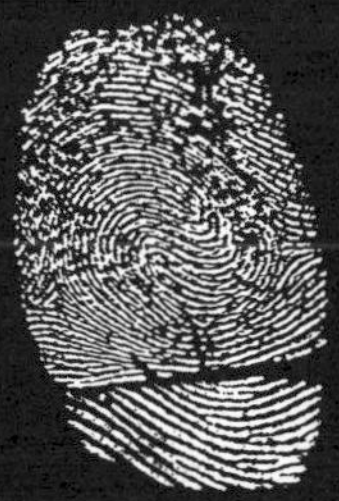

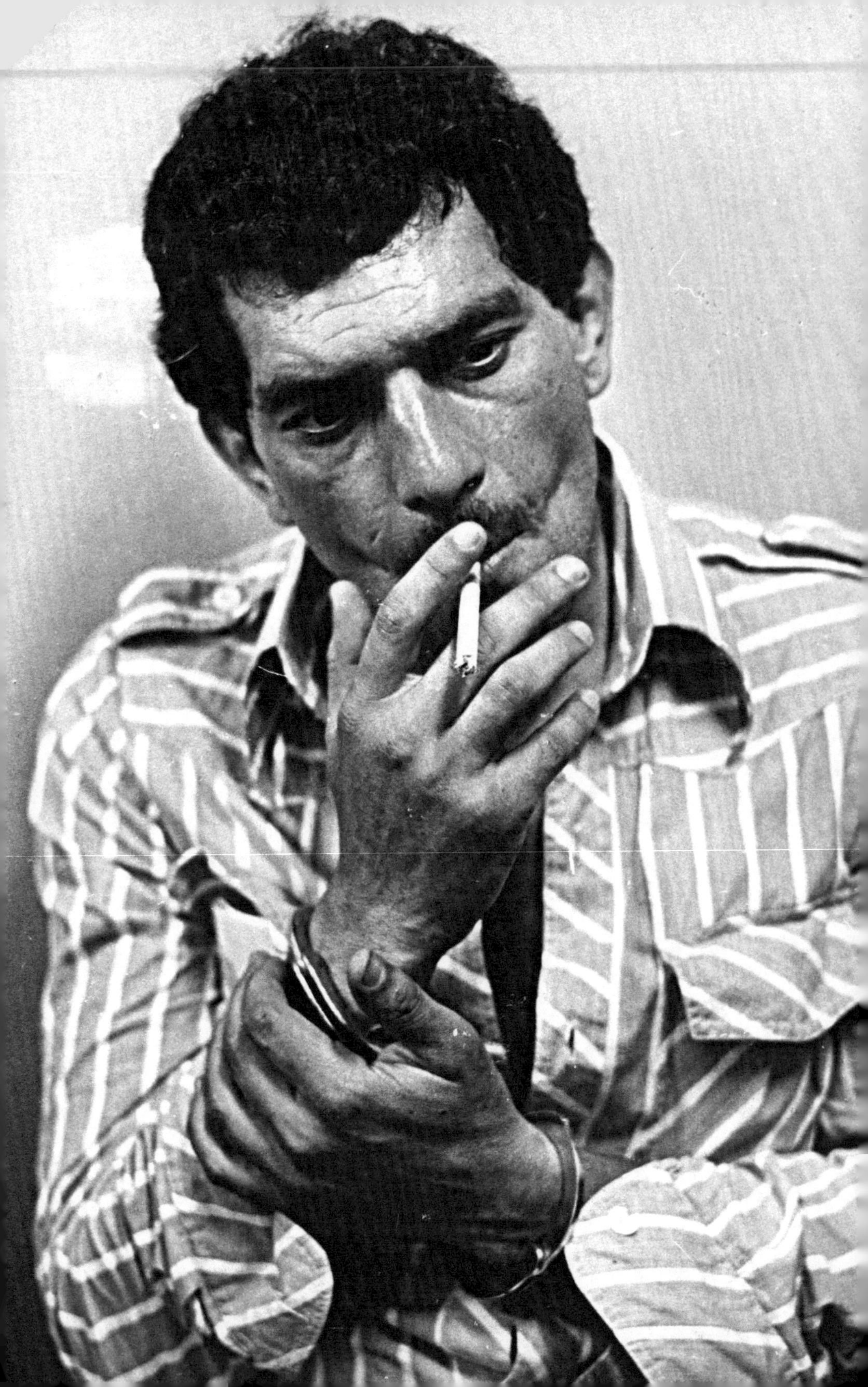

# FRANCISCO COSTA ROCHA
## 4.
### "CHICO PICADINHO"

> "Eu sempre era visto como alguém que está atrapalhando, indesejado [...]. Já nasci criando problema, minha mãe quase que faleceu ao dar à luz." – **Francisco Costa Rocha**

Seu Francisco e dona Nancy se conheceram no Espírito Santo. Ele, exportador de café, poderoso, bem-sucedido. Tinha um casamento "oficial" e seis filhos, mas caiu de amores pela extrovertida e alegre Nancy.

Francisco era homem rigoroso, enérgico, violento e extremamente ciumento da amante. As brigas eram constantes e certa vez chegou ao extremo de ameaçá-la de morte. Talvez fosse insegurança pelos vinte anos de diferença que os separavam. Por duas vezes Nancy provocou abortos, decisão imposta pelo amásio. Na terceira, resolveu ter o filho, apesar dos protestos dele.

Em 27 de abril de 1942 nascia o pequeno Francisco. Nesse clima de rejeição, não teria uma infância fácil. As idas e vindas do pai eram constantes, o tempo que permanecia na "filial" da família, em Vila Velha, era escasso, e os sentimentos do menino pelo pai oscilavam entre a adoração por aquela figura poderosa e elegante e a raiva pelo abandono e rejeição constantes. Apesar de registrado com o mesmo nome de seu pai, não pôde ter acrescido ao sobrenome "Filho" ou "Júnior", como era de se esperar.

Aos 4 anos, sem entender a doença pulmonar que acometera sua mãe e a repentina ruína financeira da família, Francisco foi levado para morar com um casal de empregados do pai em um sítio bastante isolado. Cercado por animais que nunca tinha visto, entre jiboias, porcos, gatos e galinhas, em um ambiente que depois descreveria como "sinistro", Francisco era chamado de "endiabrado e encapetado". Criança solitária, vivia pelas matas que rodeavam o local.

Não faltaram traquinagens na infância do menino. Sempre curioso e inquieto, matava gatos para testar suas sete vidas e observava os resultados, ora enforcando-os em árvores, ora afogando-os em vasos sanitários. Apanhava bastante e uma vez quase perdeu a mão, ao ser punido com lambadas dadas com as costas de uma faca que o acertou, sem querer, com o lado errado.

Depois de dois anos vivendo com o casal, dona Nancy voltou para buscá-lo. Foi um momento estranho, pois o menino Francisco mal se lembrava daquela mulher que se dizia sua mãe. Juntos, foram para Vitória.

Francisco sofreu de enurese noturna até os 5 ou 6 anos. Seu nariz sangrava constantemente, sofria de asma e de pavor noturno.

A mãe tentou de tudo para manter o sustento da família. Trabalhava como cabeleireira e costureira, mas sua inclinação em se envolver com homens casados e bem de vida perturbava bastante o filho. Ela mantinha casos por algum tempo, enquanto o menino se distanciava, evitando qualquer relacionamento com aqueles estranhos que iam e vinham de repente.

No colégio de padres em que iniciou os estudos, as dificuldades não foram menores. Era briguento, desatento, dispersivo, irrequieto, indisciplinado e displicente. Detestava fazer lições de casa e a dificuldade em matemática lhe causaria problemas até a vida adulta. As figuras de batina preta também o assustavam, depois que o famoso "aluno problema" foi chamado na sala do diretor para ser repreendido. Lá, encostado na porta, viu outro menino no colo do padre. Sem entender o que estava acontecendo, mas com uma sensação de constrangimento e vergonha, saiu sorrateiro e permaneceu sempre receoso de que acontecesse com ele a mesma coisa. Depois de repetir a quarta série, foi convidado a mudar de escola.

Passou a estudar em uma instituição estadual, onde cursou a quarta e quinta séries. Prestou exames no Colégio Americano e passou. Seu relacionamento com os colegas e professores se complicou quando, por influência de um tio, declarou-se ateu. Perdeu a namorada, ganhou olhares desconfiados e, antes de terminar o ano, abandonou os estudos.

Dona Nancy não sabia como controlá-lo. Era mais amiga do que mãe. Francisco vivia então muito tempo na rua, aprontando, pondo fogo em coisas, invocando o diabo, pesquisando sobre vampiros, perseguindo assombrações, mergulhando no mar bravio, enfim, matando a curiosidade de tantas perguntas sem respostas que sempre rondavam sua imaginação.

Na adolescência, sempre era o menor da turma com a qual andava. Nas "brincadeiras de menino", muitas vezes foi subjugado para troca de carinhos sexuais e, entre pauladas e pedradas, acabou se acostumando.

Tentou arrumar trabalho e até conseguiu alguns, mas não tinha a persistência necessária ou a orientação e autoridade da mãe para permanecer muito tempo em um emprego. A vida livre, na rua, era muito mais interessante. A "juventude transviada" corria solta naqueles anos e Francisco logo formou com os amigos o Clube Sentapua. Juntos, aprontavam pela cidade entrando como penetras nos mais chiques casamentos da alta sociedade, bebendo muita cuba libre, pegando "emprestado" carros para rodar sem rumo e depois os devolvendo aos donos, divertindo-se entre aventuras, pequenas transgressões e enrascadas.

O maior sonho de Francisco, aos 15 anos, era ser marinheiro. Não conseguiu. A mãe chorou, esperneou e gritou diante da possibilidade de o filho mudar-se para Santa Catarina, onde cursaria a Escola Naval. Não autorizou a viagem do rapaz.

Aos 16, mudou-se para o Rio de Janeiro com a mãe e seu companheiro, a quem Francisco reconheceria como padrasto num relacionamento que se manteria pelo resto da vida.

Ao completar 18 anos, resolveu que seria paraquedista. Alistou-se na Aeronáutica e logo pediu transferência para São Paulo, onde ficou alojado no Campo de Marte. Foi recruta por seis meses, passando depois para a Infantaria, onde trabalhava na parte administrativa. Fazia pagamentos e servia café. Ali conheceu um técnico americano, Mathias, especialista em galvanoplastia. Foi seu cicerone por São Paulo e Rio, desfrutando de jantares no Restaurante Fasano e na Churrascaria Rubayat, entre outros.

Depois da partida do amigo texano, que queria levá-lo para os Estados Unidos, Francisco pensou em continuar na carreira militar e seguir na profissão de mecânico de aviação, apaixonado que era pelas engrenagens. Mas a falta de disciplina novamente foi decisiva na escolha.

Tentando resolver essa instabilidade interna, a falta de rumo e a autoridade que permeava sua juventude, Francisco tentou ainda entrar para a Polícia Militar. Não foi bem-sucedido.

Olhando anúncios de jornal, encontrou o emprego que lhe proporcionaria bom salário e liberdade: representante de vendas da Gessy Lever.

A vida itinerante pelo interior do estado e a solidão logo foram aplacadas pela bebida, que rapidamente se tornou um vício, quando, por dificuldade em cumprir a meta de vendas, foi demitido.

Francisco tentou então a carreira de corretor de imóveis. Ganhava bem, alugava um apartamento no centro da cidade e passou a trabalhar para viver os prazeres que almejava. Sem horário fixo, divertia-se em bares e boemia, frequentava teatros com passe livre cedido por parceiros sexuais, lia

Nietzsche e Dostoiévski, experimentava todo tipo de drogas e participava de orgias noturnas com mulheres diversas. A agressividade sexual que lhe dava prazer se acentuava cada vez mais.

Chegou a enamorar-se de algumas mulheres e elas logo queriam firmar compromisso, mas isso Francisco não aceitava. Certo de que não queria se comprometer com alguém pelo resto de seus dias e avesso ao controle que logo as namoradas pretendiam exercer, preferia a companhia de mulheres da noite, que, como ele, se divertiam com bons programas e não exigiam nada mais que a conta paga por ele.

Em uma dessas farras, em 1965, foi atropelado no cruzamento da avenida Rio Branco com a avenida Ipiranga e teve a sensação de desmaio por alguns segundos, mas não sofreu nada mais grave que um ferimento na perna. Logo voltou à vida normal.

Dividia um apartamento no oitavo andar de um prédio na rua Aurora com um amigo chamado Caio, médico-cirurgião da Aeronáutica, que estava enfrentando uma grande instabilidade no casamento e usava a quitinete de vez em quando. Com esse amigo, Francisco foi assistir ao filme *O colecionador*,[1] a história de um rapaz solitário que em sua obsessão por uma mulher a aprisiona no porão de sua casa e a sevicia até a morte. O filme rendeu longas conversas e análises entre os dois.

As noites começavam no Bar Pilão e acabavam no Ponto Chic, no largo Paissandu, que ficava aberto madrugada afora e onde muitos boêmios de São Paulo terminam a noite até hoje.

Os amigos de Francisco já tinham comentado com ele sobre uma boêmia de nome Margareth Suida. Ela era austríaca, natural de Kroterneuburg, bailarina, separada e atendia como massagista para melhorar o orçamento. Tinha 38 anos de idade. Segundo alguns frequentadores do bar, ela era boa de copo e de papo.

Naquela terça-feira, 2 de agosto de 1966, Francisco conheceu a tão falada Margareth. Era uma mulher bonita, vestia um conjunto de saia e blusa azul e por cima uma capa de náilon cinza-chumbo de gola branca, amarrada na cintura. Ficaram ali no bar jogando conversa fora, falando sem compromisso.

Já bem tarde da noite, ele a convidou para ir ao seu apartamento, onde tinha a intenção de esticar o prazer.

Francisco se lembra pouco dos acontecimentos que se seguiram. Eles aparecem em sua memória como flashbacks, sem que se tenha uma sequência de fatos definida. Pode-se chegar a algumas conclusões por meio do laudo nº 14.985/66, referente ao levantamento do local de cadáver realizado pelo perito criminal Adolpho Viesti.

---

[1] *The Collector*, 1965, direção de William Wyler, com Terence Stamp e Samantha Eggar.

# PLANTA ARQUITETÔNICA DO APARTAMENTO DE FRANCISCO

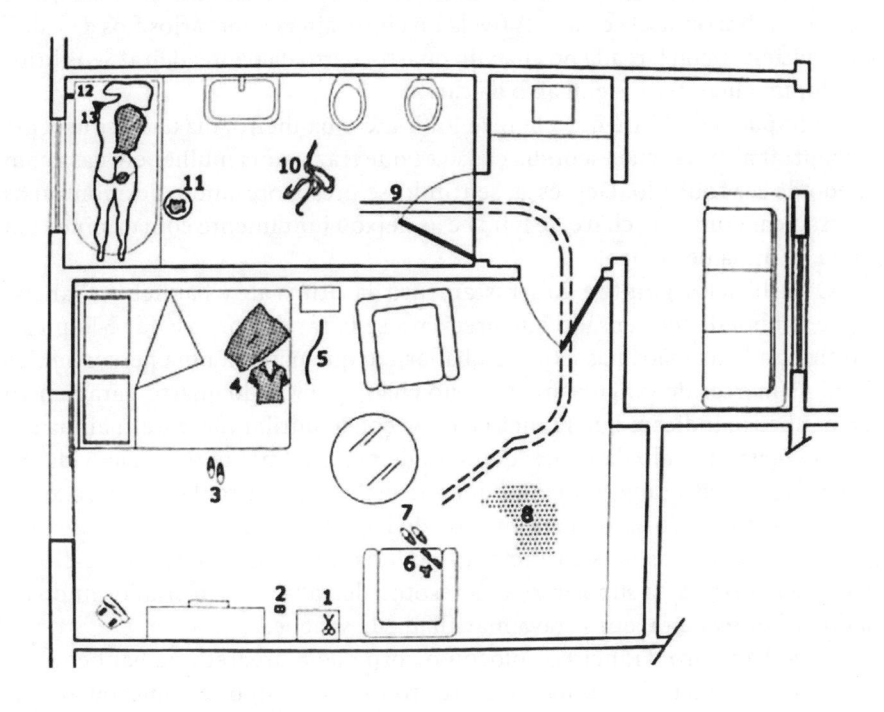

**LEGENDA:**
1. TESOURA SOBRE CRIADO-MUDO | 2. FIVELA DO CINTO | 3. SAPATOS DA VÍTIMA | 4. ROUPAS DA VÍTIMA | 5. CINTO DA CAPA DA VÍTIMA
6. LINGERIE DA VÍTIMA | 7. PAR DE SAPATOS DE HOMEM | 8. CACOS E FRAGMENTOS DE COPO DE VIDRO | 9. MARCAS DE ARRASTAMENTO
10. CINTO SEM FIVELA E GRAVATA | 11. BALDE COM AS PARTES DA VÍTIMA | 12. GILETE SOBRE A BORDA DA BANHEIRA | 13. FACA SOB O CADÁVER

Pelas roupas de Margareth sobre o pé da cama e sua lingerie colocada na poltrona, ela ficou nua de livre vontade. Os lençóis estavam desalinhados e os cinzeiros cheios de bitucas de cigarro de duas marcas diferentes. Pela quantidade de cigarros encontrados ali, consumidos por duas pessoas, horas se passaram antes que Margareth fosse morta.

A relação sexual que tiveram deve ter seguido o padrão de violência que Francisco descreveria como sendo habitual com "certos tipos de mulher": Margareth apresentava várias mordidas perto dos seios e do pescoço, além de um hematoma no nariz.

Um dos primeiros flashbacks de Francisco é o de seu avanço sobre a vítima, com as mãos nuas em direção ao pescoço, para estrangulá-la. Segundo seu relato, os dois "arriaram" no tapete, ao lado da cama, enquanto ela desmaiava.

A próxima memória dele é sobre o cinto com o qual enforcou Margareth, terminando de matá-la. Francisco alcançou-o com apenas uma das mãos, mas não se lembra onde ele estava. A fivela do cinto, ainda com vários fios de cabelo da vítima, ficou largada no chão do quarto, perto da penteadeira. Seus brincos foram encontrados embaixo da cama.

O impulso seguinte que ele teve foi ir até o banheiro, mas não conseguia encontrar a chave, que escondia cada vez que trazia uma mulher em casa com medo de ser roubado. Depressa, sentindo-se preso, oprimido, desmontou as dobradiças com uma chave de fenda e as deixou juntamente com os pinos em cima da mesa de centro.

O flashback seguinte é do arrastamento da vítima até o banheiro. Francisco se lembra de ter pensado que precisava se livrar do corpo e de tê-lo puxado firmando as mãos nas axilas da bailarina, que não era uma pessoa muito leve. As marcas de sangue em curva no chão, que vão do quarto para dentro do banheiro, indicam que Francisco começou a mutilar Margareth ainda sobre o tapete, ao lado da penteadeira, onde provavelmente tirou sua vida. Se ele a tivesse feito sangrar apenas quando estivesse dentro da banheira, o arremate de metal do carpete na entrada do banheiro não estaria cheio de sangue, nem as marcas de arrastamento poderiam ter sido feitas. O indício final que alicerça essa suposição foi a tesoura deixada sobre o criado-mudo ao lado da penteadeira, que estava manchada de sangue.

Já no banheiro, Francisco colocou o corpo de Margareth na banheira, de barriga para cima. Com uma gilete, retirou seus mamilos e começou a retalhar o corpo de sua vítima. O processo a que submeteu o cadáver da mulher estaria mais próximo de uma dissecação do que de um esquartejamento.

Suas partes moles, como seios e músculos, foram recortadas e removidas; ela foi eviscerada. Sua pélvis foi também retirada. Esse estrago ou retirada das partes femininas da vítima é chamada de desfeminização.

Francisco tentou se livrar de algumas vísceras jogando-as no vaso sanitário, mas mudou de ideia no meio do processo. Foi até a cozinha e pegou um balde de plástico, dentro do qual começou a recolher cada recorte que fazia.

Quando terminou de descarnar boa parte da frente do corpo da vítima, Francisco a virou de bruços, ainda dentro da banheira. Dissecou a metade direita das costas e arrancou um pedaço das nádegas.

A confusão de pegadas de sangue encontrada no banheiro permite deduzir que o criminoso entrou e saiu várias vezes do recinto. Os vestígios de pegadas dos pés descalços não obedeciam a uma sequência de um caminhar normal.

No chão do banheiro estava o cinto sem a fivela, com o qual Margareth foi estrangulada, outro cinto de couro marrom e uma gravata. Todas as peças estavam embebidas em sangue. Sobre um estrado de madeira havia uma mala. Dentro dela, alguns livros, desenhos exóticos e pornográficos. Sobre a pia estava o anel de Margareth, provavelmente retirado por Francisco antes de iniciar a carnificina.

Na perícia do local do crime foi feito um exame minucioso do corpo da vítima. Foram constatadas mutilações generalizadas, evisceração parcial e ferimentos incisos e perfuroincisos. As regiões atingidas eram as seguintes: dorsal direita, glútea direita, perianal, parte anterior do pescoço, torácica, abdominal, pubiana, coxa esquerda, braço e antebraço esquerdos. No punho direito da vítima, uma atadura cobria uma recente tentativa de suicídio, ainda com a sutura.

Embaixo do ombro de Margareth, dentro da banheira, foi encontrada uma faca de cozinha. Sobre a borda da banheira estava a gilete utilizada, ainda manchada de sangue.

De repente, Francisco começou a voltar a si e a sentir extrema repulsa pelo que havia feito. Perplexo com seus atos, limpou-se com o álcool que estava na garrafa em cima da mesa do quarto e se vestiu rapidamente. Horas haviam se passado, já anoitecia, e ele tinha marcado um jantar com Caio.

Na hora em que o médico chegou à rua Aurora, Francisco já o esperava no térreo. Falou para o amigo que tinha um problema e Caio, bem-humorado, perguntou:

– É dinheiro ou mulher?

Francisco respondeu que dessa vez o assunto era sério, que havia uma pessoa morta "lá em cima". Pediu que Caio não subisse e que não contasse nada à polícia até que ele se entregasse, depois que fosse ao Rio de Janeiro tranquilizar sua mãe sobre os fatos que se sucederiam e arrumasse um advogado.

Assustado, ele acreditou no amigo. Combinaram que Francisco ligaria na casa da sogra de Caio, dando notícias no dia seguinte à noite. O médico saiu dali rapidamente, pensando em como se livraria da enrascada em que se havia envolvido.

Depois de muito pensar, chegou à conclusão de que não tinha muitas alternativas. Não havia dúvida de que nas investigações seu nome se tornaria público, assim como as escapadas extraconjugais que aconteciam na quitenete. Era melhor que ele mesmo contasse à esposa e, com ela, resolvesse o que fazer.

O casal foi procurar um amigo delegado para se aconselhar. Este, sem perda de tempo, levou-os para a delegacia e denunciou o crime.

O responsável pela investigação foi o delegado de homicídios doutor Antonio Strasburg de Moura, que chamou imediatamente o Instituto de Polícia Técnica, solicitando a realização de exames no local.

Na noite seguinte, Francisco cumpriu sua promessa de telefonar para o doutor Caio na hora combinada. O delegado Strasburg estava lá e depois de muita conversa conseguiu o telefone de onde ele falava. O número pertencia ao Hotel Regente, no Rio de Janeiro.

Francisco Costa Rocha foi preso em 5 de agosto de 1966. Já tinha conversado com um advogado, mas não com sua mãe. O delegado Strasburg, ao chegar onde ele estava escondido, falou:

– Eu sou de São Paulo e acho que o senhor sabe por que estou aqui. Sou da Delegacia de Homicídios.

Francisco respondeu:

– Pois não, tudo bem.

Sem reagir, o assassino que já havia conquistado a primeira página dos jornais foi levado para a 3ª Delegacia de São Paulo.

Francisco foi interrogado, mas não conseguiu apresentar um motivo para o assassinato que cometera. A polícia também desconfiava que o médico Caio havia sido cúmplice, pois os cortes no corpo de Margareth pareciam ter sido feitos por alguém com prática anterior.

Nos processos da época, consta a declaração de Francisco de que estrangulou e esquartejou Margareth Suida porque desejava dar vazão à raiva que sentia da própria vida.

A bailarina, segundo consta no interrogatório, lembrava a mãe do criminoso, que, abandonada pelo marido, vivia em companhia de um estranho. Além disso, Francisco disse que tinha a sensação de que "sua potência e virilidade diminuíam, aparecendo em seu lugar um sentimento mórbido pela violência, que se expressava em apertar-lhe o pescoço e morder-lhe". O assassino teria perdido o controle, ao ser rejeitado e ridicularizado ao tentar fazer sexo anal com Margareth.

Francisco Costa Rocha foi condenado a 18 anos de reclusão por homicídio qualificado, mais dois anos e seis meses de prisão por destruição de cadáver. Posteriormente, teve sua pena comutada para 14 anos, quatro meses e 24 dias.

Até 1972, cumpriu pena na Penitenciária do Estado. Ali fez supletivo de 1º e 2º graus, lia muito e era preso de confiança, trabalhando diretamente com a diretoria. Recebia muitas visitas e foi a época da sua vida em que ficou mais assistido.

Uma visita que recebia com frequência era a da amiga Catarina (pseudônimo), com quem acabou se casando ainda quando estava preso. Com ela, imaginou uma vida ideal, fora da situação prisional.

De 1972 a 1974, Francisco cumpriu pena na Colônia Penal Agrícola Professor Noé Azevedo, na cidade de Bauru.

Em junho de 1974, oito anos após ter cometido o primeiro crime, Francisco foi libertado por comportamento exemplar. No parecer, para efeito de livramento condicional expedido pelo então Instituto de Biotipologia Criminal, foi excluído o diagnóstico de personalidade psicopática e estabelecido que Francisco tinha "personalidade com distúrbio de nível profundamente neurótico". Obteve progressão penal e então sua única obrigação era apresentar-se em juízo, a cada noventa dias, para anotação na carteira de preso condicional.

A vida conjugal caiu na realidade da rotina e logo começaram os desentendimentos. Francisco foi trabalhar na Editora Abril, na divisão de volumes.

Continuava a ser bom vendedor, mas junto com o dinheiro veio a vontade de voltar para a boemia. Gradativamente, foi chegando cada vez mais tarde em casa, voltou a beber, passando a dormir na sala. Para complicar, Catarina engravidou e exigia do companheiro uma vida mais regrada. Sem conseguir "endireitar" o marido, o casamento acabou em separação ainda em 1974. A filha do casal nasceu em 1975.

Francisco começou a viver em pensões, hotéis baratos e apartamentos alugados ou emprestados. Voltou a usar drogas e mudou de emprego algumas vezes por conta da inquietude e da frustração que passaram a permear outra vez sua vida.

Quando morou no bairro da Liberdade, conheceu Berenice (pseudônimo), por quem teve o que chama de "paixão carnal". Com ela também teve um filho, mas isso não impediu que Francisco se entregasse cada vez mais aos programas da boca do lixo em São Paulo. Era a fase do sexo, drogas e rock'n'roll.

Em maio de 1976, novamente sem ter onde morar, Francisco procurou Joaquim, seu antigo amigo e fiador. Apesar de ter conhecimento de seu crime anterior, Joaquim deixou que Francisco ficasse em seu apartamento durante algum tempo, até que arrumasse nova moradia.

Em 13 de setembro de 1976, a empregada doméstica Rosemeire, de 20 anos, conheceu Francisco na Lanchonete Elenice, onde ele a convidou para acompanhá-lo ao Hotel Carnot, juntamente com mais um casal.

Enquanto estavam tendo relações sexuais, Francisco começou a ter um comportamento bastante violento. Mordeu sua parceira várias vezes além de tentar esganá-la. Segundo o depoimento da moça ela desmaiou e quando voltou a si percebeu que Francisco tentava morder a sua "veia do pescoço". Ao levantar-se, sangue escorreu por entre suas pernas. Fugiu do hotel sem demora e procurou atendimento médico no pronto-socorro da Santa Casa de Misericórdia. Lá, por meio de exames feitos por médicos e investigadores do hospital, ficou constatada agressão no útero por instrumento perfurocortante desconhecido, tentativa de estrangulamento, além de mordidas pelo corpo. Rosemeire, que estava no início de uma gravidez, perdeu o bebê. Em 15 de setembro foi instaurado um processo contra Francisco Costa Rocha por lesão corporal dolosa.

Entre a saída da prisão e a fatídica noite de outubro de 1976, quando Francisco cometeria seu segundo crime, ele mesmo notou a escalada de violência em que se encontrava. A cada relação sexual que praticava, seus instintos sádicos estavam mais exacerbados. Por volta de meia dúzia de mulheres sentiram a agressividade dos "quase" estrangulamentos, mas como a excitação sexual por privação de oxigênio (hipoxifilia) é prática comum em relações sadomasoquistas, não reclamaram. Quando a condição sádica é severa, e quando está associada ao transtorno da personalidade antissocial, o indivíduo pode ferir gravemente ou matar suas parceiras. Francisco sabia que esse dia não estaria longe.

No dia 15 de outubro de 1976, uma sexta-feira, Francisco conheceu Ângela de Souza da Silva, 34 anos, também na Lanchonete Elenice, na esquina da rua Major Sertório com a rua Rego Freitas. Ângela era uma prostituta acusada de roubos e furtos, que utilizava vários nomes diferentes: Benedita Ozório de Souza, Suely de Souza Silva, Sonia da Silva, Maria de Souza, Sonia Aparecida de Souza e Sonia Aparecida dos Santos. Para Francisco, apresentou-se como "Suely".

Ficaram durante toda a noite bebendo em diversos bares, pois Francisco sabia que só poderia usar o apartamento em que estava morando depois das sete horas da manhã, horário em que Joaquim já teria saído para trabalhar e o terreno estaria livre para a farra combinada.

Entraram no prédio da avenida Rio Branco por volta desse horário, fato confirmado pelo porteiro do edifício. Francisco agiu então com os mesmos requintes de sadismo e crueldade do seu crime anterior. Ângela foi morta por estrangulamento quando, sob o corpo de Francisco, mantinha com ele relações sexuais. Ao perceber que ela havia morrido, se deu conta do que fizera e das consequências daquele ato para sua vida.

A primeira providência por ele tomada foi a tentativa de esconder o crime. Da mesma forma que fizera no crime anterior, arrastou o corpo inerte até o banheiro, munido de uma faca de cozinha, um canivete e um serrote. Novamente, começou a retalhar o cadáver, extirpando os seios, abrindo-o pelo ventre, retirando as vísceras e jogando-as no vaso sanitário. O plano não deu tão certo... o encanamento entupiu.

Francisco então percebeu que, dessa forma, não conseguiria se livrar do corpo da vítima. Resolveu recomeçar, desta vez picando tudo bem miúdo, para que o transporte fosse facilitado.

O esquartejamento continuou, então, na parte da cabeça. Retirou os olhos e retalhou a boca para diminuir o tamanho do crânio. Logo Francisco descobriu como seria difícil seu trabalho. Segundo seus depoimentos posteriores, nunca havia sido açougueiro ou trabalhado em hospitais. Como não sabia secionar o corpo corretamente, usou sua força muscular e o serrote. Dessa vez, picou a vítima.

Após ter secionado os membros de Ângela, abriu a água do chuveiro, lavou as partes do corpo na banheira e acondicionou-as em sacos plásticos. Francisco acredita que levou entre três e quatro horas "trabalhando" no corpo de sua vítima. Dividiu os sacos com as partes do corpo numa mala verde de viagem e numa sacola xadrez. Colocou tudo na sacada do apartamento, com medo de que Joaquim chegasse mais cedo e testemunhasse seu crime.

Cansado, sentou-se no sofá e adormeceu. Em algum momento do sono, lembra-se de ter ouvido a campainha tocar insistentemente, mas não se levantou para abrir a porta.

Do outro lado estava Joaquim. Já eram 15h30 quando ele chegou ao apartamento, mas Francisco havia passado a trava na porta e ele não conseguia entrar. Resolveu ir até a casa de um sobrinho fazer um pouco de hora para depois voltar.

Francisco acordou somente perto das 18h30. Tinha a sensação de não realidade que acompanha o despertar de um pesadelo. Chegou à conclusão de que, se conseguisse arrumar um carro com algum conhecido, buscaria a "bagagem" e sumiria com as provas do crime. Prostitutas não eram muito procuradas pela polícia quando desapareciam. Deixou um bilhete para Joaquim, que dizia: "Amigo, viajei, obrigado".

Procurou o antigo colega da Penitenciária de Bauru, Rogério, que lhe poderia emprestar uma arma, mas não o encontrou. Não achou também outro companheiro, dono de um Dodge Dart, carro que pegaria emprestado para levar a mala, a sacola e os sacos plásticos até o rio Tietê, onde Ângela desapareceria para sempre.

Enquanto isso, Joaquim retornou ao apartamento. Ao entrar no banheiro, encontrou tudo muito molhado, além de o feltro da enceradeira estar encharcado, largado no chão. Recolheu-o e resolveu colocá-lo para secar na sacada.

Ao abrir a porta do terraço, Joaquim encontrou uma mala, uma sacola e vários sacos plásticos. Abriu para ver o que era e, a princípio, pensou que se tratava de peças de um manequim. A ilusão durou pouco. Atônito, percebeu que estava mexendo com partes de um corpo de verdade, brutalmente retalhado. Lembrou-se do primeiro crime de Chico e mais do que depressa chamou a polícia.

Enquanto isso, Francisco, sem conseguir realizar seus planos e com a certeza de que seria preso novamente, tentou voltar ao apartamento para livrar-se das provas do crime, mas percebeu o carro de remoção de cadáveres na frente de onde morava. Resolveu fugir enquanto era tempo. Por volta das 20h deixou a avenida Rio Branco, fato depois confirmado por uma conhecida prostituta que ali passava. Francisco teria dito a ela que iria viajar.

No dia seguinte, estava no Rio de Janeiro. Da Central do Brasil embarcou em um trem e foi até Japeri. Durante o trajeto, pensou seriamente em se jogar pela porta e acabar com a vida, mas lhe faltou coragem. Voltou para a Central do Brasil e passou a noite na praça Mauá, dormindo na marquise de um edifício antigo.

De manhã, viu seu nome e fotografia estampados em todos os jornais. Perdido, misturou-se à multidão que subia nas barcas e rumou para Niterói. Pretendia ficar em um hotel, mas o presidente Geisel estava na cidade, em visita oficial, e com isso havia inúmeros policiais.

Mudou seus planos e foi para a praia de Icaraí, mas não achou lugar para ficar. Perambulou até encontrar uma gruta segura, na praia do Ingá. Depois de sobreviver alguns dias catando marisco, tarefa que aprendeu com um pescador local, ficou sem dinheiro. Resolveu voltar até Niterói para vender o relógio, mas o negócio rendeu pouco dinheiro.

Sua única chance de escapar seria sair do país, mas para isso tinha de encontrar um velho amigo de cela que poderia ajudá-lo: Baianinho Charlatão, que ficava sempre pelas redondezas da praça do Pacificador, em Duque de Caxias. Deu certo. Baianinho Charlatão já sabia de tudo pelos jornais. Os dois conversaram e o velho amigo se desculpou por não poder levar Francisco para sua casa, onde a esposa certamente reconheceria o famoso foragido. Prometeu arrumar dinheiro para ele, que seria entregue às 10h do dia seguinte, no mesmo local.

Em 26 de outubro de 1976, Francisco Costa Rocha foi preso pelo detetive Amadeu Vicente logo depois de encontrar-se com o amigo que iria ajudá-lo a escapar. Nunca ficou claro se Baianinho Charlatão era informante da polícia ou não. Nos bolsos de Francisco, agora já chamado por todos de Chico Picadinho, encontrava-se o comprovante de uma passagem de ônibus da Viação Cometa do dia 16 de outubro, para às 23h58m. Voltou para São Paulo num avião fretado pela Secretaria de Segurança Pública do Estado e foi recebido na 3ª Delegacia pelo doutor Erasmo Dias.

Em seu julgamento, a defesa afirmou que o motivo dos assassinatos não fora torpe, justificando que Francisco sofria de insanidade mental e seus crimes eram consequência da perturbação do réu. Alegou também que aquele era um homicídio simples, sem dolo, pois o motivo da retalhação do corpo da vítima não era sua ocultação e sim o transe de perturbação mental do momento. A acusação discordou, obviamente.

Foi apresentado também um laudo de sanidade mental de Francisco Costa Rocha, realizado pelos renomados psiquiatras doutor Wagner Farid Gattaz e doutor Antonio José Eça. Eles o consideraram semi-imputável e deixaram expresso que se tratava de "portador de personalidade psicopática de tipo complexo (ostentativo, abúlico, sem sentimentos e lábil de humor), que, em função direta dela, delinquiu". Apresentava "prognóstico bastante desfavorável, congênita que é a personalidade psicopática. Esta manifesta-se cedo na vida, e não é suscetível a nenhuma espécie de influência pela terapêutica, conferindo, no presente caso, alto índice de periculosidade latente".

Francisco, vulgo "Chico Picadinho", foi condenado a 22 anos e seis meses de prisão, em um resultado controverso. O veredicto de culpado não foi unânime: quatro jurados votaram sim, três votaram não.

Em 1994, foi emitido outro laudo pelo Centro de Observação Criminológica,[2] agora para avaliar a sua progressão para regime semiaberto. O diagnóstico foi "personalidade psicopática perversa e amoral, desajustada do convívio social e com elevado potencial criminógeno". Indicaram que Fran-

---

2   Laudo emitido em 26 de agosto de 1994, pela dra. Dirce Marini (psiquiatra), Magaly Iazzetti Caliman (psicóloga), Ana Maria Manresa (assistente social) e Mauro A. Cunha (estudo jurídico).

cisco deveria ser "encaminhado para Casa de Custódia e Tratamento, a fim de ser mais bem observado e acompanhado de forma mais satisfatória". Seu pedido de progressão penal foi negado.

Em 1996, novamente foram negados os pedidos de progressão de pena feitos pela defesa e de sua conversão em medida de segurança, pela promotoria. Sua permanência na Casa de Custódia e Tratamento de Taubaté foi autorizada, para acompanhamento psiquiátrico e relatório médico a cada seis meses.

Em abril de 1998, ano em que Francisco deveria ser libertado, a Promotoria de Taubaté entrou, na 2ª Vara Cível da cidade, com uma ação de interdição de direitos e obteve liminar. Para isso, utilizou um decreto de 1934, que prevê a interdição de direitos na área civil para pessoas com problemas penais.

Francisco Costa Rocha continua preso na Casa de Custódia de Taubaté, onde já cumpriu sua pena, mas não foi solto por estar "despreparado para viver em sociedade".

Pelas leis brasileiras, ele deveria ter sido libertado em 1998, depois de cumprir a pena. Na decisão do Tribunal de Justiça de São Paulo, que concedeu a interdição, pesou o medo de o crime se repetir. A realidade é que Francisco só poderia continuar preso se fosse considerado psicopata, mas, neste caso, deveria estar em um hospital psiquiátrico e não em Taubaté.

Existe discussão entre o conceito jurídico e psiquiátrico de doença mental. O diagnóstico de personalidade psicopata ou transtorno de personalidade antissocial implica na semi-imputabilidade, na qual inclusive o preso tem direito à diminuição de pena sem ser obrigatoriamente internado, já que não é considerado doente mental. O problema é que, apesar de o portador desse transtorno entender o caráter de seus atos, ele não consegue controlar sua vontade. Dessa forma, a probabilidade de reincidir é extremamente alta e sua periculosidade, indiscutível.

Quando em 1984 houve mudança de lei, ficou impossível aplicar, para um mesmo preso, medida de segurança e pena – o sistema denominado duplo binário. Todos os condenados assim passaram a cumprir apenas pena restritiva de liberdade, o que significa ficar por no máximo trinta anos em instituição prisional.

A curiosidade jurídica, nesse caso, é que a Justiça Civil, e não a Criminal, é quem está impedindo a libertação de Chico Picadinho.

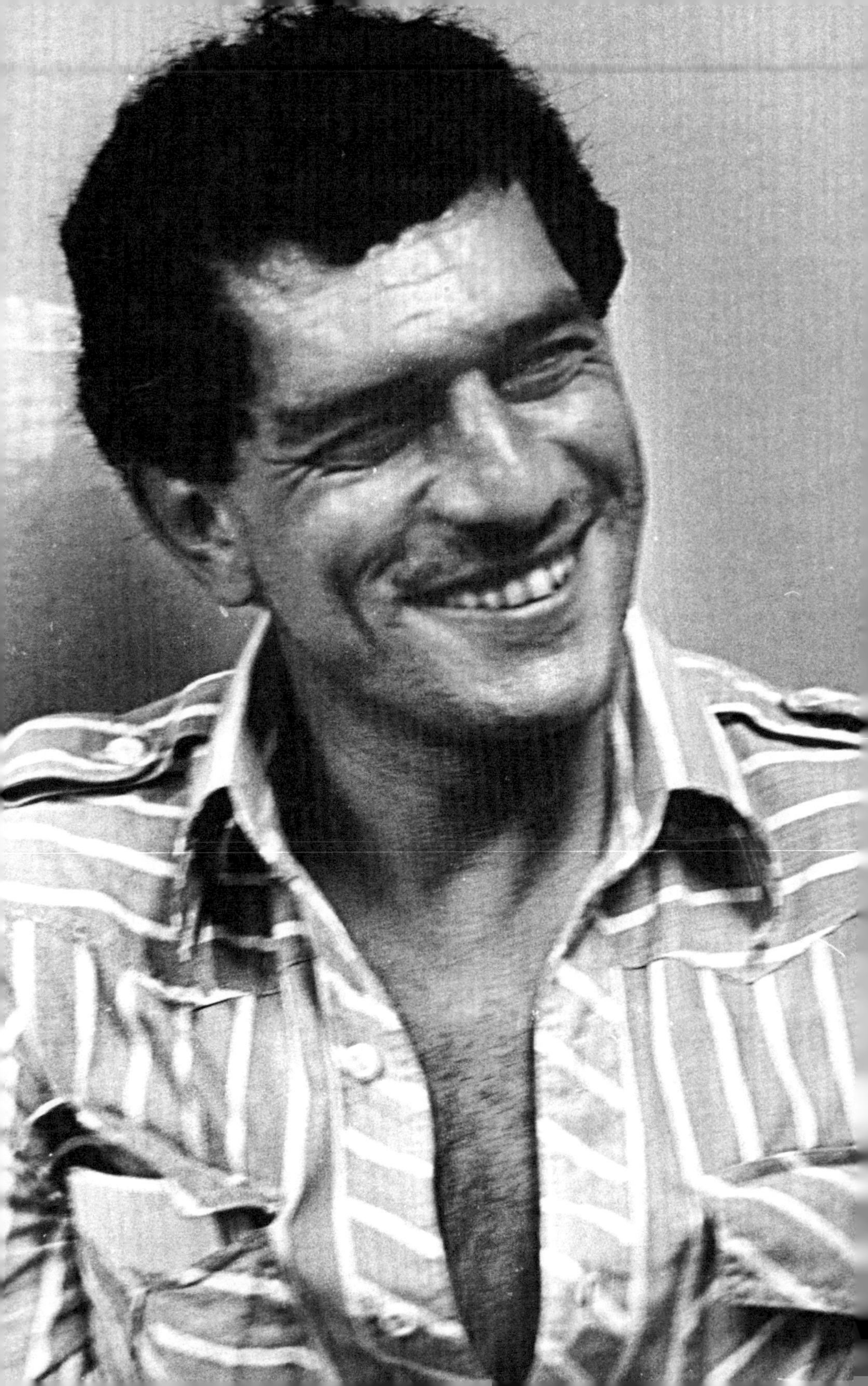

# AS ENTREVISTAS

Em dezembro de 2003 e janeiro de 2004, como membro do Núcleo de Estudos e Pesquisas em Psiquiatria Forense e Psicologia Jurídica do Instituto de Psiquiatria do Hospital das Clínicas e Faculdade de Medicina da Universidade de São Paulo (Nufor), entrevistei Francisco Costa Rocha na Casa de Custódia de Taubaté juntamente com o psiquiatra responsável doutor Charles Louis Kiraly e o psicólogo forense doutor Antonio de Pádua Serafim.

Fui preparada para conversar com o famoso Chico Picadinho, autor de dois crimes e reconhecido pela mídia como cruel assassino. Esperava encontrar um monstro sinistro. Não estava de forma alguma preparada para o que encontrei: um ser humano que tem absoluta consciência de suas limitações, que não entende o descontrole de seus atos, que busca uma explicação para eles e é dono de um intelecto preservado.

Mesmo sabendo que aqueles que possuem personalidade antissocial podem ser extremamente sedutores e inteligentes, fiquei perplexa com o conteúdo das conversas que tivemos sobre a vida e prisão de Francisco. Sua linguagem é clara, as frases são bem construídas e sua bagagem cultural é enorme. Mas não pude deixar de notar a incapacidade afetiva, a falta de empatia e o extremo esforço intelectual para cobrir esse lapso.

Em junho de 2005 voltei à mesma penitenciária para conversar com Francisco outra vez, porém acompanhada dos psicólogos forenses doutora Maria Adelaide de Freitas Caires e doutor Luis Alberto Di Santo, este último psicólogo clínico especialista em investigação do fenômeno dos assassinos em série.

Certa excitação rondou o início dessa entrevista, finalmente começada depois de vários entraves burocráticos. Dessa vez os relatos de Francisco não seriam apenas gravados em áudio, mas também para um documentário.

Enquanto a equipe arrumava câmeras e microfones, negociávamos a saída do agente penitenciário da sala onde trabalharíamos. Esperávamos ter privacidade, porque certos assuntos são difíceis de abordar e não são para conhecimento do público em geral ou interno, pois podem ser utilizados de forma indevida. Não é fácil convencer o responsável pela segurança de uma penitenciária que estávamos cientes de todos os riscos e que nos responsabilizávamos por qualquer eventualidade, apesar de que, querendo ou não, ele era corresponsável. O mais complexo é diferenciar nosso trabalho de uma matéria jornalística e isto tomou boa parte daquela manhã. Acabamos entrando em acordo quando ficou decidido que o agente ficaria do outro lado da porta, atento a qualquer barulho fora do comum.

Francisco fala pausadamente e com voz grave. No início, a conversa foi fria e distante, uma narrativa desprovida de emoção, como deve ser feita em locução profissional de um vídeo sobre a vida de alguém. Estabelecer conexões com indivíduos com as características do entrevistado já é extremamente difícil em uma situação corriqueira. Em uma entrevista, com câmera ligadas e na presença de outras pessoas, torna-se então quase impossível.

Quando cheguei, Francisco estava pintando um quadro que representava Adão e Eva saindo do Paraíso. E foi por aí que nossa conversa começou. Disse estar inspirado em uma gravura de Dürer, "mais ou menos" do ano de 1500. Foi um começo impressionante. Eu mesma jamais ouvira falar sobre esse pintor. Ele passou a me explicar como a arte dele é "baseada" em outra, e não copiada, uma vez que retira alguns elementos e coloca outros, "modernizando a paisagem". Nas suas palavras:

*"É parecido com uma foto e (você) faz um corte nela, pega uma parte, um enquadramento, tira uma coisa, acrescenta outra. É uma composição."*

Ele fala com desembaraço e conhecimento sobre Nietzsche, Sartre e Dostoiévski. Sobre Sigmund Freud, pai da psicanálise, e Viktor Frankl, psiquiatra austríaco. Costuma fazer um paralelo entre ele mesmo e Raskólnikov, personagem central de *Crime e castigo* (1866), de Dostoiévski. Também relata a elaboração que fez de seus crimes usando os conhecimentos que adquiriu sobre psicologia freudiana e o entendimento de sua vida a partir das teorias da logoterapia. Enquanto a conversa é intelectual, ele parece uma pessoa normal.

Utilizei-me aqui de "licença literária" e mesclei as coisas ditas por Francisco nas duas entrevistas, pois muitas vezes algo perguntado e respondido na primeira fase dos trabalhos acabou sendo esclarecido e comentado por ele na segunda fase. Penso que, dessa maneira, meus leitores compreenderão melhor tudo o que foi dito, de forma contínua, poupando a todos ter de "pescar" cada assunto entre tantos por ele mencionados, caso apenas transcrevesse todo o material.

As pessoas entrevistadas nesse tipo de trabalho não seguem um roteiro de perguntas, eu as deixo livres para mudar de assunto quando sentem dificuldade em expor certos fatos ou sentimentos. Por esse motivo, a simples transcrição da entrevista acaba ficando confusa e cansativa, fazendo com que se perca o fio da meada. Mantive muitas das respostas de Francisco como no original, para que se possa perceber sua capacidade de linguagem e o nível de verbalização de suas ideias.

É preciso uma espécie de "aquecimento" e, de forma geral, falar da mãe e da infância pode ser uma boa escolha para começar, quando percebemos que é terreno anteriormente bastante explorado, uma vez que o "discurso" já está pronto.

Para os estudos que desenvolvo, foi essencial ter essa oportunidade, geradora de material riquíssimo para novas pesquisas. Ao Francisco eu agradeço o esforço e a honestidade com que se apresentou, para que vocês possam conhecê-lo além das notícias de jornal.

# FRANCISCO FALA DO PAI, DA MÃE E DA INFÂNCIA

Francisco descreveu a mãe como mulher versátil, de diversas profissões, como costureira, manicure e cabeleireira, saúde frágil e vida difícil. Disse que, no primeiro exame de sanidade em que foi avaliado pelo doutor Wagner Farid Gattaz, foi injusto com a mãe e fez um longo trabalho consigo mesmo para se perdoar quanto a isso:

*"Teci muitas críticas quanto ao comportamento da minha mãe. Falta de entender o mundo... em certos momentos de raiva ou de ira, às vezes dá um... a gente xinga até Deus. É a transferência, a gente vai culpando as coisas e nunca a si mesmo. Mas tem também a parcela que a gente deve culpar a si mesmo, embora eu entenda que o livre-arbítrio é um negócio muito relativo. Existe um certo determinismo nas coisas."*

Chorou muito ao lembrar-se da avó (materna) Clara, mas não se estendeu nessa relação. Preferiu comentar sobre seu próprio choro, citando Herman Hesse:

*"Chorar muito assim também fica meio... [Risos] Diz que o mais importante é aquilo que não é dito, né? Herman Hesse falou isso aí."*

Na segunda entrevista, contou um pouco mais sobre a misteriosa avó, que conheceu mais pelas histórias que a mãe e a tia contaram do que pela protagonista:

*"Ela se casou muito jovem, 13 anos de idade a contragosto. Ela foi casada. Só que ela é uma pessoa de posse de bens na época, ele era comendador, na cidade de Anchieta, casou com um homem com muitas posses e só que a minha avó era criança né? E com esse homem ela teve cinco filhos e ficou viúva. Só que foi um casamento a contragosto. Viúva então, ela escolheu um outro a gosto, só que ela parece que não tem bom gosto. [Risos] Um tinha muito, o outro não tinha nada. E com isso falta uma boa administração de bens e ela acabou perdendo aquilo que ela tinha, né. Então, na minha família tem duas linhas. Uma foi bem-sucedida na vida, então tem os que foram advogados, tem médico do primeiro casamento da minha avó. Já do segundo casamento, foi o contrário, nasceu os filhos meio assim problemático, né, além do que a minha avó veio ter esses cinco filhos do primeiro casamento, seis do segundo e ela ainda adotou uma criança, né? Pra cuidar dela. E quer dizer, minha mãe é a caçula dessa ninhada de filhos. Que por sua vez também se casou mais por conveniência do que por outra coisa, né?"*

Contou-nos como foi um filho indesejado e esta percepção de rejeição acompanhou-o por toda a ida:

> "Sabe como é que é, eu sempre era visto como alguém que está atrapalhando, indesejado, meu nascimento já se deu assim, desse jeito. Alguém que veio pra atrapalhar. Já nasci criando problema, minha mãe quase que faleceu ao dar à luz. Aí meu pai mandou que ligasse as trompas dela, pra não ter mais filhos... Depois houve a separação. Eu conheci uns companheiros dela. Um deles, logo depois do meu pai, era um homem também casado. Bem de vida, mas casado. Parece que minha mãe queria manter aquela independência. Era uma feminista à moda dela."

Francisco esclareceu bastante alguns pontos que ficaram faltando no entendimento de sua infância. Contou-nos da grande paixão "secreta" de seu pai pela amante, sua mãe, de como ele era ciumento e a mãe, "muito dada":

> "Ela tanto cumprimentava o meigo e o bandido, para ela era a mesma coisa... Para um homem ciumento é perturbador ter uma mulher assim."

Contou-nos da dor de não ter, em sua certidão de nascimento, o nome do pai e de como a mãe tentou vários métodos para abortar a gravidez da qual foi fruto, sem achar meio que surtisse efeito. Segundo ele, o pai não queria a gravidez. É triste sua constatação de que não era uma criança desejada ou esperada. Ouvindo seu relato, ao perceber a gravidade da solidão ali exposta, a doutora Adelaide perguntou sobre comemorações de aniversário e Natal. Foi um momento muito tenso da entrevista. A questão causou um enorme silêncio e desconforto, além de muita emoção em Francisco, até que entendemos por quê: seu aniversário jamais foi comemorado em família, somente no sistema penitenciário. Nunca recebeu nenhum presente até hoje, nem de Natal.

Francisco não tem memória da época em que seu pai viveu no Espírito Santo com sua mãe. Lembra-se dele depois da separação, que se deu quando ele estava com 4 anos. Muito do que sabe são das memórias da mãe e dos conceitos que formou a partir delas, de maneira que o pai aparece como uma figura bastante idealizada:

> "Olha, meu pai sempre me fascinou, não por ele em si, porque eu tive poucos contatos com ele. Acho que em toda minha vida só vi meu pai assim, que eu me recorde, se foi umas seis vezes foi muito. Mas ele sempre me fascinou assim como homem, minha mãe relatava a respeito e falava sobre meu pai. Sobre os atos dele e pelo que também pude verificar. Ele era muito enérgico, ativo e enérgico. Tinha firmeza, mas, ao mesmo tempo, ele era muito dedicado aos estudos, à pintura, meu pai era maçom. Depois se tornou maçom dissidente por causa do governo do Getúlio Vargas, né? Getúlio determinou que todas as regiões maçônicas precisariam da presença de um oficial das Forças Armadas. E meu pai foi partidário. Ou era secreto ou não é secreto. E aí houve uma dissidência devido a essa exigência do Getúlio. E como consequência dessa dissidência dele, aliás também concordo com ele... ou é de um jeito ou não é."

Segundo seu relato, o pai era meio doido e "prendia" a mãe em casa e trocava a empregada doméstica todo mês porque, de acordo com o que chama de "conceito chauvinista do pai", duas mulheres só falam de um assunto: homem!

Dona Nancy vivia em completo isolamento, só saía para ir ao dentista, porque o médico atendia em casa. Nem mesmo com a família era permitida a confraternização:

> *"Ele impedia ela de visitar a irmã, então minha mãe era mantida como presa. Ficava presa. Tava sempre vigiada..."*

Na vida adulta, uma das constantes fantasias de Francisco era o cativeiro de mulheres e a equipe se perguntou qual seria o peso desse "quase cativeiro" da mãe nesta construção simbólica.

O pai sai de cena quando a mãe adoece e Francisco é entregue a uma família de caseiros, empregados de seu pai. Segundo seu relato, era uma família fria, distante, que apenas estava cumprindo uma tarefa ao cuidar dele. Ao nos contar sobre essa época e esse casal, que era negro, mostra todo seu preconceito e nos explica como, entre gente de "outra cor", se sentia desconfortável:

> *"É como se eu estivesse em outro mundo, outra tribo."*

Descreve o sítio onde morava como um lugar sinistro e assustador. Ficou nervoso quando perguntei se alguém o pegava no colo, por exemplo. Ele explica que naquela família não havia nenhum afeto.

Francisco nos contou um pouco sobre suas brincadeiras e fantasias de criança, que incluíam uma curiosidade insaciável e que constantemente passava da imaginação para a ação:

> *"Pois é... Diziam que gatos tinham sete vidas, né? Então eu queria ver se tinham mesmo e andei fazendo umas judiações com os coitadinhos lá e tal. E não sei se cheguei a matar, sei que eu pendurei, sei que essa mulher, parece que ela salvou os gatos lá. Eu não tenho ideia se os gatos, se eles morreram ou não, sei que eram uns três ou quatros gatos pra ver se eles tinham sete vidas. Eu queria saber se de fato eles tinham sete vidas... [Pendurei] Assim com barbante, não tenho mais lembranças a esse respeito, devia ter uns 4 ou 5 anos. Só assim, vagamente, tenho essas imagens, dessa façanha cruel. Sempre dizem que toda criança é meio perversa mesmo, dizem que é normal isso aí, eu não sei. Acho que pegar gato deve ser normal, não sei."*

Sua infância é cheia de memórias fantásticas e sombrias:

> *"[...] esses folclores, essas lendas a respeito, da mula sem cabeça, do saci-pererê. Que quando a gente é criança, a gente sempre houve histórias do bicho-papão, esses troços todos. Então, naquele trecho que o território era uma ilha, ficava num continente, né? Tinha mar, barco... mar, maré, sabe como é? Maré que enche tinha manguezal e o sítio*

*então ficava aos arredores, num canto tal, e os caminhos que de noite ficavam sinistros com os ventos, e era uma construção muito antiga, né? E ali ficavam os monges, aquela coisa toda, e então associava quando criança, tinha trecho ali que eu passava correndo, né? Mas muitas vezes eu ali parava, eu ouvia o ranger dos bambus que davam muitos sons e às vezes eu me assustava com o som que o bambu fazia com o outro, né, e parava e tal e ficava ouvindo pra ver se era apenas o ranger, né, ou uma sombra ou um bicho do mato e atravessa o caminho e você se assusta, né? E eu criança sempre sozinho tinha aquela curiosidade pra verificar se de fato era alguma coisa sobrenatural e tinha esse quê, essa queda por essas coisas."*

O fato que mais nos chamou atenção foi o de Francisco não conseguir lembrar-se do nome daqueles com quem viveu e que cuidaram dele durante dois anos, seus pais adotivos durante aquela fase. O episódio que se lembra com mais clareza é aquele em que a mulher do sítio o agrediu com uma faca:

*"Eu não tenho boas recordações desse período, ao contrário. Eu fiz um golpe de faca que quase tive a mão decepada pela mulher dos empregados do meu pai, né. Até hoje eu tenho a marca, sumiu... um pouco era mais aqui. É, acho evidentemente que ela teve a intenção de me ferir, de me cortar, sei lá. Ela quis bater com as costas da faca, mas ao invés pegou o corte, é isso que eu sei a respeito. Mas quase que o braço vai pro brejo."*

Não faltaram a Francisco problemas de relacionamento. Era criança solitária e as fantasias acabavam preenchendo os longos dias aos quais sobrevivia:

*"Eu era muito dado a caminhadas solitárias. Eu tinha problemas de relacionamentos com meus colegas. O que tinha uma idade menor que a minha, não me atraía, né? O que tinha uma idade maior, me atraía. Mas dava um relacionamento [...] que dava sempre confusão e problemas, né? Então, vamos se dizer eu participava e ao mesmo tempo não. Quer dizer, eu sempre tive um problema de contraste, extremos. Buscar o grupo e ao mesmo tempo me afastar do grupo, né? É... Eu sempre tive sempre um relacionamento, que agora eu definiria, agora, né? Na época não. Vamos dizer... então eu me sentia muito bem caminhando no meio do campo, numa mata, querendo ver bichos... cobras, eu queria ver a cobra. Eu queria achar que o problema... estava em justamente em não ver o indivíduo. Se eu visse, tudo bem então. Se eu visse, né?"*

Outro momento triste de seu relato é quando descreve sua confusão quando do a mãe, de quem ele já não mais se recordava com exatidão, foi buscá-lo no sítio onde estava:

*"Não. Não deu pra reconhecer, não. Ela tava diferente. O corpo, né, a fisionomia, mudou. O peso. A lembrança que eu tenho da minha mãe, era ela magra e na volta ela voltou gordinha, né? É assim, era como se fosse uma pessoa, algo estranho, uma pessoa estranha."*

Contou-nos que dona Nancy também era uma pessoa distante, sem beijinhos ou carinhos. Ao ir morar com seus tios, sentiu-se novamente excluído. Os primos "pertenciam" à família, ele não. A rejeição ou o sentimento de ser rejeitado sempre se repete em seu relato.

Na vida adulta, Francisco levou a mãe para morar com ele na rua Aurora, mas ela não aguentou assistir à sua vida boêmia e acabou se amasiando com o último homem casado, com quem manteve relacionamento por 35 anos. Mas Francisco sentiu o novo abandono:

*"[...] e chegou num ponto que a minha mãe me abandonou, por causa de todo esse rolo. [...] ela fez isso devido ao meu comportamento. Foi essa razão, por outro motivo ela não teria ido."*

Francisco acha que houve um aumento em sua agressividade com as mulheres depois que a mãe partiu:

*"Meu comportamento tava sendo mais neurótico, mais compulsivo em relação ao sexo, né? Mas isso já devido a algumas experiências minhas já... com mulheres."*

Enquanto falávamos dessa fase de sua vida, chorou muito de arrependimento por não ter dado atenção à mãe naqueles tempos em que ela morou com ele, de não tê-la levado ao Theatro Municipal, a concertos e passeios. Mas não lamenta seus crimes e sente certo espanto por isso:

*"Ah... é muito difícil... [longo silêncio] Ela iria gostar. Ia ser uma boa pra ela... [Francisco chora muito...] A gente vai vivendo, vai vivendo, vai chegando à idade que as coisa ficaram pra trás, as lembranças. Pode nos oferecer felicidade e pode nos oferecer... [chora muito] muita dor. Eu não sei lamentar o meu crime. Posso dizer que lamento... da boca pra fora. Não é sentir... No entanto, essas coisas da minha vida, pequenas coisas, pequenas passagens, pequenos acontecimentos, detalhes insignificantes... agora aos meus sessenta e poucos anos tem outro valor, outro peso. Às vezes eu acordo de noite e... [chora muito] é só agonia... por que eu fiz isso? [...] mas não é o crime em si, é outra coisa [...] Eu sei que a somatória dessas coisas todas pequenas e tal, na minha vida, que você acompanha e acompanha e que me levaram ao crime, né? Desajuste, vamos dizer assim, né? São coisas aparentemente banais..."*

VI

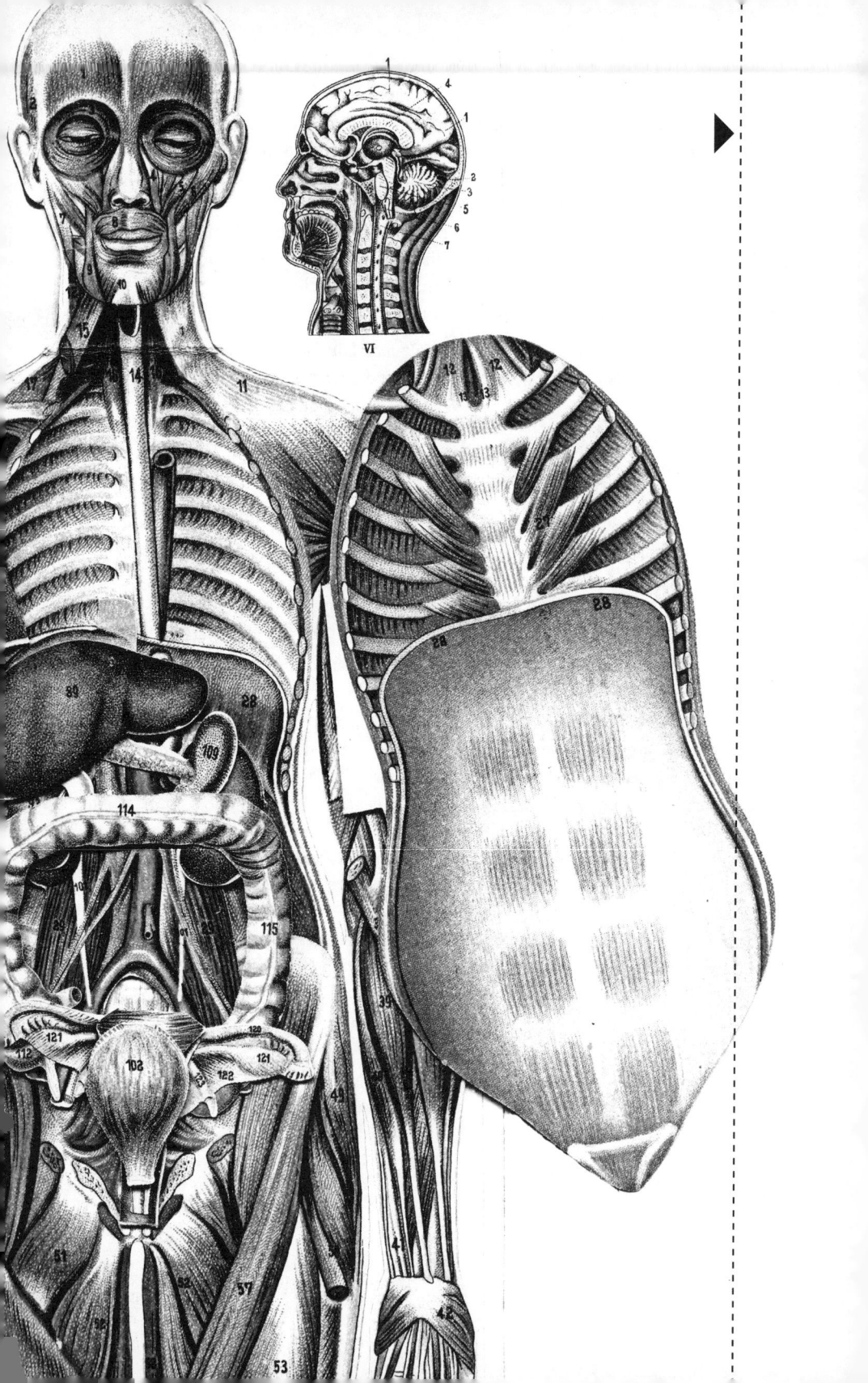

# A VIDA SEXUAL

Francisco nos relatou com alguma dificuldade, de início, sua vida sexual. Para ele, quando jovem, foi difícil lidar com os tabus sexuais que envolviam as mulheres e suas aventuras sempre lhe traziam problemas.

A masturbação também era vista como um grande pecado, não gostava de praticá-la, mas quando cedia à tentação o fazia obsessivamente.

Segundo a descrição de si mesmo, é "complexado" e tem a autoestima muito baixa.

A zona erógena do pescoço é aquela pela qual tem predileção, além de seu hábito incontrolável de mordê-la durante a relação sexual com mulheres, chegando, algumas vezes, a deixar marcas de suas investidas:

*"Vem aquelas ideias vampirescas ou algo assim, sei lá."*

Quando perguntado se as mulheres se queixavam de suas maneiras sexuais agressivas, Francisco respondeu que algumas sim e outras não, mas também esclareceu que seu comportamento também mudava, dependendo da parceira:

*"Sempre há uma coisa assim, a pessoa gosta de um jeito ou de outro, mas da minha parte eu sempre procurava... Tem que haver uma reciprocidade, então a gente deve respeitar também o outro. Eu quero tomar vinho, o outro quer tomar cerveja, não vou obrigar o outro a tomar vinho. Eu não sei, essas coisas são um mistério... Por que o comportamento tão ignóbil com algumas e tão respeitoso com outras."*

Questionei-o se era mesmo uma questão de ser "mulher respeitável" ou não e a observação do doutor Antonio Serafim foi a seguinte:

*"Acho que as pessoas que te davam uma atenção diferenciada, uma receptividade mesmo com você, parece que isso mobilizava você. Parece que tem dois tipos de pessoa que você admirava muito: as pessoas fortes e positivas como a Cláudia,[3] como teu pai, e aquelas pessoas mais meigas, que não são passivas mas são atenciosas. São duas características que são importantes."*

Francisco concordou e acrescentou que para as mulheres que julgava ter que dar proteção, pelas quais se sentia responsável e zeloso, jamais seu lado sádico despertava.

Explicou que, na medida em que aumentou o consumo de bebida alcoólica e vida boêmia, sentindo-se desiludido e frustrado com relação a si mesmo pelos fracassos profissionais e pessoais, tentou encontrar um caminho "filosófico" que explicasse suas tendências sádicas que estavam se

---

3   Pseudônimo utilizado para uma amiga de Francisco que o introduziu na literatura russa.

agravando. É nessa fase que se autodenomina um hedonista, apoiando-se na doutrina que considera o prazer individual e imediato como único bem possível, princípio e fim da vida moral.

> "O quê, como viver? Veio então o hedonismo como uma forma de vida, prazer. Beber, dar risada, e nisso eu me entreguei cada vez mais, só que de uma forma abusiva, neurótica, que foi se acentuando cada vez mais e me levando a isso... Depois eu li Assim falava Zaratustra [Assim falou Zaratustra]. O Nietzsche me impressionou muito nesse período. Mas é a tal coisa, não tinha respaldo, uma loucura para entender aquilo ali. Aí eu pegava aquilo, abraçava com as dez e não era nada disso. Essas contradições. São contradições que eu trago dentro de mim, inclusive nessa área do comportamento sexual. Por que com determinadas pessoas tinha um comportamento normal, no sentido amplo da palavra, e por que com outras eu agia de uma forma... tem a ver com a saturação dentro de mim, com aquelas frustrações, digamos assim."

As relações homossexuais de Francisco começaram em sua adolescência, entre 12 e 13 anos. Contou das brincadeiras "de meninos", das primeiras experiências, da sua chegada ao Rio de Janeiro, de sua atração por homossexuais de mais idade e de melhor posição financeira. Para ele, a questão central não era o dinheiro:

> "O Ziembinski, que já faleceu. O Ziembinski foi uma pessoa que... Ele me deu, por exemplo, uma credencial que me dava acesso a qualquer teatro do Rio de Janeiro... Era só apresentar e ia na conta dele. Conheci escritores, arquitetos, decoradores conhecidos, gente assim de bom nível, então eu gostava. Quem não gosta de coisa boa! Só que o meu natural não era naquilo. Esse tipo assim de vida, quer dizer, então eu me dividia. Queria ter a minha menina, queria ter a minha namorada e se fosse para escolher entre uma coisa e outra, é lógico que eu iria escolher meninas... Eu jamais iria escolher um..."

Francisco achava muito complicado, naquela época, se relacionar com meninas, porque tinha uma sexualidade exacerbada e era obrigado a ter conduta social adequada. Por esse motivo começou a sair com prostitutas, com quem não tinha que "perder tempo" com romances e conquistas:

> "É, isso... tanto trabalho! [Risos] Mas por outro lado tinha aquele outro tipo de vida, tal, de relacionamento que a menina não poderia me dar, né? Essas outras condições, de lugares que eu ia, que eu podia frequentar. Das coisas que eu aprendia, por exemplo, através de conversas. É... Da parte teatral, da parte artística e eu sempre tive assim... Gostava de... E, então esse caso de aventura assim, romance e mais outros assim que aconteceram a seguir, fizeram com que eu fosse para o lado da prostituição, entende? Eu devo dizer que eu conheci muita gente, de escala superior, de escala social por meio da homossexualidade, né? Eu não sei até que ponto eu fui assim um prostituto assim!

> *Entre aspas... Não tinha tabela, [coisa] assim. Mas eu via através do relacionamento homossexual um meio de frequentar certos ambientes, de adquirir certas vantagens... de conhecer certas coisas... Eu cheguei a falar... eu não sei se citar nomes fica bem, né!"*

Relacionava-se com mulheres da prostituição, na zona portuária. Segundo ele, o comportamento bissexual foi sempre um problema:

> "[No começo eu era] *ativo, sempre ativo. Depois já ficou sendo de qualquer jeito. Não acho que a hombridade tem a ver com a sexualidade, mas existe o machismo. [...] Meu problema era essa divisão, ser hétero e ao mesmo tempo ser bi, de um lado para outro. E eu acabava ou lá, ou cá, minha vida sexual era muito desregrada... Isso aí me criou problemas, talvez de definição. Bom, se tiver que escolher entre um e outro, é a figura feminina, mas a problemática com a figura feminina em si tem a ver com a minha mãe, claro. Acho que é um dos fatores mais fortes."*

## SEXO, DROGAS, ROCK'N'ROLL... E DOSTOIÉVSKI

Francisco Costa Rocha, ou Rocha, como o chamavam os amigos, era frequentador da alta boemia paulistana nos anos 1960 e 1970. No mundo, era a época do "sexo, drogas e rock'n'roll". A famosa boca do lixo ou do luxo era o seu reduto e ali se relacionava com as figuras da noite. Eram filhinhos de papai ricos e sem trabalho, profissionais liberais de variados níveis sociais, prostitutas, mulheres ditas fáceis, artistas ou pseudoartistas. Ficavam de bar em bar, fumando maconha, tomando anfetaminas diversas, conversando sobre a vida, Deus e o comunismo, como era hábito da clássica boemia da cidade.

> *"Mas só que a minha turma não pertencia àquela turma do centro da cidade. O meu ambiente era Pappillon, Ipiranga, Nove de Julho, Ponto Chic lá no largo Paissandu. Quantas e quantas vezes a gente ia terminar a noite lá, comer um mexido... tomar um chope, bem tirado... A turma então do Pilão. O Pilão fechava e a gente ia pro Ponto Chic. E no Ponto Chic aí a gente comia alguma coisa."*

Ele não pertencia à turma de mais glamour, como nos esclarece, mas divertia-se bastante, liberado que era de horários conservadores e rígidos que sua profissão de corretor não exigia. Naquela época já se dizia "complexado", porque achava os amigos mais bem situados que ele, uma vez que tinham família. Mas a falta de cultura que o acompanhava na época o fez entender as coisas de forma parcial, por vezes apenas por um viés superficial:

> *"Aquela busca de sentido, quer dizer, então eu via no comunismo uma solução para... a [situação] do mundo, vamos dizer, em si. Social... uma forma de, por exemplo, o*

comunismo já se dizia ateu. Eu também já naquela posição de descrente. Quer dizer, já era um ponto de... Né? A literatura soviética me influenciou muito, mas era um tal caso, não tinha aquele respaldo. Se eu tivesse feito na época o segundo grau, eu já teria uma outra visão da coisa e iria ver com outro ângulo."

Francisco experimentou vários tipos de drogas: maconha, anfetaminas, benzedrina (inalante), cocaína. O que gostava mesmo era álcool, muitas vezes acompanhado de anfetaminas para conseguir se manter acordado e trabalhar.

"Usei, usei diversas drogas. Mas daí a dizer que eu passei para aquela dependência... Embora eu me analisando eu sei que se eu tivesse sob o efeito assim de uma maconha eu não teria cometido esse crime. De jeito nenhum, devido às reações que a maconha dá. Se estivesse sob efeito de cocaína, poderia ser diferente, embora também não se compare ao álcool. Eu considero o álcool, no meu caso, o pior. Devido à dependência e às reações que passam a ser imprevisíveis. A maconha fumei bastante na prisão e na rua, cocaína também já cheirei, só que é droga perigosa. Perigosa mesmo! Embora de todas a mais perigosa é o crack. É a pior desgraça."

Esclareceu que, bem-informado que era, jamais experimentou LSD, a droga que estava na moda em todas as rodas intelectuais:

"Eu tinha lido reportagens. Muita coisa eu evitei, inclusive através de leitura. LSD foi uma delas. Era hábito meu comprar diariamente o Estadão, Folha de S. Paulo. Eu gosto... E lia a respeito do LSD, o ácido lisérgico que vem do cogumelo, experiências... Segundo essa reportagem na época, publicada no Estado de S. Paulo... Ah... Tinha por finalidade de... Era pesquisa feita por militares na finalidade de ser uma arma química. Que uma quantidade 'x' de LSD jogada num reservatório de água de uma cidade, já era. Todo mundo ia... né? Mas como ocorreram reações assim inesperadas..."

Fala daquele tempo ainda com mágica, se referindo a pessoas com sobrenomes famosos, advogados, intelectuais, gente com quem bebia e dava risada.

"Recitar poesia, Omar Khayyan – Quando eu nasci, Deus sabia que eu ia beber. Se eu não bebesse estaria errada a Sabedoria – Oleiro, cuide bem desse barro que um dia vai voltar a ser ele – Sabe como é que é? Esses negócios de 'a mesma boca que beija, bêbado...'. Quer dizer, ficava à noite assim e junto também com algumas mulheres. Aí, por sua vez, eu já tinha lido Dostoiévski..."

São vários os autores citados na entrevista, dos quais Francisco fala com domínio sobre o assunto e ainda certa perplexidade, comparando suas interpretações sobre o que leu na época da liberdade e releu anos depois, já preso.

"Pois é... o que ocorre é o seguinte: eu não sei por que cargas d'águas eu sou inclinado à abstração, né? Tento ser introspectivo, às vezes até demais, né? Então, o mundo das ideias, assim, tem muita importância e daí a leitura, certas leituras e também sou impressionável, né? Dependendo... Franz Kafka, por exemplo, me impressionou. Eu li O processo, nossa... [A] Metamorfose, O castelo, Muralhas da China [A muralha da China], são contos [sic], assim curtos, uns tem só meia página... é... sobre o absurdo da condição humana, que ele explorou... é sei lá, é a busca, né? Uma busca talvez de orientação. Teve uma vez uma psicóloga que disse que meu caso era confusão. Outro falou que era falta de orientação, mas eu tenho um pouco de estudo, né? Minha mente... neurótica, isso aí é uma neurose, né? Ontem à noite eu não consegui dormir."

Francisco ficou impressionadíssimo com a leitura de *Crime e castigo*, de Dostoiévski. Gaba-se, dizendo que leu dois volumes em duas noites, e fala das personagens com bastante intimidade. Mas faz ressalvas quanto as suas interpretações daquela época, quando ainda não tinha o conhecimento literário que tem hoje:

"Saber o que aquela ideia, aquele pensamento, [o que] aquele livro representa naquela época."

Perguntei a ele se, quando leu o livro (meses antes do crime), já tinha pensado em matar alguém, ao que ele respondeu que não, mas disse que refletiu muito sobre um paralelo entre a personagem Ródia e a vida dele.

"É, alguns meses. Me deu uma forte impressão, realmente. Não só o comportamento do Ródia em si com a justificativa dele, aquele raciocínio que ele tinha, filosófico – Napoleão ousou, por que eu não posso ousar? Também ele tirou vidas por causa de um ideal, por que eu não posso? – Aquelas considerações todas que ele fazia, aquilo me impressionava. E aquele esquema de empréstimo, os ideais dele, a Sônia e os pais da Sônia me impressionavam, eu me identificava com esses personagens patológicos. E também aquele desgosto com relação ao mundo. Se é assim desse jeito... E vinha aquele outro ideal, que pode ter a ver com o comunismo em si, consertar o mundo e o comunismo seria uma forma de igualar. Mas não é assim, é utopia. A natureza e o comportamento de todos os seres vivos não apresentam esse comunismo. É o que é. Já era, o comunismo, embora o socialismo seja uma forma... Nem tanto ao mar nem tanto à terra. Vamos ter mais justiça social. Então me impressionava aquela neurose; vamos então à bebida, vamos nos divertir."

Segundo sua análise, identificou-se com a busca de um sentido para a vida, de ser único. Traz na conversa o mesmo pensamento, de que "se Napoleão ousou, por que ele não podia ousar..." e, afinal, por que não se pode ousar? Francisco conclui:

"É, havia, nesse sentido... é onde entra o Raskólnikov, de sair da vulgaridade, ser capaz de transpor... É como se eu quisesse ver a alma. Tem coisas assim, estes componentes, *vamos dizer assim. [...] Nesse sentido de desafiar, fazer uma coisa além... Aí seria no sentido de ousar. Por exemplo, o* Crime e castigo *de Dostoiévski fala muito sobre isso, né. Da filosofia pra justificar o que ele fez, né? E então eu tava muito remoído, muito disso assim, de ousar. De fazer alguma coisa fora do comum. Só que em vez de eu subir eu desci. Devia ter procurado e realizado alguma coisa que eu pudesse ser aplaudido, né? De ser festejado, enfim. Eu desci. Então, a minha mente tá no sentido de ousar. De fazer alguma coisa fora do comum. Então, por exemplo, se existe algo por que não verificar quanto a isso, entende? Então são elucubrações, pensamentos, mas não nesse sentido de matar. O clima emocional meu, né?"*

## O PRIMEIRO CRIME

Francisco conheceu sua primeira vítima, Margareth Suida, na mesma noite que a matou. Naquele momento, nem se lembrou de Ródia Raskólnikov. Estava em mais uma de suas noitadas pelos bares de São Paulo.

"*Era boêmia! A rapaziada já tinha me dito a respeito dela – Olha, Rocha, conheci uma pessoa fora de série, gente fina, gosta de um copo – e naquela mesma noite eu conheci a Margareth. Uma noite de saturação. Como é que pode, né?*"

Explicou que não tinha qualquer vínculo com ela, pois se assim fosse jamais teria tirado sua vida. Margareth não era uma prostituta, mas, segundo Francisco, "mulher sem cerimônia", o que ele denominava "mulher da noite". Convidou-a para terminar a noitada em seu apartamento e a questão de pagar ou não o programa ela deixou a critério dele. Naquela fase, ele não conseguia mais dormir sozinho, não passava uma noite sem sexo e álcool, e estava numa frenética espiral que se repetiria antes do segundo crime, um estado de espírito muito particular.

"*Acontece o seguinte, meu relacionamento era feito todo com pessoas problemáticas. Não problemáticas tão graves quanto a minha, nenhum deles cometeu nenhum crime. Eram pessoas melhor situadas socialmente do que eu. [...] O último filme que eu vi antes do crime foi* O colecionador, *que me impressionou muito. [...] O filme demonstra a problemática do relacionamento entre um homem e uma mulher, onde outros fatores, independente do dinheiro... Vocês viram? Com a Samantha Eggar e o Terence Stamp. Passou no Cine Ouro em 1966.*"

Margareth Suida também era uma pessoa problemática. Francisco logo reparou nas marcas de tentativa de suicídio recentes que a mulher tinha nos dois pulsos.

As lembranças que Francisco tem daquela noite são entrecortadas, acontecem em flashbacks e são corroboradas pelas fotografias tiradas no local, no dia do encontro do cadáver da vítima:

"Flashback... Aquilo me permite, quer dizer, uma das cenas... Eu estou assim avançando pra ela, e ela está caindo no chão, tem um objeto esparramado... Mas por que eu tive esse impulso assim? Não sei... Por que ocorreu aquele impulso. Como tem copo quebrado, tem mais de um cinzeiro lá cheio de... Eu fumava, ela também fumava. Tem um litro de álcool numa mesinha de centro e tal. Então lá tem indícios de que alguma coisa ocorreu assim."

A exagerada ingestão de álcool também parece ter tido papel fundamental nas ações que se seguiram:

"[O álcool] Libera, né? Nesse ponto aí eu tenho certeza que sem o álcool eu não... sem estar sob o efeito assim... eu não teria cometido o crime. Tenho certeza absoluta quanto a isso. Agora, o problema não é o álcool em si, é o que me levou ao álcool. Aí é que está. Eu já pensei muito sobre isso e é quando a gente vai sempre na infância... canalizando, se autoconhecendo e procurando se autotranscender pra aguentar a barra. Senão não aguenta... Aquela violência, eu avançando sobre ela e ela caindo no chão. Mas a essas alturas tinha um monte de bitucas de cigarro no cinzeiro, nos dois cinzeiros. Não sei onde nós fumamos tanto cigarro! É aquele branco... O álcool, eu encontrei a justificativa pra aquele litro de álcool ali [na mesinha]. Eu usei depois pra limpar as minhas mãos."

As lembranças seguintes de Francisco são confusas. Segundo ele, não houve nenhum pensamento, nada racional. Iniciou a relação sexual que nunca seria finalizada; não consegue entender o que o motivou, apesar de refletir sobre isso durante mais de trinta anos. É difícil para ele falar sobre o crime, mas não porque sinta remorso, mas porque não consegue fazer a sua habitual racionalização e intelectualização dos acontecimentos.

"É como se aquilo fosse algo inevitável, sei lá. Algo assim... É, não dá pra entender. Esse ponto aí eu não... Não entendo. Não sei se tem relação com alguma coisa anterior que aí... Me é obscuro isso aí. Eu tenho como justificar aquilo, o fato de ela ter... É... É, é um negócio... eu busco entender por quê! Veja bem, se eu quisesse vitimar mulheres no sentido assim... 'Maníaco do Parque' e outros casos que têm aí, eu teria condições. Eu não iria usar o meu próprio apartamento! Usaria da minha inteligência e se fosse para matar mulher iria matar no apartamento da vítima."

Francisco nos dá a impressão de que acredita na "colaboração" de suas vítimas em todo o processo criminoso, como se elas quisessem mesmo morrer ou não se importassem ao se colocar numa situação estranha, perigosa, insegura:

"Aí é meio complicado dizer. A vitimologia estuda, né? Tem um porquê acontece[r] com uma pessoa e não com outra. Eu não sei, a pessoa não ofereceu reação, seria uma parte... por exemplo, a segunda vítima, ela aceitou aquele tipo de coisa. Que foi num

# CHICO PICADINHO

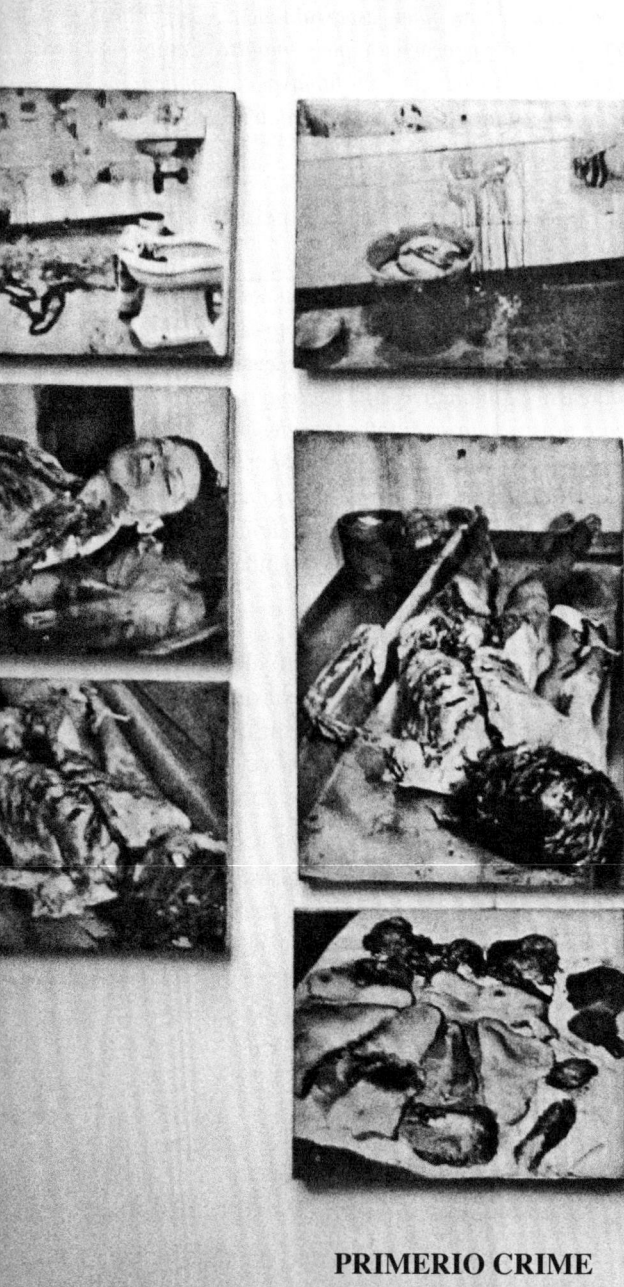

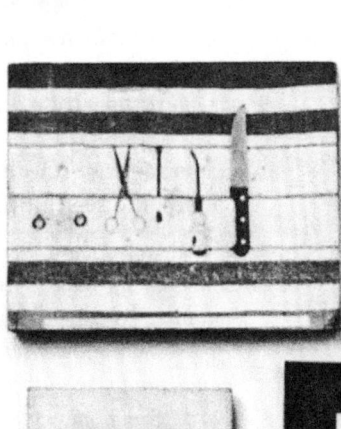

**PRIMERIO CRIME
MARGARETH SUIDA**

# (1966-1976)

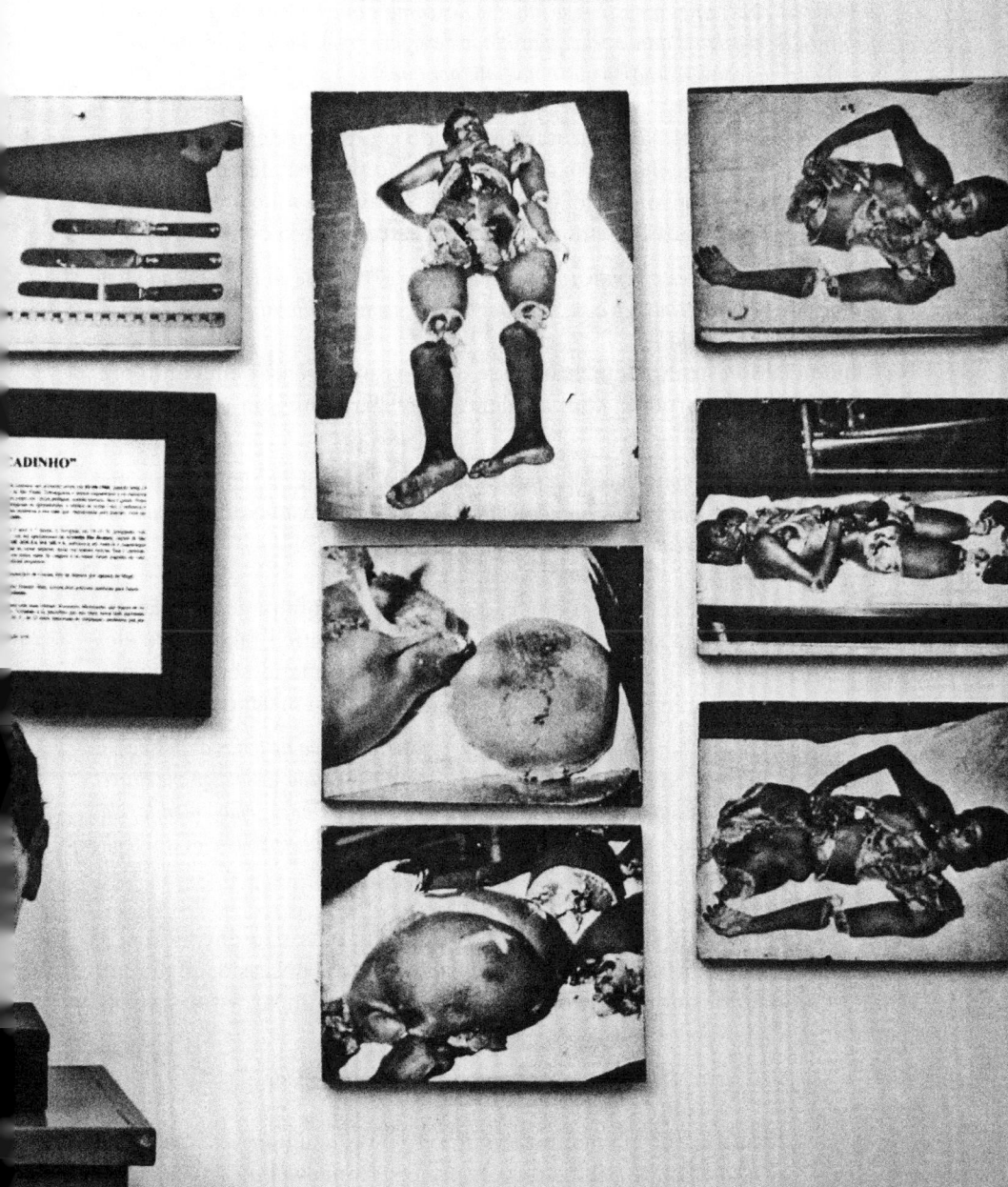

**SEGUNDO CRIME
ÂNGELA DE SOUZA DA SILVA**

*crescendo e terminou ela sendo morta. Agora com a Margareth, eu não tenho imagens de como nós iniciamos o nosso relacionamento, como é que foi, por que aquele monte de bituca de cigarro. Porque pela quantidade de cigarro que tinha ali foi coisa de horas! O que nós conversamos, o que houve ali, por quê?"*

Seu próximo flashback já é de estar apertando o pescoço de Margareth, ela desmaiando, ele se agachando para acompanhar o seu desfalecimento. Lembra-se de pegar um cinto, mas não de onde ele estava. Só sabe que os dois estavam nus, ela desacordada, e que começou a estrangulá-la com o cinto.

*"É como se ali eu tivesse vendo, como se não fosse eu, como se eu tivesse vendo uma coisa acontecer. A sensação é essa... Aí complica, fica embaçado. Aí embaça, embaça."*

Na sequência do estrangulamento, disse que passou a pensar em como precisava se livrar do corpo; já com as ideias mais claras surgem pensamentos mais práticos:

*"Aí as ideias já são mais claras. Eu me lembro que após retirar a corda e... arrastei, né... E coloquei no banheiro... Eu não sei por que eu descrevo essas cenas assim com certa frieza. Não entendo bem... Choro quando não é para chorar e..."*

Nesse momento de seu relato, Francisco se dá conta da falta de emoção que o envolve quando fala sobre os crimes; não que seja difícil falar sobre eles, mas espanta-se ante a própria frieza e distanciamento quando o faz. Diz que, ao ouvir-se, tem uma impressão estranha em relação a si mesmo e se explica:

*"É porque, veja bem, a minha postura é de quem quer o perdão de todas as pessoas. E, no entanto, nisso que eu fiz, eu não tenho a... É como se aquilo fosse algo inevitável, sei lá. Algo assim... É, não dá pra entender. Esse ponto aí eu não... Não entendo. Não sei se tem relação com alguma coisa anterior que aí... Me é obscuro isso aí. Eu tenho como justificar aquilo, o fato de ela ter... É..."* [Silêncio]

Francisco queria levar sua vítima para o banheiro, mas não encontrava as chaves do quarto. Sentiu-se oprimido, preso, com uma necessidade urgente de sair, que o fez desmontar a dobradiça da porta. Por fim, arrastou-a para o banheiro, puxando-a pelas axilas.

*"Ela não era levinha. Que coisa monstruosa, né? Como é que pode..."*

Também nos contou que em nenhum momento teve qualquer sentimento de raiva em relação a ela, que sua aversão estava relacionada com a figura feminina e não exatamente com Margareth:

*"Que por sua vez teria a ver com a minha frustração, com a falta de satisfação, o que eu buscava em relação à mulher."*

Quanto desse discurso já é resultado das dezenas de psicólogos e psiquiatras com quem conversou nestes anos durante suas avaliações mentais? Ele identificava essa aversão em si ou esse pensamento é influência de tudo o que leu sobre ele mesmo?

*"Aí já é influência de tudo. Nesse primeiro crime eu não entendia, achava que de fato isso é anormal, é coisa de louco. Só que eu recebi orientações ao contrário. Eu então não queria tanto entender."*

As horas seguintes foram ocupadas pelo ritual de dissecação que eliminaria, na cabeça de Francisco, qualquer rastro de Margareth. Segundo ele, passou a agir automaticamente, como se houvesse uma hierarquia da problemática: a maior já acontecera, ele a assassinara – nada poderia ser pior.

*"Foi tudo improvisado. Lâmina de barbear... faca de cozinha... mas só que à medida que eu fui tomando consciência, aí a diferença com relação ao segundo [crime], no segundo era ao contrário. À medida que eu ia vendo aquilo que eu tinha feito o impulso era de me livrar daquilo! Se eu tivesse um moedor, acho que eu tinha moído a vítima [a segunda – Ângela] ali dentro até ela sumir. Daria sumiço nela com ácido, qualquer coisa. Que aí já vinha a imagem da prisão. Acho que aí eu me tornei mesmo um psicopata."*

O ritual começou pelos seios da vítima e prosseguiu sem pausa. A certa altura dos acontecimentos, Francisco achou que foi passando o efeito das drogas e do álcool e ele começou a reagir ao que via e ao que fazia. Não terminou seu plano e não conseguiu mais entrar no banheiro. Passou a pensar no que fazer quando Caio chegasse ao apartamento, que também era seu. Resolveu esperá-lo no térreo para impedi-lo de subir.

## A PRISÃO

Ao ser preso, Francisco disse ter falado toda a verdade, mas assim não parecia para a polícia. Queriam saber a motivação do crime, coisa que ele também não entendia. Várias suposições foram feitas e a versão obtida no processo foi desmentida. O interessante é perceber, por meio do relato do entrevistado, como foi difícil para ele explicar o inexplicável.

*"Viemos direto para a 3ª Delegacia. Delegado-geral titular da época, ele tem a parcela dele de culpa... Sei lá. O procedimento dele propiciou da parte dele um novo delito. E aí começou. No início sabe como é que é, a polícia deixa falar tudo. No começo você fala 'quero ou não quero'. Ou então minto ou falo a verdade, mas você vai falando... Não estava havendo contradição. Não estou sendo contestado. Então me deixaram*

*falar à vontade e tal... Não houve! Nada! Não houve uma justificativa! Por causa disso, eu cheguei a ser torturado! Fiquei dez dias no 3º Distrito sendo... E pá, e vira... Sabe aquele negócio de torrar? Dez dias de suplício e... E aí passa fome, toma porrada no calcanhar, aquele negócio todo... Eles queriam o motivo do crime e eu não sabia dizer o porquê. Assumi a autoria. Isso aí eu não discuti."*

Outro entrave nas investigações era a suposta participação do médico Caio nos crimes, amigo que dividia o aluguel com Francisco. Parecia ter lógica. Francisco tinha servido na Aeronáutica, Caio era capitão-médico da mesma instituição. Os dois dividiam o pequeno apartamento e o assassinato de Margareth Suida era *sui generis*, envolvia a dissecação parcial do cadáver. Se o médico não tinha sido comparsa, certamente teria participado daquilo que a polícia entendia como "ato cirúrgico", o vilipêndio do corpo da vítima de maneira tão complexa.

*"Como na prática eu debilitei o cadáver, houve assim, entre aspas, uma delicadeza, eu não... Sabe? Eu não fui assim, naquela de destruir o corpo, sabe? Eu imaginei uma coisa assim de desmembramento... Sabe como é? Uma coisa de... e houve a desistência. Então aquele estado que dá pra entender... Na linguagem policial, deviam ter me perguntado se eu sabia anatomia. Não, eu sei anatomia assim, um pouco de desenho... um estudo normal que a gente pode conhecer sem profundidade. E eles acharam que aquilo era obra que..."*

Francisco acha que houve uma fantasia policial que lhe custou muito sofrimento, pelas torturas que sofreu.

*"É, se é da Aeronáutica... eu sou... se ele foi cirurgião operador... Começou a... Aí começaram a imaginar homossexualismo, começaram a imaginar... Sabe? Aquela fantasia policial e aquelas indagações. Então tinha hora que o Caio era convocado, ele ia lá, teve uma vez que deixaram nós dois sozinhos. Eu cheguei a mencionar que a coisa esquentou muito para o lado dele. Porque a polícia, a partir daquele momento, passou a ficar nele. Fixou-se nele. Tô preso, mas o motivo eu não digo. Quer dizer, há indícios de que... né? Uma hora lá o delegado Hugo ainda falou 'é... chega de filosofia tal, não sei o quê... O que é que o senhor foi fazer na rua Aurora?', como quem diz: por que é que foi? Né? Aí fui torturado. Três vezes torturado! E não é brincadeira. Pau de arara, quando a polícia resolve... Não é fácil, não é fácil... Fizeram umas coisas lá que, barbaridade! Então eu também descarregava. Gritava à beça... Mas pegaram o meu ponto fraco. Taparam a minha boca, eu não podia mais gritar. [Risos.] Antes lavaram toda a cela, me deixaram nu. Eu não estava entendendo. Eles fazem um jogo: um investigador é bonzinho e o outro é mau. Então eles revezam. Um vem e dá um tapa o outro vem e alisa, sabe como é que é? Eles ficam nesse jogo assim. Um aceita o que diz, o outro já não aceita. Então um dia era bem tratado, o delegado trazia macarronada de casa, então eu comia que nem um paxá, macarronada da mama, né?! No outro*

dia eu ficava sem comer nada. Já era a preparação para ir para o... E tinha dia também que eu ficava completamente nu, a cela toda molhada porque eles estavam naquela de que eu poderia me 'suicidar'... Realmente eu me abalei com isso aí... Nem em sonho passou pela minha cabeça fazer o que eu fiz. O que aconteceu eu não entendia."

Francisco jamais comprometeu Caio, mesmo sob tortura. Mas acabou assumindo a história deduzida pela polícia como a motivação do crime:

"Porque foram dez dias [de tortura], meu! Não foi um dia só, certo? Chegou num ponto que inclusive eu... Quando jogaram sal na minha boca e panos, a minha mão arroxeou, ficou azulada, o negócio ficou sinistro e tal, e os dois investigadores [diziam] 'Quiser falar faz um sinal aí'. Eu fiz um sinal e aí veio o delegado. Aí ele fez eu desenhar lá um instrumento, como se fosse um bisturi. Eu nunca tinha visto um bisturi na minha vida. E fiz lá, sei lá como é que era... Ele 'Não, não, ele participou, ele participou...' Antes ele já tinha me dado um motivo hipotético sobre a causa do crime. Ele disse 'Ô Rocha! Foi encontrado vestígio na bolsa... Vestígio de sangue, pedaço de papel higiênico na bolsa da mulher. Será que vocês dois não foram lá e aí você viu que ela estava menstruada e quis uma cópula anal, um negócio diferente, aí ela se ofendeu, falou que não era coisa de homem ou qualquer coisa assim e...' Bom, nessas alturas eu já tinha sido pendurado uma vez, só que foi devagar, né? Na segunda vez eles engrossaram... Eu digo 'Ô doutor, é possível...' Mas eu, pelo que me conheço, acho que isso aí não seria motivo. Eu sei que pode ter acontecido, eu sei que é possível, mas eu acho que esse não é o motivo. Ele aí disse: 'É, mas pensa a respeito porque nós precisamos encerrar o caso, a sua preventiva foi pedida e o juiz não concedeu. Dez dias amanhã está vencendo, você não pode mais ficar preso, eu não posso te soltar, mas tem que te soltar, preventiva não tem. Você entende qual é o problema? Tá faltando um motivo. E tá faltando o Caio também aí que você... Você não ia fazer isso.' Então tinha investigador que vinha para mim e dizia 'Ô Rocha, você...' – o termo que se usa agora é laranja, né? – 'É isso. Quanto o médico está te dando? Quanto ele está te pagando? É esse o jogo?' É, sabe aquelas fantasias, hipóteses, que teria sido um aborto malsucedido, um negócio qualquer... Ih, inventaram tanta coisa... Tudo ele, explorando o nome dele. Bom, aí nessa terceira vez que eu fui torturado, foi quando eu falei com delegado. E aí ficou naquela de trazer o Caio – 'Vamos buscar o Caio' –, mas na subida, aí tinha a imprensa. Nisso eu subo e tal, porque eu subi e tal para assinar a declaração referente ao crime, que eles iam colocar o Caio como tendo ele me ajudado, feito aquilo de me ajudar a se desembaraçar do corpo da vítima. Não ele como agente ativo do crime, mas como participante [para se livrar do corpo]... e aí era para eu assinar essa declaração e tal, e a parte dele seria na presença dele. Foi quando eu num último assim... fôlego, né, eu... Tinha uns repórteres presentes... Eu digo 'Ó doutor, o senhor quer a participação do Caio no crime, eu fui torturado, não aguento mais essa situação. Só que é o seguinte, quando o senhor for diligenciar melhor sobre o crime, o senhor vai comprovar que não houve a participação dele'. Aí o delegado ficou me olhando, olhando... Falou 'Olha aqui' – deu um tapa na mesa – 'Chega! Não aguento mais, não aguento mais! Vamos encerrar! Bate aí.' Aí já o escrivão falou 'O motivo é aquele então?' [Eu respondi] 'É. Aquele'."

Também perguntamos para Francisco se, pelo tipo de crime que cometeu, era mais respeitado e temido dentro do presídio, quando já cumpria pena. Por ironia do destino, de fato foi mais respeitado, mas não pelos outros presos e sim pelos seus familiares. Finalmente ganhou a atenção que não havia recebido antes, acompanhado de muito aconchego:

> "No primeiro crime eu fui muito bem-assistido. A administração, cheguei na Casa de Detenção, pavilhão nove, visita era de monte. Cheguei a receber onze pessoas, vinha a Cláudia, a amiga da Cláudia, vinha a minha esposa, a irmã, o irmão, o Caio e a mulher... um monte de gente. Minha mãe, meu padrasto... Não me faltava nada."

## A ESCALADA E O "INEVITÁVEL" SEGUNDO CRIME

Francisco saiu da prisão determinado a ter uma nova vida, casado, novo emprego, um mundo de boas intenções. A realidade implacável do dia a dia foi se assomando devagar à sua frente, porém de forma inexorável. Com baixa tolerância às frustrações, foi voltando à vida desregrada de antes, principalmente depois do fim de seu casamento. Até se surpreendeu com pensamentos de como houvera sido mais fácil no tempo em que estava preso. Mesmo frequentando os Alcoólicos Anônimos, Francisco escondia a sua história de vida, com medo da rejeição. O estigma o acompanhava e ele sentia que estava a caminho de mais um desastre:

> "Houve uma repetição de estado de espírito. Houve uma repetição. A mesma angústia, mesma agonia... Só que há umas diferenças... o estado psicológico assim, a falta de rumo, a falta de sentido, a falta de..."

Eliane, mãe de seu segundo filho, conheceu-o nessa época, mas quando ela e a família descobriram seu passado as coisas se complicaram ainda mais. Vivendo em diversos hotéis e pensões baratas, Francisco entrou em uma espiral negativa de comportamento:

> "[...] paulatinamente eu fui voltando aos meus atos, vivia naquele cenário, naquele ambiente, meu casamento não deu certo, né. Devo dizer por minha culpa, eu assumo. Então eu não soube me autoadministrar meus sentimentos, né? Minhas emoções. Isso porque já havia o instinto, uma tendência. Na penitenciária do estado, eu tinha saudade daquela época, tava numa boate, fazia brincadeiras com os amigos, sabe como é que é. Vinham saudades, coisas que não ocorriam antes... Hoje, mas antes ocorria.

*Quer dizer, eu fui retornando a esse mesmo tipo de vida. Aí, de repente eu tô novamente no meio da noite, termino por trabalhar num esquema de consórcio, de uma rede hotéis e similares e comecei. Qualquer sorteio, qualquer lance vinha mais uns drinques... você sabe como funciona esses tipos de reuniões e eu fui indo e fechava negócio, eu levei dois anos e meio, dois anos e cinco meses, né? E repeti o crime. Mas paulatinamente eu fui criando... Acabei, inclusive... a morar lá próximo ao local do crime, rua Aurora... rua Aurora, primeiro. Avenida Rio Branco com a Duque de Caxias, foi o segundo. De onde eu morava e de onde eu morei por último, não chega a mil metros de distância [...] eu sabia que alguma coisa estava pra acontecer. Eu tava mais... Vamos se dizer, suportando... Eu não conseguia passar uma noite sozinho, então eu terminava com algum tipo de mulher, algum tipo de orgia sexual..."*

Com as mulheres, Francisco notava um aumento em sua agressividade. Primeiro, ao praticar asfixia erótica com uma mulher, ela evacuou durante o ato. Quando ele contou essa história, explicou que o descontrole foi devido à constrição do pescoço, ao relaxamento muscular, rindo muito da minha ideia de que poderia ser devido a algum sentimento de medo. Também descreveu como passou a morder mais suas parceiras de sexo, algumas vezes deixando marcas profundas na pele delas, numa crescente necessidade de atos mais contundentes, que variavam de intensidade dependendo do momento ou de com quem estava, sem regularidade ou previsão. Nunca sabia como seria a próxima vez.

"[Aconteceu com] *umas três, quatro... Por aí. Mais ou menos. Quatro ou cinco... Meia dúzia no total, não passou disso aí. Teve uma que até... [Risos.] – 'Pô, você quase me matou... e tal' – e ficou comigo. É, mas se fosse com todas, sempre, mas pelo jeito não."*

Sua história com Rosemeire aconteceu um mês antes do assassinato de sua segunda vítima fatal e lhe rendeu um processo por lesão corporal dolosa. Francisco, que afirma total desconhecimento de que ela estava grávida, negou que tenha perfurado o útero da moça, mas confirmou que o sexo praticado naquela noite foi violento.

*"É, a Rosemeire eu conheci assim, na... Ali na boca do lixo, na Rego Freitas, General Jardim, naquelas imediações ali. Na noitada. E eu estava com um chegado meu, que era um companheiro de copo, bebia, né? Também gostava de beber. Ele já era formado já. Era advogado e tal. E ele gostava de... Porque eu acompanhava ele no copo a noite toda e tal, né? E ele também gostava de farra com as meninas e tal. Aí conheceu... Ele tinha a dele, que de vez em quando ele saía, e tinha a Rosemeire, que estava junto. Aí... – 'Vamos junto? Vamos não sei para onde?' – Eu fui parar no Canindé, um motel assim... No Canindé."*

O programa começou como tantos outros, mas Francisco sentiu seu próprio ânimo mudar quando, já dentro do quarto do motel, Rosemeire contou que tinha um gigolô e deu a entender que cobraria por seus serviços. Francisco já havia passado constrangimento semelhante com Margareth Suida; ficava muito irritado com este tipo de atitude.

> "Chegando lá, ela se lembrou do gigolô dela... – 'Depois preciso ir, você paga meu táxi?' – Aquilo eu achei meio... como ela tivesse me faturando. Uma piranha, veio me faturar. E eu não gostava desse tipo de coisa. Pagava tudo, saía, mas não vem com essa de querer me faturar. Quebrava, cobrou já... então a coisa mudou quando ela me falou isso... em vez de eu tratar de um jeito... Aí ela ficou meio assim... Combinasse antes de vir! Na hora H é que vem me falar isso? Falasse antes. [...] Aí tivemos relações, tal e pá, meio assim... As dicas, vamos dizer... Meu comportamento era meio de médico e o monstro."

Não entendi essa referência a "médico e monstro" que fez Francisco, porque à primeira vista poderia parecer ter ligação com a questão médica em si, uma vez que Caio era médico, Rosemeire precisava de um aborto etc. Pedi que ele esclarecesse, sem influenciá-lo com meus pensamentos, e logo descobri que seu entendimento sobre essa expressão era outro:

> "A destruição desse lado, vamos dizer, animalesco, dessa escalada, tudo isso aí faz parte da teoria, no terreno das hipóteses, como é que eu vou dizer que foi realmente isso aí. Eu sei que realmente eu busquei, eu buscava... na época eu bebia, eu fumava, jogava, fumava três ou quatro maços de cigarro por dia, ficava bebendo, era capaz de beber até cair, quer dizer, sexo etc. Mas em si, não era aquele o problema. Às vezes tinha período que eu parava, brecava e ia em restaurante comer comida italiana... coisa gostosa, melancia, manga, salada de vegetais com azeite, uma castanha-do-pará, umas coisas assim e tal, eu ia para esse lado. Mas de repente eu queria uma feijoada, uma caipirinha, várias... uma vez falaram, o médico e o monstro, uma hora era o médico, outra hora eu era o monstro... então algo mais assim, não sei se dupla personalidade, não se isso traz, talvez não, eu sei que a minha tendência era mudar, não só na aparência mas no comportamento. Então durante o dia eu saía de paletó, gravata, uma pasta, terno, bacana, me penteava, me barbeava, ia visitar os clientes, saía para fazer bons negócios, só não fazia melhores negócios porque me faltava perseverança. Marcava um fechamento de negócio para o dia seguinte... Mas quando chegava a noite eu tirava a gravata, tirava o paletó e já colocava um conjunto de veludo preto, anéis de aço que usava na época, sapato de plataforma e ia para a noite. [Bate uma mão na outra, como quem diz que não estava mais nem aí.] Não sei se isso aí caracteriza dupla personalidade, não sei, talvez não. E nessa degradação eu seguia até ficar duro, não tinha mais nada, só pra comprar um maço de cigarro e um cafezinho, aí sim eu ia trabalhar. Chegava na firma... – 'Já sei, tá duro, não quero mais conversa...' [Segue contando o mesmo ciclo.] Agora chegava de noite, pronto, eu me transformava..."

O doutor Charles levantou a hipótese de Rosemeire ter se aproveitado das marcas em seu pescoço deixadas por Francisco e provocado um aborto sozinha, no que seria um álibi perfeito para ela, que teve atendimento médico sem ser processada. Francisco continuou afirmando que nada sabia sobre isso:

*"O que eu posso dizer é o seguinte: tem a ver, lógico, com sexo. Agora, eu queria matar a vítima? Não. Não sei, talvez quisesse, com certeza queria. Há antecedentes nisso? Há. Aquela Rosemeire, foi um mês antes. Ela agravou o meu desequilíbrio, quer dizer, o que eu fiz, o que aconteceu agravou o meu desequilíbrio."*

Nesse momento, passamos a falar sobre o segundo assassinato. Francisco insistiu que se tivessem acreditado nele da primeira vez, quando afirmava desconhecer o motivo pelo qual matou, talvez ele pudesse ter tido uma chance de se recuperar. Associa o segundo crime à falta de credibilidade dele, à falta de um diagnóstico de semi-imputável, que foi útil para o júri, como o advogado acreditava, mas não para a sua vida.

Pergunto a Francisco sobre a vítima, que chamei de Sueli, e ele me olha espantado – Quem? – Troquei de nome, repeti: – Ângela. Ele me disse que nem sabia o nome dela.

*"Já era fim de noite. Quando ela foi pro meu apartamento já estava claro, já eram umas seis horas da manhã. Negona, ela, né? Ela estava com outra postura. Sabe, bar que as prostitutas saem da boate, do bordel e se reúnem ali, para comer, para beber, num bar de esquina que ao mesmo tempo era restaurante, café. Chega muita gente ali por vários motivos. Várias prostitutas estavam ali e vários homens também. Sabe esse ambiente da noite? Mistura tudo. Então ela chegou e eu não sei como foi nosso diálogo inicial. Sei que de repente eu tava trocando ideias, mas até em pé. Eu não sei se nós saímos dali juntos ou... tem esse lapso aí mesmo. A lembrança que depois eu tenho dela já está na avenida Rio Branco. Ela junto comigo na rua. Nessas alturas eu tô indo para casa. Normalmente ela não andaria dez passos comigo. Nada contra ela, mas... [Ela não servia] por ser negra, por ser feia, uma porção de fatores."*

Nesse segundo assassinato, Francisco disse que tem memória quase nítida do que aconteceu, mas que não premeditou nada, não tinha fantasias a este respeito.

*"Não havia assim ideias a respeito. Não há, não houve pensamentos assim do que fazer ou o que deixar de fazer, né? Apenas como eu me sentia, né? Eu me sentia frustrado, eu me sentia sem controle de mim mesmo... Nessa altura eu não tinha nenhum controle mais sobre mim. Às vezes era pra ir trabalhar, não ia; entrava no cinema e ficava no cinema; qualquer coisa já desviava do trabalho... Já não conseguia passar uma noite sem ter alguém, sem sexo. Mas tudo assim... Tudo mecânico... Pá..."*

Para nós, parecia que Francisco escolhera Ângela exatamente porque a desprezava e não sentiria remorsos ao matá-la. Quando perguntamos se ele também achava que ela queria morrer, como Margareth, ele disse que não tinha pensado nisso, mas que uma pessoa que é enterrada como indigente não é muito relevante.

> "Eu não sei, a pessoa não ofereceu reação, seria uma parte... por exemplo, a segunda vítima, ela aceitou aquele tipo de coisa. Que foi num crescendo e terminou ela sendo morta."

Seu ritual inicial foi quase o mesmo do primeiro crime. Esclareceu que, diferentemente do que está no processo, não estrangulou Ângela depois do ato sexual, mas durante, quando aconteciam seus descontroles, antes de atingir o orgasmo.

> "Aí o crime em si, há imagens dela, num crescendo, num crescendo e, desculpe a expressão que eu vou falar, mas ela realmente foi dita, no momento em que ela falou 'Ai, que gostoso!'... VUMMMM! Foi isso. Isso aí revela um problema meu. É como se eu quisesse entrar naquela parte mau [sic] minha, naquela parte, sabe como é que é?"

Em nenhum momento lembrou-se do primeiro crime, nem mesmo quando arrastou o corpo desacordado da vítima para a banheira. No caminho, enquanto ela ainda estava viva, a campainha da quitinete tocou. Apavorado com a possibilidade de Ângela gritar e decidido a não voltar para a prisão, acabou com a vida dela ali mesmo, dessa vez com as mãos nuas. Mas sem nenhum sentimento de raiva.

> "Não, não seria. Porque aí no caso passa a ser só um símbolo de uma determinada coisa. A pessoa aí. Não é raiva da pessoa em si, mas do que aquela pessoa representa em si. É um negócio meio... Ganha um simbolismo. Coisa assim e tal. Não há motivo nenhum... Por que ter raiva de uma pessoa dessas? Mas do que ela, vamos dizer, representava, vamos dizer que ela representasse ali naquela hora as esposas, a minha mãe, os amores desfeitos, enfim, que ela representasse o universo feminino... O meu também... Sei lá. É [uma] coisa monstruosa demais, porque..."

Quando perguntamos sobre o esquartejamento de corpo da vítima, Francisco contou que agiu completamente diferente do que fez da primeira vez. Disse que agiu de forma "brutal e alucinada", sem critério, sem respeito ao corpo, retalhando-a. Seu único pensamento era livrar-se do cadáver o mais rápido possível, apesar de seu estado de espírito estar perturbado:

> "Ah, não dá pra ficar tranquilo. Aí é um estado que a gente fica meio assim como se fosse... dá um estado muito peculiar ao acontecimento em si. A gente fica estarrecido, parece um autômato assim. Sonâmbulo, já não tava... sabe?"

Todo o processo levou por volta de quatro horas. E Francisco disse que então estava disposto a ir até o fim, usaria arma, renderia alguém com carro, faria o que fosse necessário. Estava completamente descontrolado, mas não sentia a mesma perplexidade que o envolveu ao cometer o primeiro assassinato:

*"Porque eu já sabia que ia acontecer alguma desgraça. Só que [não sabia] nem quando nem como! Até chegou um ponto que eu sabia que era iminente, mas eu já não tinha mais controle. É como pegar um carro descendo em direção a Santos pela Anchieta e de repente não tem freio e tá descendo, e não tem jeito... não tem mais governo! Chega uma hora que não tem mais controle."*

Antonio questionou Francisco sobre o que teria dado errado, afinal, para que se livrasse do corpo. Ele fugiu do assunto, nos contando várias histórias, mas não concluiu nada. Bem-humorada, reclamei de como ele enrolava ao se deparar com alguma parte mais difícil daquilo que estava falando. Rindo muito, ele replicou que, se não fizesse isso, "era dose", tinha que descansar de vez em quando.

Em alguns momentos cruciais das entrevistas, quando pedia para ir ao banheiro, muitas vezes sorrindo, falava:

*"Pausa para o comercial!"*

## VIDA FAMILIAR

Após a segunda prisão, foi inevitável que Francisco Costa Rocha, antes conhecido como Rocha, passasse a ser chamado de Chico Picadinho. É o "jeitinho brasileiro" de marcar a ferro um criminoso por uma alcunha, muitas vezes imposta pela necessidade da mídia por notícias sensacionalistas. Em muitos casos conhecidos, o indivíduo acaba de cumprir sua pena, mas jamais se livra do apelido que adquiriu com seu crime, que passa a fazer parte de sua identidade.

*"Como diria o Nelson Rodrigues: 'A gente deve assumir a própria lepra'. [Risos.] Eu entendo por aí, né? Vou fazer o quê? Seguir em frente."* [4]

Apesar de não ser mais casado, a primeira esposa (que chamamos aqui de Catarina) e a filha continuaram a relacionar-se com Francisco. Ele tem muito orgulho delas, mas muito arrependimento do sofrimento que causou. A menina cresceu sabendo que ele havia cometido um crime, mas sem conhecer detalhes.

---

4   Em *Anjo negro* (1946), Nelson Rodrigues escreveu: "A gente deve ser o que é. Acho que até o leproso não deve renegar a própria lepra".

Em 1997, um ano antes de completar sua pena e já completamente esquecido pela mídia e opinião pública, Francisco se viu envolvido por uma situação que selaria seu destino. Estava sendo libertado, depois de trinta anos de prisão, João Acácio Pereira da Costa, o Bandido da Luz Vermelha, em meio a protestos generalizados da sociedade e da imprensa. Para justificar sua liberdade, Luz Vermelha citou o fato de que Chico Picadinho também estava para sair da penitenciária, chamando atenção outra vez para o caso, que foi fartamente noticiado, com todos os detalhes, levantando a discussão: esses criminosos lendários deveriam ou não voltar para as ruas. O resultado para a vida familiar de Francisco foi um desastre:

> "A minha filha não. Não sabia desses detalhes. Não sabia como é que foi o crime, as mutilações, aquele negócio todo... a mãe não entrou nesses detalhes também. Presumo eu, né? Pela modificação radical dela em relação a mim... Acho que foi isso."

A esposa Catarina, que trabalhava havia dez anos em uma mesma empresa, acabou desempregada. Pediu demissão por não aguentar a pressão da exposição de sua vida nos jornais. A filha apoiou a mãe, oferecendo-se para sustentá-la. Francisco foi contra, achando injusto, achando que Catarina deveria lutar, que estava se precipitando. Hoje acha que tomou a decisão errada e chora muito ao nos contar estes acontecimentos:

> "Aí a Catarina perdeu o emprego. Porque começou a sair reportagens contando do meu primeiro crime, contando do meu segundo crime e me associando ao Luz Vermelha... Aí aparece outro 'santinho', né, o 'Maníaco do Parque', e eu no meio. Vê só o clima da época que se anunciava a minha liberdade... Numa dessas reportagens, assim, de página inteira de jornal, afixaram lá que a Catarina trabalhava numa empresa, estava de gerente. Tinha vários funcionários lá que eram subordinados a ela. Colocaram o jornal na parede da sala lá da firma... Ela chegou em casa abalada... Aí a filha falou para ela 'Mãe, a senhora não vai trabalhar mais não. [Silêncio... Chora.] Tô formada, tal. Foi a senhora que cuidou de mim, agora é a minha vez...'"

A filha de Francisco, segundo seu relato, é jornalista formada pela Universidade de São Paulo e, até onde ele estava informado, trabalhava numa multinacional. Depois desse desentendimento, nunca mais visitou o pai e não respondeu mais as cartas dele. Apenas se correspondeu com a avó Nancy, que eventualmente reenviou para o filho Francisco os cartões da neta (o que nos mostrou era enviado pela filha de Paris).

> "Aí a minha filha, após essa data, porque eu achei que houve uma precipitação, entende? Eu não aderi a essa ideia, eu achava que a Catarina... Eu acho que eu errei também, né?... [Chora.] É, achei que poderia haver uma flexibilidade, que a Cátia não deveria se abalar, porque ela se prejudicou. São dez anos de firma perdidos! Pois é, mas eu achei que... A senhora entende? Agora eu entendo o que..."

Com sua segunda companheira, que vamos chamar aqui de Eliane, Francisco teve um filho, Leonardo. Uma das maiores tristezas do pai é não poder assumir a paternidade oficial dele por conta de sua interdição civil. Pai e filho conviveram juntos na Casa de Custódia de Taubaté depois que Leonardo foi preso.

O rapaz era office boy, já ficou algumas vezes internado por abuso de drogas "com sintomatologia produtiva (alucinações e delírios)" e cometeu crimes de furto e roubo para manter seu vício em crack. Seu histórico familiar inclui alcoolismo dos tios-avós maternos e vários casos de patologias mentais entre os colaterais e ascendentes diretos, incluindo sua mãe, que à época de sua avaliação mental estava internada no Sanatório Américo Bairral de Itapira.

Leonardo foi examinado pelo Instituto Médico Legal de São Paulo e considerado inimputável, "portador de transtorno mental de características psicóticas, que comprometiam, à época dos fatos, de forma total, sua capacidade de entendimento e determinação do caráter delituoso do fato".

Tive de perguntar três vezes a Francisco se ele se perdoava por seus crimes. Sua resposta envolve família e religião, além de passar a responder sobre seu perdão para com os outros. Durante todo o tempo, ficou muito contido e falou extremamente baixo e pausado.

> *"Olha, aí foi um processo que onde entra a Seicho-No-Ie. Foi através... dezenas, centenas de vezes vendo e ouvindo sobre perdão. Porque às vezes a gente pode se perdoar, a parte consciente, né? Mas no subconsciente a coisa é outra. Aí entra aquele processo todo e comecei pedindo perdão aos meus familiares. À minha mãe em primeiro lugar, minha filha, à mãe dela, enfim, à minha tia, aos familiares, que me perdoassem. Mas perdão sabe como é que é, né? É jogo duro, né? Pra mim foi difícil chegar a esse ponto de pedir perdão. Foi um problema muito sério. Mas quando eu comecei a coisa, aí... a relação eu tenho que perdoar, né? É um processo... Tem hora que não... Perdoar Deus... é... a Escritura fala... esqueça seus pecados, é uma questão de crença, fé. Então, eu fiquei moído com essas coisas, mas depois fomos vendo os processos, a coisa foi se complicando e tal. A gente pode criar uma ilusão a respeito de tudo, essas coisas todas. Mas eu procuro perdoar sempre. Não só em relação às coisas, mas às coisas passadas que de repente vem à mente assim e pesam. Procurar entender o significado daquilo. Porque em termos de fé, na minha fé não existiam santos, não existiam anjos, não existia a morte... e a minha concepção de Deus... é aquela certeza que existe algo além. E é até estupidez pensar algo ao contrário, afinal não é só nós que somos nosso próprio planeta... Não é assim. Agora, esse Deus devoto, esse Deus... Pra mim, perdeu o valor."*

Dona Nancy, a mãe de Francisco, faleceu em 25/3/2009, de pneumonia, sem ver o filho. Ele ficou completamente transtornado e implorou para obter uma licença especial e acompanhar o enterro. Apesar de seu advogado e amigo, doutor José Fernando Rocha, pedir permissão através de petição e responsabilizar-se por Francisco, o pedido foi negado.

# CURIOSIDADES

Algumas coisas que Francisco nos contou nessa segunda entrevista podem não parecer tão importantes para entender seus crimes, mas certamente nos ajudam a perceber nuances da personalidade deste indivíduo. Foi muito interessante o relato da história carcerária através dos olhos de alguém que ficou no sistema penitenciário por tantos anos.

> "Tudo vai da administração, a começar do governo em si. Tivemos um período do regime militar e a penitenciária sofreu inclusive uma intervenção federal. Aí os diretores foram afastados para assumirem os coronéis do Exército. O diretor penal, inclusive, foi acusado de subversão porque ocorreu a denúncia que ali estariam se fazendo os impressos dos assuntos subversivos, a tipografia que era da penitenciária do estado, né? Daí a denúncia, daí a intervenção. São regimes bem diferentes. Depois dos militares, que o militar, segundo o que eu vim a saber, assim de conversa de pessoas interessadas nesses assuntos, o militar não tinha a preocupação com o criminoso comum. Não havia perseguição ou caça, tanto que a comutação coletiva do 'Sesc Centenário', foi em 1972, ela foi ampla. Ela abrangeu todo mundo, inclusive a mim. Então, o militar não tinha preocupação que era com relação ao preso comum, achavam que perigoso era o preso político. Bom, aí vem a filosofia. Depois, com a queda da ditadura, os perseguidos também políticos tiveram um pouco de, não vou dizer de afinidade, mas de simpatia em relação ao preso. Inclusive essa fundação aí, a FUNAP, que é uma fundação de amparo ao trabalhador preso, foi fundada por um homem que também pensava assim, o Manoel Pedro Pimentel, coisa assim. E nós tivemos gravados na penitenciária, o planejamento e eu participava de algumas atividades. Então foi gravado o discurso dele e ele chamava, adjetivou o criminoso comum, como um herói, né? Quer dizer que um homem que era capaz de arriscar sua própria vida, pra socorrer a sua família de suas necessidades tinha que se ter uma outra visão sobre esse tipo de homem, sobre assaltantes, criminosos... as consequências sociais... As modificações da penitenciária teriam certas liberações. Então, o governo Franco Montoro, que ele entrou com aquela política que as unidades deveriam cuidar de seus próprios problemas, criou a comunidade carcerária. Foram criadas algumas comissões de presos, então teve uma determinada abertura e por incrível que pareça a penitenciária do estado chegou até ter cachorro dentro da cela."

Francisco ri e chora quando conta a história do ratinho que adotou naquela época, apesar de outros presos preferirem cuidar de cachorros. Realmente fez uma conexão afetiva com o bichinho:

> "Eu levei o ratinho pra cela, um ratinho desses brancos, pequenininho, dei banho nele, no vaso sanitário que era importado, veio da Inglaterra. Vê só, naquela época, até o vaso sanitário era importado! Aí eu tampei o boi [vaso sanitário], que a gente chama de boi, enchi de sabão, joguei o rato ali, tinha que dar uma higienização, um

*trato pra ele poder ficar comigo na cela. Quase afoguei o ratinho. Depois eu vim a saber que o rato não precisa disso. Então, fui indo e tal e naquela época eu usava drogas. Principalmente cannabis, né? Gostava de fumar maconha. Aliás, eu acho que maconha não faz mal pra ninguém, mas tudo bem... [Risos.] Acontece que o ratinho fumava junto comigo. Ihhh, ele era viciado. Ele fumava vários e depois ficava muito doido. [Risos.] Depois eu pegava ele, tinha uma cortina assim, no boi, uma linha. Aí, eu pegava o ratinho e colocava ele lá em cima – 'Eu quero ver agora você sair daqui!' – E ele ficava e ficava. Parecia que ele queria era que eu me distraísse. Quando eu menos esperava, ele tava no chão de novo. E eu perguntava, como ele conseguiu fazer isso? Eu quis saber como ele fazia isso. Aí eu coloquei ele lá de novo. Aí ele olhava e olhava, se agachava e ele se jogava um pouco na parede, um pouco no lençol e um pouco mais na parede – 'Você é esperto, hein rapaz?' – Aí, fui fazer um teste, eu dava as bolas pra ele brincar e tal. Fui vendo a higiene dele, como ele se limpava pra ver se ele sabia se cuidar. Aí, numa parte alta assim da janela, fiz uma casinha pra ele lá, eu fiz uma escultura lá de papel machê e ele ficava embaixo da escultura. Então, no café da manhã, ele sabia, ele ficava ligado, tenso. Interessante. A queda dele inclusive, cai sempre com as quatro patas assim, de pé. Aí lá de cima e tal eu servia o café dele. Uma vez, o café tava muito quente, ele tava agitado e eu dei muito quente e ele se queimou, eu vi isso. Ele nunca mais fez isso. Puxa vida, quem diz que animal não tem inteligência. Da outra vez, vinha a bolota. Eu punha lá, ele ficava olhando, cheirava, punha assim. Ele tinha uma mão bonita, já viu este ratinho branquinho de pele? Tem uns dedos... Bom, encurtando a história, naquela época eu era dado à prática de ioga, de posturas, né? Pelo Borges, que é um carioca, ele e a esposa dele desenvolveram um sistema, ele tem uma academia no Rio de Janeiro, e então eu seguia e tal. Eu praticava exercícios respiratórios, abdominais. Só que eu fazia também com a cannabis, segurava todos os efeitos e ele também participava e eu dormia no chão. No duro, né? Que ioga não deve ter coisas, não duras, mas deve ser coisa rígida, né? E ali mesmo eu dormia e o ratinho dormia junto. Ele ficava debaixo de minhas mãos e ficava brincando. Só que numa noite levanto assim e pisei nele. Pisei bem no corpo dele. Aí tudo bem, eu senti, né? Eu fiz assim, chamei ele e ele veio se arrastando... aí ele ficou assim de um dia pro outro e tal e depois, uma vez quando eu acordei, ele amanheceu morto nas minhas costas, acho que eu virei, ele não saiu fora, né? Matei o ratinho, matei... mas existe uma inteligência da natureza."*

Outra questão interessante de ser contada aqui é sobre os sonhos de Francisco, principalmente o que teve na véspera do segundo crime que cometeu.

*"Esse sonho mesmo, que um dia anterior ao crime, eu tô mergulhando. Mas eu tô entrando numa gruta, gruta subterrânea, e ela vai se estreitando, eu vou passando e ela vai se estreitando e chega num ponto, eu não consigo mais avançar, eu não consigo mais recuar, não consigo subir ou descer, quer dizer, eu tô... prensado, praticamente, entre as pernas... é quando eu acordo e quando dei por mim eu tava de pé... E aí, na*

*outra noite, isso tudo aconteceu, o último delito... Foi esse sonho... Nesse eu realmente senti... Um outro sonho que eu tive, também relacionado com a água, muito agitadas e eu tô embaixo d'água e quando eu me dei conta eu tô no meio de uma bolha, como se tivesse uma bola embaixo da água assim. Então eu já acordo com a sensação assim de mal-estar... Mas isso aí eu tive muitos anos depois de preso, na penitenciária do estado. E alguns dias depois eu vim pra cá."*

Depois desses relatos, ele arrisca algumas interpretações freudianas sobre si mesmo, fala em libido, complexo de Édipo, infância e pais, filosofia judaica e hindu. Nada que faça algum sentido; uma verdadeira miscelânea de coisas que já escutou na vida.

## SOBRE A PRIMEIRA ENTREVISTA

Nos momentos finais da entrevista realizada por mim e pelo doutor Antonio de Pádua Serafim em 2003/2004, fizemos uma avaliação conjunta dos trabalhos até aquele momento. Francisco nos disse então que muitas coisas não conseguira nos relatar:

*"Vou ser fiel, mas é difícil, pelo menos no meu caso tem uma máscara que a gente tira e aí vem outra máscara, outra máscara, mais uma máscara... É um negócio meio... Tem coisas que a gente quer dizer, mas que não vem a coragem, é como se eu não suportasse dizer. Ou a pessoa que estivesse a ouvir também não suportasse ouvir o que eu tivesse a dizer. É coisa muito dantesca, realmente, eu não sei qual seria a minha reação se eu dissesse determinada coisa."*

Argumentei com ele, pois em geral nossos entrevistados já cometeram homicídio, estão sempre numa situação como a dele, mas poder falar com ele pessoalmente era "um achado", devido à sua inteligência, sensibilidade intelectual, cultura e análise dos fatos. Foi interessante ouvir o próprio Francisco nos dar sua análise e percepção sobre si mesmo.

Antonio colocou que atualmente Francisco tinha uma compreensão muito mais detalhada do que tivera durante a ocorrência dos processos. E que, depois de ter sido entrevistado por tantos especialistas, apesar da dificuldade de falar, o fazia de maneira especial, se defendendo de todas as reações que viesse a ter e que certamente seriam analisadas e rotuladas nesses exames. Antonio avaliou que Francisco refletia sobre seus atos e criava opiniões sobre eles, habilidade desenvolvida ao longo dos anos, bem como seu entendimento foi se modificando. E sua falta de compreensão sobre certas situações e a racionalidade na maneira de falar muitas vezes foram interpretadas como falta de sentimento.

> "Tudo bem, tem coisas que eu reconheço como bastante frio, como se eu fosse um observador, meio estarrecido diante dos acontecimentos. [...] Então, há certas imagens, imagens que eu não ouso, não me sinto capaz assim de falar."

Novamente Francisco repetiu que o mais importante é aquilo que não é dito. Não concordei com ele e argumentei que a fantasia é sempre pior do que a realidade. Quando você não sabe uma coisa e imagina como ela teria sido, tanto você pode estar muito longe da verdade como às vezes sua imaginação é até pior do que seria de fato, se você conhecesse o fato. A fantasia de cada um constrói um Chico Picadinho diferente, porque vai da cabeça, da capacidade criativa de cada um.

Aqui, depois da entrevista, muitos mitos caíram por terra e temos finalmente o relato dos fatos. Mitos são sempre perigosos – podem ser ótimos, mas também podem ser péssimos. Sem bem nem mal, são apenas mito. Então desmitificar também é importante.

Alguém que cometeu um crime de homicídio teve uma história antes e tem uma história depois; é relevante saber o que fez com isso, porque o discurso da sociedade é simplista: tranca e joga a chave fora! Mas nós estamos falando de um ser que também é filho, que também é marido, que também é pai, que tem toda esta bagagem e que também quer entender.

> "Eu sinto pelo criminoso, é uma destruição, ele também está destruído... Ninguém é só bom ou só mau."

## O RITUAL

Na segunda oportunidade que tive de entrevistar o Francisco, depois de todo este "aquecimento" que fizemos, a conversa permeou seus crimes e o entendimento dele e o nosso sobre o assunto.

Insisti naquilo que não havia compreendido na primeira vez, ou naqueles pontos onde senti que havia algo "errado" no relato, ou ainda "pontos de dificuldade", que só percebemos ao transcrever uma entrevista. Dessa forma, no que se refere ao assassinato de Margareth Suida, voltei ao ritual relatado pelo autor nos pontos discordantes com a perícia.

Para quem analisa os laudos e as fotografias do local de crime, a vítima foi morta ainda no quarto e arrastada, já sangrando, até o banheiro. Voltei a perguntar sobre a ordem dos fatos, que ele dizia sempre não se lembrar muito bem. Reconstruí para ele o seu próprio relato, em que apertou o pescoço dela, mas que ela não desfalecia. O flash seguinte lembrado por ele já é com o cinto na mão e, na sequência, Margareth sendo puxada por debaixo dos braços até a banheira, onde se iniciara o ritual de vilipêndio. Francisco me ouvia atentamente e eu passei a argumentar que havia, no chão, uma marca de sangue desse arrastamento, do quarto para o banheiro, que significava que o ritual tivera sido iniciado ainda no quarto. Para tanto, Francisco teria que ter usado algum instrumento de corte, porque senão não marcaria o chão com sangue daquela forma, uma vez que o estrangulamento não causa sangramento. E havia, realmente, em cima da mesinha do quarto, uma tesoura com vestígios de sangue que não havia sido levada ao banheiro; ficou ali, esquecida. Francisco "saiu pela tangente":

> "Tem aquela justificativa pelo qual inclusive supuseram que teria sido o motivo do meu crime, motivo torpe, que é o fato de que ela poderia estar menstruada. Porque encontraram vestígios de papel higiênico na bolsa dela de sangue menstrual. Aí teriam proposto que eu teria feito aquilo porque ela se recusou a ter uma relação ou eu não quis ter aquela relação, quis manter uma forma... né? E ela teria se recusado e me ofendido com uma palavra e eu aí teria tendido a fazer o que eu fiz. Não me lembro, sinceramente, dessa tesoura sendo usada no recinto. Nem dela ter sido usada no banheiro!"

Esclareci novamente que a tesoura fora deixada no criado-mudo, na mesinha, e que a marca de arrasto não poderia ser de menstruação, era um arrasto "importante".

Francisco interrompeu a conversa, alegando que estava com a "boca seca" e começou a fazer perguntas ao doutor Luis Di Santo, nada relacionadas ao assunto.

Outra vez, minha sensação era de que escondia alguma coisa; seu desconforto era visível. Segui pressionando-o com dados técnicos periciais, demonstrando que cada passo ali havia sido estudado. Expliquei que estavam, ali comigo, todas as fotografias do local do crime e encontro de cadáver e perguntei se Francisco queria vê-las para se lembrar melhor. Depois de um curto silêncio, ele me respondeu que não gostaria de ver nada, tinha tudo na cabeça.

Mudei a forma de abordagem, fazendo para Francisco uma análise do seu ritual antes mesmo de detalhá-lo de como, com a Margareth, existiu da parte dele quase que uma "delicadeza" no que ele fez com o corpo dela. Ele não a esquartejara, como noticiado em todos os jornais. Ele a dissecara, "descobrindo" camada por camada.

Silêncio na sala. Segui, falando agora sobre Maria Ângela, por quem Francisco já havia deixado claro seu desprezo. Talvez fosse mais fácil falar primeiro sobre a segunda vítima. Expliquei que, na minha avaliação, com ela havia sido completamente diferente. Apesar de algumas similaridades, não havia nada de delicado nessa ação, mas sim de fúria. Perguntei se havia uma curiosidade pelo que poderia encontrar no processo que executou com Margareth, recortando-a como alguém que tira a roupa de outrem, e não havia mais isso com Ângela.

*"É, aí é que tá. O porquê desse jeito. Essa forma de agir... É uma outra interrogação que eu tenho. É... o porquê desse jeito, né?"*

Luis questionou Francisco se, em suas relações com as mulheres, já na fase sádica, fantasiava sobre assassiná-las e manipular o corpo delas. Para amenizar (se é que era possível isso), contei que muitos entrevistados nossos tiveram sua própria fantasia antes do dia de a executarem – durante a leitura de um livro ou de uma relação sexual, por exemplo –, construindo esta ideia como se fosse um sonho maluco. No caso dele, houve algum processo desse tipo ou a ideia tinha vindo apenas no momento do crime? Aconteceram flashes, que iam e vinham, ou não?

*"Compreendo. Olha, desculpem, mas... eu preciso... ir ao banheiro!"* [Risos.]

Liberamos Francisco, brincando com ele ao dizer que pensasse no caminho para nos responder na volta. A situação estava tensa e não estávamos chegando a nada. Quando sentou-se novamente, mudamos de tática de maneira radical e passamos a falar do crime do dr. Farah Jorge Farah, que também vilipendiou o corpo de sua vítima. Expliquei que, quando comparamos o vilipêndio feito por Francisco com aquele de autoria do médico, a diferença era brutal, ficava claro nas ações do segundo que ele queria se livrar do corpo em um ritual de cunho prático e com objetivo operacional. Farah retirou de forma cirúrgica as digitais e a expressão facial de Maria do Carmo Alves, para impossibilitar sua identificação, e esquartejou o corpo para dividi-lo e carregá-lo em sacos plásticos, viabilizando o trabalho de esconder o cadáver, uma vez que era fraco e franzino para carregá-la inteira. No caso de Francisco, era uma descamação. Aquilo me dera a impressão, e eu poderia estar errada, de que agira como "um menino que quer olhar por dentro". Diante do que ele havia feito, dizer que era para esconder o corpo ou livrar-se dele não parecia uma boa explicação.

*"Não sei explicar. Bom, é uma coisa que não bate. Às vezes eu acho que até é profanando, né? Uma coisa com as minhas palavras. Tô até sendo mole ou cruel em expor assim, por que a coisa acaba se relacionando com a minha mãe de novo."*

Explicamos novamente que não estávamos ali para julgá-lo, nem à mãe dele. Procuramos uma identificação com ele ao colocar que, de certa forma, éramos todos mórbidos; estávamos ali todos conversando sobre crime, para pessoas que também gostavam de ler e estudar sobre eles. Alegamos que todos temos esse lado escuro e que este era um ponto crucial para entender esse mistério que envolveu o ritual utilizado por Francisco.

> "Pois é, mas aí fica uma coisa muito, muito ousada. Veja bem: é uma simples elucubração mental, fantasiosa, não sei, talvez ou é muito sem respaldo, sem elemento que eu possa dizer: não, eu procedi assim porque... Se neste caso o vilipêndio de cadáver, quando eu pratiquei, quantos e quantos não praticam? Até o médico. Quer dizer, então teria também aquela outra pessoa, o outro e a mesma explicação, a mesma hipótese, quer dizer... É bom se dizer, tudo muito vago. Procurando ser objetivo, né, mas é duro, é difícil. Eu fico que nem o touro na arena, fico encurralado."

Luis, psicanalista experiente, explicou para Francisco que ao ultrapassar esse umbral, que para ele parecia a porta do inferno, talvez ele se libertasse.

Insisti com jeito, mas de forma firme. Francisco acabou falando que o arrastamento de Margareth para o banheiro o fazia se lembrar de uma cena de infância da qual não queria falar. E assim começou um "jogo de adivinha": nós fazíamos perguntas do tipo se a mãe ou o pai estava presente, se foi algo cruel, se havia conotação sexual e assim por diante.

Tentei argumentar com Francisco que era muito importante, para entender o ritual dele, compreender de onde ele vinha simbolicamente. Acontece um fato na vida de uma criança, interpretado por ela com os recursos que tinha naquela idade. Depois, anos adiante, isso pode se repetir nos rituais dela, talvez não da mesma forma, mas mantém relação íntima com aquele acontecimento. Ele estava me dizendo que havia um arrastamento do qual se lembrava na infância e repete esta atitude nos dois crimes que cometera, daí a relevância de tentar entender por que o marcou tanto. Era sua própria oportunidade de autoconhecimento, relatar para dois psicólogos forenses ali presentes e tentar fechar, na sua própria mente, a compreensão de seu proceder.

Francisco nos colocou que era um acontecimento que preferia manter em segredo e que, se me contasse, ele se tornaria público. Diante desse argumento, desligamos gravadores e câmeras e mantivemos sua privacidade.

Só posso revelar aqui que o fato que era secreto relacionava-se diretamente com sua mãe e aconteceu quando ele tinha 11 anos. Depois de conseguir relatá-lo e de longa conversa a respeito, Francisco comentou:

> "Aquele ponto que achei que pudesse ter um chilique parece que saiu normal. [...] O que eu tanto temia que pudesse me trazer um desequilíbrio, um lapso, crise, saiu de uma forma que eu fiquei analisando... Eu falei de uma forma fria. Eu achei frio isso aí. Aí eu disse... será que é isso mesmo?"

Como bem colocou Adelaide:

> "Temos que enfrentar. O monstro parece muito maior do que a realidade. Porque fica lá dentro, guardado por tanto tempo, é que parece tão enorme e depois..."

No dia seguinte, Francisco acabou nos dizendo que achou seu relato frio e que não tem certeza de que o acontecimento está, de alguma forma, ligado aos seus crimes.

Em nossa discussão posterior, em equipe, após a entrevista, analisou-se a possibilidade do bem conhecido processo psicológico em que a negação de um fato traumático permite a manutenção da própria sanidade daquele que o viveu.

Francisco me perguntou o que eu achava dele. Comecei de maneira simples, dizendo que o via como pessoa que, desde pequeno, experimentava tudo, no sentido de descobrir o que havia por trás das coisas e como elas funcionavam, de verdade e de mentira, sem medir o risco. Sua curiosidade é maior que seu medo. O corpo teria alma? Um gato teria mesmo sete vidas? Deus existe? A gente se afoga mesmo se desrespeitar o mar? Até onde dá para mergulhar? Sobre a Margareth, achei que Francisco "errou na mão" da agressão na sua necessidade sádica sexual e, uma vez que o pior já havia ocorrido, ou seja, Margareth já estava morta, experimentou mais uma vez, agora exercendo sua curiosidade anatômica. Ele me respondeu que isso poderia ter acontecido, mas, se assim foi, em um nível totalmente inconsciente e não pelo seu querer.

*"Quanto a isso, até aí tudo bem. A questão não é essa. A questão é tirar a vida em si, né? A pessoa morreu, morta está, né? Nós nos alimentamos dos seres existentes e um dia nós seremos alimento dos outros seres, né? Então, como diria o Duran [?], a vida é isso mesmo, né? A vida... Deus se alimenta de si mesmo, isso aí é outro lado, se bem que Deus é uma projeção mental, mas vamos dizer, essa forma cósmica do universo, que existe ela se sacia a si mesmo."*

Francisco gosta de racionalizar através da mística, o que me deu uma brecha para abordar outra dúvida sobre seu ritual, as mutilações feitas nas nádegas das vítimas dele. Comecei teorizando sobre mutilações em geral e suas conotações, como as de Margareth, que eu percebia com traços "anatômicos", uma verdadeira aula de anatomia.

*"Será que eu quis dar uma de Leonardo da Vinci? [Silêncio.] Não, aí é dose [Risos dele.] Isso aí... [Risos dele.] É dose. Desculpe assim, vai, mas é pra distrair."*

Silêncio na sala. Não tratamos aquela fantasia de Francisco como piada. Continuei, no mesmo ritmo, a explicar o que achava que ocorrera ali sem tantos psicologismos ou análises freudianas. Provoquei-o, acusando-o de ter sempre buscado "os grandes personagens", os que fizeram coisas novas. Nesse primeiro crime, o matar teria apenas acontecido, como aconteceu com tantas pessoas que ele mesmo conhecia. Já as mutilações o diferenciaram do restante dos criminosos, porque são parte da ousadia que habita nele. Tinha a curiosidade e ali teve a oportunidade, o acesso que a situação lhe dava, para perguntas cujas respostas não se encontram nas bibliotecas. Ele estava sozinho, tudo estava ali, na sua frente, ele tinha tempo, a vítima não sentia mais dor, ele não sentia remorso. Era um estado emocional propício e uma curiosidade incontrolável de saber além, o proibido, o diferenciado, ousar, ser o que ninguém foi. Sempre se procura um trauma, mas será?

Francisco me ouviu "curioso". Apresentava-se aqui uma nova teoria para seus crimes, menos complexa, mais objetiva. Aproveitamos também a oportunidade para voltar ao seu ritual, comparando seus atos com a segunda vítima, quando aparentemente apenas queria descartar o corpo, mas provocou ferimentos que nos dizem outra coisa. Perguntei se ele sabia de quais ferimentos eu falava. Ele ficou confuso, me pediu para repetir a pergunta. Repeti com calma e ofereci de novo as fotografias para que ele visualizasse. Ele não quis pegá-las, apontou com o indicador para a própria cabeça e disse que não precisava ver nada, que estava tudo ali, na sua mente. Resolvi falar de forma clara que nos referíamos aos ferimentos das nádegas e dos olhos de Maria Ângela, pois não fariam sentido se não fossem parte de um ritual.

> *"É esse detalhe aí dos olhos, não tenho a mínima ideia do por que eu procedi assim. Se bem, quer dizer, era como se fosse a minha, vamos dizer, alienação assassina, vamos dizer assim, me fosse possível me desfazer totalmente do corpo. Tanto que os pedaços foram parar no vaso sanitário."*

Perguntamos por onde ele iniciou as mutilações da segunda vítima, se fora igual ao processo da primeira. Ele respondeu que, nesse caso, a cabeça foi a última parte do corpo que retalhou.

> *"Ficou pra depois. [Francisco fica em silêncio.] Na minha ideia em como se fosse possível fazer ela desaparecer pelo vaso [sanitário]. Pensamento, a pretensão, né? Mas daí certos tipos de coisa. Provavelmente, os olhos estejam relacionados com isso. No sentido de me desfazer das partes menores."*

Insisti na questão, relembrando-o que, enquanto o rosto de Margareth ficou intacto, o de Maria Ângela estava completamente destruído. Francisco me respondeu: "Eu vi além". Duvidei de sua afirmação. Ele me disse que com Maria Ângela tinha de fato a intenção de destruí-la, mas com Margareth não. Levantei a questão de que as duas tinham ferimentos similares nas nádegas, como cruzes ou a letra X. Ele reage, diz que "não lembra". Mas ali estávamos num ponto onde não havia retorno – ou esclarecíamos, ou parávamos. Meio incerta do que estava fazendo e com medo de estar entrando em seara que poderia irritá-lo ainda mais, coloquei a pilha de fotografias sobre a mesa e pressionei-o para vê-las. Ele novamente preferiu não vê-las, dizendo que não faria bem a ele, mas eu dizia que, se não se lembrava, tinha por obrigação olhar e tentar explicar. Ou lembrava?

*"Ali me passa a ideia de como se eu desse por encerrado. É a ideia que me passa."*

Eu, Luis e Adelaide expusemos para Francisco que tínhamos, então, diante de sua explicação, entendido que se tratava de um ciclo, um "trabalho" que se iniciou com a Margareth, mas só terminou com a Maria Ângela; o que não terminou em uma terminou com a outra, como se tivesse ficado incompleto. Precisou de dois corpos para satisfazer sua busca e assinou quando terminou, utilizando um símbolo universal de "trabalho encerrado". Francisco permaneceu em silêncio.

Partimos então para analisar outra questão que sempre aparece nas análises do caso de Chico Picadinho: a teoria edipiana que o transforma em "assassino freudiano". É opinião de muitos profissionais que estiveram com Francisco, inclusive advogados e juízes, que a primeira vítima dele se parecia com sua mãe biológica e a segunda vítima, com a mãe adotiva. Se isso fosse verdade, Francisco assassinara, simbólica e literalmente, suas duas figuras maternas, em consequência de suas dificuldades com a figura feminina. Teria sido mais delicado com o corpo de Margareth porque dona Nancy também havia sido mais delicada como mãe que a outra, da qual se lembra com mais mágoa.

*"É. Tem essa simbologia pra essas interpretações assim psicanalíticas, algo assim, deduções. Realmente, por aí. São raciocínios a posteriori. Todas essas deduções, teorizações, tudo isso veio depois, né? Antes era aquilo que eu mencionei pra senhora: eu via o crime e pronto. Crime de louco, nas vias da psiquiatria. É um fator importante. Isso era um sinal de anormalidade. O segundo foi de um jeito que deu pra entender, houve todo um processo em busca de uma explicação do porquê. Mas sempre cai nessas teorizações, perfeitamente válidas. Na época, o meu próprio defensor mencionou isso: 'É, Chico, isso, se for pensar na linha de defesa, vão dizer que você tem complexo de Édipo'. Agora esse desembargador aí, dr. Renato, no meu retorno à prisão, mencionou isso. Isso é um caso edipiano mal resolvido, expressão dele. Com as mães, então primeira branca e a segunda que é a mãe negra. Só que tudo isso aí é um processo que se passou inconsciente. Como eu disse pra senhora, enfim. Não procurei ali, foi uma coisa ocasional. Não a levei, vamos se dizer, especificamente com esse propósito, isso na área consciente. Inconscientemente eu sei que o processo era outro. Eu sabia que alguma coisa ia acontecer, inclusive os sonhos que eu tive e tal. Eu sabia que ia acontecer, só que eu não sabia como."*

Perguntamos se realmente suas vítimas se pareciam com suas mães. Francisco respondeu que Ângela, só na cor e na feiura, mas que de fato não tinha muita lembrança da mulher que cuidou dele na infância. Ela apenas fazia uma função, um serviço, cuidar daquela criança. Isso o incomodava em demasia.

> *"Vou fazer nela tudo o que merece ser feito pra ela. Foi isso, a impressão que passa. Era bom até onde deveria ter ido, nossa! Como é difícil, que conversa..."*

Outra possibilidade levantada por Francisco, mais realista, sobre as diferenças entre os dois crimes, é de como, no primeiro, seu ritual com o corpo levou a polícia a suspeitar de Caio, seu amigo, por achar que era trabalho de um "especialista", e que no segundo crime não cairia novamente no mesmo risco, incriminar alguém que gostava por algo que ele havia feito. A lição havia sido aprendida.

Francisco aproveitou bem a oportunidade de estar algumas horas com psicólogos e psicanalista à sua disposição. Eles explicaram para Francisco que, pensando em tudo que havíamos falado, surgiu o fato de que ele não havia premeditado os homicídios e sim se encontrou em uma situação que não podia dominar e terminou matando. Mas apareceu outra questão, aquela que o tornou famoso: o que fez com os corpos. Pareceu, nesse momento, que Francisco se aproveitou da situação para resolver alguns conflitos seus representados ali. Francisco concordou plenamente com essa análise, de forma enfática.

Todos concordaram que voltar a esse momento de sua vida é muito difícil, muito duro. Nós estávamos tentando entender o que havia passado, mas não podemos dizer que um só elemento tenha sido a causa dos eventos, uma cena, um trauma único. Na verdade trata-se de uma série de fatores que se põem juntos na cena e outras coisas que passam pela cabeça dele relacionadas ao todo. Nesse momento, concluiu-se que estava tudo ainda muito aberto, incompleto, e que, independentemente da nossa investigação, do resultado obtido ou não, seria importante que isso fosse finalizado para o próprio Francisco seguir em frente e transformar tudo o que acontecera em passado. Ele respondeu que sentia o fato de estar simplesmente preso e não poder dar continuidade a alguma espécie de tratamento.

> *"Possivelmente, o trabalho profundo, em termos, da psicanálise, psicanalítico não sei. Um trabalho profundo de análise, possivelmente fizesse com que eu, é, é, entendesse ou descobrisse as raízes, né? O referente ao que é possível. Mas que, infelizmente, uma expressão lamentável do sistema penal não oferece."*

Demos cinco minutos de intervalo para que Francisco pudesse refletir se havia alguma pergunta dele ainda não feita, algum pensamento não compartilhado, para que pudesse aproveitar melhor aquela entrevista.

Ele acabou, ao voltar para a sala, nos dando um resumo de sua situação:

*"Gosto de analisar, e a troca de ideias e de receber visitas, de pessoas, assim, né? Fora, percebendo inclusive o trabalho, né? Afinal de contas é um trabalho devido a minha pessoa. Me sinto grato, agradecido. Pra mim é um prazer, é um conforto. Falar dessas coisas me traz um certo alívio, não é o certo, mas é um grande alívio. O choro me faz bem, eu descarrego, me sinto leve, me sinto... Como se eu tivesse me limpado de alguma coisa, né? Eu gosto de coisas assim. Eu não tenho condições financeiras, não sou aquele jornalista lá do* Estado de S. Paulo [referindo-se ao Pimenta Neves] *que se pode dar o luxo de poder viver outro tipo de coisa, né? Senão, evidentemente eu teria um psiquiatra particular, que a lei não faculta isso. Essa interdição que foi feita sem assistente técnico. O próprio Tribunal de Justiça reconheceu... tece comentário a respeito do recurso impetrado foi condizente, que caberia um agravo, no sentido de, um negócio assim qualquer. Eu sei que seria como se eu tivesse um advogado com idade necessária, uma raposa né? Velho dos tribunais, colocaria esse tipo de recurso, impugnaria a interdição e eu seria posto em liberdade. Processo de interdição ocorreria, mas eu estaria em liberdade. Com esse documento, esse tipo de agravo que entrou com o* habeas corpus *que é pra casos de constrangimento ilegal. Não tava dentro do procedimento legal. Eu assinei um alvará de soltura, da vara de execuções penais. Que hoje foi pedido, do Ministério Público pedindo a minha interdição. Se a defesa entra com a impugnação e pedisse a apresentação de provas, e o alvará de soltura teria que ser cumprido, a liminar cairia por terra. Eu estaria em liberdade. Então por falta de... Não tem aí o fator financeiro, é falta de... eu não sei. O meu caso é inédito. Ninguém acreditava que essa interdição pudesse vingar aqui... O diretor, o pessoal daqui, o advogado veio me ver, que é aqui mesmo de Taubaté. É um negócio muito rápido, quando eu vi já concedeu a liminar e já designou um advogado dativo e já nomeou o perito, tudo assim. Um mês, dois meses antes de vencer a minha pena, né? Tudo bem, eu até aceitei, por que não seria pra mim ficar aqui* [sic]*. Seria sair daqui e ir pro mundo. Estabelecimento adequado ao meu caso. Aí fizeram a saída de emergência e aí eu recorri ao Rio de Janeiro e tal e pedi a minha transferência pra lá. Teve o hospital aqui que declinou, por esse motivo, por esse, por esse e ninguém me aceitou. É uma petição, inclusive muito bonita feita pelo procurador do estado, o dr. Rui, que fala a respeito, sobre a minha a situação. Mas ocorre que o que tem no meu caso e o que prevalece é a presunção e a discriminação. Só isso. Cachorro pode morder? Então deixa ele preso. Só isso e o tratamento não recebi nenhum, pode ter certeza. Nenhum de psiquiatra, nem de psicólogo. Tô preso! Num hospital que não é hospital, na realidade, sabe como é que é, é denominado hospital. Bom, tem a parte hospitalar, mas na verdade é o estabelecimento penitenciário misto, com a predominância do atendimento médico-psiquiátrico. Eu tenho muitos companheiros, mais da metade, a maioria que toma medicação. Tem interno aí que toma remédio de manhã, na hora do almoço, toma de tarde*

e começa a dormir. Toma pra impregnar, toma pra 'desimpregnar'. Tem caso aí que toma dez remédios por dia. Tomam comprimidos, tomam injeção. Então há casos assim, de necessidade de tratamento. Já vi muitos casos assim do cara se recuperar. Parece que tem uns remédios que derrubam o cara e depois se levanta, né? Impregna e depois faz o processo de desimpregnação. Mas pra mim, que sou enquadrado naquela tribo de personalidade psicopática, a não ser o que me diz a admirável psicóloga Magali, que tá de parabéns, o perfil dela é ótimo. Me deu um tratamento muito bacana. Me tratou bem. Depois até justificou a forma que ela me tratou e falou sobre Pinel, né? Sobre esse grande médico. Sobre o que ele fez. Então ela tava justificando, me tratando de uma forma humana. Deve ser da índole dela, da formação dela, tudo dela, pra ela me tratar daquele jeito. Por isso, após a entrevista, de fazer o teste de Rorschach... então o perfil que ela traçou, realmente é aquilo. Até áreas do inconsciente que não vem ao nível da consciência, certos recursos, certas coisas que tal e que realmente é o tal caso de saber o que fez uma coisa, o porquê disso daí. É, mas enfim, eu tô aqui. Fazendo o quê? Preso!

---

A gente vai se corrompendo. Com o tempo, a parte animal vai, vai entrando em evidência e vai se tornando um animal

---

## SERIAL KILLER, SER OU NÃO SER...

**FRANCISCO:** Havia muita curiosidade assim, neste sentido, que [me] levava sempre a uma devassidão. A gente vai se corrompendo. Com o tempo, a parte animal vai, vai entrando em evidência e vai se tornando um animal. O sexo vira uma coisa mecânica, sei lá, fica tudo, fica tudo muito neurótico e desesperado. E aquela repetição se torna uma compulsão, e aquilo vai cada vez ficando pior, até chegar num ponto que acontece o que aconteceu, uma desgraça dessas. Eu não sei se o título assim "Chico Picadinho: o serial killer" seria justo pra mim, porque não sei até que ponto eu posso ser considerado um serial killer... Se eu tivesse usando minha razoável inteligência, aparência etc. [para] matar mulheres, com certeza eu não teria assassinado elas. [Silêncio.] Não sei se devo me autorrotular assim, né? Porque uma das coisas, segundo me disseram, é que o serial killer costuma não deixar vestígios, não deixar pistas dos seus crimes.

**ILANA:** Nem sempre, Francisco. Muitos que eu estudo são exatamente o contrário, eles estão transtornados naquele momento, muitas vezes tinham uma fantasia havia muito tempo, mas eles não esperavam executar a fantasia exatamente naquele momento. Não é que a fantasia surge naquele momento, ela já vinha, mas não estavam preparados para ser ali, então, às vezes, é o contrário, deixam muitas e muitas provas. O que a gente tem dentro deste estudo é que existem diferentes grupos de serial killers, então você tem um chamado ORGANIZADO que, vamos dizer, é como o 'Maníaco do Parque', que tem toda uma premeditação, escolhe um local muito seguro pra ele e afasta esta vítima. Isso é uma coisa. Outra coisa é como aconteceu com você (DESORGANIZADO), você matou dentro da sua casa, apesar da sua enorme inteligência. Na verdade, se você soubesse que ia acontecer, você tinha mil maneiras de ter feito. Agora, eu acho que o que você pode questionar é o seguinte: por que sou um serial killer se eu matei duas [*vítimas*]? Aí eu que vou te perguntar: se você não tivesse sido preso naquela época, no nível de degradação que você estava, quantas você teria matado?

**FRANCISCO:** Olha, sinceramente... Eu não sei... não sei... não sei... Porque o crime em si, a morte em si ela chega num ponto... Por exemplo, eu cheguei a relatar a passagem que eu tive com mulheres em que constrangi o pescoço delas etc. e não cheguei... Infelizmente, com essa aí, a Maria Ângela... ocorreu. Ela poderia inclusive ter escapado se não toca a campainha do meu apartamento. Ela estava viva ainda. [*Silêncio. Francisco chora alto, soluça.*] Naquela hora, não acontece isso, eu teria entrado... É um negócio... É um tipo de impulso que ele... depois ele declina, a senhora entende, tem um ponto que declina, então eu tava no pico, no início do declínio. Ia passar, daquele momento em diante eu seria capaz de salvar, de fazer tudo pra ela ficar viva! Seria... tudo! Se não... 'páááááá´'... [*Imita o barulho da campainha.*] Naquele apartamento que eu tava não tinha olho mágico. Eu teria que abrir e eu não fazia ideia de quem poderia estar ali. E ela começou a voltar à vida, a despertar, então naquele momento ali eu em vez de... [*Bate a mão na perna.*] Coisa monstruosa. Isso é coisa de... dois minutos depois ela estaria em outras condições. Eu não sei por que cargas d'água foi arrastada, na forma de vítima... quarto, banheiro... eu não entendo isso aí. Bom, fazer o quê, né? Eu não entendo isso aí... Duas ou três noites eu fiz este mesmo percurso, este mesmo ritual, e não aconteceu nada. Uma delas ainda permaneceu comigo, naquele dia mesmo. Nós bebemos, pá e tal, passamos a noite, passamos o dia juntos, só à noite é que nos separamos. Chegamos a ir a um apartamento de um amigo meu ali na Rego Freitas mesmo e tal, aquela convivência social... aquele negócio todo. Ela tinha passado por isso. Eu não consigo entender o porquê deste tipo de coisa, deste arrastar dela. Eu retrocedo e vou lá em acontecimentos de infância... relacionados com a minha mãe. [*Silêncio.*]

Taubaté, 1 de setembro de 2004

Cara Sra. Ilana Casoy:

Do costume meu se tornou servir cartas destinadas aos entes queridos, de forma a buscar expressar algo que as palavras limitam.

A senhora passou a fazer parte das pessoas que estimo, que agradeço por existirem, que, de um modo ou de outro, me ajudam a viver.

A ajuda a viver, para mim, às vezes se dá com uma simples palavra, uma atenção qualquer, e a carta recebida da senhora tenho como um ato de atenção para comigo, no que, aliás, a ponto acima de uma atenção qualquer, pelo que me vejo agradecido, até porque me trouxe a ciência de que usou pseudônimos para contar em seu livro a minha triste história. Critério louvável. Muito obrigado.

Além do que, congratulou-me com a senhora por ter realizado o seu objetivo, lançando seu livro, no qual oferece ao leitor casos reais que levam à reflexão acerca do entendimento de que ninguém é de todo mau ou bom. Parabéns!!!

Ouvi pelo rádio, em FM, o "Linha Direta" da Globo, a respeito de mim. Causou-me náusea ouvir o nome da mãe de minha filha, por inteiro, em uma parte que leva a quem (qualquer um), sem estar a par da realidade de tudo, mesmo que tenha tido acesso aos autos dos processos, a ilações fantasiosas. A mãe de minha filha jamais esteve no meu apartamento nem exercia o trabalho externo. Tampouco corresponde à veracidade o como passamos a compartilhar o mesmo apartamento, eu e o médico. Ao certo, pode crer, ele veio a ter por domicílio o meu, atendendo ao anúncio que fiz

# CARTA DE FRANCISCO ENVIADA A ILANA CASOY

Taubaté, 7 de setembro de 2004

Cara sra. Ilana Casoy:

Do costume meu se tornou ornar cartas destinadas aos entes queridos, de forma buscar expressar algo que as palavras limitam.
    A senhora passou a fazer parte das pessoas que estimo, que agradeço por existirem, que, de um modo ou de outro, me ajudam a viver. A ajuda a viver, para mim, às vezes se dá com uma simples palavra, uma atenção qualquer, e a carta recebida da senhora tenho como um ato de atenção para comigo, no que, aliás, a ponho acima de uma atenção qualquer, pelo que me vejo agradecido, até por que me trouxe a ciência de que usou pseudônimo para contar em seu livro a minha triste história. Critério louvável. Muito obrigado.
    Além do que, congratulo-me com a senhora por ter realizado o seu objetivo, lançando seu livro, no qual oferece ao leitor casos reais que levam à reflexão à cerca do entendimento de que ninguém é de todo mau ou bom. Parabéns!!!
    Ouvi pelo rádio, em FM, o "Linha Direta", da Globo, a respeito de mim. Causou-me náusea ouvir o nome da mãe da minha filha, por inteiro, em uma parte que leva a quem (qualquer um), sem estar a par da realidade de tudo, mesmo que tenha tido acesso aos autos dos processos, a ilações fantasiosas. A mãe de minha filha jamais esteve no meu apartamento nem exercia trabalho externo. Tampouco corresponde a veracidade o como passamos a compartilhar o mesmo apartamento, eu e o médico. Ao certo, pode crer, ele veio a ter por domicílio o meu, atendendo ao anúncio que fiz publicar no jornal *O Estado de S. Paulo*, oferecendo divisão de apartamento onde eu morava. Foi quando então o conheci.

publicar no jornal O Estado de S. Paulo, oferecendo divisão do apartamento onde eu morava. Foi quando então o conheci.

Por coincidência ou conseqüência, o fato é que, logo após ouvir o que nem deveria ter ouvido, isto é, o "Linha Direta", adoeci. Uma forte gripe prostrou-me. Fiz até exame de escarro, felizmente negativo. Problemas de hipertensão surgiram, levando-me a usar medicamento. Dores musculares, quem sabe se em sintonia com as d'alma, colodiram. Até um torcicolo apareceu. Fiquei fora do ar.

Mas estou recuperado, no que graciosamente favorecido fui com o zelo do meu nobre defensor Dr. José Fernando Rocha, ofertando-me o Polivitamínico e Polimineral Centrum Silver, especialmente formulado para adultos com 50 anos ou mais. Muito bom, pois em breve tempo notei acentuada diferença na disposição física e mental.

Acho que me referi à saúde abalada mais como um jeito de querer justificar por não lhe ter escrito antes. Queira desculpar.

O quadro que a senhora encomendou de mim está no meu imaginário, até porque o quer todo de minha autoria. Materializar uma das idéias em uma composição pictórica, artisticamente aceitável, é o que falta. É fácil pintar uma tela, uma pintura qualquer, mas pintar um quadro — um bom quadro, é claro — original, próprio, é um desafio. Desafio aceito. Aguarde.

A propósito, do nobre defensor Dr. José Fernando Rocha ganhei um livro que veio ao encontro do querer compor com originalidade na arte da pintura. O livro "Assim se compõe um quadro", de José Maria Parramón Vilasaló, da internacionalmente famosa coleção "Aprender Fazendo", editado por Instituto Parramón Ediciones, Barcelona (España), foi um presente que atende ao desejado desde muito.

Juridicamente, tudo na mesmice agora, também, à vista de o funcionalismo do judiciário em greve. Todavia, requestação de providências se tem em compasso de espera. Dia 20 de maio último, poderia ter sido submetido a exame pericial, para eventual desinterdição, se adiado não fosse, a meu pedido. Como gato escaldado tem medo de água fria, uma vez que prejudicado fui, por falta de assistente técnico à de-

Por coincidência ou consequência, o fato é que, logo após ouvir o que nem deveria ter ouvido, isto é, o "Linha Direta", adoeci. Uma forte gripe prostou-me [sic]. Fiz até exame de escarro, felizmente negativo. Problemas de hipertensão surgiram, levando-me a usar medicamento. Dores musculares, quem sabe se em sintonia com as d'alma, eclodiram. Até um torcicolo apareceu. Fiquei fora do ar.

Mas estou recuperado, no que graciosamente favorecido fui com o zelo do meu nobre defensor dr. José Fernando Rocha, ofertando-me o Polivitamínico e Polimineral Centrum Silver, especialmente formulado para adultos com 50 anos ou mais. Muito bom, pois em breve tempo notei acentuada diferença na disposição física e mental.

Acho que me referi à saúde abalada, mas como um jeito de querer justificar por não ter lhe escrito antes. Queira desculpar.

O quadro que a senhora encomendou de mim está no meu imaginário, até porque o quer todo de minha autoria. Materializar uma das ideias em uma composição pictória [sic], artisticamente aceitável, é o que falta. É fácil pintar uma tela, uma pintura qualquer, mas pintar um quadro – um bom quadro, é claro – original, próprio, é um desafio. Desafio aceito. Aguarde.

A propósito, do nobre defensor dr. José Fernando Rocha ganhei um livro que veio ao encontro do querer compor com originalidade na arte da pintura. O livro *Assim se compõe um quadro*, de José Maria Parramón Vilasaló, da internacionalmente famosa coleção "Aprender Fazendo", editado por Instituto Parramón Ediciones, Barcelona (España), foi um presente que atende ao desejado desde muito.

Juridicamente, tudo na mesmice agora, também, à vista de o funcionalismo do judiciário em greve. Todavia, orquestração de providências se tem em compasso de espera. Dia 20 de maio último, poderia ter sido submetido a exame pericial, para eventual desinterdição, se adiado não fosse, a meu pedido. Como gato escaldado tem medo de água fria, uma vez que prejudicado fui, por falta de assistente técnico à defesa, achei por bem preencher essa lacuna. Dr. Rui Carlos Machado Alvim, coordenador da Procuradoria Regional local, conforme pedi, interviu [sic] adiando o exame e, ao mesmo tempo, antes até, recorrendo a NUFOR (Núcleo de Psiquiatria Forense da Faculdade de Medicina da USP), no sentido de designarem um perito que possa servir de assistente técnico à defesa. O NUFOR recolheu do solicitado, porém, subordinando-o a que se faça um agendamento com a necessária antecedência. Daí o adiamento.

fusa, achei por bem preencher esta lacuna. Dr. Rui Carlos Machado Alvim, coordenador da Procuradoria Regional local, conforme pedi, interviu adiando o exame e, ao mesmo tempo, antes até, recorrendo a NUFOR (Núcleo de Psiquiatria Forense da Faculdade de Medicina da USP), no sentido de designarem um perito que possa servir de assistente técnico à defesa. O NUFOR acolheu o solicitado, porém, subordinando-o a que se faça um agendamento com a necessária antecedência. Daí o adiamento.

Enquanto isso, o Dr. José Fernando Rocha veio a conhecer a Dra. Hilda Clotilde Penteado Morana, do corpo clínico do HC e do IMESC, que se colocou à inteira disposição, quando necessária, para avaliar o exame pericial.

A senhora deve ter observado que fiz menção do nome do meu nobre defensor várias vezes. Menção proposital, recomendável. Ele tem sido fora de série no seu humanismo. Dia desses, já faz alguns dias, do presidente do Grupo Pró-Menor do Rio de Janeiro (Fellow da Ashoka Internacional) recebi carta colocando a minha disposição, no Rio de Janeiro, um lugar para trabalho remunerado; graças a influência do nosso defensor, advogado e amigo, Dr. José Fernando Rocha.

Ele, em defesa da minha causa, por mais de uma vez foi à Brasília. Em meu favor, impetrou recurso de HC perante o STJ e, posteriormente, outro HC, desta vez, dirigido ao STF. Apresentado me foi por outro notável humanista, o Desembargador Renato Laércio Talli.

Em assim sendo, com tais referências, se a senhora, por ventura minha, tiver alguma idéia que possa vir a auxiliar a que se encontre uma saída para esta situação inédita e confusa, segundo, aliás, a senhora mesma o reconhece, queira, por favor, estabelecer contato com o meu nobre defensor (ou mesmo simplesmente para cumprimentá-lo) —

Aqui fico agradecido e dignificado com a sua atenção.
Muito obrigado.
Cordialmente,
Francisco Costa Rocha

Enquanto isso, o dr. José Fernando Rocha veio a conhecer a dra. Hilda Clotilde Penteado Morana, do corpo clínico do HC e do IMESC, que se colocou à inteira disposição, quando necessária, para avaliar o exame pericial.

A senhora deve ter observado que fiz a menção do nome do meu nobre defensor várias vezes. Menção proposital, recomendável. Ele tem sido fora de série no seu humanismo. Dia desses, já faz alguns dias, do presidente do Grupo Pró-Menor do Rio de Janeiro (Fellow da Ashoka Internacional) recebi carta colocando a [sic] minha disposição, no Rio de Janeiro, um lugar para trabalho remunerado, graças a [sic] influência do nobre defensor, advogado e amigo, dr. José Fernando Rocha.

Ele, em defesa da minha causa, por mais de uma vez foi à Brasília. Em meu favor, impetrou recurso de HC perante o STJ e, posteriormente, outro HC, desta vez, dirigido ao STF. Apresentado me foi por outro notável humanista, o desembargador Renato Laércio Talli.

Em assim sendo, com tais referências, se a senhora por ventura minha, tiver alguma ideia que possa vir a auxiliar a que se encontre uma saída para esta situação inédita e confusa, segundo, aliás, a senhora mesma a reconhece, queria, por favor, estabelecer contato com o meu nobre defensor (ou mesmo simplesmente para cumprimentá-lo) – telefone xxx.xxx (fax) – endereço xxx.

Aqui fico agradecido e dignificado com a sua atenção.


Muito obrigado.
Cordialmente,
Francisco Costa Rocha

## REFERÊNCIA

KRAUSZ, Renato. Justiça civil mantém Chico Picadinho preso em Taubaté. *Folha de S. Paulo*, São Paulo, 6 jun. 1998. Cotidiano, Justiça, p. 3.

## OUTRAS FONTES

Agravo nº 249.231-3/1-00 – Jobst D. H. Niemeyer (procurador de Justiça). 15 mar. 1998.

Agravo em Execução nº 110.204 – Maria Cristina Pinto Bilcher – 10ª PJ das Execuções Criminais. 3 nov. 1997.

Contraminuta de Agravo em Execução – Execução Penal nº 402.499 – Geraldo Sanches Carvalho (procurador do estado) – Vara de Execuções Criminais – Capital. 30 nov. 1997.

Desenho em planta do apartamento nº 83, do 8º andar do prédio 72 da rua Aurora, local de homicídio. Vítima: Margareth Suida – Instituto de Polícia Técnica.

Laudo criminológico – Magaly Iazzetti Caliman (psicóloga) e Dirce Marini (psiquiatra). 26 ago. 1994.

Laudo de exame de manchas de sangue nº 16.580. Dr. Rubens Ferrari – Universidade de São Paulo – Faculdade de Medicina – Instituto Oscar Freire. 27 set. 1966.

Laudo de local de encontro de cadáver nº 14.985. Secretaria da Segurança Pública – Instituto de Polícia Técnica. 1966.

Laudo de sanidade mental. Dr. Wagner Farid Gattaz e dr. Antonio José Eça. 11 jan. 1978.

Museu do Crime da Academia de Polícia do Estado de São Paulo.

Museu do Tribunal de Justiça de São Paulo.

Museu e Arquivo Criminal Dr. Milton Bernardski. Associação dos Investigadores de Polícia de São Paulo.

Parecer da Comissão Técnica de Classificação – Exame Criminológico – Secretaria de Estado da Administração Penitenciária – Penitenciária do Estado de São Paulo – Hilton Reynaldo R. Gavioli (psiquiatra) e Eliana Urbano Bergamo (psicóloga). 11 mar. 1994.

Parecer da Diretoria da Penitenciária do Estado de São Paulo. Walter Erwin Hoffgen. 14 mar. 1994

Parecer do Conselho Penitenciário do Estado de São Paulo – Caso "Chico Picadinho". Claudio Theotonio Leotta de Araújo.

Pareceres psiquiátricos criminológicos EPC-009/96, EPC-012/97, EPC-026/97 e EPC-043/95 – Casa de Custódia e Tratamento Dr. Arnaldo Amado Ferreira, de Taubaté.

Pedido de promoção ao regime semiaberto efetuado por Francisco Costa Rocha – Fernão Borba Franco (juiz de direito). 2 maio 1994.

Psiqweb – Psiquiatria Geral. Disponível em: <www.psigweb.med.br>.

---

**NOTA DA AUTORA:** Todo o material para a pesquisa deste caso foi obtido com a preciosa ajuda dos seguintes amigos: desembargador Emeric Lévay; Elisabete Regina Martins Pires; Maria Cristina Maia de Castro; Hevlim Vicente; dra. Armenui Mardiros Herbella Fernandes; Sérgio Francisco Serafim Monteiro da Silva; Rosângela Sanches; dra. Maria Eli Colloca Bruno; dr. Adriano César Maldonado; dr. Charles Louis Kiraly; dr. Antonio de Pádua Serafim; dr. Maria Adelaide de Freitas Caíres; dr. Luis Di Santo; dr. José Fernando Rocha.

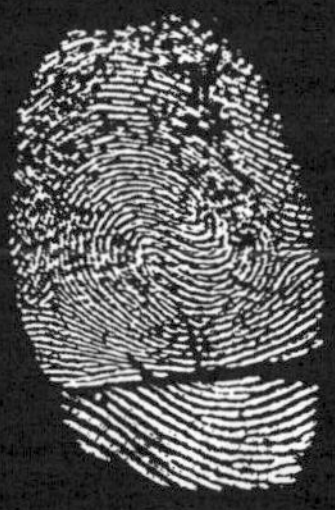

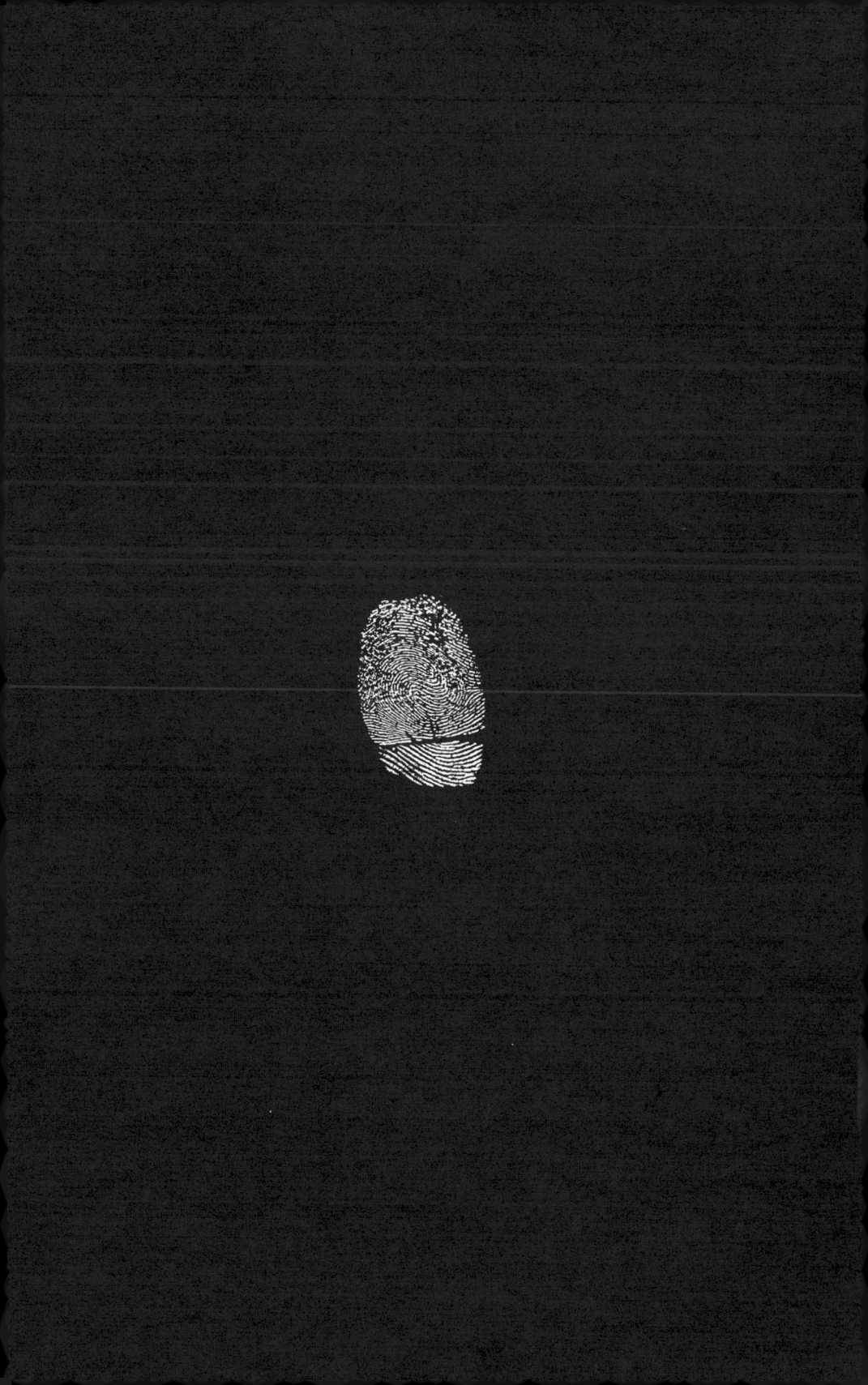

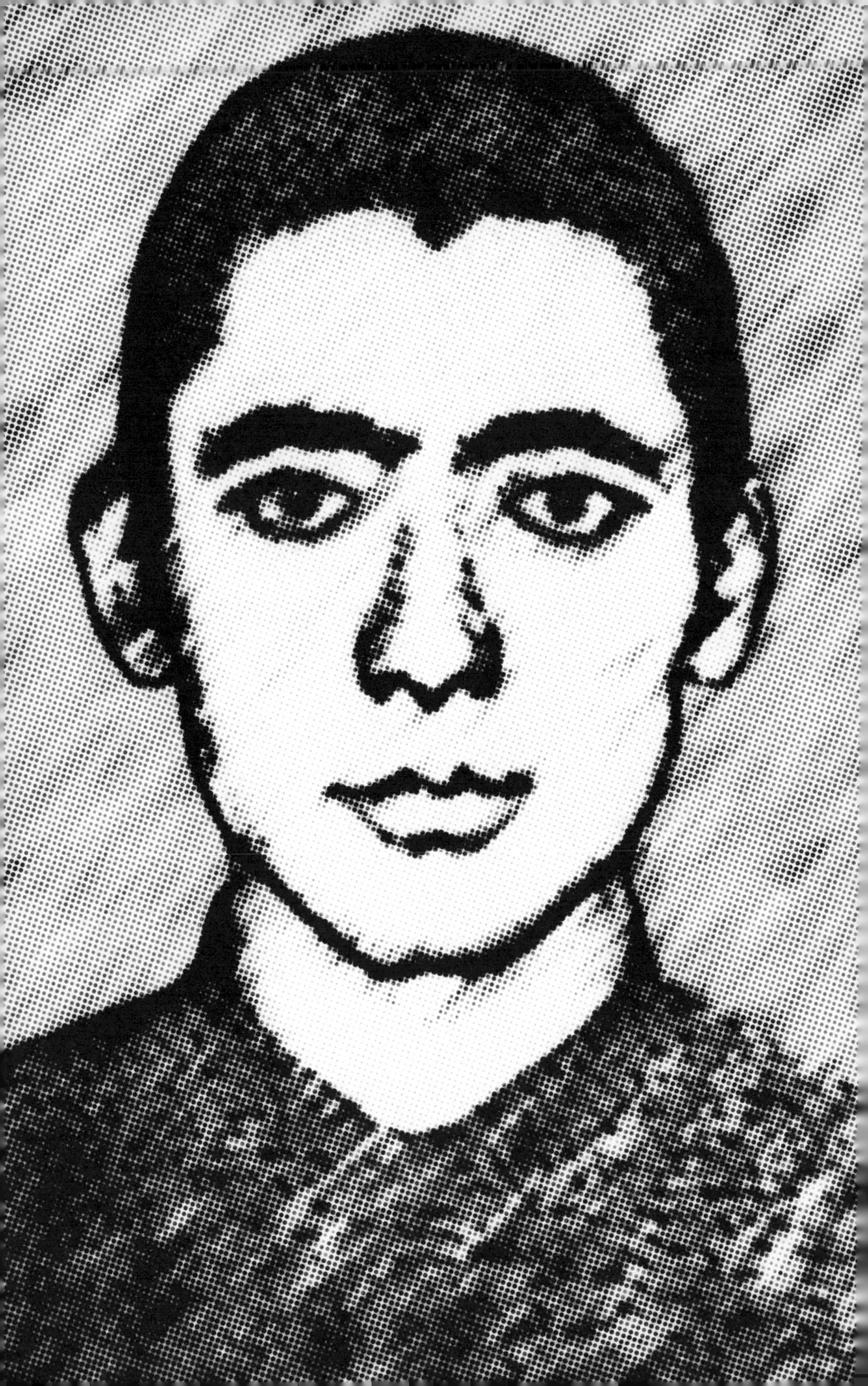

# JOSÉ PAZ BEZERRA

## "MONSTRO DO MORUMBI"

5.

---

"Quando a mulher fica com a carne dura, ela fica mais gostosa e só fica com a carne dura depois de morta." – **José Paz Bezerra**

---

Naquela pacata quinta-feira, 8 de outubro de 1970, os policiais da Delegacia de Polícia da 15ª Circunscrição de São Paulo iniciaram as investigações para esclarecer um furto acontecido na rua Jesuíno Cardoso, na casa de Celina e Otávio Ruiz. No dia anterior, Celina, a vítima, estava chegando da feira acompanhada de sua empregada Mariana e estranhou que quem foi lhe abrir o portão fosse Cláudio, tapeceiro que estava forrando um sofá em sua casa. Rotineiramente, quem abria o portão para o carro entrar na garagem era Alberto, mordomo e marido de Mariana, que também tinha a função de cozinheira.

Ao descerem, logo perguntaram para Cláudio onde estava Alberto. Ele respondeu que havia saído com um pacote nos braços, dizendo que ia pagar uma conta para o doutor Otávio no Banco de Boston.

Celina ficou intrigada, pois Otávio nunca tivera conta corrente em tal banco. Sua sensação de que algo estava errado aumentou ao olhar para Mariana, que aparentava nervosismo e aflição. A cozinheira rapidamente perguntou para a patroa se o casal guardava armas em casa e, diante da resposta positiva, as duas subiram correndo as escadas, suspirando de alívio ao abrir a gaveta, no quarto, constatando que a arma estava onde deveria estar. Mas a alegria durou pouco: a arca onde eram guardadas as joias estava aberta e vazia. Alberto tinha levado tudo, além do dinheiro que era mantido ali. O mais esquisito é que desapareceram dez echarpes de Celina, um isqueiro marca Dupont, um par de óculos escuros e uma muda de roupa de Otávio. Ao questionar o tapeceiro, ficou claro que Alberto saíra de casa usando as roupas do patrão, mas para o sumiço das echarpes ninguém encontrava explicação.

As duas saíram à procura de Alberto, indo até um hotel onde o casal de empregados costumava ficar hospedado. Ninguém tinha visto o mordomo e Mariana comentou que talvez o marido tivesse fugido para Recife. Dirigiram-se então para a 15ª Delegacia, onde deram queixa do furto.

Os policiais foram para o local e começaram a interrogar todas as pessoas da casa: patrões, empregados domésticos e o tapeceiro. Ninguém achava que Mariana era, de alguma forma, cúmplice no crime do marido, mas a mulher estava extremamente nervosa, titubeando e contorcendo as mãos o tempo todo. Intrigados com a atitude da cozinheira, os policiais resolveram continuar o interrogatório na delegacia.

Mariana sentou-se em frente ao delegado André Cassiano Pirozzi. Conforme o depoimento prosseguia, mais aflita ela ia ficando. Em certo ponto da conversa, caiu em pranto incontido. O delegado, sem entender, perguntou-lhe:

– O que foi, dona Mariana?
– Tenho a consciência muito pesada, doutor.
– Mas por quê? A senhora tem alguma coisa a ver com o furto?
– Não, doutor, do furto não sei nada, mas vou fazer uma revelação terrível. Tenho certeza de que foi meu marido quem roubou as coisas de dona Celina e do seu Otávio.
– Por que a senhora tem tanta certeza disso?
– Porque Alberto, o meu marido, é o Monstro do Morumbi!

O doutor Pirozzi ficou atônito. O Monstro do Morumbi era o assassino mais procurado da cidade. Havia matado pelo menos sete mulheres em São Paulo, seu retrato falado saíra em todos os jornais, mas a polícia não tinha nenhuma pista do cruel homicida que agia havia um ano na capital do estado.

Respirando fundo, pasmo pela revelação, começou a ouvir a história daquela pobre mulher, que se desmanchava em lágrimas na sua frente.

# UM CASO DE AMOR – DEPOIMENTO DE MARIANA EM 8 DE OUTUBRO DE 1970

Mariana era desquitada. Tinha dois filhos, Alberto José (13) e Luciana Maria (15). Morava na cidade de Monte Aprazível e fora fazer um curso de cabeleireira na Niasi, fabricante de produtos de tratamento para cabelo e perfumaria, em São Paulo. Certo dia à tardinha, quando saía da aula, foi abordada por um sujeito falante e bem-apessoado, que a convidou para um lanche nas proximidades do largo do Paissandu.

Ele se chamava Roberto. Depois desse primeiro encontro, cada vez que Mariana saía do curso lá estava Roberto esperando. Mariana não aceitou nenhum dos apelos de passeio que ele lhe fez. Apenas quando foi a São Paulo fazer um segundo curso é que finalmente deu seu endereço para o moço. Os dois começaram a namorar e andavam juntos pela cidade. Durante o ano em que Mariana ficou estudando em São Paulo, Roberto algumas vezes sumia sem dar notícias, chegando a ficar fora por até dois meses consecutivos.

Já no fim do curso, o namorado a convidou para irem à casa da irmã dele, nas imediações do Jaguaré, partindo de condução da praça Ramos de Azevedo. Quando subiram no ônibus, Mariana perguntou por que Roberto carregava um rolo de papel para presentes embaixo do braço e ele respondeu que era para embrulhar uma japona que estava na casa da irmã.

No caminho, Roberto contou para a moça quais eram suas verdadeiras intenções: queria ir para "um cantinho sossegado" com ela e fazer amor. Mariana achou que já era hora, pois estavam namorando havia bastante tempo e ela não era mais virgem, esta não era uma preocupação.

Desceram do ônibus em um lugar onde havia uma mata mais fechada; ali podiam ter alguma privacidade. O caminho estava encharcado, cheio de poças d'água. Roberto pegou Mariana no colo e falou:

– Eu te levo, boneca.

Mariana estava encantada com o jeito galante do rapaz. Ao chegarem em um lugar apropriado, ele forrou a relva com o papel de embrulho e quis fazer sexo anal. Mariana, com delicadeza, não consentiu e fizeram amor convencional. Depois, com a cabeça recostada no ombro do namorado, ela lhe contou que tinha dois filhos. Roberto não se incomodou e resolveram morar juntos a partir daquela data.

O casal passou a residir na rua Tupi, mas logo depois resolveram se empregar em casas de família, como cozinheira e mordomo.

Certo dia Roberto confessou para Mariana que, apesar de ter antes contado para ela, com orgulho, que tinha patente de soldado do Exército e que se chamava Roberto, era tudo mentira. Na verdade, chamava-se Alberto e tinha desertado alguns anos antes, fugindo do dever. Uma ponta de decepção cruzou os olhos de Mariana, mas ela decidiu relevar a mentira. Seu primeiro marido era fiscal e todo correto, mas não fora feliz com ele. Já com Roberto, quer dizer, Alberto...

Depois de algum tempo morando juntos, Mariana deu falta da certidão de nascimento do filho, que também se chamava Alberto. Dias depois ela encontrou no bolso do paletó do companheiro uma carteira profissional com a fotografia dele, mas com o nome e sobrenome do filho. Ele utilizara a certidão "roubada" para tirar documento novo. Quando Alberto chegou em casa, Mariana quis saber a razão de tal ato. Alberto, nervoso, respondeu que não gostava de perguntas e que cortava a língua de gente que conversava muito. Diante disso, Mariana se calou e passou a chamá-lo de "Preto", para não haver confusão. Ela nunca mais tocou no assunto.

Cada vez mais agitado e irritadiço, Alberto resolveu se mudar com a nova família para Ituiutaba, Minas Gerais. Alguns fatos estranhos aconteceram ali, aumentando as dúvidas de Mariana sobre Preto. Primeiro ele matou o cachorro deles com uma machadada na cabeça. Tinha sido um ato tão cruel com o animalzinho de estimação da casa que todos ficaram com medo de falar qualquer coisa. Calaram-se e Mariana ainda teve de, imediatamente após o ocorrido, manter relações sexuais com Alberto, pois ele ficou excitado com a morte do bichinho.

Algum tempo depois, um vizinho pediu que Jaime, um empregado de Alberto e Mariana, o ajudasse a matar um porco. Quando Alberto chegou e viu que seu funcionário não estava com coragem de fazer o serviço, pulou o muro, arrancou a faca da mão dele e desferiu mais de dez facadas no animal. Alberto tinha uma expressão transtornada enquanto destroçava o bicho.

Durante dois anos o casal operou uma marcenaria, mas o negócio não deu certo. Mariana e Alberto então a venderam e receberam um sinal referente a um terço do valor. Alberto fugiu com o dinheiro para o Rio de Janeiro, voltando um mês depois sem nada no bolso.

Entre juras de amor e ameaças de morte contra sua filha Luciana Maria, Mariana aceitou Alberto de volta e passaram a morar juntos outra vez. Mudaram-se para a cidade de Uberlândia, onde ficaram por um mês. Estabeleceram-se então em São Paulo, em março de 1969.

O casal passou a trabalhar e morar em casas de família, como doméstica e mordomo, mas, devido ao gênio difícil de Alberto, sempre mudavam de emprego repentinamente.

Em certa casa em que se empregaram, em Santo Amaro, Alberto furtou dois revólveres e fugiu no dia de Natal do ano de 1969, deixando Mariana sozinha no emprego. Roubar armas não era novidade para ela. Em junho daquele ano Alberto já havia feito a mesma coisa com outro patrão.

No dia 27 de dezembro voltou e devolveu as armas para o dono. Disse que tinha dormido no mato todos aqueles dias, mas, arrependido, voltara. Mariana tentou novamente romper o relacionamento, mas Preto ameaçou outra vez de morte ela e a filha. Mais uma vez, Mariana cedeu e aceitou de volta o seu Preto.

Ele tinha mania de encher a esposa de presentes. Eram joias, bijuterias, roupas, sapatos e bolsas. Dizia comprar tudo isso de um tal Ernani, funcionário dos Correios e Telégrafos.

Em 3 de julho de 1970, Mariana ficou doente dos ovários e mudou mais uma vez de emprego. Alberto dormia na casa onde ela trabalhava, no bairro da Mooca, mas disse que tinha arrumado uma colocação de garçom em um restaurante de Itapecerica da Serra.

No fim daquele mês, Preto contou para Mariana que havia pedido demissão, preferindo voltar a trabalhar com ela em casa de família. Empregaram-se no bairro da Aclimação.

Por volta do dia 17 de agosto, Alberto chegou em casa com um jornal na mão e extremamente nervoso. Gritando com Mariana, exigiu que ela pedisse um adiantamento de salário no valor de trezentos cruzeiros. Ela se negou a pedir o vale aos patrões, mas nunca imaginou que a reação de Alberto fosse tão violenta. Ele ficou transtornado, seus olhos se esbugalharam e as veias do pescoço saltaram. Largou o jornal no chão e avançou em direção a Mariana com os braços esticados e as mãos abertas, mirando seu pescoço. Aos berros, declarou:

– Eu já estrangulei muitas e eu estrangulo você.

Estupefata, Mariana respondeu:

– O que você está dizendo, meu Preto?

Desarmado com as palavras cândidas da mulher, Preto jogou-se ao chão e, segurando fortemente suas pernas com o rosto entre seus pés, disse:

– Estou perdido, me salve. Sou o estrangulador e estou perdido...

Alberto apontava para o jornal enquanto falava com Mariana. Com o olhar vidrado e a mãos espalmadas, ele murmurava:

– Eu não sei, eu não sei, eu preciso ver sangue.

Numa mudança radical de comportamento, levantou-se e disse:

– Se você não arrumar o dinheiro, eu mato você e Luciana Maria.

Mariana, tremendo, pegou o jornal no chão e viu o retrato falado do então procurado Monstro do Morumbi. Parecia Alberto, sobretudo os olhos e o queixo. Sem pensar mais nem um segundo pediu o vale ao patrão, deu duzentos cruzeiros para Alberto e despediu-se dele, que dizia estar indo para Recife.

Mariana se demitiu e hospedou-se num hotel chamado Nova Cintra por cinco dias. Quando esfriou a cabeça, foi até a Agência Perdizes e arrumou novo trabalho na rua Peixoto Gomide.

Depois de quinze dias, Alberto já estava procurando Mariana novamente. Luciana Maria tinha anotado errado o número do telefone do novo emprego da mãe e Alberto não conseguiu, através da menina, encontrar a esposa. Procurou então a agência, que lhe deu o endereço. Marcaram um encontro na entrada do prédio e Mariana se assombrou com o que viu. Preto estava sujo, maltratado, e ameaçou:

– Se você não voltar a morar comigo eu te mato, e mato também Luciana Maria.

Assustada, Mariana voltou para Alberto. Dessa vez, nem bagagem ele tinha. Perdera até o blusão vermelho que havia sido descrito nos jornais quando foi estuprada e assassinada uma tal de Cleonice.

Foram juntos na Agência Perdizes, onde conseguiram colocação em uma mesma casa, dessa vez na rua Jesuíno Cardoso, Vila Olímpia. Ela gostou dos patrões, dona Celina e seu Otávio, e não achou o serviço complicado.

Mariana lia os jornais todos os dias. Começou a ver, nas reportagens sobre o Monstro do Morumbi, a descrição de diversos presentes que tinha ganhado de Preto como sendo das vítimas mortas pelo tal assassino. Sentindo-se mal, confrontou Alberto se tudo aquilo era verdade. Ele confirmou.

Ficou sabendo que a japona xadrez vermelha e azul era de uma tal Nilza, que o casaquinho vermelho era de Cleonice, que a blusa branca era de Ana Rosa, que a japona xadrez verde e branca mais relógio e anel eram de Wilma.

Mariana tinha uma echarpe amarela e marrom. Um dia, querendo usá-la, encontrou apenas uma tira dela. Depois leu nos jornais que o restante do lenço tinha sido encontrado atando os pulsos de uma das vítimas do Monstro do Morumbi. Perguntou a Alberto por que ele amarrava as infelizes moças e ele respondeu que os corpos das vítimas "custavam muito a esfriar e, além do mais, ficavam com os olhos esbugalhados e com a língua de fora", o que o levava a introduzir peças íntimas e jornais em suas bocas e ainda as imobilizar, temeroso de que elas fossem atrás dele.

Nas poucas conversas que tinham sobre o assunto, Alberto também ria da polícia. As notícias dos jornais informavam que ele e Wilma tinham se encontrado no Cine Metro, na avenida São João, mas a verdade é que tinham se encontrado na praça Marechal Deodoro. Alberto também falava que "a polícia estava por fora do negócio". Contava para Mariana que em Ituiutaba também havia encontrado uma moça em um ônibus e a convidara para irem "para o mato". Ali, ele a estuprou e assassinou, mas a polícia nunca resolveu o misterioso crime.

Mariana evitava fazer perguntas para Alberto sobre seus atos. Mesmo quando lavou uma cueca do marido com uma enorme mancha de sangue, não comentou nada.

Desgostosa em ter de viver com um homem tão sanguinário, Mariana, em um ato de desespero, pediu que Alberto a estrangulasse e colocasse um fim em seu martírio. Ele respondeu:

– Vamos para o mato que eu te estrangulo como fiz com as outras mulheres e então dou queixa do seu desaparecimento.

Para ele, seria apenas mais um jogo de pega-pega com a polícia.

Não demorou muito para que Alberto brigasse com Maria de Lourdes, a outra doméstica da casa em que trabalhavam, e quisesse de novo trocar de emprego. Cansada da vida errante, Mariana conversou com ele, com muito jeito para não irritá-lo, dizendo-lhe que podia sair se tivesse vontade, mas que ela continuaria empregada ali. Alberto disse que ela iria se arrepender amargamente daquela decisão e ligou para a agência. Os patrões Otávio e Celina ficaram sabendo e interpelaram Mariana, dizendo que estavam muito satisfeitos com ela. Ela esclareceu que não ia sair do emprego, também estava feliz.

A partir desse dia, Alberto mudou de atitude de forma radical. Disse que também ficaria ali, pediu desculpas a Maria de Lourdes e tratou todos com muita educação e respeito.

Na quarta-feira, 7 de outubro de 1970, Mariana acompanhou dona Celina à feira, enquanto Alberto ficava sozinho na casa, uma vez que Maria de Lourdes estava doente e ausente. A partir de então, todos sabiam o que tinha acontecido.

A polícia voltou com Mariana para seu quarto na casa em que trabalhava e apreendeu diversos objetos que ela relatava ser das vítimas de Alberto.

Mariana também declarou que Preto deu uma pulseira de corrente e placa para sua filha Luciana Maria, que gravara o nome da menina. A infeliz esposa também contou ao delegado que Alberto frequentava bastante a avenida Ipiranga, local de grande concentração de gays e travestis na época. Desses passeios, muitas vezes voltava com alguma peça nova de roupa de homem, como o blusão vermelho que saíra nos jornais.

Também esclareceu que quando Alberto relatava seus crimes para ela tinha diversas reações, como chorar, gesticular, se desesperar e rir. Ela acreditava que, além dos sete assassinatos pelos quais era acusado com provas irrefutáveis, Alberto seria o responsável por diversas outras mortes.

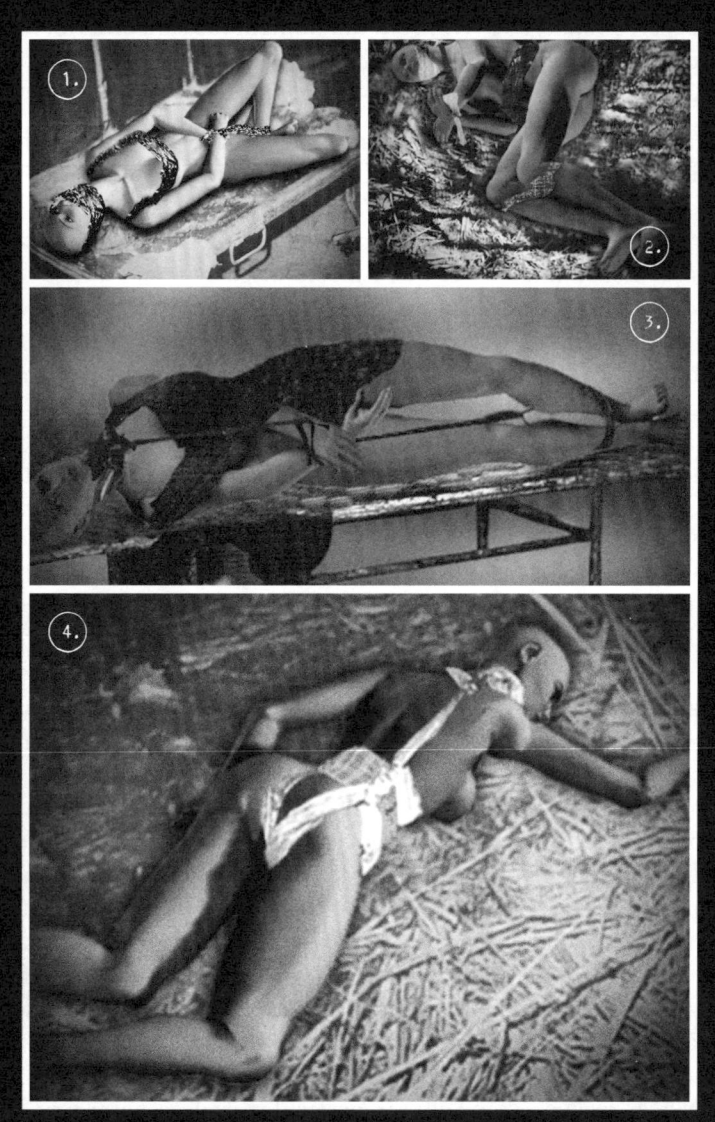

[1] Cenira de Castro Camorim  [2] Vanda Pereira da Silva  [3] Nilza Alves Cardoso  [4] Wilma Negri

# AS VÍTIMAS [1]

## CENIRA DE CASTRO CAMORIM

IDADE: 44 ANOS
PROFISSÃO: PROFESSORA DE MÚSICA
DATA DO CRIME: 08.10.1969

Cenira residia em Santana. Era professora de música em um conservatório e artista plástica. Branca, pele bem clara e cabelos loiros, 1,55 m de altura e 44 anos. Sempre sustentou e cuidou sozinha da mãe doente.

Saía de casa todos os dias por volta das 15h e fazia questão de dizer aonde ia. Às vezes passava na farmácia ou no banco para depois dar aula de música a seus alunos. Algumas vezes frequentava uma escola de cabeleireiros na rua 24 de Maio, como cliente. Voltava perto das 20h30. Quando tinha uma festa, nunca chegava depois das 22h.

No dia 8 de outubro de 1969, saiu usando um vestido de lã xadrez azulado com fundo branco, malha tipo casaquinho vermelha, sapatos brancos de salto e bico fino e bolsa amarronzada de couro sintético. Na mão, um anel de ouro com uma ametista grande. Eram 15h e Cenira disse que ia pagar a conta de luz e tentar arranjar alunos para dar mais aulas.

Depois de sair do banco, passou pela Farmácia Romano, conversou um pouquinho com dona Fifi, funcionária do estabelecimento, e seguiu seu caminho.

Cenira foi visitar o doutor Flávio em seu laboratório de próteses dentárias na rua Senador Feijó. Eles já tinham sido íntimos. Apesar de educado e bem-posicionado na vida, a família dela não deixou que os dois casassem por conta da deficiência física que ele tinha nas duas pernas. Desde então, visitava frequentemente o doutor Flavinho para "conseguir algum dinheiro em troca de carinho".

Nos últimos domingos tinha saído com um judeu de nome Jacob, que morava no Bom Retiro. Ele era baixo, gordo, usava chapéu e capote. Cenira tinha muitos amigos com quem passeava.

O senhor Guilherme, que alugava uma banca no laboratório de prótese do doutor Flávio, viu quando ela chegou para visitar o antigo namorado, mas ele não estava. Era por volta de 17h30 daquele fatídico dia e ela nunca mais foi vista com vida.

No dia 18 de outubro de 1969, sábado, um funcionário da ETEL – Empreendimentos Técnicos de Estradas de Rodagem Cia. Ltda. – estava trabalhando

[1] O nome das vítimas foi mantido como nos processos, mas as testemunhas tiveram os nomes modificados.

em uma sondagem com mais dez homens no Km 14,5 da via Anhanguera, em um bairro chamado Vila Mangalot, quando percebeu alguma coisa estranha debaixo de arbustos do matagal. Ao se aproximar, viu que se tratava do corpo de uma mulher em posição ginecológica, despido e com uma meia de náilon apenas no pé esquerdo. Sem demora, chamou a polícia.

O primeiro policial a chegar ao local foi o soldado José Gonçalves da Rocha. Ele preservou tudo para os trabalhos de perícia, que dessa vez seriam dobrados. Distante apenas cinquenta metros do corpo recém-encontrado estava o cadáver de mais uma mulher.

Paulo Pinto, Heitor Felippe e Roberto Damas Salgado, os peritos criminais que assinaram o laudo de local, constataram que a vítima estava completamente despida, em decúbito lateral direito e em estado de putrefação. Seus pés e mãos estavam amarrados; sua boca, amordaçada.

Ao redor do corpo havia um garrafão estilhaçado e peças do vestuário, rasgadas e utilizadas para restringir os movimentos da vítima e impedi-la de gritar. Os panos estavam amarrados um ao outro, num tipo de corda que envolvia trapos, sutiã e meia de seda.

Cenira de Castro Camorim foi identificada através de levantamento das queixas de desaparecimento registradas entre os dias 8 e 14 de outubro de 1969. O confronto de digital foi positivo, obtido pela luva cadavérica.

O corpo foi encaminhado ao Instituto Médico-Legal, onde foi submetido à necropsia, assinada pelos doutores Waldemar D. P. de Carvalho e Abeylard de Queiroz Orsini. No laudo de exame também relataram que o corpo da vítima estava em adiantado estado de putrefação, com a boca e o nariz obstruídos por retalhos das vestes, com o pescoço, as mãos e os pés manietados por meio de meias de náilon e retalhos das vestes.

Descreveram o tipo de amarração utilizada, bastante incomum, que consistia nas vias aéreas externas (nariz, boca e laringe) tamponadas por fragmentos de tecido, provavelmente das vestes da vítima, fixadas por tiras do mesmo tecido, que circundavam o pescoço e comprimiam a traqueia e a cartilagem tireoidea. Os membros superiores estavam amarrados um no outro, pelos punhos, à frente do corpo, por meias de náilon de uso feminino. Também os membros inferiores estavam atados um ao outro pelos tornozelos por faixas de tecido de lã de cor cinza. Após a retirada dessas ligaduras, foram encontradas, na face e no pescoço, em ambos os punhos e ambos os tornozelos marcas profundas na pele produzidas por elas. Dentro da boca de Cenira havia um chumaço de tecido e uma prótese dentária com caracteres especiais, que foi enviada para exame odontolegal. A causa da morte foi asfixia mecânica traumática.

# ALZIRA MONTENEGRO

**IDADE:** 40 ANOS
**PROFISSÃO:** DOMÉSTICA
**DATA DO CRIME:** 17.10.1969

Pela manhã, Alzira trabalhava servindo café e salgados na Nemasa Importação e Exportação, na rua 24 de Maio. À tarde atendia em um bar, além de costurar nas horas de folga para ganhar um dinheirinho extra. Era mulher de muitos namorados e bailes. Nem sempre dormia na casa dos tios, onde morava havia três anos.

Naquela sexta-feira, Alzira estava animada. Chegou às 12h30 e disse que ia se deitar um pouco, enquanto a prima Carolina levava o filho na escola. Quando Carolina voltou, Alzira levantou-se e sentou-se à máquina de costura. Precisava acabar um vestido para usar no sábado, quando iria ao "Baile dos Coroas", no Clube de Danças Lilás.

Depois de trabalhar na roupa a tarde inteira, Alzira comentou com Carolina que ia tomar um banho rápido, pois marcara encontro na praça da Sé com um rapaz que tinha conhecido naquele dia. Cuidadosamente, maquiou-se, colocou um vestido de lã verde de mangas compridas e por cima um casaco de veludo azul-marinho. Enfeitou-se com brinco, anel e, claro, o relógio de pulso que sempre usava. Comeu com rapidez um prato de macarrão e carne frita, avisando à prima que não se preocupasse se ela só chegasse em casa na manhã de sábado. Diante do olhar de Carolina, explicou que, se o rapaz não aparecesse ao encontro por causa do frio, iria dançar a noite inteira no Lilás.

Pegou a bolsa colorida de um lado só e acenou, dizendo:

– Vou me encontrar com meu broto!

Alzira não foi vista com vida novamente. Seu corpo foi encontrado perto do cadáver de Cenira, no matagal da Vila Mangalot, e o laudo de local foi feito pelos mesmos peritos que já estavam presentes.

Segundo o relato desses profissionais, o cadáver da vítima estava em decúbito dorsal, vestindo apenas sutiã e anágua, enrolada à altura do quadril; o pé esquerdo ainda calçava meia de seda comprida, descida até o tornozelo. O outro pé de meia, a calcinha e sapatos foram encontrados por policiais nas imediações. Não apareceram as demais peças do vestuário.

O cadáver mostrava rigidez completa. Havia um ferimento perfurocontuso, circundado por zona de "esfumaçamento", localizado acima do bojo esquerdo do sutiã, característico de entrada de projétil de arma de fogo em tiro realizado a curta distância. Nas costas, região escapular esquerda, constatou-se outro ferimento, consequente da saída da bala.

Como o sangue que saía da boca e do ferimento estava escorrido apenas lateralmente, os peritos concluíram que a vítima foi atingida pelo tiro naquele local.

Em um ramo próximo, os peritos encontraram um lenço branco, de uso masculino, com pequenas manchas de sangue e outras semelhantes a fezes.

O exame necroscópico complementaria a perícia. Foi colhido material da vagina para pesquisa de espermatozoide. A terceira costela de Alzira estava fraturada e o projétil havia transfixado o coração e o pulmão. Pela trajetória encontrada através dos ferimentos, foi possível concluir que o projétil dirigiu-se da frente para trás, da direita para a esquerda e de cima para baixo. Os médicos atestaram que a vítima falecera de hemorragia interna traumática, produzida por projétil de arma de fogo.

Pelo resultado do exame toxicológico, Alzira não havia ingerido álcool. Em sua anágua foram encontradas e examinadas manchas de sangue, a maioria do grupo "A", como o tipo sanguíneo da vítima, e outras do grupo sanguíneo "B". A pesquisa de espermatozoide resultou negativa e os peritos estavam certos quanto às nódoas no lenço masculino – eram realmente de matéria fecal.

## NILZA ALVES CARDOSO

IDADE: 23 ANOS
PROFISSÃO: N/I
DATA DO CRIME: 11.07.1970

Naquele sábado, Nilza arrumou-se com todo capricho e esmero. Uma semana antes havia conhecido um rapaz na frente do Mappin e com ele marcado um encontro naquele dia às 19h. Com cuidado para não borrar as unhas recém-feitas, escolheu meticulosamente a roupa que usaria: um vestido de lã azul-marinho, que afinava sua silhueta, bolsa e sapatos de verniz da mesma cor. Para completar a produção, colocou seu colar de contas brancas e pretas, a medalhinha do Menino Jesus de Praga, um anel com pedra azul que comprara no Norte e a pulseira dourada de plaquinha, na qual ainda não havia gravado o nome. Na última hora, pegou a japona xadrez azul e vermelha. Fez de tudo para estar bem-arrumada, pois o rapaz a convidara para jantar e disse para ela estar "chique", porque seus colegas a conheceriam naquele dia. Esqueceu-se de avisar à amiga Sara de que não iria encontrar-se com ela na boate Som de Cristal, como sempre.

Nilza foi para a casa de sua irmã Marina às 17h. Lá, em conversa com o sobrinho Gustavo, contou como conhecera o rapaz bacana, alto, moreno e bem-vestido, que disse ser caixa de um banco, e como estava animada com o encontro. Ele até já havia comentado que tinha um apartamento, no caso de se casarem um dia, e que então ela não precisaria mais trabalhar.

Nilza estava feliz. Tranquilizou a irmã: no domingo apareceria sem falta para o churrasco de comemoração do aniversário do sobrinho e levaria a lembrança que havia comprado para ele. Com sorte, estaria com o namorado, para apresentá-lo à família.

Essa foi a última vez que a família a viu. Quando o domingo passou e ela não apareceu, todos começaram a procurá-la. Uma semana depois, ao ouvir as notícias sobre moças estranguladas no Morumbi, foram à polícia. Fizeram o reconhecimento de seu corpo no Instituto Médico Legal.

O corpo de Nilza havia sido encontrado em um terreno baldio localizado no alto de um morro. Praticamente despido, com um vestido escuro levantado na altura dos braços e descalço. No chão, próximo ao cadáver, havia um par de sapatos e uma bolsa de couro preto. Ela fora amarrada e amordaçada, manietada com várias peças de seu vestuário, a anágua, a calcinha branca, o sutiã cor-de-rosa e a cinta-liga preta, num tipo de amarração incomum, que descia do pescoço para mãos e pernas. As peças de roupa estavam fixadas no pescoço da vítima, por meio de nós fixos, situados na região lateral direita. Na boca havia um amassado de papel, em forma de bola, que impedira Alzira de emitir qualquer tipo de som.

Depois de removidas as peças que constringiam com força o pescoço da vítima, foram notados ao seu redor sulcos profundos, no sentido horizontal, produzidos pelas amarras.

Nas proximidades do local onde o cadáver fora descoberto, havia parte de uma tábua e, espalhados pelo vento, foram encontrados ainda alguns retângulos de jornal e um pedaço de barbante de cor verde, contendo em sua torcida um fio de metal prateado. Havia ainda um pedaço de papel de cor verde, de formato irregular, igual àquele encontrado na boca da vítima. Essas peças, com exceção da tábua, aparentavam terem sido utilizadas na confecção de um embrulho para presente, segundo o laudo de local, assinado pelos peritos criminais Orlando Righi, Walter Acras e Roberto Damas Salgado.

A descrição detalhada do tipo de amarração a que Nilza foi submetida veio no laudo necroscópico: "1) amarrada ao nível dos dois tornozelos por uma tira de pano preto; 2) amarrada ao nível dos dois punhos com tira de pano preto; 3) duas tiras de pano, uma branca e outra preta (fragmento da calça e cinta-liga), amarradas fortemente em volta do pescoço; 4) várias lesões escoriadas na face lateral esquerda do tronco e perna esquerda; 5) edema de rosto, principalmente lábios; 6) sulco circular em volta do pescoço mais profundo na face anterior, onde apresenta quinze milímetros de largura; 7) sulco circular contornando a face posterior do pescoço e a face, e a boca medindo dez milímetros de largura; 8) sulcos nos tornozelos e punhos, correspondentes às tiras referidas".

No exame interno, encontraram: "1) hematoma da mucosa da laringe; 2) fratura da asa direita do hioide; 3) pulmões aumentados de volumes; 4) estômago vazio; 5) órgãos em estado de putrefação. Órgãos genitais externos: hímen roto. Esfíncter anal dilatado. Fissura anal recente no quadrante posterior".

Os doutores Chibly Michel Haddad e José Henrique da Fonseca concluíram que aquela era uma vítima de estrangulamento.

O corpo de Nilza foi encontrado em 18 de julho no Real Parque. No dia seguinte, domingo, seria localizada ali mais uma mulher assassinada, distante apenas mil metros da primeira.

## VANDA PEREIRA DA SILVA

IDADE: 44 ANOS
PROFISSÃO: INDUSTRIÁRIA – COSTUREIRA EM FÁBRICA DE LUVAS
DATA DO CRIME: 19.07.1970

Vanda era uma pessoa retraída e, segundo alguns, meio triste. Tinha ficado assim deprimida depois de terminar um caso de amor seis anos antes, ao descobrir que o namorado era casado e tinha uma filha. Nunca mais quis saber de um relacionamento sério.

Visitava a irmã, Gervásia, todos os fins de semana. Sábado, 18 de julho, não foi diferente. Chegou às 14h30, almoçaram juntas, conversaram sobre assuntos familiares e o estado de saúde de Vanda, que sofria dos rins. Duas horas depois disse que tinha de ir embora, pois queria trocar de roupa antes de sair para passear. Era muito vaidosa e achava que não estava vestida adequadamente. Naquele dia usava uma saia axadrezada escura, blusa de banlon vermelha, malha marrom e meias beges. Podia não estar enfeitada com o esmero de sempre, mas estava muito bonita, com os cabelos e as unhas feitas naquele dia no salão de cabeleireiros de sua amiga Ivone.

À noite pensava ir ao Atlântico, restaurante dançante que frequentava quase todos os fins de semana com a colega Gabriela. Lá ninguém sabia seu verdadeiro nome: era conhecida como Célia. Depois de uma semana inteira de trabalho na indústria de luvas Alvarez & Garcia Ltda., onde estava empregada havia oito anos, dançar era sua única diversão.

Trocou uma ideia com sua irmã sobre o caminho de volta. Deveria pegar o ônibus com destino à praça Clóvis Bevilácqua e depois tomar outro denominado Oratório, que a deixaria perto de seu destino.

Gervásia acha que Vanda nunca chegou em casa. Quando foi reconhecer o corpo da irmã no Instituto Médico Legal, ela vestia ainda as mesmas roupas com as quais saíra de sua casa, no dia anterior.

O corpo foi encontrado em terreno baldio, numa valeta localizada no alto de um morro, nas proximidades do Hospital Psiquiátrico Morumbi, entre a rua Riachuelo, um campo de futebol e uma moradia.

Estava tombado no chão, em decúbito lateral direito, com as vestes em desalinho. Na altura da cintura, completamente erguidas, viam-se uma saia cinza e uma anágua branca. O tronco vestia blusa vermelha e sutiã avermelhado. Seus pés calçavam meias beges e sapatos de couro preto.

Vanda estava amarrada e amordaçada. Rodeando as pernas, abaixada até a altura do terço inferior dos joelhos, havia uma calcinha preta, disposta de tal maneira que, através de um nó, prendia com força o movimento. As mãos achavam-se manietadas com uma cinta-liga branca. Envolvendo com vigor o queixo, havia um lenço com várias listas de cor vermelho-escuro, cujo nó, fixo, situava-se na região lateral direita do pescoço, o qual, assim utilizado, teria anulado a articulação vocal e a própria respiração. Além disso, havia ainda uma gravata preta envolvendo a garganta da vítima com três voltas em forma de laçada. Nela havia o vocábulo "Dior" estampado em seu reverso e uma etiqueta, onde se lia "Tisse Main". Depois de removidas essas peças, que constringiam o pescoço da vítima, ficaram evidentes sulcos profundos, no sentido horizontal, provocados por elas.

Os peritos criminais Orlando Righi, Loury Lopes Rocha e Roberto Damas Salgado ainda observaram que, nas proximidades do corpo da vítima, havia um casaquinho marrom-claro (havana) que deveria fazer parte do indumento da mulher. Ainda encontraram, a cerca de cinquenta metros de onde se achava o cadáver, junto à moradia, espalhados pelo vento, alguns retângulos de jornal cortados e um pedaço de barbante do tipo fantasia, de cor verde, contendo na sua torcida um fio de metal prateado, ou seja, do tipo comumente utilizado na confecção de embrulhos para presentes.

Todo material apreendido foi encaminhado com o relatório, inclusive um distintivo de pano com a inscrição "Tenda de Umbanda São Jeronimo – Pres. Altino".

Os médicos do IML, doutores Chibly Michel Haddad e Antonio Valentini, ainda relataram vários ferimentos contusos medindo vinte milímetros, o maior deles localizado na região parietal, e uma regular quantidade de alimentos não digeridos no estômago. Atestaram, como causa da morte, asfixia aguda mecânica por estrangulamento.

# CLEONICE SANTOS GUIMARÃES

**IDADE:** N/I
**PROFISSÃO:** EMPREGADA DOMÉSTICA
**DATA DO CRIME:** entre 19 e 20.07.1970

Cleonice trabalhava como doméstica em uma casa no Brooklin. Tinha dois filhos que estavam sob os cuidados de uma senhora no bairro de Artur Alvim. No dia 19 de julho foi visitar as crianças, retornando com a amiga Margareth para São Paulo. No trajeto, comentou que iria se encontrar com um rapaz na praça Clóvis Bevilácqua, junto à estátua de Manuel da Nóbrega, às 20h. Cleonice pediu que Margareth lhe fizesse companhia até que ele chegasse. Como ainda faltavam dez minutos para o encontro, as amigas foram tomar um café. Retornaram para o ponto de encontro e Margareth, ficando um pouco para trás, viu Cleonice conversando com um homem moreno, de bigode, cabelo ondulado, aparentando ter entre 28 e 30 anos. Ele trajava uma blusa vermelha e camisa branca. Cleonice apresentou Margareth ao rapaz. Ele perguntou se as duas eram irmãs, dizendo que as achava parecidas.

Durante o encontro, ele falou que era mineiro, criado no Rio de Janeiro, bancário e morava em São Paulo havia dois anos. Também brincou que fora vestido de vermelho porque sabia que Cleonice também estaria usando essa cor de roupa. Eles tinham se visto antes de Cleonice ir para Artur Alvim. Tomaram um lanche e, como a moça tinha prometido ver os filhos, marcaram encontro quando ela retornasse de lá.

Assim, ficaram conversando, até que ele perguntou a Cleonice se ela já jantara. Diante da negativa, convidou-a.

Cleonice, carregada com uma sacola cheia de roupas das crianças, pediu que Margareth levasse suas coisas para ela. A amiga ainda perguntou por que ela não colocava a sacola no carro do rapaz, mas ele respondeu que não tinha um. Margareth então foi embora, deixando Cleonice nos braços da morte.

O corpo da moça apareceu no dia 24 de julho, cinco dias mais tarde. Ela foi encontrada despida, com os pulsos manietados por um lenço e seu sutiã. No pescoço estava amarrado um vestido que também cobria toda a sua cabeça, como se fosse um capuz. A boca estava amordaçada e os pés amarrados com uma calcinha. Houve ataque sexual.

Nas proximidades do local foram encontrados vários pedaços de papel de embrulho para presente e alguns jornais cortados com tesoura, no mesmo formato. Também estavam perto do corpo barbantes de cor verde com um fio prateado torcido.

# ANA ROSA DOS SANTOS

IDADE: N/I
PROFISSÃO: EMPREGADA DOMÉSTICA
DATA DO CRIME: 21.07.1970

Alguns dias da semana Ana Rosa trabalhava de faxineira na rua Bento Freitas. No dia 21 de julho, terça-feira, apesar de não ser dia de trabalhar na casa de dona Sheila, Ana tocou a campainha do apartamento e pediu para tomar banho lá. Ela havia marcado encontro com um rapaz muito bacana, bancário, que a esperaria nas proximidades do prédio.

Dona Sheila não se incomodou. Viu a moça sair do quarto toda arrumada, perguntando se estava bonita e dizendo que o encontro seria às 20h.

Ana Rosa agradeceu o banho, despediu-se da patroa e saiu cheia de expectativa. Dona Sheila, curiosa para ver quem era o tal rapaz que ia sair com a moça, foi para junto da janela espiar. Do oitavo andar a visão não era das melhores, mas foi o suficiente para ver a moça atravessando a rua com um homem moreno, mais alto do que ela, e que trajava uma blusa vermelha.

O corpo de Ana Rosa foi encontrado semidespido nas proximidades da via Anchieta, em São Bernardo. Tinha sido espancada e amarrada com pedaços de roupa na altura dos braços, pulsos e joelhos. O assassino introduziu na boca da moça pedaços de papel e por cima colocou uma mordaça de pano. A perícia concluiu que houve ataque sexual. Suas roupas estavam enroladas no pescoço da vítima, com evidentes sinais de estrangulamento pela meia de náilon.

Nas proximidades do local foram encontrados vários pedaços de papéis de embrulho para presente e alguns jornais cortados com tesoura, no mesmo formato. Também estavam ali perto barbantes de cor verde, com um fio prateado em sua torcida.

Os corpos de Cleonice e Ana Rosa estavam aproximadamente mil metros distantes um do outro.

# WILMA NEGRI

IDADE: 34 ANOS
PROFISSÃO: TELEFONISTA
DATA DO CRIME: 25.07.1970

Naquela quinta-feira, Wilma chegou ao trabalho cheia de novidades. Entre os telefonemas que ela e a amiga Benedita atendiam, ela contava como tinha conhecido Paulo e dado a ele o número de seu telefone. Na sexta-feira o tal Paulo ligou, marcando um encontro para sábado às 20h em frente ao Cine Metro.

Curiosa, Benedita não parava de perguntar para Wilma como era o rapaz. Foi descrito pela telefonista como moreno, estatura média e cabelos crespos. Paulo aparentava ter entre 28 e 30 anos e falava com calma e pausadamente. Trabalhava como caixa em um banco da cidade. As páginas do diário de Wilma ficaram repletas com o nome da nova paixão: Paulo Medeiros.

No sábado, Wilma se arrumou toda. Vestiu seu conjunto de saia de lã e japona de xadrez verde e branco sobre uma blusa vermelha. Colocou o relógio de pulso, o anel de pedrinhas azuis e um cordão com a medalhinha de Nossa Senhora Aparecida, que estava amassada por causa das mordidas de um cachorro.

Eram 17h quando saiu, dizendo aos pais que voltaria no máximo às 22h. Nunca mais a viram com vida. O reconhecimento de seu corpo não foi tarefa fácil. Foi feito no dia 6 de agosto de 1970 pelo pai, através das roupas, cabelos, restos da saia xadrez verde e branco e da blusa vermelha que usava no dia em que saiu de casa pela última vez.

Os peritos criminais Paulo Spitzer e Motoho Chiota atenderam ao chamado policial de encontro de cadáver, na estrada do Rio Pequeno.

O corpo estava abandonado em um terreno baldio, em uma ravina, em decúbito ventral e em adiantado estado de putrefação. Além disso, havia grande falta de tecido muscular, tanto nos membros superiores como nos inferiores, em razão da ação de animais.

Wilma foi encontrada quase completamente desnuda. Na altura da cintura, erguidas ao máximo, estavam ainda sua saia verde e anágua. Rodeando as partes remanescentes das pernas, abaixada até a parte inferior das coxas, havia uma calcinha rendada, cor-de-rosa.

Estava descalça, mas no chão, ao lado do corpo, havia um par de sapatos feminino, de couro havana.

Sob o cadáver, encontraram uma cinta-liga cor-de-rosa (com florzinhas estampadas) que cingia parcialmente a cintura.

Wilma estava amarrada com várias peças de roupa: sua blusa de banlon vermelha, um sutiã de seda cor-de-rosa e um par de meias femininas de cor bege. A manga direita da blusa (ou casaquinho) envolvia o pescoço do cadáver, formando ali uma laçada, amarrada por dois nós, que constringia fortemente o pescoço, enquanto a manga esquerda estava esticada até a altura da coxa direita, onde também envolvia esta com uma volta, fixada por meio de dois nós. O sutiã estava amarrado em volta do pescoço, cobrindo a laçada da manga direita da blusa, e as meias, enroladas uma na outra e esticadas por dois nós executados na nuca, cobriam esse conjunto, formando uma laçada maior, que parecia ter sido destinada a amarrar a boca da vítima.

Os peritos descobriram o mecanismo a que servia o tipo de amarração utilizado pelo assassino, ou seja, nas palavras do laudo, "Pelo que se pode depreender da disposição desse amarrado de peças, o casaquinho teria sido colocado naquela disposição a fim de forçar a abertura das coxas e das nádegas da mulher e ainda para provocar o seu estrangulamento. O sutiã e as meias teriam sido dispostos em volta do pescoço, a fim de completar o estrangulamento e provocar sufocação".

Presumiram a presença anterior de ferimentos na região do pescoço, pois ao removerem as peças de roupa encontraram uma manifestação mais acentuada dos fenômenos de putrefação ali e nas regiões mandibular e bucal.

Também notaram que, nas proximidades do local onde se encontrava o cadáver, a vegetação apresentava-se "tombada e amarfanhada, em consequência da movimentação de pessoas" e que "entre essa vegetação foram encontrados ainda alguns pedaços de jornal, cortados em formato retangular e um barbante (ou fitilho) de cor verde, contendo em sua torcida um fio de metal prateado. Havia ainda um pedaço de papel de cor verde. Essas peças aparentavam terem sido utilizadas na confecção de um embrulho e, como poderiam estar relacionadas com o fato, foram arrecadadas pela autoridade requisitante do exame".

Os médicos dr. Cypriano Osvaldo Mônaco e dr. A. de Queiroz Orsini, do Instituto Médico Legal de São Paulo, tiveram dificuldade em examinar o corpo, devido ao estado de decomposição, e concluíram que "as várias peças da examinada envolvendo o pescoço da vítima podem nos levar a admitir provável estrangulamento".

# A INVESTIGAÇÃO

Quando Mariana prestou depoimento na 15ª Delegacia, as investigações tomaram um rumo mais certeiro. De posse da identidade do Monstro do Morumbi, seria mais fácil prendê-lo. Ledo engano.

Todos os familiares das vítimas foram chamados para reconhecimento dos objetos que estavam de posse da esposa do estrangulador.

A família de Alzira Montenegro reconheceu o vestido de lã verde que a moça usava quando foi assassinada. Quando o casal ainda morava na Vila Mangalot, Mariana ganhara aquele vestido juntamente, no mesmo pacote, com um casaco azul-marinho, que, agora sabia, pertencera à mesma vítima, bem como o anel, um par de brincos tipo pingente e uma bolsa de pedras dupla face – sendo de um lado branca e de outro, preta.

Conversando com a irmã de Cenira de Castro Camorim, Mariana ficou sabendo que as roupas que ela usava quando foi vista pela última vez eram uma blusa avermelhada e sapatos brancos de bico e salto finos. Ela também ganhara esses itens de presente, mas a blusa já tinha sido transformada em pano de chão e o sapato, já velho, havia sido jogado fora.

Os familiares de Nilza Alves Cardoso reconheceram a japona de lã xadrez, vermelha e azul, o colar de pedras pretas e brancas e a pulseira de plaquinha, agora com o nome "Luciana Maria" gravado.

A mãe de Cleonice reconheceu o casaquinho vermelho, o par de brincos com pedra branca fosca rodeada de pedrinhas transparentes e o anel com pedra oval azul-clara.

A filha de Ana Rosa dos Santos reconheceu a malha branca de gola olímpica.

A irmã de Wilma Negri reconheceu a japona de lã verde e branca, o anel e o relógio, e mostrou uma fotografia em que ela aparecia usando aqueles adornos.

A irmã de Vanda Pereira da Silva reconheceu os óculos de grau com lentes esverdeadas dela.

Os policiais que cuidavam da investigação logo perceberam a similaridade entre as histórias relatadas pelos familiares das vítimas – a forma pela qual todas elas estavam amarradas, os objetos espalhados nos locais de crime e as descrições do "rapaz" que todas elas iriam encontrar.

Mesmo sabendo que se tratava de um único assassino, não havia pistas. Ele provavelmente não usava o seu verdadeiro nome e só era conhecido pessoalmente pelas mulheres assassinadas. Devia ser um homem sedutor, pois todas o acompanharam para locais distantes de onde se encontraram. Quase todas as vítimas tinham idades similares, ou seja, eram "balzaquianas" e pareciam ter sido escolhidas ao acaso e mortas sem razão aparente.

A informação mais importante para estabelecer a identidade verdadeira do Monstro do Morumbi, que usava vários nomes diferentes e documentos falsos, veio a partir do depoimento de Mariana. Ela relatara que o então Roberto/Alberto tinha lhe confidenciado ter desertado do Exército, no Rio de Janeiro.

Os investigadores Paulo Rosa e Ivan Garcia seguiram na mesma hora para o Rio, levando Mariana com eles. Dirigiram-se para o Comando da Polícia do Exército e, a seguir, para a vila militar. Nada constava sob os nomes que sabiam ser usados pelo Monstro. Ficaram extremamente frustrados e insistiram com Mariana para saber se ela se lembrava de algum outro nome do qual ele teria se utilizado algum dia.

Mariana concentrou-se. Acabou por se lembrar que certa vez, de maneira ardilosa, envolveu o esposo para invocarem espíritos numa prática em que se usa o nome verdadeiro da pessoa, um copo e letras do alfabeto. Alberto, naquela ocasião, revelou chamar-se José Paz Bezerra.

A equipe paulista agora contava com a ajuda de um investigador carioca que, de posse de um novo nome para o criminoso, sugeriu uma busca na Delegacia de Vigilância e Capturas. Finalmente encontraram um prontuário pertencente a um tal José Paz Bezerra, procurado por furtos, assalto, vadiagem e porte ilegal de arma.

Foram então para o Instituto de Identificação Félix Pacheco a fim de obter a fotografia dele e confirmar com Mariana se era mesmo Alberto. Lá estava: José Paz Bezerra, natural do estado da Paraíba, nascido em 12 de dezembro de 1945. Também constavam outros nomes que José usava: mais sete.

A equipe se dirigiu ao Ministério da Guerra – Serviço de Identificação – onde confirmaram todas as informações obtidas e ainda descobriram que José era procurado pelo Exército não só por deserção, mas também por apropriação indébita de dinheiro pertencente a um oficial.

De lá foram para o Primeiro Batalhão de Guardas, onde conheceram a pessoa que tinha investigado, na época, o caso de José Paz Bezerra no Exército. O sargento Amaral tinha todas as informações sobre o rapaz e se propôs a acompanhar a equipe.

Amaral se lembrava onde morava a mãe de José, em Nova Iguaçu, no morro do Ponto Chic. Ela relatou para os policiais que o filho era delinquente desde criança, fora internado várias vezes quando menor, era violento e perigoso. Ela mesma já havia sido ameaçada de morte por ele. A última vez que o tinha visto fora em abril daquele ano, mas os investigadores podiam procurar sua filha, irmã de José, no morro do Santo Cristo.

A irmã confirmou o que a mãe dissera e que ele realmente aparecera na Páscoa, acompanhado de dois marginais, havia tentado arrombar a porta de sua casa e sumira mais uma vez.

A polícia começou então a procurar José Paz Bezerra por todos os pontos de marginais e zonas de meretrício do Rio de Janeiro, mas nada foi descoberto. Mostraram a fotografia dele em todos os cantos, inutilmente. O rastro do Monstro do Morumbi acabava ali.

# BELÉM DO PARÁ

Depois de entregar as joias roubadas para um caminhoneiro, José Paz Bezerra saiu de carona pela estrada São Paulo—Brasília—Belém, chegando a seu destino final. Em Belém, passou a assediar qualquer mulher que encontrasse na via pública, sempre usando lábia e promessas mirabolantes, aliadas a uma simpatia que usava para atrair suas vítimas.

## 1ª VÍTIMA: PROF. MARIA TERESA

Esta história me foi relatada por Josete Marvão, irmã da vítima, que esteve no local do crime e identificou o corpo no Instituto Médico Legal de Belém.

Segundo ela, sua irmã era professora no Colégio da Aeronáutica, onde dava aulas para os filhos de oficiais. Tinha 44 anos, vivia com um homem mais velho e tinha cinco filhos.

Maria Teresa Marvão, quando jovem, chegou a trabalhar no Teatro da Paz, de tão bonita que era.

No dia 23 de dezembro de 1970, quarta-feira, saiu de sua residência para receber os três meses de salário atrasado. Com o dinheiro, consultou sua vizinha umbandista, que lhe aconselhou a comprar a imagem de um santo. Foi então que desapareceu.

Uma semana depois, em 30 de dezembro, seu corpo foi encontrado sem vida no terreno da estação de rádio da Marinha, em Nova Marambaia.

Dona Josete concluiu, depois de conversar com uma vítima sobrevivente ao ataque do Monstro do Morumbi, que sua irmã tinha sido abordada por José Paz Bezerra depois de comprar o santo. Ele deve ter dito a ela que tinha um "contrabando" para vender, coisa comum na Belém daqueles dias, e atraído Teresa para a mata, onde teria dito que possuía uma casa. Lá estariam os artigos importados que serviriam tão bem para serem ofertados como presentes de Natal.

Naquele lugar, tão ermo que se gritasse jamais seria ouvida, Teresa foi amarrada com um fio de náilon, estrangulada com um cinto e atacada sexualmente. Foi encontrada despida e suas roupas estavam rasgadas e espalhadas pelas imediações. Na sua bolsa ainda estava o santo que a protegeria. Seu dinheiro e joias tinham sido levados pelo assassino. Seus sapatos ainda estavam calçados nos pés. O corpo de Teresa se encontrava de bruços e o mesmo fio que amarrava seus punhos juntos envolvia seu pescoço de forma tão apertada que, desesperada, ela enfiara os dois polegares para afastá-lo, numa tentativa de respirar. Foi encontrada nessa posição, uma semana depois de seu desaparecimento. Distante poucos metros do local jazia o corpo de uma desconhecida, até hoje não identificada, dentro de um buraco para fazer carvão.

O companheiro de Teresa Marvão foi considerado suspeito pela polícia, que não encontrou provas suficientes para indiciá-lo. Quase um ano depois, dona Josete foi chamada à delegacia. O Monstro do Morumbi estava preso. Aproveitando-se do fato de ser muito parecida com a falecida irmã, colocou-se na frente dele, pois se ele fosse o responsável pelo assassinato de Teresa certamente teria alguma reação à sua imagem e semelhança. José Paz Bezerra levou um susto enorme ao ver dona Josete, talvez imaginando que uma de suas vítimas tivesse escapado das amarras.

**2ª VÍTIMA: N/I**

Foi estrangulada com uma corda nas proximidades do local onde foi encontrado o corpo da primeira vítima. Seu cadáver estava dentro de um buraco para fazer carvão, popularmente chamado de caieira. Jamais foi identificada.

**3ª VÍTIMA: FABIANA**

Estava acompanhada da filha quando foi abordada por um homem que se dizia contrabandista. Foi convidada por ele a ir até sua casa, na mata da Marinha, onde estavam os produtos que vendia. Levada para a mesma área deserta de Nova Marambaia, teve seu cordão de ouro com crucifixo e o relógio roubados, mas escapou com vida. Quando o homem tentou agarrá-la por trás, conseguiu reagir e sair correndo de mãos dadas com a filha.

**4ª VÍTIMA: ANIBALINA ATAÍDE MARTINS**

José Paz Bezerra voltou a atacar em 27 de setembro de 1971, quando conheceu a comerciária Anibalina Ataíde Martins, funcionária da Livraria Martins. Cortejou-a por uns dias e, sob promessas de casamento, da saída do trabalho da moça rumou para a estrada de Benfica, município de Benevides, onde a despiu na mata, estrangulou-a com as próprias vestes e levou suas joias, seu dinheiro e os objetos pessoais. Manteve relações sexuais *post mortem* com a vítima.

**5ª VÍTIMA: VERA LÚCIA**

Em outubro, encontrou e conquistou Vera Lúcia. Foram para Marituba, onde ele tentou estrangular a moça com as mãos. Ela passou a suplicar de joelhos por sua vida, prometendo sustentá-lo sem fazer perguntas, incondicionalmente. Conseguiu sobreviver e passou a ser sua concubina.

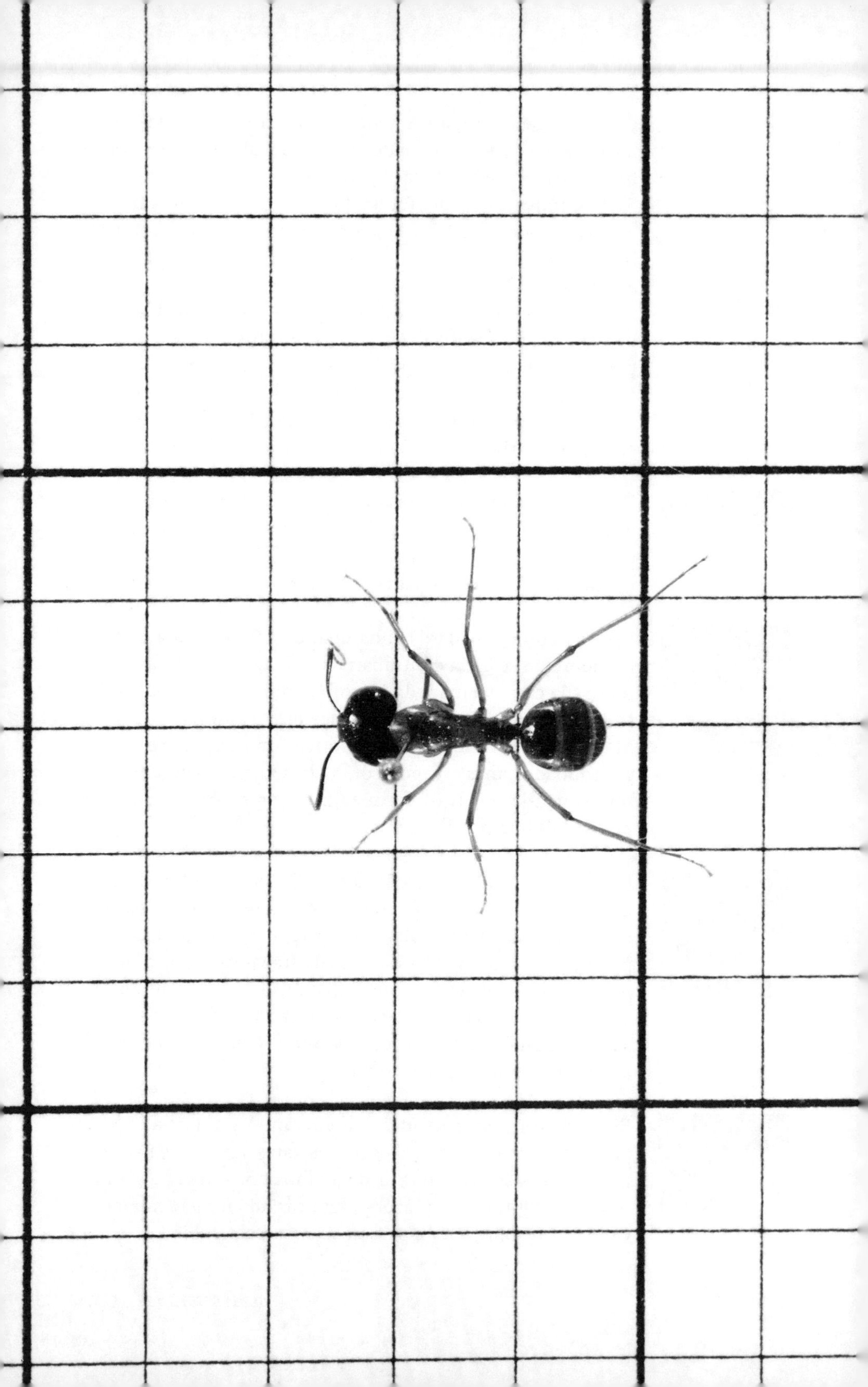

# A PRISÃO

Denise Moreira (pseudônimo) trabalhava de balconista na Farmácia Drogamar. Era ex-cunhada de Anibalina e a tinha visto ser cortejada por um homem bem-apessoado, moreno e de cabelos crespos. No dia em que a amiga sumiu, foi na farmácia dela que os dois entraram, pedindo caneta e papel para anotar alguma coisa. Ela se lembrava bem dele e, em 9 de novembro, por volta das 11h, Denise o viu passar na frente da Drogamar. Era o mesmo homem que fora visto andando em volta da farmácia antes do crime e possivelmente era ele que tinha saído com sua ex-cunhada Anibalina antes de ela ser assassinada. Tomada por um impulso sherloquiano, Denise seguiu o homem em direção ao largo do Palácio, onde tomou um táxi e seguiu o ônibus que ele pegara. Ele carregava uma pasta na qual estava escrito "Clínica Santa Cecília". O criminoso saltou em São Braz, seguido por Denise, que o viu saindo com uma mulher (Vera Lúcia) da referida clínica. Sem perda de tempo, telefonou para a polícia e relatou tudo o que havia descoberto para o investigador Armando Mourão.

Hoje, o dr. Armando Mourão é delegado de polícia em Belém do Pará, diretor da Seccional Urbana de Polícia de Mosqueiro. Em novembro de 2003, me relatou os fatos da prisão do Monstro do Morumbi pessoalmente, naquela cidade.

## ENTREVISTA COM DR. ARMANDO MOURÃO [11.2003]
A ILANA CASOY

**COMO ERA O MONSTRO DO MORUMBI?**

**DR. ARMANDO MOURÃO:** Ele era uma pessoa que se podia considerar um sujeito de boa aparência, bem-apessoado, e isso chamava atenção das mulheres. Ele se trajava muito bem, tão bem que você não sabia se ele tinha uma cicatriz ou uma tatuagem, porque vivia inteiramente coberto. O botão do colarinho sempre abotoado, camisa social de manga comprida sempre, calça social sempre, cinto, bem-arrumado.

**COMO FOI A INVESTIGAÇÃO? QUAIS ERAM AS PISTAS?**

Nós só tínhamos as histórias dos cadáveres e, até então, o que tinha no local [dos crimes] era um corpo de mulher que não demonstrava nenhum sinal de violência sexual, um cadáver em perfeitas condições e um cinto. O que se sabia é que ele utilizava para consumar o ato dele um cinto. Era por estrangulamento, por enforcamento. Eu já vinha com outros colegas, apenas eu estou vivo ainda, aliás o Batista está vivo mas está aposentado, o Justino já morreu, o Ivanovic já morreu... então o pessoal que trabalhou em cima disso aí... No momento eu considero que este arquivo vai morrer comigo. Foi um dos casos mais notáveis que nós tivemos aqui.

**NÃO VAI MORRER, NÃO, EU VOU ESCREVER! NÃO MORRE, NÃO, DOUTOR! E COMO VEIO A PRIMEIRA PISTA?**

E aí esta mulher [Denise Moreira] conseguiu me localizar por telefone e queria fazer um contato comigo. Mas não podia ser depois das 18h, porque religiosamente ele passava por ali, então eu teria que falar com ela como se fosse um cliente da farmácia. Conversei com ela e ela me disse que tinha reconhecido o rapaz que tinha saído com Anibalina antes de ela desaparecer, passando em frente à farmácia que ela trabalhava. Ela o seguiu e descobriu que ele havia encontrado uma enfermeira que saía da Clínica Santa Cecília e que tinham ido embora juntos. Investigamos a história e descobrimos que a mulher era a amásia dele. [Vera Lúcia] Foi atraída por estes dotes que ele apresentava. Eles começaram a namorar e ela saía às 18h e ele a aguardava na praça do relógio. Era o namoro à moda antiga, de mão dada, pra levar pra casa dela e ali começou a se apaixonar por ela. E essa paixão foi tão grande que, por intermédio dessa paixão, nós conseguimos chegar até ele.

**COMO ELA ESCAPOU DELE? POR QUE ELE NÃO A MATOU?**

Conversei com ela e ela me disse: 'Tenho visto pelo jornal [sobre os crimes] e eu tô morando com um homem que eu acho ele muito estranho, eu já estive em áreas de mata, em locais ermos com ele, para colóquios amorosos, e eu sinto que aquele homem não é normal, apesar de eu já estar gostando dele sinto que ele não é normal'. Então, nós [a polícia] começamos a trabalhar em cima daquelas informações. E um dia ele a levou [Vera Lúcia] para o mesmo local onde matava suas vítimas, na Área do Coqueiro, que hoje é o Conjunto Cidade Nova. Ele a levou para lá e nesse dia ele tinha o propósito de matá-la. E aí ela foi com ele para o local, ela estava acostumada a ir, e nesse dia ele chegou a tirar o cinto e passar em volta do pescoço dela e ela pediu muito, chorou e segundo ela ele também chorou muito porque ele reconheceu neste dia que também já estava gostando dela. E aí ele 'perdoou' a vida dela, e foi por aí que nós conseguimos chegar até ele.

**ELA COLABOROU COM VOCÊS?**

Ela colaborou e, como já havia o inquérito para apurar as três mortes anteriores, nós tínhamos certeza absoluta de que era a pessoa que a gente estava procurando. Aí ela conseguiu uma fotografia dele, nós mandamos uma pessoa segui-lo e da área comercial ele foi para o bairro dos Jurunas, rua Alberto Cabelier, passagem Almeida, casa número 3, eu me lembro como se fosse hoje. Era onde ele pernoitava.

**E COMO FOI A PRISÃO?**

Nós armamos o bote. Eram cinco horas da manhã, horário que tradicionalmente o bandido para pra alguma coisa. E aí... nós cercamos a casa. Por volta de 5h eu contornei a casa e consegui abrir uma janela sem ser percebido. Eu passei pra dentro, a casa toda no escuro. Mas, pra surpresa minha, não tinha ninguém lá. Eu disse meu Deus... Aí abri a porta da frente, os policiais entraram e nós íamos sair, totalmente desiludidos. Aí me deu aquele lampejo de voltar. Vamos voltar! Aí voltamos. Quando nós voltamos e olhamos embaixo da cama ele estava dormindo ali, totalmente nu debaixo da cama.

**ELE DORMIA SEMPRE ASSIM? ERA UMA MANIA DELE?**

Era. Era mania. Aí nós o prendemos e, como se tratava de um caso de extrema repercussão, nós, através do delegado, que na época eu era investigador, o delegado solicitou ao procurador-geral e ele designou o promotor doutor Alvarenga para acompanhar a tramitação regular do inquérito, para evitar que ele alegasse que fora espancado.

**O QUE ELE ACABOU ALEGANDO, NÉ? DE QUALQUER JEITO ELE FALAVA QUE AQUI EM BELÉM TINHA SIDO MUITO ESPANCADO PARA CONFESSAR.**

No interrogatório em si, eu seria até suspeito para dizer, mas não houve isso. O que aconteceu foi que ele se rendeu a um extraordinário policial, que tinha na época, na arte de interrogar, Manoel Ivanovic dos Santos. Que Deus o tenha em bom lugar. Ele não resistiu à pressão, porque o Ivanovic conseguiu transportar pra dentro da sala de interrogatório a cena do crime, com o dote investigativo que ele tinha, com aquela tenacidade na investigação. Ele conseguiu transportar o local do crime para dentro da sala onde o Monstro estava sendo interrogado. Apresentou o cinto... Então, quando ele sentiu que nós já sabíamos, ele viu que contra fatos não havia argumentos. Aí ele se rendeu. Esse interrogatório foi assistido por gente do Ministério Público. Ele foi recolhido ao presídio, na época Presídio São José, a única casa penal que nós tínhamos aqui em Belém.

**COMO É QUE O IVANOVIC CONSEGUIU FAZÊ-LO FALAR?**

O Ivanovic reuniu as fotografias das vítimas e da Vera Lúcia, que como mulher foi quem mais conviveu com ele. Então era uma pessoa que ele reconhecia perfeitamente. Então o Ivanovic conseguiu pegar as fotos dos cadáveres no local do crime junto com o cinto que ele utilizou e deixou em cima da mesa de interrogatório. Ele sendo interrogado, já sabendo que ia ser denunciado, e olhando todo aquele quadro. Ele teve dez minutos de reflexão e disse: 'Vou falar'. Ele falava pausadamente, um cara de bom papo, tinha aquele linguajar de marginal, de vagabundo... Ele disse que fazia aquilo por amor, porque ele achava que elas não deveriam pertencer a mais ninguém. Psicopata, né?

**COMO FOI A VIDA DE PRESIDIÁRIO DELE AQUI EM BELÉM?**

Ele começou a passar por uma situação que até hoje ninguém consegue explicar. Ele, trabalhando na oficina de sapataria, tinha acesso a pregos. Sem mais nem menos, saiu enfiando pregos no braço. Enfiava no pescoço também e aí aconteceu um problema: como essas feridas estavam infeccionando, a direção do presídio o levou para o pronto-socorro. Na época nós também só tínhamos uma unidade ambulatorial pública. Eu ia lá todas as tardes. Ele estava sendo escoltado por guardas internos, que eram presos de bom comportamento que faziam a vigilância interna. E numa dessas idas minhas pra ver o que estava acontecendo eu me deparei com ele na calçada, indo embora. Ele burlou a vigilância das pessoas de alguma forma e já estava na calçada esperando pra tomar um táxi. Eu encostei e disse: 'Vou ter que te prender de novo'. Levei ele pra dentro e só aí viram que ele tinha fugido, não sabiam ainda. Ele foi levado de volta para o presídio e ficou sendo tratado na enfermaria dali até que São Paulo pediu ele.

**COMO SÃO PAULO FICOU SABENDO?**

Ah, isso estourou!

**ESTOUROU NA IMPRENSA?**

Muito, muito. Na época veio aqui a *Revista Cruzeiro*, *Fatos e Fotos*... Essas revistas de circulação nacional, todas lucraram. Praticou 21 assassinatos em São Paulo na área do Morumbi e era procurado por isso, então a Justiça de São Paulo tinha razão! O decreto de prisão já havia sido expedido contra ele, tomaram conhecimento, e nós tivemos que levá-lo para lá. E de lá pra cá ele não retornou.

**NA MINHA PESQUISA LEVANTEI APENAS SETE PROCESSOS DE HOMICÍDIO CONTRA ELE.**

Ele é morto?

**IMAGINA! ELE FOI SOLTO EM NOVEMBRO DE 2001. É CAPAZ DE ELE PARAR AQUI PRA UM CAFÉ. A MULHER DELE AINDA É VIVA?**

Não lembro. Ele foi preso aqui no ano de 1971 pra 1972. Ele tinha um vozeirão grosso. Ele não foi julgado aqui. Aqui tem três assassinatos e uma tentativa. Ele era um cara de rosto afilado, bigode muito bem cultivado, bem-aparado e media em torno de 1,70 ou 1,72 m.

**ELE JÁ SE MUTILAVA?**

Foi depois. Com os pregos que ele enfiava no corpo. Ele esteve a pique de perder o braço porque infeccionou. Ele queria ter a sensação de dor e não permitia que ninguém fizesse nenhum tipo de curativo ou tratamento nele. De tanta dor ele desmaiou e aí aproveitaram e levaram ele para o pronto-socorro.

**ELE RECEBIA VISITAS NA CADEIA?**
As mulheres iam fazer visitas no presídio para vê-lo. O presídio era modelo e a pessoa tinha inclusive que tirar uma carteira de identificação para entrar. Muitas mulheres se sujeitaram a isso e até à revista íntima só para vê-lo.

**ELE FICOU PRESO QUANTO TEMPO AQUI?**
De dois a três anos. Foi quando São Paulo pediu o reencaminhamento dele para lá e o delegado Euclides Freitas Filho foi quem o levou.

**ELE ERA UM PRESO BEM COMPORTADO?**
Sim, sim. Sem qualquer participação em grupos. Não havia diálogo, falava só o necessário. Era uma pessoa muito fechada. Preso de excelente comportamento carcerário e nunca criou nenhum problema para a administração carcerária, a não ser pelo braço. Acho que ele fez aquilo pra chamar atenção, na verdade ele não queria se matar. Ele polarizou a atenção pelo *modus operandi*, pela frieza com que ele executava o ato extremo. Segundo as palavras dele, ele poupou a vida da enfermeira porque estava apaixonado por ela.

**ELE FOI CHAMADO POR ALGUM APELIDO PELA MÍDIA AQUI EM BELÉM?**
Em Belém não tinha apelido. A partir da prisão dele ficou conhecido como Monstro do Morumbi, por causa de São Paulo.

**NOS LOCAIS DE CRIME DAQUI ELE DEIXAVA JORNAL RECORTADO, PAPEL DE PRESENTE E FITILHO?**
Nos três casos de Belém não tinha papel de embrulho com fitilho. As sobreviventes contaram que ele começava a carícia dele por trás e passava o cinto no pescoço delas.

**BOM, DOUTOR MOURÃO, TEM MAIS ALGUMA COISA QUE O SENHOR GOSTARIA DE ACRESCENTAR NA HISTÓRIA?**
Eu queria deixar aqui uma homenagem para um dos melhores policiais que eu conheci, o Manoel Ivanovic dos Santos. A polícia do Pará ainda não fez nenhuma homenagem a este homem. E ele merece. Ele morreu pobre, miserável, morando de favor. E policial igual a ele não tem.

Mariana soube pela imprensa que José Paz Bezerra tinha sido preso em Belém do Pará e Gil Gomes, em seu programa, colocou-a em comunicação radiofônica com o ex-amásio.

## O HISTÓRICO DO MONSTRO DO MORUMBI

Em novembro de 1973, José Paz Bezerra foi encaminhado para um exame de sanidade mental realizado pelos psiquiatras doutores Elizeu Souza Rodrigues, Joel Srur e Messildo Morado Lutterbach, no Hospital Juliano Moreira. A partir desse laudo e dos depoimentos de José na Justiça foram retiradas as informações que aqui seguem. Para maiores detalhes sobre o trabalho psiquiátrico, partes dos laudos estão transcritos nos anexos deste capítulo.

### A INFÂNCIA

José Paz Bezerra era primogênito. Nasceu no interior da Paraíba, em uma família de baixo nível socioeconômico. Seu pai faleceu aos 30 anos, de lepra (hanseníase). Foi uma morte lenta e dolorosa, assistida por toda a família. José já conheceu o pai assim, inválido e "largando os pedaços", como ele dizia. Era sua responsabilidade higienizá-lo todos os dias, retirando as "carnes mortas" que necrosavam nas lesões causadas pela doença. Não era tarefa fácil, pois ele exalava um mau cheiro difícil de aguentar.

A mãe de José se prostituía para garantir o sustento da família, o que envergonhava muito o filho perante os vizinhos. Como álibi para suas "saídas", fingia que ia passear com o filho para então atender seus clientes em matagais. Dessa forma, muitas vezes o filho assistiu à vida sexual da mãe. Até a morte do pai, a mãe ainda lhe dedicava algum afeto. Depois de viúva, repudiou-o e castigava-o com frequência. Uma das vezes em que foi brutalmente espancado aconteceu quando espiou a mãe "atendendo" a um cliente na mata. Tinha mais ou menos 7 anos e nunca mais se deixou ser flagrado enquanto espreitava, mas observou durante toda a infância a vida sexual da mãe com vários homens enquanto seu pai apodrecia na cama. As surras por qualquer motivo eram então frequentes. Desde essa idade odiou a mãe e passou a masturbar-se sempre.

José era uma criança tímida, arredia e isolada, que fugia do convívio com outras pessoas. Aprendeu a ler e a escrever com muita dificuldade e mal assinava o nome.

Após a morte do pai, a família mudou-se para o Rio de Janeiro, onde a mãe conheceu um homem chamado Severino com quem passou a viver maritalmente. Ele era pederasta e José ficava olhando pelo buraco da fechadura enquanto o padrasto tinha relações sexuais com sua mãe, pedindo que ela introduzisse o dedo em seu ânus.

Severino também levava vários homens para casa e, enquanto a mulher mantinha relações sexuais com uns, ele praticava sexo com outros. Certa vez manteve José durante três dias com braços e pernas amarrados, até que ele conseguisse se soltar sozinho.

Depois de seis meses de convivência, a mãe de José separou-se de Severino e, uma semana depois, amasiou-se com Manoel, que não gostou nada da presença de crianças na casa.

Aos 10 anos e algumas surras depois, por "influência do padrasto", foi internado na Escola XV de Novembro, uma instituição correcional. Fugiu depois de quase um ano de experiências amargas. Aos 11 anos estava solto e repudiado pela família, passando então a ter uma vida itinerante. Vendia balas na Central do Brasil, adquiridas com o dinheiro que ganhava pedindo esmolas ou doadas por instituições filantrópicas. Dormia no mato e, quando ficou um pouco mais velho, fazia várias viagens a São Paulo e outros estados. Em algumas épocas, vendia jornais para sobreviver.

Sua única irmã foi expulsa de casa por ter engravidado e também entrou para a prostituição, passando a morar nas casas de meretrício. José ficou inteiramente abandonado pela família na adolescência. Vivia isolado porque a presença de outras pessoas causava-lhe medo. Parava pouco nos empregos; não tinha paciência de ficar muito tempo num lugar só.

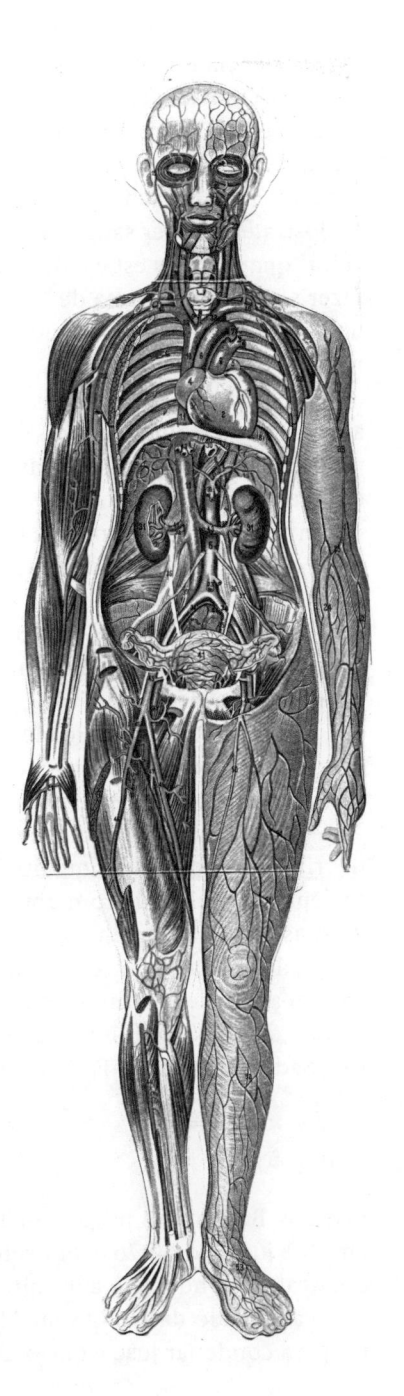

Sempre apresentou dificuldades nos relacionamentos sexuais. Sua primeira experiência foi um fracasso porque, ao morder a parceira, ela saiu gritando. Depois vieram outras mulheres, mas a maioria não suportava ser maltratada.

Confessou para os médicos que obtinha orgasmo completo copulando com o cadáver de suas vítimas e que fantasiava com eles para se masturbar. Disse que tamanho fogo lhe subia pelo corpo chegando ao ponto de perder a consciência.

José adorava ver sangue e preferia manter relações sexuais com suas parceiras quando elas estavam menstruadas. Também declarava que gostava de fazer sexo com a vítima de "carne gelada". Segundo seu depoimento, "quando a mulher fica com a carne dura, ela fica mais gostosa e só fica com a carne dura depois de morta".

Queimava-se com pontas de cigarro no peito, braços e antebraços. Ele afirmava que as queimaduras eram símbolos de umbanda, executadas por determinação de entidades espirituais. Frequentemente se cortava para oferecer seu sangue aos exus.

Enfiava vários pregos nos braços porque, com a dor da autolesão, ficava tão excitado que era obrigado a se masturbar pelo menos quatro vezes seguidas. Gostava de exercitar seu autocontrole sobre a dor enquanto enfiava os pregos ou se queimava e a cada vez que sentia desconforto causado pelos objetos inseridos em sua pele vinha a necessidade de se masturbar novamente.

Apresentava elevado grau de ansiedade, manifestando desejos suicidas por não suportar a hostilidade dos companheiros de prisão. Tentou se matar ingerindo vidro moído e pedaços de gilete. Quando relatava seus crimes, fazia-o com absoluta indiferença.

Segundo os psiquiatras que avaliaram a sua sanidade, "no comportamento criminógeno do delinquente, raro e inusitado nos anais da criminalidade, se depara a sociedade com um indivíduo frio, calculista e bárbaro. Liquidando suas presas à semelhança animalesca, transcendendo a dignidade da pessoa, aviltando a sua inteligência e contrariando a lei de Deus e dos homens, em um autêntico festim singular de matança continuada".

Seu diagnóstico foi de "personalidade psicopática do tipo sexual (Necrófilo, Sado-Masoquista-Fetichista)".

## JULGAMENTOS

José Paz Bezerra foi julgado pelo assassinato de Cenira de Castro Camorim em 7 de junho de 1976 e, por sete votos a zero (7 × 0), foi considerado culpado. Acabou condenado a dezoito anos de reclusão.

O advogado dativo Osmar M. Gama apelou, alegando provas insuficientes para condenar José e que o júri tinha sido influenciado pela imprensa.

O Tribunal de Justiça acolheu os argumentos e mandou o réu para novo júri, em 29 de novembro de 1976.

Desta feita, José Paz Bezerra foi absolvido por cinco votos a dois (5 × 2). O promotor Rubens Marchi apelou da sentença, mas o Tribunal de Justiça manteve a absolvição do réu.

Em 14 de janeiro de 1977, José Paz Bezerra foi julgado pelo assassinato de Vanda Pereira da Silva e, por seis votos a um (6 × 1), foi considerado culpado, condenado a dezoito anos por homicídio acrescidos de oito meses por furto, mais medida de segurança, que foi cancelada em 1984 com a reforma do Código Penal.

Houve apelação, que foi negada, e a sentença, mantida.

Em 26 de agosto de 1977, José Paz Bezerra foi julgado pelo assassinato de Nilza Alves Cardoso, e teve como seu defensor o doutor Márcio Thomaz Bastos das acusações de homicídio, vilipêndio de cadáver e furto. Foi considerado culpado pelo júri por quatro a três (4 × 3) e condenado a treze anos de reclusão pelo homicídio, mais um ano de detenção pelos outros crimes, além de medida de segurança. Não houve apelação.

Pelo assassinato de Wilma Negri, José Paz Bezerra foi julgado em júri popular em 24 de outubro de 1979. Foi considerado culpado e sentenciado a doze anos de reclusão acrescidos de medida de segurança.

Em 25 de março de 1980, o Monstro do Morumbi foi absolvido do assassinato de Alzira Montenegro por sete votos a zero (7 × 0).

Seu defensor, doutor Vicente Fernandes Cascione, colocou em dúvida a autoria do homicídio e o juiz solicitou, no plenário do júri, que fosse colhido sangue para tipagem sanguínea do acusado. Foram requisitados dois peritos para fazer o exame, cujo resultado foi O+.

O promotor Walter de Almeida Guilherme, após os resultados terem sido divulgados, disse não estar convencido da culpabilidade do réu. O defensor clamou por absolvição, pois *in dubio pro reo*, isto é, na dúvida, a favor do réu – e conseguiu seu intento.

José Paz Bezerra foi libertado em 24 de novembro de 2001.

Observação: Durante a leitura do material obtido, foi encontrada citação referente ao processo nº 164/70, no qual José Paz Bezerra havia sido pronunciado pelo assassinato de uma desconhecida, na noite de 8 de outubro de 1969. O crime teria ocorrido em terreno baldio no parque São Domingos, com um tiro de revólver, que causou hemorragia externa traumática.

Na fase de inquérito, o réu confessou o crime, passando a negá-lo na fase de instrução do processo, alegando tortura. Foi pronunciado por esse crime em 30 de dezembro de 1976.

Em todos os depoimentos de José Paz Bezerra, ele faz referência aos 68 anos de sentença que teria recebido pela Justiça do Pará, mas não tenho dados oficiais que comprovem tal afirmação.

## AS CARTAS TROCADAS ENTRE MARIANA E JOSÉ[2]

### 10 DE SETEMBRO DE 1976

*Amor querido*
*Nesta vida de regime e ordens, obedecendo ao sinal de campainhas e horários, pareço uma sonhadora.*
*Olhar perdido no passado, ando viva como uma autônoma, só me faz sorrir quando me lembro de uma pequena casinha, um quartinho em qualquer lugar, um copo com água e uma flor, palavras simples, mas a mim é dirigida, só a mim, "preta".*
*Aí, penso, era para mim, na sua mente obscura, o meu nome era um raio de luz e agora na sua vida sem sentido eu sou um raio de sol, que penetro todos os dias no seu olhar profundo e esperançoso, alguém a quem ama, alguém que o ama também, este é o único laço, o único motivo de vida, na tua pequena cela penetro e estou sempre presente, com o sol a esperança de uma próxima visita. Com a chuva a certeza de mais dias de separação, passamos a odiar a chuva e o frio e queremos o calor e o sol, que abrasará mais ainda o amor.*
*Amor que existe entre nós que é imortal, profundo, sereno e concreto.*
*Para que lágrimas se temos a "nós", e isto nem a morte nos separará.*
*Continuaremos vivos, seremos eternos, só se eterniza os fortes. Tudo o que aconteceu foi uma lição e uma lição que servirá para que saibamos que o "bem" é o maior vínculo para uma vida normal e feliz.*
*Um dia flutuaremos no espaço do amor e bondade e procuraremos consertar tudo que de mal por ventura tivermos feito e juntos resgataremos perante Deus tudo e assim poderemos e finalmente sermos muito feliz, feliz, feliz...*

*Mariana*

---

2 Transcrição de duas cartas escritas por Mariana para José durante o tempo em que ele cumpria pena em São Paulo.

## SÃO PAULO, 26 DE NOVEMBRO DE 1976

*Meu querido*
*Na dor da minha doença entre um acesso ou outro de tosse, parece que agora inerte nesta cama, uma saudade imensa que sinto de você, que corre lágrimas dos meus olhos, ai tão só eu sem poder fazer nada, me lembro do nosso amor tão belo, há um espelho a minha frente e ao falar de amor me olhei e o que nele está refletido, não uma mulher quarentona, e sim 60 a 70 anos, você não mais me conhece pele e ossos, mais um acesso de tosse, as lágrimas e a emoção me faz parar por alguns segundos.*

*Sabe, quando ainda não estava doente, às vezes pensava, será que era amor que eu tinha por você, ou apenas por ter sofrido tanto e desprezada, as vezes chegava a pensar que eu estava louca.*

*Agora sei o quanto te amo, que nossas vidas estão ligadas para a eternidade. Você com todas as suas loucuras é o homem que eu amo, e continuarei amando sempre.*

*Querido, quando me for, se for permitido pedirei aos bons espíritos por você, sei que em breve estaremos juntos.*

*Eu estou com um pulmão todo tomado e metade do outro, mesmo em uma visita especial tão cedo não poderei ir. Fui internada no hospital, fui maltratada e judiada e de INPS estou cheia, meus filhos foram me buscar e estão revoltados, coitados, nem tão bem eles estão, sempre mais panca.*

*Mas a Luciana Maria, paga o aluguel, paga uma empregada para cuidar da Soraia e de mim, vive apertada.*

*O Alberto José, aluguel, pois ele não mora conosco, pois brigam muito, prestação do carro e devido ao mal tratamento do hospital precisou montar um pequeno ambulatório aqui para mim. Como oxigênio e outros objetos que em hora que eu fico em crise me ajudam a sofrer menos.*

*Luciana Maria me dá banho e comida na boca com o maior carinho.*

*A única coisa que não está bem é a imensa saudade do meu coração de você, do 1º e único amor, estou ansiosa para que possa melhorar e ir até você e vê-lo.*

*Só o que você verá não será a mesma.*

*Mas aqui bem dentro sou a mesma, com o coração ardente de amor. Depois da carta da Luciana Maria mandei uma para você, será que não puseram no correio?*

*No mês que vem é seu aniversário e eu preciso pelo menos caminhar para vê-lo.*

*Você aí só e abandonado, ai meu Deus, nos ajude. Segunda-feira começarei com umas aplicações radiológicas diferentes, espero que dê certo.*

*Para por aqui a imensidão do meu amor não caberia, porque ele é mais que o mar, o ar, o sol, a vida, e continuará depois da morte, pois ele é eterno.*

*Meu querido, mesmo sabendo agora que tornaria a passar tudo que passei com você, inclusive sevícias policiais, eu começaria tudo outra vez para poder reviver aqueles momentos de felicidade que passamos juntos. Que foram maravilhosos e nada é mais forte que um grande amor.*

*Beijos eternos da sua Mariana*

*Luciana Maria e Alberto José lembram de você com carinho e acham também que é o amor da minha vida, mandam lembranças, beijos da Soraia, que está perguntando o que é que eu estou escrevendo.*

# DECLARAÇÃO NA TV – JOSÉ PAZ BEZERRA

Na época em que um estrangulador agia em Guarulhos e São Paulo, um programa de televisão entrevistou o Monstro do Morumbi. Seu rosto ficou nas sombras, mas sua voz foi colocada ao vivo para que as vítimas sobreviventes pudessem identificá-lo, caso o assassino fosse o mesmo.

Nenhuma delas o reconheceu positivamente. Naquele dia, José contou um pouco da sua história para os perplexos espectadores que, ao mesmo tempo que ficavam sabendo de seus crimes através de seu próprio relato, eram informados que ele havia sido liberado depois de cumprir trinta anos de sua pena, como manda a lei.

Na versão de José, todas as vítimas eram prostitutas e se pareciam com sua mãe. Relatou a infância de fome e abandono, afirmando que desde a mais tenra idade o mal estava "cristalizado", pois já pensava em roubar.

O Monstro do Morumbi disse que sofreu muito na prisão, que achava que estava errado ao matar aquelas mulheres e pediu perdão para os pais e parentes das vítimas que matou.

Disse que durante o tempo em que ficou preso só estudou e que nunca pensou em suicídio porque achava que seria covardia. Dali para a frente tinha certeza de que seria um homem bom.

José Paz Bezerra terminou seu relato dizendo:

– Mães, cuidem de seus filhos!

## FONTES

Os nomes dos mencionados neste capítulo foram trocados, com exceção do assassino, para que a proteção das pessoas envolvidas fique garantida, uma vez que o "Monstro do Morumbi" já cumpriu sua pena e atualmente está em liberdade.

Todo o material para a pesquisa deste caso foi obtido com a preciosa ajuda dos seguintes amigos: promotora Mariângela Balduíno; Divanira de Fátima Moraes – 1º Tribunal do Júri de São Paulo; Gessilda Gallardi – 1º Tribunal do Júri de São Paulo; Elisabete Regina Martins Pires – Museu do Tribunal de Justiça de São Paulo; dr. Justiniano Alves Júnior – Delegado em Belém do Pará; dr. Armando Mourão – Delegado em Belém do Pará; sra. Josete Marvão.

"'Estrangulador' deve ficar preso até 2003." *Jornal da Tarde*, 7 ago. 1998.

"'Estrangulador', condenado em 73, agia como maníaco." *O Estado de S.Paulo*, Caderno Cidade, 7 ago. 1998.

"Estrangulador do Morumbi é libertado após passar 30 anos na cadeia." *Jornal Agora*, 23 nov. 2001.

Desenhos realizados por Flávio Teixeira Junior – Desenhista Técnico Pericial.

Processo nº 231/70 – Antiga 2ª Júri.
Processo nº 249/70 – 1º Júri.
Processo nº 596/70 – 1º V. Júri.
Processo nº 615/70 – 1º Júri.
Processo nº 690/70 – Antiga 2ª Júri.

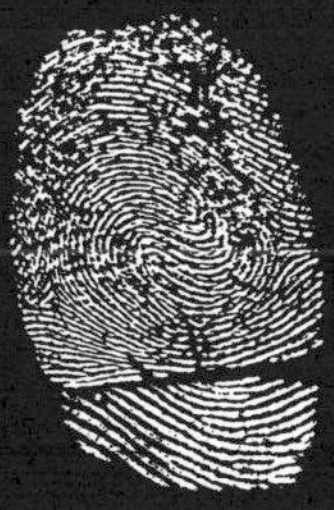

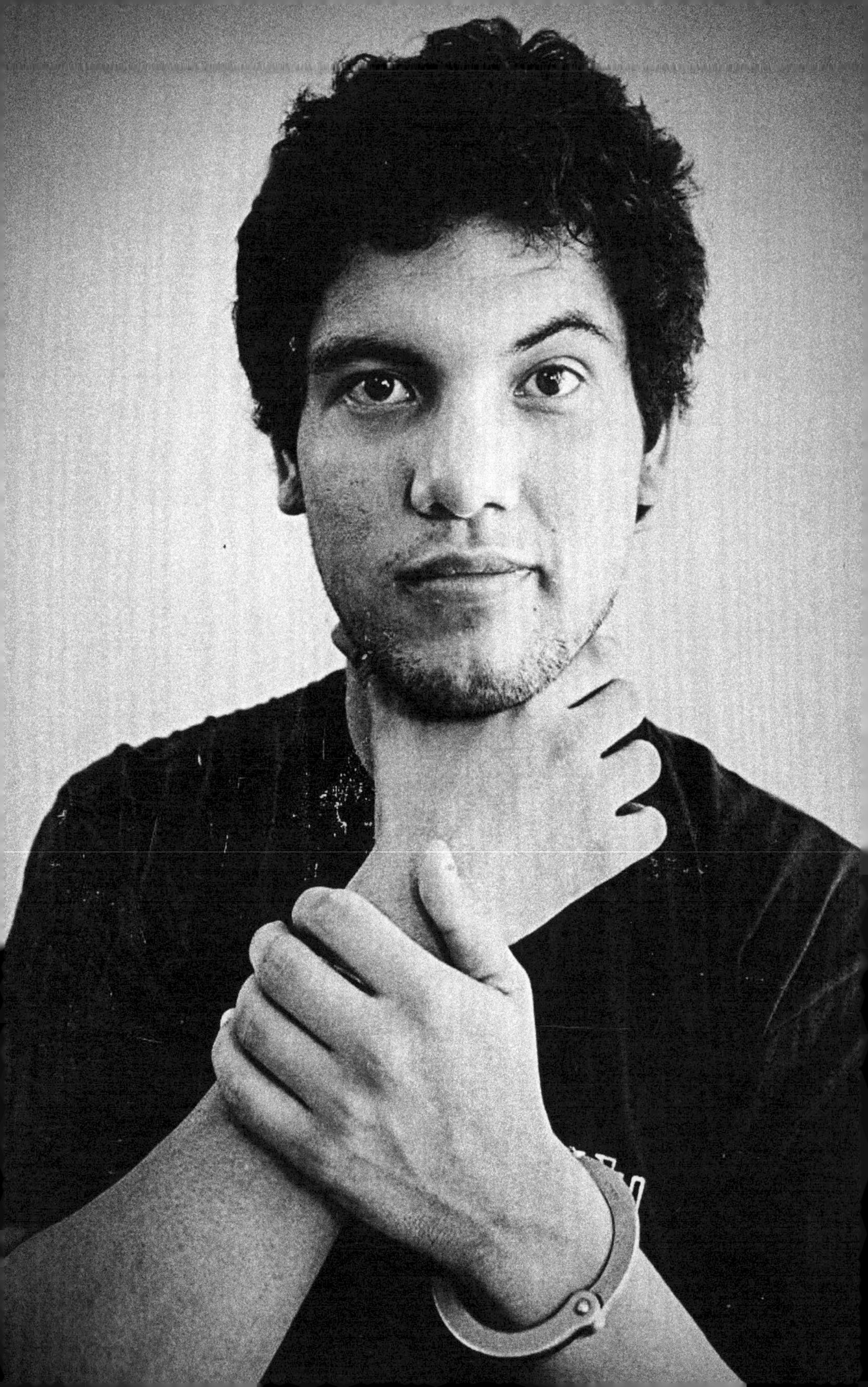

# MARCELO COSTA DE ANDRADE
## VAMPIRO DE NITERÓI

---

"Vampiros não existem não!" – **Marcelo Costa de Andrade**

---

## O ÚLTIMO CRIME[1]

Quarta-feira, 11 de dezembro de 1991. Na casa de dona Maria, doméstica desempregada e viúva, mais um dia sem esperança se iniciava. Novamente as panelas estavam vazias e os sete filhos iriam passar fome. Suspirou e tentou, em vão, encontrar uma saída para sua situação difícil. Quando viu Lucas, de 11 anos, sair pela porta com o irmãozinho Simão, de 6 anos, fez vista grossa. Tomara encontrassem o que comer na rua. Sabia que eram pequenos demais para perambular por aí, mas contava com a proteção divina para que se alimentassem por mais um dia.

Lucas e Simão já haviam se acostumado com a permanente dor no estômago. Tinham o hábito de andar pelo centro de Niterói até que conseguissem um trocado ou algo para comer. Aquele dia não seria diferente de nenhum outro. Lucas não se incomodava tanto por ele, mas o irmão era muito pequeno, e era difícil ouvi-lo choramingar de fome.

---

[1] Os nomes de todas as vítimas foram trocados por nomes bíblicos, para proteger sua identidade.

Enquanto brincavam perto do parque de diversões, no Terminal Norte, um rapaz bem-apessoado se aproximou. O estranho logo gostou de Lucas, apesar de seu defeito numa vista. Ofereceu pão aos irmãos, que prontamente aceitaram, e propôs que o acompanhassem para acender velas no altar de São Jorge. Caso fossem, ganhariam CR$ 3.000,00 pela tarefa.

As crianças concordaram sem piscar. O rapaz explicou que andariam um pouco para chegar ao local correto e colocou Simão nos seus ombros para que não se cansasse. Lucas achou que finalmente tinha encontrado uma alma boa na rua e que não custava acompanhá-lo e ajudá-lo a acender as velas para o santo.

A pé, pegaram o caminho para a praia do Barreto, nas margens da BR-101. O lugar era ermo, sem residências ou lojas, mas não pensou que o rapaz oferecesse perigo. Ao chegarem perto de uma tubulação de esgoto, na beira da praia, o estranho começou a encurralar Lucas perto das pedras. O menino se assustou e negou-se a acompanhá-lo. De repente, o rapaz pegou sua cabeça entre as mãos e empurrou-a contra uma pedra. O sangue começou a jorrar e Lucas, mudo de terror, resolveu obedecer.

O rapaz disse que se chamava Marcelo, deu a mão para Simão, que o obedeceu de imediato, e entraram os três na galeria de esgoto. Obrigou Lucas a deitar-se de bruços num canto. Afastou-se poucos metros e, sem aviso prévio, esbofeteou o pequeno Simão. O menino caiu no chão com a violência do golpe e Marcelo passou a apertar seu pescoço com as mãos nuas. Só parou quando Simão ficou completamente imóvel. Sodomizou o garoto e largou o corpo sem vida, partindo para cima de Lucas, que chorava compulsivamente. Marcelo declarou seu amor pelo sobrevivente, acalmando o assustado menino. Convidou-o para morar com ele, atacou-o sexualmente e depois dormiram ali, um agarrado ao outro.

Quando o sol nasceu, Marcelo colocou as mãos do pequeno Simão para dentro do short, de maneira que os ratos não as machucassem, e jogou o corpinho em uma enorme poça d'água. Lucas, sem olhar para os lados, só ouviu o som do corpo caindo na água e seguiu para as barcas de mãos dadas com o assassino.

Ouviu-o explicar que se tentasse fugir ou gritar seria morto. O menino estava tão aterrorizado que nem pensava em reagir. Seguiu Marcelo até o local onde trabalhava como panfleteiro e recebeu um cheque. Seguiram para o banco e depois até o serviço dele. Lá Marcelo deixou-o sentado em um canto da rua esperando, enquanto entregava panfletos da Roxi Joias, como fazia todos os dias. Mandou que Lucas não saísse dali.

Quando se viu sozinho, Lucas fugiu. Entre lágrimas, voltou para casa e contou para dona Maria que Simão tinha se perdido dele no centro de Niterói. Os dois começaram a procurar Simão nas delegacias e hospitais da cidade. Depois de alguns dias, a irmã mais velha de Lucas, desconfiada, conseguiu arrancar do menino a trágica história pela qual havia passado. Mãe e filho finalmente encontraram Simão, dias depois, no Instituto Médico-Legal.

# NA DELEGACIA

No dia 12 de dezembro, a polícia de Niterói encontrou o corpo de um menino que aparentava ter 5 anos. Ele estava numa galeria de esgoto perto do bairro do Barreto, de bruços. Vestia bermuda preta e branca, tênis vermelho, amarelo e azul. Estava sem camisa.

Sem pistas e sem conseguir imaginar um motivo para um crime tão brutal, os policiais estavam de mãos atadas. Não era incomum o desaparecimento de crianças de rua. Muitas vezes fugiam dos maus-tratos dos pais ou caíam nas mãos de psicopatas que se aproveitavam da sua inocência.

O laudo da necropsia constatava a selvageria com a qual a vítima fora morta. O menino tinha escoriações na testa, acima da orelha esquerda, na face e no pescoço, nos olhos, no braço, no antebraço e na axila direita. Equimoses[2] foram encontradas no pescoço, nos olhos, nas virilhas, na perna esquerda e nos joelhos. Também havia ferimentos no ânus que evidenciavam ataque sexual. A causa da morte era asfixia por afogamento. O menino parecia ter sido esganado e talvez estivesse inconsciente quando a maré subira, enchendo de água a galeria de esgoto onde fora encontrado.

Por volta de dez dias depois do encontro do cadáver, dona Maria e Lucas foram até a delegacia e deram seus depoimentos. No início de 1992, Marcelo Costa de Andrade foi preso no seu local de trabalho.

Os depoimentos de Marcelo, Lucas e dona Maria contavam basicamente a mesma história, com as seguintes diferenças:

1. Marcelo disse que ele e Lucas tinham passado a noite num posto de gasolina, mas o vigia do local, Alberto, declarou que seria impossível que ele não tivesse visto a dupla.
2. Marcelo não assumiu que atacou sexualmente Simão, mas a necropsia o contradisse.
3. Lucas contou para a mãe que ouviu Simão morrer e que viu seu corpo sendo lançado na água. No seu depoimento na delegacia, nega ter ouvido Marcelo jogar Simão na poça de água para que parecesse afogamento.
4. Lucas, na polícia, não confirmou ter ouvido Simão ser atacado sexualmente.

O último depoimento foi o da mãe de Marcelo, Maria Sonia. Ela era vendedora ambulante de café e contou que Marcelo era uma criança como qualquer outra, mas conforme foi crescendo passou a dar risadas sem motivo. Segundo ela, o riso não era normal. Também declarou que algumas tias paternas já haviam sido internadas no "pinel".[3]

---

[2] Pequenas manchas, de natureza hemorrágica, de cor azul ou púrpura.
[3] Nome do pronto-socorro psiquiátrico do Rio de Janeiro, Hospital Pinel, assim batizado em homenagem ao psiquiatra francês Philippe Pinel e hoje utilizado como gíria para "pessoa maluca" no Brasil.

A princípio, a polícia pensou que o assassinato de Simão era o único crime cometido por Marcelo. Após o depoimento de sua mãe, já não tinham tanta certeza. Ela contou que, certa vez, seu filho saíra para cortar bananas, equipado com uma machadinha. Ao retornar, não trouxe nenhuma fruta, mas a machadinha estava coberta de sangue. Pressionado, Jack, Maluco, Barão ou Vampiro, como era chamado, confessou os outros crimes e levou a polícia até os locais onde se encontravam os restos mortais de suas vítimas. Evangélico à sua moda, justificava seus crimes por intermédio da religião, dizendo que crianças mortas de forma violenta "ganhariam o reino dos céus" e que, segundo as palavras de seu pastor, as que morriam antes dos 13 anos iriam diretamente para o céu. Na mente doentia do Vampiro, ele estava fazendo um favor para aquelas que matara. Bebia o sangue para ficar "tão bonito" quanto elas. Garotos eram seus preferidos, por serem mais bonitos enquanto ainda tinham a pele "lisinha".

## A HISTÓRIA DE MARCELO COSTA DE ANDRADE[4]

Marcelo Costa de Andrade nasceu no Rio de Janeiro em 2 de janeiro de 1967, na favela da Rocinha. Teve uma infância extremamente infeliz. O pai bebia muito e era uma pessoa nervosa, de pavio curto. A mãe era calma e pacata; trabalhava em casas de família para ajudar no orçamento.

O casal se separou quando o menino tinha 5 anos e de comum acordo levaram-no para morar com os avós maternos num açude chamado Sangradouro, na cidade de Sobral, no Ceará.

Marcelo chorou muito por causa da separação, sem entender por que não via mais pai, mãe e irmãos. Até aquela data, nem sequer tinha convivido com os avós. Depois de algum tempo, acabou se acostumando com a nova vida.

Desde a infância, tinha alguns problemas que já se manifestavam: frequentes sangramentos pelo nariz, visão de vultos e fantasmas durante a noite e vários ferimentos na cabeça, provocados por surras com cabo de vassoura ou correia, quedas e acidentes.

Na escola o chamavam de retardado e burro. Ele mesmo tinha vontade de internar-se num hospital para que verificassem seu cérebro, mas nunca foi examinado ou tomou medicamentos. Não conseguia prestar atenção à aula, não conseguia acompanhar os estudos e não conseguia passar de ano. O máximo que conseguiu foi ser alfabetizado e aprender contas matemáticas simples. Nas horas livres nadava, pescava, matava gatos.

4   Segundo ele mesmo, em entrevista aos psiquiatras que fizeram sua avaliação.

Aos 10 anos, a mãe foi buscá-lo em Sobral. Ele mal se lembrava dela, e outra vez ficou desesperado com a nova separação que enfrentou. Foi morar em São Gonçalo com a família da mãe, que agora tinha um novo membro: o padrasto Neves.

Nessa fase da vida, Marcelo gostava de assistir aos desenhos animados na televisão e de ler gibis. Seus personagens preferidos eram Pica-Pau, Mickey, Tio Patinhas e Os Trapalhões. No domingo, não perdia o *Fantástico*.

Também foi apresentado à umbanda e ao candomblé pelas mãos de Neves, que era médium de terreiro. Ficou muito impressionado com as possessões e oferendas para as diversas entidades poderosas que assistiu "descerem" no centro espírita.

Nos poucos meses em que morou com a mãe, as brigas do casal eram mais do que frequentes. Cada vez que ela saía de casa, levava o filho. Mais uma vez Marcelo fazia a mala, para retornar novamente quando o casal voltava às boas. O casamento da mãe não deu certo e ela arrumou um trabalho de doméstica para dormir no emprego. Marcelo foi morar com o pai, a madrasta e os filhos do casal, em Magalhães Bastos. O esquema também não funcionou: o casal brigava muito, principalmente por causa de Marcelo, que se sentia um estranho no ninho. O menino era o que se podia chamar de esquisito. Ria à toa, sem motivo, tinha poucos amigos e era bastante isolado e ridicularizado. Essas mudanças frequentes de casa também não ajudaram no seu desempenho escolar e socialização, que voltavam para a estaca zero nessas idas e vindas. O pai e a madrasta resolveram que era melhor para todos colocar Marcelo num colégio interno em Engenho Novo, de onde acabou fugindo.

Ainda criança, Marcelo passava longos períodos na rua. Partiu para a Central do Brasil, onde dormia nos intervalos fora de casa. Passou a ser abusado sexualmente por adultos e aprendeu a ganhar dinheiro se prostituindo. Ao ouvir falar de um lugar chamado Cinelândia, ficou encantado com a semelhança deste nome com a Disneylândia, cidade onde moravam seus personagens de ficção favoritos. Mudou-se definitivamente para lá aos 13 anos. A partir de então, não voltou mais para casa, exceto para visitas irregulares.

São várias as internações na Febem e Funabem nessa época de sua vida. Tinha uma compulsão por viajar para lugares distantes e, com o dinheiro que ganhava vendendo sexo, pegava ônibus e caronas pelo Brasil. Algumas vezes foi para o Nordeste procurar a casa da avó com quem havia morado, mas a infantilidade de seus planos o levavam para outras paradas. Entre seus sonhos de viagem estavam Israel, Rússia, Montevidéu (onde afirma ter estado) e Buenos Aires, além da Disneylândia, logicamente. Quando chegava a um destino e o dinheiro acabava, aproveitava-se de sua situação de menor de idade, procurava uma instituição governamental e conseguia que esta o "devolvesse" para a Funabem do Rio de Janeiro, de onde fugia, recomeçando todo o ciclo novamente: ganhando dinheiro na prostituição, saindo da cidade e assim por diante.

Aos 16 anos iniciou um longo relacionamento com um homem mais velho. Aos 17 tentou violentar seu irmão, então com 10 anos.

Nessa época resolveu voltar sozinho para o Ceará. Queria encontrar os avós novamente. Andou por Feira de Santana, Salvador e Vitória, onde acabou preso no Juizado de Menores durante um mês e foi mandado de volta para o Rio de Janeiro. Mesmo assim, não desistiu de encontrar os avós. De carona, chegou ao Açude de Sangradouro, mas só encontrou uma tia em lua de mel, que aproveitou para maltratá-lo sem parar, irritada com a chegada daquele estranho rapaz. Marcelo fugiu novamente, depois de furtar a tia, como vingança pelo tratamento que recebeu. Retornou ao Rio de Janeiro e foi encaminhado pela Funabem Quintino para morar com o pai.

Ele também não aceitou o filho, que voltou a se prostituir e a viver nas ruas. Marcelo conheceu então um senhor de 48 anos por quem se apaixonou e foi morar com ele em um quarto alugado. Morou ali durante quatro anos, até que o companheiro resolveu se mudar para Salvador. Nem foi mencionada a possibilidade de levar o rapaz com ele.

Quando completou 23 anos, sem ter mais a companhia e proteção do amante, Marcelo mudou-se para Itaboraí com sua família. Voltou para a casa da mãe e arrumou um emprego temporário na distribuição de panfletos para venda de ouro e prata. Achava que vender ouro era muito mais importante do que vender balas. Marcelo mudava constantemente de trabalho, não conseguia estabilizar sua vida profissional, apesar de não beber, não fumar e não usar drogas. Também era filiado à Igreja Universal do Reino de Deus e passou a ir à missa quatro vezes por semana.

A mãe começou a estranhar certos comportamentos dele, como a verdadeira obsessão por revistas que mostravam fotografias de crianças, principalmente as de olhos azuis, e as roupas sujas de sangue com as quais algumas vezes voltou para casa. Também não entendia a coleção de bermudas infantis que o filho guardava numa caixa de isopor, dentro do armário. Apesar de sua risada estranha, Marcelo parecia uma pessoa normal e ela não podia sequer imaginar a trilha de terror que o rapaz estava traçando.

Em 1991 Marcelo começou a matar. Ele atraía suas vítimas, meninos de rua com idades entre 5 e 13 anos, oferecendo um prato de comida, doces, lanche ou dinheiro. Sua área de ação era a BR-101 (que liga Sul e Nordeste do Brasil), nas imediações de Niterói.

Marcelo matou treze meninos, num período sanguinário que durou nove meses. Em uma ocasião, decapitou um dos garotos; em outra, esmagou a cabeça de sua vítima. Marcelo não dizia ser vampiro, apenas bebia o sangue de suas vítimas para, segundo ele, "ficar tão bonito e puro quanto elas".

Marcelo Costa de Andrade foi considerado pessoa com traços psicopáticos de personalidade, provavelmente como consequência de sua infância abandonada. Segundo os psiquiatras que o avaliaram[5] nos vários laudos de incidentes de sanidade mental ao longo de sua internação, não era totalmente capaz de entender o mal que fazia. Era frio e não tinha capacidade de se controlar. Foi diagnosticado deficiente mental, doente mental grave que reúne esquizofrenia e psicopatia, portador de distúrbios comportamentais (perversão da conduta) oriundos da convergência de transtornos mentais (oligofrenia + psicopatia).

O incidente de sanidade mental é instaurado quando existe a suspeita de que o acusado, em qualquer tipo de crime, possa ser doente mental. O processo fica suspenso e ele é submetido ao exame até que se comprove ou se descarte essa possibilidade. No caso de haver um quadro mental que tenha relação direta com o crime cometido, o réu é isento de pena (inimputável) e a medida de segurança é aplicada, por ser o criminoso considerado perigoso. Essa medida prevê tempo mínimo de internação (três anos), mas não tempo máximo. A desinternação fica condicionada à cessação de periculosidade, o que pode significar prisão perpétua em alguns casos incuráveis.

Marcelo Costa de Andrade foi absolvido pela Justiça por ser inimputável e enviado ao Hospital de Custódia e Tratamento Psiquiátrico Heitor Carrilho, no Rio de Janeiro, para tratamento por tempo indeterminado.

Ali, durante sua internação, comandava os bailes de forró nas tardes de sábado, como DJ. Segundo os médicos, essa atividade fazia parte de seu tratamento psiquiátrico. Tinha comportamento calmo e exemplar, apesar de sempre dizer que ainda ouvia vozes que ordenavam que ele "mandasse crianças para o céu".

Em 24 de janeiro de 1997, fugiu do hospital quando um guarda deixou um portão aberto durante o banho de sol dos pacientes. Em 5 de fevereiro, foi recapturado na cidade de Guaraciaba do Norte, Ceará. Conforme seu depoimento, visitaria o pai e depois seguiria para Israel, a "Terra Prometida".

Marcelo foi encontrado por meio de uma denúncia anônima, segundo a qual um indivíduo semelhante a ele estava circulando pela cidade. Ali realmente morava o pai de Marcelo, Manoel. De acordo com sua mãe, Maria Sonia, Marcelo já havia fugido para lá quando escapara de uma instituição para menores, anos antes. A polícia montou vigilância em frente à casa até prender o procurado assassino. Marcelo reagiu à prisão, mas estava desarmado. Só carregava uma Bíblia e artigos de higiene pessoal. Chegou sujo, malcuidado e com delírios místicos.

---

5   Psiquiatras: doutor Miguel Chalub (2003, 1998, 1993), doutor Álvaro Lucio Cabral Lito Figueiredo (2003), doutora Kátia Mecler (1998), doutor Paulo Gláucio de Cerqueira (1997, 1996), doutora Denise Coelho da Rocha (1997, 1996), doutor Carlos Leal Vieira (1993).

Os exames de cessação de periculosidade são previstos no Código Penal e devem ser realizados anualmente em todos os pacientes que cumprem medida de segurança. Essa avaliação é enviada ao juiz da Vara de Execuções Penais, que pode ou não seguir as recomendações dos peritos. Em todas as avaliações, os peritos atestaram que Marcelo Costa de Andrade não tinha condições mentais de ser desinternado. Nenhum juiz discordou.

Em 2003 foi transferido para o Hospital de Custódia e Tratamento Psiquiátrico Henrique Roxo, em Niterói, sem previsão de libertação.

## OUTRA VÍTIMA

Em julho de 1991, Marcelo Costa de Andrade confessou que, depois de receber seu fundo de garantia, viajou para Belo Horizonte. Na rodoviária da capital mineira, encontrou um menor abandonado, pelo qual sentiu forte atração. O criminoso tentou levar o garoto para o Rio de Janeiro, mas foi impedido pelo juizado de menores da cidade, que não permitiu que o menor entrasse no ônibus. Marcelo levou o menino de 9 anos para um horto florestal, onde o matou. Contatos foram feitos com a polícia de Minas Gerais, na época, para esclarecimentos, mas a investigação permanece sem resultado.

## A ENTREVISTA

Em setembro de 2003, entrevistei Marcelo Costa de Andrade, que gentilmente foi levado ao Manicômio Judiciário Heitor Carrilho com a inestimável colaboração de seu diretor, doutor Anaton Albernaz de Oliveira. Participaram dos trabalhos os seguintes membros do Nufor: Maria Adelaide de Freitas Caires (psicóloga e na época presidente), Sérgio Paulo Rigonatti (psiquiatra e vice-presidente) e Antonio de Pádua Serafim (psicólogo e membro da comissão científica). Sem a preciosa ajuda e experiência deles, jamais obteria esses resultados que aqui apresento.

Entrevistar Marcelo Costa de Andrade foi um enorme desafio. Eu já sabia que ele havia assassinado treze crianças, mas as informações que obtive eram confusas e incompletas. Muitas perguntas haviam ficado sem resposta: Ele escolhia o local dos crimes com antecedência? Qual era o critério utilizado para a escolha das vítimas? De onde havia tirado a ideia de beber o sangue das crianças? Para que fazia isso? Levava com ele algum troféu de seus crimes, alguma lembrança? Era, de fato, doente mental?

Todos os crimes cometidos por ele só foram conectados com sua captura pela morte do menino aqui chamado de Simão. Meninos de rua são alvos fáceis para serial killers. A família demora a sentir falta da criança, que habitualmente dorme fora de casa muitos dias, e não são casos de grande repercussão na mídia, exceto quando desaparecem em grande número.

No Brasil, em 1991, pouquíssimas pessoas já tinham ouvido falar de matadores assim. Apesar de todas as crianças terem sido encontradas apenas de camiseta (as bermudas haviam desaparecido), apesar de todas estarem incluídas na mesma faixa etária e sexo, apesar de todas as vítimas serem meninos de rua, apesar de todas terem sofrido violência sexual.

A partir da captura de Marcelo, ele resolveu confessar todos os seus crimes. Alguns foram impossíveis de serem verificados, outros foram confirmados. Pela descrição que fez durante a entrevista,, recheada de detalhes escabrosos e macabros, fica difícil imaginar que algum deles não tenha ocorrido. Ele parou e pensou em cada um cuidadosamente, descrevendo-os minuciosamente. Muitas vezes, a equipe do Nufor se perdeu nas anotações, diante do elevado número de vítimas e das atrocidades relatadas, mas Marcelo esclareceu cada dúvida que surgia.

Ele é calmo, educado e parece uma criança, apesar dos 37 anos, à época da entrevista. Não tem a menor ideia da dimensão de seus atos. Não sente arrependimento pelas vítimas em si, apenas pelas consequências dos crimes para ele mesmo. Sua face é sem mímica, um rosto plácido, sem trejeitos. Sua fala, monótona. Descreve seus atos como quem lê uma lista de supermercado, com muita frieza, como se não se importasse. Não chorou nem se emocionou em nenhum momento.

Durante várias vezes, na entrevista, me pediu que lhe enviasse uma bermuda, vestimenta que guardava de cada criança que matava, como lembrança ou troféu. Não enviei.

Dos membros do Nufor que participaram da entrevista, eu era a única inexperiente na situação. Apesar disso, todos nós nos sentimos mal ao término dos trabalhos. Eu fiquei de cama por quatro dias.

Para as pessoas mais impressionáveis, meu conselho é que não leiam a transcrição da entrevista no que diz respeito aos crimes, leiam só os assuntos gerais. Marcelo Costa de Andrade fez um relato de seus crimes totalmente desprovido de qualquer cuidado com a alma alheia, por ser incapaz de entender completamente o caráter de seus atos. A crueza dos detalhes pode chocar.

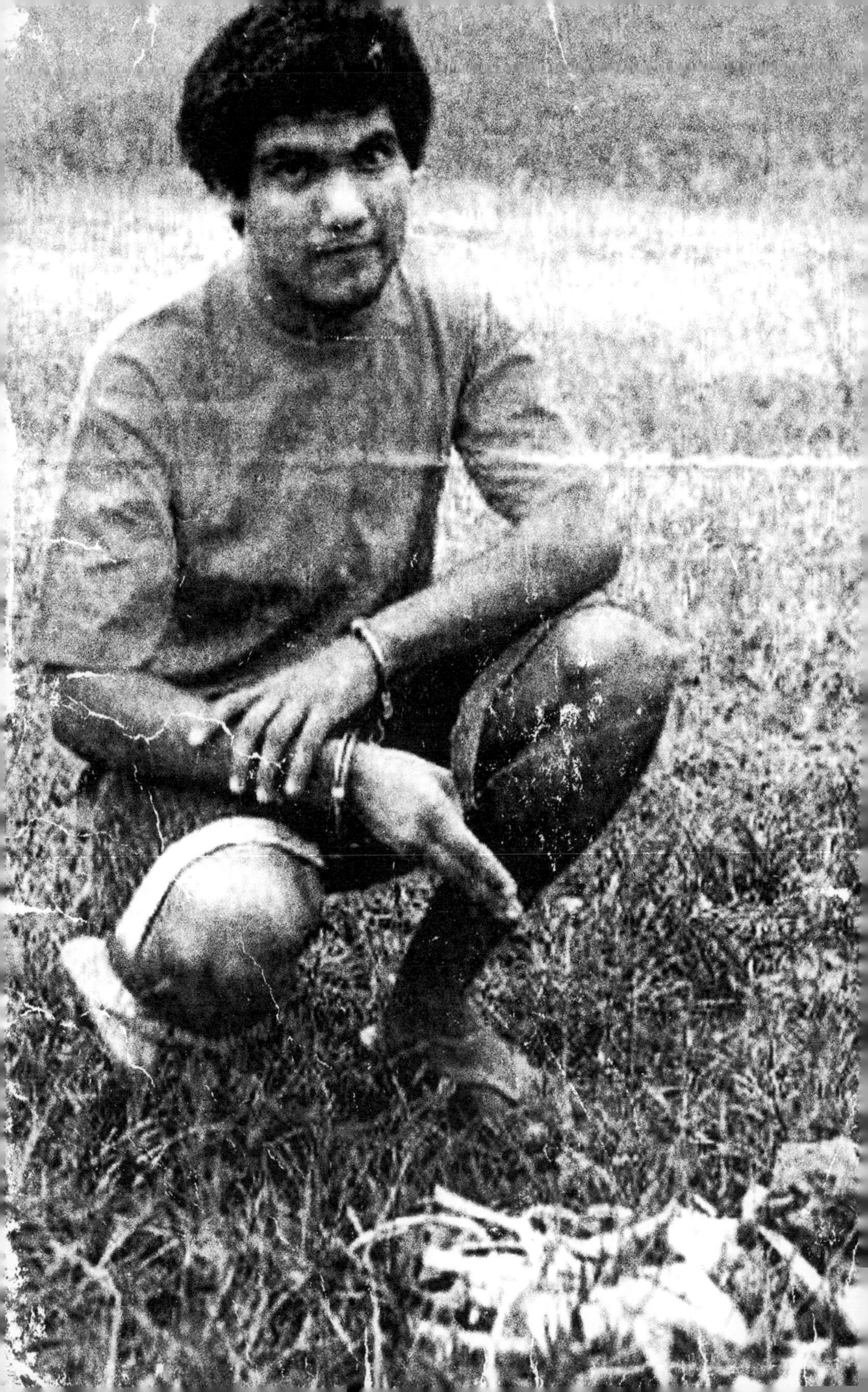

## ENTREVISTADORES

**MARIA ADELAIDE DE FREITAS CAIRES**
**SÉRGIO PAULO RIGONATTI**
**ANTONIO DE PÁDUA SERAFIM**
**ILANA CASOY**

## ENTREVISTA
### ASSUNTOS GERAIS

**M.A. FREITAS CAIRES** Nós estamos o dia inteiro aqui te esperando, Marcelo. Chegamos aqui às oito horas da manhã.

**MARCELO COSTA DE ANDRADE** Lá de São Paulo?

**M.A.** São Paulo.

**MARCELO** É o quê, é revista?

**M.A.** Não, nós somos estudiosos, a gente trabalha também num hospital e ela é escritora e pesquisadora.

**S. PAULO RIGONATTI** Marcelo, o que aconteceu com você, o que houve, se você confirma o que está escrito sobre você, vai falando à vontade.

**MARCELO** Confirmo.

**M.A.** Confirma tudo?

**MARCELO** Não, eu indo morar com meu pai, em Magalhães... aqui no subúrbio do Rio, sempre tinha... neste tempo eu tinha 10 anos de idade, aí eu fugi de casa, né, da casa do meu pai. Aí fiquei andando pelas ruas [...] fiquei andando pelas ruas, aí transava com muitas pessoas lá fora, pra ganhar dinheiro, né.

**M.A.** E que tipo de pessoas você transava?

**MARCELO** Homens que gostavam de garoto novo, bonito, né. Aí eles me davam dinheiro aí eu transava com eles. Aí fiquei assim dos 10 aos 20 anos.

**I. CASOY** Dormiam na rua?

**MARCELO** Não, pagava hotel.

**M.A.** E como era...?

**MARCELO** Eu fui acostumado, acabei me acostumando.

**M.A.** Você gostava, era bom, não era...?

**MARCELO** Não, gostava mais de ganhar o dinheiro, né. Fazia mesmo por dinheiro. Aí... no rosto, assim, nas pernas, nas... né, quando eu transava com eles. [...] do dinheiro. Aí foi quando eu parei, fui pra casa da minha mãe, ela tava morando em Manilha, Itaboraí, ela tava trabalhando, aí fui morar com ela lá, com uns 20 anos. Aí ela me botou pra trabalhar.

**I.** Como é que você encontrou ela de novo?

**MARCELO** Fui procurar ela de novo.

**I.** Foi procurar ela onde ela estava?

**MARCELO** É. Aí ela me botou pra trabalhar. Aí eu fui trabalhar em Copacabana.

**A. DE PÁDUA SERAFIM** – Você estudou até que série, Marcelo?

**MARCELO** Até a quarta série. Mas aí, no começo, quando eu fugi de casa, fiquei fora de casa, o meu pai me procurava ainda, e a minha mãe, né. Mas depois eles viram que não adiantava mais, descansaram. Mas de vez em quando assim eu ia visitar eles. Eles já sabiam que (eu) estava andando pelas ruas mesmo, né, não queria ficar em casa mesmo, mas eles não sabiam que eu me prostituía na rua, né.

**M.A.** E por que eles te procuravam?

**MARCELO** ...

**M.A.** Como eles eram? Como era seu pai?

**MARCELO** Meu pai era... Chama M.G.N.

**M.A.** E como ele era, como pessoa?

**MARCELO** Ele trabalhava como garçom.

**M.A.** E como ele te tratava?

**MARCELO** Ele tratava bem, né.

**M.A.** O que ele fazia?

**MARCELO** Me botava na escola pra estudar. Aí, quando ele viu que não adiantava mais me procurar, que eu queria ficar na rua mesmo [...] [Eu tinha me] acostumado a ficar na rua, aí ele deixou eu continuar na rua mesmo.

**I.** E a sua madrasta, também era boa com você? Ou ele [pai] ainda estava com a sua mãe?

**MARCELO** Não, ele tava com minha madrasta. Ele separou da minha mãe quando eu tinha 5 anos de idade, né.

**I.** E como chamava a madrasta?

**MARCELO** Vilma. Mas ela não era ruim não. Ela era boa. Mas só que ela não queria que eu ficasse lá morando com ela...

**I.** Por quê?

**MARCELO** Ela diz que num... queria ficar só que os filhos dela ficasse só com ela lá.

**M.A.** Mas ela falava pra quem que ela não queria que você ficasse lá?

**MARCELO** Ela falava pro meu pai.

**M.A.** E teu pai, fazia o quê?

**MARCELO** Meu pai ficava quieto, né, calado, né. Meu pai... Mas aí a minha madrasta, Vilma, teve um casal de filhos com ele. Já tão adultos, já. Aí, quando eu andava pelas ruas assim, cheguei até a viajar assim pro Nordeste. Fui lá pra Fortaleza, né, na casa do meu pai, perto lá de Sobral. Aí fui pra Montevidéu também.

**I.** Montevidéu?

**MARCELO** É, Montevidéu. Eu tava com dinheiro, né? Aí quando eu cheguei lá em Montevidéu, né, eu tava até... O dinheiro já tinha acabado, né, e eu fui pra lá fazendo baldeação, que eu não tinha idade suficiente pra viajar sozinho.

**M.A.** Quantos anos você tinha nessa época?

**MARCELO** Ah, uns 15 anos.

**M.A.** Você era corajoso, né, Marcelo? Sozinho?

**MARCELO** É, viajava sozinho.

**I.** Você tinha medo?

**MARCELO** Não, não tinha não. Aí eu viajava sozinho, aí chegava em Montevidéu e tinha vontade de ir pra Buenos Aires, mas eu não tinha mais dinheiro. Aí no outro dia veio um pessoal lá, aí eu achei o consulado daqui do Brasil, aí ele me deu uma passagem de volta pra cá, eu não tinha mais dinheiro pra passagem. Aí o consulado me deu o dinheiro da passagem pra cá, pro Rio de Janeiro de novo.

**M.A.** Você precisava de dinheiro, aí você resolveu voltar pro Rio. Você veio de baldeação?

**MARCELO** Não, ele me pagou a passagem direto.

**I.** O Consulado Brasileiro?

**MARCELO** É, ele me pagou uma passagem direto. Mas aí eu tenho um tio meu, ele é bem próspero na vida, ele tem um bar aqui no centro do Rio, no centro da cidade e outro lá em São Conrado. Ganha bem, ele.

**M.A.** Por parte de mãe ou por parte de pai?

**MARCELO** De pai. Ele não vem me visitar não, que ele diz que tem pavor de presídio e tudo. Meu pai também só veio quatro vezes só também. Tem pavor de presídio também. Lá fora também eu via muito com negócio de macumba, feitiçaria. Que tem muitas pessoas lá que vai lá e se consultam com os espíritos, pede pra matar um inimigo que está perturbando, aí a pessoa faz obrigação com os espíritos, né. Aí os espíritos vai lá e mata a pessoa. Muitas pessoas vai lá só por causa disso. Também pra ganhar muito dinheiro, né.

**I.** Pra fazer pedido?

**MARCELO** É. Para com os espíritos, né, que tá dentro da pessoa.

**M.A.** Como eles explicavam esses despachos?

**MARCELO** Era pra conseguir alguma coisa. Para os espíritos para conseguir alguma coisa.

**I.** Mas que tipo de coisa? Qualquer coisa?

**MARCELO** É, qualquer coisa. Aí os espíritos fazia. Por exemplo, nos classificados do jornal *O Dia*, jornal *O Globo*, tem aquela página assim que as pessoas que trabalham com os espíritos colocam assim nos classificados oferecendo solução para os problemas né, aí eu tive também duas passagens pela

Fenabem, aqui no Rio. Mas eu não gostei de lá não porque dava muito pivete perigoso lá, né, pivete que usava maconha lá e tudo.

**M.A.** Você chegou a usar alguma droga?

**MARCELO** Não, drogas nunca usei não. Aí tinha muitos pivetes perigoso lá, Comando Vermelho, pessoas do comando, aí eu não gostava de ficar lá não. Aí eu fugi duas vezes de lá.

**I.** Como é que você fez para fugir?

**MARCELO** Por trás.

**I.** Por trás, pelo portão?

**MARCELO** Não, por trás da Funabem.

**M.A.** Tem muro ali?

**MARCELO** Não me lembro bem não. Na Febem do Ceará que eu gostei mais de ficar lá. Fiquei lá três meses, aí me deram uma passagem de avião pra cá pro Rio.

**M.A.** Por que você ficou lá?

**MARCELO** Passei três meses lá procurando que eles me dessem passagem pra cá pro Rio.

**I.** Você chegou lá de carona?

**MARCELO** Não, eu tava assim viajando. Aí eu não tinha dinheiro pra voltar pra casa, aí eu resolvi ficar lá uns três meses pra eles pagarem a passagem pra cá.

**I.** Quantos anos você tinha?

**MARCELO** 16 anos.

**I.** Como é que você foi até lá? Você foi de ônibus? Pagou passagem?

**MARCELO** Fui fazendo baldeação, porque eu não tinha idade suficiente.

**I.** Como é que é baldeação?

**MARCELO** É pegando um ônibus daqui pra Campos, assim...

**M.A.** Você é bem esperto! Sabia onde podia ir pra conseguir voltar quando estava sem dinheiro, olha só!

**MARCELO** É.

**M.A.** Você ia direitinho nos lugares pra eles poderem te ajudar, né? Como que você explicava pra eles quando chegava lá? Você falava o que para eles?

**MARCELO** Eu falava que eu sou daqui do Rio de Janeiro e queria voltar pra cá, pro Rio de Janeiro. Aí eles me davam a passagem pra voltar pra cá.

**I.** Mas eles te achavam na rua ou você que procurava eles?

**MARCELO** Eu que procurava eles.

**I.** Você perguntava onde era a Febem?

**MARCELO** Não, perguntava onde era o Juizado de Menores, aí... Uma vez eu fugi daqui também...

**I.** É? E como é que você fez pra fugir daqui?

**MARCELO** Pelo campo, aí. Tem um campo de futebol aqui. Tinha um portão lá atrás e aí tava aberto e eu fui embora.

**M.A.** E por que deu essa vontade de fugir, de ir embora?

**MARCELO** Tava vendo que tava muito encrenclado, muito cheio de problemas, cheio de paciente, aí eu pensei que era melhor eu fugir mesmo, aí eu fui embora.

**I.** Pra onde você foi?

**MARCELO** Fui pro Ceará. Eu tava com dinheiro porque eu ajuntei um dinheiro aí, fui emprestando aí pro pessoal aí que usa droga e tudo, eles pagavam com juros, aí fui ajuntando dinheiro... Porque eles pega drogas aqui do presídio, com linha, né. Aí eu juntei um dinheiro e fui pra lá.

**SÉRGIO PAULO RIGONATTI**
– Por que pra lá?

**MARCELO** Meu pai mora lá. Ele tem um pequeno bar lá, no Ceará.

**I.** Teu pai ainda mora lá?

**MARCELO** Não, ele veio pra cá pro Rio agora. Ele tá trabalhando no bar do meu tio.

**M.A.** Me fala, aí você chegou lá no Ceará, foi visitar seu pai, você conseguiu achá-lo?

**MARCELO** Consegui. E a minha tia também mora lá também. Tem umas três meninas jovens, né. Mais um menino de 13 anos.

**M.A.** E quando você chegou lá nessa segunda vez, que você fugiu daqui e foi pra lá, seu pai já sabia que você estava preso, estava aqui no hospital?

**MARCELO** Sabia.

**M.A.** E como que ele te recebeu lá? O que ele achou que aconteceu?

**MARCELO** Ele pensou que eu tinha ido embora numa boa, né.

**M.A.** Aí você falou que tinha fugido?

**MARCELO** Falei.

**M.A.** Aí ele ficou...

**MARCELO** É, ele não ficou satisfeito não.

**M.A.** Mas ele brigou com você?

**MARCELO** Não, ele não ficou satisfeito não. Eu também não ia fazer mais nada de errado, né. Ia andar direito e arranjar um trabalho.

**M.A.** E ele te ajudou a arranjar trabalho?

**MARCELO** Não, não ajudou não. Não tinha condições de me ajudar.

**M.A.** Quanto tempo você ficou lá? Você ficou chateado de ele não te ajudar?

**MARCELO** Não, ele me deu dinheiro. O bar era dele mesmo, e aí ele me deu dinheiro.

**A.** Você ficou com ele na casa, foi pra algum lugar, ou voltou pra cá?

**MARCELO** Fiquei andando pela rua mesmo. Era perigoso ficar com ele lá porque eu tinha fugido, né.

**I.** E como te encontraram?

**MARCELO** É que tinha uma moça lá que me conhecia desde pequeno e ela me reconheceu e me denunciou pra polícia de lá.

**M.A.** E aí você foi preso?

**MARCELO** Aí eu fui preso e vim pra cá de novo. De onde eu tinha fugido.

**I.** Sua mãe estava onde?

**MARCELO** Aqui no Rio.

**I.** Ela casou também?

**MARCELO** Ela tem um outro esposo agora.

**I.** Ele é legal?

**MARCELO** É, é legal. Tem comércio também. Tipo bar.

**I.** Ele te tratava bem?

**MARCELO** É, trata bem.

**I.** Ele também vem te visitar?

**MARCELO** Já veio algumas vezes.

**M.A.** Teu pai também vem?

**MARCELO** Vem. Meu pai não, né, ele só me visitou quatro vezes [Marcelo está preso há doze anos].

**M.A.** Quanto tempo faz que ele não vem te visitar?

**MARCELO** Já tem um ano já.

**M.A.** Tua mãe, a última vez que veio foi quando?

**MARCELO** Já tem uns quinze dias que ela veio aqui. Ela que mais me visita. Tem quinze dias que eu não vejo ela.

**M.A.** Você tem outros irmãos por parte de mãe?

**MARCELO** Tenho, dois. Um morreu atropelado. Eu sou o primogênito, né. E dois é um casal, eles são adolescentes ainda.

**M.A.** E é desse segundo casamento dela?

**MARCELO** É. O segundo mais velho morreu atropelado.

**I.** O que nasceu depois de você?

**MARCELO** É.

**I.** E o casal é filho do padrasto ou do seu pai?

**MARCELO** Esse mais velho era do meu pai, o que morreu. O casal é do padrasto. Não dá pra você me arrumar um dinheiro pra mim, não? Ou umas roupas?

**I.** Dinheiro, não. As roupas, vamos falar com o doutor Anaton [diretor], ok?

**S.** Eu gostaria de perguntar pra você se já teve vontade de sair andando por aí?

**MARCELO** Lá fora?

**S.** É, como um andarilho.

**MARCELO** Eu tava pensando que se eu conseguir ser livre de novo...

**S.** Quando você estava lá fora você gostaria de sair andando sem destino?

**MARCELO** Quando eu tava lá fora eu gostava. De ter dinheiro, legal.

**M.A.** Que lugares que você queria conhecer? Você queria conhecer Buenos Aires e não deu porque acabou o dinheiro, né? Mas que outros lugares você queria conhecer, gostaria de viajar?

**MARCELO** Eu gostaria assim de aprender um idioma, assim de francês, ir pra França, conhecer Paris. É ruim de viajar assim pra fora sem conhecer o idioma. Aprender o idioma francês, inglês também. Viajar pra Londres, assim, Nova York, Los Angeles.

**M.A.** O que você queria fazer nesses lugares?

**MARCELO** Conhecer. Tem muitas coisas lá.

**I.** O que é que tem de bom lá?

**MARCELO** Disneylândia, por exemplo. Paris, que é muito falado. Londres também, né. Eu pensava assim em acertar na Sena e ganhar uns milhões assim...

**S.** Você joga?

**MARCELO** Eu jogava assim. Mas não dá não.

**A.** Teu prazer é viajar, né, Marcelo?

**MARCELO** É, eu gostava de viajar.

**I.** Esse que é seu sonho, Marcelo? Qual que é o seu sonho? Quando você sair daqui, o que você vai fazer?

**MARCELO** Eu penso... usar a inteligência e ver se consigo pelo menos uns três milhões, uns cinco milhões pra ver se resolve, aí não precisa trabalhar.

**I.** Aí o que é que você vai fazer?

**MARCELO** Aí vou viver como aposentado.

**A.** Como você pensa em ganhar de três a cinco milhões? O que você faria pra ganhar esse dinheiro?

**M.A.** Você se acha doente?

**MARCELO** Doente mental? Me acho.

**M.A.** Por quê?

**MARCELO** Porque com as pessoas, quando eu tava lá fora, onde eu cresci também já aprendi de gostar de transar assim com meninos... e de mulheres também. Vivendo por si só, né?

**M.A.** Você transava com mulheres também?

**MARCELO** É.

**M.A.** Entre meninos, mulheres, homens, qual que você preferia? Qual dava mais prazer em se relacionar? Tinha preferência?

**MARCELO** Não, não tinha preferência não.

**M.A.** Agora, sabe qual é a sensação que eu tenho, Marcelo, você falando sua história aí? De você ser muito sozinho. Você tinha amigos?

**MARCELO** Lá fora? Tinha assim com quem eu transava.

**M.A.** Só com quem você transava? Só enquanto você transava com ele?

**MARCELO** É.

**M.A.** Depois você não encontrava mais?

**MARCELO** É. Não encontrava mais.

**M.A.** E se encontrava também não era mais seu amigo?

**MARCELO** Não.

**I.** Amigo assim de só conversar, só passear com você, você não teve?

**MARCELO** Tive um moço, um senhor de idade.

**I.** Você morou com ele?

**MARCELO** Morei com ele uns dois anos. Aqui embaixo, dizia que eu era menino novo, tinha as pernas bonitas e tudo, lisinha e tudo, tinha o rosto bonito também... Fiquei morando com ele dois anos.

**I.** Depois ele foi embora?

**MARCELO** É, ele era da Bahia, Salvador, Bahia. Voltou pra lá.

**M.A.** E ele não quis te levar?

**MARCELO** Não. Eu também não quis ir não.

**M.A.** Mas ele quis te levar?

**MARCELO** Ele não falou nada não de me levar não, mas eu também não queria que me levasse.

**A.** Foi por isso também que você acabou gostando de ter esses contatos sexuais. E hoje, o que você pensa?

**MARCELO** ...

**I.** E onde você está agora, você tem amigos?

**MARCELO** Tenho.

**I.** Como é que é a vida lá?

**MARCELO** Os presos sai para tomar banho de sol às 8h30, aí volta 10h30 pra dentro dos corredores onde ficam as celas, aí 11h almoço, aí às 13h eles tomam café com pão e 17h janta de novo. Aí quando é 19h eles dão remédio, que é para cabeça, para dormir, e 21h eles trancam todas as celas, e soltam 6h da manhã seguinte.

**I.** E de manhã, quando você toma sol, o que você fica fazendo? Joga bola? Conversa?

**MARCELO** Sentado, tomando sol.

**A.** Como é o nome do lugar que você está agora?

**MARCELO** Henrique Roxo. É em Niterói.

**I.** E na parte da tarde, depois que você come o pão até o jantar, o que você fica fazendo?

**MARCELO** Eu fico lá deitado lá.

**M.A.** Aí você fica só dentro da cela?

**MARCELO** É. E pelo corredor também. Circulando pelo corredor. Tem o 1º andar e o 2º andar. Tem alguns presos que a gente começa a conversar, mas tem lugares que são muito perigosos, prefiro ser amigo deles, mas não dou muito papo pra eles não.

**M.A.** Você bateu a cabeça alguma vez?

**MARCELO** Não.

**M.A.** Você nunca levou pancada na cabeça?

**MARCELO** Teve um preso aí que queria matar eu.

**M.A.** É? E como que ele fez?

**MARCELO** Não, eu tava distraído, né.

**M.A.** Você sempre foi assim calmo, tranquilo... Em algum momento você sentia que alguma coisa não estava bem dentro de você? Ficava mais agitado, assim?

**MARCELO** Lembro uma vez quando eu tinha seis anos de idade, eu tava dormindo na rede lá no Ceará, em Sobral, Guaraciaba do Norte, né, aí apareceu um fantasma assim todo de branco assim, de noite assim... aí eu tava com meus avós lá. Eu tava deitado na rede, tinha seis anos de idade.

**M.A.** Seus avós estavam junto com você?

**MARCELO** Tavam, mas tavam dormindo, tavam no outro quarto dormindo. Eu tava num quarto dormindo sozinho, aí apareceu um fantasma, branco assim, ele atravessou a parede e tudo. Ele me jogou alguma coisa na rede assim...

**M.A.** Jogou alguma coisa em você?

**MARCELO** Tava sentado e caiu uma coisa em cima de mim.

**M.A.** Ele falava alguma coisa pra você?

**MARCELO** Não. Aí depois a minha avó acendeu a luz, eu pedi pra ela acender a lamparina...

**M.A.** Você gritou, fez alguma coisa?

**MARCELO** Não, pedi a minha avó pra acender a lamparina e aí desapareceu de repente, né. Aí quando minha avó levou a lamparina ele apareceu de novo, atravessando a porta.

**I.** Quando tinha luz não aparecia?

**MARCELO** Não.

**M.A.** Como a sua avó foi no quarto se ela tava dormindo no outro quarto?

**MARCELO** Não, eu pedi a ela pra ir no quarto pra acender a lamparina. Aí ela acendeu. Aí quando ela apagou ele apareceu de novo. Eu tô achando que como eu sou evangélico, né, já deduzi já, que é assim o espírito do demônio, né, que aparecia pra mim, né...

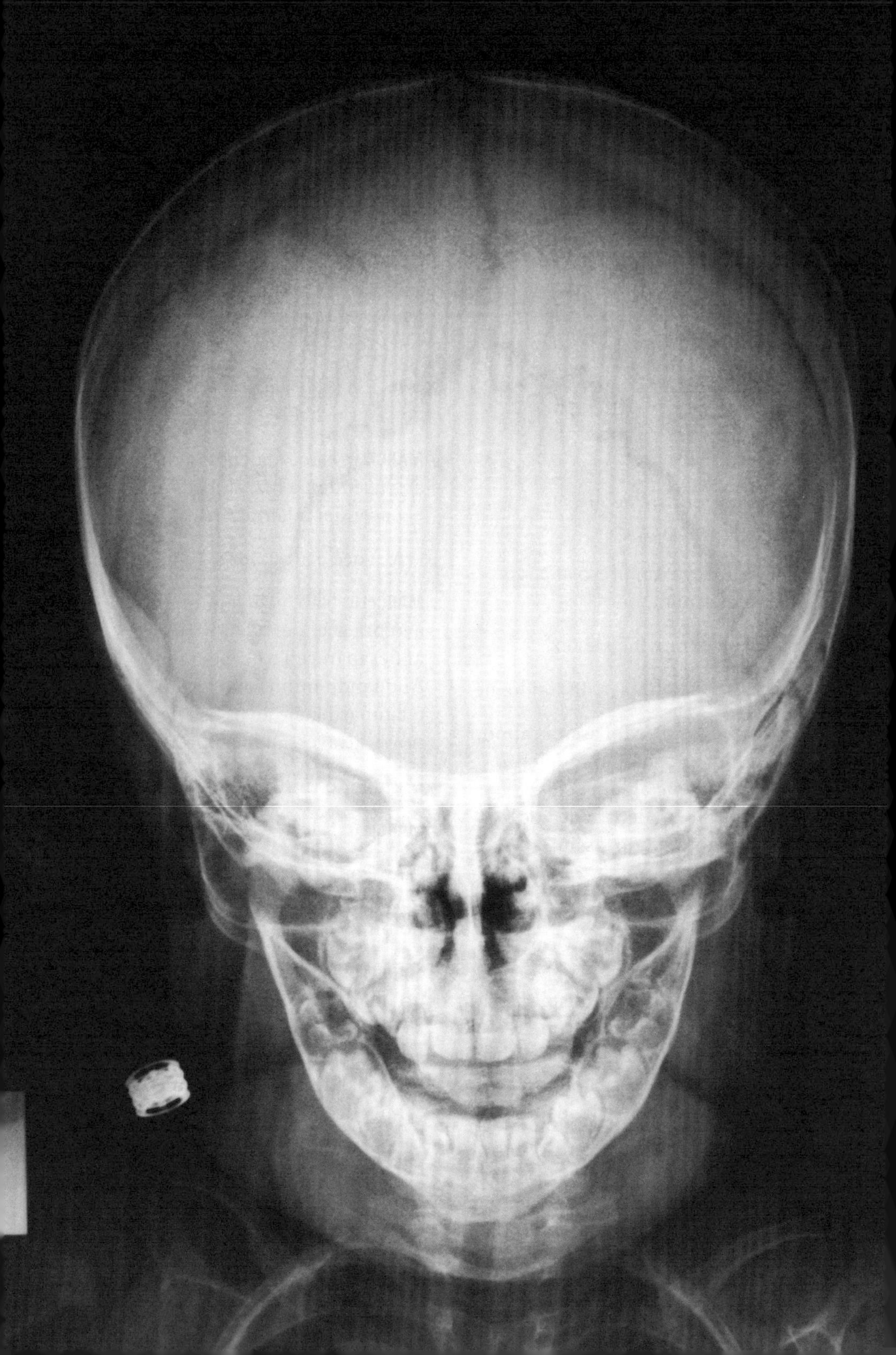

**M.A.** Como que ele vinha pra você? Por que você achava que era do demônio?

**MARCELO** Porque fantasma assim não é de Deus, né. Aí ele jogava assim uma coisa assim "ni" mim, né... Algum mau desígnio, para fazer alguma coisa errada acontecer.

**M.A.** Mas naquela época, com 6 anos de idade, você já achava isso ou foi entender depois?

**MARCELO** É. Desse aí que eu vi nunca contei nada a ninguém não.

**M.A.** Você acha que depois disso mudou alguma coisa em você? Você passou a ser um pouquinho diferente? Alguma coisa mudou em você?

**MARCELO** Eu acho que sim, né.

**M.A.** Em quê?

**MARCELO** Não conseguia dominar meus pensamentos... por exemplo, né.

**I.** Que pensamentos?

**MARCELO** Assim, pensamentos impuros, né? Na escola...

**I.** Era difícil?

**MARCELO** Era, porque eu fiz só até a 4ª série.

**I.** Você repetiu de ano?

**MARCELO** É.

**I.** Quantas vezes?

**MARCELO** Repeti, não lembro não.

**M.A.** Você acha que você viu um fantasma, aí tudo mudou na sua vida, você não conseguia controlar direito seu comportamento, por causa disso você nem aprendeu direito na escola, tudo ficou meio atrapalhado... E aí, o que aconteceu depois?

**MARCELO** Aí eu fui vivendo...

**M.A.** Você não falava isso pra ninguém?

**MARCELO** Não me passava na cabeça de contar pra eles.

**M.A.** Você é uma pessoa muito solitária... Você não podia contar com ninguém... Não podia pedir ajuda pra ninguém. Nem pro teu irmão você contava? Se você contasse o que ia acontecer?

**MARCELO** Acho que ele não ia acreditar, né?

[...]

**M.A.** Você acha que começou aí. Alguém na época fez alguma coisa errada com você?

**MARCELO** Não.

**M.A.** Em casa faziam alguma coisa errada com você?

**MARCELO** Não. Só quando eu saí de casa.

**M.A.** Quando você foi viver na rua?

**MARCELO** É.

**M.A.** Aí você teve experiências que foram erradas... O que tinha em casa que você não queria ficar em casa?

**MARCELO** Eu preferia ficar na rua porque na rua eu ganhava um dinheiro e tudo.

**I.** Você não era feliz na sua casa?

**MARCELO** Eu não me sentia bem não.

**I.** Por quê?

**MARCELO** Não achava um ambiente bom pra mim.

**S.** Teu pai não te expulsou de casa? Você que quis sair?

**MARCELO** Não, não, não.

**M.A.** Mas você achava que o ambiente não era bom pra você?

**MARCELO** Eu sei que uma vez, quando eu tava na rua, eu sempre sentia falta dos meus amigos da escola. Eu tinha uns amigos na escola, na época de adolescente, eles tão adultos também já. Sentia falta deles assim, da amizade deles.

[...]

**MARCELO** Pode perguntar mais!

**S.** Você toma que remédio?

**MARCELO** Tregetol [Tegretol] e um pra dormir.

**S.** O pra dormir você lembra o nome?

**MARCELO** É que eu tomava Haldol também, o Haldol.

**I.** Aqui ou lá [no Henrique Roxo]?

**MARCELO** Lá não... Hein, dona Elaine [Ilana], mas... Eu não sou um rapaz ruim não. Cheguei a trabalhar de porteiro de restaurante, lá na Barra da Tijuca, onde meu pai trabalha de garçom e tudo, várias semanas, aí o patrão lá até que me dava um dinheiro quando eu trabalhava lá sábado e domingo. E o meu desejo mesmo era eu entrar na Marinha. Me profissionalizar na Marinha.

**I.** Ah! Você queria ser marinheiro!

**MARCELO** É. Ganhar um bom dinheiro, né?

**M.A.** E por que não aconteceu isso, Marcelo?

**MARCELO** É porque... Minha vida... Abandonei os estudos, né... Porque entrar na Marinha exige um bom estudo, né? Fazer uma boa prova oral... e como não tinha terminado os estudos não deu pra me inscrever lá não.

**M.A.** Mas você acha que a gente pensa que você é um rapaz ruim? Porque você falou assim: "Mas eu sou um bom rapaz", "sou um rapaz bom", falou assim, né?

**MARCELO** É.

**M.A.** Você acha que a gente pensa o contrário?

**MARCELO** É. Por causa desse negócio, né... dos meus crimes...

**I.** Mas você não fez só coisa errada. Fez coisa boa também?

**MARCELO** Fiz coisa boa também.

**I.** Que coisa boa você fez? Como é que é?

**MARCELO** Eu falo assim de evangelizar os descrentes, tá com Deus, trabalhar em Deus, né. Pra que as pessoas conseguisse a sua salvação eterna, né, e tudo. Louvar a Deus, né, em santidade. Que na igreja, na Igreja Universal do Reino de Deus, onde eu entrei, tinha um grupo de jovens que saía para ir evangelizando as pessoas na rua, né.

**I.** Você saía junto com o grupo? Quantos tinham? Muitos?

**MARCELO** Uns quinze assim. À tarde, de noite, reunião da igreja, e aí dava pra evangelizar as pessoas na rua.

**M.A.** E nessa época você tinha quantos anos?

**MARCELO** Uns 20 anos. Vinte anos parece. Vinte e um.

**M.A.** Vinte anos, já?

**MARCELO** Vinte e um anos. Porque eu conheci a Igreja Universal do Reino de Deus eu tinha 16 anos, eu vi na televisão. Aí tinha o bispo Brown, bispo Rodrigues, que apareciam na televisão, aí eles quebravam até os santos feitos de ilusão, ver que não tinha valor nenhum. Que as pessoas tinha que buscar era Deus mesmo. Aí eu vi aparecer aquilo na televisão aí gostei da igreja e aí eu fui lá.

**I.** Foi sozinho?

**MARCELO** Fui sozinho... Mas eu sempre gostei de andar com pessoas boas, né. Bom coração, né. Eu graças a Deus...

**S.** Você valoriza muito a beleza interior da pessoa.

**MARCELO** É, é.

**S.** E a beleza física? Os traços amistosos?

**MARCELO** Também. Hein, dona Ilana... Eu graças a Deus nunca tomei drogas nem tô usando. Já me deram conselho né, mas estas coisas não tô usando não.

**M.A.** E beber?

**MARCELO** Beber também não bebo, não. Bebida alcoólica nenhuma. Nem vinho nem...

**M.A.** Por que você acha que virou? Você assim tão bom, só fazendo coisa boa, e aí essas coisas que você está falando que só eram coisas erradas?

**MARCELO** Problema na cabeça, né. Naquele tempo eu não tava raciocinando bem. Eu não estava raciocinando bem...

**M.A.** Nós vamos deixar você descansar...

**MARCELO** Pode voltar na segunda também.

**I.** Amanhã a gente volta. Aí vamos ver...

[...]

**MARCELO** Às vezes lá em Sangradouro, tinha uma escola lá que ensinava as crianças.

**M.A.** Por que numa dessas coisas que a gente leu dizia que você não aprendia, não conseguia aprender na escola? Te chamavam de burro, alguma coisa assim?

**MARCELO** Eu não tinha interesse pelas aulas.

**M.A.** Vamos lembrar você, dentro da sala de aula, vamos fazer essa viagem... Você tava lá, aí você, quando a professora ensinava as coisinhas pra vocês, você entendia o que o professor falava?

**MARCELO** Algumas coisas entendia.

**M.A.** Aí, na hora de escrever aquilo, como é que era? Você conseguia copiar toda a lição da lousa junto com os coleguinhas?

**MARCELO** Conseguia.

**M.A.** Você aprendeu a ler?

**MARCELO** Aprendi a ler e a escrever.

**I.** Você se preocupava por não estar aprendendo rápido?

**MARCELO** Não, o que eu achava mais difícil era o português.

**I.** Aí chegava na matemática descontava tudo?

**MARCELO** É, matemática eu era bom. Mas o meu professor ensinou pra mim que qualquer dúvida que eu tivesse assim, nas aulas, era só perguntar pra ele que ele esclarecia tudo.

**M.A.** E vamos pensar uma coisa, você vai falar de aula ainda, tá? Você na sala de aula ainda, como que era? Você era muito sapeca, conversador? Ou você ficava quietinho? Você ficava na turma do barulho? Como que era essa história, conta pra mim.

**MARCELO** Ficava mais lendo assim um gibi. Eu não gostava muito da turma do barulho.

**M.A.** Você ficava quietinho, tal... Por exemplo, um coleguinha vinha e falava que você era burro. Como que você reagia?

**MARCELO** Deixava para lá. Eu não escutava.

**M.A.** Você não saía dali chateado?

**MARCELO** Ficava triste, né.

**M.A.** Aí não tinha como fazer amigo, né? Aí você era mais quietinho, não ficava perto do pessoal, né? Aí a professora disse que você podia chegar perto e perguntar tudo. Você fazia isso?

**MARCELO** Aí eu perguntava e ela me repetia tudo. Mas o mais difícil mesmo era o português.

**M.A.** No primeiro ano da escola, você passou? Você fez o primeiro ano e já passou pro segundo ou você ficou de novo no primeiro ano?

**MARCELO** O primeiro ano eu passei.

**M.A.** E você entrou na escola no primeiro ano ou você entrou antes?

**MARCELO** No primeiro ano.

**M.A.** Você tinha quantos anos mais ou menos?

**MARCELO** Uns 8 anos de idade. Aprendi as primeiras letras do alfabeto. Ela me ensinou as primeiras letras do alfabeto.

**M.A.** E como que ela ensinava?

**MARCELO** De cartilha.

**M.A.** Me fala uma coisa, Marcelo, sua avó era brava?

**MARCELO** Ela era calma.

**M.A.** Quando você não ia bem na escola, o que ela fazia com você?

**MARCELO** Alguma vez quando eu fazia coisa errada, ela batia.

**M.A.** Que tipo de coisa errada podia ser? Quem era mais brava, ela ou teu avô?

**MARCELO** Ela, né.

**M.A.** E como era? Surra ou era tapinha? Era forte? Doía muito?

**MARCELO** Ela batia com uma correia que ela tinha lá. Mas ela era legal. Ela criava até um tanto de galinhas no quintal e tudo.

**I.** Você gostava bastante dela?

**MARCELO** É. Tinha uma plantação de melancia, milho e tudo... De vez em quando ela fazia uma pamonha de milho e tal.

**S.** Quando você foi para o Ceará com sua avó, que você chorou... você queria ficar no Rio ou queria ficar com o seu pai?

**MARCELO** Queria ficar na minha casa, com meu pai.

**S.** Ah, com seu pai...

**MARCELO** Aí nesse tempo eu tinha 5 anos de idade nesse tempo.

**M.A.** Não deve ter sido fácil essa época pra você, né, Marcelo?

**MARCELO** Mas não foi muito ruim não. Com o passar dos dias lá é que eu fui gostando de lá. Lá era um lugar muito bom lá.

[...]

**M.A.** Que fato importante você se lembra que te deixou muito feliz naquela época?

**MARCELO** [Não responde.]

[...]

**MARCELO** Com 10 anos eu vim embora pro Rio.

**M.A.** Isso é uma lembrança triste para você. Aí você chorou porque não queria vir embora...

**MARCELO** Eu até quis vir.

**I.** Você chorou para ir embora de lá?

**MARCELO** Não.

**I.** Não? Despediu da avó, despediu do avô...

**MARCELO** Meus avós até choraram quando eu fui embora. Mas depois... Eu tava mesmo com vontade de vir aqui pro Rio e tudo mais.

**I.** Você queria voltar?

**MARCELO** É. Aí depois que eu fiquei uns tempos aqui é que eu senti saudades de lá.

**M.A.** Mas não era algum feito seu que te chamavam de Barão? Chamavam outros meninos de Barão?

**MARCELO** Era brincadeira. Só chamavam eu. Os amigos tinham mania de brincar com os outros, né.

**M.A.** Mas você acha que era por alguma...

**MARCELO** Era brincadeira mesmo.

**M.A.** Mas Barão é chique, né?

**MARCELO** Mas eu, graças a Deus, não tenho apelido não. Não gosto de apelido não.

**M.A.** Nos papéis que a gente leu tem alguns outros apelidos. Barão era um. O outro é Jack.

**MARCELO** Minhas quatro sentenças já...

**M.A.** É, a gente leu algumas coisas.

**MARCELO** É tudo pra tratamento?

**M.A.** É tudo pra tratamento.

**MARCELO** As quatro sentenças?

**M.A.** É. Se estiver errado você me corrige, tá, Marcelo? Quando a sua mãe foi te pegar lá, você veio para o Rio...

**MARCELO** Neste tempo eu tinha 10 anos de idade.

**M.A.** Isso, você tinha 10 anos de idade. Aí você passou a ficar andando pela rua. Você achava que não era um bom lugar ficar na sua casa? É isso? Na casa da tua mãe?

**MARCELO** Aí quando eu vim pra cá pro Rio, com 10 anos, eu vi que tinha que morar com a minha mãe e o meu padrasto. Ele era até macumbeiro.

**M.A.** Que tipo de macumba ele fazia? Você chegou a ver alguma? Matava galinha?

**MARCELO** Não, não. Eu vi que ele recebia negócio de santo lá.

**I.** Ele era médium, é isso?

**MARCELO** É.

**I.** Ele mesmo recebia dentro do corpo dele?

**MARCELO** É.

**I.** Aí ele ficava bem diferente?

**M.A.** E o que você achava disso?

**MARCELO** Achava estranho, né?

**M.A.** Você tinha medo? Achava que ele ficava poderoso?

**MARCELO** Não. Eu sei que ele brigava com a minha mãe, discutia com a minha mãe...

**M.A.** Mas ele batia ou era de boca a boca?

**MARCELO** Não batia, era só de boca a boca. Aí minha mãe resolveu ir embora de lá, arranjar emprego e ir embora de lá... Aí eu tinha que sair de lá também. Não podia ficar morando.

**I.** Eles ficavam brigando assim, sai e volta, é isso?

**MARCELO** É.

**I.** Cada vez que a mãe brigava, você tinha que fazer a mala para ir com ela?

**MARCELO** É.

**I.** Aí ela voltava e você tinha que voltar também?

**MARCELO** É.

**M.A.** E aí você viveu com a sua mãe e o seu padrasto quanto tempo?

**MARCELO** Uns três meses mais ou menos. Aí de lá eu fui morar com meu pai e a minha madrasta.

**M.A.** E com o seu pai e a sua madrasta era a mesma coisa? Eles brigavam também?

**MARCELO** De vez em quando eles discutiam também, né.

**I.** Aí quando você foi para o colégio interno você já tinha feito sexo?

**MARCELO** Não.

**I.** E como é que era lá?

**M.A.** No colégio aconteceu?

**MARCELO** Não. Lá era só casa de meninos, mantido pelo padre da Igreja católica.

**I.** E os padres eram legais?

**MARCELO** É. Os padres ficavam na coordenação lá.

**I.** E com os outros meninos? Tinha brincadeiras?

**MARCELO** Tinha muito assim jogar bola, jogar bola de gude...

**I.** Era a parte que você gostava, né?

**MARCELO** Tinha passeios também...

**I.** Ah, é? Passeios para onde?

**MARCELO** Assim pra Quinta da Boa Vista, conhecia museus, né.

**I.** Você gostava de lá?

**MARCELO** Era bom, né? Tinha festa de Natal lá. As pessoas ia lá e tudo, fazia uma festa animada lá.

**M.A.** Você já tinha tido alguma festa de Natal antes?

**MARCELO** Quando eu tava lá tinha festa de Natal, comemoração de Ano-Novo...

**I.** E nas férias, ia pra casa ou ficava lá?

**MARCELO** Sábado e domingo os pais ia buscar os filhos lá.

**I.** Teu pai ia te buscar?

**MARCELO** Ia.

I. Você passava o fim de semana com seu pai? E aí voltava no domingo?

MARCELO  É.

I. E nas férias?

MARCELO  As férias ficava lá mesmo. Aí gostava de gibis lá, ver televisão, desenho...

I. Lá que você começou a ver os desenhos?

MARCELO  É. Via Pernalonga também. Eu gostava também de uns filmes também que tinha na televisão e eram muito bons... o Chips...

I. Chips, eu lembro deste filme. Ele era guarda, não era? Andava de moto?

MARCELO  É.

M.A.  Parece que foi um tempo bom...

MARCELO  É, foi bom.

M.A.  Por que você saiu de lá?

MARCELO  Porque lá só podia ficar dos 6 anos aos 13 anos. Aí completou 13 anos não podia ficar mais lá, não. Aí quando eu completei 13 anos eu fui morar com o meu pai, né. Aí foi nesse período que eu resolvi sair de casa.

I. Quanto tempo você ficou morando com teu pai antes de sair de casa?

MARCELO  Uns dois meses.

I. Você também viu no olhar deles que não era bom?

MARCELO  Não, meu pai até que... me dava todo apoio de eu ficar lá, né. Pedia dinheiro a ele...

I. Ele dava?

MARCELO  Ele dava. Mas a minha madrasta que eu vi que não tava gostando de mim lá. Tava me maltratando e tudo. E nesse tempo ela já tinha um casal de filhos já. Já são adultos agora...

I. E como é que ela te maltratava?

M.A.  O que ela fazia?

MARCELO  Ela num... não me tratava bem, não falava comigo direito...

I. Não falava direito com você? Mas batia em você?

MARCELO  Não. Não batia não.

M.A.  Quantas surras você tomou, Marcelo?

MARCELO  Não tomei, não.

M.A.  Algumas vezes sua avó batia?

MARCELO  Não. Não tinha raiva não.

I. Mas naquela época você tinha? Essa raiva, decepção, tristeza, o que você tinha?

MARCELO  Depois que eu saí de casa não guardava mágoa deles não. Tanto fazia.

[...]

S. Você gosta de cantarolar?

**MARCELO**  Não, não sei cantar, não sei cantar não. Eu gosto só de cantar uns hinos evangélicos, louvar a Deus assim, agradecendo a Deus, pedir a Deus, né... eu gosto de cantar assim.

**M.A.**  Quem te levou para a Igreja?

**MARCELO**  Foi quando eu conheci a Igreja Universal do Reino de Deus pela pregação na televisão. Aí eu gostei da Igreja Universal do Reino de Deus, eu resolvi ir lá.

**M.A.**  Você foi sozinho lá?

**MARCELO**  É, eu fui lá. Aí tinha pessoas lá que ficava endemoniado, né. Aí a pessoa quando ficava endemoniado, a pessoa já não tava mais no corpo, né. Já tava o demônio no corpo da pessoa manifestado, né. Aí o pastor ia lá e expulsava os demônios, aí a pessoa voltava a si.

**M.A.**  Que jeito que ele expulsava?

**MARCELO**  Oração dele, né. Em nome de Jesus para sair aquele mal daquela pessoa.

**M.A.**  Era igual quando o seu padrasto ficava tomado?

**MARCELO**  Não, mas ele ficava tomado, mas ele não queria seguir por esse caminho. Ninguém expulsava nada dele não.

**M.A.**  Ele queria seguir pelo caminho do demônio?

**MARCELO**  Pelo caminho do espiritismo.

**M.A.**  Pelo caminho do espiritismo, não do demônio?

**MARCELO**  O espiritismo é de onde eles saíam.

**I.**  Mas era diferente da pessoa que ia na igreja e ficava tomada?

**MARCELO**  As pessoas que ia na igreja já tinha se libertado de todo mal e só conheciam a palavra de Deus.

**I.**  E o seu padrasto não queria. Mas era igual? Parecia igual? Era o mesmo demônio que trabalhava com o seu padrasto e que as pessoas queriam se libertar? Ele acendia vela, também, essas coisas? Seu padrasto?

**MARCELO**  Não via não, mas acendia vela.

**M.A.**  Acho que entendi. Então no espiritismo... São os anjos decaídos mesmo, não é tipo espiritismo, eles querem viver a vida do demônio, a lei do demônio. Quem vai para a Universal de Deus quer se libertar disso para poder louvar a Deus.

**MARCELO**  É, e alcançar a salvação eterna.

**M.A.**  Como o padrasto não queria ir para a Igreja Universal do Reino de Deus, ele queria continuar com o demônio.

**M.A.**  Seu pai ficava muito nervoso quando bebia?

**MARCELO**  Não, não. Ficava calmo.

**M.A.** Porque a gente leu também que quando o teu pai bebia ele ficava muito nervoso...

**MARCELO** Não. Só quando mexia com ele assim, quando entrava no caminho dele assim, aí ele ficava nervoso. Mas não matava ninguém não. Ficava nervoso, né, brigava, mas não...

**M.A.** Mas falando ou ele chegava a bater, a quebrar mesa...

**MARCELO** É. Podia precisar também quebrar... Mas ele não é de matar ninguém, roubar ninguém não.

**M.A.** Mas quando ele bebia você ficava assustado com o jeito dele, assim?

**MARCELO** Não, ficava tranquilo. Ele até ficava mais alegre.

**M.A.** Quem é que fazia mais carinho em você? Sua mãe, seu pai, sua avó?

**MARCELO** Não, carinho mesmo não fazia em mim não.

**M.A.** Nenhum deles?

**MARCELO** Não.

**M.A.** Pegar, fazer cafuné, botar no colo...

**MARCELO** Não. Só se for quando eu era neném, né. Não lembro.

**M.A.** A partir do momento que você consegue lembrar, você não lembra de ninguém abraçando você, beijando você?

**MARCELO** Não.

**I.** Nem a avó, quando você morava no açude?

**MARCELO** Não, ela não fazia carinho em mim não.

**M.A.** Mas ela fazia na filha dela? Na Rita?

**MARCELO** Não fazia também não. Às vezes conversava comigo, tal.

**M.A.** Pai e mãe não eram de botar no colo, abraçar e beijar não, né?

**MARCELO** Não.

[...]

**I.** Na casa da sua avó tinha bichos?

**MARCELO** Não, tinha uns gatos... com os meus avós lá no Ceará, aí tinha.

**I.** Quantos gatos?

**MARCELO** Uns sete gatinhos.

**M.A.** Você tinha 5 anos de idade. Foi logo quando você chegou lá?

**MARCELO** É.

**M.A.** Aí você tinha que sair pra algum lugar, né.

**I.** Como é que você matou esses gatinhos? Você jogou eles para cima, é isso?

**MARCELO** É, joguei eles pra cima, aí acabaram que eles "morreu". Eles morreram...

**I.** Quantas vezes você tinha que jogar cada um para cima para morrer?

**MARCELO** Eu joguei várias vezes.

**M.A.** Mas só pra cima ou contra uma parede, ou alguma coisa assim?

**MARCELO** Não, jogava assim pra o alto...

**I.** Tua avó ficou muito brava?

**MARCELO** Não, até que ela não me falou... Não me chamou a atenção não. Mas mandou eu enterrar os gatinhos.

**M.A.** Me conta, os gatinhos eram filhotinhos?

**MARCELO** Eram... Filhotinhos.

**M.A.** Ah, tá... A gata teve filhotinhos e aí você... E quantos você matou?

**MARCELO** Acho que foi uns sete.

**I.** E você teve que enterrar?

**MARCELO** Não, joguei no mato mesmo.

**I.** Jogou no mato. E ela não ficou brava?

**MARCELO** A gata não ligou não.

**S.** Você é uma pessoa de poucos amigos?

**MARCELO** É, poucos amigos.

**S.** Poucos.

**MARCELO** Eu não... Eu não gostava de andar com más companhias.

[...]

**MARCELO** Não, é... Pra seguir a palavra d'Ele tem que ser santo, né. Pra salvação eterna. Porque na palavra dele diz que as pessoas vão direto pro inferno, né. Que aonde as pessoas vivem atormentadas.

**I.** Como é que é o inferno? Como é que é?

**MARCELO** Pessoas atormentadas. Assim pra... Pessoas atormentadas... Não consegue ficar sentada, deitada.

**I.** Fica agitada, assim...

**MARCELO** É, não consigo ficar deitado. Nem por um segundo também não consigo ficar deitado, nem sentado. Aí fica suando muito, aí fica andando pra lá e pra cá.

**I.** Isso é tormento?

**MARCELO** É. Porque a pessoa está atormentada. Aí a pessoa fica assim 24 horas. E se for de noite, a pessoa fica acordada a noite toda. Não consegue dormir. É por isso que a pessoa está... Os médicos falam pras pessoas tomar "Fenergan" pra não ficar assim agitado.

**I.** Entendi...

**MARCELO** Aí isso quer dizer um exemplo do que é ficar atormentado.

**I.** Você era um mau menino antes de pegar os meninos? Ou você se sentia bom?

**MARCELO** O que acontece é que uma vez, quando eu tinha uns 24 anos, chegou um menino travesti de 13, 14 anos, ali na Lapa, depósito de construção. Sabe, era de noite né, daí eu vi que ele tinha um rosto bonito né, tinha umas pernas bonitas, gozei dentro das nádegas dele e aí depois ele fez eu gozar nele também, aí também gozei de novo, aí beijei na boca dele e tudo. Aí levei ele pra o hotel pra fazer sexo de novo.

**M.A.** O demônio?

**MARCELO** Não um moço. Tinha chegado aí e parou o carro perto dele e levou pra o...

**I.** Para o mesmo hotel?

**MARCELO** Não, outro hotel. Aí levou ele pra o motel. Eu tava tomando refrigerante, que eu tinha... Já tinha me "satisfeito" meu desejo.

**I.** Esse foi o primeiro menino que você se relacionou, é isso?

**MARCELO** É.

**M.A.** Mas já tinham se relacionado com você, não é?

**MARCELO** Já.

**M.A.** Já tinham ido...

**MARCELO** Eu tava com 24 anos, já.

**I.** Mas nunca você tinha antes feito sexo com menino? Só com adulto?

**MARCELO** Só com adulto só.

**S.** Quando criança você transou com homens mais velhos?

**M.A.** Foi depois desses 13 anos que você saiu da casa do teu pai? Me conta uma coisa, nessas experiências que você teve, alguém te chamou?

**MARCELO** Não, eu estava na Cinelândia e tal e aí tinha muitas pessoas lá que gostavam de... me pagavam mais ou menos cinquenta reais, aí eu aceitei.

**M.A.** E doeu muito, não doeu, como é que foi?

**MARCELO** Doeu não.

**M.A.** Mas você sentiu prazer também?

**MARCELO** Não, foi mais pra ganhar dinheiro mesmo.

**M.A.** Ah, você chegou a gostar?

**MARCELO** Mais tarde só.

**M.A.** Só com esse menino?

**MARCELO** Não, com outras pessoas também, mais tarde.

**I.** Mais ainda quando foi com o menino? Você gostou do menino ou não? Como é que foi?

**MARCELO** Mais com o menino.

**I.** Mais com o menino. Esse menino usava saia, você falou?

**MARCELO** É.

**I.** Você achou que ele era menina e depois descobriu que ele era menino ou você logo viu que era menino.

**MARCELO** Não, eu vi logo que era menino.

**I.** Viu logo. Ele parecia assim de saia, quando ele punha a saia, ele parecia com aquela menina da canoa ou não?

**MARCELO** Parecia com uma menina mesmo.

**I.** Quando ele saiu com o outro freguês que parou o carro, como é que você se sentiu?

**MARCELO** Ah, eu vi que eles também gostam, né.

**I.** Ah, você viu que não era só você que gostava de menino, é isso?

**MARCELO** É.

**M.A.** Aí ficou aliviado.

**I.** É, ficou aliviado. "Não sou só eu", é isso?

**MARCELO** É.

**M.A.** Bom, agora a gente vai começar a falar daquelas coisas lá que você falou que você fazia mal e a gente vai relembrar um pouquinho, tá bom?

**MARCELO** Dá para ir no banheiro primeiro?

**M.A.** Dá, claro.

[...]

**MARCELO** É, Ilana, eu até já deduzi já... Por exemplo, as coisas erradas que eu fiz assim, pra aparecer outra pessoa assim igual eu, só daqui a vinte anos, trinta anos.

**I.** Você acha que não tem ninguém parecido com você?

**MARCELO** Não, por exemplo, vamos supor. Em relação em série assim.

**I.** Só você que tem isso?

**MARCELO** É.

**I.** Você acha que mais ninguém tem nada de errado?

**M.A.** Então, pra nós está sendo uma grande oportunidade de tá conversando com você, né?

**MARCELO** Não, porque eu... O diabo e o demônio, por exemplo, ele solicita na pessoa, ensina as pessoas a roubar e a matar os outros, né. Pessoas adultas, né. Mas com o tempo também, eles ensinavam a pessoa também a matar criança, adolescente, né.

**M.A.** Tá. E o que tem a ver com o dia de hoje?

**MARCELO** Hã?

**M.A.** O que tem a ver com hoje?

**I.** Que só vai aparecer o...

**M.A.** Então o demônio só vai aparecer daqui a vinte, trinta anos e...

**MARCELO** Não vai fazer... Levantar pessoa assim... Matar assim... Fazer essas coisas erradas assim em série, daqui a vinte ou trinta anos.

**M.A.** Ah, tá. É raro? É isso?

**I.** Por que você acha que ele escolheu você?

**MARCELO** Não sei.

**I.** A cada tanto tempo ele escolhe um só pra fazer essas coisas erradas. Como você acha que é essa escolha? Por que foi você?

**MARCELO** É porque... que Deus mentiu, né.

**M.A.** Ah... certo. Tá. Então eu vou voltar e vamos entrar nisso daí, tá bom? Nesse período aí, por exemplo, com o travesti lá, que você gozou, tudo... E daí você saciou o seu desejo sexual? Esse desejo sexual era muito grande?

**MARCELO** Era sim.

**M.A.** Porque nessa idade aí, nesse período aí, era muito forte em você. Isso vinha na tua cabeça e ficava grudado assim na sua cabeça?

**MARCELO** É.

**M.A.** Ah, não senti firmeza. É ou não?

**MARCELO** Eu gostava muito de sexo.

**M.A.** Você gostava muito.

**MARCELO** Com os meninos...

**M.A.** Tá. Tá bom... Alguma vez que você teve relação sexual com homens mais velhos, você ficou com raiva do homem?

**MARCELO** Não, não. Só quando me dava calote e não pagava.

**M.A.** Ah...

**M.A.** Quando você teve as primeiras vezes... As primeiras, vamos lembrar lá, 13, 14 anos... Quando o cara te convidava, você ficava quietinho, você às vezes tentava escapar dele? Como é que era?

**MARCELO** Não, até achava bom, né, que eu tava vendo que ia ganhar um dinheiro né.

**M.A.** Ah, tá. Dinheiro é uma coisa importante pra você.

**MARCELO** Mas tinha vez que não pagavam.

**M.A.** E o que você fazia?

**MARCELO** Aí eu ficava triste né. Chateado. Mas tinha uns que pagava direito, né.

[...]

**M.A.** Você foi vítima de um espírito mau? Maligno?

**MARCELO** Aquilo foi um demônio que fazia essas coisas erradas, né.

**M.A.** Você foi vítima dele, né.

**MARCELO** É. Eu também não vou em baile funk não, não gosto de funk. Vai muito drogado lá, viciado. Traficante de drogas armados e tudo mais que os outros, né. E alguns bailes funk faz muita apologia ao crime organizado, né. Por exemplo, o Tim Lopes foi morto lá...

**I.** Nos bailes funk?

**MARCELO** Ele foi lá e tinha mulheres lá, fazendo strip-tease... Os traficantes mataram ele e carbonizaram o corpo dele. Eu não gosto de baile funk não. Não me agrada não.

**M.A.** Porque é o mal pelo mal, só, né? Porque ele estava fazendo coisas erradas, mas você tava fazendo um bem, aquela criança ia para o céu.

**MARCELO** Quando eu tava em liberdade eu gostava de ir a um cinema, né.

**I.** Que filme você mais gostou?

**MARCELO** Os que eu mais me lembro é aquele, *O brinquedo assassino*.

**I.** Que mais?

**MARCELO** 007...

**I.** Mas no do brinquedo assassino o cara era bem mau também.

**MARCELO** Mas era o brinquedo, né?

**I.** Ah, era o brinquedo, não era o cara. O brinquedo que era mau, não era uma pessoa, né?

**MARCELO** É.

**M.A.** E você também não era mau? O demônio que era mau?

**MARCELO** É...

**I.** Depois que você matava os meninos, que você acabava com eles, veio algum arrependimento ou só depois que você foi preso?

**MARCELO** Não, eu procurava ficar tranquilo, né?

**I.** Mas você ficava tranquilo? Você só se arrependeu quando foi preso ou se arrependia depois que matava?

**MARCELO** Não, não tive arrependimento não.

**I.** Você ficava tranquilo até vir a vontade de novo?

**MARCELO** É.

**I.** Você só foi entender que ficou arrependido depois que você veio pra cá, é isso?

**MARCELO** Com o passar dos anos.

**I.** O que você acha que te ajudou a chegar nessa conclusão?

**MARCELO** A Bíblia Sagrada, a palavra de Deus, né. Eu não li a Bíblia Sagrada lá fora, tinha só a Bíblia guardada pra mim.

**I.** Sem ler?

**MARCELO** Sem ler.

**M.A.** Você tinha já a Bíblia antes?

**MARCELO** Tinha, tinha.

**M.A.** Se você tivesse lido, teria sido diferente?

**MARCELO** Não teria feito não.

**M.A.** E agora, tem visita, tudo, você chegou a conhecer alguma moça, tem alguma moça que se interessa por você? Que está apaixonada por você?

**MARCELO** Não, de jeito nenhum.

**M.A.** Mas vão moças visitar os seus colegas?

**MARCELO** Vão.

**S.** Você sabe o que é provérbio?

**MARCELO** Sei.

**S.** Por exemplo, "mais vale um pássaro na mão que dois voando"... Quer dizer que é melhor ter uma coisa segura que duas coisas hipotéticas, não é isso?

**MARCELO** É.

**S.** E se eu digo pra você assim: "Água mole em pedra dura tanto bate até que fura". O que quer dizer?

**MARCELO** Que a água vai amolecendo a pedra, né, com o passar dos séculos, né?

**S.** Tem mais alguma ideia?

**MARCELO** Não.

**S.** E se eu dissesse para você: "Devagar a galinha enche o papo". O que quer dizer?

**M.A.** "De grão em grão a galinha enche o papo"... O que isso pode significar?

**MARCELO** Não sei.

**S.** Você não quer pensar ou você não sabe mesmo?

**MARCELO** Não.

**S.** "Quem tem telhado de vidro não joga pedra no vizinho"...

**MARCELO** Pra não jogar no vizinho pro vizinho não descontar.

**S.** É verdade...

**M.A.** E essa outra: "Cão que late não morde"?

[Marcelo quer ir ao banheiro.]

[...]

**S.** O que você gosta de ler?

**MARCELO** A Bíblia.

**S.** Não, fora a Bíblia. A Bíblia todo mundo gosta de ler...

**MARCELO** Uma revista, por exemplo, *Manchete*, *Veja*...

**S.** *Playboy* não?

**MARCELO** Não, *Playboy* não. Eu gostava de ler revista de mulher, de homem...

**S.** Isso é interessante.

**I.** Você guardava essas revistas? Fazia coleção?

**MARCELO** Algumas eu guardava.

**M.A.** Bom, vamos continuar? Tudo bem? Descansou? A bermuda das crianças você guardava onde?

**MARCELO** Eu guardava numa caixa de isopor que eu tinha lá, junto com essas revistas que eu guardava lá.

**M.A.** Essas revistas, que vocês estavam conversando?

**MARCELO** É, revista *Manchete*, *Veja*, *IstoÉ*...

**M.A.** De sexo também?

**MARCELO** De sexo também. De homem fazendo sexo com mulher e tudo.

**M.A.** Ali era onde você guardava suas coisas assim para os olhos. Ninguém podia mexer?

**MARCELO**  Não. Ninguém mexia não. Ela ficava no alto assim, aí botava as bermudas debaixo pra ninguém ver e tudo.

I. Por baixo das revistas?

**MARCELO**  É, por baixo das revistas. Aí tinha vezes também que quando eu olhava pra revistas assim de sexo, de homem fazendo sexo com mulher, aí não tinha ninguém em casa, aí eu me masturbava olhando pra revista, de homem fazendo sexo com mulher.

I. Aí você usava a bermuda ou não?

**MARCELO**  Não.

I. Pra se masturbar não? As bermudas ficavam só guardadas com as revistas? Você não pegava mais as bermudas?

**MARCELO**  Pegava pra olhar.

**M.A.** Pegava só para olhar?

**MARCELO**  É.

I. Aí vinha desejo, vinha lembrança, como era?

**MARCELO**  Vinha desejo e lembrança. Aí eu tirava a bermuda e tudo, né.

I. Todas elas?

**MARCELO**  É.

I. Quantas bermudas você chegou a juntar?

**MARCELO**  Umas treze.

[...]

**MARCELO**  O que é que ela faz mesmo? [Referindo-se a mim.]

**M.A.** Ela é pesquisadora.

I. Vou escrever a história do que você me contou, só a verdade. Por isso é importante que você fale sempre a verdade. Eu escrevo pra gente que quer saber a verdade, que nem você está fazendo, contando, pra entender a cabeça de pessoas como você. Pra poder ajudar essas pessoas a se curarem.

**MARCELO**  É pra vender o livro depois?

I. É pra vender. Mas vende pra pessoas que se interessam em saber como é a cabeça de alguém que cometeu um crime assim, para poder ir buscar um tratamento que ajude essas pessoas a se curarem. Quem se interessa por essas histórias que eu escrevo é pra estudar esse assunto.

**MARCELO**  E eles compram?

I. Eles compram. Alguns compram, outros não, porque não se interessam. Quem estuda esse assunto então compra.

**M.A.** Por que você está tão preocupado? Por que você tá falando tanto se compra, se compra?

**MARCELO**  Não, é pra saber.

[...]

**MARCELO**  Hein, dona Ilana, quando eu viajava assim por São Paulo, assim, Belo Horizonte, quando eu trabalhava bastante e tava com dinheiro, aí eu via os garotos bonitos desses lugares. Mas não dava pra pegar porque...

**M.A.** Você estava com o seu patrão?

**MARCELO** Não, não dava pra pegar pra transar com eles porque eu não conhecia nenhum lugar deserto por lá por perto.

**I.** Não conhecia o lugar, olha... Não dava tempo de procurar um lugar?

**MARCELO** Não.

**I.** Por que demorava pra achar o lugar?

**MARCELO** Só ficava dois ou três dias nesses lugares...

**I.** Você saiu no jornal uma vez, numa matéria antiga, que você tinha matado um menino em Minas...

**MARCELO** Não, mas não matei não.

**I.** Você não matou, só teve a vontade?

**MARCELO** É.

**S.** Eu queria fazer umas perguntas pra ele... De quem você gosta hoje? Que familiar? Que pessoa você gosta hoje? De quem você gosta, você tem amizade, quem você acha que gosta de você atualmente?

**MARCELO** Os meus parentes, né.

**S.** Quem são os seus parentes?

**MARCELO** Meus amigos.

**M.A.** Quem são seus parentes?

**MARCELO** Meu pai, minha mãe.

**S.** Você sente que eles gostam?

**MARCELO** É.

**I.** Hoje você vê no rosto deles uma coisa diferente do que você via antes?

**MARCELO** Eu vi que eles me perdoaram, mesmo assim eles gostam de mim.

**S.** A sua avó ainda é viva?

**MARCELO** Viva.

**S.** Ela vem te visitar. Você sente que ela gosta de você ou não?

**MARCELO** Gosta.

**I.** Teu avô já morreu?

**MARCELO** Meus avós por parte de...

**I.** Pai, aqueles que moravam lá em Sobral.

**MARCELO** Já faleceu.

**S.** Outra coisa...

**M.A.** Escuta, quando a sua avó, esta que morava no Ceará, morreu?

**I.** O avô. A avó está viva.

**MARCELO** Morreu por parte de mãe.

**I.** Não, a avó lá do Ceará, que morou com você?

**MARCELO** Ah, eles já morreram.

**I.** Os dois já morreram? Quando que ela morreu?

**MARCELO** Não me lembro não.

**M.A.** Quantos anos você tinha mais ou menos?

**MARCELO** Não me lembro não.

**S.** Lembra que você falou que uma vez viu um vulto branco e tal? Foi a única vez que você viu esse vulto branco ou de vez em quando aparecem vultos pra você?

**MARCELO** Não, nunca vejo não.

**S.** Aqui dentro, ou mais velho, não apareceram vultos?

**MARCELO** Não.

**S.** E gente morta para você? Nenhuma dessas almas penadas?

**I.** Você sonha com esses meninos?

**MARCELO** Não. Eu pensava que se eu morasse sozinho, né, de ter a carne deles, também, né.

**I.** Você teve esta vontade?

**MARCELO** É.

**I.** Você chegou a experimentar?

**MARCELO** Não, não.

**M.A.** Mas você tinha vontade?

**MARCELO** Mas aí não podia levar que eu morava com a minha mãe.

**I.** Você queria levar pra cozinhar em casa?

**MARCELO** É.

**I.** Aí a mãe ia descobrir...

**MARCELO** É, comer assim a carne assim das nádegas, das pernas...

**I.** Como é que você ia fazer?

**MARCELO** Cortava com facão.

**I.** Cortava e ia fazer o quê, ia comer?

**MARCELO** Cortava e botava na geladeira pra comer depois.

**S.** Carne crua?

**MARCELO** Não.

**S.** Cozida?

**MARCELO** É.

**S.** Agora, você nunca ouviu uma voz que falava "Vá e mate, faça isso, faça aquilo", um pensamento?

**MARCELO** Só um pensamento só.

**S.** Mas como que veio?

**MARCELO** De fazer essas coisas, né.

**S.** Mas era uma ordem? Ou era uma vontade?

**MARCELO** Conforme meus pensamentos era vontade de fazer sexo...

**S.** Era vontade? Agora, o que torna uma pessoa bonita? O que é uma pessoa bonita?

**MARCELO** É quando ela aparece de rosto, de corpo todo, né?

**S.** E como eu faria para ficar bonito? O que faz uma pessoa para se tornar bonita?

**MARCELO** Aí não sei dizer não. Dá pra tirar uma foto minha?

[...]

I. Teve algum menino que você sentiu mais pena dele do que dos outros? Você não sentia pena de nenhum? Como é que era?

**MARCELO** Não, eu sentia mais era desejo de fazer sexo com eles.

**M.A.** Mas teve algum que o desejo foi mais forte do que dos outros?

**MARCELO** Não, teve não.

**S.** É porque sadismo é incontrolável. Você reza antes de dormir?

**MARCELO** Eu peço a Deus.

**S.** E no levantar?

**MARCELO** Eu agradeço a Deus.

**S.** E quantas vezes por semana tem culto?

**MARCELO** Só domingo.

**S.** E você vai ou não vai, fica dormindo?

**MARCELO** Se eu puder, eu vou.

**S.** Quando é que você não pode ir?

**MARCELO** [Não responde.]

**S.** E quem frequenta lá? Você vai em todos ou só no evangélico, missa?

**MARCELO** No evangélico segundo Allan Kardec. De espiritismo.

**I.** Mas é outro espiritismo ou é o mesmo?

**MARCELO** Tem de espiritismo, mas é diferente do Evangelho Segundo Allan Kardec.

**I.** Mas é diferente ou tem também pomba-gira etc.?

**MARCELO** É outro espiritismo.

**I.** Como é que é esse espiritismo?

**MARCELO** É mais assim dos espíritos psicografando... É do Chico Xavier.

**I.** Ah, do Chico Xavier, já sei. E você também vai lá ouvir essas mensagens?

**MARCELO** É eu vou lá de vez em quando.

**S.** É uma tendência religiosa...

[...]

**M.A.** Nós vamos pedir pra você desenhar qualquer coisa que você quiser.

**I.** Pode ficar à vontade. Tem lápis pra você escolher...

[Marcelo desenha.]

**I.** Depois até você pode ficar, se você quiser, com os lápis.

**S.** Você é bom de matemática?

**MARCELO** Sou.

**S.** Então três vezes quatro?

**MARCELO** 12 [Responde em quatro segundos.]

**S.** E doze dividido por dois?

**MARCELO** É dez.

**S.** Dez vezes dois?

**MARCELO** Vinte [Em dois segundos.]

**S.** Vinte menos quatro?

**MARCELO** Dezesseis [Em três segundos.]

[Parada para água.]

**M.A.** E aí depois dessa conversa toda nossa, como é que você está?

**MARCELO** Tô bem.

**S.** Você sentiu um certo contentamento em contar as coisas, não sentiu?

**MARCELO** É bom lembrar, né?

**S.** É bom lembrar o passado. Faz um desenho aí pra nós, o que você achar bom.

**M.A.** Você escolhe, com o que você quer desenhar? [Mostra os lápis de cor.]

**MARCELO** Vocês vão vir de novo?

**S.** Vamos.

**MARCELO** Aí vocês vêm da próxima vez, aí vocês manda me chamar...

**I.** Ah, eu não esqueci, você gosta mais daqui, pra gente conversar mais à vontade, com mais liberdade.

**MARCELO** Lá é muito... vigiado. Não tem liberdade pra conversar direito. Aí ele tem um intercâmbio com o diretor de lá, doutor Pasquoto, aí ele me traz de lá pra cá.

**I.** Tá bom.

**M.A.** E lá é assim hospital também?

**MARCELO** Lá é manicômio também. Manicômio Henrique Roxo. [Acomoda-se e começa a desenhar.]

**MARCELO** Tá aqui, ó.

**S.** Olha só...

[Mostra o desenho.]

**M.A.** Marcelo, me conta aqui, quantos anos tinha mais ou menos essa casa?

**MARCELO** Não, eu só desenhei.

**M.A.** Eu sei, mas vamos imaginar. Imaginando aqui, quantos anos mais ou menos você daria pra essa casa?

**MARCELO** Uns dez anos.

**M.A.** Diga pra mim, quem mora nessa casa? Usa a tua imaginação, tá?

**MARCELO** Eu.

**M.A.** Com quem, sozinho?

**MARCELO** Com a minha namorada.

**M.A.** Essa casa é forte, é de tijolo, é uma casa de madeira, de palha?

**MARCELO** Tijolo.

**M.A.** Ela é bem forte?

**MARCELO** É.

**M.A.** Tá bom, tá ótimo.

**I.** Deixa ele assinar o nome dele?

**M.A.** Assina aqui, Marcelo.

[Marcelo prefere assinar atrás do desenho.]

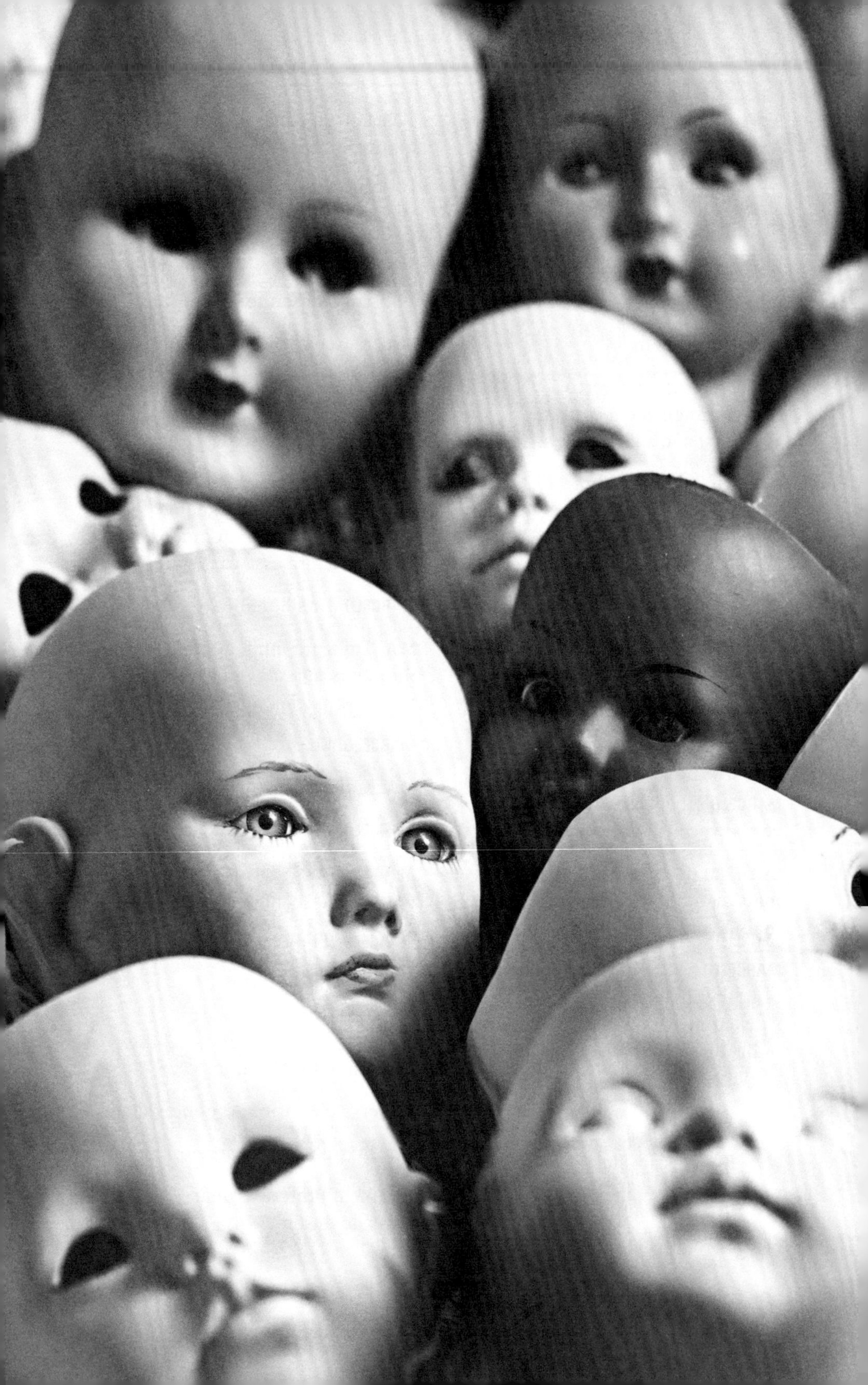

# ENTREVISTA
## O RELATO DOS CRIMES [1]

## 1º MENINO
ANDRÉ

**M.A.** Bom, aí com 24 anos é como se o demônio tivesse te escolhido para você fazer as coisas que você fez. Certo? Então vamos lembrar a primeira criança... O primeiro menino. Foram todos meninos, né?

**MARCELO** É, eram todos meninos.

**M.A.** Tá. Aí vamos pensar no primeiro menino. Quem foi o primeiro menino? Qual era o nome dele?

**MARCELO** O nome dele era André.

**M.A.** Tá bom. Quando você viu... Porque você já tinha transado lá com aquele menino mais novo... travesti... e não veio esse impulso mais forte assim. Transou normal?

**MARCELO** É.

**M.A.** Aí com esse menino, o que veio na hora? O que aconteceu na hora?

**MARCELO** Não, é que eu vi que não era de prostituição. Se eu chamasse ele pra fazer essas coisas ele não ia querer, né... Aí ele que era todo bonito, né. Aí veio aquela ânsia forte de fazer sexo, né. Aí eu ofereci dinheiro pra ele pra acender uma velas pra São Jorge, né. Ia dar um dinheiro pra ele me ajudar a acender vela pra São Jorge. Aí ele aceitou, né. Aí eu fui lá para um lugar deserto lá com ele, aí era noite, né? Aí foi que eu vi que ele não tinha ninguém, daí eu agarrei ele à força e fiz sexo com ele à força.

**M.A.** Tá. Isso você fazia. Tanto que aí não tinha nada de diferente, concorda? A não ser que ele não era do ramo... né? Agora, como é que veio esse outro lado que fez com que você chegasse a matá-lo?

**MARCELO** É que eu tava com um sadismo muito forte na cabeça...

**M.A.** Estava com um sadismo muito forte na cabeça. Então na hora que você estava fazendo... Você fez sexo antes ou depois que ele morreu?

**MARCELO** Alguns foi depois e alguns antes.

**I.** Com o André, com o André... Alguns foram depois e outros antes. Mas e com o André?

**M.A.** Nós estamos falando só do André.

**MARCELO** Com o André foi antes.

**M.A.** Antes. E daí depois. Você fez sexo, o que aconteceu?

**MARCELO** Aí...

**M.A.** Veio o sadismo...

**MARCELO** Aí eu matei ele enforcado com a própria camisa dele.

**M.A.** Mas vinha aquela vontade de matar mesmo? É isso?

**MARCELO** É.

---

[1] Os nomes de todos os meninos foram trocados.

**M.A.** Veio a vontade de matar?

**MARCELO** É. Fui possuído pelo sadismo, né.

**M.A.** Pelo sadismo.

**MARCELO** É.

**M.A.** E aí era uma coisa muito forte?

**MARCELO** É.

**M.A.** Na hora só veio o desejo e pronto?

**MARCELO** É.

**M.A.** E aí? Ele tentou se defender, né?

**MARCELO** É.

**M.A.** E o que você fez? Isso te deixava com mais sadismo ainda?

**MARCELO** É.

**M.A.** Então, Marcelo, ele começou a se defender. E aí?

**MARCELO** Aí foi quando eu tampei a boca dele.

**M.A.** Mas ele não morreu. Ou ele morreu?

**MARCELO** Não, demorou mais um pouco ainda. Depois ele morreu, né?

**M.A.** E o que você fez?

**MARCELO** Aí eu me sentia bem sexualmente, né... Aí eu deixei ele pra lá porque ele tava morto e aí eu fui embora.

**M.A.** Naquela hora, tinha um vazio que você falou. Mas tinha algum outro pensamento, de que você precisava fazer aquilo? Tinha alguma ordem pra você fazer aquilo?

**MARCELO** Eu sentia assim um... um prazer sexual, né? Em tá fazendo aquilo. E de matar também.

**I.** Você pegou ele e ofereceu pra ir acender vela, é isso? Aí vocês foram num lugar mais sozinhos. E aí como você fez? Você agarrou, você falou, como você fez?

**MARCELO** Aí eu agarrei ele à força.

**I.** Ele gritou?

**MARCELO** Perguntou o que é que eu ia fazer com ele, né.

**I.** E aí o que é que você falou?

**MARCELO** Aí eu não falei nada!

**I.** Só continuou o que você tinha que fazer? Você segurou ele? Como é que ele ficou parado? Ele não tentou correr, não tentou fugir?

**MARCELO** Não, eu segurei ele pelo braço. Tirei a bermuda dele e aí fiz sexo com ele.

**I.** E aí, o que aconteceu? Ele chorava? Ele gritava? Ele estava desacordado? Como é que era?

**MARCELO** No começo eu botei a mão no pescoço dele pra enforcar ele, né. Aí ele ficou meio desacordado e eu fiz sexo com ele à força.

**I.** Era como se ele estivesse dormindo?

**MARCELO** É. Meio desacordado. Aí ele nem sentiu dor.

**I.** Ele não sentiu dor.

**MARCELO** Aí depois que eu me satisfiz sexualmente com ele, independentemente de tudo, aí eu tava com um sadismo muito forte na cabeça, aí eu senti mais prazer sexual em matar ele.

I. Ah, não tinha acabado... Você achou que matando ele ia ter mais prazer e fez, é isso?

I. É aí que você enforcou ele com a camisa?

**MARCELO** É. Com a camisa dele mesmo.

I. E aí ele morreu ou não?

**MARCELO** Demorou um pouco e aí morreu.

I. Foi nele que você usou a pedra?

**MARCELO** Não, ele não. Eu também não tava me importando que ele tinha morrido... eu não tava bem da cabeça mesmo... Eu pensava que ele morrendo assim, por ser menino ainda, ele ia pro céu. Por ser menino ele ia para o céu.

I. Mas você pensou nisso antes de matar ele ou depois?

**MARCELO** Antes, antes!

I. Ah, antes você já estava com esse pensamento?

**MARCELO** Se eu não tivesse pensado isso antes... aí eu não tinha matado ele não.

I. Nem ia fazer sexo?

**M.A.** Só ia fazer sexo com ele.

I. Aí ia largar lá e ir embora.

**MARCELO** É.

**M.A.** Aí veio este pensamento que ele precisava morrer

pra ir para o céu?

**MARCELO** Não, se eu fizesse esse sadismo forte com ele, sentir prazer sexual com ele, a ponto até de matar ele, ele ia... Eu tinha prazer na união porque eu tava vendo que ele ia pro céu... Eu pensava assim. Não ia pro inferno, né, eu pensava assim.

**M.A.** Ele ia para o céu, e você? Você também se tornava bom? Como é que era?

**MARCELO** Eu me satisfazia sexualmente e ia embora.

**M.A.** Você não tinha nada a ver, se ia ficar bom ou não?

**MARCELO** Não.

**M.A.** Era só ele? Você estava fazendo alguma coisa boa para ele porque ele ia para o céu?

**MARCELO** É.

I. Você tinha prazer, é isso?

**MARCELO** É.

**S.** Tinha alguma voz mandando você fazer?

**MARCELO** Não. Eu sabia que eu tava fazendo a coisa errada, né. Na hora eu tava sentindo um sadismo muito forte... de fazer sexo com ele.

**M.A.** Onde você aprendeu que uma criança morrendo iria para o céu?

**MARCELO** Porque o pastor falou, né? Ele falou que... só as crianças inocentes mesmo.

I. Mas quando você ouviu o pastor já veio a ideia de matar as crianças para elas irem para o céu?

**MARCELO** Não. Passou um tempo. Na hora eu nem pensava.

**M.A.** Por que a vontade de matar era só na hora que vinha o desejo forte de fazer a relação?

**MARCELO** Aí mais tarde que veio essa ideia aí, de fazer essas coisas aí.

**M.A.** Bom, esse foi o André. Eu sei que você não gosta muito de falar...

**MARCELO** Bom, passou uns dois meses aí eu fui visitar ele e ele tava morto lá ainda lá.

**M.A.** E...? O que você fez?

**MARCELO** Aí não tinha tirado o corpo ainda, tava o corpo dele lá ainda, aí peguei até a bermuda dele né, levei pra mim... e os dentes dele, da boca dele, saiu fácil, fácil, né...

**M.A.** Você tirou os dentes?

**MARCELO** É.

**M.A.** Pra...?

**MARCELO** Pra levar comigo pra guardar.

**M.A.** A bermuda era pra você. Os dentes era pra guardar?

**MARCELO** É. Guardar os dois.

**M.A.** Os dois você ia guardar?

**MARCELO** Eu ainda estive lá umas duas vezes e ele tava morto ainda. Aí na terceira vez que eu fui lá ele não tava mais lá não.

**M.A.** E quando você viu que estava, você fazia alguma coisa, algum tipo de relação?

**MARCELO** Não, eu ficava só olhando. Num túnel subterrâneo escuro, né, onde passava os carros por cima, por cima da estrada, né. O túnel era por baixo da estrada na BR-101. Mas na terceira vez que eu fui lá ele não tava mais lá não.

**M.A.** E você só olhava? Só ficava olhando? Não pensava nada? Não sentia nada?

**MARCELO** Ficava só olhando.

**M.A.** Mas tinha algum tipo de pensamento na sua cabeça na hora que você via ele lá?

**MARCELO** Pensava em arranjar outro garoto.

**M.A.** Foi aí que foi surgindo a vontade de um segundo garoto?

**MARCELO** É.

**M.A.** E quem foi o segundo garoto?

**MARCELO** Esse primeiro foi lá em Niterói.

**M.A.** Foi o André em Niterói.

## 2º MENINO
PEDRO

**MARCELO** Aí veio outro que eu não sei o nome dele, né?

**M.A.** Você não sabe o nome?

**MARCELO** Eu me esqueci. Mas eu só pegava menino de 6 a 13 anos. Eu tinha medo de fazer com menino de 13 anos acima, deles morrerem assassinados e não irem para o céu. Já tavam pecando, né. Eu pensava assim.

**M.A.** Ah! Porque com 13 anos não era mais inocente?

**MARCELO** Não. Só fazia com menino de 6 a 13 anos.

**M.A.** Foi quando começou tudo. Ele saiu do colégio, foi morar com o pai, logo depois foi pra rua e aí ele já tava na vida. Aí ele já não era mais puro. Aí nessa época foi quando começou ter essas experiências sexuais. Você acha que ficou na sua cabeça que você não era mais puro? Você não era mais uma criança inocente?

**I.** Com 13 anos você já tinha perdido a inocência, né? Com 12 não?

**MARCELO** Não. Apesar que de 13 anos pra cima aí já era opção, né? Já era predador, né. Aí de vez em quando eu pegava meninos de 13 anos pra cima.

**M.A.** Bom, o segundo você não lembra o nome. Quantos anos ele tinha?

**MARCELO** Tinha uns 12 anos. Esse primeiro tinha 11 anos. Ele tinha 12 anos.

**M.A.** Ah, acho que é o Paulo. É o Paulo?

**MARCELO** Não, não é não. Esse primeiro que eu conheci vendia até biscoito né, assim. Andando, né. Pras pessoas na rua.

**M.A.** Era como você fazia quando tinha mais ou menos essa idade. Morava na rua, né?

**MARCELO** Não, mas ele vendia biscoito assim pras pessoas.

**M.A.** Daí veio a segunda pessoa, o segundo moleque. Você não lembra o nome dele mas ele tinha por volta de 12 anos.

**MARCELO** Aí eu vi que ele era bonito, né, muito bonito, ele tava até de bermuda bonita, aí tinha até rosto bonito e tudo, né.

**M.A.** As pernas lisinhas também?

**MARCELO** As pernas bonitas e tal. Aí vi que ele tinha umas nádegas bonitas também, né. As pessoas tinham falado pra mim que tem menino e menina com uma cara mais nova, macia e bonita, né. Dá mais desejo sexual, né.

**M.A.** Marcelo, aí veio o segundo menino, que tinha todas essas características, era muito bonito, também tinha a perna lisinha, tinha até umas nádegas muito bonitas, né?

**MARCELO** Eu escolhia os mais bonitos, né. Aí eu sou um cara triste porque não encontrava quando eu tava procurando lá fora, um menino bonito pra fazer isso, não encontrava, né. Aí aparecia menino de 6, 5 anos e dava vontade de se fazer, né, igual menino de 12, 13 anos. Aí quando eu não encontrava menino de 12, 13 anos eu pegava esses aí de 5 anos. Eu ficava triste.

**M.A.** Por que daí não era tão bonito?

**MARCELO** Porque não tinha corpo tão desenvolvido, igual aos de 11, 12, 13 anos.

**M.A.** Aí esse segundo você não lembra do nome?

**MARCELO** Não.

**M.A.** E como que foi feito? Você pegou ele onde?

**MARCELO** Era de noite. Tava no ponto de ônibus, aí eu vim pela mesma estrada, né. Mostrei onde é pra ele pra acender uma vela pra São Jorge, né. Aí até ele acreditou na minha história, né.

**S.** São Jorge é quem?

**MARCELO** Era um guerreiro. Aí levei ele pro primeiro local, né, do primeiro, aí eu agarrei ele à força, né... levei ele pra dentro do túnel escuro... aí eu meti à força nas nádegas dele né, tirei a bermuda dele e tudo. Penetrei nele várias vezes, gozei dentro dele, né... Aí eu beijei na boca dele e tudo, né... Aí depois eu matei ele enforcado.

**I.** Ele estava acordado quando você beijou ele?

**MARCELO** Tava, tava.

**I.** Estava acordado. E ele ficou bonzinho?

**MARCELO** Aí eu beijei as pernas dele tudo, aí eu... tentei enforcar ele com a mão, mas não consegui, consegui só com a camisa, a camisa dele mesmo. Aí quando vi que ele tava morto, aí eu levei a bermuda dele e deixei ele lá.

**M.A.** Levou a bermuda dele e deixou ele lá. Você levou também pra guardar?

**MARCELO** É.

**M.A.** E ele, você também voltou pra ver?

**MARCELO** Eu voltei pra ver ele de novo, mas aí tava lá morto, ainda lá.

**M.A.** E aí você tirou os dentes também?

**MARCELO** Não. Só passei a mão assim na cabeça dele e o cabelo dele tava saindo à toa, né. Aí eu deixei ele lá e fui embora. Quando eu voltei a segunda vez não tava mais lá, não.

**I.** Você levou o cabelo dele, um pouco do cabelo dele?

**MARCELO** Não.

**I.** Nem o dente?

**MARCELO** Não.

**M.A.** Esse daí você bateu com a cabeça, não, esse daí você só enforcou?

**MARCELO** Só no cimento, bati a cabeça no cimento do túnel.

**I.** Sangrou?

**MARCELO** Não vi não. Tava escuro lá embaixo. Eu chegava até todo sujo em casa, a roupa suja.

**I.** Suja de sangue ou suja de terra?

**MARCELO** De terra.

**I.** De sangue não?

**MARCELO** Não.

**M.A.** E nessa época você morava com quem?

**MARCELO** Morava com a minha mãe. Lá em Manilha. Mas ela

não tava sabendo de nada. Ninguém dos meus parentes não tava sabendo de nada não.

**M.A.** Ela não estranhava você chegar sujo assim?

**MARCELO** Eu falava que tinha caído, levado um tombo, já que ela não tava, né. Ela acreditava. Eu não falava nada pra ninguém que eu tava fazendo estas coisas não.

**M.A.** Aí nesse segundo [menino], você voltou quanto tempo depois pra ver se ele estava lá ainda?

**MARCELO** Foi a primeira vez depois.

**M.A.** Então, ele morreu, você deixou ele lá. No segundo, nós estamos falando do segundo, tá? Quanto tempo passou até você voltar lá para ver ele?

**MARCELO** Uns quinze dias.

**M.A.** Aí você não levou mais nada dele? Você já tinha levado a bermuda?

**I.** A bermuda você levou no dia em que você matou ou no dia em que você voltou pra ver ele?

**MARCELO** No primeiro dia.

**I.** Quando você voltou, você não levou nada dele?

**MARCELO** Nada não.

**I.** Você levou alguma coisa pra ele?

**MARCELO** Não.

## 3º MENINO
### TIAGO

**M.A.** Aí passou mais tempo. Aí veio o terceiro menino. Quem foi?

**MARCELO** Esse foi um menino de 7 anos, lá de Niterói também. Ele tava vendendo... alguma coisa que eu não me lembro. Aí tava sozinho, aí não tinha ninguém, aí eu... ofereci um dinheiro a ele pra me acompanhar.

**M.A.** Você lembra o nome dele?

**MARCELO** Não lembro não.

**M.A.** Será que é o Tiago?

**MARCELO** Acho que é Tiago. Que tinha 7 anos, né?

**M.A.** É. Foi a mesma coisa? Acender a vela pra São Jorge? Que você ia dar dinheiro pra ele fazer isso... Daí você levou também lá, naquele mesmo lugar?

**I.** No mesmo túnel?

**MARCELO** Não, esse não. Esse foi mais adiante um pouco. Andando pela BR-101 eu passei mais adiante. Era de noite, escuro, né.

**M.A.** E ele não ia perguntando nada pra você? Você estava levando ele pela mão?

**MARCELO** Não, não. Ele aceitou que ia comigo, né? Normalmente. Aí tinha um CIEP [Centro Integrado de Educação Pública] lá por perto, desativado, que não acabaram de construir ele ainda, né... aí mais adiante tinha um carro, um esqueleto de fusca abandonado lá, né... aí eu levei ele lá pra dentro. Foi lá pro canto dele, que era no fundo, mais fácil de sair dele, né... Aí tentei namorar com ele lá.

**M.A.** Você entrou dentro do esqueleto do fusca?

**MARCELO** É. Aí lá eu passei a mão nas pernas dele, beijei na boca dele e tudo...

**M.A.** E ele, como reagiu?

**MARCELO** No começo ele não ia querer não, né. Mas aí ele... eu bati nele um pouco e ele aceitou, né. Aí beijei na boca dele e tudo, né... no rosto dele e tudo... Aí ele falou que tava com sono e foi dormir, né. Deixei ele dormir, né. Lá no mato não tinha ninguém, aí tinha uma pedra grande lá, aí deixei cair em cima da cabeça dele.

**M.A.** Da cabeça? Não foi do peito?

**MARCELO** Não, da cabeça dele. Aí ficou sangrando muito, a cabeça dele, né... aí eu tinha uma vasilha que eu levava comida.

**M.A.** Você levava essa vasilha sempre?

**MARCELO** É. Pra almoçar no meu trabalho, né. Aí a pedra grande caiu na cabeça dele, sangrou muito a cabeça dele, aí eu deixei o sangue escorrer dentro da vasilha e aí bebi o sangue dele todo.

**M.A.** Pra quê?

**MARCELO** Achava bom, eu pensava que era sangue de menino novo e bonito, né. Aí eu achava bom beber.

**M.A.** Por quê? O que podia acontecer com você bebendo o sangue dele?

**MARCELO** Achava bem sexualmente, né.

**M.A.** Ah, te dava prazer?

**MARCELO** Isso.

**M.A.** Foi a primeira vez?

**MARCELO** É. Aí eu vi que... aí eu não sentia nojo não, que era menino novo, bonito, né.

**M.A.** Mas esse desejo de beber o sangue foi crescendo?

**I.** Nos primeiros dois você não teve esse desejo?

**MARCELO** Não deu pra fazer isso.

**I.** Você já tinha o desejo? Já tinha essa vontade?

**MARCELO** Não.

**I.** Só quando você viu o sangue do terceiro menino, é isso?

**MARCELO** É.

**I.** Aí que veio a vontade?

**MARCELO** Aí que despertou em mim.

**I.** E quando você bebeu, o que você sentiu?

**MARCELO** Aí eu senti prazer sexual fazendo isso. Aí eu enchi a vasilha de sangue, aí eu bebi e tudo... Aí eu já vi que ele tinha morrido com a pedra que tinha caído em cima da cabeça dele, né... porque afundou a cabeça dele, né. Aí meu pênis estava duro... eu tentei penetrar na nádega dele, né. Aí gozei ele já morto. Aí eu deitei meu pênis dentro da nádega dele, né... ele já morto... até eu gozar dentro dele. Mas é... aí eu fazia isso, eu não me importava de matar ele, fazer com esse sadismo todo, né, esse prazer sexual todo, porque eu vi que ele tinha 7 anos e ia para o céu, né, não ia para o inferno não.

**S.** E onde você acha que é o céu?

**MARCELO** Só Deus sabe, né.

**I.** Então você bebeu o sangue da tigela, aí ficou excitado de novo? Você transou com ele, é isso?

**MARCELO** É.

**I.** Para se satisfazer de novo?

**MARCELO** É. Aí eu deixei ele lá e levei a bermuda dele lá também. Aí a outra vez que eu passei por lá, eu vi que não tinham levado ele ainda, não tinham descoberto o corpo dele ainda. Já tava até exalando mau cheiro dele, mas ninguém desconfiou de nada... [pensaram que era] algum animal morto, né... Mas depois de algum tempo eu vi que... passei por lá, mais ou menos uns quatro meses... não tava mais lá não.

**M.A.** E você chegou a fazer algum carinho nele depois desse dia aí?

**MARCELO** Não. Só olhado só.

**M.A.** Você não pegou nada dele? Dente?

**MARCELO** Não.

**M.A.** Só do primeiro que você pegou?

**MARCELO** Só peguei a bermuda, só.

**I.** A bermuda você levou no dia em que você matou?

**MARCELO** É.

**I.** Mas o tamanho da bermuda, dava pra você usar?

**MARCELO** Eu só guardava de recordação.

**I.** Você não usou nenhuma bermuda?

**MARCELO** Não.

**M.A.** Bom, esse foi o terceiro. E o quarto?

## 4º MENINO
### JOÃO

**MARCELO** O quarto foi em Japeri.

**M.A.** E quantos anos tinha a criança?

**MARCELO** Tinha 13 anos.

**M.A.** Você lembra o nome?

**MARCELO** Não, do nome não me lembro não.

**M.A.** E como que foi?

**MARCELO** Ele tava vendendo picolé aí eu convidei ele pra acender vela.

**M.A.** Para São Jorge?

**MARCELO** Para o meu anjo da guarda, falei pra ele.

**I.** Aí mudou? Não era mais São Jorge. São Jorge é Oxóssi ou Xangô na umbanda?

**MARCELO** Não sei.

**M.A.** Era o anjo da guarda de quem?

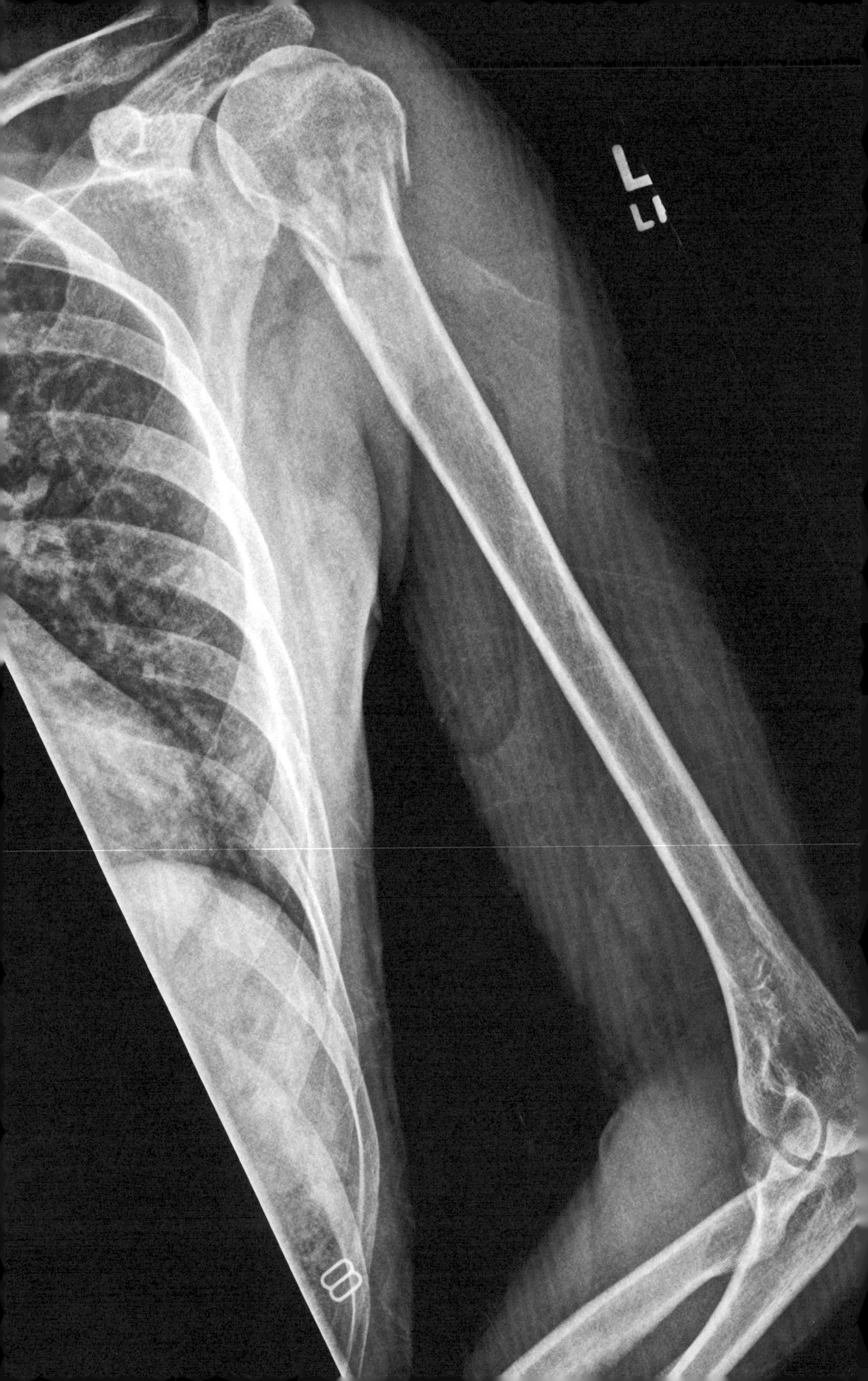
L

**MARCELO** Na macumba tem muitas pessoas que se dá bem, trabalhando na macumba. Ganha dinheiro.

**I.** E você não pensou de ganhar dinheiro assim?

**MARCELO** Não pensei não. Eu tava trabalhando com meu patrão, Davi, lá em Copacabana. Ele comprava ouro e tudo, e prata também. Ele não tava desconfiando nada de mim também não. Tinha uma vez até que eu apareci sujo de sangue lá... Ele perguntou por que eu estava sujo de sangue e eu falei que eu tinha matado um porco lá. Ele acreditou.

**M.A.** Bom, você falou que você falou pra ele [João] pra ele te ajudar que você ia pagar para ele pra acender vela para o anjo da guarda... seu ou dele?

**MARCELO** Meu.

**M.A.** E aí? Aí você foi aonde?

**MARCELO** Aí eu fui pro lado da estação, né. Aí chegou pro final da estação não tinha ninguém, né.

**I.** Era um trilho?

**MARCELO** Era um trilho. Aí eu desci com ele no trilho, né... aí eu fui lá mais pra frente.

**I.** Andando pelo mato?

**MARCELO** Andando pelo trilho. Aí tinha um morro deserto lá. Aí eu agarrei ele à força, né... Aí eu queria ver a bunda dele e tudo, mas antes de me agarrar nas nádegas dele, aí como já tava sentindo um sadismo muito forte já, aí bati várias vezes com a mão no rosto dele, né...

Aí ficou todo deformado, né. Aí depois quando eu penetrei meu pênis na bunda dele, desse garoto de 13 anos, aí gozei dentro dele...

**I.** Ele estava acordado ou desacordado?

**MARCELO** Acordado.

**M.A.** Pode ir falando...

**MARCELO** Aí eu passei a noite toda lá com ele, né... fazendo sexo, depois de já ter gozado a primeira vez...

**I.** Quantas vezes você fez sexo com ele nessa noite?

**MARCELO** Duas vezes. Aí quando eu vi que o dia tava quase amanhecendo, aí eu bati com uma pedra na cabeça dele, né. Aí eu deixei o sangue dele escorrer na vasilha aí eu bebi o sangue dele todo. Aí eu matei ele enforcado depois e deixei ele pra lá.

**I.** Ah, ele não tava morto ainda com a pedra?

**MARCELO** Não, ainda não.

**I.** Não foi igual aquele que você jogou a pedra e ele já morreu?

**MARCELO** Não... mas ele tava desacordado já. Aí pra matar ele eu enforquei com a camisa dele e aí deixei ele lá.

**I.** Como que você viu que ele ainda estava vivo?

**MARCELO** Porque ele tava desacordado ainda.

**I.** Mas como que é a diferença, como você percebeu que ele não tinha morrido ainda?

**MARCELO**  É que o coração dele ainda tava batendo.

**I.** Ah, você ouviu. Você pôs o ouvido no peito dele?

**MARCELO**  É. Não, botei a mão! O coração dele ainda tava batendo um bocadinho, aí eu enforquei ele com a mão... com a camisa dele. Aí deixei ele lá, vi que tava amanhecendo o dia, aí tinha que ir para o trabalho.

**M.A.**  Porque você passou a noite lá com ele?

**MARCELO**  É.

**I.** Espera um pouco, deixa eu te perguntar uma coisa: você pôs a tigela, aí você bebeu o sangue. Não deu o desejo de novo?

**MARCELO**  De fazer sexo?

**I.** É.

**MARCELO**  Não, eu já tinha gozado nele duas vezes, né.

**I.** Aí não deu desejo, nem mais sadismo?

**MARCELO**  É.

**I.** Deu ou não deu sadismo? Você bebeu o sangue e o que aconteceu?

**MARCELO**  Aí depois só de matar ele e deixar ele lá.

**I.** Você se sentia melhor bebendo o sangue? No que fazia diferença?

**MARCELO**  Não, sentia prazer sexual.

**I.** Mas com ele você não sentiu prazer sexual de beber o sangue?

**MARCELO**  Também.

**I.** Também sentiu prazer sexual?

**MARCELO**  É.

**I.** Aí você gozou de novo ou não?

**MARCELO**  Duas vezes.

**M.A.**  Penetrando nele? Penetrando nele vivo, na nádega dele, é isso?

**MARCELO**  É.

**I.** Mas bebendo o sangue não?

**MARCELO**  Bebendo o sangue também depois.

**I.** Então foi uma terceira vez?

**MARCELO**  É, a terceira vez foi...

**M.A.**  Não, espera, ele se confundiu. Vamos voltar. Esse menino, você gozou as duas vezes, aí saiu muito sangue, você botou na vasilha...

**MARCELO**  Não. Depois que eu gozei duas vezes dentro nele, num intervalo assim de três horas, aí deixei uma pedra grande cair em cima da cabeça dele e botei a vasilha pra beber o sangue dele. Pois eu vi que ele tinha as pernas bonitas, e as nádegas bonitas, aí não senti nojo nenhum. Aí tava até sentindo prazer sexual.

**M.A.**  Aí você penetrou de novo?

**MARCELO**  Aí eu bebi o sangue dele e senti prazer sexual.

**I.** Só de beber o sangue você já gozou, é isso?

**MARCELO**  Não.

**S.** É prazer sexual em beber o sangue.

**MARCELO**  Mas tem... ejacular sem esperma nenhum. Aí quando eu vi que já tava amanhecendo, aí eu enforquei ele com a camisa dele e deixei ele lá. Aí peguei o trem e fui pro meu trabalho.

I. Quando ele estava dormindo você fazia carinho nele?

MARCELO Ficava do lado dele, né?

M.A. Este foi o quarto, né? E o quinto?

MARCELO Deixa eu terminar. Aí, da outra vez que eu fui lá visitar ele, passou mais ou menos uns dois meses, aí eu vi que não tinham descobrido o corpo dele ainda. Porque só tava os ossos dele que os urubus já tinha comido o corpo dele todo. Aí eu fui embora...

I. Você não levou nada?

MARCELO Não.

I. Não pegou o dente, nem o cabelo?

MARCELO Não. Os urubus tinham comido toda a carne dele junto e o sol quente que bateu lá secou os ossos dele tudo.

I. Você chegou a pegar nos ossos?

MARCELO Cheguei a pegar sim.

I. Chegou a mexer?

M.A. Você botou a mão?

MARCELO É, botei a mão nos ossos.

I. E teve prazer de pôr a mão nos ossos?

MARCELO É, tive também.

I. Prazer sexual?

MARCELO É.

I. Você chegou a ejacular?

MARCELO Não.

I. Não? Só prazer?

MARCELO É.

I. Você levou algum osso dele embora?

MARCELO Não.

I. E a bermuda dele, você também tinha levado?

MARCELO É, no começo já.

M.A. Podemos continuar?

MARCELO Quero um copo d'água aqui...

M.A. Claro... Você contando essas coisas pra nós você sente que vem de novo o desejo?

MARCELO Não, é só lembrança. Isto aconteceu no passado.

M.A. Mas não sente nenhum prazer de estar lembrando?

MARCELO Não, não, tô arrependido, né?

S. Como é que é esse arrependimento?

MARCELO Devia ter pensado melhor e... arranjado uma namorada pra mim namorar. Pra tirar esses maus pensamentos da cabeça, né?

M.A. Mas o teu arrependimento é porque você podia ter tido outra saída, né? Arrumado uma namorada, tal... E com relação às crianças? E com relação aos garotos?

**MARCELO** Foi só fazer sexo com elas mesmo.

**M.A.** Não. Teu arrependimento hoje?

**MARCELO** De não ter feito nada por elas. Fosse hoje...

**M.A.** Você falou que hoje você está arrependido. Que você podia ter arrumado uma namorada e que aí você ia combater esses maus pensamentos. Mas dentro desse arrependimento você tem arrependimento também de ter matado as crianças?

**MARCELO** Tenho.

**M.A.** Por quê?

**MARCELO** Porque é errado, né, fazer isso. Porque se eu tivesse desejo por meninos conforme eu tive, eu ia ser um cara inteligente e conquistar eles com uma boa conversa, né, com uma boa lábia, com um carisma, ia dar um dinheiro a eles pra fazer sexo comigo, numa boa, no hotel.

**I.** Ah, que nem foi com aquele primeiro, né?

**MARCELO** É. No final se eu não encontrasse nenhum que quisesse fazer sexo comigo, nenhum menino que quisesse transar comigo, eu esperasse e tivesse paciência até encontrar um que fizesse.

**M.A.** Hoje, se você saísse daqui, vamos imaginar, se você saísse daqui hoje você ia para a rua, você acha que você conseguiria controlar, ter paciência e esperar encontrar um menino bonito que quisesse transar com você?

**MARCELO** Não, se eu conseguisse a minha liberdade, eu ia procurar fazer uma cirurgia plástica facial bem-sucedida, né, pra ninguém me reconhecer na rua, pra andar tranquilo. Porque se eu andar na rua e as pessoas me conhecer vão me matar na rua, né? Na rua tem muito matador, né? Tem gente ruim, né? Aí se eu conseguisse fazer uma cirurgia plástica bem-sucedida e ninguém me reconhecesse na rua, aí eu podia andar tranquilo, sem ninguém me...

**S.** Ficar com nova cara...

**M.A.** Ficar de cara nova e aí o que você ia fazer da sua vida?

**MARCELO** Com outra cara eu ia conseguir um bom trabalho pra mim, né? Ganhar um bom dinheiro e uma namorada, e tentar pelo menos conseguir usar uma boa inteligência, né, ganhar assim uns seis milhões, uns cinco milhões, pra viver só de renda e tudo. Aí não ia precisar trabalhar, só viver como um aposentado.

**M.A.** E você acha que não ia haver um desejo mais, que não ia haver mais essa força de você ver um menino de pernas bonitas, lisinhas, rosto bonito...

**MARCELO** Se eu tivesse uma mulher bonita, pra fazer sexo à noite, aí eu podia ir pra onde eu fosse, que eu visse uma menina bonita ou menino bonito não ia haver desejo mais.

**M.A.** Você acha que não?

**MARCELO** Não.

# 5º MENINO
## MATEUS

**M.A.** Bom, vamos para o quinto menino? O quinto garoto? Quem foi o quinto garoto?

**MARCELO** Esse foi lá de São João do Meriti.

**M.A.** E quantos anos ele tinha?

**MARCELO** Tinha mais ou menos uns 10 ou 11 anos.

**M.A.** Você lembra o nome dele?

**MARCELO** O nome dele eu não sei não.

**M.A.** E me conta uma coisa, você ia conversando com eles pelo caminho?

**MARCELO** Eu ia oferecendo um dinheiro pra acender umas velas, pro anjo da guarda, né? Aí ele aceitou, né, o dinheiro. Ele tava até indo pra casa dele, com um quilo de açúcar e tudo. Aí eu vi que ele era todo bonito... Aí eu fiz esse convite a ele e ele aceitou, né.

**M.A.** E de onde você pegou ele? Até onde você chegou com ele e o que vocês iam conversando?

**MARCELO** Ia conversando sobre... como era o nome dele, quantos anos ele tinha, eu falava pra ele que ele era um garoto bem bonito, né, lindo garoto, parecia até uma menina, né, bonita também. Aí foi pelo trilho do trem, né, até chegar lá numa estação bem longe, onde é que ele tava, São João do Meriti, em Triagem, né. Aí lá tem um viaduto, e tem um muro, dentro do muro é tudo abandonado, deserto, né? E tem um buraco assim pra adentrar dentro daquele lugar deserto, né. Embaixo do viaduto, onde passa o metrô, né.

**M.A.** Você conhecia bem o local, então?

**MARCELO** É. Aí levei ele lá pra dentro, né, aí já era bem à noite, não tinha ninguém, aí já tava cheio de desejo sexual por ele, né, tudo... Aí eu vi que ele era todo bonito mesmo, tinha 10 ou 11 anos, mais ou menos, aí chegou na hora, eu tava até com uma chave de fenda...

**I.** Chave de quê?

**M.A.** Chave de fenda. Por que você estava com uma chave de fenda?

**MARCELO** (muito confuso) Sentia prazer sexual de enfiar no...

**M.A.** Você acordava no dia com vontade disso?

**MARCELO** Não. Quando eu saía do trabalho eu encontrava.

**M.A.** Quando você acordava, você acordava normal?

**MARCELO** É, pra ir pro trabalho, né.

**M.A.** Você não tava com desejo disso?

**MARCELO** Não, eu já tava com desejo, mas tinha que ir trabalhar.

**M.A.** Nas outras crianças que a gente já viu também, você já acordava com o desejo?

**MARCELO** É, já.

**M.A.** Aí você ia trabalhar mas sabia que à noite você ia conseguir alguém, é isso?

**MARCELO** É.

**M.A.** O nome você não lembra?

**MARCELO** Não, não me lembro não.

**M.A.** E aí, você chegou lá, você já estava com a chave de fenda, e aí? O que aconteceu?

**MARCELO** Aí eu senti prazer sexual, né, entrei na barriga dele, com a chave de fenda, aí quando eu ia enfiar de novo a chave de fenda na barriga dele de novo... Aí quando eu fui fazer isso ele queria ir pro hospital, né... Aí não fiz mais, né. Aí eu tirei a bermuda dele, né, aí beijei ele nas pernas dele, lambi as pernas dele tudo, as nádega dele, primeiramente... Aí beijei na boca dele também, várias vezes, chupando a língua dele e tudo, e aí penetrei meu pênis dentro das nádegas dele, né, aí depois de algum tempo eu gozei dentro dele... Aí eu me satisfiz sexualmente nele e aí eu peguei uma pedra, né, um concreto assim que tava lá aí deixei cair em cima da cabeça dele. Aí tava sangrando muito, aí deixei o sangue cair dentro da vasilha, né, aí eu bebi o sangue todo. Senti com isso muito prazer sexual. Aí eu dei com um pedaço de concreto assim várias vezes em cima do peito dele, né, onde bate o coração, pra ele morrer, né. Até que ele morreu. Aí ficou ele morto, né. Aí eu fui embora.

**M.A.** Depois que ele morreu você não fez mais?

**MARCELO** Aí acabei de matar ele aí deixei ele lá morto, lá que ele morreu e fui embora.

**M.A.** Você levou a bermuda?

**MARCELO** É, só a bermuda.

**I.** Esse você voltou [no local]?

**MARCELO** Não, não voltei lá não que eu fiquei com medo de voltar lá. Medo de ter algum policial lá, esperando.

**M.A.** Nos outros você não teve medo, né?

**MARCELO** Nesse eu fiquei com medo de ir lá. Mas eu passava de trem e olhava lá, da janela do trem.

**I.** E dava pra ver?

**MARCELO** Dava não. Tinha o muro, não dava pra ver não.

**I.** Naquela época já tinha notícia no jornal?

**MARCELO** Não, não chegou a passar no jornal não.

**M.A.** Mas começou a surgir o medo? Você não tinha antes...

**MARCELO** Nesse aí eu fiquei com medo de ir lá.

## 6º MENINO
BARTOLOMEU

**M.A.** E o sexto menino?

**MARCELO** O sexto eu conheci

dentro do trem.

I. Nas viagens que você fazia pra ver o quinto?

**MARCELO** Não, quando eu saí do trabalho mesmo. Tava procurando algum menino, tão bonito e tudo. Aí eu tava dentro do trem, aí tinha um menino lá, passando lá, todo bonito, né. Aí ele tava até de bermuda e tudo... Vi que ele era todo bonito e tudo... Ele tava até comendo doce. Aí eu contei a mesma história pra ele, né. Acender vela pra São Jorge, né. Que eu ia dar um dinheiro pra ele, e ele aceitou. Aí saltamos do trem na estação, fomos pro final da estação...

**M.A.** No mesmo lugar do outro?

**MARCELO** Não, foi outra estação. Era Comendador Soares essa outra estação. Aí eu fui lá num lugar deserto com ele, né, aí chegou lá eu comecei a beijar na boca dele e tudo, né. Acariciar as pernas dele e tudo. Aí tirei a bermuda dele...

**M.A.** E ele, falava o quê?

**MARCELO** Ele aceitou, porque ele ficou com medo de mim, né. Aí eu penetrei dentro da bunda dele, né, meu pênis, aí gozei dentro dele, aí passou duas horas fiz a mesma coisa, né. Ah, com esse aí eu passei a noite toda com ele lá.

**M.A.** Ele vivo?

**MARCELO** É, ele vivo.

I. Ele estava machucado ou não? Você tinha machucado ele?

**MARCELO** Não.

I. Nem bateu no rosto dele?

**MARCELO** Bati assim pra ele aceitar, né, ficar com medo.

I. E o rosto dele ficou deformado ou não?

**MARCELO** Esse não ficou, não. Inclusive tava amanhecendo o dia, né. Aí eu enforquei ele com a camiseta dele mesmo. Esse eu não bebi o sangue não, não tinha nada por perto pra fazer eu sangrar ele, né.

**M.A.** Mas você sentiu desejo?

**MARCELO** É. Aí deixei ele lá morto lá, com a camisa dele mesmo morto, aí fui embora.

**M.A.** Levou a bermuda?

**MARCELO** Ah, levei a bermuda dele também.

I. Esse você voltou pra ver?

**MARCELO** Não, voltei não que esse aí eu fiquei com medo de voltar lá pra ver.

**M.A.** Esse daí tinha quantos anos mais ou menos?

**MARCELO** Uns 10 anos de idade.

[Marcelo pede para descansar um pouco.]

# 7º MENINO
## FILIPE

**M.A.** Bom, vamos lá? O sétimo menino?

**MARCELO** O sétimo foi lá em São Pedro da Aldeia. Eu tinha passado lá o dia de sábado, né. Eu fui de noite lá pra Cabo Frio, né. Pra chegar lá de noite que é cheio de gente, né. Era noite já, né. Aí eu dormi até na rua. Tinha hotel lá. Aí, quando foi de manhã, eu acordei pra ir pra casa, que eu morava lá em Manilha, em Itaboraí. Aí eu passei por São Pedro da Aldeia e aí tinha um menino lá na rua, né, esse já era menino de rua, os outros eram de família.

**M.A.** Mas que viviam vendendo coisas na rua, né?

**MARCELO** É. Aí tava vendendo lá, aí eu convidei ele pra tomar um café com leite, né, e comer pão com manteiga. Aí ele aceitou. Esse parece que tinha uns 9 anos. Eu chamei ele porque vi que ele era todo bonito, né.

**I.** Beleza era importante?

**MARCELO** É.

**I.** Menino feio você nunca pegou?

**MARCELO** Não. Teve um que me apareceu que era feio e aí eu não quis não.

**I.** Ele quis ficar com você?

**MARCELO** Não, não quis não.

**M.A.** Aí você ofereceu o café da manhã...

**MARCELO** Eu dei café com leite pra ele e pão com manteiga. Aí depois que ele tirou o jejum da manhã, aí eu levei lá pro mato lá.

**M.A.** Também pra acender vela?

**MARCELO** É, pra acender vela pra São Jorge. Aí chegou lá eu tirei a bermuda dele, aí penetrei meu pênis na bunda dele. Ele até gritou no começo. Saiu até um pouco de sangue e tudo, no começo, né...

**I.** Você bateu nele?

**MARCELO** Não, não cheguei não. Aí depois ele deixou eu gozar dentro dele e tudo. Aí depois eu botei a bermuda dele de novo.

**M.A.** Ah, com esse você fez diferente?

**MARCELO** Depois eu vi ele deitado de bermuda, bonito também, aí eu comecei a beijar na boca dele e tudo. Passar a mão nas pernas dele e tudo. Beijar a boca dele e tudo. Cheirar o cabelo dele e tudo também. Aí depois de duas horas eu meti na bunda dele, pra gozar de novo. Aí depois de alguns minutos eu gozei dentro dele de novo. Aí me satisfiz, aí eu tirei a camisa dele e enforquei com a camisa dele, e esse morreu logo, né? Não demorou muito não.

**I.** Como você matou ele?

**MARCELO** Enforcando com a camiseta.

**I.** Deixou a camiseta lá?

**MARCELO** Deixei.

**I.** Você dava um nó, como você fazia?

**MARCELO** Dava um nó e daí fechava.

**I.** Com todos foi igual?

**MARCELO** É. Esse morreu logo.

**I.** E a camisa dele ficou lá, com o nó...

**MARCELO** Não, tirei o nó depois e deixei a camisa nele.

**I.** Você vestiu ele?

**MARCELO** Ha, ha.

**I.** Só esse que você vestiu?

**MARCELO** Não. Os outros eu vesti a camisa também.

**I.** Sempre você vestia a camisa?

**MARCELO** É. Aí esse eu deixei com a bermuda, porque a bermuda dele eu deixei cobrindo ele.

**M.A.** Esse você também não bebeu o sangue?

**MARCELO** Não, não tinha nada pra fazer sangrar.

**I.** E por que você não levou a bermuda dele?

**MARCELO** Esse eu não quis levar, não.

**I.** Mas por quê? Tinha algum motivo?

**MARCELO** Não, dessa vez eu não queria levar mesmo.

**I.** Você não levou nada dele?

**MARCELO** Não. Só fiz sexo com ele, amor, só e pronto.

**M.A.** Você voltou pra ver ele?

**MARCELO** Não, que era longe, São Pedro da Aldeia. É quase 80 quilômetros.

**M.A.** Este foi o primeiro que você fez de manhã, né? Os outros eram todos de noite?

**MARCELO** É, eram todos de noite. Aí eu comprei um peixe lá, peixe tirado do mar, aí comprei e fui pra minha casa, de ônibus. E não falei nada pra ninguém não.

## 8º MENINO
### TOMÉ

**S.** Você acha que tem que continuar? Bom, vamos ver o oitavo menino?

**M.A.** O nome?

**I.** É, depois de São Pedro da Aldeia...

**MARCELO** Aí foi um menino da Central do Brasil.

**M.A.** Como é que é o nome do menino?

**MARCELO** O nome dele não sei não.

**M.A.** Quantos anos tinha?

**MARCELO** Ele tinha uns 11 anos de idade.

**M.A.** E aí, como é que foi?

**MARCELO** Ele tava sozinho, né, aí eu ofereci dinheiro pra ele pra... uns trinta reais pra ele. Ele tava até de chinelo e tudo, e de bermuda, aí eu ofereci um dinheiro a ele pra acender velas para o meu anjo da guarda.

**M.A.** Sei.

**MARCELO** Aí ele aceitou. Aí da Central do Brasil eu peguei o ônibus pra praça XV. Aí da praça XV eu peguei as balsas pra atravessar pra Niterói, né. Aí de Niterói fui com ele andando pela BR-101 até chegar no... Sabe aquela escola que tem no centro de Niterói, que é deserto lá? Até chegar no CIEP abandonado, que é onde se constrói salas de aula assim pras crianças. Onde as crianças passam o dia todo, né.

I. Deixa eu te perguntar uma coisa. Quando você pegou o menino na Central do Brasil, você já tinha na cabeça o lugar que você ia levar? Já tinha um plano?

MARCELO  Nasceu na hora o plano.

I. Que horas?

MARCELO  Na hora que eu conheci ele.

I. Na hora que você conheceu você já pensou no CIEP, é isso?

MARCELO  É.

M.A.  E com as outras crianças também, que você já falou.

I. Desde que você conhecia já vinha o lugar que você ia levar?

MARCELO  Um lugar deserto, né?

I. Já vinha na cabeça que lugar que era?

MARCELO  É.

I. E no tempo depois de matar, quando você andava do trabalho pra casa e tal, você prestava atenção, que lugar podia ser esse? Como você escolhia esse lugar?

MARCELO  Lugar que eu via que era deserto, aí quando aparecia um garoto bonito assim, que

desse pra atravessar com ele, aí já levava ele pra lá.

I. Você procurava, no meio dos [assassinatos dos] meninos você ficava procurando um lugar que podia ser deserto? Como você sabia que tinha um CIEP abandonado?

MARCELO  Eu já passei, já tinha visto já.

I. Mas de propósito? Você ia lá pra ver isso?

MARCELO  É.

I. Você ia antes e olhava o lugar que era deserto?

MARCELO  É.

I. Aí você já ficava com ele na cabeça?

MARCELO  É.

I. E aí?

MARCELO  Aí levei ele pra lá.

I. Você já conhecia... está certo o que eu estou falando?

MARCELO  Tá.

I. Ele fazia essa escolha primeiro. Pra quando ele conhecesse o menino já ter onde... é isso?

MARCELO  É.

M.A.  Bom, então aí você foi pra BR-101, foi indo e depois?

MARCELO  Aí eu levei lá pro CIEP abandonado, né. Aí era de noite lá e tudo, aí já tava cheio de decepção com eles, né. Pois eles queriam era todos morrerem, né? As pernas bonitas, lisinhas e tudo, de bermuda e tudo, rosto bonito, né? Aí assim que chegou lá aí eu fui com ele pro segundo andar do CIEP, aí eu agarrei ele à força pelo pescoço, né. Aí abaixei a cabeça dele no concreto, do assoalho do CIEP. Aí já começou a sangrar muito a cabeça dele. Aí botei a vasilha pra escorrer o sangue dentro da vasilha e aí bebi o sangue dele.

**M.A.** Antes de gozar a primeira vez?

**MARCELO** É. Aí eu apertei meu pênis na...

**M.A.** Ele já tava morto?

**MARCELO** Não. Já tava fraco já. Eu peguei no sono, já tinha até bebido o sangue dele todo, né. Aí eu penetrei meu pênis dentro das nádegas dele, né. Aí depois de algum tempo eu gozei dentro dele, nas nádegas dele, né. Aí ele nem gritou, que ele já tava fraco já, né? Aí tava tudo cheio de sangue que eu tinha batido a cabeça dele não sei quantas vezes no cimento do CIEP, né. Aí resolvi, matei ele enforcado, né. Com a camisa dele mesmo. Ele morreu, aí quando ele tava morto já, aí passou mais uma hora e meia, tava tudo escuro lá...

**M.A.** Você ficou do lado dele?

**MARCELO** Aí eu penetrei meu pênis dentro das nádegas dele, de novo, né, ele já morto já. Aí gozei de novo, dentro das nádegas dele.

**I.** Nessa uma hora e meia que você ficou lá, que ele já estava morto, o que você ficou fazendo nesse tempo?

**MARCELO** Fiquei lá do lado dele lá.

**M.A.** Sentado, deitado?

**MARCELO** Fiquei beijando a boca dele assim...

**M.A.** Deitado?

**MARCELO** É.

**I.** Do lado?

**MARCELO** É.

**I.** Beijando a boca dele e que mais?

**MARCELO** Passando a mão na bunda dele e tudo, nas nádegas dele e tudo. Ele já morto já, né? Aí depois de uma hora e meia que me deu...

**M.A.** Deu vontade de novo?

**MARCELO** É. Penetrei dentro da bunda dele, ele já morto, de novo, aí depois de algum tempo eu gozei de novo, né. Dentro dele, né. Ele já morto já. Aí, eu gozei já pela segunda vez, dentro dele, aí eu deixei ele lá e fui embora.

**I.** Levou a bermuda ou não?

**MARCELO** Aí eu levei a bermuda dele.

**I.** A camisa você deixou?

**MARCELO** É. Aí eu fui embora, né. Deixei ele lá, né. Aí quando foi no outro dia seguinte, não, passou dois dias, alguém descobriu o corpo dele e saiu no jornal, esse aí que saiu no jornal.

**I.** Esse foi o primeiro que você viu que saiu no jornal?

**MARCELO** É. Eles descobriram o corpo dele lá no CIEP.

**I.** Conta uma coisa pra mim, por

que você acha que você vestia a camisa neles de volta? Por que vinha essa vontade de vestir de novo?

**MARCELO** Era mais prazer sexual mesmo.

**I.** Você tinha prazer de vestir de novo, é isso?

**MARCELO** É.

**I.** Você ficava excitado?

**MARCELO** É.

**I.** O pênis ficava duro, aí você gozava de novo? Você se masturbava? como era?

**MARCELO** Não, é que eu já tinha gozado neles duas vezes, eles vivos e depois de morto, aí eu ainda sentia prazer sexual, sadismo, de vestir a camisa neles e ir embora.

**I.** Só pra ir embora? Não se masturbava nem nada?

**MARCELO** Não. Não tinha mais vontade.

**I.** Mas tinha o prazer?

**MARCELO** É, o prazer sexual. Mas não dava mais pra gozar mais porque já tinha gozado duas vezes dentro dele, né. Aí levava só a bermuda dele e pronto... Às vezes, também, mas é raras vezes, né, às vezes vai pessoas pra ver, pra fazer, as pessoas que trabalha pra isso, pra fazer despacho assim de criança assim, de sangue de criança.

## 9º MENINO
PAULO

**M.A.** Bom, vamos para o nono menino?

**MARCELO** Vamos.

**M.A.** Como que foi o nono menino?

**MARCELO** Esse foi onde eu moro lá mesmo, Manilha. Tinha um menino lá que eu cheguei do trabalho, era de noite, aí eu fui chegar perto da minha casa, lá em Manilha, né? Aí tinha um menino lá pedindo dinheiro na rua, né... lá no posto de gasolina. Aí quando eu vi que ele era todo bonito, né...

**M.A.** Mas você não conheceu esse aí?

**MARCELO** Não, nunca tinha visto ele não. Aí eu ofereci a ele um lanche, né, na padaria, né. Paguei pra ele um refrigerante e um misto quente pra ele, né. Aí depois eu falei pra ele que eu ia levar ele pra casa da minha tia, né, mas era um lugar deserto. Eu falei pra ele que eu ia levar ele pra casa da minha tia pra dar umas coisas pra ele, uma alimentação pra ele, uma boa alimentação de arroz, feijão pra ele, né. Pra levar pra família dele. Aí era um lugar deserto, né...

[Grande silêncio.]

**M.A.** Pode falar.

**MARCELO** Aí eu agarrei ele à força, né.

**M.A.** Quantos anos tinha esse menino?

**MARCELO** Tinha 12 anos. Aí eu

agarrei ele à força, né, aí ele ficou até desesperado, né, de momento, né. Aí bati nele e tudo, né, aí ele deixou eu beijar na boca dele e tudo, né. No corpo dele e tudo, né. E acariciei as pernas dele e tudo. Depois penetrei meu pênis na bunda dele, né, aí depois de algum tempo eu gozei dentro da bunda dele. Aí fiquei junto dele umas duas horas, aí me deu vontade de novo, aí eu penetrei meu pênis na bunda do garoto, né, que ele era bonito, né. Aí coloquei dentro da bunda dele de novo... aí depois eu matei ele enforcado de novo.

**M.A.** Com...?

**MARCELO** Com a camisa dele. Aí foi que ele morreu enforcado, né? Aí, já morto já, como ele era bonito ainda, como ele era um garoto bonito, né, não tive nojo de beijar ele na boca e tudo.

**I.** Ah, se ele fosse feio você ia ter nojo, né?

**MARCELO** Não, se ele fosse assim mais velho.

**I.** Ah, não é feio ou bonito, é velho ou moço!

**MARCELO** Aí ele já morto, beijei na boca dele de novo, ainda passei a mão nas pernas dele e tudo, ele já morto, e a língua também passei na bunda dele, nas pernas dele já morto. Aí levei a bermuda dele e deixei ele lá. Aí depois foi tanto, é, que era perto da minha casa, aí eu peguei um facão que tinha lá né, aí eu cortei o pescoço dele com o facão.

**I.** Por quê? Desse te deu vontade de tirar a cabeça dele?

**MARCELO** Hã?

**I.** Por que te deu vontade de tirar a cabeça desse menino?

**MARCELO** Pra mim eu tava sem prazer sexual, pra me certificar que ele tava morto mesmo.

**I.** Essa ideia veio por isso?

**MARCELO** É. Era pra me certificar que ele tava morto mesmo. Aí eu fui lá, peguei o facão e aí cortei o pescoço dele.

**M.A.** A cabeça ficou separada do corpo?

**MARCELO** Só um pouco só.

**M.A.** Mas ele deve ter sangrado, não é?

**MARCELO** Sangrou.

**M.A.** Você bebeu?

**MARCELO** Não, esse não bebi não porque eu tava sem vasilha...

**M.A.** E esse foi de dia ou de noite?

**MARCELO** De noite. Era no campo assim deserto.

**I.** Você chegou a ajeitar a cabeça dele ou deixou lá?

**MARCELO** Não, eu deixei lá perto mesmo.

**I.** E ele, já estava de camisa? Você já tinha vestido a camisa nele?

**MARCELO** Já.

**I.** Você vestiu depois que

cortou a cabeça?

**MARCELO**  Não, já cortei com a camisa já vestida já. Aí eu fui embora e deixei ele lá. Aí dois dias depois saiu no jornal.

**S.**  E isso tinha importância, ter saído no jornal?

**MARCELO**  Não. Eu procurava não falar nada pra ninguém, né?

**M.A.**  Mas quando você viu que tava saindo no jornal... você ficou preocupado ou não?

**MARCELO**  Fiquei preocupado de descobrirem, né? Eu pensava que se eles descobrirem eu tava...

**M.A.**  E as pessoas começaram a falar disso à sua volta, assim? Começaram a comentar?

**MARCELO**  Minha mãe comentou que mataram um menino ali perto ali. Que tinha cortado a cabeça, o pescoço dele, né? Mas eu fiquei quieto, não falei nada não.

**M.A.**  Mas ela falou de que jeito? Só contou ou ela... ela falou alguma coisa? Se era uma pessoa ruim ou não?

**MARCELO**  Não, ela falou só que tinha...

**M.A.**  Matado?

**MARCELO**  É.

# 10º MENINO
## JUDAS

**M.A.**  Bom, a décima criança?

**MARCELO**  Deixa eu ver se eu me lembro... [Silêncio muito prolongado.] Ah, esse foi um que eu conheci lá em Caxias.

**M.A.**  Quantos anos tinha a criança?

**MARCELO**  Tinha 5 anos de idade.

**M.A.**  O que estava com o irmão?

**MARCELO**  Não, tava sozinho. Aí eu tava em Caxias, né, tinha 5 anos de idade, né. Aí como não dava pra eu pegar mais nenhum menino de 10 a 13 anos...

**I.**  Por que não dava pra pegar menino mais velho?

**MARCELO**  Porque eu não tava encontrando. Aí eu chamei ele, pra me acompanhar que eu ia pagar um lanche pra ele. Aí ele aceitou. Não, esse não ofereci, não, falei que eu ia levar ele pra minha casa, pra conhecer a minha casa. Ele aceitou, né? Aí de Caxias peguei o ônibus pra saltar na Central do Brasil...

**I.**  Você voltou pra Central do Brasil com ele?

**MARCELO**  É. De ônibus, aí de lá peguei o ônibus pra praça XV, né. Aí peguei a balsa pra Niterói e de Niterói peguei o ônibus pra Manilha, né. Aí chegou lá num lugar deserto, né, aí eu deixei numa pedra grande cair em cima da cabeça dele... aí eu deixei o sangue dele cair dentro da vasilha, que eu levava comigo pro trabalho, né, aí eu bebi o sangue dele todo. Aí, como tinha um rio lá por perto, aí eu matei ele afogado.

**I.** Ele estava sozinho?

**MARCELO** Tava.

**I.** Foi de dia ou foi de noite?

**MARCELO** De noite.

**I.** Foi perto do lugar onde você pôs o irmão do Lucas?

**MARCELO** Não, bem longe.

**M.A.** Tá. O outro, o décimo primeiro menino?

**I.** Deixa eu só perguntar uma coisa, você matou ele afogado e deixou no rio?

**MARCELO** Não, tirei ele do rio depois que ele morreu afogado e deixei assim ele na beira do rio.

**I.** Ele já estava de camisa?

**MARCELO** Já.

**I.** E a bermuda, você levou?

**MARCELO** Não, deixei ele vestido mesmo.

**I.** Esse você não levou a roupa dele?

**MARCELO** Não era preto, era da cor preta, né?

**I.** Você não gosta, né, de preto?

**MARCELO** Não, não tenho preconceito de cor não.

**M.A.** Ele era um menino preto, é isso?

**MARCELO** É, ele era preto.

# 11º MENINO
## MATIAS

**M.A.** Bom e o outro, o décimo primeiro?

**MARCELO** (pensa um pouco) Esse foi que eu conheci na Central do Brasil, né.

**M.A.** Quantos anos?

**MARCELO** Tinha mais ou menos uns 6 anos.

**M.A.** Estava sozinho também?

**MARCELO** Tava, tava na Central do Brasil, aí como eu não consegui encontrar nenhum garoto maior que ele, né, aí eu paguei um refresco pra ele na Central do Brasil, e um pastel, né. Aí esse não fez esforço nenhum. Aí eu falei pra ele que eu ia levar ele pra minha casa, e tudo, aí ele aceitou...

**I.** Ele era de rua?

**MARCELO** Não, é que a família dele tava lá embaixo... A família dele não viu eu levar ele, eu levei ele lá pra ficar vendo o tempo, né. Matias, na estação do trem. Na Central do Brasil. Aí de lá eu... não deu pra penetrar meu pênis nele, que ele era muito novo, né? Aí penetrei nas coxas dele, né. Aí gozei nas coxas dele. Aí tinha um riacho, uma lagoa pequena ali, né, que enche de água de chuva, né. Aí matei ele afogado lá, aí deixei lá ele morto lá.

**I.** Afogado no riacho?

**MARCELO** É.

I. Você também tirou ele do rio?

MARCELO Tirei do rio também.

I. Ele já estava vestido, você levou a bermuda ou não?

MARCELO Não, levei quando eu deixei ele.

I. Você voltou pra ver ele?

MARCELO Não, não voltei não.

I. Nenhum dos outros?

MARCELO Não, aí era, eu pulei o muro, pulei o muro com ele, né, e ali era propriedade do Exército, né. Aí não voltei mais lá não.

M.A. Era propriedade do Exército?

I. O outro menino do rio você não voltou pra ver? Nenhum menino mais você voltou pra ver?

MARCELO Não.

M.A. Depois que você passou a sentir medo você não voltou mais?

MARCELO Não.

I. Você tinha medo que te pegassem?

MARCELO É.

## 12º e 13º MENINOS
### NATANAEL E SIMÃO

S. Vamos em frente?

MARCELO Acho que já acabou o décimo segundo...

I. Não, falamos do décimo primeiro, que é o Matias, que era o menino pequeno, pequeno demais pra você conseguir, e que era uma propriedade do Exército.

MARCELO (pensa um pouco) Depois eu não tô lembrado, não.

I. Pensa, pensa com calma. O décimo terceiro você lembra?

MARCELO Lembro.

I. O décimo terceiro você lembra, o décimo segundo que está difícil?

MARCELO É.

I. Então vamos falar do décimo terceiro, depois a gente volta.

S. A hora que você lembrar, volta.

I. Fala do décimo terceiro então.

MARCELO Esse foi de Niterói, né.

I. Qual de Niterói?

MARCELO É do Lucas. Ele tinha na época mais ou menos uns 10 ou 11 anos, não me lembro a idade dele não. Aí eu vi que ele era um garoto bonito, né, e tava acompanhado de um menino pequenininho, aí eu ofereci pra ele pra acender vela pra São Jorge. Aí ele aceitou. Aí ele veio comigo e com o irmão dele pequeno.

I. Ele não tinha um defeito no olho, o Lucas?

MARCELO Tinha.

I. Isso não te incomodava?

MARCELO Não.

I. Ele era bonito mesmo com o defeito?

MARCELO Era. Aí fui levar eles

pra um lugar deserto, né.

I. Onde que era o lugar?

**MARCELO** Lá perto do CIEP. Aí tinha uma galeria assim por baixo... do lado da pista, né. Aí desci com ele lá, já era noite, né. Aí pra o irmão dele pequeno não fugir, né, aí matei o irmão dele pequeno enforcando lá, né, aí ficou morto lá e tudo. Aí comecei a fazer sexo com o Lucas. Beijei na boca dele e tudo, né.

I. Espera aí, vamos voltar só um pouquinho. Paciência comigo... pra eu entender e escrever direito. Você chegou lá na galeria. E até aí o Lucas achava que ia acender vela?

**MARCELO** É.

I. Quem estava segurando o Simão no colo? O Lucas ou você?

**MARCELO** Eu tava segurando os dois.

I. Você estava com os dois no colo?

**MARCELO** Não, na mão.

I. Você não carregou o Simão no colo, ele não ficou cansado de andar até lá na galeria?

**MARCELO** É, carreguei ele no colo, o Simão.

I. No colo assim? Assim? [Mostrei vários jeitos possíveis.]

**MARCELO** Na "carcunda".

I. Aí vocês chegaram lá. Aí como é que foi a conversa? Você tava com dois e sempre você tinha pegado um só. Aí tinha dois, você não ficou com medo de o Lucas fugir enquanto você pegava o Simão? Como é que você fez?

**MARCELO** Não, eu segurei o Lucas pela mão à força, aí antes de entrar na galeria eu bati com a cabeça dele na pedra, né.

I. Pra ele ficar assustado?

**M.A.** Era pra matar ele?

I. Não, ele bateu a cabeça do grande na pedra.

**MARCELO** Pra ele ficar mais calmo. Aí eles dois foram comigo lá...

I. Aí entrou na galeria. E o Simão, chorou quando você bateu a cabeça do Lucas na pedra?

**MARCELO** Não.

I. Ele estava no seu colo quando você bateu a cabeça do Lucas?

**MARCELO** É.

I. Aí você entrou com os dois na galeria? Você falou o que pra o Lucas? Falou "fica quieto"? Ele já ficou quieto?

**MARCELO** Ele já ficou quieto.

I. Na galeria, o Lucas ficou onde?

**MARCELO** Ficou ali sentado ali.

I. Num canto?

**MARCELO** É. Aí, pra o pequeno não fugir, eu matei o pequeno enforcado... eu queria só com o Lucas, que era mais grande, né.

I. O menino pequeno, antes de você enforcar, você fez carinho nele?

**MARCELO** Não, não cheguei a fazer não.

I. Nada?

**MARCELO** Não.

I. Não deu desejo?

**MARCELO** Não. Eu tava querendo mais o Lucas que era maior já. Pra fazer sexo.

I. E aí, o Lucas tava lá no canto?

**MARCELO** É.

I. Como é que você matou o Simão mesmo?

**MARCELO** Com a mão enforcado.

I. Aí ele ficou quieto. Você viu se ele tava morto pondo a mão no peito dele?

**MARCELO** É.

I. E ele tava? O coração tava batendo?

**MARCELO** É.

I. Aí o que você falou para o Lucas?

**MARCELO** Aí eu comecei a fazer sexo com o Lucas e tudo, olhar as pernas dele bonita, as pernas dele bonita e tudo. A beijar na boca dele e tudo.

I. Ele não reclamou?

**MARCELO** Não.

I. Não chorou?

**MARCELO** Não. Aí depois eu saí com ele de lá, da galeria, mas não cheguei a penetrar nele não, né. Aí fui lá pro posto de gasolina...

I. Você não penetrou no Lucas?

**MARCELO** Não.

I. Só acariciou ele?

**MARCELO** É.

I. Mas você ficou satisfeito?

**MARCELO** Não. Deixa eu terminar... Aí deixei o pequeno lá morto lá e fui com o Lucas pro posto de gasolina, né. Aí bebemos águas, aí fomos pra outro lugar deserto, né. Aí quando eu vi que tava quase amanhecendo o dia, aí eu tornei a namorar com ele de novo, né, aí eu toquei uma punheta, né, olhando pro rosto dele, aí gozei. Aí eu ejaculei esperma no rosto dele todo, né.

I. Ele fez sexo oral?

**MARCELO** Fez. Aí chupou meu pênis tudo, né. Aí depois que eu gozei assim olhando pro rosto dele, né...

I. Foi a primeira vez que você gozou naquele dia?

**MARCELO** É. Aí já tava bastante tempo, aí quase que eu mato ele... com uma pedra grande que tinha lá, né. Aí eu resolvi que não, né.

I. Por que você resolveu que não?

**MARCELO** Não sei. Aí eu ia levar ele pro meu trabalho.

I. No que ele era diferente dos outros, que você deixou ele vivo?

**MARCELO** Eu resolvi não matar ele não.

I. Você estava num dia bom?

**MARCELO** Eu pensei que... eu ia guardar ele pra gente fazer de noite, matar ele de noite.

I. Ah, você ia guardar ele um dia!

S. Pra matar outra vez...

I. Pra matar de noite, pra ter ele o dia inteiro pra transar com ele. Você ainda não tinha transado?

**MARCELO** Eu ainda não tinha penetrado nele.

I. Você ia guardar para de noite? Você dividiu em duas partes?

**MARCELO** É.

I. E você não voltou pra ver o Simão?

**MARCELO** Não. Aí eu fui embora...

I. Só largou ele lá e foi embora?

**MARCELO** É. Inclusive também ele não reclamou do irmão dele, que tava morto lá também. Ele não falou nada.

I. Aí de lá você já foi embora?

**MARCELO** Aí eu fui lá pro meu trabalho... Acabou que de lá do meu trabalho ele fugiu.

I. Como que ele fugiu? Você estava de mão dada com ele?

**MARCELO** Tava, mas lá no trabalho eu tive que largar ele, que eu tinha que trabalhar, né. Aí eu falei pra ele ficar ali esperando, né. Pra ir pra minha casa que eu ia levar ele.

I. Que horas que você viu que ele tinha fugido?

**MARCELO** Depois que eu tava trabalhando. Dando papel pras pessoas que passam na rua.

I. Daí uma hora você olhou e ele não tava lá?

**MARCELO** É. Acabou que ele levou a polícia lá onde que eu tava trabalhando.

I. No mesmo dia?

**MARCELO** Não, levou uma semana mais ou menos.

I. Que dia você foi preso, você lembra?

**MARCELO** Não me lembro não.

I. Como é que a polícia chegou lá no teu trabalho, chegou lá falando o quê? Onde você estava?

**MARCELO** Tava lá no meu trabalho.

I. Mas fazendo o que na hora que a polícia chegou?

**MARCELO** Tava lá sentado lá no escritório do meu patrão.

I. A polícia já tinha avisado o seu patrão?

**MARCELO** Não, não tinha não. Eu pensei que ele não ia aceitar levar a polícia lá, né?

I. Você ficou nervoso nesse dia que ele sumiu? Você ficou com medo?

**MARCELO** Fiquei perturbado, né, que ele podia levar a polícia lá, né. Mais aí passou uns dias lá e ele não levou a polícia lá, aí eu pensei que ele não ia saber mais onde era o local, né. Aí continuei trabalhando. Aí ele levou a polícia lá e me prendeu.

I. Aí a polícia chegou e fez como? O que você estava fazendo sentado no escritório do seu patrão?

**MARCELO** Aí deu voz de prisão, era dois policial. Ele me deu voz de prisão aí...

I. Algemou?

**MARCELO** É.

I. E levou pra delegacia?

**MARCELO** É.

**M.A.** E o seu patrão, o que fez na hora?

**MARCELO** Ele ficou triste, né, de saber que eu fui preso e tudo.

I. Você viu no rosto dele?

**MARCELO** É.

S. Nesse período, de o menino fugir até a sua prisão, você matou mais algum?

**MARCELO** Foi esse que eu matei afogado lá no rio.

**M.A.** Qual? Nas duas semanas...

I. Do dia que o Lucas fugiu, até o dia que a polícia chegou, passou uma semana mais ou menos, você falou. Nessa semana, você matou alguém? Algum menino?

**MARCELO** Foi esse, do... o décimo segundo foi esse. Do rio, que eu matei afogado.

S. O décimo segundo então foi nessa semana?

**MARCELO** Nessa semana, antes de eu ser preso.

I. Foi depois do Simão?

**MARCELO** É.

I. Ou foi antes do Simão?

**MARCELO** Foi depois do Simão.

**M.A.** Ah, o décimo segundo foi depois do Simão?

**MARCELO** Não, o décimo terceiro foi depois do Simão que o Simão foi o décimo segundo.

I. Ah, o Simão foi o décimo segundo? Agora está certo.

**MARCELO** O décimo terceiro foi esse que eu matei no rio, lá em Manilha, lá, afogado, o garoto negro, de 5 anos.

I. O garoto negro você tinha falado que era lá do outro lado.

**MARCELO** No terminal de Caxias, foi lá.

I. O de Caxias?

**MARCELO** É, que eu levei lá pra Manilha.

I. Você tinha falado que ele era o quê? Tava em outra ordem aqui.

**M.A.** Estava em outra ordem. Acho que a gente tá te deixando cansado, né?

S. Está embaralhado...

I. Então espera aí, vamos repassar essa parte?

**MARCELO** Agora o décimo terceiro não tô bem lembrado não.

I. Quantos foram, Marcelo?

**MARCELO** Treze.

I. Vamos falar tudo outra vez: primeiro foi o Pedro, na BR-101, no túnel. O dois... não marquei...

S. O dois. Mais ou menos 12 anos, não se lembra o nome, tem rosto bonito...

I. O três você achou

que era o Tiago.

**S.** Sete anos, Tiago.

**I.** Era o do esqueleto no fusca. O quarto foi em Japeri. O quinto São João de Meriti. Está certo?

**MARCELO** [Faz que sim com a cabeça.]

**S.** O sexto no trilho do trem.

**I.** O sexto você conheceu no trem em Comendador Soares, você levou ele. O sétimo foi em São Pedro da Aldeia. O oitavo você conheceu na Central do Brasil e foi lá no CIEP de Niterói. O nono foi em Manilha. Aí você falou que era o menino negro... Ah não, mentira, você levou ele perto de onde você morava...

**MARCELO** Ah, esse aí que eu cortei a cabeça eu tô me lembrando o nome dele, é Paulo.

**I.** O da cabeça é o Paulo... O nono é esse, então, o Paulo, é isso?

**MARCELO** É.

**I./S.** O décimo... É em Caxias, você falou que o décimo era em Caxias.

**MARCELO** Então deve ter sido.

**I.** Ele não é o décimo, é o décimo terceiro?

**MARCELO** É, depois que o Lucas fugiu eu fiquei uma semana até ser preso, aí eu peguei ele, matei ele.

**I.** O décimo ficou qual, o Matias?

**M.A.** O pequenino de 6 anos?

**MARCELO** Hã?

**M.A.** O décimo foi o de 6 anos?

**I.** É aquele que você não conseguiu penetrar, o décimo?

**MARCELO** É. Eu sei que ao todo foram treze meninos.

**S.** Você matou mais?

**MARCELO** Não. Deixa eu ver se eu me lembro o último.

**I.** O último?

**MARCELO** É, deixa eu ver se eu me lembro o último.

**I.** Você não lembra, mas o menino de Caxias foi depois do Lucas? Foram dois depois do Lucas?

**MARCELO** Não, só um só. Deixa eu ver se eu me lembro o último aqui.

**I.** Tá. Deixa ele pensar...

[Marcelo faz as contas.]

**MARCELO** São Pedro da Aldeia eu falei, né?

**I.** Falou.

[Vários minutos se passaram em absoluto silêncio.]

**I.** Aí seu patrão voltou, você chegou atrasado... deixa eu ver se eu entendi. Ele pediu pra você ir comprar um material de construção "Ô, Marcelo, vai lá, perto do presídio, no endereço tal", é isso?

**MARCELO** É, fui comprar uma caixa de material de construção no presídio.

**I.** Aí você foi lá e ele foi conferir, é isso, o cara ligou pra ele? Ele falou como que ele chegou tão tarde, que era pra você chegar lá às nove horas, é isso? Você chegou que horas lá?

**MARCELO** Nove horas, era pra chegar sete horas. Eu dormi muito, descansando muito, aí cheguei nove horas lá. Aí meu patrão não gostou e falou pra eu não ir trabalhar nesse dia não.

**I.** Falou no telefone com você?

**MARCELO** É.

**I.** Quando você tava lá na loja?

**MARCELO** É. Pra eu não comparecer, não ir trabalhar hoje não que ele ficou chateado, que eu cheguei atrasado. Mas aí eu resolvi não ir pra casa, eu resolvi ir pra Copacabana, assim mesmo, né. Aí ele falou "Não falei pra você voltar pra sua casa? Que você chegou atrasado?".

**I.** Te deu uma bronca?

**MARCELO** É. Aí tinha que voltar no mesmo instante, né? Aí eu fiquei olhando pela Copacabana ali, aí eu vi um garoto lá, deitado lá do meu lado, né. Ali na calçada. Menino de rua, né? Aí perguntei primeiramente a idade dele. Ele tinha 12 anos de idade, aí eu paguei um lanche pra ele.

**I.** Você sempre perguntava a idade?

**MARCELO** Sempre perguntava a idade.

**I.** Era a primeira coisa que você fazia? Perguntar "quantos anos você tem"?

**MARCELO** É.

**I.** Pra saber se era maior ou menor de 13 anos?

**MARCELO** É. Paguei um lanche pra ele, na padaria, né. Um queijo pra ele, né, e um refrigerante pra ele... aí chamei ele pra minha casa, né? Ele tava na rua... Aí como eu vi que ele era todo bonito, né, aí pegamos o ônibus, saltamos na praça XV, aí chegou na praça XV eu peguei o ônibus direto, via ponte, né.

**I.** Ah, você foi via ponte, não foi mais pela barca?

**MARCELO** Não, fui pela ponte. Pra Manilha, lá pra Itaboraí. Aí, chegou lá saltei do ônibus por trás, né, não pagamos a passagem, né.

**I.** Ah, você saiu sem pagar a passagem?

**MARCELO** É. Aí levei ele por baixo de uma ponte que tinha lá, de um viaduto...

**M.A.** Isso era de dia também?

**MARCELO** Era de dia. Aí comecei a fazer sexo com ele, né. Ele aceitou, não precisou nem eu forçar ele, né. Aí eu comecei a beijar na boca dele e tudo, né, a passar a mão nas pernas dele, nas nádegas dele e tudo, né. Aí depois eu quis penetrar nele à força, né, nas nádegas dele, né? Aí eu até bati nele e tudo pra ele deixar, né. Aí ele ficou com medo e deixou, né. Aí eu gozei dentro das nádegas dele, né, a primeira vez e a segunda vez dentro de três horas, né.

**I.** O que você ficou fazendo nessas três horas?

**MARCELO** Fiquei namorando com ele, né? Aí depois tinha um lago pequeno lá, né, debaixo da ponte, aí eu matei ele afogado lá, no lago. Aí matei ele afogado lá no lago, né...

I. Como é que é matar afogado?

**MARCELO** É deixar a cabeça dele toda debaixo d'água.

I. Segurando a cabeça dele?

**MARCELO** É.

I. Mas ele estava acordado quando você começou a afogar ele ou ele já estava desacordado?

**MARCELO** Tava acordado.

I. Estava acordado... e ele lutou com você, pra respirar?

**MARCELO** É. Aí eu deixei ele lá morrendo lá debaixo d'água, acabou que ele morreu afogado debaixo d'água.

I. Parou de brigar?

**MARCELO** É. Aí quando eu vi que ele tinha morrido afogado, aí tirei ele da água, né, aí deixei ele lá, na beira da água.

I. Ele já estava vestido?

**MARCELO** Tava vestido, eu vesti ele.

I. Levou a bermuda dele ou não?

**MARCELO** Não. Aí eu tava com vontade de no outro dia achar ele lá pra fazer sexo com ele já morto ainda. Mas aí não deu porque já tinha descobrido o corpo dele já.

**M.A.** Aí você ficou com esse desejo?

**MARCELO** É, desejo de ir lá de novo fazer sexo com ele. Penetrar nas nádegas dele pra gozar de novo, mesmo ele morto. Mas aí vi que não dava mais, já tinha destruído o corpo dele.

I. Eles descobriram logo?

**MARCELO** É. Esse é o último.

**M.A.** Agora, Marcelo, tem papéis que a gente leu que dizem que você matou um senhor de 95 anos.

**MARCELO** Hã?

**M.A.** Tem uns papéis que a gente leu que você teria matado um senhor de 95 anos.

**MARCELO** De 95 anos? Não.

**M.A.** Você matou alguém de 95 anos? Velhinho?

**MARCELO** Não. Mentira.

I. Não teve?

**MARCELO** Não. Mas não é processo não, é?

I. De onde veio essa...

**MARCELO** História? Não sei também não.

I. Você nunca falou nada? Nunca matou ninguém...

**MARCELO** Velho assim? Não.

I. Mas você não pegou e falou isso em alguma entrevista?

**M.A.** O delegado deu pra você assinar alguma coisa desse tipo?

**MARCELO** Não, não.

I. Não teve processo desse caso?

**M.A.** Processo mesmo não teve.

Despedida. Marcelo beija a minha mão e diz: "Vão com Deus..."

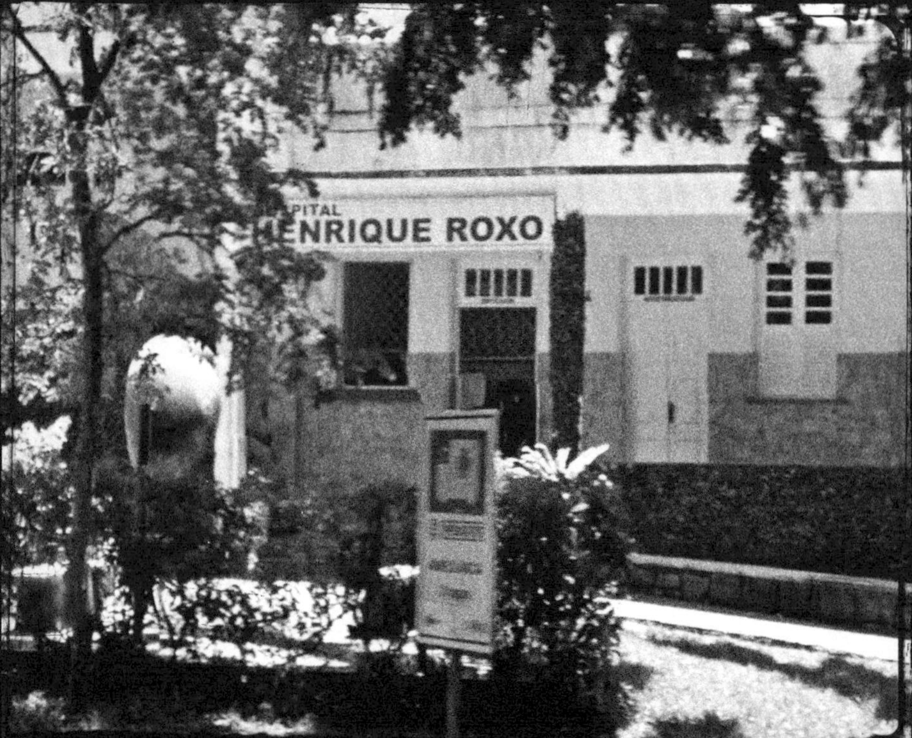
PITAL
ENRIQUE ROXO

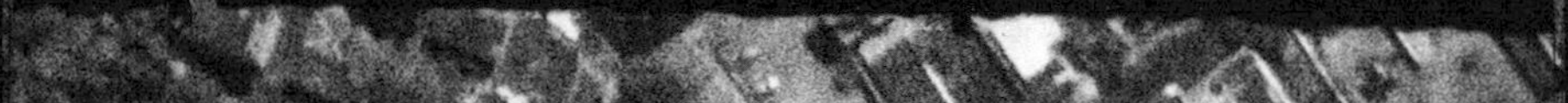

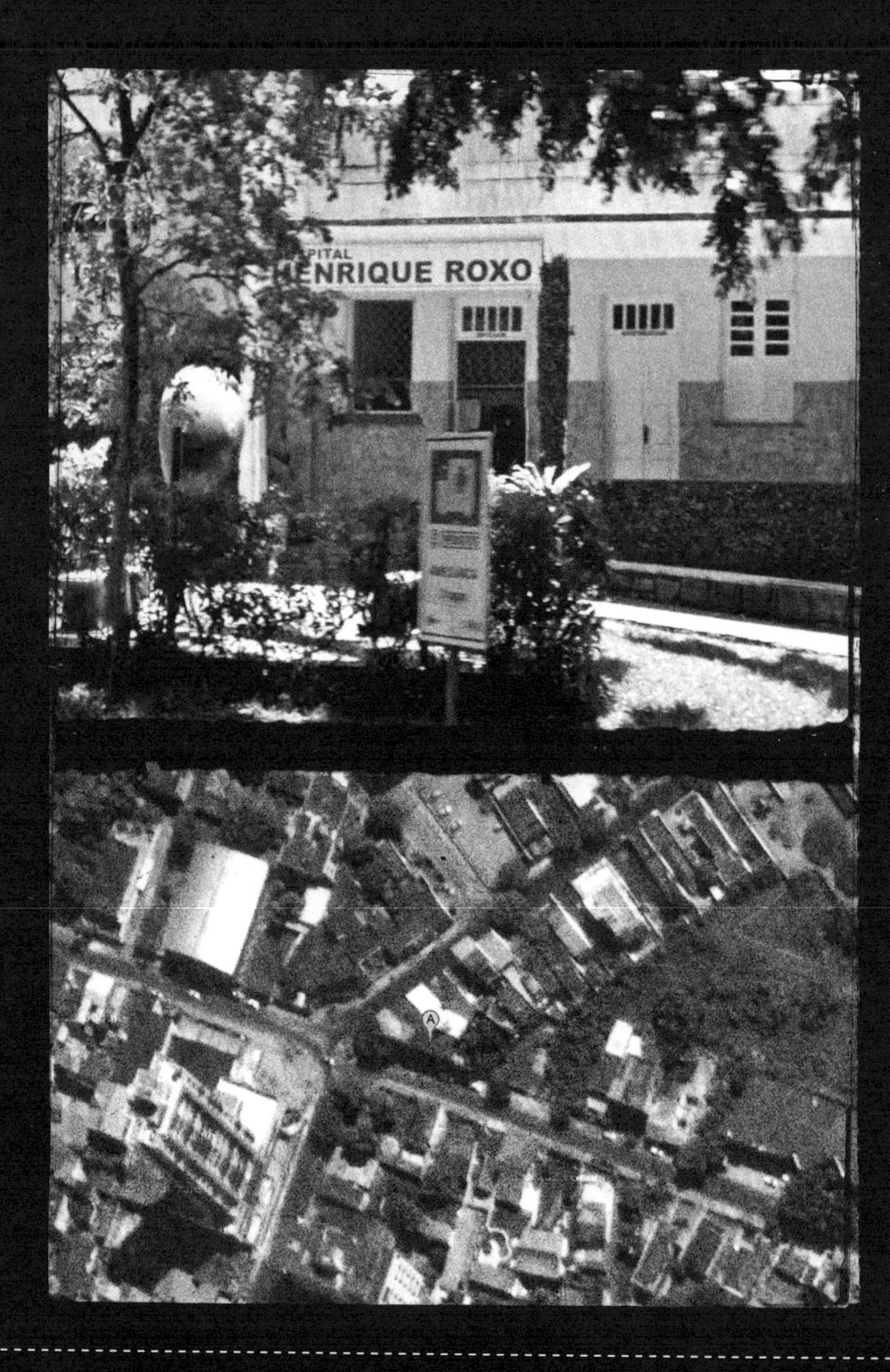

# ATUALIZAÇÃO – MARCELO COSTA DE ANDRADE

A atualização do capítulo sobre Marcelo Costa de Andrade foi a de mais difícil execução que já enfrentei.

No mês de abril de 2005, comecei a pedir uma nova autorização para a Vara de Execuções Penais do Rio de Janeiro para filmar uma entrevista com o Marcelo, com o objetivo de ter o material documentado em película para o banco de dados. O juiz Carlos Eduardo Carvalho de Figueiredo permitiu o trabalho em junho do mesmo ano, mas o envio da autorização seguiu para o endereço do Hospital das Clínicas, instituição paulista composta de doze mil funcionários, e ali ficou extraviada até que a localizássemos seis meses depois. Como já era final de ano, liguei para o Manicômio Henrique Roxo explicando a situação e combinando verbalmente com um dos diretores, à época, que faria aquele trabalho, objeto da autorização, no ano seguinte. Notem que a autorização não tinha prazo de validade; era para realização de específico trabalho de filmagem de entrevista com o paciente Marcelo Costa de Andrade.

Após inúmeros acertos e procedimentos burocráticos, a entrevista ficou agendada para o dia 10 de junho de 2006.

Naquela manhã, bem cedinho, uma sexta-feira, a equipe saiu do hotel. Van, caminhão, equipamento, umas dez pessoas entre os que efetivamente trabalhariam lá dentro e o pessoal de apoio. Rumamos para Niterói. Já na porta, mostrei a autorização, mas só permitiram que entrassem duas pessoas, eu e o produtor.

O Henrique Roxo é uma casa antiga, construída numa esquina, maltratada pelo tempo, mas até que bastante simpática. Não parece um manicômio judiciário, pelo menos não como aqueles dos filmes e livros de ficção. Entramos, conduzidos por um agente de segurança, que nos levou até uma antessala onde três mulheres conversavam bem à vontade. Assim que entrei no recinto, dando bom-dia e me identificando, uma delas levantou-se rapidamente, entrou na sala contígua e bateu a porta. Uma das que ficaram, que parecia ser uma secretária, nos pediu para aguardar.

Algum de vocês já ficou na antessala de um hospício? É realmente o que nossa vã imaginação nos leva a crer: enquanto eu ouvia aquela mulher que levantou e bateu a porta aos berros com alguém no telefone, gritando que eu não entraria de jeito nenhum, um interno pedia, pela janela, um cigarro. Implorava por um "traguinho", que nenhum de nós se atreveu a dar. Um olhava para o outro, estávamos em um filme de segunda categoria? Será? Por que a mulher gritava tanto? Quem estava do outro lado da linha e não se importava em nada com o ataque histérico? Por que essa voracidade em não nos deixar entrar? Qual era o problema? Não tivemos a resposta, mas o desenrolar da história foi bem rápido. A mulher saiu da sala como um torpedo e falou de forma ríspida:

– Sua autorização está vencida, façam o favor de se retirar já!

Perplexa, respondi com calma:

– Calma, doutora, que até ontem ela valia. O que foi que aconteceu?

Gritando, ela respondeu, não para mim, mas acreditem, urrava pelos seguranças e aos brados proclamava:

– Tirem esta mulher daqui! Retirem-se imediatamente! Seguranças, seguranças, retirem essas pessoas daqui!

Nunca me senti tão humilhada. Era como se eu tivesse pulado o muro e fosse pega em flagrante. Como assim? Afinal, eu estava com uma autorização judicial onde não constava prazo de validade, tinha falado com o diretor durante todos aqueles meses, mandei cópias de todos os documentos requisitados aos integrantes da equipe, marquei hora e local... Parecia um pesadelo, daqueles que a gente acorda suando, sem fala, com medo de descer da cama. Em menos de dois minutos estávamos na rua, um olhando para a cara do outro, tentando explicar tudo o que havia acontecido lá dentro para o resto do grupo. Não sabíamos nem para onde ir, nem o que fazer. Ficamos ali, parados numa certa rua em Niterói, assistindo a todo o trabalho e investimento desaparecerem.

Apesar de nossos protestos e argumentos junto à Secretaria de Administração Penitenciária e de Segurança Pública, nada foi resolvido. O trabalho não foi executado, não consegui nem ao menos conversar com a equipe que estava atendendo o Marcelo e ficamos intrigados e cheios de suspeitas sobre o que poderia ter acontecido para nossa autorização ter sido "cassada" sem aviso prévio.

Em novembro de 2006, encaminhei novo pedido de autorização para o mesmo juiz da Vara de Execuções Penais, doutor Carlos Eduardo Carvalho de Figueiredo, explicando o que acontecera e pedindo revalidação do alvará concedido. O Ministério Público se manifestou favoravelmente e outra vez o juiz me autorizou. Dessa vez, tudo correu de forma muito diferente da anterior.

Com a colaboração de todos os envolvidos, Secretaria da Saúde, da Comunicação Social e da Administração Penitenciária, através do doutor Eduardo Gamelero, marquei uma visita ao Hospital de Custódia e Tratamento Psiquiátrico Henrique Roxo. Ali, fui recebida em janeiro de 2007 pelo diretor da instituição, o psiquiatra doutor Antonio Carlos Pascotto, e pela subdiretora, doutora Áurea Cristina Dias. Com transparência absoluta e competência inquestionável, me mostraram toda a unidade, seu funcionamento, seus projetos, seus pacientes. Na ocasião também conversei com Marcelo Costa de Andrade e me surpreendi com a melhora de seu estado de saúde físico e mental.

Marcelo estava já há algum tempo sem medicação. Parecia agora alguém normal, sem estar impregnado com os medicamentos, se movimentando agilmente e com o raciocínio mais lúcido. Fiz uma entrevista rápida com ele, acompanhada de Maria Adelaide de Freitas Caires, e constatamos como sua qualidade de vida havia melhorado. A instituição também nos impressionou, a motivação dos funcionários, tanto da área de saúde como de segurança, conversamos com as equipes multidisciplinares de tratamento, enfim, nenhuma pergunta ficou sem resposta.

A atitude das Secretarias e da Instituição nos motivou a produzir um documentário mais amplo, sobre a questão manicomial no Rio de Janeiro, que parece ser diferenciada, e não mais nos concentrarmos apenas no caso de um único paciente. Voltamos para São Paulo, idealizamos esse novo projeto, nos organizamos para essa empreitada e, na última semana de novembro de 2007, realizamos as entrevistas e filmagens para fazer o retrato do que observamos ali. O documentário está em produção final e pretende mostrar as pessoas que habitam esses lugares, suas histórias de vida e as daqueles que se dedicam a cuidar destes que preferimos esquecer. Alguns nunca deveriam ter sido internados ali, outros talvez nunca devam sair de lá.

Conhecemos também o Hospital de Custódia e Tratamento Psiquiátrico Heitor Carrilho, pedra fundamental deste tipo de instituição no Brasil, que também nos abriu as portas para pesquisa. Ali, o diretor que estava na função havia apenas sete meses, doutor Marcos Argôlo, caminhou conosco por todos os setores, psiquiátrico, administrativo e operacional, mostrando os problemas que enfrenta todos os dias, as soluções que estavam sendo aplicadas, os projetos em andamento, os pacientes. Sua transparência também foi emocionante.

É uma situação difícil, que passo a contar por meio da própria entrevista com Marcelo Costa de Andrade e dos depoimentos dos responsáveis pelas instituições manicomiais judiciárias naquele estado. Nelas, moram pessoas que recebem um castigo infinitamente maior do que o crime que cometeram e outras em que a pena jamais alcançará a barbaridade do crime cometido.

## ENTREVISTA COM
## MARCELO COSTA DE ANDRADE [26.11.2007]

Nosso set de filmagem foi montado em uma das celas do hospital Henrique Roxo, lugar pintado de um verde vivo, onde dormem seis pacientes.

Fiquei impressionada com a melhora de saúde que apresentava Marcelo. Estava coerente, entendia rapidamente nossas perguntas e as respondia com calma. Conseguia se localizar no tempo, no espaço e na sua própria história. Penteou-se antes de começarmos, vaidoso que é, e iniciamos uma conversa bem inócua sobre assuntos gerais que pertencem ao seu pensamento fantasioso.

Marcelo adora falar sobre outros países, em especial os Estados Unidos e a Rússia. A entrevista decorreu em duas mãos: a cada pergunta dele respondida por mim eu podia fazer um questionamento, mas não demorou muito para que ele introduzisse assuntos de ordem sexual na nossa conversa. Dessa vez, queria nos explicar como os internos do hospital fazem sexo entre si, mas que ele não faz porque não gosta de fazer sexo com "já homens".

Voltamos a conversar sobre generalidades e aqui preciso esclarecer como também tive medo de ouvir mais uma vez sobre seus crimes. Adiei esse momento da entrevista o máximo que pude. Sabia que seria perturbador, já havia passado por aquilo antes.

Marcelo me perguntou muito sobre pena de morte, prisão perpétua, como funciona em outros países e nos países vizinhos ao Brasil. Falou, com convicção, que a perpétua deve existir para quem "erra de novo", queria saber que povo tem a maior maldade, americanos ou russos, e é plenamente consciente de que aqui no Brasil a prisão perpétua "é proibida".

O assunto passou de prisão para religião. Disse que se acha perverso em seus atos, que a "força do mal" o fez fugir de casa e que não mata por vingança ou ódio, mas para a criança "ir para o céu". Quando perguntei se a mãe dele alguma vez desconfiou de seus crimes ele a defendeu, dizendo que ela jamais imaginou que ele era capaz de fazer o que fez e que ficou muito abatida quando descobriu.

Explicou-nos que quem está preso está amaldiçoado, mas que ele ainda pode até ser santo, porque Deus é santo e seus filhos também podem ser. Acha que a pessoa tem que se esforçar para escapar do inferno, ou vai ficar atormentadoapor toda a eternidade. Se sente melhor, agora que é evangélico. Comenta os brutais crimes acontecidos nos Estados Unidos (assassinatos em massa) e nos explica que, na sua visão, esse tipo de crime acontece lá porque é um país de ateus, alvo fácil para o diabo.

E, falando no diabo, Marcelo começou a falar sobre os seus crimes. Não vou transcrever literalmente seus dizeres, porque isso dificulta a leitura. Ao ouvi-lo, toda a equipe presente à entrevista passou mal de alguma maneira, uns chorando, outros em profunda angústia, outros se retiraram antes de se descontrolar de raiva. A doutora Maria Adelaide "colou" os pedaços de todos nós nos dias subsequentes, para que pudéssemos seguir em frente, fazendo um trabalho psicoterápico de emergência nos integrantes do projeto.

Marcelo entrou num modo estranho foi como se atingíssemos seu núcleo de perversidade. Falava olhando de forma fixa nos meus olhos e meu sofrimento lhe dava extremo prazer. Lutei contra as lágrimas para não estimulá-lo, mas elas escorriam por minhas faces sem controle, à revelia. E, quanto mais eu chorava, mais Marcelo falava. Não aguentamos por muito tempo. Para esse indivíduo, no seu entendimento confuso e sem sentimentos, falar sobre seus atos mais chocantes "agrada mais" o interlocutor; afinal, desde que foi preso, é isso que se espera dele. Esse discurso não faz bem a ninguém, nem a quem o entrevista, nem ao doente ali internado.

Assim, deixamos que ele falasse "num fio só" e encerramos nossos trabalhos. Esta será a última atualização de entrevista com Marcelo Costa de Andrade. Acredito que nada do que ele possa nos dizer além do que já disse oferece alguma contribuição à ciência.

Nesta entrevista percebi que as bermudas que suas vítimas vestiam não eram um fetiche para ele; apenas lhe permitiam ver as pernas dos meninos, isso sim objeto de seleção. Ele tem uma fala repetitiva sobre seu ritual:

> *"Eram garotos bonitos, de pernas bonitas, de rosto bonito, beijava na boca deles, alisava as pernas deles, bonitas, lisinhas, as nádegas deles também bonitinhas, lisinhas e tudo, metia meu pênis dentro das nádegas deles e como eles eram garotos virgens e bonitos gozava dentro deles, das nádegas deles. Aí, depois, eles chupavam também meu pênis, os garotos, até eu gozar o meu esperma dentro da boca deles. Aí eu sentia prazer sexual também de matar eles, beber o sangue deles todo também."*

Marcelo detalhou seus atos, passo a passo: via as pernas de algum garoto, se excitava, perguntava a ele qual idade tinha (não podia ser maior de 12 anos), fazia uma promessa de dinheiro ou comida, levava-o para local deserto previamente escolhido, batia na criança para obter sexo oral, sodomizava o menino e passava horas acariciando as pernas dele, beijando sua boca e rosto, nas suas palavras, "fazendo carinho". Quase de manhã tirava sua vida, em geral "enforcado", quebrava sua cabeça com uma pedra, virava-o de ponta-cabeça para que o sangue escorresse em sua vasilha, bebia o equivalente a três ou quatro copos de sangue e abandonava o corpo. Nos próximos dias voltava ao local, se masturbava "olhando para o rosto dele" e ia embora. Nunca pensou em canibalismo e afirma categoricamente:

> *"Vampiros não existem não!"*

## ENTREVISTA – DR. JOSÉ CARLOS PASCOTTO
### DIRETOR DO HOSPITAL DE CUSTÓDIA E TRATAMENTO PSIQUIÁTRICO HENRIQUE ROXO

O doutor Pascotto fala de cada paciente do hospital que dirige como se fosse um filho, assumindo total e plena responsabilidade sobre eles. Trabalha ali há mais de trinta anos; seu primeiro cargo foi de estagiário da instituição. Conhece cada história e histórico, lembra-se de cada entrada de paciente ali, da causa, do comportamento, do tratamento dado e dos resultados atualizados.

Levantou problemas relacionados a pacientes que, apesar de mentalmente já terem condições de saírem desacompanhados, ficaram idosos ao longo de sua internação e, ao saírem, se machucam e sofrem quedas, necessitando acompanhamento de técnicos para exercer a liberdade a que têm direito.

Outro problema interessante que nos relata é referente aos casos em que a institucionalização já faz parte da história daquele indivíduo. Pelos delitos e pela doença mental de que é portador, talvez nem devesse estar ali, mas só aprendeu a viver no "sistema", onde muitas vezes é "rei", ou seja, construiu uma identidade criminosa positiva e reincide para voltar, pois ficar nas ruas é viver o abandono e o anonimato. Esses indivíduos têm uma enorme necessidade de "vender" a imagem de grande bandido, mas na realidade não é tanto assim: fazem isso para chocar, impressionar, construir uma lenda.

Foi muito esclarecedor o que o doutor Pascotto nos explicou sobre Marcelo Costa de Andrade. Disse que esse paciente tem transtorno de personalidade antissocial, inteligência baixa e traços psicóticos em certos períodos, com delírios de fundo persecutório não muito claro.

Para o psiquiatra, o lugar de Marcelo não seria um hospital psiquiátrico e sim uma prisão especialmente construída para portadores de transtorno de personalidade, onde ficariam separados da população portadora de doença mental. São pacientes que causam muitos problemas, tanto nos presídios comuns quanto nos hospitais, porque não obedecem a limites. Quando cedem, seu objetivo é ter um ganho.

Marcelo contou para Pascotto que a juíza que lhe aplicou medida de segurança disse que ele jamais sairia, mas que ele alega agora ser evangélico e que não cometeria mais crimes. O psiquiatra observou, ao longo de todos esses anos, que Marcelo parece adivinhar quando seu laudo está expirando e nova avaliação precisa ser feita, porque nessa época passa a se comportar muito bem, ser extremamente solícito e colaborativo, cuidando dos pacientes mais necessitados das enfermarias. Um "anjo de candura", nas suas palavras. Mas não há condição, ainda, de liberá-lo, em hipótese alguma. Seu transtorno é tão grave que, mesmo idoso, pode continuar a cometer delitos. O diretor do hospital sofre extrema angústia com pacientes desse tipo e, nos feriados prolongados, liga de sua casa para a instituição com a finalidade de verificar onde estão, se a sociedade pode dormir tranquila.

Dentro da Casa de Custódia e Tratamento, Marcelo já conhece bem os limites, até mesmo em relação aos outros pacientes, mas não foi fácil ensiná-lo a conviver ali sem problemas. Houve tempo em que os incidentes eram muitos, ele tirava a calça de alguém na sua frente, na fila do refeitório, batia em outros, empurrava quem não o deixava passar e muitos outros internos tentavam, então, agredi-lo. Era um criador de conflitos e confusões. Foi mandado para outra instituição psiquiátrica, mais fechada e rígida na disciplina, ficou muito isolado e, com o tempo, passou a valorizar a internação numa instituição onde tem mais liberdade e hoje segue as normas. Marcelo está sem remédio, integrado e, como todo portador de transtorno de personalidade, não requer tratamento e sim disciplina e limite.

O paradoxo está em que, quando o paciente está bem controlado assim, sem medicamento e convivendo bem, está na hora de progredir de regime, mas segundo outro psiquiatra do Hospital Henrique Roxo, dr. Luiz Antônio de Andrade Raposo, alguns se estabilizam exatamente porque estão internados e têm supervisão 24 horas por dia. Ao saírem, muitas vezes por falta de mínimas condições sociais, familiares ou estrutura que permita o acompanhamento competente do paciente pelo Estado, desequilibram-se e voltam a cometer crimes. A saída terapêutica, método em que o Rio de Janeiro é pioneiro, é uma forma de "testar" o paciente e prepará-lo para a saída, observar seu comportamento.

Pascotto nos explicou que "a saída terapêutica é um exercício de liberdade", porque, quando cometeu o delito, o fez em função da doença mental, "a voz ordenou, ele matou". Segundo ele, os crimes mais bárbaros são cometidos por aqueles que sofrem de epilepsia temporal. Uma vez tratados, não cometem mais delitos e as saídas ajudam a equipe, agora multidisciplinar e não só psiquiátrica, a emitir novo laudo mais preciso sobre as condições do paciente e sua cessação de periculosidade. A família do paciente também é ouvida e trabalhada pelos profissionais das várias áreas que formam a equipe responsável por aquele paciente, compartilhando assim da decisão e da responsabilidade final.

No caso de Marcelo, a mãe também tem problemas mentais, o que tornaria ainda mais complexa sua progressão de regime. Mas, em geral, todas as mães de portadores de transtorno de personalidade são difíceis porque não enxergam problemas em seus filhos, que para elas foram "injustiçados". Segundo Pascotto, vai ser difícil encontrar um profissional, em sã consciência, que dê um laudo favorável à saída de Marcelo Costa de Andrade.

> "O projeto terapêutico iniciado pelo Hospital Henrique Roxo, anterior à Reforma Psiquiátrica, sem dúvida também muito colaborou com ela e pretende humanizar o tratamento psiquiátrico. Atualmente o governo já pensa em implantar este projeto [Casa de Transição] em outras instituições para a humanização dos manicômios judiciários, pois ainda alguns deles são verdadeiras masmorras! [...] Neste processo de humanização da psiquiatria as pessoas têm de entender que a doença mental é crônica e deve ser tratada como outras doenças crônicas: diabetes, hipertensão, por exemplo. Eles [os doentes mentais] podem ser tratados para que convivam melhor com essa doença. O transtorno de personalidade já é o terror de todo psiquiatra; o medo de um filho ser portador, é o medo de todos nós que lidamos com isso".

Como conclusão, entendemos a lição: o delito é transitório, mas a doença mental não. O paciente não pode ser abandonado pelo Estado ao término de sua medida de segurança. Devem ser dadas todas as garantias para que ele tenha as melhores condições de conviver com a doença sem correr o risco de cometer novos delitos por falta de tratamento e acompanhamento.

# ENTREVISTA – DR. MARCOS ARGÔLO
## DIRETOR DO HOSPITAL DE CUSTÓDIA E TRATAMENTO PSIQUIÁTRICO HEITOR CARRILHO

Quando visitamos o Hospital de Custódia e Tratamento Psiquiátrico Heitor Carrilho, o fizemos apenas por causa da abertura e transparência do doutor Marcos Argôlo, psiquiatra que estava na função de diretor havia sete meses. Em tão pouco tempo, não fora possível sanar muitos dos problemas que encontrara. Quando o questionamos sobre o porquê dessas instituições serem de tão difícil acesso para trabalhos como o nosso, ele nos explicou que a preocupação era garantir a identidade da pessoa que está internada ali, já estigmatizada, na condição de ter praticado um delito. São pessoas excluídas da sociedade e preservar sua identidade é muito importante.

Segundo Argôlo, por outro lado, o trabalho de inclusão social abrange trazer vida para dentro de uma instituição como aquela por intermédio de pessoas como nós, que não são da área médica ou de saúde, mas que se interessam pelos pacientes e conversam com eles, lhes dão atenção. A receptividade dos internos é grande, eles chegam perto, pedem para dar seus depoimentos, que não são tão inocentes assim, pois eles realmente têm algo a dizer, têm conteúdo. Quando a instituição segrega, fecha, pode gerar o mito e excluir ainda mais, criando fantasias de que os pacientes são perigosos, que não podem conviver em sociedade, que ninguém pode entrar ali. Na verdade não é assim e isso foi comprovado por nós, que conversamos com os quase 230 pacientes dali, sem que nenhum incidente, por pequeno que fosse, tenha acontecido. Circulamos na mais perfeita paz e questionamos o psiquiatra sobre a grande maioria, que observamos já ter condições de serem desinternados.

O projeto do Hospital Heitor Carrilho para que a meta de diminuição de sua população seja alcançada é em parceria com a Secretaria de Administração Penitenciária e Secretaria da Saúde, num novo protocolo onde o paciente não perca o contato com a equipe que o atendia antes do momento da sua prisão, nos Centros de Atenção Psicossocial (CAPs) ou ambulatórios. Essa equipe deve assistir seus pacientes também enquanto eles cumprem medida de segurança, acompanhando seu processo e mantendo o vínculo entre paciente/família e dispositivos de assistência. Cada município ou região tem de acompanhar aquela pessoa internada para lhe dar suporte quando sair em liberdade, na cessação de sua periculosidade. A precariedade do suporte sociofamiliar é a grande causa da não desinternação e consequente institucionalização; a perda do vínculo tem consequências gravíssimas, principalmente nos casos de homicídio, quando a internação é mais longa. O indivíduo acaba "institucionalizado", perpetuando sua condição, se este acompanhamento não for iniciado na chegada do paciente ali. Não se pode pensar nisso apenas quando a data da saída for estabelecida.

No Brasil, de forma geral, os manicômios judiciários, hoje hospitais de custódia e tratamento psiquiátrico, trabalham sozinhos, sem participar de uma rede de saúde mental, dificultando o retorno do paciente para a sociedade, a alta médica, a inserção, nos explica o médico. No Rio de Janeiro, todos os coordenadores de saúde mental do estado se reúnem mensalmente em uma das instituições e o trabalho para vencer o preconceito, mesmo entre profissionais, não foi fácil. Na primeira reunião feita ali, no Hospital Heitor Carrilho, a frequência foi bem abaixo da média, por ser dentro de um hospital-presídio. Mas os que marcaram presença tiveram suas ideias preconcebidas desmitificadas.

Também dentro desse novo protocolo, segundo Argôlo, são formadas equipes multidisciplinares e interdisciplinares, que se reúnem, discutem, debatem e montam um projeto terapêutico para cada paciente, individualmente, dependendo de seu perfil, do diagnóstico e da condição social.

O caso mais impactante encontrado pelo diretor dentro da instituição foi o do senhor Nelson. Ele foi preso dentro da casa de um vizinho "furtando" comida, mas ao ser diagnosticado oligofrênico foi internado naquela instituição. A falta de suporte familiar, com a morte dos pais e o desaparecimento do irmão, impediu a sua alta médica. Ele acabou sem nenhum vínculo com lugar ou pessoa e, esquecido ali e também sem suporte adequado do Estado, ficou por 53 anos. Ao descobrir este caso, logo que assumiu a diretoria, Marcos Argôlo pesquisou e encontrou uma vaga para o senhor Nelson numa residência terapêutica na cidade de Seropédica, no Rio de Janeiro. Trata-se de uma casa onde pacientes egressos do sistema de saúde mental que não têm outro suporte são enviados para viver em sociedade, auxiliados por cuidadores contratados pelo município para que sejam reinseridos e acompanhados.

O psiquiatra enfrentaria dois problemas. Primeiro, esse tipo de residência nunca havia recebido antes um paciente saído de instituição mental-judiciária e era preciso trabalhar o grande preconceito. Era preciso desenvolver, no município, um trabalho de convencimento, junto ao prefeito e à Secretaria de Saúde, de que esses pacientes podem ser recebidos sem risco.

Superado esse obstáculo, foi preciso convencer o próprio paciente, que acreditava que o hospital era sua casa. Ele dizia: "Eu sou daqui, eu vou, mas eu volto, vou deixar minhas coisas aqui". O processo foi lento, mas não tanto quanto deveria ser, porque não se podia correr o risco de perder a vaga, e prova de que é possível utilizar dispositivos de saúde extra-hospitalares para este fim.

Entrevistamos o senhor Nelson para nosso documentário. Ele está velhinho, parece a figura de um preto velho da umbanda. Negro, de cabelos completamente brancos, não entende muito bem o que aconteceu. Ao visitar São Cristóvão, seu antigo bairro, não reconheceu parte alguma e hoje, apesar de ser indivíduo livre, ainda não sai pelo portão. Sente-se preso, mesmo sem as grades. Mas é inegável que a qualidade de vida que hoje exerce é de padrão muito mais alto.

Ao caminhar com Argôlo pelos corredores do hospital-prisão, ficamos da mesma forma impressionados com seu conhecimento sobre a vida dos pacientes, o acesso que todos têm a ele e a harmonia entre as áreas de segurança e saúde. Ele nos esclareceu que nos dias de hoje, nas reuniões de técnicos, o pessoal da segurança participa plenamente. A psiquiatria explica ao agente qual e como é a doença de cada um, quem está em surto, quem vai dar trabalho e como lidar com situações de emergência – uma preparação para as reações que a doença pode causar.

Também participam dessas reuniões 25 estagiários, porque eles ainda ficam indignados com as coisas a que os outros profissionais já se acostumaram e aceitaram. Assim, sangue novo corre pelas veias da antiga instituição, trazendo vida. Esses estudantes, por convênio com instituições de ensino, têm oportunidade de fazer mestrado e doutorado, enriquecendo o conhecimento sobre doença mental e crime.

Outros parceiros importantes nos dias de hoje é o Ministério Público, a defensoria, a magistratura e a rede de saúde mental do estado e dos municípios. Diferentes atores articulados para adequar a assistência ao louco infrator a Lei Federal nº 10.216 de 10 de abril de 2001.

Saímos dessa entrevista convencidos de que os manicômios judiciais, que estão sendo fechados em todo o país, devem ser inseridos no universo da saúde mental de fato, e não só de direito. Só dessa forma eles serão minimizados para casos onde realmente são indispensáveis e, como deve ser, por tempo determinado, sempre que possível, curto, guardadas raras exceções que comprovam a regra.

## ENTREVISTA – DRA. ÁUREA CRISTINA DIAS
### SUBDIRETORA DO HOSPITAL DE CUSTÓDIA E TRATAMENTO PSIQUIÁTRICO HENRIQUE ROXO

Aurea Cristina Dias foi a grande responsável pela realização deste trabalho. Funcionária do sistema penitenciário há quase trinta anos, com vasta experiência geral, trabalhava em estabelecimento psiquiátrico-judiciário, na época da entrevista, havia apenas dois anos. E estava impressionadíssima com o que encontrou. Segundo ela, as pessoas precisam saber o que é o sistema na realidade do dia a dia, principalmente as unidades psiquiátricas, que vivem um momento de reforma importante no país.

Áurea tem formação jurídica. Já trabalhou em várias unidades, tanto de penas privativas de liberdade quanto hospitalares. Sempre se perguntou como seria trabalhar com um indivíduo que é doente mas cometeu um delito. Surpreendeu-se no Hospital Henrique Roxo, que já lidava muito bem com a questão mas não tinha nenhuma visibilidade. Existia um projeto de Casa de Transição desde 1995; o Judiciário já discutia as residências terapêuticas e como inserir o paciente nos Centros de Atenção Psicossocial.

Em um trabalho de união entre equipes técnicas e de segurança, começou a participar de várias discussões com o Ministério Público para repensar a medida de segurança, pouco falada e conversada. Segundo a subdiretora, a medida é aplicada, mas todos os poderes têm uma fração de omissão quanto a ela. O Executivo peca na sua aplicação. O Judiciário não vai ao hospital para ver o que acontece ao paciente, permitindo assim que erros ocorram quando fundamenta sua decisão apenas no laudo de um perito. O juiz de execução deveria contar com o promotor não só como fiscalizador da lei, como também uma presença dentro das unidades psiquiátricas. Todos deveriam perceber que um processo não é apenas um processo, é uma pessoa. Quem o assina está traçando a vida e o destino dessa pessoa e as de seu convívio.

Áurea faz um cálculo simples sobre o poder do Estado na vida dessas pessoas. Se em 2007 havia cerca de 20 mil presos no Rio de Janeiro, cada um com quatro visitantes cadastrados, ao aplicar-se uma pena estamos mexendo com a vida de mais de 100 mil pessoas, no mínimo. Diz a lei que a pena não se estende a terceiros, mas ninguém sabe o que aquela família passa ao ficar dez anos enfrentando fila em uma unidade para visitar aquele paciente ou preso, passar pelo constrangimento com a segurança, com seus vizinhos, com seus parentes, consigo mesmo, se perguntando onde errou. Quando falamos de paciente psiquiátrico os problemas aumentam; muitas vezes a família não quer ficar com ele porque não vê futuro e o abandona ali, por comodidade.

O Legislativo acaba criando leis na emoção do momento, sem trilhar um caminho de responsabilidade a longo prazo, apenas atendendo à opinião pública. É por esse motivo que a política criminal adotada pelo doutor Astério Pereira dos Santos, antigo Secretário Estadual de Assuntos Penitenciários, foi tão valorizada pelas instituições, quando se percebeu que, independentemente de pena ou medida de segurança, o condenado deveria receber educação e trabalho. Para Áurea, esse foi um marco divisório entre o passado e o futuro do sistema penitenciário no Brasil. Foi criada a primeira turma de gestores penitenciários em tratamento, representantes técnicos de tratamento, alocados em cada unidade para negociar a junção entre tratamento e segurança, cargo que ela foi a primeira a ocupar para testar o projeto. Os resultados logo vieram. O Hospital de Custódia e Tratamento Psiquiátrico Henrique Roxo hoje é ganhador de vários prêmios e é considerado referência nacional, além de o projeto ter tido prosseguimento pelas mãos do atual secretário da Administração Penitenciária, coronel César Rubens Monteiro de Carvalho. As penas são discutidas, os projetos são enviados ao Depen (Departamento Penitenciário Nacional) e aprovados depois de analisados.

Áurea levanta a grande questão que assombra a todos:

"É fácil para um político dizer que se deve acabar com os manicômios judiciários, mas onde serão colocados os pacientes graves? Onde será colocado o Marcelo Costa de Andrade? Ora, vamos colocar numa residência terapêutica! Aí fica uma pergunta fácil de responder – eu vou criar uma residência terapêutica numa comunidade, em contrapartida vou dar um ambulatório para atendê-los. Agora, você que é mãe de um menino de 8 anos, vai ficar tranquila que ao seu lado está morando o Marcelo? Vai sair para trabalhar todo dia, você vai? Então é muita hipocrisia, nós estamos tratando de uma vida, de uma pessoa e da vida da comunidade. É dificílimo, para mim e para todo mundo!"

Áurea esclarece que as pessoas devem entender que esses paradigmas, como Marcelo Costa de Andrade, são um caso à parte. Existem tantos outros que são abandonados ali pela família e não deveriam estar internados. São pacientes capazes de reconstruir sua vida, um lar, ter namorada, casar, ter filhos, literalmente abandonados por conveniência, mesmo por famílias de alto poder aquisitivo.

O Hospital de Custódia e Tratamento Psiquiátrico Henrique Roxo está aberto ao público. Eles querem mostrar para o Brasil que é possível fazer um trabalho digno, não só para o paciente, mas também para o servidor que ali trabalha, porque ele dá ao paciente aquilo que recebe. E convida:

"Fique em plantões de 24 horas, em manicômio judiciário, durante 25 anos. Vamos sentir o que é isso! As autoridades têm que repensar, tomar atitudes conversando com quem está lá dentro!"

Como resultado deste trabalho de vanguarda, a instituição hoje, segundo a ouvidoria da Secretaria de Administração Penitenciária do Rio de Janeiro, tem "fila" para entrar. Recebeu, em 2007, o I Prêmio de Visibilidade das Políticas Sociais e do Serviço Social, que agracia equipes de serviços sociais e profissionais cujas experiências de trabalho ou ação específica contribuíram para uma visibilidade adequada da profissão. Também obteve prêmio pelo desenvolvimento de Cartilha de Orientações aos Usuários – 2007, que contém informações relevantes para famílias e usuários do hospital: funcionamento dos vários setores da unidade, tratamentos terapêuticos oferecidos ali, explicações sobre medida de segurança, horários de visita e telefones úteis, entre outros. Trabalhos assim fortalecem os vínculos sociais e reconhecem a cidadania dos portadores de sofrimento mental.

O Hospital de Custódia e Tratamento Psiquiátrico Henrique Roxo, ainda em 2007, também recebeu menção honrosa da Assembleia Legislativa do Rio de Janeiro (Alerj).

Para Áurea, nesses novos moldes de gestão, o primeiro critério de seleção das pessoas que ocuparão cargos de direção nesse tipo de unidade deveria ser o "coração".

"Precisa ser pessoa humana e boa, para depois pensar em fazer um trabalho bom. Ainda temos algumas pessoas no sistema penitenciário que não têm nada para dar a alguém, *não têm nada para dar a si mesmos. O que você não tem, não pode dar aos outros [...] Não pode ser só seleção [de funcionários] no papel. É preciso ter bom coração, pensar no outro e usar a empatia, se colocar no lugar do outro. Antes de dizer NÃO é preciso se colocar no lugar do outro, tenho que sentir o que o outro sente, o que a mãe do paciente sente [...] Qualquer paciente, por pior que seja, lá no fundo ele tem alguma coisa de bom."*

## CONCLUSÃO

A última cena que gravamos para o documentário foi realizada no alto da favela da Rocinha, em cima da laje de um dos moradores locais, de onde a vista é mais do que privilegiada. Ali, no meio daquela imensidão densamente habitada, ao lado de uma patética piscina azul da cor do céu, falei oficialmente pela última vez sobre Marcelo Costa de Andrade. Quando acabei, todos choraram, numa mescla de alívio, dor, impotência e consciência do quanto ainda falta para entendermos melhor a loucura e o crime. Transcrevo aqui meu discurso, eivado de emoção, ao final de uma semana das mais difíceis que já enfrentei em minha pesquisa. Talvez não o fizesse de cabeça fria, mas no contato direto com a situação não pude me conter – nem deveria.

> "O Marcelo Costa de Andrade é o extremo do nosso documentário. Ele é o caso que deveria estar onde está e nunca deve sair. Nós discutimos muito a medida de segurança como perpétua, mas quando a gente entrevista um indivíduo como o Marcelo, a gente para para pensar: que bom que existe prisão perpétua de alguma forma [no Brasil]. Ele é o indivíduo para receber esta pena, não só pelo que ele já fez, mas também pelo que poderia ainda fazer no caso de sair para a rua. O Marcelo não só matou cruelmente todas as suas vítimas, mas as últimas horas dessas vítimas foram impensáveis, foram trágicas, foram de enorme sofrimento, e ele relata com tanta perversidade esses crimes que quanto mais quem o está entrevistando sofre, maior prazer ele tem em contar todos os detalhes do mal que praticou. Nós descobrimos, na entrevista, o núcleo de perversidade dele. Todos os entrevistados nos mostraram alguma coisa boa, algum lado bom, onde a gente se apoia e pode acreditar que a cura (ou o controle) pode acontecer. No caso do Marcelo, nós todos da equipe sofremos muito, porque a gente não encontra ali nada onde a gente possa apoiar essa fé de cura. Hoje ainda não temos um tratamento que possa reinserir o Marcelo em qualquer lugar que não seja uma instituição onde a sociedade tenha a segurança de que ele não vai sair. A prisão perpétua é uma medida extrema, mas Marcelo Costa de Andrade também é um assassino extremo."

Penso que falei por muitos de nós.

Coloco a seguir a reprodução na íntegra de uma carta endereçada a um membro da área médica que Marcelo Costa de Andrade escreveu em 19 de agosto de 2003.

Dona ▓▓▓ eu Marcelo Costa de Andrade de 36 anos de idade, eu digo pra Senhora eu mesmo, já estou acostumado A Tomar Remédio, Pois No Manicômio Heitor Carrilho fiquei 10 anos e meio, tomando Remédio. D. ▓▓▓ eu Graças A Deus, nunca Fumei Cigarros e nunca usei DROGAS (MACONHA e COCAÍNA) e nem Bebida Alcoólica nenhuma, como Champanhe e ▓▓vinho, Exemplo, e nunca vou usar essas coisas Ruins e Prejudiciais A Saúde; minha ▓▓▓ Já me deram Conselhos pra usar essas coisas Ruins, mas não Aceitei o conselho dessas Pessoas e me afastei dessas Pessoas e Fiz Bem. minha Querida amiga ▓▓▓, como eu Gosto da Senhora, vou lhe dizer o que Aconteceu comigo, quando eu tinha 10 anos de idade; Nesse Período eu com 10 anos de idade, Fugi do Apartamento do meu Pai, em Magalhães Bastos, Pois ele, morava com a minha Madrasta Vilma; E Na Rua eu vivia me Prostituindo com as Pessoas para Ganhar dinheiro, e Fiquei assim até os 18 anos de idade, e eu Ficava Cheio de Chupões no Rosto, Pernas e Nádegas e Adoravam me Beijar Na Boca e Até introduziam a Língua Dentro do meu Ânus, por eu ser Garoto Novo e Bonito, mas é Claro minha ▓▓▓ esse tipo de Sexo é Abominável A Deus e dá Condenação Perpétua; é Verdade eu Ganhava muito dinheiro de Prostituição, mas é errado diante de Deus; e eles Falaram pra mim minha Querida ▓▓▓, que Garoto Novo tem as Pernas Lizinha e Bonita e também as Nádegas, como mulher Bonita tem, e também o Rosto; mas D. ▓▓▓ se tem meninos mais Bonitos Que meninas e Vice versa, devemos Respeitá-los e Amá-los, Ainda que Garoto Novo e Garota Nova tenha a carne mais macia e Nova e Bonita, mas Foi Deus Quem os Fez Bonitos e é nosso dever educá-los Na Palavra de Deus. E eles só me Pagavam quando ejaculava o Esperma dentro das minhas Nádegas, mas Graças A Deus eu não Peguei Doença Brava; D. ▓▓▓, e a AIDIS não tem cura é mortal. minha Querida ▓▓▓ Hoje em dia eu sou evangélico e não me prostituo com mais Ninguém

(vire)

## Carta de Marcelo Costa de Andrade[1]
## 19/08/2003

D. xxxx eu Marcelo Costa de Andrade de 36 anos de idade, eu digo pra senhora eu mesmo, já estou acostumado a tomar remédio, pois no manicômio Heitor Carrilho fiquei 10 anos e meio, tomando remédio. D. xxxx eu graças a Deus, nunca fumei cigarros e nunca usei drogas (maconha e cocaína) e nem bebida alcoólica nenhuma, como champanhe e vinho, exemplo, e nunca vou usar essas coisas ruins e prejudiciais a saúde, minha xxxx já me deram conselhos pra usar essas coisas ruins, mas não aceito o conselho dessas pessoas e me afastei dessas pessoas e fiz bem. Minha querida amiga xxxx, como eu gosto da senhora, vou lhe dizer o que aconteceu comigo, quando eu tinha 10 anos de idade; nesse período eu com 10 anos de idade, fugi do apartamento do meu pai, em Magalhães Bastos, pois ele, morava com minha madrasta Vilma; e na rua eu vivia prostituindo com as pessoas para ganhar dinheiro, e fiquei assim até os 18 anos de idade, e eu ficava cheio de chupões no rosto, pernas e nádegas e adoravam me beijar na boca e até introduziam a língua dentro do meu ânus, por eu ser garoto novo e bonito, mas é claro minha xxxx, esse tipo de sexo é abominável a Deus e dá condenação perpétua; é verdade eu ganhava muito dinheiro de prostituição, mas é errado diante de Deus; e eles falavam pra mim minha querida xxxx, que garoto novo tem as pernas lizinha e bonita e também as nádegas, como mulher bonita tem, e também o rosto; mas d. xxxx se tem meninos mais bonitos que meninas e vice versa, devemos respeitá-los e amá-los, ainda que garoto novo e garota nova tenha carne mais macia e nova e bonita, mas foi Deus quem os fez bonitos e é nosso dever educá-los na palavra de Deus. E eles só me pagavam quando ejaculava o esperma dentro das minhas nádegas, mas graças a Deus eu não peguei doença braba; d. xxxx, e a aidis não tem cura é mortal. Minha querida xxxx hoje em dia eu sou evangélico e não me prostituo com mais ninguém.

1   Esta transcrição manteve a grafia e a pontuação da carta original.

19/08/03

D. ▓▓▓ minha Querida Amiga, eu que leio muito as Escrituras Sagrada, a Palavra de Deus, fala muito sobre os Homens maus, cruéis, assassinos, arrogantes e caluniadores, como esses que tão Presos em Delegacias e Penitenciárias e tá Lotado, e quando tem Rebelião de Presos seja em Delegacia ou Presídio, os Presos matam os outros Presos, com ódio mortal, e ainda põe Fogo no corpo das Pessoas que mataram a Facadas; o que é abobrinável a Deus. E tem muita Gente Ruim como os Presos e tão na Liberdade, mas cabe a nós Cristãos orara Deus, para não sermos Vítimas Fatais desse tipo de Gente. E eu D. ▓▓▓ que tou Preso, eu sei que muitas Presos se masturbam olhando para as Revistas, que contém cenas de Homens Fazendo Sexo com Mulheres, já que não podem ter mulheres junto a si para fazer as Delícias do amor, mas isso o que fazem é errado diante de Deus. eu já vi até Preso metendo o Pênis na Bunda de outro Preso, porque não tinha mulher. minha ▓▓▓ Compre uma Bíblia Sagrada, e leia toda, para conhecer a Palavra de Deus, e que a Senhora consiga a sua Salvação Eterna. D. ▓▓▓ Lá no Manicômio Heitor Carrilho no Estácio, tem um Preso apelidado Capetinha, que sempre Vive no seguro de vida, porque matou vários Presos a canivetadas a toa, por Bobagens, e os Presos querem matá-lo e tirar a cabeça dele fora; e eu soube Lá, que ele ameaçou DE MORTE um Rapaz de 20 anos de idade e tá tá Preso Lá, só porque o Rapaz tinha estuprado uma menina Bonita de 13 anos de idade e um Garoto Bonito de 11 anos de idade, no menino ele gozou dentro da Bunda do menino e da menina ele gozou na Vagina da Garota mas eu evangelizei ele ♱ e ele se arrependeu e vai obedecer a Palavra de Deus e não vai errar mais. E o menino e a menina, como eram inocentes e ingênuos, acreditaram na conversa dele e foram para Lugar Deserto, e isso aconteceu em um mês, que Ele falou. Bom D. ▓▓▓ minha Querida amiga fica com Deus e o Altíssimo e Maravilhoso.

D. xxxx minha querida amiga, eu que leio muito as Escrituras Sagrada, a palavra de Deus, fala muito sobre os homens maus, cruéis, assassinos, arrogantes e caluniadores, como esses que tão presos em delegacias e penitenciárias e tá lotado, e quando tem rebelião de presos seja em delegacia ou presídio, os presos matam os outros presos, com ódio mortal, e ainda põe fogo no corpo da pessoa que mataram a facadas; o que é abominável a Deus. E tem muita gente ruim como os presos e tão na liberdade, mas cabe a nós cristãos orar a Deus, para não sermos vítimas fatais desse tipo de gente. E eu D. xxxx que tou preso, eu sei que muitos presos se masturbam olhando para as revistas, que contém cena de sexo de homens fazendo sexo com mulheres, já que não podem ter mulheres junto a si para fazer as delícias do amor. Mas isso o que fazem é errado diante de Deus. Eu já vi até preso metendo o pênis na bunda de outro preso, porque não tinha mulher. Minha xxxx compre uma Bíblia Sagrada, e leia toda, para conhecer a palavra de Deus, e que a senhora consiga a sua salvação eterna. D. xxxx lá no manicômio Heitor Carrilho no Estácio, tem um preso apelidado Capetinha, que sempre vive no seguro de vida, porque matou vários presos a canivetadas a toa, por bobagens, e os presos querem matá-lo e tirar a cabeça dele fora; e eu soube lá, que ele ameaçou de morte um rapaz de 20 anos de idade e tava preso lá, só porque o rapaz tinha estuprado uma menina bonita de 13 anos de idade e um garoto bonito de 11 anos de idade, no menino ele gozou dentro da bunda do menino, e da menina ele gozou na vagina da garota mas eu evangelizei ele e ele se arrependeu e vai obedecer a palavra de Deus e não vai errar mais. E o menino e a menina, como eram inocentes e ingênuos, acreditaram na conversa dele e foram para lugar deserto, e isso aconteceu em um mês, que ele falou. Bom D. xxxx minha querida amiga fica com Deus e o altíssimo é maravilhoso.

## REFERÊNCIA

OLIVEIRA, Anaton Albernaz de. *Medida de segurança:* o inimputável, sua inclusão, tratamento e alta. Rio de Janeiro: [s/n], 2001.

## OUTRAS FONTES

Laudo de exame de sanidade mental no 21.469. Dr. Miguel Chalub e dr. Carlos Leal Vieira. 26 abril 1993.

Laudo de exame de sanidade mental no 21.481. Dr. Miguel Chalub e dr. Carlos Leal Vieira. 3 maio 1993.

Laudo de exame de sanidade mental no 22.581. Dr. José Renato Avzaradel e dr. Nilson Amaral Sant'anna Filho. 31 maio 1995.

Laudo de exame de sanidade mental no 23.531. Dr. Paulo Glaucio Lacerda de Cerqueira e dra. Denise Coelho da Rocha. 31 out. 1996.

Laudo de exame de sanidade mental no 24.368. Dr. Paulo Glaucio Lacerda de Cerqueira e dra. Denise Coelho da Rocha. 24 nov. 1997.

Laudo de exame de sanidade mental no 24.747. Dr. Miguel Chalub e dra. Katia Mecler. 8 jun. 1998.

Laudo de exame de sanidade mental no 24.867. Dr. Miguel Chalub e dra. Katia Mecler. 29 jul. 1998.

Laudo de exame de sanidade mental no 26.549. Dr. Miguel Chalub e dr. Nilson Amaral Sant'anna Filho. 13 set. 2000.

Laudo de exame de sanidade mental no 27.954. Dr. José Renato Avzaradel e dr. Alexandre Martins Valença. 27 mar. 2002

Laudo de exame de sanidade mental no 28.842. Dr. Miguel Chalub e dr. Alvaro Lucio Cabral Lito Figueiredo. 10 mar. 2003.

Parecer para saída terapêutica ou definitiva. Marcelo Costa de Andrade – Hospital de Custódia e Tratamento Psiquiátrico Heitor Carrilho. 22 jul. 1996.

Parecer para saída terapêutica ou definitiva. Marcelo Costa de Andrade – Hospital de Custódia e Tratamento Psiquiátrico Heitor Carrilho. 22 jul. 1996.

Parecer para saída terapêutica ou definitiva. Marcelo Costa de Andrade – Hospital de Custódia e Tratamento Psiquiátrico Heitor Carrilho. 3 set. 1997.

Parecer psicológico. Marcelo Costa de Andrade – Hospital de Custódia e Tratamento Psiquiátrico Heitor Carrilho.

Parecer social. Marcelo Costa de Andrade – Hospital de Custódia e Tratamento Psiquiátrico Heitor Carrilho.

Processo no 3.809. Marcelo Costa de Andrade – Sentença. 5 fev. 2001.

Processo no 4.804. Marcelo Costa de Andrade – Sentença. 22 jun. 1993.

Processo no 7.212. Marcelo Costa de Andrade – Sentença. 29 mar. 1993.

---

**TODO O MATERIAL PARA A PESQUISA DESTE CASO FOI OBTIDO COM A COLABORAÇÃO DOS AMIGOS:** César Felipe Cury; José Marcelo de Paula Loureiro; Marcele Moreira Tavares; Gilma Paim Gama; dr. Talvane M. de Moraes (médico psiquiatra); dr. Anaton Albernaz de Oliveira (médico psiquiatra).

**AGRADECIMENTOS PARA A ATUALIZAÇÃO:** Ao inestimável apoio de todo o pessoal do Hospital de Custódia e Tratamento Psiquiátrico Heitor Carrilho e do Hospital de Custódia e Tratamento Psiquiátrico Henrique Roxo. Aos diretores das instituições, dr. Marcos Argôlo e dr. José Carlos Pascotto, e à subdiretora, dra. Áurea Cristina Dias. O meu muito obrigado aos membros da Residência Terapêutica de Seropédica: Deise Lucia de Araujo Rocha, Sérgio Alarcon, Fabíola Espolador Ramalho, Sueli Rizzo, Jamilla de Paula Barbosa Barros, Maria da Conceição Silva Gonçalves, Jupiara dos Santos, Marli de Souza Faria.

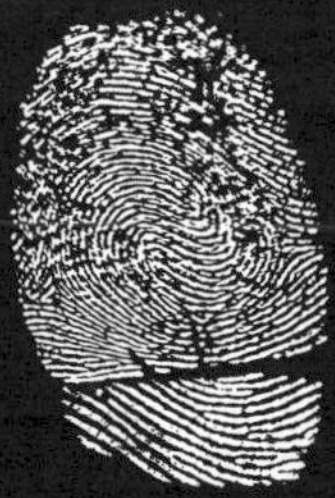

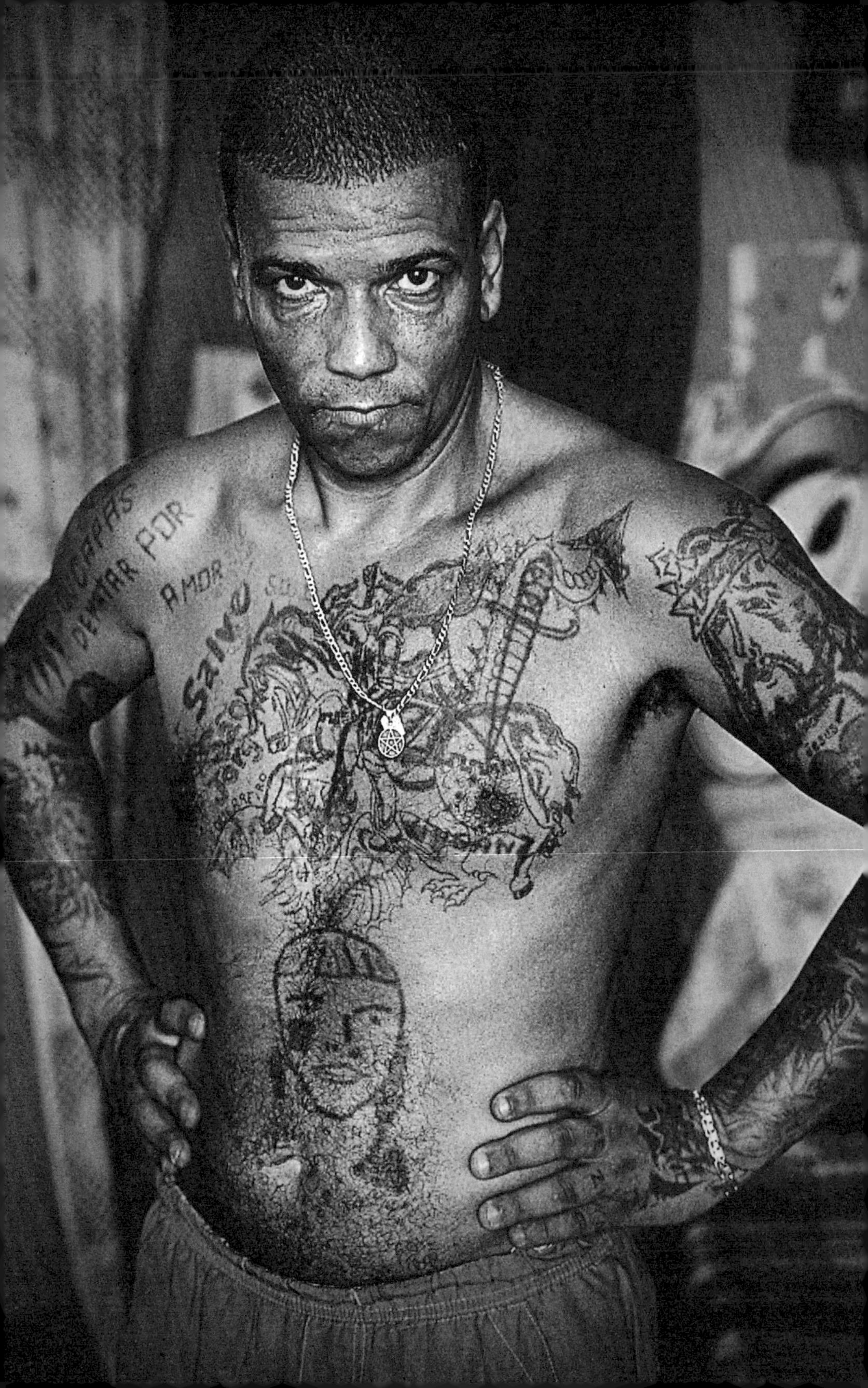
POR
AMOR
Salve

# PEDRO RODRIGUES FILHO

## "PEDRINHO MATADOR"

*7.*

---

"Desafio qualquer ser humano da face da terra que queira apontar os meus defeitos, sem ter que dar margem para apontar os seus erros." – **Pedro Rodrigues Filho**

---

## A TRAJETÓRIA DA FORMAÇÃO DE UMA IDENTIDADE CRIMINOSA POSITIVA[1]

Ao conhecer a favela da Rocinha, no Rio de Janeiro, constatamos uma realidade diversa e totalmente paralela à da nossa sociedade. Na base geográfica do que é hoje considerado um bairro do Rio de Janeiro, vemos a normalidade de todos os bairros, de todas as cidades. São supermercados, casas de shows, eventos, pizzarias, botequins, estúdio musical, restaurantes, bancos, serviços especializados, locadoras, academias e similares que compõem a comunidade onde vivem pessoas comuns.[2] Na medida em que se "sobe o

---

1   Este capítulo é fruto de um artigo científico escrito pela autora para o curso de pós-graduação em Criminologia no Instituto Brasileiro de Ciências Criminais (IBCCRIM), sob a orientação do professor Sérgio Salomão Shecaira, adaptado para este livro.
2   ARAÚJO, Landa. *Rocinha:* bairro ou favela? Disponível em: <http://novo.vivafavela.com.br/publique/cgi/cgilua.exe/sys/start.htm?from_info_index=246&infoid=45142&sid=87>. Acesso em 3 jun. 2014.

morro", percebe-se a clandestinidade e o isolamento aflorando, numa perfeita geografia propícia ao estabelecimento e defesa dos negócios criminosos. Nada mais de comércio local; já não se pode passar sem "permissão". O mesmo se dá no Complexo de Favelas de Paraisópolis, em São Paulo, ressaltando-se aqui que, pela diferença da geografia natural do local, a dificuldade de acesso se dá conforme adentramos, ou seja, as atividades ilícitas organizadas se estabelecem ao fundo do bairro. É como se tomássemos contato com outro mundo, outras regras, outros valores, outra moral. Lá o Estado não está presente ou seu papel é representado por facções criminosas, cada qual em seu território. Não é por outro motivo que um político "liberal", segundo relato de Luiz Eduardo Soares,[3] propôs erguer-se um muro em volta da Rocinha, para legitimar e concretizar uma separação que já existe de fato, numa ignóbil tentativa de "afastar-se do lado mau da cidade, mantendo consigo o cartão-postal" e assim valorizando os terrenos do bairro onde está inserida.

Quando pensamos na ausência de Estado, na "guetificação", esquecemos de detalhes da vida cotidiana imprescindíveis para uma razoável qualidade de vida: nos altos da sociedade paralela que se estabelece nas favelas cariocas ou ao fundo das paulistanas não existe correio, lixeiro, saneamento básico, postos de saúde, luz, telefone. Milhares de pessoas que lá habitam ficam desassistidas e não têm a quem reclamar. Aquela comunidade depende, em parte, do dinheiro e dos recursos gerados pela atividade criminosa e reconhece e respeita aqueles que são responsáveis pelo gerenciamento e ordem do local. Por sua vez, os responsáveis pela atividade criminosa acreditam que usam apenas a violência necessária para proteção de seus negócios. Ainda segundo Soares:

> A substituição na prestação dos serviços do Estado não decorre apenas da ausência dos equipamentos públicos e da precariedade do atendimento, mas também do veto ditado pelos criminosos que controlam a demanda dos moradores. Muitas vezes, em razão deste veto, os rapazes do tráfico assumem o papel de agentes provedores ou mediadores na provisão de vários serviços.[4]

O funcionamento é isolado, com seus próprios recursos, gerados pelo tráfico de drogas que ali impera como atividade econômica. Nem o Estado se interessa em estar ali, nem os traficantes desejam que ele esteja, pois assim o crime seria reprimido. Sair desse tipo de isolamento e do estado de anomia que ele provoca – aquele no qual, segundo Émile Durkheim, prevalece a ausência de leis e normas de conduta – seria diminuir a rentabilidade dos negócios ilícitos da sociedade paralela, como processamento e tráfico de drogas, venda de armas, desmanches de veículos roubados e furtados, venda de

---

[3]   ATHAYDE, Celso; BILL, MV; SOARES, Luiz Eduardo. *Cabeça de porco*. Rio de Janeiro: Objetiva, 2005. p. 86.
[4]   Ibid. p. 261.

sinal "pirata" de transmissão de televisão a cabo, venda de segurança, exploração de serviços como venda de gás e construção civil.[5]

Não podemos esquecer que nas sociedades paralelas onde o grau do estado de anomia é bastante observado a comunidade desenvolve laços fortes e códigos morais também paralelos, que objetivam uma qualidade de vida melhor só entendida por aqueles que ali habitam. Os "transgressores" são aceitos como "mal necessário". Mães utilizam-se dos rendimentos de seus filhos, "guerreiros do tráfico", ignorando, *pro forma*, a origem do dinheiro que lhes provê o sustento de forma mais digna. Adolescentes finalmente encontram sua identidade máscula e guerreira ao pertencer ao "comando" local, obtendo, ao andarem armados e com atitude criminosa, o respeito, reconhecimento e status social antes almejado mas jamais alcançado pelo jovem "careta". Sua recém-adquirida virilidade ainda lhe traz, de brinde, sucesso no universo feminino, facilidade de sedução e identidade destacada na história de sua própria comunidade. A mãe chora no enterro do filho, mas seu nome fica nas ruas como imagem do herói que morreu em batalha, do amigo fiel e leal, que deu a própria vida pelo bem da sociedade local.

Atualmente, os "soldados do tráfico" são o modelo de sucesso nessas sociedades, mas nem sempre foi assim. Na década de 1980, esse espaço de identidade heroica era ocupado pelos justiceiros, que chegavam a ter seus advogados pagos pelos comerciantes locais para que a segurança de seus estabelecimentos fosse mantida. Policiais e criminosos disputavam a captura de outros criminosos, numa época em que as estratégias das forças de segurança se baseavam em atos violentos. Não faltaram grandes nomes nas sociedades paralelas, identidades aclamadas e admiradas pela população local: Adalton do Capão Redondo, Zoreia de Osasco, Esquerdinha de São Bernardo do Campo, Chico Pé-de-Pato do Jardim das Oliveiras, Rivinha do Parque Novo Mundo, Vitão de Diadema.[6]

E Pedrinho Matador, conhecido assassino de São Paulo, justiceiro que se autodenomina vingador.

É por meio de entrevista com Pedro Rodrigues Filho,[7] o Pedrinho Matador, que se pretende observar os fatores que levaram à construção de sua identidade desta maneira particular, da imagem positiva dessa identidade na sociedade paralela e para ele próprio, em contraposição ao concreto teor negativo e criminoso dela, que lhe custou mais de trinta e três anos de prisão.

---

5    RIZZO, Bruno Engert. *Riscos e consequências na verticalização de favelas.* Disponível em: <http://ofca.com.br/artigos/2009/01/25/250109-riscos-e-consequencias-na-verticalizacao-de-favelas/>. Acesso em: 10 fev. 2009. [fora do ar]
6    MANSO, Bruno Paes. *Sobrevivemos.* Disponível em: <http://www.estadao.com.br/megacidades/SP_seguranca.shtm>. [fora do ar]
7    Em entrevista concedida nos dias 14-15/7/2005, na Penitenciária II - Nilton Silva. Pedro Rodrigues Filho, vulgo "Pedrinho Matador".

Quanto a referência social e cultural do indivíduo influencia na formação da sua identidade criminosa? A identidade criminosa entendida como negativa, enquanto critério da sociedade ampla, dentro de um sistema social anômico, pode ter significado positivo, ou seja, nas sociedades paralelas ser "do crime" pode ser reconhecido como valor positivo? A proposta aqui é discutir o fato de que nas sociedades paralelas existe como que um determinismo existencial, onde nada distingue ou singulariza o indivíduo. O modelo de sucesso para esses indivíduos passa a ser o poderoso criminoso, que atende a comunidade em que vive nas questões que deveriam ser responsabilidade do Estado e, por isso, goza de reconhecimento e identidade mitificada. Afinal, por que isso acontece?

A televisão trouxe um novo modelo de linguagem, imagem e ação. E, se a "comunicação de massas tem importante função na formação dos valores da sociedade" e "influencia na conformação das atitudes humanas e em suas formas de conduta",[8] fica clara a confusão do jovem que pertence a essas comunidades paralelas na construção de seus valores. Afinal, quem da comunidade é o indivíduo mais respeitado, temido? Aquele que tem mulheres que desejam estar ao seu lado a qualquer preço, carro, exército de homens ao seu serviço, poder de decisão, reconhecimento como benfeitor. Como convencer esses jovens em formação que o "crime é ruim, que o criminoso é mau, que essa vida não compensa"? Como explicar a eles que é melhor viver a vida como um "joão-ninguém", pagando as prestações da geladeira finalmente adquirida, como Antônio, personagem do conto "O Falcão", em vez do glamour da identidade através do crime que obtém as pessoas envolvidas com a criminalidade? No conto de Luis Fernando Verissimo,[9] Antônio é confundido com um glamoroso bandido de alcunha "Falcão", respeitado e invejado por todos de sua comunidade. Depois de exaustivamente tentar desfazer o engano, percebe que finalmente está sendo chamado de "senhor" e ocupa uma posição de reconhecimento singular no mundo. Prefere morrer na glória do engano, como "Falcão", do que voltar ao anonimato de sua vida medíocre.

Antigamente, a mídia era responsável pelo estereótipo negativo do criminoso: "O criminoso vem descrito, desde tempos imemoriais, como um delinquente injusto, antipático, aético e egoísta".[10] Atualmente, a ficção não é tão maniqueís-

---

8   SHECAIRA, Sérgio Salomão (Org.). *Mídia e crime:* estudos criminais em homenagem a Evandro Lins e Silva. São Paulo: Editora Método, 2001. p. 353-367.
9   VERISSIMO, Luis Fernando. *Novas comédias da vida privada.* São Paulo: L&PM, 1996.
10  SHECAIRA, Sérgio Salomão (Org.). *Mídia e crime:* Estudos criminais em homenagem a Evandro Lins e Silva. cit.

ta e até mesmo as novelas e filmes, entretenimento que atinge as grandes massas populares, misturam o bom e o mau em seus heróis, criando novos estereótipos, como o personagem Juvenal, interpretado por Antônio Fagundes na novela *Duas Caras*, exibida pela Rede Globo: chefe do morro e do crime organizado local era modelo de sucesso e referência em sua comunidade como responsável pelo bem-estar daquela sociedade. O mesmo se dá no filme *Tropa de elite*, dirigido por José Padilha, que tem como personagem central o capitão Nascimento, interpretado por Wagner Moura. *Cidade de Deus*, filme dirigido por Fernando Meirelles, também cria estereótipos de herói e anti-herói, com seus personagens Buscapé e Zé Pequeno, interpretados respectivamente por Alexandre Rodrigues e Leandro Firmino. Segundo descrição de MV Bill e Celso Athayde, até o dialeto falado nas favelas do Rio de Janeiro foi divulgado e massificado para todo o Brasil e em suas entrevistas, em território nacional, espantados, depararam-se com aquilo que chamaram *franchises* dos comandos do Rio de Janeiro, nacionalizando a criminalidade em nome da liberdade de imprensa.

Hoje, como bem observado pela antropóloga Alba Zaluar (1999a, p. 91-100), não se pode responsabilizar apenas a condição de pobreza e os baixos valores do salário mínimo como fatores de aumento de criminalidade. Há que se considerar os valores globais de virilidade e poder arraigados em nossos jovens favelados, que se sentem poderosos ao andarem armados:

> [...] com uma AR-15 ou metralhadora *Uzi* na mão, as quais consideram como símbolos de sua virilidade e fonte de grande poder local, com um boné inspirado no movimento negro da América do Norte, ouvindo música *funk*, cheirando cocaína produzida na Colômbia, ansiando por um tênis Nike do último tipo e um carro do ano.[11]

Ou podemos descrever o líder reconhecido devido à sua imagem em entrevista feita por MV Bill em Curitiba:

> [...] um maluco branco, alto, meio banhoso, com cara de 18 anos no máximo. Ele tinha em uma das mãos um baseado da grossura de um dedo e do tamanho de uma caneta. Tinha cabelo rasteiro e usava costeleta. Bermuda da Cyclone, meias pretas, tênis Adidas Cooper, camisa cinza com estampa da foto do Myke Tyson. Levava na cintura uma espada dentro de uma bainha muito bonita com umas pedras brilhantes.[12]

Ali onde esse jovem vive, a fronteira entre atividade legal e ilegal é tênue, o tráfico de drogas é uma alternativa de vida, além do sentimento de pertencimento que gera o fato de viver "em quadrilha" e do reconhecimento conquistado entre os seus pela coragem de fazer alguma coisa, de manifestar sua

---

11    ZALUAR, Alba Maria. A globalização do crime e os limites da explicação local. In: SANTOS, José Vicente Tavares dos (Org.). *Violências no tempo da globalização*. São Paulo: Editora Hucitec, 1999. p. 91-100.
12    ATHAYDE, Celso; BILL, MV. *Falcão:* meninos do tráfico. Rio de Janeiro: Objetiva, 2006. p. 84.

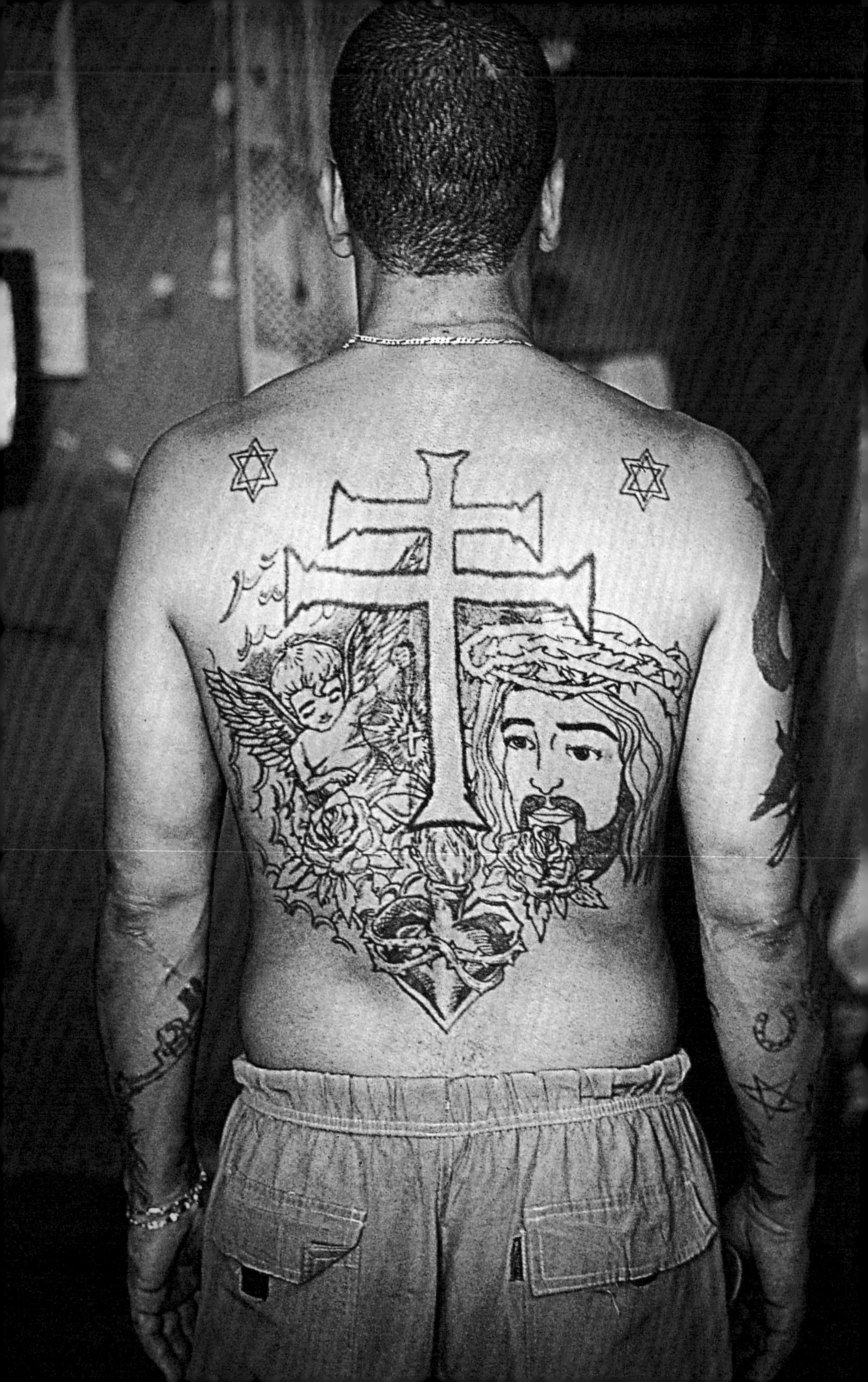

revolta com a falta de identidade. Os adolescentes da favela, "em plena fase de fortalecimento da identidade masculina", são aliciados pelos "comandos" que dominam esta sociedade paralela, têm acesso rápido e fácil às armas por eles contrabandeadas e armazenadas, se regozijam com o jogo de vida e morte no qual se engajam, adquirindo a imagem valorizada ali, gastando a adrenalina própria da idade, fascinados pela liderança reconhecida por todos que ali habitam, ajudando a construir mitos como "Marcolas" e "Beira-Mares", e almejando seus lugares na hierarquia reinante. A polícia, em parte corrupta, que age nessas comunidades destrói a pretensão de uma imagem maniqueísta do bem contra o crime, uma vez que a diferença entre bandido e mocinho se dá apenas pelo uso da farda e não mais por valores éticos e morais.

Violência, do latim *violentia*, nos remete a *vis* (força, vigor). É a percepção da violência que define seu limite e isto vai variar em cada cultura ou história. É uma definição relativizada. Rifiotis e Diógenes defendem abertamente a ideia de que a violência não deve ser vista pelo seu lado negativo ou como a porta dos fundos das teorias sociais, visto que ela teria, no caso da violência entre os jovens, uma positividade. (ZALUAR apud *Diógenes*, 1996, p. 85)

O que Alba Zaluar chama de "condomínio do diabo" é a nova cultura da honra, assim denominada por Alvito (ZALUAR apud Alvito,1999, p. 91), que se estabelece como valor moral maior nas sociedades paralelas: em busca de sua virilidade e orgulho masculino os meninos-homens defendem seu território, anteriormente delimitados por suas lideranças, com a própria vida, pois dessa defesa depende a sua imagem e o seu pertencimento, sob as mais graves penas em caso de fracasso, inclusive a pena de morte. Incorporados a grupos criminosos, são proibidos de traição e evasão de recursos e, acuados pela extorsão e pela necessidade que traz seu próprio vício como usuários de drogas, são achacados tanto pelo "comando" quanto pelos policiais corruptos, levados assim a "escalar" na condição de violência, formando quadrilhas para manter seu *status quo*. São, ao mesmo tempo, autores e vítimas. Dessa forma, "a violência, como qualquer outro instrumento, pode, portanto, ser empregada racional ou irracionalmente, pode ser considerada boa ou má, justificada ou abominada".[13] Os justiceiros, aqueles que matam indivíduos por "relevante valor social", foram, por exemplo, dificílimos de condenar nos júris populares da década de 1980, tendo sua violência aceita por aqueles que se beneficiavam dela. Foram, contra todas as expectativas legais, aclamados e legalizados em suas ações assassinas.

Temos que considerar a ideia de Erving Goffman[14] sobre símbolo de status e prestígio: o adolescente da favela demonstra muito "serviço" antes de estar apto a portar uma arma, o que significa, além de sua aceitação no grupo, sua

13 ZALUAR, Alba Maria. "Violência e crime". In: MICELI, Sérgio (org.). *O que ler na ciência social brasileira (1970-1995)*. São Paulo/Brasília/Sumaré: Editora Capes, 1999, p. 44.
14 GOFFMAN, Erving. *Estigma*. 4. ed. Rio de Janeiro: LTC, 1988.

ascensão na hierarquia do "comando". É início do que representa, para ele, o reconhecimento de seu valor, o começo de uma carreira de futuro que, mesmo que seja de curta duração, será de eterna memória. Aqui entram também as alcunhas, que individualizam os Joões e Josés, lhes dão uma identidade social e, como nos explica Goffman, "entre seus iguais, o indivíduo estigmatizado pode utilizar sua desvantagem como uma base para organizar sua vida". Assim, alcunhas que aparentemente são pejorativas, naquela comunidade serão lembradas positivamente, trazendo fama e muitas vezes transformando em lenda o seu usuário. São os ganhos secundários do estigma. A prisão também se transforma num rito de passagem: aquele que já foi preso pertence ao grupo de forma mais forte, já está iniciado. Na sociedade paralela, o passado criminal é status de poder e não é encoberto, não existe vida dupla. E mesmo aqueles moradores da comunidade que não pertencem ao "mundo do crime" acobertam essas identidades, numa mescla de medo e respeito. Afinal, não há, na sociedade paralela, alguém que não tenha familiar, amigo ou conhecido preso, egresso ou foragido. Aqui fora, na "nossa sociedade", uma vez bandido, sempre bandido. Não há diferença entre essas categorias. Elas são despersonalizadas, não têm nome nem sobrenome, passam a ser apenas sua alcunha de guerra e, mesmo com a pena cumprida, esses indivíduos sempre serão considerados criminosos. O que fica não é a sua história de vida e sim a história de seus crimes e, apesar da enorme vontade de que as pessoas conheçam o ser humano que são, não deixam de se vangloriar pelo nome como são conhecidos, para não cair no esquecimento, na invisibilidade da massa.

Importantes e relevantes as considerações que Antônio da Costa Ciampa faz sobre a formação da identidade em seu livro *A estória do Severino e a história da Severina*.[15] Ali, ressalta que a questão da identidade deve ser vista, sobretudo, como uma questão social e política, na medida em que "cada indivíduo encarna as relações sociais, configurando uma identidade pessoal" e que o conjunto de identidades constitui a sociedade, "ao mesmo tempo que são constituídas, cada uma por ela". Formamos nossa identidade também a partir do que os outros veem em nós e é através dela que ocuparemos posições e manteremos nossas relações sociais. No caso dos famosos criminosos, sua alcunha é mais que um rótulo ou etiqueta – é o que torna legítima a sua identidade, é o seu símbolo. E, na medida em que avança em sua carreira criminosa, cada vez está mais identificado com o mito criado, de forma que a mera sugestão de que se desvencilhe dele lhe causa vazio e confusão. Quem então ele seria?

Essa espécie de prisão que a identidade criminosa positiva traz ao indivíduo que a porta, segundo Luiz Eduardo Soares, é "um caso típico de profecia que se

---

15   CIAMPA, Antonio da Costa. *A estória do Severino e a história da Severina*
     *– um ensaio de psicologia social*. São Paulo: Brasiliense, 1987.

autocumpre".[16] O estigma, agora legitimado, substitui a pessoa por seu retrato estereotipado. A identidade de um criminoso se forma através de seus atos criminosos e, para o jovem, o bom e o mau se confundem na formação de quem ele é ou gostaria de ser. Na medida em que é reconhecido ele forma, através do olhar do outro, o que pensa de si mesmo. É por este, entre tantos motivos, que não podemos focalizar a formação da identidade sem refletir sobre a invisibilidade a que muitos jovens das sociedades paralelas estão condenados, pela falta de alternativas de caminhos de reconhecimento dentro de sua própria comunidade. De acordo com o autor, desde cedo a criança infratora é invisível, na família, na escola, na comunidade em que vive. Nada do que faz parece ser valorizado, nada a motiva ou seduz, vive sem perspectiva alguma de ser vista. A invisibilidade anda de mãos dadas com a rejeição e pertencer a um grupo se torna essencial para aquele que se sente desta maneira. Nem que, para isso, tenha que portar uma arma, o "passaporte para a visibilidade". De alguma forma, mesmo que negativa, ele "aparece" para sua comunidade e, ao longo do caminho, acaba sendo reconhecido por seus crimes e pertencendo de forma leal e fiel ao grupo de seus semelhantes, que lhe propicia o que imagina ser o caminho do sucesso. Torna-se autodestrutivo em suas escolhas. Soares avalia que a autoestima desse jovem é baixa, percebe como é visto pela sociedade ampla, é tratado como lixo e só encontra motivação entre aqueles que espelham seu próprio eu e o aceitam e aclamam. Finalmente é acolhido, recebe afeto e apoio. Temos que entender que para esses grupos nem sempre o que consideramos crime assim é visto; o significado de crime ou transgressão legal não é universal. Ele é modificado conforme a cultura do povo que estabelece as regras de conduta legal daquela sociedade. Aos 18 anos, esse jovem que "frequentou" o crime durante a sua juventude terá uma segunda chance de escolher sua identidade; a partir daí será imputável perante a lei. O jovem que opta por seguir com essa identidade criminosa positiva adquirida em seu curto passado criminoso torna o seu modelo distorcido em objetivo e projeto de vida, mesmo tendo consciência de que a morte prematura ronda o seu trajeto.

Essa escolha nos parece quase um suicídio premeditado, quando estudamos a definição de Émile Durkheim para o suicídio anômico,

> [...] que provem do fato de a atividade dos homens estar desregrada e do fato de eles sofrerem com isso. Por sua origem, daremos a esse ultimo tipo o nome de suicídio anômico. [...] A anomia faz surgir um estado de desespero e de cansaço exasperado que pode, em certas circunstâncias virar-se contra o próprio indivíduo ou contra outrem; no primeiro caso haverá suicídio; no segundo, homicídio.[17]

Suicídio e homicídio seriam faces da mesma moeda, formas semelhantes de

---

16  ATHAYDE, Celso; BILL, MV; SOARES, Luiz Eduardo. *Cabeça de porco*, cit., p. 86.
17  DURKHEIM, Émile. *O suicídio*. São Paulo: Martin Claret, 2002. p. 393.

violência, e os jovens que escolhem a vida criminosa escolhem, a curto prazo, matar alguém em vez de matar-se a si próprio, mas sua própria morte é consequência inevitável a longo prazo e tanto ele quanto a família têm absoluta consciência disso. MV Bill e Celso Athayde nos mostram esse nível de entendimento sobre o futuro em várias entrevistas de seu livro *Falcão: meninos do tráfico*. Ali, referem como questão central da falência da influência da mãe na escolha do filho pela vida criminosa "o fato de que os próprios Falcões não precisavam de conselhos, já que eles mesmos tinham plena consciência dos erros que cometiam e do pouco tempo de vida a que estavam condenados".[18] Dos dezessete jovens selecionados para o projeto do livro/documentário, apenas um sobreviveu até o final dos trabalhos: o jovem Força. Todos os outros perderam suas vidas no caminho.

Estudar e refletir sobre a formação da identidade criminosa dos jovens que habitam o que chamamos de sociedade paralela é essencial para que possamos intervir com eficiência na questão da criminalidade. A reflexão sobre a trajetória desses indivíduos só pode ser feita a distância, seja por pesquisadores da sociedade formal, seja por eles mesmos depois de passar toda uma vida presos, como no caso de Pedro Rodrigues Filho, que ao término da entrevista solicitou que seu relato fosse reconhecido como o de Pedrinho Matador, pois de outra forma ninguém saberia que se tratava dele.

"Os mitos servem como referência para o bem e para o mal. Nesse caso, a referência do crime."[19]

A importância das entrevistas com criminosos é inegável. Conhecer suas histórias, o contexto de sua criação, sua crença, seus pensamentos. Tentar desvendar o caminho que a violência faz dentro do ser humano.

Depois de realizar entrevistas com dez assassinos em série, esta pesquisadora percebe que, muitas vezes, é difícil extrair informações deles; é preciso que se construa o perfil psicológico daquele que será entrevistado e assim se estabeleça uma estratégia para fazê-lo de forma eficiente.

As entrevistas têm, em média, duração de quarenta horas e sempre são realizadas com a supervisão de um psicólogo forense.

Pedro Rodrigues Filho, após lançamento da primeira edição do livro *Serial Killers: Made in Brasil* (São Paulo: Arx, 2004), escrito por esta pesquisadora, entrou em contato com ela através de carcereiro do sistema penitenciário,

---

18 ATHAYDE, Celso; BILL, MV. *Falcão:* meninos do tráfico, cit. p. 57.
19 Ibid., p. 118.

MATO POR PRAZER

taxista nas horas de folga. Questionava o fato de sua história não constar entre aquelas selecionadas para a obra. Depois de primeiro contato estabelecido, foi feita pesquisa em seu prontuário na Penitenciária II – Nilton Silva. Lá estava o histórico de alguém que já excedia o tempo permitido por lei de cumprimento de pena em regime fechado: estava preso há trinta e três anos. Constava que Pedro havia assassinado "oficialmente" setenta e uma pessoas, quarenta delas dentro do sistema penitenciário.

Para estabelecer uma estratégia de ação, consideramos que esse indivíduo, que cumpria sua pena desde os 18 anos de idade e agora tinha 51 anos, estabeleceu boa parte de sua identidade criminosa já dentro da cadeia, mas começou a construí-la ainda bem jovem, ao cometer seu primeiro homicídio aos 14 anos. Diz que foi motivado por vingança: assassinou o prefeito da cidade, que ordenou a demissão de seu pai da escola onde trabalhava como vigia por furto de merenda escolar, e também o outro vigia, que julgava ser o autor do furto, salvando assim sua honra. Ao se tornar foragido em sociedade paralela, conheceu a viúva de um líder do tráfico, uma moça conhecida como "Botinha", assumindo a chefia dos negócios do local. Morou ali até a morte da companheira, assassinada pela polícia, quando se mudou, arregimentou soldados do tráfico e montou seu próprio negócio.

Conhecido por eliminar de seu caminho qualquer um que o desagradasse dentro de seu próprio código moral e ético, ganhou fama entre os seus e orgulha-se da própria posição que ocupa dentro da história do crime no Brasil. Como Pedro já havia sido entrevistado por diversos órgãos de imprensa escrita e falada, optamos por entrevista aberta e não direcionada, dando-lhe espaço para nos contar aquilo que lhe parecesse importante.

Apesar da presença de dois pesquisadores, optou-se por apenas um conduzir a entrevista, porque a dificuldade desse tipo de criminoso formar algum vínculo é muito grande. Assim, iniciou-se o trabalho apenas com uma mulher entrevistando Pedro, pois não há registros de que ele tenha assassinado alguém do sexo feminino. Nosso estudo preliminar nos levou a concluir que, como o entrevistado vive exclusivamente em universo masculino, mais tempo do que viveu na sociedade em liberdade, sua curiosidade em se relacionar e mostrar toda sua vaidade a alguém do sexo oposto facilitaria nosso trabalho. O entrevistador do sexo masculino apenas formulou perguntas no terceiro dia de entrevista, quando Pedro já estava absolutamente integrado ao grupo e relaxado no papel de expor sua vida.

Dessa forma, o entrevistado foi conduzido a nos relatar, em entrevista narrativa, a sua história como pessoa e não aquela de seus crimes, já tão explorada pela mídia. Para Pedro foi a chance de se tornar conhecido como um todo, sem nos deixar esquecer que preferia ser lembrado como o grande matador que era.

A entrevista foi baseada em consentimento livre e esclarecido do entrevistado e há um termo assinado por ele, tanto para publicação da entrevista quanto para utilização das imagens em documentário sobre seu caso.

A grande dificuldade de entrevistar e analisar um criminoso como Pedrinho Matador é o fato de que seus crimes causam mínima repulsa, por se tratar de justiceiro dentro e fora do sistema penitenciário. Ele é carismático. Homem forte, com o corpo totalmente tatuado, Pedrinho exala poder. Todos que por ele passam abaixam a cabeça e o olhar, temendo desagradá-lo de alguma forma. Por que ele matava? Mais uma vez a possibilidade da resposta ser mais simples do que aparenta: matar, para esse homem, faz parte de sua história familiar. Avós e pais mataram, sentindo-se plenamente justificados em seus atos. Ele sabe que é errado, mas não sente remorso. Comenta que já foi castigado, já cumpriu sua pena e agora tem direito à liberdade.

Entrevistar Pedro foi uma experiência única. Ele tem um jeito onomatopeico de contar seus crimes. Faz a trilha sonora de todas as suas ações e temos a exata impressão de "assistir" aos acontecimentos. A riqueza de detalhes anatômicos que apresenta faz jus a qualquer legista. A falta de sentimento que demonstra dá arrepios. É como uma criança contando suas travessuras, não fosse o teor das histórias. Adora os mistérios de Sidney Sheldon, conta vantagens de sua forma física, mostra com deleite cada tatuagem desenhada em seu corpo. Autodenomina-se um vingador que jamais matou o que ele mesmo chama de pai de família. Roubou de traficantes para vender a traficantes e só matou quem não prestava. Se sente o próprio Robin Hood.

Revela com a mesma calma a receita da vitamina que toma pela manhã e o segredo de como temperar sangue, sua bebida energética favorita. Explica, com a lucidez de quem viveu preso a vida inteira, que seus últimos crimes foram cometidos em massa, para que caísse na "liquidação" do artigo 71 do Código Penal,[20] o crime continuado. Em sua matemática simples, aquele é o lugar onde dois mais dois pode ser um e meio.

Pousa para fotos como ator de cinema, sua identidade firmemente alicerçada em sua alcunha. No final da última entrevista, disse: "Doutora, agora posso morrer em paz. A senhora vai contar ao mundo a minha história!"

Para quem o está entrevistando, a linha entre o conhecimento e a admiração fica tênue; afinal, ele realiza o que muitos de nós temos como fantasia: eliminar do mundo os maus e irrecuperáveis. Ao mesmo tempo, é difícil não demonstrar nenhum julgamento quando Pedro relata suas técnicas de assassinar pessoas, formas cruéis e sádicas que podem fazer passar mal qualquer pesquisador.

20 "Art. 71. Quando o agente, mediante mais de uma ação ou omissão, pratica dois ou mais crimes da mesma espécie e, pelas condições de tempo, lugar, maneira de execução e outras semelhantes, devem os subsequentes ser havidos como continuação do primeiro, aplica-se-lhe a pena de um só dos crimes, se idênticas, ou a mais grave, se diversas, aumentada, em qualquer caso, de um sexto a dois terços."

FOTOGR
CIVIL

FOTOGR
UNIFORM

## FICHA DATILOSCÓPICA

| POLEGAR | INDICADOR | MEDIO | ANULAR | MINIMO |
|---|---|---|---|---|

FLS. N° 03

MÃO DIREITA

| POLEGAR | INDICADOR | MEDIO | ANULAR | MINIMO |
|---|---|---|---|---|

# RESULTADOS

Podemos dividir a vida de Pedro em quatro etapas distintas:

| 1ª ETAPA | 2ª ETAPA | 3ª ETAPA | 4ª ETAPA |
|---|---|---|---|
| do seu nascimento até o primeiro homicídio, cometido com a idade de 14 anos; | seu envolvimento com o tráfico de drogas chefiando grupo criminoso, sob a alcunha de Pedrinho da Cartucheira; | seus primeiros anos de prisão, quando ainda não estava estigmatizado dentro do sistema penitenciário; | já conhecido como Pedrinho Matador. Em cada etapa encontrou-se resultados relacionados com a formação de sua identidade criminosa que ele se orgulha e percebe como positiva. |

## 1ª ETAPA – PEDRINHO ATÉ OS 14 ANOS

Filho mais velho de prole de oito crianças, Pedro foi criado por pai e mãe, avô e avó, cada um com seu papel e lugar bem definidos. O casal Pedro (pai) e Manuela brigava constante e fisicamente, situação de violência doméstica a que submeteram todos os que viviam na casa. Segundo Pedro (em entrevista concedida nos dias 14-15/7/2005, na Penitenciária II – Nilton Silva), sua mãe levou uma surra ainda grávida, causando fratura no crânio do feto que carregava em sua barriga:

> [...] Minha mãe brigou com meu pai, eu já tava pra nascer, meu pai deu uma 'pesada' [pontapé] na barriga da minha mãe e aí eu nasci com a cabeça quebrada, tem a cicatriz até agora, pode ver.

A casa de Pedro tinha muitas regras criadas por sua mãe, que era bastante religiosa e não permitia que os filhos vissem televisão. A avó era umbandista e levou o neto para o terreiro de trabalhos, que era na sua própria casa. Pedro foi batizado na umbanda aos 14 anos. Como médium, recebia várias entidades de muito poder. A mãe se revoltou com o filho por exercer outra religião, ameaçando matá-lo. Ele também era exposto às brigas do casal cotidianamente, sempre motivadas por ciúme. Controlou a violência do pai antes de ser preso, na medida em que crescia, mas quando ele não estava mais presente Manuela foi assassinada pelo marido:

[...] Pai sempre teve ciúmes da mãe e brigava com ela, já saquei o revólver pra ele. [...] Pai tem muitos, mãe não, esperou eu ir pra cadeia pra matar ela 'dormindo'. Quando eu tava na rua ele não punha a mão na minha mãe, nada.

Apanhou mais da mãe do que do pai, que usava mais os castigos:

[...] Todo mundo apanhava. Meu pai batia pouco, dava castigo, me fazia ajoelhar no milho tanto tempo que quando eu levantava o milho tinha entrado na perna, nem dava pra ver... [Risos.] [...] Minha mãe já era ruim! Esquentava vara na espiriteira, no lampião. A vara de marmelo assoviava (zum, zum, zum).

Sofreu também grande influência dos avós, pois muitas vezes fugia para a casa dos pais quando a violência piorava. O forte vínculo de Pedro com armas e com o hábito de beber sangue vem daí; culturalmente, acredita que é certo, uma vez que aprendeu esse costume no seio familiar, e fala de forma bastante natural sobre o assunto. Foi o avô quem lhe ensinou a usar armas com maestria. Ao encargo da avó ficou como temperar sangue para agradar o paladar e mascar fumo de corda, vício que permanece até os dias de hoje.

**ENTREVISTADOR:** Desde que idade você tomava sangue?
**PEDRO RODRIGUES FILHO:** Ah, desde menino! 10, 12 anos... Tomava depois de boi, [porque] de vaca não é bom. É bom pra saúde! [...] Meu avô morreu com 98 anos, fortão ainda.

Sua turma de amigos, no início da adolescência, é descrita por ele mesmo:

[...] Tudo ruim que nem eu. Só pra pegar, tacar fogo! O tempo foi passando, uns foi morrendo, outros a polícia matou, outro pegou a caminhada dele. Sempre fui sozinho, tanto na rua quanto na cadeia. Sempre fui solitário. Vivi muito isolado [...] fui me acostumando...

Pedro relata que, desde bem pequeno, sentia uma revolta intensa dentro de si. Odiava "os ricos" e ateava fogo em seus carros e casas sempre que tinha uma oportunidade. Nunca frequentou a escola nem nenhum posto de saúde; o primeiro médico que o examinou era funcionário do sistema penitenciário.

O primeiro episódio de isolamento de Pedro se deu quando seu pai foi mandado embora do grupo escolar em que trabalhava por justa causa, acusado de furtar merenda. Esse fato causou uma crise intensa na família Rodrigues, que passou fome e vergonha. Pedro se retirou para o "mato" durante mais de trinta dias, onde ficou caçando macacos e vendendo a pele para ajudar no sustento da família. Quando saiu, estava pronto para a segunda etapa de sua vida, agora como homicida:

[...] Caçava para alimentar a casa, aí uma hora eu falei para minha mãe, olha mãe, não tá certo não. Meu pai nunca roubou nada, foi mandado embora, sem direito a nada. Eu tinha 14 para 15 anos. Isso aí não tá legal não... Pede ajuda pra vó, pra minha madrinha em Minas... Vamo todo mundo pra lá. Vamo sumi todo mundo. [...] Aí fui para o rancho do meu avô... Eu sabia onde ele guardava as armas, facão... Já sabia atirar bem que meu avô tinha ensinado eu a atirar no meio do mato.

## 2ª ETAPA – PRIMEIRO HOMICÍDIO E O ENVOLVIMENTO COM O TRÁFICO DE DROGAS

Pedro responsabilizou o substituto do prefeito que demitiu seu pai e o vigia (que acreditava ser o verdadeiro ladrão) que trabalhava durante o dia no mesmo grupo escolar por toda a crise familiar e pessoal que enfrentava. Decidiu eliminá-los depois de seu isolamento:

[...] Aí, roubei a 32 dele [do avô] antiga, não existe mais hoje, e uma espingarda 28, bastante cartucho... Levei um coturno do meu avô, levei embora também, e aí esperei, saí devagarinho, sossegado, aí fiquei esperando...

Matou primeiro o subprefeito e depois seguiu para a escola, onde inicia um ritual de matar que o acompanhará por toda a vida: sempre que tem oportunidade, explica para a vítima por que ela está morrendo, quando o motivo é vingança.

– Você viu o que você fez? Acabou com a minha família, cara! Meus irmãos tão passando fome por sua causa. Isso aí é justo que você fez?

Depois de assassinar o vigia, sentiu sua missão cumprida, mas agora era um foragido da polícia. Foi para Minas Gerais, para a casa da madrinha, onde conheceu Maria Aparecida Rolim, chamada de Botinha na comunidade em que vivia. Ela acabara de ficar viúva do chefe do local, traficante de drogas, e agora era responsável pelo negócio. Aliciava menores que ali viviam, entre eles Pedro, seduzido por sua beleza e poder. Rapidamente ele galgou a hierarquia da organização, ajudado por seu envolvimento com Botinha:

[...] Era traficante. Fazia uns dois meses que a polícia tinha matado o marido dela. E ela trabalhava com uma pá de menores, todo mundo vendendo droga pra ela. [...] Na época não tinha cocaína, crack... Era pervitin, haxixe e a verdadeira maconha... 'cabeça de nego' aquela maconha da boa! [...] Acabei ficando com ela. Foi a primeira mulher da minha vida, foi ela... [Ri.] Tenho vergonha de falar.

Permaneceu nessa posição durante algum tempo, mas logo outros traficantes se revoltaram com a relação dos dois e a rápida ascensão do rapaz, que ainda era menor de idade:

[...] Fiquei com ela um bom tempo, aí as pessoas que trabalhavam com ela se sentiu revoltada, ele aí chegando agora... [...] Aí os caras armaram uma emboscada pra me matar. Os cara era matador. Aí uma das namoradas ouviu os caras, que era empregada da traficante, da Botinha, 'bateu' pra mim: cuidado! Os caras vão te matar, não sei quando, não sei a hora... Eu já desconfiava... Um dos cara era de menor e dois era de maior. Na época eu carregava duas 765, uma de doze tiros, uma de nove. [...] Fui chamado para trazer um carregamento com os quatro rapazes, esperei eles cochicharem e matei todos. Dois morreu na hora e os outros dois no caminho do hospital. Baleei os quatro. [...] Aí a polícia ficou me procurando... Não sabia quem eu era... Sabia que era um magrinho!

Quando Botinha foi assassinada pela polícia, Pedro fugiu novamente e seguiu a vida criminosa, como chefe de seu próprio grupo.

[...] A polícia queria ela, ela tava 'pedida'. Eu to na casa [dela]. Antigamente quando a polícia chegava, não é que nem hoje, hoje tá tudo moderno... Tudo moderno... Agora preciso tomar cuidado na rua, se eu [sair]... né? É muito esquisito. Antigamente era pouca polícia e ela avisava: 'Sai com a mão pra cima, larga as armas! Aqui é o delegado fulano de tal!' [...] Ela morreu nos meus braço...

Diz que só vendia drogas para traficantes, em grandes quantidades. Tinha um código de moral e ética particular, no qual está incluído só matar por vingança (se possível) e não levar nada roubado para casa ou para a mãe.

[...] Só levava presente [para a mãe]. Não levava nada roubada pra casa. Nada de droga, nada. Antigamente – 50/100 kg de droga e já vendia para outro [traficante]. Vendi muito assim. Eu tinha muito inimigo, muito inimigo mais esquadrão da morte na minha cola, vi um monte de gente querendo me matar. [...] Só tem dois animal que eu não mato: carneiro e macaco. O carneiro chora que nem gente. Eu mato um ser humano, mas não mato um carneiro. Dá dó de ver ele chorando. Chora que nem criança. Faz com a cabeça assim, cutuca você. Já matei muito carneiro, não mato mais. [...] Eu não mato passarinho, eu não mato macaco, eu não mato carneiro. Já matei cavalo pra experimentar a arma.

Pedro vestia vermelho para cometer o homicídio e preto para ir ao velório ou enterro da vítima. Sobre seus motivos, naquela época e nas posteriores, respondeu assim:

**ENTREVISTADOR:** Você matou muito por vingança, né?
**PEDRO RODRIGUES FILHO:** Mais por vingança. Matei bastante.
E.: Sempre por vingança?
P. R. F.: Quase sempre matei por vingança.
E.: Quando não foi por vingança foi por quê?
P. R. F.: Aí... Por exemplo, por exemplo... A gente já tá, tanto ir, tanto faz. Tá craqueado até o pescoço. Perdi irmã. Não tem interesse em ir embora mais... Eu via o cara, aquele cara não tá com nada! Cê tá louco pra matar, aquela sede de matar! Quer sair da cadeia, quer ir pra outro lugar, entendeu? [...] não é nada, só porque ele fez alguma coisa para outra pessoa eu já ia lá e matava.

**E.:** É como uma missão, você escolhe aquele que não prestava para estar aqui?
**PEDRO RODRIGUES FILHO:** No nosso meio do crime não é permitido, né? Eu ia lá e eliminava [estupradores, matadores de crianças].

## 3ª ETAPA – OS PRIMEIROS ANOS DE CADEIA

Ao chegar à Casa de Detenção, mesmo acostumado com todo tipo de violência e já tendo matado, segundo sua memória, mais de trinta pessoas, Pedro ficou bastante assustado:

> [...] Minha amiga, na hora que eu chego na Detenção... amanheceu o dia... UUhhhhh... Fui pro inferno! Aaahhhh... Todo mundo com aquela japona preta, sapato preto... Você vê que os cara tá armado mesmo, tocando batuque... Meu Deus do céu! [...] Me assustei, eu mesmo falo, sangue na parede, tem muita morte então tem sangue arrepiado na parede, [gente] sambando, os caras lutando capoeira, fumando, bebendo... Gente armada, pra lá e pra cá, nossa, ali era o inferno, cara, ali era o inferno ali, ó, inferno, inferno, inferno, inferno. Depois... Isolado, no chiqueirinho, sem água... [...] No pavilhão 5, no quinto andar, tudo sujo, barbado, morria por ali mesmo. Ficava doente, ninguém se importava... Morria tudo assim, ó. Era um inferno aquilo, um inferno. Nem pra usar o banheiro, que aqui a gente chama de boi, eu ia sem a minha faca.

Ficou na inclusão pelo período determinado e assim que foi encaminhado ao convívio ouviu:

– Carne nova pra mim hoje... [Ri.]

Tratava-se de um temido criminoso que cumpria sua pena e que abusava sexualmente de todos os rapazes recém-chegados à Casa de Detenção. Pedro foi designado para viver na cela desse bandido, odiado por muitos e temido por todos. Logo na primeira noite, para escapar do abuso, esperou que ele dormisse e esmagou sua cabeça com uma espécie de paralelepípedo que encontrou no banheiro. Relatou o fato para o carcereiro, avisou que tiraria a vida de quem mexesse com ele. Ganhou imediatamente o respeito de todos.

Pouco tempo depois, estava envolvido com um travesti que trabalhava na cantina. Por ela, assassinou mais duas vítimas:

> [...] Tive que matar dois caras, por causa da minha moral, por causa da bicha, que eu gostava dela, parecia uma mulher mesmo. Não que eu tinha caso com ela, não tinha... Ela trabalhava na cantina, vendia coca-cola, frango, esses barato todo. Muitas pessoas pensava que era caso meu, mas não, se fosse eu falava. [...] A 'moça' arrumou confusão. Ela estava errada, mas o bandido falou que não importava se ela era mulher de grande bandido e criminoso e mandou os dois para aquele lugar. Fui tirar satisfações com ele. O cara estava parado lá em cima, com a faca na mão:

– Aí, malandro. Errou!
– Errou? – eu falei. – Mas e a minha moral? Você trouxe pro meu conhecimento? Não é assim que funciona, cara. Agora você vê o que você faz...
Subi com tudo! [...] Já era. [...] É assim que funcionava, errou, morreu!

Depois desses crimes, Pedro Rodrigues Filho foi "batizado", por um promotor, com seu primeiro apelido dentro do sistema penitenciário: Vampiro do Carandiru.

## 4ª ETAPA – PEDRINHO MATADOR

A mídia e a Justiça começaram a chamar Pedro Rodrigues Filho de *Pedrinho Matador*, um dos maiores assassinos dentro do Sistema Penitenciário de São Paulo. Ele próprio calcula ter assassinado mais de cem vítimas, incluindo-se aqui aquelas em meio a rebeliões das quais participou e que constam como "autoria desconhecida" ou foram assumidas por criminosos "menores".

Pedro desenvolveu inúmeras formas de matar: faca, caneta, óleo quente, arsênico, estrangulamento. Viveu dezesseis anos no "castigo", isolado do convívio na Casa de Custódia de Taubaté:

> [...] Ah, o castigo nesses outros [lugares] aí é ruim, mas lá onde eu fiquei, é, fiquei dezesseis anos ali, lá não tem música, não tem rádio, não tem televisão. Sol por quarenta e cinco minutos e no fim de semana e olha lá. Minha vida era ficar naquela cela, num quadradinho. Ficava na cama lá, fazia quatro horas de ginástica todo dia e na parte da tarde eu tirava duas horas pra dar soco na parede pum, pum, pum. O médico falava: "Para de dar soco na parede rapaz! Vai dar encrenca". Tinha época que eu não tinha força pra pegar coisa assim pra comer, minha mão vivia fechada. Eu punha um meião de futebol e punha assim dando soco – pum, pum, pum. Na parte da manhã eu fazia aquilo e na parte da tarde eu ficava dando soco na parede. Eu abria o ralo assim, na parede era tudo rachado assim e minha parede era concreto. A parede ficou tudo rachada e cheia de sangue. Pode ver, minha mão é defeituosa. Aí eu parei. E fiz num saco de areia. Tem um sacão grande lá de areia e eu bato lá agora.

É temido e respeitado por todos, detentos e funcionários. Muitas vezes foi "usado" para acalmar certa ala da prisão, pois ninguém quer "arrumar confusão" com ele. Relata que passou anos desesperançado, matando ao seu bel-prazer e sem perspectiva nenhuma de futuro. Depois de ser transferido de Taubaté, passou a ser atendido pelo serviço social da nova unidade e se envolveu com uma funcionária, com quem mantém um estável relacionamento até hoje. Segundo Pedro, ela o fez acreditar na vida novamente. Continua vaidoso de sua fama, sem nenhum pudor, como quando nos pediu para verificar se sua fotografia ainda estava exposta no "Museu do Ipiranga", na verdade se referindo ao

Museu do Crime. Fala de seus antigos companheiros de cela, famosos como ele, perguntando se eu conheci Sete Dedos, Bonequinha e Cara-de-Cavalo. Nunca tentou suicídio.

> [...] Mas se morrer quero morrer matando. Eu tirar a minha vida? Nunca [...] Acho até mais corajoso uma pessoa tirar a própria vida do que matar o outro, porque tirar a própria vida... pqp!

Pergunta como vai se intitular este trabalho e sugere que seja "Pedrinho Matador" mesmo, pois de outra forma não saberão que estamos falando dele. Diz que hoje em dia as coisas estão muito mudadas, que não mata mais nem revida provocação, pois agora as desavenças são mediadas pelo "partido", que define o castigo de quem não tem razão.

> [...] Hoje, hoje mudei completamente, minha mãe até hoje sofreu pra caramba, pra fazer alguma coisa pra mim agora, só se bater na minha cara, uma coisa grave, né? Muito difícil. Não dá mais, não dá. O crime mudou muito. Ninguém entende mais nada, ninguém entende mais nada, tá tudo de cabeça pra baixo. Pouca gente que a gente confia. Cadeia agora é um outro mundo. [...] Não é legal. Tem muito curioso. Penitenciária tá braba.

Durante a entrevista, fez questão de escrever numa lousa da sala de aula onde estávamos a frase que mais gosta, além de gravá-la para o documentário:

> Desafio qualquer ser humano da face da terra que queira apontar os meus defeitos, sem ter que dar margem para apontar os seus erros.

Quem está envolvido no sistema das sociedades paralelas não consegue se perceber sugado pela máquina de moer carne jovem que se estabeleceu nessas comunidades.

Desde criança, muitas vezes, já são estigmatizados como "difíceis" ou "hiperativos" pela própria escola muitos filhos de mães solteiras,[21] sem a figura paterna como modelo. Quando não, os próprios pais mortos eram "do crime" e têm suas histórias perpetuadas como herança. A dificuldade financeira se estabelece como motivo lógico, racional, para a entrada na criminalidade, que na verdade tem raízes na busca do próprio jovem pela sua identidade, individualidade, masculinidade e reconhecimento por parte daqueles com os quais con-

---

21 Segundo a pesquisa "Paternidade e Deserção, Crianças sem Reconhecimento e Maternidades Penalizadas pelo Sexismo", realizada pela socióloga Ana Liési Thurler, cerca de 30% das crianças brasileiras não têm o nome do pai em seus registros.

vive. Privado dos benefícios mais elementares da cidadania, alimenta o ódio e a revolta dentro de si pela humilhação diária a que é submetido. Sua chance de ter orgulho de si mesmo, espelhado pela comunidade em que vive, vem dos "comandos", grupos de crime organizado com estrutura quase militar, onde se pode fazer carreira e ganhar dinheiro, além do "respeito da plateia".

Ao ser preso, as chances de reabilitação do jovem são diminutas. A prisão passa a ser escola do crime; ele é rotulado dentro e fora do "comando", estigmatizado, e assim condenado a um futuro "intramuros". Depois disso, fica para o indivíduo viver na prisão de sua própria imagem, construída através da identidade criminosa. Ele não consegue mais se desvencilhar do estigma. O egresso do sistema penitenciário, quando ganha a liberdade, mesmo convicto de não cometer transgressão de nenhuma espécie, experimenta viver no estranho lugar entre os dois mundos: na comunidade, não tem mais lugar; na sociedade ampla, sempre será bandido.

A mudança desse sistema não é de fato desejada; existe como que um "conluio da coletividade"[22] entre instituições e comunidade, que desejam, mas – por serem exatamente o que são – não obtêm sucesso em sua busca.

Se fosse alcançado o ideal do mundo sem crime, quem abasteceria o sistema judiciário, penitenciário, midiático e o próprio mercado acionado pela insegurança e pelo medo? E em quem projetaríamos o mal, para podermos ocupar o lugar do bem? Quem seriam os culpados que aliviariam nossa própria culpa e propiciam a expiação dos nossos pecados? Há que se levar em conta também o fato de que os jovens da sociedade paralela quase nunca ou nunca saem "para a pista", "para o asfalto".[23] Vivem fechados em suas comunidades, absorvendo desde a mais tenra idade conceitos morais e éticos diversos da sociedade ampla e em contato extremo e direto com a morte e o morto, a polícia, os tiros, os órfãos e viúvas. A violência é cenário cotidiano e, ao longo dos anos, se banaliza completamente. E, ao estigmatizar esse jovem, dissolvemos sua identidade (tanto no sentido de ser único, original, quanto naquele que assemelha e aproxima duas pessoas) e a substituímos pelo retrato estereotipado.

Pedrinho Matador é o exemplo de pessoa que sempre viveu em sociedade paralela à formal. Na infância, por consequência da pobreza, não frequentou escola, não sabia o que era um médico, não teve absolutamente nenhum contato com o Estado. Aprendeu ali, entre os seus, os códigos de moral e ética que regeram sua vida. Todos em sua família mataram ou quase o fizeram. A violência física era vivida ou assistida todos os dias. A revolta sempre foi presente em suas emoções. Menino hiperativo, instável, solitário e a esmo. Seus heróis e heroínas da primeira infância eram capazes de atos cruéis sem

---

22 ATHAYDE, Celso; BILL, MV; SOARES, Luiz Eduardo. *Cabeça de porco*. cit., p. 102.
23 Designa "ruas fora da favela". ATHAYDE, Celso; BILL, MV. *Falcão – Meninos do tráfico*. cit.

nenhum remorso, com a certeza interna de que estavam fazendo "a coisa certa". E, nesse caso, nem podemos culpar a influência da mídia, pois Pedro era proibido de assistir televisão.

A história de vida de Pedrinho reafirma muitas das teses criminológicas de Hassemer e Muñoz Conde, principalmente a que diz: "A criminalidade e a conduta desviada são manifestações do comportamento humano que somente podem ser compreendidas, valoradas e explicadas em relação com um determinado sistema social de convivência". [24]

Pedro Rodrigues Filho leva a vida do crime e a vida do crime leva Pedrinho Matador. Sua primeira chance de recuperação se deu, de fato, quando já estava há mais de vinte e cinco anos preso em regime fechado, graças ao suporte de assistência social e psicológica que recebeu depois de tantos anos tratado como um animal porque se comportava como um. Depois de viver seus primeiros anos de vida apartado de qualquer benefício que o Estado pudesse lhe oferecer, viveu os trinta e cinco anos seguintes em outra sociedade paralela: o sistema carcerário. Ali, seus heróis eram os grandes criminosos, aqueles que, ao serem detidos, faziam as pernas de todos os outros tremerem. Aqueles que tinham "histórias sensacionais" na vida do crime, que todos os indivíduos de seu universo reverenciavam. Mas não era só entre seus iguais que Pedro buscava ser reconhecido. Ao buscar esta pesquisadora, de dentro da sociedade paralela em que vivia, através de intermediário com a sociedade ampla, deixa claro o seu desejo de ser reconhecido também fora de seu grupo.

É possível discutir se Pedro matava por prazer, sobrevivência, para "ganhar moral", por necessidade, vingança ou justiça. É possível discutir se ele é um assassino em série "diferente", uma vez que a maioria dos criminosos deste tipo tem o desejo de matar sem motivo aparente e, a partir de certo momento da vida, passam da fantasia para a execução. Pedro, de forma diferenciada, comete o primeiro homicídio alicerçado num código particular de honra e justiça; só então se insere em grupo criminoso onde percebe que tem prazer nesse tipo de ação. Essa descoberta é posterior, mas tão profunda que sua principal tatuagem, no antebraço direito, ostenta a frase *"Mato por prazer"*.

Reflexão que não pode deixar de ser feita é como não perder a vida de um adolescente para o crime. Como propõe Luiz Eduardo Soares:

> [...] Investiremos na competição com o tráfico, disputando menino a menino, menina a menina. Para nos credenciarmos a competir com chances de êxito, teremos de criar um polo alternativo, uma fonte gravitacional alternativa, apta a oferecer pelo menos os mesmos benefícios que o tráfico proporciona [...].[25]

---

24   CONDE, Francisco Muñoz; HASSEMER, Winfried. Introducción a La Criminologia yal Deretcho Penal. Tradução livre da autora.
25   ATHAYDE, Celso; BILL, MV; SOARES, Luiz Eduardo. *Cabeça de porco*. cit., p. 285.

Sociedades onde são confinadas certas minorias por imposições econômicas, como a favela da Rocinha e a de Paraisópolis, são atualmente denominadas bairro – ou estão em vias disso: recebem atenção e investimento do governo estadual e federal.

A Paraisópolis onde habitam aproximadamente 80 mil pessoas em espaço de 800 mil metros quadrados está em processo de urbanização do que era antes uma área particular. Tal processo colocará o Complexo Paraisópolis na malha da cidade, retirando-o da clandestinidade. Assim, a tendência é ser reconhecida não mais como favela e sim como pertencente ao bairro do Morumbi, em São Paulo. Um projeto de urbanização, que conta com prefeitura, estado e União, investiu verba de trezentos milhões de reais até o final de 2009. Ali estão presentes mais de sessenta organizações não governamentais, como o Hospital Albert Einstein e seu "Programa Einstein na Comunidade", que oferece atendimento médico às crianças do bairro. A prefeitura e o governo mantêm oito escolas públicas no complexo, número ainda insuficiente para atender um universo de vinte e duas mil crianças com idades entre zero e dez anos. Paraisópolis conta com cinco mil estabelecimentos comerciais, que empregam 20% de moradores locais.

A Rocinha, favela denominada bairro pela Lei nº 1.995 da prefeitura do Rio de Janeiro, recebeu investimento do Programa de Aceleração do Crescimento (PAC) no montante de 910 milhões de reais, dividido também com a favela de Manguinhos e o Complexo do Alemão. Nessas três comunidades vivem cerca de 245 mil pessoas. O projeto inclui centro cultural esportivo, área de lazer, creches, escolas técnicas, postos de saúde, hospital, bibliotecas e sistema de abastecimento de água, esgoto e iluminação pública. Na Rocinha, a prioridade das obras foi a construção de novas unidades habitacionais, com quinhentas famílias realocadas em novos prédios construídos na parte alta da favela. Vale ressaltar que o número de favelados representa quase 20% da população total do município do Rio de Janeiro. Segundo a pesquisa de Soares,

> [...] as comunidades sonham com o dia em que se verão livres do tráfico e da violência, das drogas e das armas, do recrutamento de crianças e adolescentes para a vida do crime. Sonham com a plena integração à cidadania, com educação e respeito, emprego decente e uma chance razoável para viver com dignidade.[26]

Examinando os projetos acima descritos, existe atualmente a chance concreta deste sonho se tornar realidade, mesmo que a longo prazo. Abre-se então a oportunidade de pesquisa nos índices de criminalidade dessas regiões, antes e depois de inserir tais sociedades paralelas na sociedade ampla.

---

26  ATHAYDE, Celso; BILL, MV; SOARES, Luiz Eduardo. *Cabeça de porco*. cit.

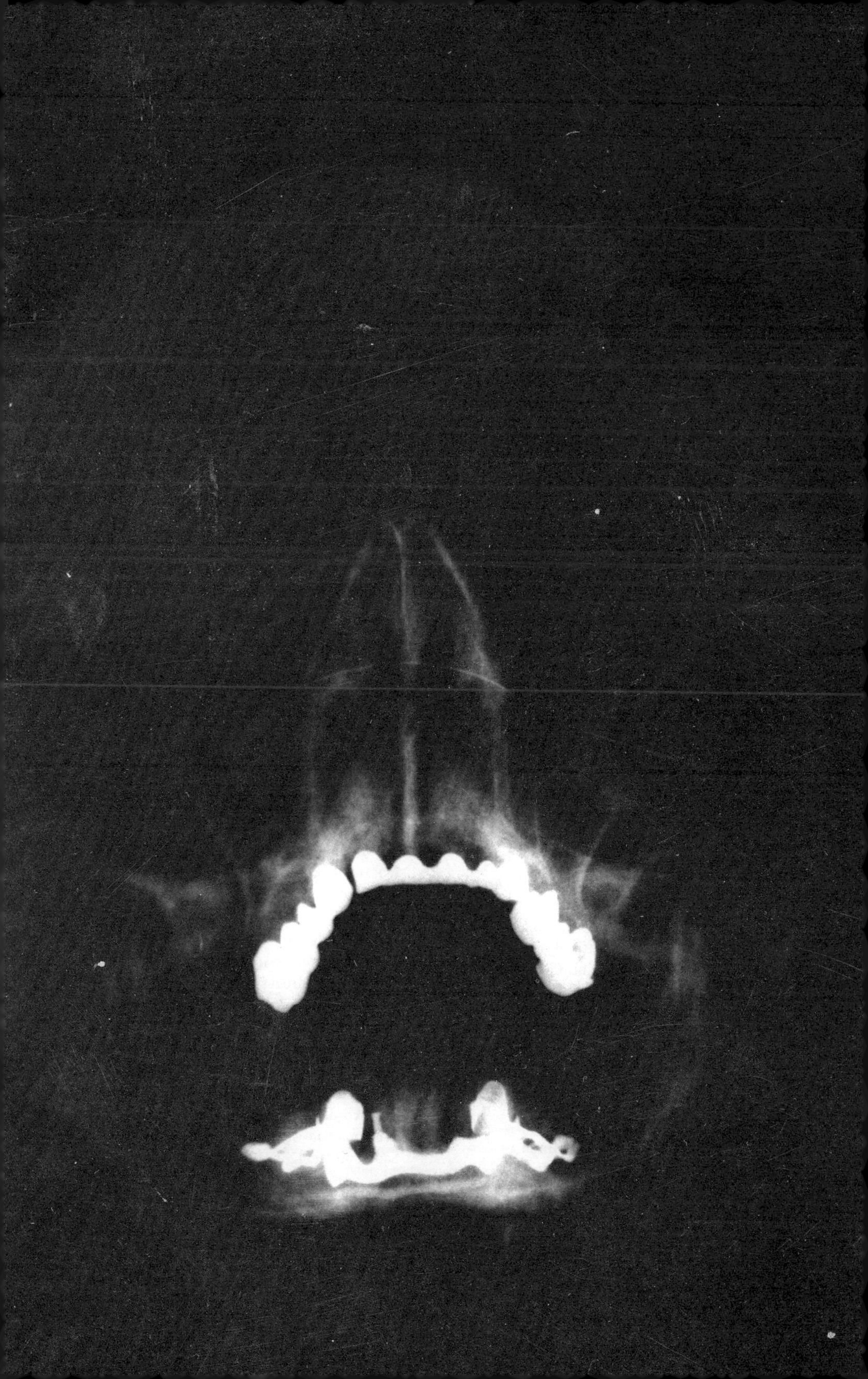

# REFERÊNCIAS

ADORNO, Sérgio; SALLA, Fernando. Criminalidade organizada nas prisões e os ataques do PCC. *Estudos Avançados*, São Paulo, v. 21, n. 61, p. 7-29, 2007. Disponível em: <http://www.scielo.br/scielo.php?pid=S0103-40142007000300002&script=sci_arttext>. Acesso em: 6 fev. 2009.

APPOA – *Revista da Associação Psicanalítica de Porto Alegre*. Psicanálise em tempos de violência. Porto Alegre: Artes e Ofícios, ano VI, n. 12.

ARAÚJO, Landa. Bairro ou favela? *Viva Favela*, Rio de Janeiro, 4 jul. 2007. Disponível em: <http://novo.vivafavela.com.br/publique/cgi/cgilua.exe/sys/start.htm?from_info_index=246&infoid=45142&sid=87>. Acesso em: 6 fev. 2009.

ATHAYDE, Celso; BILL, MV. *Falcão:* meninos do tráfico. Rio de Janeiro: Objetiva, 2006.

ATHAYDE, Celso; BILL, MV; SOARES, Luiz Eduardo. *Cabeça de porco*. Rio de Janeiro: Objetiva, 2005.

CIAMPA, Antônio da Costa. *A estória do Severino e a história da Severina:* um ensaio de psicologia social. São Paulo: Brasiliense, 1987.

CONDE, Francisco Munhoz; HASSEMER; Winfried. *Introducción a la criminología y al derecho penal*. Disponível em: <http://www.Introduccion_a_la_Criminologia_y_al_Derecho_Penal_-_Winfried_Hassemer_Francisco_Munoz_Conde.html;jsessionid=51A6FF7AE0668828B6DAF217F115F3A7.dc61>. Acesso em: 11 nov. 2009.

HASSEMER, Winfred; MUÑOZ CONDE, Francisco. *Introducción a la criminología y al derecho penal*. Valencia: Tirant lo Blanch, 1989.

CONESA, Thaís. 'Paternidade ainda é tabu no Brasil', diz socióloga. *Carta Maior*, São Paulo, 10 fev. 2005. Disponível em: <http://www.cartamaior.com.br/templates/materiaMostrar.cfm?materia_id=3118>. Acesso em: 2 fev. 2009.

DEAN, Carolyn J. *The self and its pleasures:* Bataille, Lacan, and the history of decentered subject. Nova York: Cornell University Press, 1992.

DURKHEIM, Émile. *O suicídio*. São Paulo: Martin Claret, 2002.

FERNANDES, Newton. *Teoria geral do crime:* por que o crime acontece? São Paulo: RG Editores, 2000.

FOUCAULT, Michel. *Vigiar e punir:* história da violência nas prisões. 23. ed. Petrópolis: Vozes, 2000.

GOFFMAN, Erving. *Estigma*. 4. ed. Rio de Janeiro: LTC, 1988.

_____. *Manicômios, prisões e conventos*. São Paulo: Perspectiva, 2001.

LEITE, Carla Carvalho. *Caminho de morte:* um estudo sobre o ingresso de adolescentes no tráfico de drogas no Rio de Janeiro. Disponível em: <http://www.abmp.org.br/congresso2008/experiencias/224942-caminhodeMorte_estudosobreingressodeadolescentesnotraficodedrogasnoRiodeJaneiro.doc+lealdade+ao+tr%C3%A1fico,+idade&hl=pt-BR&ct=clnk&cd=5&gl=br>. Acesso em: 9 fev. 2009.

LEITE, Carla Carvalho. Caminho de morte: um estudo sobre o ingresso de adolescentes no tráfico de drogas no Rio de Janeiro. *Revista Juizado da Infância e da Juventude*, Porto Alegre, ano 4, n. 9, p. 31-60, 2006.

LOPES, José Reinaldo de Lima. Justiça, identidade e liberdade. Uma perspectiva jurídico-democrática. *Revista da Procuradoria-Geral do Estado de São Paulo*, São Paulo, n. 42, p. 183-225, dez. 1994.

MANSO, Bruno Paes. Sobrevivemos: como a violência foi reduzida na periferia, no relato de vítimas, testemunhas e ex-bandidos. *O Estado de S.Paulo*, Megacidades, São Paulo, 3. ago 2008. Disponível em: <http://www.estadao.com.br/megacidades/sp_seguranca.shtm>.

MAZZEI, Maria. *Brasil é líder no tráfico de armas na América*. Disponível em: <http://www.jornalsemanaol.com/imprimir_noticia.php?act=12032>. Acesso em: 6 fev. 2009.

MAZZEI, Maria. Brasil é líder no tráfico de armas na América. *O Dia*, 29 jul. 2007. Disponível em: <http://www.mvb.org.br/noticias/index.php?action=showClip&clip12_cod=1072>.

MENDES, José Manuel de Oliveira. O desafio das identidades. In: SANTOS, Boaventura de Sousa (Org.). *Globalização*: fatalidade ou utopia. Porto Alegre: Afrontamento, 2001.

RIGONATTI, Sérgio Paulo et al. *Temas em psiquiatria forense e psicologia jurídica*. São Paulo: Vetor Editora, 2003.

_____. *Temas em psiquiatria forense e psicologia jurídica II*. São Paulo: Vetor Editora, 2006.

RIZZO, Bruno Engert. *Riscos e consequências na verticalização de favelas*. Disponível em: <http://ofca.com.br/artigos/2009/01/25/250109-riscos-e-cosequencias-da-verticalizacao-de-favelas/>. Acesso em: 10 fev. 2009.

SACKS, Sheila. Questão urbana: PAC aciona engenharia cidadã. *Último Segundo*, São Paulo, fev. 2009. Disponível em: <http://observatorio.ultimosegundo.ig.com.br/artigos.asp?cod=467CID003 - 73k -. Acesso em: 5 fev. 2009.

SHECAIRA, Sérgio Salomão. *Criminologia*. 2. ed. rev. e amp. São Paulo: Editora Revista dos Tribunais, 2008.

_____. (Org.). *Mídia e crime*: estudos criminais em homenagem a Evandro Lins e Silva. São Paulo: Editora Método, 2001.

SILVA, Rejane Valvano Corrêa da; COUCEIRO, Luiz Alberto. 'Pega o bandido corno!' Práticas e representações de crime e violência num bairro da Zona Sul do Rio de Janeiro. *Discursos sediciosos. Crime, direito e sociedade*, Rio de Janeiro, f. 15-16, 2007.

SILVA, Roberto da. *Os filhos do governo*: a formação da identidade criminosa em crianças órfãs e abandonadas. 2. ed. São Paulo: Editora Ática, 1998.

SUSINI, Marie-Laurie. *O autor do crime perverso*. São Paulo: Companhia de Freud, 2007.

VERISSIMO, Luis Fernando. *Novas comédias da vida privada*. São Paulo: L&PM, 1996.

ZALUAR, Alba Maria. *A máquina e a revolta*. São Paulo: Brasiliense, 1985.

_____. A aventura etnográfica: atravessando barreiras, driblando mentiras. In: ADORNO, Sérgio (Org.). *A sociedade entre a modernidade e a contemporaneidade*. Porto Alegre: Editora da Universidade, 1995.

_____. A globalização do crime e os limites da explicação local. In: SANTOS, José Vicente Tavares dos (Org.). *Violências no tempo da globalização*. São Paulo: Editora Hucitec, 1999.

_____. Violência e crime. In: MICELI, Sérgio (Org.). *O que ler na ciência social brasileira (1970-1995)*. São Paulo; Brasília; Sumaré: Editora Capes, 1999.

# ANEXOS
## TÉCNICOS

# SERIAL
# KILLERS

## ANEXO 01 – ASSASSINATOS EM SÉRIE E PSICOPATIA

Por Antonio de Pádua Serafim[1]

Dentre os crimes contra a pessoa, o homicídio, sem sombra de dúvidas, apresenta-se como o de maior gravidade e impacto perante a opinião pública. Diariamente, na imprensa, é notificada a ocorrência da prática de homicídios em diferentes contextos. Em alguns casos, questionamentos quanto ao que leva uma pessoa a praticar tamanha crueldade se apresentam em meio à indignação, à revolta e ao sofrimento. A tentativa de compreender o que leva uma pessoa a agredir outra mortalmente com sinais de brutalidade, crueldade e frieza mobiliza não só a população em geral, mas também especialistas das áreas da medicina, da psicologia e do direito.

Quando nos reportamos aos chamados assassinatos em série, isto é, àqueles crimes praticados em geral por uma única pessoa, que segue um padrão de ação ou de comportamento para executar suas vítimas, como os casos publicamente conhecidos de Francisco de Assis Pereira (o "Maníaco do Parque"), de Francisco Costa Rocha ("Chico Picadinho") ou de Marcelo Costa de Andrade (o "Vampiro de Niterói"), essa modalidade de homicídio apresenta-se ainda mais geradora de reações impactantes na população de modo geral.

O comportamento criminoso tipificado por esse padrão de homicídio apresenta-se, no entanto, como um complexo fenômeno envolvendo múltiplas causas:

**[A] BIOLÓGICAS:** como fatores genéticos e hereditários, lesões no sistema nervoso central (principalmente os traumatismos no cérebro).
**[B] PSICOLÓGICAS:** as doenças mentais que interferem na capacidade de julgamento do indivíduo, como nos casos em que a pessoa apresenta quadro de delírio de perseguição, isto é, acredita que a vítima o está perseguindo e que precisa eliminá-la, ou um delírio de que é um enviado de Deus e que precisa eliminar grupos de pessoas que praticam o pecado, como prostitutas ou homossexuais; privações de vivência de amor e maus-tratos ao longo da infância, entre outros.
**[C] SOCIAIS:** desigualdade, preconceito, racismo, violência doméstica, abuso sexual etc.

---

[1] Psicólogo clínico e forense; doutor pela Faculdade de Medicina da Universidade de São Paulo (FMUSP); perito e pesquisador do Núcleo de Estudos e Pesquisas em Psiquiatria Forense e Psicologia Jurídica do Instituto de Psiquiatria do Hospital das Clínicas e Faculdade de Medicina da Universidade de São Paulo (Nufor-Ipq-HC-FMUSP); professor de psicologia da Universidade Camilo Castelo Branco (Unicastelo) e da Universidade de Santo Amaro (Unisa).

Todavia, o que se tem de concreto é que a doença mental como agente causador de um assassinato em série não se apresenta como a principal causa. É certo que alguns doentes mentais apresentam maior possibilidade de manifestar uma conduta agressiva do que uma pessoa mentalmente saudável, porém é baixa sua correlação com crimes em série. Os doentes mentais geralmente expressam a agressividade do tipo explosiva. O que tem de ficar claro é que, para um mesmo comportamento, como no caso do homicídio em série, pode haver várias causas.

No entanto, entre os criminosos condenados por homicídios que não apresentam um diagnóstico de doença mental, é possível identificar que a ausência de sentimentos éticos e altruístas, unidos à falta de sentimentos morais, impulsiona esses indivíduos a cometerem crimes com requintes extremados de brutalidade e crueldade (publicamente chamados de "monstros"). Esse padrão de comportamento caracteriza-se por uma impulsividade, um baixo limiar de tolerância às frustrações, desencadeando uma desproporção entre os estímulos e as respostas, ou seja, respondendo de forma exagerada diante de estímulos mínimos e triviais. Por outro lado, os desvios de caráter costumam fazer com que esses indivíduos demonstrem uma absoluta falta de reação diante de estímulos importantes.

Os estados afetivos (isto é, a expressão de amor, ódio ou raiva) apresentam-se sem reciprocidade e sem um verdadeiro interesse pelo outro. Aqui é possível observar em vários criminosos uma acentuada insensibilidade. A culpa não é expressa e quase sempre não é sentida de maneira consciente. Nos episódios com agravos de que participam, colocam a responsabilidade ou culpa no outro e nas circunstâncias. Eles não negam a prática do crime, porém atribuem à vítima a responsabilidade de sua própria morte.

Esse complexo e inadequado funcionamento emocional é descrito em larga escala, visto que alguns indivíduos que praticam crimes hediondos contra a pessoa expressam total ausência de remorso, egocentrismo, incapacidade para estabelecer laços de amor, bem como uma pobreza geral nas reações afetivas com ênfase na incapacidade de respostas empáticas.

Indivíduos com essas características tendem ainda a expressar baixas respostas de ansiedade em situações geradoras de estresse, associadas a uma disparidade entre a linguagem e seu conjunto emocional. Eles conhecem as palavras e seu respectivo conteúdo emocional, porém não sentem e não expressam esse conteúdo. Eles pronunciam a palavra amor, mas, em seu funcionamento, não sentem o real significado desta palavra.

Esses indivíduos comumente apresentam a agressividade do tipo proativa (ou depredadora), que se caracteriza por uma conduta agressiva e violenta dirigida para uma meta determinada. As pessoas que apresentam esse padrão de comportamento agressivo são em geral perigosas aos demais e com elevada probabilidade de ter e de adotar uma conduta criminosa.

Do ponto de vista psiquiátrico e psicológico, esses indivíduos não se enquadrariam como doentes mentais, como é um caso de uma pessoa portadora de uma esquizofrenia, porém apresentam um mau funcionamento da sua personalidade no tocante ao caráter que envolve os traços moldados ao longo do desenvolvimento, resultantes das experiências de aprendizagem propiciadas por diferentes influências ambientais. Para esses casos, ainda não se tem uma causa específica nem um tratamento adequado. Estão classificados como portadores de transtorno de personalidade antissocial ou psicopatas.

Os indivíduos classificados como psicopatas expressam, em suas relações com os outros, encanto superficial; inteligência sem alterações; ausência de delírios e outros sinais de pensamento irracional; ausência de nervosismo ou manifestações neuróticas; irresponsabilidade; mentira e falta de sinceridade; falta de remorso ou vergonha; comportamento antissocial sem constrangimento aparente; senso crítico falho e deficiência na capacidade de aprender pela experiência; egocentrismo patológico e incapacidade de amar; pobreza geral de reações afetivas; indiferença em relações interpessoais gerais; dificuldade em seguir qualquer plano de vida.

Alguns indivíduos são caracterizados também pelo desprezo às obrigações sociais e por falta de consideração para com os sentimentos dos outros. Exibem um egocentrismo patológico, emoções superficiais, falta de autopercepção, pobre controle da impulsividade (incluindo baixa tolerância para frustração e limiar baixo para descarga de agressão), irresponsabilidade, falta de empatia com outros seres humanos, ausência de remorso, ansiedade e sentimento de culpa em relação ao seu comportamento antissocial. São geralmente cínicos, manipuladores, incapazes de manter uma relação e de amar, e sua anormalidade consiste especificamente em anomalias do temperamento e do caráter, resultando em uma conduta anormal configurada por menos-valia social.

É enorme o sofrimento social, econômico e pessoal causado por algumas pessoas cujas atitudes e cujo comportamento resultam menos das forças sociais do que de um senso inerente de autoridade e uma incapacidade para a conexão emocional em relação ao resto da humanidade. Para esses indivíduos (psicopatas), as regras sociais não são uma força limitante e a ideia de um bem comum é meramente uma abstração confusa e inconveniente. São considerados "predadores intraespécies", que usam charme, manipulação, intimidação e violência para controlar os outros e para satisfazer suas próprias necessidades. Em sua falta de confiança e de sentimento pelos outros, eles tomam friamente aquilo que querem, violando as normas sociais sem o menor senso de culpa ou arrependimento.

O quadro a seguir expressa as principais características para avaliar e classificar um indivíduo que praticou um crime como psicopata:

## CRITÉRIOS DE CLASSIFICAÇÃO DE PSICOPATIA:
### SEGUNDO A ESCALA PARA VERIFICAÇÃO DE PSICOPATIA DE ROBERT HARE, 1991. PCL-R

| | |
|---|---|
| 1. | CHARME SUPERFICIAL/LOQUACIDADE |
| 2. | SUPERESTIMA |
| 3. | NECESSIDADE DE ESTIMULAÇÃO/TENDÊNCIA AO TÉDIO |
| 4. | MENTIRA PATOLÓGICA |
| 5. | VIGARICE/MANIPULAÇÃO |
| 6. | AUSÊNCIA DE REMORSO OU CULPA |
| 7. | INSENSIBILIDADE AFETIVO-EMOCIONAL |
| 8. | INDIFERENÇA/FALTA DE EMPATIA |
| 9. | ESTILO DE VIDA PARASITÁRIO |
| 10. | DESCONTROLES COMPORTAMENTAIS |
| 11. | PROMISCUIDADE SEXUAL |
| 12. | DISTÚRBIOS DE CONDUTA NA INFÂNCIA |
| 13. | AUSÊNCIA DE METAS REALISTAS EM LONGO PRAZO |
| 14. | IMPULSIVIDADE |
| 15. | IRRESPONSABILIDADE |
| 16. | FRACASSO EM ACEITAR RESPONSABILIDADE PELAS PRÓPRIAS AÇÕES |
| 17. | MUITAS RELAÇÕES MARITAIS DE CURTA DURAÇÃO |
| 18. | DELINQUÊNCIA JUVENIL |
| 19. | REVOGAÇÃO DA LIBERDADE CRIMINAL |
| 20. | VERSATILIDADE CRIMINAL |

# ANEXO 02 – LAUDO CLÍNICO DE FEBRÔNIO INDIO DO BRASIL

## COMPLEMENTAÇÃO DA ANAMNESE

Sobre os antecedentes familiares de Febrônio, o dr. Heitor Pereira Carrilho ouviu do paciente que seu pai chamava-se Theodoro Indio do Brasil, um açougueiro, e que a família residia em São Miguel de Jequitinhonha, Minas Gerais. O último contato de Febrônio com ele tinha sido aos 12 anos.

Theodorão, como era chamado o pai de Febrônio, era alcoólatra, genioso e irascível. Tinha temperamento violento, brigava frequentemente com a esposa e batia nos filhos.

A mãe de Febrônio, segundo ele mesmo, chamava-se Estrella do Oriente Indio do Brasil. Na data do exame, Febrônio já não tinha notícias dela havia sete anos, mas sabia que estava viva. Segundo Febrônio, foi mãe de 25 filhos – ele era o terceiro. O mais velho fugiu de casa, o segundo morreu doente.

Algum tempo depois, quando o interno recebeu a visita de um irmão – Agenor Ferreira de Mattos –, que saiu de Jequié, na Bahia, para espanto do médico, os antecedentes familiares de Febrônio foram elucidados. Agenor tinha 2 anos quando Febrônio saiu daquela cidade. Segundo os esclarecimentos desse irmão, o pai se chamava Theodoro Simões de Oliveira e faleceu de doença pulmonar. Era lavrador, mas por algum tempo foi açougueiro. Realmente brigava com a esposa e uma vez tentou matá-la com "arma em punho".

Sua mãe ainda era viva e chamava-se Reginalda Ferreira de Mattos. Morava em Jequié havia um ano e meio. Tinha saído de São Miguel de Jequitinhonha para morar com um filho. Reginalda não era pessoa nervosa. Teve catorze filhos, mas naquela data estavam vivos apenas doze: seis homens e seis mulheres. Febrônio, na verdade, seria o segundo filho do casal. O primogênito, João, era vivo, arreeiro[1] e residia em Jequié.

O terceiro filho chamava-se Deraldo e tinha sido assassinado havia pouco tempo, depois que as notícias dos crimes de Febrônio chegaram ao lugar em que ele morava. A população, achando que poderia ser igual ao irmão, tinha medo dele. Acreditava-se que fora assassinado sob esse pretexto. Segundo Agenor, Deraldo era bom homem, apesar de beber muito e ser genioso, mas nada que justificasse seu assassinato.

O quarto filho – Antonio – fugira de casa ainda rapazinho. O quinto – Arthur – também era arreeiro e o sexto – Agenor –, trabalhador rural. Quanto às irmãs, algumas eram casadas e tinham filhos.

---

[1] Condutor de bestas de carga ou de cavalgaduras, ou aquele que as aluga.

Segundo dizia o irmão de Febrônio, ele fugiu de casa aos 12 anos, acompanhado de um caixeiro-viajante. Sua mãe contava que era menino trabalhador e inteligente. Muitos anos depois escreveu para a mãe dizendo que era "médico e doutor". Mandou-lhe então 50$000 (cinquenta mil réis) e, mais tarde, 200$000 (duzentos mil réis).

Febrônio também contou que fugiu aos 12 anos e andou pelas cidades vizinhas de São Miguel de Jequitinhonha até chegar a Diamantina, onde aprendeu a ler. Lá foi copeiro e empregado de um engenheiro, que lhe ensinou coisas de eletricidade. Depois foi para Belo Horizonte, onde se empregou como engraxate. Mais tarde, trabalhou em casas de família. Em 16 de fevereiro de 1916, consta que foi identificado como Pedro de Souza, em Minas Gerais.

Aos 14 anos chegou ao Rio de Janeiro, onde começou a vida criminosa.

Sobre os antecedentes mentais do paciente, consta do laudo que em 8 de outubro de 1926 foi preso em atitude suspeita nas matas do alto do Pão de Açúcar. Segundo a polícia, "fingiu uma falsa loucura" e foi internado no Hospital Nacional de Psychopathas. Lá foi examinado pelo doutor Adauto Botelho, que concluiu que Febrônio sofria de "estado atípico de degeneração", tinha ideias extravagantes, era muito mentiroso e ladrão. Esta última observação se deveu ao fato de Febrônio ter cometido um furto dentro do pavilhão. Teve alta em 25 de outubro do mesmo ano.

Em 21 de fevereiro de 1927, depois de ser preso nas matas do Corcovado em atitude inusitada, foi internado para observação no mesmo hospital. Foi então avaliado pelo doutor Juliano Moreira, que concluiu que Febrônio se encontrava em estado atípico de degeneração, era mitômano,[2] tinha "delírio de imaginações", perversões sexuais, constituição perversa e ausência de alucinações. Atacou um doente interno e depois foi solto para viver em sociedade.

## EXAME SOMÁTICO
### TRANSCRIÇÃO DO LAUDO ORIGINAL

Febrônio é um indivíduo de estatura regular (1,70 metro), forte compleição, 74 kilos de massas musculares regularmente desenvolvidas, apresentando alguns estygmas somáticos de degeneração dentre os quaes destacaremos: considerável desenvolvimento das mamas (gynecomastia), bacia larga lembrando o typo feminino, tatuagens múltiplas que podem ser assim descriptas: na parte anterior do thorax a inscripção: EIS O FILHO DA LUZ.

---

[2] Segundo Anderson Zenidarci ("Sintomas e sinais em psicopatologia", 1999), o indivíduo mitômano mente com frequência; é algo impulsivo, a pessoa mente sobre tudo. Negação da sua realidade, do seu mundo, do seu eu.

Rodeando todo abdômen, começando em cima em uma linha ao nível do bordo inferior do mamelão e terminando em baixo de uma outra, que passa imediatamente acima do umbigo as letras D C V X V l, cuja interpretação o paciente diz que é DEUS VIVO. Essas tatuagens acrescentam o observado, foram feitas na Colônia Correccional, há mais ou menos sete annos. O systema pilloso apresenta os seguintes caracteres: cabellos bastos, sobrancelhas fortes, approximando-se no nariz por uma delgada ponta de pellos. Bigode ralo; barba igualmente rala e mais desenvolvida no mento; ausência de pellos no tórax (parte anterior) e presença, com desenvolvimento normal, nas axilas. Regiões glúteas complementares glabras o que também fica nas coxas. Massas glúteas arredondadas. Esqueleto apresentando a columna vertebral um desvio na porção de concavidade voltada para a direita. Na cabeça, como caracteres morphologicos mais salientes, citaremos: craneo de configuração ovóide com as seguintes dimensões:

> Curva Antero-posterior .................................. 0, 340
> Curva bi-auricular ............................................. 0, 334
> Circumferencia horizontal ............................. 0, 563
> Diâmetro Antero-posterior ............................. 0,185
> Diâmetro transverso máximo ........................ 0,160
> Índice cephalico (typo brachycephalo) .................. 86

A fronte é ampla e fugidia. Pavilhões auriciculares relativamente pequenos, de lobos adherentes, mal orlados, apresentando os seguintes diâmetros que são os mesmo para ambos:

> Altura ................................................................. 0,58
> Largura .............................................................. 0,30
> Índice auricular ................................................ 51

Nariz grosso, de dorso retilíneo e base horizontal e base horizontal, achatado, com as seguintes dimensões:

> Altura ................................................................. 0,47
> Largura .............................................................. 0,43
> Índice nasal ....................................................... 91

O paciente é, por conseguinte, platirrhino. A fórmula dentária apresenta alterações que podem ser nas suas linhas geraes, assim descriptas; arcada dentária inferior, o incisivo lateral direito tem má implantação, achando-se os demais dentes relativamente bem conservados. Arcada dentária superior: apresenta ausência do incisivo lateral direito. A face é em geral um tanto asymetrica, sendo o seu contorno mais ou menos pentagonal, os lábios são um tanto grossos. As medidas da face foram as seguintes:

Diâmetro bi-zygomatico .................................. 0, 140
Diâmetro naso-mentoneano ........................... 0, 128
Diâmetro bi-goneano ....................................... 0, 112
Diâmetro naso-sub-nasal ................................. 0,70
Índice facial total ............................................ 91

Exames do systema nervoso. Reflexos: a) Tendinasos: rotuleanos sem alteração, assim como os da munheca, do bicípite e do tricípite; acchileos vivos; b) – Superficiaes: plantares exagerados, notando-se a manifestação panti-crural; cremasteri normaes; abdominaes inferiores e médios sem alteração e superiores vivos. c) Pappilares: tanto à luz como a accomodação presentes e sem alteração; d) – Óculo-cardiaco: fracamente positivo, tendo havido durante a compressão, uma diminuição de duas pulsações, o que traduz reacção de typo sympathicotonico. Sensibilidade, em suas várias manifestações, se acha normal. Nada digno de registro nos vários apparelhos da vida vegetativa.

Exames de laboratório: Reacção de Wassermann no soro sanguineo negativa; reacção de Wasserman no líquido cephalo-rachiano, com 1c.c; negativa. Lymphocytose – havia sangue. Reacção de Nonne – fracamente positiva. Reacção de Lange negativa.

## EXAME MENTAL

O paciente, via de regra, apresenta-se de humor calmo; contudo, em certas occasiões, manifestou no Manicômio Judiciário, exaltações emotivas momentâneas, as quaes sobretudo se manifestavam ao protestar contra a sua reclusão ou quando reivindicava direitos, que julgara postergados. O que impressiona, entretanto, desde logo, na psycologia de Febrônio é a sua grande insensibilidade moral. A longa permanência deste accusado no Manicômio Judiciário deixou bem à mostra esse facto. Febrônio é um indivíduo habitualmente expansivo; a sua physionomia, quase sempre, essa disposição de humor; as suas façanhas de fraudador são contadas por elle numa enorme demonstração de alegria, rindo-se das suas victimas, vaidoso, talvez, de suas artimanhas. Toda a sua vida tem sido, como se sabe, uma serie ininterrupta de reacções anti-sociaes. Elle roubou, seduziu, matou, lançando mão de todos os ardis; muda constantemente de nome; a cada momento falseia a verdade, sendo difícil saber quando elle é exacto. Está preso, responde a vários processos e, no entretanto, parece estar no melhor dos mundos; ri dos outros; ri dos seus companheiros de infortúnio, ridicularisa-os. Parece indiferente à sua situação legal; está perfeitamente adaptado à sua condição de detento, numa revelação evidente de indifferença ethica. As noções de honra, de dignidade, de altruísmo, de piedade, de gratidão, parecem lhe faltar completamente. A Eller se ajusta de Kraft-Ebing, a respeito dos poucos moraes, assim expresso na sua Medicina Legal do Alienados (traducção franceza, 1911):

"O facto mais saliente, aquelle que constitue o elemento característico do quadro clinico desses estados de degeneração é uma anesthesia ais ou menos completa, uma ausência dos julgamentos moraes e das concepções ethicas, substituídas por uma forma de julgamento, procedendo exclusivamente de processos lógicos e que não estabelece distincções senão entre o que é útil e o que é prejudicial. Estes degenerados podem aprender as leis da mora, sua memória pode reproduzi-las; mas, se ellas chegam a entrar na consciência, não são tidas em considerações pelos sentimentos ou pelas paixões e constituem, assim, massas de representações inertes, mortas; carga inútil para a consciência do degenerado que não pode e não sabe tirar dahi nenhum motivo pro ou contra o acto" (pag. 398).

Digno de registro, também, ao fazermos o estudo da psychologia de Febrônio Indio do Brasil é a série de concepções a um tempo mystico e supersticiosas, por elle reveladas. A alguns observadores, que a ellas se teem referido, sobretudo observadores não especialisados em questões de phychopathologia, taes ideas se teem afifurado o producto de uma simulação ou de insinceridade, exhibidas com a preocupação de impresionar aquelles que observem os actos ou procuram difinir-lhe a mentalidade. Numa palavra: a muitos, taes ideas trazem a revelação da "esperteza" de que lança mão o observado para se defender. Tal, entretanto, não nos parece. Febrônio é, de certo, um crente das suas extravagantes ideas mysticas. A verdade deste conceito transparece de alguns actos por elle realizados. Em primeiro logar, elle tem no corpo tatuagens relativas à essas idéias. A lettras D C V X V I que lhe cercam o thorax, cuja interpretação, no seu entender, o symbolo do seu mysticismo. E, ao mesmo tempo, a inscripção que está gravada em tatuagens na parte anterior do thorax – Eis o filho da Luz –, querendo significar que elle é um enviado, com a missão divina a cumprir, é mais uma demonstração da sinceridade de suas convicções mysticas. Outra coisa também não representa o seu livro Revelações do Principe do Fogo que encerra uma ccumulo de ideas extravagantes, tecidas do mais absurdo e detestável mysticismo supersticioso. Ouvi-lo fallar sobre tal assumpto é não ter duvidas sobre sua sinceridade de suas convicções neste sentido. Para nós, que com a maior preoccupação de bem penetrar na phsychologia de Febrônio, procuramos sondar os íntimos recantos da sua mentalidade, para de lá extrahirmos, num apuro de psychoscopia, os traços que a definem, as suas convicções e ideas mysticas mereceram um cuidado todo especial. E que a ellas poderiam estar, de certo modo, ligadas as suas crueldades homicidas, armando-lhe o braço assassino no estrangulamento de menores e crianças, numa possível intenção de holocausto ao seu estranho Deus. Sabe-se que Febrônio tem procurado tatuar menores, gravando-lhes no peito aquellas mesmas lettras acima referidas, que se encontram em torno de seu thorax e abdômen. Elle explica o facto dizendo que com isto visa simplesmente defender estes menores do Mal, conferindo-lhe o "Iman da Vida" que lhe será um talismãn. Por outro lado, é fora de duvida que suas surprestições, dahi oriundas, influíam decisivamente em muitas de suas acções. Basta aqui que se refiram os seguintes factos: ao furtar uma rede de pescaria que estava em um rancho da casa de uma certa D. Finota, no logar chamado "Praia da Cruz", próximo de Mangaratiba, onde passara dez dias em companhias de dois menores que para alli attrahira com os intuito de praticar actos de pederastia, Febrônio, segundo o depoimento de destes menores, feito na 3ª Delegacia Auxiliar "fez um buraco dentro do rancho de onde furtara a rede, collocando nesse buraco onze pedaços de canna, onze bananas e onze pedaços da camisa do declarante (o tal menor), dizendo que assim fazia para que qualquer pessoas que fosse a sua perseguição, ao pisar no buraco, esqueceria de persegui-lo, lembrando-se da família". Esse facto é, aliás, reproduzido nas declarações de um outro menor Jacob Edelmann, a quem Febrônio attrahira para Mangaratiba e dahi para lugares ermos, inclusive as praias das Flecheiras, que disse em seus depoimento de fls: "que depois do furto desta rede, Febrônio fez um buraco no rancho que collocou onze bananas e onze pedaços de canna, fechando em seguida com terra essa buraco no qual collocou uma pequena cruz de pão, tendo Febrônio explicado aos presentes que aquella cruz indicaria a passagem de gente por aquelle sítio; que ao cabo de cinco dias na casa de D. Finota, resolveu ir á Mangaratiba, levando um pedaço da camisa de Octavio, dizendo serem para amostras de outras camisas que pretendia comprar para ambos, mas que no entretanto amarrou esses pedaços de camisa a um caixo de banana e arremessou ao mar; que em Mangaratiba foi Febrônio preso pela polícia".

No seu livro Revelações do Príncipe do Fogo, há curiosos elementos de apreciação de suas ideas mysticas e supersticiosas e de toda a sua mentalidade. Feito de pequenos capítulos, que representam as revelações por elle recebidas, nos montes e nas ilhas desertas, graças á missão que se attribue, não é possível entende-lo, tal o repositório de ideas absurdas e disparatadas que elle é. Basta que se attente nas linhas que enfileirou como exórdio:

"Eis aqui, meu Santo
Tabernaculo-vivente
Hoje dedicados a vós
Os encantos que legaste
"Hontem a mim na Fortaleza
do meu Fiel Diadema Excelso".

Ou então, nestas outras que serviram de fecho ao referido livro:

"Vivente, quando desencarnardes, ide ao Throno da Vida e ali encontrareis dois mysterios: o Santo Tabernaculo – Vivente e o Fiel Diadema Excelso".

Abrindo a esmo, transcrevemos, também, para que se possa ter uma noção de extravagância de suas ideas, o seguinte trecho:

"Eis-me ó potente Leviathan do Santuário do Tabernaculo do testemunho que há no céo: já que, prodigiosamente emergido, o eminente antigo, precursor pertinaz do bem, encanto da justiça honrada; no caminho da Luz entre o canal das trevas, manejando espada valente, feliz vivenda edificou; um dos fiéis amigos surprehendente a guerra, o coração generoso, Carta Viva, a perola enterrada; debate a anciã esperando, o menino vivo ausente, nenhuma prenda d'antes, outro tanto adorou; representa um voto magestoso o testemunho do mar-de-vidro; deante do meu Sacro-Santo Throno-vivo, etc." (fls.28).

Assim por deante, vae a todo o momento se revelando a phantastica imaginação de Febrônio Indio do Brasil, producto em parte de antigas leituras bíblicas e de revelações que julga lhe foram trasidas, também, pelos seus sonhos cujo conteúdo é semelhante as ideas expendidas no livro. A phantastica imaginação do nosso examinado se manifesta também nos seus desenhos. Sabe-se a importância que possuem os desenhos. Sabe-se a importância que possuem os desenhos, tal como os sonhos, na apreciação de possíveis conflictos psychologicos dos seus autores, por isso que, mesmo pretende os psychanalystas, esses documentos podem reflectir e mesmo representar reminiscências de traumas affectivos e sexuaes vividos na infância. Assim, pensa-se que elles constituem um caminho para a sondagem do inconsciente e valem por uma exteriorisação curiosa de ideas recalcadas e relegadas para as profundezas do inconsciente, respondáveis, não raro, pelas manifestações psychoneurosicas, senão, também, pelos desregramentos dos instintos. Muitas vezes, em Febrônio, os próprios desenhos, entretanto, soffrem a influencia da "censura" e não teem por isso o caracter de uma associação livre.

Isso deforma, apparentemente, o seu pensamento interior, embora essa opposição ou resistência por si mesma já possa [...] psychanalytico de importância. E, que Febrônio, pela ação legal, que elle comprehende, prevendo os seus possíveis [...], é antes de mais nada, um dissimulador que evita tudo, seu próprio julgamento, o possa comprometter. Assim, nele objectivar em desenhos as sua ideas psycho-sexuaes, gravar motivos mysticos, embora se saber as relações que ambos possam verificar. Febrônio contou-nos, certez vez, Lúcifer – o "gênio do mal" – lhe surge na imaginação. E era profundamente hedionda, conforme ele refere, tendo em tatuagem a representação de actos de pederastia com que elle querem fugir espavoridas. Convidamo-lo a representar graphicamente essa figura sinistra. Febrônio recusou: [...] publicar essa immundice?; receia a divulgação; não quer desenhar [...]" A resistência trahe, assim, a Idea obsessiva desistimos no convite. Febrônio accede e no dia immediato representa um desenho nitidamente opposto á Idea na véspera [...] Era a figura de um padre, protectoral e caricativa, a que guia a de um menino nu. Em quase todos os desenhos que no céu, Febrônio, porém, representa sempre a figura sinistra do "gênio do mal", ora symbolisada em um dragão, ora no Lúcifer, obrigado de quase todos os seus desenho, que é sempre parte espécie de tentáculos ameaçadores ou de espadas. Como [...] seja, há nos seus desenhos e nas inscripções que os rodeiam sempre a figura sinistra de "alguém" que representa a violência de quem é necessário fugir ou libertar-se, procurando um ideal [...] Num destes desenhos, há a representação de um subterrâneo cuja entrada se depara a palavra – Fortaleza; dentro do mesmo acha o Lúcifer de sempre; cercado de uma rede de canaes por onde devem trafegar canoas. Mal se pode penetrar a phantastica ação de Febrônio Indio do Brasil através desses desenhos e os que acompanham. Em ultima analyse, deduz-se o seguinte: estes dragões (Lucifer) representam a maldição e a alma dos reis que se venderam ou que se recusaram a fazer o que "seus Paes fizeram"; e como Febrônio nas inscripções allusivas á sua pessoa, vê se que elles acha o homem que combate o "gênio do mal".

Escreveu: "Não posso luctar comtigo, a minha espécie... eis que vem em meu soccorro o exercito da Luz. Eu não te dou glória por sou alma de ladrão?" E, certa pergunta: "qual o maior poder? Elle Lúcifer ou a Luz? Devo ser verdadeiro, apezar de ser uma de suas inumeras"

Em última analyse, os desenhos de Febrônio e as inscrições que o acompanham, como o seu livro e os seus actos, reflectem a inconsciente dos instintos primitivos e de possíveis actos sexuas recalcados com as ideas libertadoras ou substituídas. "As ideas mysticas que nelle se revelam e as próprias [...] que é useiro, são satisfações substitutivas dessas... uma tentativa inconsciente de libertação. Neste [...] vale relembrar o conceito de Freud, na sua Introdution à analyse (traducção franceza) que acredita que a própria [...]

rigorosamente da tentativa de defesa contra impulsos sexuaes muito violentas" (pag 33). O seu livro é toda uma [...] nesse sentido. Nem mesmo faltou a figura symbolica que [...] texto, attestando na escolha que a presidiu, a formidável [...] ideas ao desregramento terrível dos instintos.

Nada mais nada menos, que a figura protectotal do anjo da guarda de azas abertas e mãos espalmadas, numa attitude de amparo a lindas criancinhas que colhem flores e perseguem borboletas. Em ultima analyse, transformação dos impulsos libertadores da idade primitiva ou pathologica.

Murillo Campos e Leonildo Ribeiro pretenderam em um estudo que publicam sobre o paciente que "Febrônio soffreu no ambiente familiar, durante a sua infância, influencias indeléveis. A exame, deixa perceber uma accentuada fixação materna, a par de um complexo paterno (Édipo completo)". Pareceu-nos, de facto, acceitavel essa sua interpretação psychanalytica. A figura violenta do pae – o Theodorão – alcoolista impulsivo que espancava a esposa e os filhos, alguns dos quaes fugiram do lar paterno e a figura soffredora de sua mãe, victima das violências maritaes, para o qual o paciente parece ter exaggeradas manifestações affectivas, ficaram gravadas no seu sub-consciente, mais tarde influindo nas manifestações neurosicas de sua psycho-degeneração, pela repulsa ao primeiro e fixação á segunda. Vê-se, assim, de um lado o "gênio do mal" – talvez a figura paterna a que há a allusões bem claras, como aquelle "recusaram-se a fazer o que os seus paes fizeram", que rodeia um dos seus desenhos e de outro lado alguém que se fixou no seu sub-consciente, numa manifestação pathologica da sexualidade, – sua mãe – Reginalda Ferreira de Mattos, cujo nome há muito tempo elle mudou para "Estrella do Oriente Indio do Brasil". Sua orientação no meio e no tempo é perfeita; a associação de ideas extravagante como já vimos; memória por vezes deformada pelas pseudo-reminiscencias trazidas pela sua imaginação.

Relativamente aos crimes de que é accusado, o paciente systematicmente os nega, julgando que nunca os commetteu e que só os confessou "á custa de violências movidas pela Policia".

Confirma, entretanto, outros delictos contra a propriedade de que já esteve accusado, rindo-se de suas victimas e justificando a sua actuação anti-social neste particular pelas continuas perseguições da polícia. E vemos agora considerar as perversões instintivas de caracter sexual de que é portador o paciente. Neste particular, basta que se analyse os caracteres dos seus delictos. Elle é um pederasta activo, conforme ficou verificado durante a sua n a Casa de Detenção e suas manifestações de homossexualismo tornaram-se claras pela historia criminal acima referida, colhida nos autos. Era um seductor de menores, attrahindo-os para logares ermos afim de satisfazer as suas funestas impulsões sádicas. Antes de realizar esses actos, torturava-os com tatuagens dolorosas, gravando-lhes no peito as lettras symbolicas de suas superstições. De faca em punho, atemorisava-os, fazendo-os soffrer e, levado pela anomola intensidade dos seus desejos sexuaes, tyranisava-os até o estrangulamento. Ou que o assassinio das pobres victimas resultasse da lucta travada entre ambos, deante da resistência por ellas opposta as seus infames desejos, ou que esse mesmo assassínio fosse a conseqüência de uma crescente gradação de crueldade – o que é para se admitir deante de certos elementos colhidos nos autos –, de qualquer modo resalta evidente o caracter obsidente e impulsivo da perversão sexual, incrementado, ainda mais, pelo seu extranho delírio. Essa crueldade, precedida para os effeitos da seducção, de attitudes proctetoraes, não se tem limitado aos dois casos referidos nos autos – o dos menores Alamiro e João Ferreira; são estes, talvez, os últimos de uma serie que não se sabe ate onde vae, embora haja nos autos o resultado de um inquérito policial feito e de que resultou o conhecimento de vários outros que, entretanto, não culminara na morte dos menores aos quaes, apenas seduziu, attrahiu para logares ermos, a alguns marcou de tatuagens e infamou.

Mesmo fora deste terreno psycho-sexual, Febrônio, ao que parece, se comprazia com o soffremento phsico inflingido a terceiros. Fez-se dentista e fazia extraccções de vários dentes a um só tempo, na convicção de que os dentes doentes compromettiam a integridade dos visinhos, fez, segundo conta, outras pequenas operações, como extracções de cystos e incisões de adenites, referindo, ainda, – certamente com os exageros de sua fértil imaginação mórbida, mas de modo a revelar os seus pathologicos instintos – que, certa vez, sob as vistas de um medico, amputou a perna de um paciente, com "toda a technica, inclusive dissecando os nervos da pare que devia ser seccionada, enrolando-os como se tornava necessário". Foi surprehendido, também, certa vez, na casa onde havia installado o seu consultório de falso dentista, "cosinhando uma cabeça humana", cuja procedência não foi até hoje bem exclarecida, embora explique elle te-la adquirido em um cemitério, mediante pagamento, para "estudos de anatomia necessários á sua formação de dentista".

## CONSIDERAÇÕES CLÍNICAS

Febrônio Indio do Brasil, em cuja constituição physica se verifica a presença de alguns signaes que induzem a inclui-lo no typo dysplasico de Kretchmer, é portador de um conjuncto de desvios psychicos da normalidade, principalmente revelados na esphera moral e sexual.

A observação que acima se lê os descreveo minuciosamente incapacidade de harmonisar a sua vida com as normas usuaes da honestidade – o que equivale a dizer – conducta anti-social; insensibilidade moral, fraca resistência ás solicitações crimanaes, por isso realisando com freqüência delictos contra a segurança das pessoas e da propriedade, distúrbios da affectividade, instabilidade, pervesões sexuaes, impulsões sádicas, mythomania.

Estas anormalidades mentaes coexistem com uma lucidez intellectual apparente que lhe permitte ser discutidor, convincente, fraudador com freqüente êxito, sabendo captivar e insinuar-se. Verifica-se, ainda, que, ao lado desta psychopathia constitucional, apresente elle ideas delirantes de caracter mystico, entretidos por uma imaginação mórbida e também, ao que parece, uma ou outra vez, por allucinações auditivas e visuaes.

Conforme as escolas ou os autores, fácil seria incluí-lo nos agrupamentos nosographicos da psychiatria, destinados a reunir taes anomalias, Breuler, de Zurick, em seu Tratado de Psychiatria reserva a taes indivíduos o capitulo relativo aos "desvios ethicos constiticionaes", onde elle inclue os "inimigos da sociedade, os anti-sociaes, os oligophrenicos moraes, os idiotas e imbecis moraes e a chamada "moral insanity" (loucura moral de Pritchard).

Kraepelin, em sua última classificação, incluio taes pertubações no IV e V grupos, collocando no IV, que comprehende os distúrbios mentaes constitucionaes, entre outros, as aberrações sexuaes, e no V, que é reservado aos estados mórbidos congênitos, além de "nervosidade" e das "oligophrenias", o que elle designou com o nome de psychopathia, onde se acham os "instáveis, os irritáveis, os instinctivos", os disputadores, os mentirosos e fraudadores, os anti-sociaes, os tocados, os exaltados e os fanáticos". Na classificação brasileira das doenças mentaes, feita pela "Sociedade Brasileira de Neurologia, Psychiatria e Medicina Legal", estes casos são incluídos nos "estados atypicos de degeneração".

Rogues de Fursac os descreveu com o nome de "psychopathia constitucional", ahi reunindo estados mórbidos que resultam, não de uma insufficiencia, mas de um desequilíbrio ou de uma perversão das faculdades intellectuaes, affectivas ou moraes. São o desequilíbrio metal, a perversão e a inversão sexual, os delírios episódicos e a loucura moral, antigamente descriptos no grupo das degenerações mentaes.

H. Colin e G. Demaye, escrevendo o capitulo sobre a alienação dos criminosos, na Psychiatria, do Tratado de Sergente, deram destes enfermos uma definição que bem se ajusta ao caso concreto; "Os anormaes perversos são caracterisados por uma parada do desenvolvimento da affectividade e do senso moral e pela perversão dos instintos, contrastano com a integridade relativa das faculdades intellectuaes e determinando reacções anti-sociaes permanentes". Os mesmos autores expõem a vasta synonimia com que teem sido descriptos estes enfermos:

"Loucos moraes (Pritchard); débeis moraes, inválidos moraes (Mairet e Euziere); cegos moraes (sohule); anesthesicos do senso moral (Gilbert Ballet) loucos lúcidos (Trelat); semi-loucos (Grasset); maníacos sem delírio (Pinel); anormaes constitucionaes; perversos instinctivos; alienados difficeis (H.

Colin); alienados de seqüestrações múltiplas (Charpentier); desequilibrados insociáveis de internações descontinuas (Bonhorme)". Das manifestações mórbidas de sua mentalidade, três sobrelevam no quadro clinico e devem ser aqui destacadas pelas interpretações medico-legaes que comportam, constituindo os traços dominantes de suas personalidades:

1º amoralidade constitucional, revestindo a forma da "loucura moral" descripta por Pitchard e referida pelas varias escolas psychiatricas debaixo de vasta synonimia acima relatada, o que entretanto, não lhe tira a individualidade clinica;

2º perversoões instintivas sexuaes denunciadoras de infantilismo do fim sexual ou attestando uma parada na evolução da libido "força com a qual se manifesta o instincto sexual" ou a fixação da mesma a uma phase primitiva pregenital (Freud). Essas perversões sexuaes, que para alguns autores (Gregório Maranon, Linchternstern, Weil e Mieli, Jimenes de Asua) teriam a sua origem endógena em uma alteração da forma endocrinológica, culminaram no caso concreto no grande sadismo – extranha manifestação mórbida que caracterisa pela necessidade do soffrimento ou da crueldade exercida sobre a pessoa amada para satisfação do desejo sexual ou, para citar uma definição conhecida – a de Garnier –, "perversão sexual obsidente e impulsiva caracterisa por uma dependência estreita entre o soffrimento infringido ou mentalmente representado e o orgasmo genital, permanecendo a frigidez do ordinário absoluta sem essa condição ao mesmo tempo necessária e suffciente";

3º ideas delirantes de caracter mystico, constituindo, sobretudo, no culto a um extranho "Deus vivo" e representando, talvez, inconsciente dissimulação, senão derivação dos impulsos libertadores de sexualidade primitiva ou pathologica, ou então, satisfações substitutivas das perversões, ideas estas que elle propagou num livro incompreensível – revelações do Príncipe do fogo – no qual teria recolhido as inspirações que, em silencio, nos montes e nas ilhas semi-desertas, lhe eram transmittidas por mysteriosas divindades.

E, em resumo, um delírio predominante imaginativo, ao qual a sua incultura dá um feitio de extravagância característico. Com, via de regra, acontece, estamos deante de uma associação de syndromes degenerativas, o que confirma o que disseram De Sanctis e Ottolenghi, no seu Trattato pratico de psicopathologia forense, reflectindindo, alliás, o que está no consenso unânime dos psychiatras, que "os verdadeiro e puros amoraes são raros" e que "toda syndromes degenerativas mostram particular tendência se associar com a loucura moral". Esboçado, assim, nestas linhas, o problema clinico, passemos a estudar, agora, a questão médico-legal decorrente.

Como se salientam da sua historia criminal, agora, reacções anti-sociaes de caracter sexual, comecemos por estudar a medicina legal em taes caso.

# CONSIDERAÇÕES MEDICO-LEGAES

A questão da capacidade de imputação dos anômalos sexuaes ou dos indivíduos portadores de perversões do instincto sexual, não é, como poderia parecer, a primeira vista, um problema simples ou resolvido em medicina legal. De vez que estamos aqui em cumprimento da funccção pericial, orientadora, portanto, da Justiça, deveríamos abrir um parenthesis no presente laudo para considerar a questão do ponto de vista doutrinário. Tanzi, na sua Psichiatria Forense, ao tratar da questão das perversões sexuaes, faz comentários muito interessantes sobre o assumpto, affirmando que "os invertidos e pervertidos não podem, pois allegar a impunidade por qualquer delicto ou escândalo de que tornem réos, com a commoda excusa de uma pretensa modéstia ou anomalia mental que, de qualquer forma que se entenda, não prejudica a lucidez de sua consciência, nem o normal funccionamento de sua vontade. As resistências que estas devem oppor aos ímpetos brutaes do seu pseudo-instincto são as mesmas que a Lei pressupõe e pretendo no normal, em conflicto com o factor não menos vehemente do erotismo normal. Não há nenhum motivo sério para acreditar que, em matéria amorosa, os impulsos aberrantes sejam mais irresistíveis que os impulsos normaes, quase direi por definição".

Referindo-se a questão da capacidade da imputação dos anômalos sexuaes, Tanzi diz que a questão a resolver é a que é posta para qualquer delicto e que elle, assim, magistralmente formula: "Estava o accusado em grão de comprehender o que fazia? E se era capaz de entender, tinha conservado ou não o poder de frenar-sc".

Por sua vez, Ottolenghi e De Sanctis, no seu Trattado pratico di psicopatologia forense, ao abordar a questão dos psychopathas sexuaes, dizem que "do ponto de vista médico-legal é necessário bem distinguir os actos sexuaes criminoso que offerecem unicamente o caracter de anomalia, daquelles que são symptomaticos de verdadeira forma psychopathica". E, nesta ordem de ideas, escrevera: "o sadista psychopatha sexual que chega ao ferimento e ao homicídio é a continuação progressiva do sadista degenerado simples que se limita a morder, mas elle ultrapassa os limites da anormalidade, passa á pathologia, á enfermidade mental. É o que é interessante é ver como em muitos desses vampiros fica apparentemente integra durante o crime a intelligencia ou, pelo menos, a consciência, de modo a poderem ser considerados, ao primeiro exame, como em estado não alienado, se não fora já a própria natureza do seu crime e a expressão da excusa da incapacidade de imputação". Resumindo as opiniões acima exaradas, podemos, agora, collocar a questão médico-legal de Febrônio nos seus justos termos; assim teremos que indagar:

1º Ao cometter os delictos de que acha acusado, Febrônio Indio do Brazil estava em condições de comprehender o que fazia?
2º Se estava capaz de entender, tinha conservado ou não o poder de frenar-se?
3º Provado que a tentação era irresistível, resultaria Ella:

[A] da ausência de contra-representações moraes, estheticas, jurídicas?
[B] da impossibilidade de faze-las vales em conseqüência de um estado passional ou angustioso?
[C] da intensidade anômala da tentação, acarretadando uma satisfação impulsiva?

Febrônio, para a execução dos seus crimes, realisava uma serie de actos psychicos coordenados. Elle attrahia os menores aos logares ermos, taes como ilhas semi-desertas, mattas, esconderijos, insinuando-se como porotector, promettendo-lhes empregos immediatos, captando-lhes a sympathia, fazendo-se acreditar junto ás suas famílias como individuo relacionado, influente, bondoso, paternal. E, como tinha jeito para convencer e seduzir, acabava vencendo as resistências paternas e levando consigo, como no caso do menor João Ferreira, as victimas incautas, para sítios desertos, sob pretexto de que iam tomar conta de empregos que elle arranjara. Assim procedendo, Febrônio deixa a impressão, pelos menos apparentemente, de que sabia o que fazia, de vê que os artifícios da seducção trahem os seus funestos propósitos. Era uma historia adrede preparada, para um fim pré-estabelecido. O paciente era, aliás, useiro e veseiro de taes expedientes, para satisfação de um plano ou de um desejo.

Na história criminal de Febrônio, tratada em logar competente deste laudo, transcrevemos trechos de denuncias offerecidas aos Juízes, e virtude dos seus crimes de roubo ou de estellionato, na execução dos quaes o paciente requintava sempre em illudir com falsas promessas ou phantasiando e existência de imaginarias sociedades para se locupletar do alheio, quando não realisava, mesmo, o typo de vigarista conhecido.

Mas, se o accusado dava mostras, pelo apparentemente, de que se sabias o que fazia, pode-se bem deduzir que, pela própria natureza do seu estado mórbido, elle não conservava o poder de frenar-se. Aqui deveriam ocorrer as três condições a que se refere Kraft-Ebing e ás quaes acima lludimos. Em primeiro logar, as suas anomalias moraes não lhe opõem resistências ás suas ambições e ás suas paixões. Os sentimentos ethicos annullados permittem o triumpho dos seus instictos desregrados e anômalos e elle realisa delictos pela ausência de "contra-representações moraes, estheticas e jurídicas", como lembra o grande mestre allemão. E não somente por isso, no caso concreto, poder-se-hia invocar, também, a intensidade anômala do instincto sexual pervertido até as manifestações do grande sadismo. Mas, certamente, os actos delictuosos por que responde Febrônio não podem ser encarados simplesmente pelas formulas geraes que definem ou que regem a medicina legal dos crimes sexuaes. O seu caso merece commentarios especiaes, apreciação particularisada, porque, neste delinqüente de raras instintiva sexual e que o déficit profundo das manifestações ethicas ou moraes de sua mentalidade: existe também, como ficou assignalado, um curioso delírio de caracter mystico que não pode deixar de ter nos seus actos uma influencia manifesta, principalmente naquelles actos delictuosos pelos quaes responde, sabido como é que elle era um tatuador de menores nos quaes gravava, no peito, as letras e dístico symbolicos de suas convicções mysticas. Se as suas impulsões sádicas por si sós conferem aos seus monstruosos actos delictuosos um sinte pathologico de tanto realce, capaz de revelar nelle toda a sua extranha psychologia mórbida, digno do maior interesse por parte do julgador, por isso que revelador daquele grande sadismo de que decorre a irresponsabilidade jurídica, se a sua ininterrupta conducta anti-social é de molde a colloca-lo no grupo daquelles indivíduos atacados de "loucura moral", aos quaes a consciência dos technicos e dos juízes não poderá logicamente attribuir o principio da responsabilidade expresso na fórmula de Von Listz – "capaz e responsável é todo individuo mentalmente desenvolvido e mentalmente são"; se essas duas manifestações pathologicas sadismo e amoralidade constitucional no alto grão em que se revelam no observado, poderiam, na melhor das hypotheses, deixar no espírito dos que apreciam a questão, senão a certeza, pelo menos a duvida, do comprometimento da vontade deste delinqüente, ao praticar os seus delictos, que dizer da terceira revelação mórbida de sua mentalidade – o delírio mystico – que o levava a fazer tatuagens nos infelizes menores, sempre o mesmo caracter e subordinado sempre ao mesmo them? Imaginando-se Filho da Luz e crente do poder sobrenatural do Deus Vivo, elle tem o campo da consciência invadido por essa Idea, sendo fácil de comprehender a influencia decisiva de tal phenomeno na mentalidade de um amoral e pervertido sexual. As suas declarações abaixo, contida nos autos do processo relativo ao estrangulamento do menos João Ferreira, conteem uma pharase impressionante neste sentido:

"Que o declarante foi levado a commeter esse crime por meio de revelações que tinha constantemente por meio de visões as quaes o convenciam que devia sacrificar victimas mas em beneficio de Deus vivo, symbolo de sua religião".

Quando estuda as applicações forenses que devem merecer os degenerados, o Professor Afrânio Peixoto, discutindo a responsabilidade dos actos destes indivíduos, escreve em sua psycopatologia forense: "o degenerado deve responder pelos seus, nos casos mitigados, em que suas malformações lhe permitteem uma noção clara dos seus direitos e deveres.

"O perito desempenhará a sua tarefa quando, num caso dado, provou a natureza orgânica da depravação que parecia ser puramente ethica, precisou sua extensão e mostrou a fatalidade que presidia os actos desses indivíduos, livres somente em apparecia". Se assim é, julgamos ter desempenhado a nossa missão, definindo os traços dominantes da personalidade de Febrônio, a psychopathia que ao assignala, as manifestações diversas desta sua morbidez, expressas nas anomalias moral e sexual e ainda no delírio mystico revelador de sua imaginação doentia, manifestações essas que pela sua extensão e intensidade, influem decisivamente nos seus actos e determinam as suas reacções anti-sociaes. Mas, se assim pensamos, não nos é licito, entretanto, – e antes julgamos a parte essencial desta perícia médico-legal – deixar de estudar a temibilidade de Febrônio e as suas relações capitães com a defesa social. Desnecessário seria, deante do que ficou dito, qualquer esforço de raciocínio para affirmar que Febrônio é o bem representante inconfundível do delinqüente portador do mais alto grão de temibilidade. Para affirmar a periculosidade de um individuo, temos que nos socrorrer de dados concretos, de elementos positivos, que decorrem do estudo do psychismo do paciente, de sua actuação social, anterior ao delicto e das circumstancias da própria infracção penal ou dos motivos da própria delinqüência. Ora, o que se vem dizendo e affirmando no presente estudo de psychophologia é que Febrônio é incapaz de harmoniar a sua vida com as normas usuaes da honestidade, que toda a sua existência tem sido uma serie interminável de reacções anti-sociaes, que nenhum sentimento elevado pode germinar em sua personalidade, que finalmente, elle revela nas sua delinqüência especifica de anômalo sexual, perversões instintivas tanto mais nocivas quanto se acham alliadas á grande atrophia dos sentimentos ethicos e a um extravagante delírio mystico. A psycho-degeneração que o assignala, é, pois, por si mesma, a mais cabal revelação de sua nocividade. Para os effeitos salutares da defesa social, elle estaria admiravelmente collocado no grupo dos delinqüentes irreformáveis, merecedores da repressão máxima de que nos falla Ingenieros, em sua criminologia, representando pelos delinqüentes natos ou loucos moraes e pelos delinqüentes habituais e incorrigíveis.

Sendo um criminoso de múltiplos aspectos ou de feitios vários, elle é, entretanto, pela sua condição de anômalo sexual, um criminoso específico. Os seus delictos por anomalias psycho-sexuaes são os mais freqüentes e impressionantes, reveladores de uma disposição ou de uma tendência que se não pode modificar, ou de uma capacidade criminal digna da maior attenção para os effeitos repressivos, no seu excellente trabalho inserto na Scuola Positiva (1920), intitulado La periculositá crimnale e Il valore sintomático Del reato, quando pretendia demonstrar que o primeiro elemento sobre o qual se baseia a apreciação da temibilidade é precisamente o delicto realisado, o qual, no seu entender, sendo um meio pra apreciação do psychismo do autor e tendo, portanto, alem de um valor casual, também um valor symptomatico, é o elemento do primaria e decisiva importância para o juízo da temibilidade.

Deve ficar segregado ad vitam, pela impossibilidade de adaptação social e pela incapacidade em que se acha de collaborar na harmonia e no bem estar colletivos.

## CONCLUSÕES

1ª Febrônio Indio do Brasil é portador de uma psychopathia constitucional, caracterisada por desvios ethicos, revestindo a forma da "loucuras moral" e perversões instintivas, expressas no homossexualismo com impulsões sádicas – estado esse a que se juntam idéas delirantes da imaginação, de caracter mystico.
2ª As suas reacções anti-sociaes ou os actos delictuosos de que se acha acussado, resultam desta condição mórbida que lhe não permitte a normal utilisação de sua vontade.
3ª Em conseqüência, a sua capacidade de imputação se acha prejudicada ou dirimida.
4ª Deve-se em conta, porém, que as manifestações anormaes de sua mentalidade, são elementos que definem a sua inilludivel temibilidade e que, portanto, deve elle ficar segregado ad vitam para os effeitos salutares e elevados da defesa social, em estabelecimento apropriado a psychophatia delinqüentes.

## RESPOSTA AOS QUESITOS

### [A] DA DEFESA

1º "O INDIVIDUO FEBRÔNIO INDIO DO BRASIL REVELA AO EXAME EXTERNO QUALQUER LESÃO ORGÂNICA QUE POSSA SER CONSTATADA PELA INSPEÇÃO OCULAR?"

RESPOSTA – Não.

2º "O SUPRA-CITADO INDIVIDUO REVELA QUALQUER ESTYGMA DE DEGENERESCÊNCIA?"

RESPOSTA – Sim.

3º "O PACIENTE EM QUESTÃO SOFFRE QUALQUER LESÃO EM SUA GLÂNDULAS DE SECREÇÃO INTERNA?"

RESPOSTA – O accusado revela estygmas somáticos de degeneração ou alterações morphologicas que podem ser tidos como conseqüentes as disfuncções glandulares. Alem disto, resaltam dos seus antecedentes e dos delictos que realisou, que elle tem revelado perversões instintivas sexuaes (homossexualismo com impulsões sádicas), manifestações essas que são consideradas modernamente por alguns autores (Maranon, Lichtenstern, Weil y Meil, Kehner, Asua), como resultantes de alterações ou transtornos na "constituição do apparelho endócrino-cerebral".

4º "O INDIVIDUO SUPRA-CITADO, EXAMINANDO-SE A SUA VIDA, ANTERIOR A PRESENTE DATA E, LEVANDO-SE EM CONTA A INSPEÇÃO MEDICA, NESTE MOMENTO PEDIDA, SOFFRE ALGUMA MOLÉSTIA PSYCHICA QUE POSSA SER ENQUADRADA NA CONCEPÇÃO LEGAL DE "LOUCOS DE TODO O GÊNERO?"

RESPOSTA – Os peritos chegaram a conclusão de que o paciente é portador de uma psychopathia constitucional, caracterisada por desvios ethicos, revestindo a forma da "loucura moral" e perversões instintivas, expressas no homossexualismo com impulsões sádicas estado esse a que se juntam ideas delirantes de imaginação, de caracter mystico, pelo que se acha enquadrado na concepção legal a que se refere o presente quesito.

5º "PODERIA O PACIENTE, QUANDO SOB EFFEITO DA MANIFESTAÇÃO MÓRBIDA A QUE É SUJEITO, DOMINÁ-LA, OU, FORMULANDO ESSE QUESITO POR OUTRO MODO: SÃO OS SEUS ACTOS, SOB O REFERIDO IMPULSO, DECORRÊNCIAS FATAES DESSA ANOMALIA QUE O IMPELLE A ACTO CRIMINOSO E CONTRARIO Á NORMALIDADE ORGÂNICA DO INDIVIDUO SÃO?"

RESPOSTA – As manifestações diversas da sua psychopathia, pela sua extensão e intensidade, influem decisivamente nos seus actos determinando as suas reações anti-sociaes.

6º "NO CASO DE SER UM DOENTE O INDIVIDUO FEBRÔNIO, QUAL O SEU DIAGNOSTICO?"

RESPOSTA – Prejudicado, pela resposta dada ao quarto quesito.

7º "NO CASO DE TER FEBRÔNIO SIDO O AUTOR DE TODOS OS ACTOS CRIMINOSOS QUE LHE SÃO IMPUTADOS, COM TODOS OS REQUINTES DE MONSTRUOSIDADE, PODE DEIXAR DE SER CONSIDERADO UM ANORMAL, REVELADO PELA PRÓPRIA PRATICA DOS MESMOS CRIMES UMA TARA?"

RESPOSTA – Os actos delictuosos que se lhe atribuem são bem a expressão do estado psychophatico que o caraterisa. Na prática médico-legal, entretanto, deve-se ter em conta para concluir sobre a anormalidade mental de um accusado, não só os actos por elle, commetidos, mas também as indicações do exame individual respectivo. No caso concreto, um e outro se completam para a conclusão clinica e médico-legal a chegaram os peritos.

8º "DEPOIS DE EXAMINADO O PACIENTE, QUERIA V EXCIA, FORNECER ESCLARECIMENTOS SOBRE O QUADRO CLÍNICO, ADDUZINDO OBSERVAÇÕES E ESTUDOS A RESPEITO E SOBRE CASOS SIMILARES."

RESPOSTA – Os peritos acreditam ter satisfeito a exigência deste quesito no longo estudo de psychophologia que é o presente laudo e pensam haver fornecido, mesmo nas respostas dadas a esta serie de quesitos, esclarecimentos sobre o caso clínico de Febrônio, capazes de permitirem uma orientação jurídica em torno do mesmo – o que constitue a finalidade da missão pericial de que se acham incumbidos.

9º "NO ESTADO ACTUAL DA SCIENCIA SERÁ POSSÍVEL A CURA DE QUALQUER PESSOA EM IDÊNTICAS CONDIÇÕES?"

RESPOSTA – As manifestações mórbidas descriptas como características do caso clinico de Febrônio. Pela sua própria natureza, não são susceptíveis de cura.

10º "AO EXAME EXTERNO REFELA O PACIENTE QUALQUER SIGNAL DE SEVICCIAS, AONDE E QUAL O MEIO QUE PODERIA TER SIDO USADO NA PRATICA DESSAS SEVICIAS E QUEIMADURAS?"

RESPOSTA – Presentemente, não.

## DO 7º PROMOTOR PUBLICO ADJUNTO INTERINO

1º "O RÉO PELOS SEUS GESTOS, PALAVRAS, ATTITUDES, EVIDENCIA UM CASO DE SIMULAÇÃO DE LOUCURA, OU SOFFRE, REALMENTE, DE ALGUMA ENFERMIDADE MENTAL?"

RESPOSTA – Os peritos chegaram á conclusão de que o accusado é portador de uma psychopathia constitucional, caracterisada por desvios ethicos revsestindo a forma da "loucura moral" e perversões instinctivas, expressas no homossexualismo com impulsões sádicas, estado esse a que se juntam idéas delirantes de imaginação, caracter mystico.

2º "EM CASO AFIRMATIVO:

[A] QUAL ESPÉCIE NOSOLÓGICA?

RESPOSTA – Prejudicado.

[B] ESSA ENFERMIDADE É ANTERIOR, CONCOMITANTE OU POSTERIOR Á PRÁTICA DO DELICTO?

RESPOSTA – É anterior.

[C] **TAL ENFERMIDADE É DE NATUREZA A IMPEDIR QUE SE RESPONSABILISE O RÉO PELO CRIME QUE PRATICOU, OU A SUA RESPONSABILIDADE CRIMINAL PERSISTE INTEGRAL?**

RESPOSTA – Julgam os peritos que as suas desordens mentaes dirimem a sua capacidade de imputação ou a sua responsabilidade pelos crimes que praticou.

[D] **PELO EXAME DOS AUTOS, PODEMOS SNRS. PERITOS AFFIRMAR QUE O CRIME TENHA SIDO COMMETIDO EM ESTADO DE COMPLETA PERTURBAÇÃO DOS SENTIDOS E DA INTELLIGENCIA?**

RESPOSTA – O delicto pelo qual responde o paciente no presente processo decorreu das pertubações mentaes de que elle é portador.

[E] **CONSTANDO QUE O RÉO É TÃO SOMENTE UM PERVERTIDO SEXUAL É DE SE PRESUMIR SER ELLE IRRESPONSÁVEL PELO CRIME DE MORTE QUE PRATICOU?**

RESPOSTA – Prejudicado.

[F] **TENDO EM VISTA OS DOIS CRIMES DE HOMICÍDIOS DE MENORES, PRATICADOS PELO RÉO, E, AINDA, OS SEUS ACTOS DE PEDERASTIA ACTIVA, COMPROVADOS NOS AUTOS PELAS CERTIDÕES DE FLS., OFFERECE ELLE, DE QUALQUER MANEIRA, PERIGO IMMEDIATO OU SIMPLESMENTE EVENTUAL, PARA A SEGURANÇA PÚBLICA?**

RESPOSTA – Offerece perigo immediato.

[G] **SE OS SNRS. PERITOS VERIFICARAM QUE AO LAUDO DE IRRESPONSABILIDADE DO RÉO, PERSISTE O SEU ALTO GRÃO DE PERICULOSIDADE, OPINAM SEJA ELLE INTERNADO, NUM MANICÔMIO, NA FORMA DO QUE PRECEITUA O ART. 1º DO DECRETO N. 5.148-A, DE 1927, QUE REORGANISOU A ASSISTÊNCIA A PSYCHOPATHAS NOS DISTRICTO FEDERAL?**

RESPOSTA – O paciente é um individuo portador de alto grão de periculosidade e não deverá, caso seja absolvido, permanecer em liberdade e sim internado em estabelecimento apropriado a psychopathas delinqüentes."

Rio de Janeiro, 20 de fevereiro de 1929.

dr. Heitor Pereira Carrilho<br>
dr. Manoel C.N. Barros

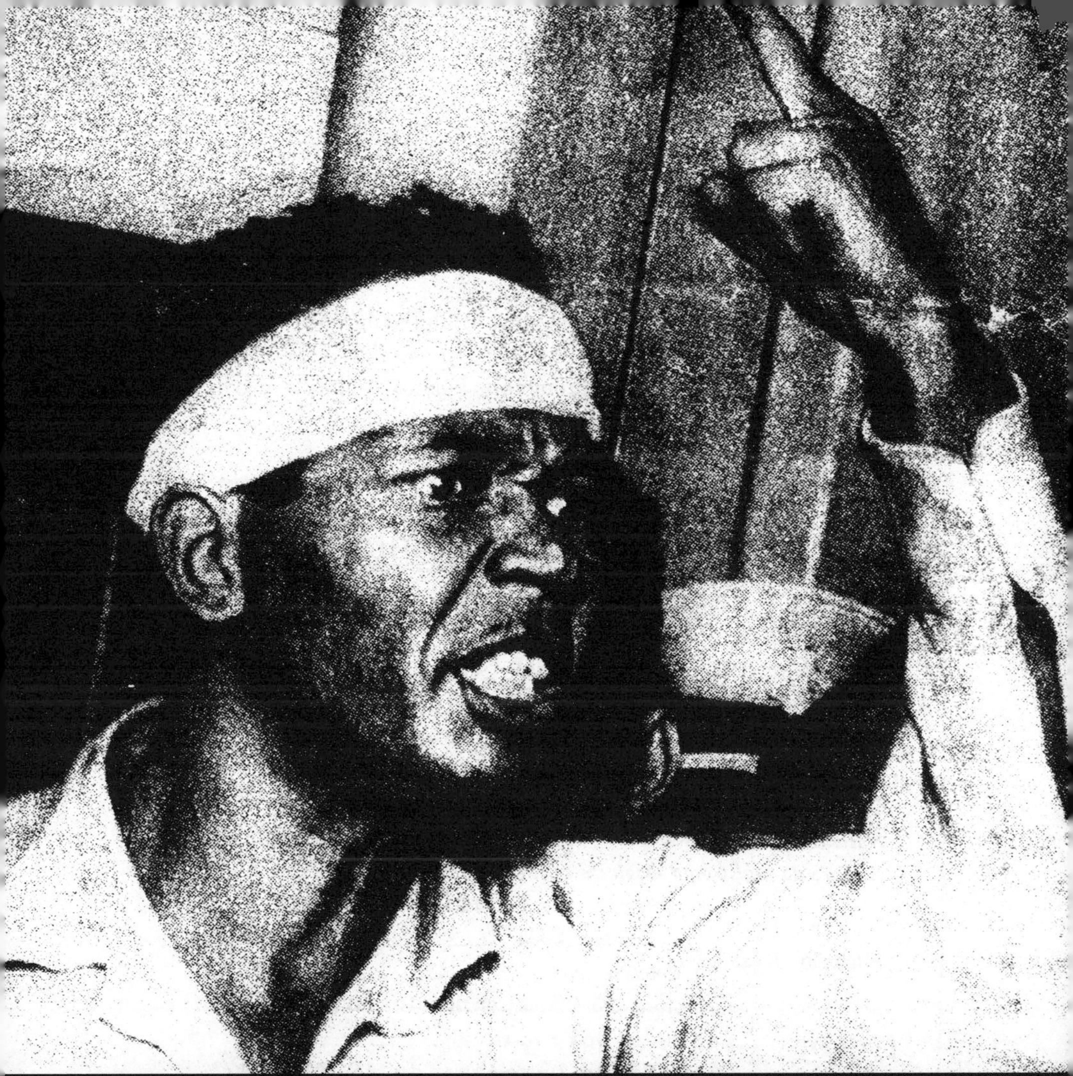

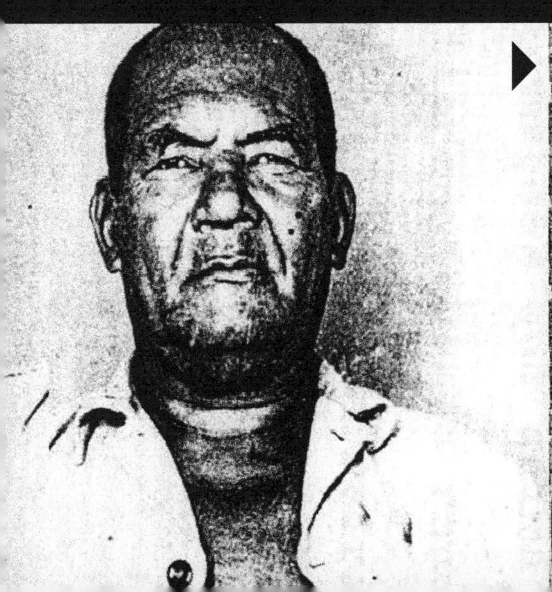

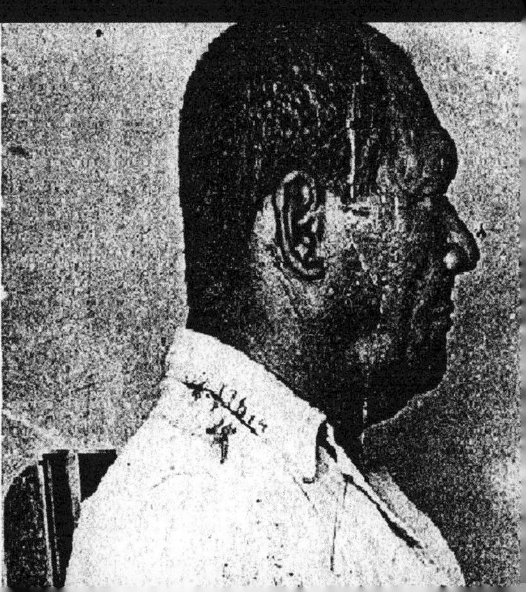

**MATERIAL REFERENTE A FEBRÔNIO INDIO DO BRASIL GENTILMENTE CEDIDO PELO PSIQUIATRA FORENSE DR. TALVANE M. DE MORAES:**

- Ficha nº 187 do paciente no Manicômio Judiciário do Rio de Janeiro;
- Certidão de óbito.
- Identificação do paciente no Manicômio Judiciário do Rio de Janeiro;
- Laudo do exame de sanidade mental;
- Peça da denúncia de Febrônio pela 7ª Promotoria Pública Adjunta do Rio de Janeiro.

## MANICOMIO JUDICIARIO

### FICHA N. 187

Nome FEBRÔNIO INDIO DO BRASIL
Filiação Th. Indio do B. e Estrela do O. Ind. Bras.
Côr parda                    Sexo masculino
Idade 32 anos                Estado civil solteiro
Profissão dentista           Instrucção elementar
Nacionalidade Brasil         Naturalidade Est. de Minas
Numero do registro no Gabinete de Identificação

Situação legal:
- Motivo da prisão Homicídio duplo
- Accusado? Sim
- Condemnado?
- Absolvido? Sim (mandado internar)

Procedencia Casa de Detenção
Data da entrada em 28 de Dezembro de 1927
Autoridade que requereu o internamento Juiz da 7a. Prot. C.
Documentos apresentados Of. 1.780 da Casa de Detenção
Sua observação está no livro VII     pag. 7
Diagnostico Degeneração mental. Loucura moral.

Sahida por:
- Alta em
- Evasão em 8 de Fevereiro de 1935
- Licença em
- Terminação do exame de sanidade mental em
- Transferencia para C. Detenção em 31-12-1928
- Fallecimento em

O DIRECTOR

## JUSTIÇA DO ESTADO DO RIO DE JANEIRO
### Dr. Antonio Vianna de Lima
Oficial do Registro Civil das Pessoas Naturais da Sétima Circunscrição e Tabelionato — Freguesia do
Espírito Santo — Comarca do Rio de Janeiro
RUA JOAQUIM PALHARES, 267-B — Tel. 273-3595
WALDNER JORGE QUINTANILHA - Substituto

# ÓBITO

CERTIFICO que às folhas 194 do livro n.º 277 de registro de Óbitos n.º 1101 foi lavrado hoje o assento de " FEBRONIO INDIO DO BRASIL "

faleci0 aos 27 de agosto de 1984 as 19,30 horas no Hospital Central Penitenciário - nesta

estado civil solteiro

Residente rua Frei Caneca, 463
Sexo masculino   Idade 86 anos
Profissão x-x-x-x-x-x-x-x
Natural do Estado de Minas Gerais
Filho de Theodoro Indio do Brasil

e de Estrela do Oriente Indio do Brasil

Foi declarante Ana Maria de Almeida Monteiro
sendo atestado de Óbito firmado pelo Dr. Maria Liane do O. Aded
que deu como causa da morte enfisema pulmonar.

O Sepultamento será no Cemitério de São Francisco Xavier

Observações: -x-x-x-x-x-x-x-x-x-x-x-x-x

O Referido é verdade e dou fé.
Rio de Janeiro, 03 de setembro de 19__
O Oficial

# ANEXO 03 – LAUDO CLÍNICO DE BENEDITO MOREIRA DE CARVALHO

Os documentos de 6 de novembro de 1953, prontuário 4.818 de Benedito Moreira de Carvalho, foram analisados pela dra. Maria Adelaide de Freitas Caires, psicóloga clínica e forense.

## 1. ANTECEDENTES CLÍNICOS

- enurese (incontinência urinária) noturna até a adolescência;
- epistaxe (hemorragia nasal) até a adolescência e, daí em diante, tonturas;
- aos 11 anos caiu de um cavalo e desmaiou;
- duas quedas em que bateu a cabeça, mas não perdeu a consciência;
- pesadelos constantes;
- homem isolado, de pouco contato com outras pessoas. Solitário, sem amigos na infância ou na vida adulta;
- segundo os dados fornecidos pelo Instituto de Biotipologia Criminal, após a prática de seu terceiro delito, em sua estada na penitenciária, frequentou a escola com média 9,6;
- exame neurológico: assimetria dos reflexos rotulianos, mais fracos à esquerda;
- pneumoencefalograma em 26/6/1953: boa repleção dos sistemas ventricular e cortical. Ventrículos ligeiramente dilatados, simétricos sem alteração da forma. Observou-se alargamento dos sulcos intergirais em ambos os lados e de maneira simétrica. Conclusão: ligeira hidrocefalia interna, simétrica. Atrofias corticais parietoccipitais bilaterais e simétricas;
- pneumoencefalograma em 13/9/1953: mesmo quadro referido anterior, acrescido de atrofias corticais evidentes nas regiões frontais de ambos os lados. Conclusão: atrofias simétricas frontoparietoccipitais. Hidrocefalia interna de grau médio, sem desvios do sistema ventricular.

Estado mental: calmo e de poucos movimentos, vive habitualmente calado, sem deixar transparecer qualquer preocupação. Seu olhar, quase sempre vago, dá a impressão de apagada vida interior. Se interrogado, responde com certa lentidão e de modo lacônico, não raro com visível desinteresse e, às vezes, com grande má vontade.

Resolve de maneira satisfatória as questões simples que lhe são formuladas, mas não consegue fazer o mesmo quando o problema exige maior capacidade de concentração. Tendo consciência disso, recusa-se a fazer um relato escrito de sua vida, alegando incapacidade outrora inexistente.

Não apresenta, porém, distúrbio formal do pensamento, tampouco quanto ao seu conteúdo.

## 2. ANTECEDENTES FAMILIARES

- um irmão já falecido sofria de epilepsia e surdo-mudez;
- pais eram agricultores;
- pai morreu em 1947;
- passou a infância em Morro Selado, na linha mogiana, em São Paulo;
- pai era severo e costumava bater nos filhos, principalmente em Benedito, porque era um menino levado;
- as pancadas atingiam o corpo e a cabeça;
- tinha vertigens constantes por causa das surras e das pancadas na cabeça.

Quanto aos aspectos cognitivos e intelectuais, as funções perceptivas estavam preservadas, bem como as da linguagem e memória. Contudo, havia desordens de orientação temporal. A capacidade intelectual – pontuada na faixa limítrofe (QI entre 72 e 77) – exibia sinais de incapacidade de solução dos problemas que exigem elaboração intelectual mais fina. O raciocínio baseia-se quase que exclusivamente na solução prática, imediata e superficial das provas apresentadas (teste de Terman-Merril e matrizes progressivas de Raven).

Quanto aos aspectos da personalidade, nas provas realizadas, sua resposta, embora pobre, indicava inteligência precária e afetividade inadequada — egocêntrica e impulsiva – com sinais positivos de agressividade e psicose (Mira y Lopes e prova de Rorschach).

Segundo o laudo elaborado pelos doutores André Teixeira Lima e Maurício Levy Júnior, Benedito não pedia uma revista, um jornal ou uma ocupação qualquer para se distrair. Não procurava se comunicar com a família, da qual não recebia notícias. Também não sentia falta da família e dizia estar bem em Franco da Rocha.

Não manifestava sinal algum de arrependimento em relação aos atos antissociais que praticara nem se preocupava com sua situação.

Dizia ter pena da vítima, ainda mais das menores de idade e dos pais delas, julgando desumano o autor de tais crimes. Mas, paradoxalmente, declarou:

> O tempo passou e comecei a fazer tudo aquilo que eu próprio condenara. O uso de violência se tornou para mim condição de prazer, bastando muitas vezes para produção do orgasmo a luta travada com a vítima. E o que é mais, desapareceu tudo o que antes poderia servir de barreira à prática daqueles atos. Não mais me compadeço de quem quer que seja. Meu único interesse está apenas na satisfação dos desejos sexuais, que vêm se tornando cada vez mais frequentes e intensos. Quando tudo corre na medida de meus desejos, sinto-me como que aliviado e de novo capaz de voltar para o trabalho. Quando não, vou à procura de outra vítima, na esperança de lograr maior satisfação.

Segundo declarou aos psiquiatras, não matou propositalmente qualquer de suas vítimas, mas pouco importava que elas viessem a morrer em consequência dos atos contra elas praticados, nunca tendo sentido, quer antes, quer durante, quer após os crimes, qualquer conflito íntimo.

Os psiquiatras do Manicômio Judiciário de São Paulo realizaram extenso diagnóstico diferencial para Benedito Moreira de Carvalho, levantando todas as hipóteses que poderiam ser consideradas na época: processo degenerativo de diversas etiologias (distrofias e atrofias graves), quadro de esclerose difusa de natureza inflamatória ou não e traumatismo cranioencefálico, entre outros.

Para eles, a hipótese final mais provável era de que o paciente sofresse de Atrofia de Pick, uma condição degenerativa do cérebro que afeta particularmente os lobos frontais e temporais. Como em outras demências do lobo frontal, a doença de Pick caracteriza-se, de maneira clínica, por alterações da personalidade no início do curso, deterioração das habilidades sociais, embotamento emocional, desinibição comportamental e anormalidades proeminentes da linguagem.

Concluíram então que o seu caso se enquadrava perfeitamente no grupo dos doentes mentais propriamente ditos e, como tal, era incapaz de imputação, nos termos do art. 22 do Código Penal. Segundo os médicos, a lesão cerebral revelada pelo exame era de natureza irreversível e o prognóstico, desfavorável – tanto do ponto de vista clínico quanto do criminológico.

## ANEXO 04 – ENTREVISTA COM O DR. JOSÉ FERNANDO ROCHA, ADVOGADO DE FRANCISCO COSTA DA ROCHA

**QUAL É A SITUAÇÃO PROCESSUAL DO FRANCISCO?**
Aguardando perícia médica que foi requisitada pelo r. Juízo da Família e das Sucessões da Comarca de Taubaté, a ser elaborada pelo Instituto de Medicina Social e Criminologia de São Paulo (IMESC). Tal perícia foi requerida em junho de 2007 e, inexplicavelmente, não foi realizada até o presente.

**DESDE JUNHO DE 1998, FRANCISCO SOFRE INJUSTIFICÁVEL PROCESSO DE ILEGALIDADE QUE O MANTÉM ENCARCERADO. CUMPRIDAS INTEGRALMENTE TODAS AS PENAS, EXISTE ALGUMA OUTRA EXECUÇÃO CONTRA ELE?**
Não existe qualquer execução penal contra ele. Sua dívida com a Justiça Penal foi quitada no dia 7 de junho de 1998, data do vencimento de sua pena. Portanto, o Francisco está há onze anos numa prisão sem pena a cumprir. Trata-se de erro judiciário.

**O QUE O SENSIBILIZOU NO CASO DO FRANCISCO PARA QUE O SENHOR SE TORNASSE SEU ADVOGADO?**
Cumpre ao advogado assistir tecnicamente ao réu e representá-lo no processo. Mas a advocacia não é um exercício tão só técnico. O trabalho do advogado vai além do tecnicismo, para alcançar o substrato humano. O advogado é, antes de tudo, um humanista. A mente vai longe, mas o coração segue adiante. Não podia ficar indiferente à situação do Francisco diante da gravosa injustiça que se lhe é cometida.

Trata-se de erro judiciário. É o único caso de prisão perpétua no país, proibida pela Constituição Federal.

O caso do Francisco me lembra o código nazista, de inspiração do mefistofélico Hitler, autor dos mais hediondos crimes de lesa-humanidade, não só contra o povo judeu, mas contra toda a humanidade, quando prescrevia: "A lei é o que Führer ordena". É bom lembrar que Hitler assassinou, também, milhares de homossexuais, lésbicas, débeis mentais, ciganos e negros, que ele considerava "infra-homens". Era o furor de eugenia nazista.

**EM 25 DE MARÇO DE 2009, A MÃE DE FRANCISCO MORREU EM DECORRÊNCIA DE PNEUMONIA. COMO ELE REAGIU A ESSA PERDA?**
O Francisco e sua mãe, sra. Nancy Nair de Oliveira, sempre estiveram ligados pelo coração. Durante o cumprimento da longa pena, sempre se correspondiam assiduamente. Faz poucos anos, ele a visitou no Rio de Janeiro. Dona Nancy era a inspiração em sol maior do Francisco. Certa vez telefonei para ela e notei que era pessoa lúcida e educada.

**POR QUE O PEDIDO DE COMPARECIMENTO AO FUNERAL FOI INDEFERIDO PELO JUIZ, JÁ QUE O SENHOR SE PROPÔS A ACOMPANHÁ-LO, SUGERINDO INCLUSIVE ESCOLTA POLICIAL MILITAR?**
Foram alegadas razões administrativas, falta de escolta etc. Cheguei a peticionar ao juiz, colocando-me à disposição para acompanhar Francisco até o Rio de Janeiro, sem escolta militar, responsabilizando-me em levá-lo e trazê-lo, sob a responsabilidade de meu múnus de advogado e de curador.

**DE ACORDO COM O CÓDIGO DE PROCESSO PENAL, PARA QUE SEJA FEITA PERÍCIA PARA CESSAÇÃO DE PERICULOSIDADE É NECESSÁRIO O ACOMPANHAMENTO DE TRÊS PERITOS DO ESTADO: UM PSICÓLOGO, UM PSIQUIATRA E UM ASSISTENTE SOCIAL. POR QUE NO CASO DO FRANCISCO TODAS AS AVALIAÇÕES FORAM ASSINADAS APENAS POR UM PERITO TÉCNICO?**
Neste caso, não poderia ser confrontado quanto à sua veracidade? A disciplina jurídica aplicada ao caso do Francisco advém do Código de Processo Civil e não do Código de Processo Penal. Trata-se de interdição civil e não de medida de segurança. A perícia médica que está *sub judice* é para a possibilidade da desinterdição do Francisco, à luz do artigo 1.186 do Código de Processo Civil.

Não se cuida de cessação de periculosidade, mesmo porque o Francisco jamais foi considerado pela Justiça dotado de periculosidade. Aliás, o Ministério Público chegou a requerer que se lhe aplicasse medida de segurança, o que lhe foi indeferido.

**O SENHOR ACREDITA QUE ELE TENHA SE ARREPENDIDO DOS SEUS CRIMES? É POSSÍVEL AFIRMAR QUE SE COLOCADO EM LIBERDADE PODERÁ COMETER ALGUM OUTRO DELITO OU O TEMPO NA PRISÃO O MODIFICOU?**
A resposta a esta pergunta pode vir de um trecho da correspondência que o Francisco me enviou, em 9 de agosto de 2005: "[...] Amigo, como é bom chamá-lo de amigo. 'Quem tem um amigo tem um tesouro', diz o livro sagrado dos cristãos. Mas quisera ser um amigo, verdadeiramente como jamais fui. Que os céus, a divindade misteriosa que rege o mundo, me conceda o dom de ser amigo como uma forma de perdão!"
Não acredito que o Francisco volte a delinquir, quando estiver em liberdade. A pintura e as leituras praticadas durante o seu caminho de Jó, na prisão, transformaram-no em outro homem. Basta se ater ao seu comportamento prisional, sem qualquer deslize, nesses 41 anos de encarceramento, talvez o mais longo da história do Brasil.

**COMO SÃO SEUS ENCONTROS COM ELE?**
São cordiais e respeitosos. Mas o diálogo mais constante que mantemos é feito por meio de cartas. Temos uma longa correspondência, desde 2000. Tenho enviado ao Francisco livros e material para a sua arte preferida que é a pintura. Entre as características de sua pintura ressalta-se o uso das cores, com intensidade e contrastes dignos de admiração.

**COMO TEM SIDO SEUS DIAS NA CASA DE CUSTÓDIA? QUEM O VISITA NA INSTITUIÇÃO?**
Disciplinado, vivendo em harmonia com a população carcerária e com o corpo de funcionários. Frequenta a oficina de laborterapia, pintando, esculpindo. Raramente recebe visitas

**A CASA DE CUSTÓDIA DE TAUBATÉ É LOCAL APROPRIADO PARA QUE ELE CUMPRA ESSA INTERDIÇÃO, JÁ QUE A MEDIDA É DE NATUREZA CÍVEL E NÃO PENAL? FRANCISCO É SUBMETIDO A ALGUM TRATAMENTO?**
A Casa de Custódia e Tratamento de Taubaté Dr. Arnaldo Amado Ferreira é um estabelecimento prisional de segurança máxima e é conhecida como "Piranhão". Não é possível que um interdito civil, como o Francisco, permaneça internado nesse presídio. O saudoso e eminente ministro Evandro Lins e Silva dizia sobre as prisões: "A prisão no Brasil é uma infâmia muito grande. Pela superpopulação, pela promiscuidade, pela desumanidade. [...] É uma morte lenta". Francisco nunca foi submetido a qualquer terapia, nem sequer

tomou uma aspirina. É de boa lembrança a revolta prisional de 18 de fevereiro de 2001 nessa Casa de Custódia e as demais, ocorridas em 25 presídios, duas cadeias públicas e dois distritos policiais, organizadas pelo PCC. Na Casa de Custódia, cinco presos tiveram suas cabeças decepadas e exibidas como troféus. Muitas tribos antigas acreditavam em prestígio e força mágica ao possuir esses troféus. Os presidiários de hoje os exibem como troféus da violência carcerária.

**EM SUA OPINIÃO, CASO ELE SEJA HOJE COLOCADO EM LIBERDADE, QUAL SERÁ O ENCAMINHAMENTO PARA QUE ELE POSSA SER INSERIDO NA SOCIEDADE?**
Conseguimos junto a uma entidade benemerente no Rio de Janeiro, que se dedica a cuidar de menores desassistidos, uma ocupação para o Francisco, quando ele ganhar a liberdade. Essa entidade, inclusive, escreveu ao juízo da interdição dizendo dessa disposição em ocupar o Francisco. Mas acredito que a pintura pode ser a grande porta para que o Francisco volte ao convívio social.

**POR QUE ATÉ HOJE NÃO FOI ELABORADO NENHUM OUTRO LAUDO TÉCNICO?**
Pela morosidade do Judiciário.
  A interdição civil imposta ao Francisco se deu em razão da presunção de que ele, em liberdade, pudesse voltar a delinquir. A presunção é inimiga da verdade. Quem presume, na verdade, está suspeitando, conjecturando, imaginando.
  A presunção não é razão legal para que alguém continue na prisão. Os autores dessa interdição, na verdade uma encenação antijurídica, malferiram a Constituição da República. Não creio que exista no Brasil, em qualquer uma das unidades federativas, alguém encarcerado em prisão de segurança máxima em razão de interdição civil.

**FRANCISCO TEVE UM FILHO DENTRO DO SISTEMA PENITENCIÁRIO, QUE INCLUSIVE CONVIVEU COM ELE NA CASA DE CUSTÓDIA DE TAUBATÉ. COMO É A CONVIVÊNCIA DOS DOIS? ELE PODE RECONHECER OFICIALMENTE O FILHO?**
O filho de Francisco, Leonardo, nasceu no dia 13 de abril de 1977. Francisco devota ao Leonardo muita afeição, que lhe é correspondida. Trocam muitas cartas. É possível legalmente que o Francisco reconheça essa paternidade, por escritura pública, por meio do curador, com alvará judicial. Aliás, o Francisco já me pediu isso.

## ANEXO 05 – LAUDO CLÍNICO DO "MONSTRO DO MORUMBI"

# EXAME PSIQUIÁTRICO
# HOSPITAL JULIANO MOREIRA – BELÉM DO PARÁ[1]

Examinado reiteradas vezes em entrevistas do tipo ambulatorial, no Presídio São José. Apresenta-se em boas condições de aparência e higiene pessoais, de uma psicomotilidade algo exaltada, exagerando em mímica e gesticulações. A inspeção, de pronto, sobressai marcas de queimaduras recentes no antebraço esquerdo, agulhas por ele penetradas no tecido celular subcutâneo em ambos [os] membros superiores. A atenção é normal, dando-se conta dos acontecimentos ao seu redor. Capacidade de compreender íntegra. Bem-orientado auto e alopsiquicamente, demonstrando enfim um estado permanente de consciência. Memória para os fatos remotos e recentes bem conservada, sendo que pequenas falhas estão compatíveis com a normalidade e se subordinam às vezes a tentativas de simulação.

Nas sucessivas entrevistas, ainda se levando em consideração seu baixo grau de cultura, a inteligência se nos afigura como limítrofe.

O pensamento não exibe transtornos de ritmo ou de forma.

A conversação é fluente, predominando no conteúdo sua situação de prisioneiro e temas místicos e sexuais, apesar de que nega sempre a autoria dos delitos que lhe são imputados. Entretanto, ao dissertar sobre sexo, pouco a pouco veem-se contradições de tais negativas.

Expõe com desenvoltura que, de há muito, está habituado a relações sexuais com cadáveres de mulheres, razão pela qual profanou vários, em necrotérios para indigentes, tanto em São Paulo como no Rio e em Belém. Faz alusões afetivamente mórbidas à ação necrófila, por exemplo, em uma jovem virgem, retirada por ele de caixão mortuário, na capela da Santa Casa de Misericórdia do Rio de Janeiro.

Indagado sobre os elementos que poderiam impulsioná-lo progressivamente para tais práticas, afirma categoricamente: o silêncio do objeto do ato necrófilo, a frieza das partes genitais, o odor anterior à fase de putrefação e a imobilidade do seu objeto de libidinagem.

Mortos do sexo masculino, vistos durante suas andanças por aquelas localidades fúnebres, inspiravam-lhe repulsa e, principalmente, intenso temor.

---

[1] Transcrito a partir do laudo realizado em 29 de novembro de 1973 pelos doutores Eliseu Souza Rodrigues, Joel Srur Messildo Morado Lutterbach.

Perguntado como conseguia ter ereção para pessoas vivas, responde que nunca foi total, e assim mesmo quando mantidos o silêncio e a imobilidade, requisitos básicos, que se não satisfeitos, davam-lhe ímpetos de estrangular a companheira, que o temendo se submetia a tais caprichos.

Não se surpreende alterações sensoperceptivas. Nexos afetivos frágeis, não se vinculando emocionalmente com a devida profundidade a acontecimentos ou pessoas.

Ausência absoluta de sentimento de culpa.

Humor era indiferente, ora é tímido. Os conteúdos ideativos se fazem acompanhar dos componentes afetivos adequados.

A capacidade volitiva em geral está algo prejudicada, com uma atividade pragmática razoável.

Apresenta ideias deliroides de fundo místico de características elementares, projetadas muitas vezes em desenhos e constantemente comunicados aos peritos.

## CONSIDERAÇÕES DIAGNÓSTICAS

Anamnese, os antecedentes criminais, os achados oriundos do exame psiquiátrico e o resultado dos demais exames excluem de maneira categórica e indubitável qualquer possibilidade de ocorrência de doença mental caracterizada.

Não se encontrou qualquer indício clínico de psicose aguda ou crônica em atividade, nas formas prodrômicas, latentes ou defeituais.

Estudada a estrutura dinâmica da personalidade do examinado, levantada a curva vital em seu desenvolvimento, conclui-se que se trata de uma personalidade psicopática, portanto anormal e em consequência desta anormalidade sofre e faz sofrer a sociedade (Kurt Schneider). Sociopata, neurótico de caráter, segundo a conceituação de outras escolas psiquiátricas. Psicopata sexual de manifestações polimorfas e de alta periculosidade (Kraft-Ebing). No Novo Código Penal Brasileiro a entrar em vigor, fatalmente seria ajustado à categoria dos criminosos por tendência.

## DIAGNÓSTICO

Personalidade Psicopática do tipo sexual
(Necrófilo, Sado-Masoquista-Fetichista).

# RESPOSTAS AOS
# QUESITOS FORMULADOS

## A – DA PROMOTORIA

1. **AO TEMPO DO EVENTO DELITUOSO SOFRIA O PACIENTE DE DOENÇA MENTAL?**
   **RESPOSTA:** Não. O examinado não era nem é portador de doença mental caracterizada, sendo contudo uma personalidade anormal, antissocial, perigosa para a comunidade em virtude principalmente de suas graves e profundas aberrações sexuais, sendo portanto uma personalidade psicopática do tipo sexual.

2. **ESTA DOENÇA MENTAL TOLHIA-O DE ENTENDER O CARÁTER CRIMINOSO DOS FATOS PRATICADOS OU DETERMINAR-SE CONFORME ESSE ENTENDIMENTO?**
   **RESPOSTA:** O examinando, como foi dito, não é doente mental, e sim uma personalidade psicopática e por isso estava parcialmente tolhido em sua capacidade de se determinar conforme o entendimento dos atos criminosos que lhe são imputados.

3. **TINHA O PACIENTE, AO TEMPO DOS EVENTOS DELITUOSOS, DESENVOLVIMENTO MENTAL INCOMPLETO?**
   **RESPOSTA:** O examinando apresenta um completo desenvolvimento mental.

4. **OS DOUTORES PERITOS PODEM DETERMINAR APROXIMADAMENTE A ÉPOCA INICIAL DAS MANIFESTAÇÕES E ASSEVERAR O CARÁTER DE CONTINUIDADE DA DOENÇA?**
   **RESPOSTA:** Prejudicada, pois o examinando, como foi dito, não é doente mental e sim uma personalidade psicopática.

5. **SE O PACIENTE É PORTADOR DE INSANIDADE MENTAL, PERMITIA-O ENTENDER O CARÁTER CRIMINOSO DO FATO?**
   **RESPOSTA:** Vide respostas anteriores.

6. **PODEM OS DRS. PERITOS FIXAR O INÍCIO DAS MANIFESTAÇÕES E AFIRMAR O CARÁTER DESSE DESENVOLVIMENTO MENTAL?**
   **RESPOSTA:** Vide respostas anteriores.

## B – DA DEFESA

**1. O PACIENTE, ÀS LUZES DA PSIQUIATRIA, É UM DOENTE MENTAL?**
**RESPOSTA:** O examinando não é doente mental, e sim uma personalidade psicopática, cujas características lhe conferem uma alta periculosidade para o convívio na sociedade.

**2. COMPROVADA A ENFERMIDADE DO PACIENTE, QUAL O GRAU DE SUA EXTENSÃO?**
**RESPOSTA:** Prejudicada, já que o examinando não sofre de doença mental caracterizada.

**3. O PACIENTE TEM INTERVALO DE LUCIDEZ? MENCIONAR DATA.**
**RESPOSTA:** Prejudicada. Vide respostas anteriores.

**4) OS FATOS DELITUOSOS IMPUTADOS AO PACIENTE PODIAM TER SIDO PRATICADOS NESSE ESTADO DE INTERVALO OU DURANTE O PERÍODO DE LUCIDEZ?**
**RESPOSTA:** Vide respostas anteriores.

## EXAME PSIQUIÁTRICO
### SECRETARIA DE ESTADO DA SAÚDE – SÃO PAULO

No exame realizado em São Paulo, em maio de 1975, pelos doutores Eduardo Banzanato Collety e Walter Speltri, alguns dados novos apareceram.

Consta que o pai de José Paz Bezerra faleceu em 1952, de síndrome neurológica e paralisia intestinal. A mãe dele seria portadora de epilepsia. O avô paterno era portador de doença mental e teria se suicidado. Um tio materno era alcoolista inveterado e estava internado no Hospital Psiquiátrico de João Pessoa.

João teria tido caxumba e afirmou ter sido usuário de maconha.

Ainda no mesmo laudo, quando o paciente se referiu à surra que levou da mãe aos 7 anos, ele teria sofrido um ferimento no couro cabeludo, o que ocasionou mudança em seu comportamento, que a partir dali ficou "assustado".

João também relatou problemas de insônia. O diagnóstico dos psiquiatras paulistas foi o mesmo: PERSONALIDADE PSICOPÁTICA.

# AGRADECIMENTOS

Tudo começou no Museu do Tribunal de Justiça, onde tive a honra de conhecer o desembargador Emeric Lévay e suas assistentes, Elisabete Regina Martins Pires, Maria Cristina Maia de Castro e Hevlim Vicente. Ali me senti em casa, apoiada em minha pesquisa por todos eles, que muito me deram e nada me pediram.

No Museu do Crime, na Academia de Polícia de São Paulo, contei com a colaboração da doutora Armenui Mardiros Herbella Fernandes e de Sergio Francisco Serafim Monteiro da Silva.

Depois veio a Polícia Técnico-Científica. Ali pude ser ouvinte em curso de peritos, na Academia de Polícia, para entender como se trabalha em um caso no Brasil. Agradeço a oportunidade de aprender com o doutor Celso Perioli e com sua equipe do Instituto de Criminalística. Da Academia de Polícia de São Paulo, agradeço a confiança do doutor Delio Marcos Montrezoro e da doutora Silvia Maria Baggio Green. Agradeço também a excelente acolhida por parte de todos os diretores e professores.

Fui ouvinte em curso de Psicopatologia na UniFMU e muito agradeço ao coordenador do curso de Psicologia, José Augusto Rosseto Júnior, e ao professor Anderson Zenidarci.

Eu precisava então aprender na prática e encontrei verdadeiros amigos na equipe de perícia da Delegacia de Homicídios de São Paulo. Lá a doutora Jane Marisa Pacheco Belucci me recebeu, me orientou e me deixou acompanhar os peritos criminais Agostinho Pereira Salgueiro, Ricardo da Silva Salada, Renato Domingos Patolli, Fernando Pinto Silva e Ermindo Lopes Filho nos trabalhos da vida real. É impressionante o conhecimento desses profissionais. Os fotógrafos técnico-periciais Edson Wailemann, José Carlos Aloe e Marcos Rogério Boy me explicaram a diferença que uma boa fotografia pode fazer num laudo. A colaboração do desenhista técnico-pericial Flávio Teixeira Júnior também foi essencial.

Na Polícia Civil fui recebida com o mesmo calor humano e incentivo pelos doutores Marco Antonio Desgualdo, Domingos Paula Neto, Carlos Alberto Ferreira Sato, Elizabeth Ferreira Sato, Sergio Luís da Silva Alves, Nathan Rosemblatt, José Wilson Sperto e por Maurício Rodrigues. Todos pacientemente responderam a todas as perguntas que um leigo faz.

No Instituto Médico-Legal, contei com a preciosa e imprescindível ajuda do doutor Paulo Argarate Vasquez, que me ensinou, me deu material de leitura e me mostrou os caminhos da medicina-legal. O doutor André Morrone, advogado, cirurgião e médico-legista, foi um amigo especial que trabalhou comigo nos vários laudos de necropsias e dúvidas legais deste livro. Sem a sua colaboração, nada seria tão completo.

No 1º Tribunal do Júri, também fiz grandes amigos e tive incansáveis colaboradores. Dentre eles, o juiz Alberto Anderson Filho, o juiz Richard Chequini, o promotor Roberto Tardelli, Divanira de Fátima Moraes e Gessilda Gallardi. Todos estavam sempre prontos a ajudar, localizando processos e elucidando dúvidas ou "simplesmente" compartilhando conhecimento.

Na Assessoria de Imprensa da Administração Penitenciária de São Paulo, a minha querida Rosangela Sanches não cansou de me orientar e guiar pelos caminhos da burocracia.

Obrigada, Adriana Monteiro, por sempre estar, acompanhar, aconselhar e me proteger de qualquer engano.

Não poderia deixar de agradecer de corpo e alma a minha estagiária e futura jornalista Cristina dos Reis Calassancio, que trabalhou incansavelmente e aguentou os dias bons e os ruins. Obrigada, Cris!

Mãe e pai, vocês sempre serão o meu porto seguro. Todo o meu amor é pouco em troca do que recebo.

Por último, mas não menos importante, agradeço aos amigos do Nufor. Eles me deram a oportunidade de pesquisar "de verdade" e me mostraram a diferença que projetos científicos podem fazer na vida prática forense. Alguns deles foram "pai e mãe", como Maria Adelaide de Freitas Caires, Sérgio Paulo Rigonatti, Antonio de Pádua Serafim e Edgard Luiz de Barros. A eles agradeço o constante apoio, incentivo e reconhecimento. Vocês aquecem meu coração e compartilham sem hesitar o grande conhecimento que têm.

Sem vocês todos, nada seria possível. Obrigada, sempre.

## 2009

Nesta atualização, contei com a inestimável colaboração de Adriane Gozzo, coordenadora da obra pela Ediouro, e Adriana Monteiro, ainda parceira de todas as horas.

Já no final dos trabalhos de atualização deste livro, perdi meu pai. Foram semanas terríveis, nas quais houve momentos em que duvidei ser capaz de terminar este projeto. Contei com a amizade, o carinho e o trabalho de duas pessoas especiais. Foi pelas mãos delas que foi possível manter os prazos e a qualidade do trabalho ao qual havia me proposto. Eduardo Morales e Janice Florido, jamais poderei agradecer o suficiente. Desejo que, no dia em que precisarem, possam contar com pessoas como vocês para ajudá-los. Vocês foram meus anjos da guarda.

Ilana Casoy

## AGRADECIMENTOS

Chucky e Tio Chico,
Vocês chegaram mais de uma década depois para transformar, finalmente, meu "sonho de escritora" em realidade no "papel". Foi um encontro de almas, destinos, inquietações, soluções e objetivos. Grande parceria. Parceria "infernal". :))))

*ILANA*

**SERIAL KILLERS: LOUCO OU CRUEL?**

© AP Photo | © Latinstock/Alamy | © Latinstock/Bettmann/Corbis
Todos os esforços foram envidados para localizar os detentores dos direitos
autorais de tais imagens; todas as omissões serão corrigidas em futuras edições.
Todos os direitos encontram-se devidamente reservados. As visões e opiniões
expressas pelos entrevistados neste livro não são necessariamente as opiniões
do autor ou do editor. O autor e o editor não aceitam a responsabilidade
por erros ou omissões de terceiros, e negam especificamente qualquer
responsabilidade, perda ou risco, seja de maneira pessoal, financeira ou qualquer
outra decorrida em consequência, direta ou indireta, do conteúdo deste livro.

**SERIAL KILLERS: MADE IN BRAZIL**

© Arquivo / Agência O Globo | © Carlos Magno / Agência O Globo
© Otávio Dias de Oliveira / EditoraGlobo / Agência O Globo

© Google Street View | © Ilustração do "Monstro do Morumbi": Flávio Teixeira
Junior - Desenhista técnico pericial | © Renato Figueiredo | © Luiz Dorea
© Museu do Crime da Academia de Polícia do Estado de São Paulo
Todos os esforços foram envidados para localizar os detentores dos direitos
autorais de tais imagens; todas as omissões serão corrigidas em futuras edições.
Todos os direitos encontram-se devidamente reservados. As visões e opiniões
expressas pelos entrevistados neste livro não são necessariamente as opiniões
do autor ou do editor. O autor e o editor não aceitam a responsabilidade
por erros ou omissões de terceiros, e negam especificamente qualquer
responsabilidade, perda ou risco, seja de maneira pessoal, financeira ou qualquer
outra decorrida em consequência, direta ou indireta, do conteúdo deste livro.